CARTAS DE AMOR DE UN VIUDO

EL MISTERIO DE LAS "ALMAS GEMELAS" A LA LUZ DE LA SABIDURÍA ANTIGUA

Xavier Pérez Pons

Cartas de amor de un viudo

El misterio de las almas gemelas a la luz de la sabiduría antigua

Xavier Pérez Pons

© Xavier Pérez Pons
© Cartas de amor a un viudo. El misterio de las almas gemelas a la luz de la sabiduría antigua

ISBN papel: 978-84-686-8012-5
ISBN digital: 978-84-686-8013-2

Impreso en España
Editado por Bubok Publishing S.L

Índice

NOTICIA Y ADVERTENCIA

Una tarde de primavera del año dos mil entré casualmente en una librería de viejo del Barrio Gótico de Barcelona. El dueño andaba atareado sacando libros de dos grandes cajas de madera. Sentí curiosidad y le pedí permiso para examinarlos. Eran ediciones catalanas, castellanas, francesas e inglesas, algunas ilustradas, la mayoría abundando en subrayados y anotaciones a lápiz; había también algún tomo en portugués y algún otro en italiano. Aunque las obras eran de todos los géneros, enseguida advertí entre ellas una cierta unidad de asunto. Pregunté al librero por la procedencia de las cajas. Los libros pertenecieron a un hombre que había fallecido recientemente; no supo darme más detalles. Él los había adquirido en una subasta junto con otras bibliotecas privadas y lotes de libros de diversa procedencia. Le pedí que fijara un precio y, en un golpe de coche, me llevé a casa el lote completo.

Pero miento: el lote no estaba completo, había una tercera caja. Una caja que el librero me ofreció, pues su procedencia era la misma de las otras dos. Sin embargo, estos libros no parecían guardar relación con los demás. Estaban pulcramente encuadernados en tafilete azul de tonos diversos, carecían de anotaciones y eran en su mayor parte novelas de asunto variado. De modo que decliné la oferta, cosa de la que me arrepentí después por la razón que enseguida se verá.

Cuando quise rectificar ya era tarde: los libros azules habían pasado a manos de un decorador de interiores. Me duele imaginarlos ahora convertidos en *atrezzo*, en complemento de mobiliario.

Durante varias semanas, mi trabajo me impidió ocuparme de los libros, que permanecieron olvidados en sus cajas en una habitación de mi casa. Cuando al fin me decidí a exhumarlos, hallé, traspapelado en varios de los volúmenes, un manuscrito en forma de epistolario: diez extensas cartas redactadas en catalán sobre cuartillas a doble cara en letra diminuta y apiñada (la misma letra de las anotaciones de los libros). La última de esas cartas estaba fechada apenas tres meses antes de mi casual visita a la librería de viejo, por lo que debió de concluirse no mucho antes de la muerte de su autor. (Aún le daría tiempo, sin embargo, para un misterioso viaje al extranjero. Pero de este último viaje hablaremos al final.) Respecto a su identidad, he hecho indagaciones, por desgracia infructuosas (la firma al final de cada carta resulta ilegible). Así pues, los únicos datos biográficos de que disponemos son los que nos aporta el propio autor en su manuscrito: tampoco mucho más que su condición de viudo y el nombre de pila de su esposa -Blanca-, que es la destinataria y el *leitmotiv* de las cartas.

Es el carácter confidencial de éstas, su factura personal, lo que hasta ahora me había disuadido de publicarlas. Pero últimamente reparé en un detalle del manuscrito al que antes no había dado importancia: las tachaduras. No me refiero a las tachaduras del texto, debidas a correcciones de estilo, sino a las de los márgenes y que notoriamente fueron hechas con posterioridad a la redacción (no proceden de la estilográfica responsable del texto, sino de la gruesa punta de un rotulador). Estas tachaduras, que aparecen a partir de la segunda carta, están hechas de forma apresurada, como si el autor, enfermo ya de muerte y previendo la suerte futura de su manuscrito, hubiera sentido la necesidad de suprimir de éste las acotaciones marginales hechas durante su redacción. De todas formas, lo precipitado de esta operación permite espigar, en todas ellas, fragmentos de párrafos o palabras sueltas que he creído conveniente inserir en el presente epistolario, ubicándolas aproximadamente a la misma altura en que aparecen en el manuscrito.

Ya avanzo que, del tenor de tres enigmáticas alusiones contenidas en éste, se desprende que las acotaciones marginales guardan todas ellas relación con los libros azules a los que antes he hecho referencia. Se desprende asimismo algo chocante, que no me atrevo a valorar; dejaré que sea el lector quien lo haga. Es el hecho de que, a través de los libros azules, el autor cree recibir mensajes de su difunta esposa. No mensajes póstumos sino actuales, como si ella estuviese aún viva. En esos libros, que él frecuenta, descubre -cree descubrir- señales de naturaleza luminosa, tenues fosforescencias que le saltan a la vista y le destacan un párrafo o una frase, a la que otorga un sentido personal que le concierne y que atribuye a su esposa muerta. Podemos suponer que esos mensajes le llegan normalmente durante una pausa en su labor de escritura (que es, a lo que parece, una labor nocturna) y que es entonces cuando los anota al margen de la hoja con intención, tal vez, de volver sobre ellos más tarde.

Pero bueno, ya me he extendido bastante sobre este tema menor de las tachaduras al margen. El caso es que, en vez de proceder como lo hizo, en vez de tomarse la apresurada molestia de suprimir esas acotaciones marginales, el autor bien hubiera podido sacrificar el manuscrito entero. No lo hizo, y ello me convence de que no habría desaprobado su póstuma publicación. Quizá se percatase de que esas cartas -y es mi principal motivación para ofrecérselas ahora al lector- podían prestar visos de esperanza a personas en situaciones parecidas a la suya, y hasta quizá ahorrar a alguna una indagación tan ardua como la acometida por él. Sea como sea, es mi deber advertir que el contenido de las cartas no es menos controvertible que sus circunstancias. El autor no se limita a rastrear en la sabiduría antigua la noción de almas gemelas: sobre esta base bosqueja -con pulso firme o vacilante según el trecho- un sistema metafísico. Tal sistema, naturalmente (porque si no otros ya lo hubieran discernido), aun cuando pueda apoyarse en ciertas opiniones de los sabios antiguos (y no de todos), no fue formulado por éstos como tal sistema, por lo que resulta abusivo atribuírselo genéricamente como él hace.

Dicho lo cual, me apresuro a añadir que no se inventa nada. Pero incurre en generalizaciones, todo se lo hace venir bien, aventura conclusiones y lo ensambla todo a su modo. Traza con ello una síntesis personal de la sabiduría antigua. Esta síntesis -adicionada con la fenomenología sobrenatural a que acabo de referirme- no sería irrazonable catalogarla como una muestra del género fantástico. Porque no hay que contar demasiado con que el cuadro resultante de esa ardua labor indagatoria, sea la ignota Verdad buscada con ahínco por los sabios de todo tiempo y lugar. Podríamos imaginar al autor -en uno de esos ejercicios metafóricos a los que parece tan aficionado- zambulléndose en el mar de la sabiduría antigua, emergiendo con un puñado de perlas, y procediendo a ensartar esas perlas en el hilo de seda de la creencia antigua en las almas gemelas. Los sabios antiguos son responsables de las cuentas, el collar es imputable al autor.

Las perlas son genuinas sin embargo. Si por ejemplo tomamos el que, visto desde nuestra óptica moderna, aparece como el punto menos asumible de su sistema: la desvalorización del amor sensual, ésa es en gran medida una de las perlas que él exhuma de la sabiduría antigua; todo lo que hace es ensartarla al lado de las otras en el collar. Por otra parte, y más allá de su abusiva tendencia a generalizar, incurre en simplificaciones excesivas, con la pretensión quizás de hacer asequibles a su esposa y a él mismo esas "perlas", esas nociones antiguas; nociones que, además, cuando se prestan a interpretación, no duda en dilucidar a su gusto. De todo lo cual resulta una lectura subjetiva de la sabiduría antigua: la lectura de un enamorado.

Podemos aducir, con todo, en su descargo, una cita de uno de los libros por él manejados (*El libro quemado* de Marc-Alain Ouaknin: un estudio sobre el *Talmud*, el gran libro de la religión judía). Dice así: "¿Es útil entrar en un debate sobre la interpretación? ¿Realmente tenían los autores invocados las intenciones que nosotros les hemos atribuido? Quién sabe. El único criterio de una interpretación es su fecundidad. Todo aquello que da que pensar, honra a quien lo ofrece." Esta cita transmite lo que al parecer es una idea central del *Talmud*, que es un libro basado en la tradición oral: la idea de que la sabiduría antigua no es una cosa cerrada, estática; no pertenece al pasado como una naturaleza muerta, sino que es algo vivo que está haciéndose en el presente. Es decir, la sabiduría antigua crece y fructifica con cada nueva interpretación, incluida -¿por qué no?- la que nos propone el autor de este epistolario.

Además, nunca se sabe, el mundo es tan bello y misterioso que bien podría haber ocultado su sistema a los más sabios para revelárselo a un diletante. En cualquier caso, si el interés del lector se limita a los testimonios antiguos relativos a las almas gemelas, las dos cartas iniciales bastarán para saciar su curiosidad. Pero si le tienta ahondar en la metafísica del amor, entonces mi consejo es que no se deje arredrar por la longitud del texto y no desista hasta el final -donde además una sorpresa le aguarda.

En fin, para su publicación, numeré las cartas, las titulé y las dividí en secciones. Agregué asimismo las referencias bibliográficas correspondientes a las abundantes citas, extraídas todas ellas de los libros que ahora obran en mi poder, y de los que extraje también diez ilustraciones y otros tantos epígrafes que juzgué adecuados para encabezarlas. El conjunto me pareció susceptible de ser dividido en dos grandes partes, y así lo hice. Por último, le puse título.

Xavier Pérez i Pons
Puigcerdá, 1 de julio de 2011

PRIMERA PARTE:

LA GEMELIDAD ANÍMICA

fuerte como la muerte es el amor

Cantar de los Cantares de Salomón

CARTA PRIMERA

LAS ALMAS GEMELAS

(O LA PREDESTINACIÓN AMOROSA)

Pues bien, este mundo, con el conjunto
de sus símbolos, es las afueras del
trasmundo y de lo que contiene. Ese
trasmundo es el Espíritu y la Vida.
Quien en este mundo sólo actúa por este
mundo, sin conocer el trasmundo, actúa
en la ignorancia.

Libro del sabio y el discípulo, siglo diez

Barcelona, 22 de mayo de 1999

Querida Blanca:

Hoy cumpliríamos... corrijo, hoy cumplimos cincuenta años de casados. Nuestras bodas de oro. Para celebrarlo, he tomado la pluma (tu pluma, la que tú me regalaste) y me he puesto a escribirte. Quiero, antes de nada, disculparme por no haberlo hecho antes. O, para hacerme justicia, por no haber conseguido pasar de la primera línea, porque el hecho es que lo intenté sin éxito repetidas veces. No es que no tuviese nada que decirte. Es que la pena es un formidable cortapisas para las palabras; impide que broten de la garganta o de la pluma. Incluso aquellas más apremiantes: podría uno estar en peligro de muerte, aun así debería hacer un esfuerzo sobrehumano para pedir auxilio. Esto fácilmente te sonará a

19

excusa, pero créeme: no es una excusa, es una buena razón. En fin, del hecho de que esta vez sí haya traspasado el umbral maldito de la primera línea, puedes deducir que he hallado un cierto consuelo para mi pena. Y es justamente de esto, amor mío: de los fundamentos de este consuelo, de lo que quiero hablarte.

Como no podía ser de otro modo (ningún otro argumento hubiera servido), mi consuelo se basa en la esperanza de que tú y yo volveremos a estar juntos. Ya sé, de entrada suena estrafalario. Después de todo, tú estás muerta. Pero déjame, déjame que te explique. Porque lo bueno del caso es que no se trata de una vana quimera, de un mero ejercicio de voluntarismo -como ese en el que incurrías algunas noches de verano en Palamós, cuando formulabas deseos al paso de una estrella fugaz. Desde luego, no es tampoco que existan pruebas concluyentes de que tú y yo volveremos a estar juntos. O, al menos, no es que yo haya descubierto esas pruebas. Sin embargo, he hallado algunas cosas..., indicios que dejan la puerta abierta a la esperanza. Te adivino sonriendo irónicamente ante mi lenguaje detectivesco. Ríete si quieres, pero es cierto que en los últimos años me he convertido en una suerte de discreto émulo de Hércules Poirot, para nombrar a tu detective preferido. Sólo que el misterio que yo investigo nada tiene que ver con la clase de misterios a los que aplicaba su ingenio el famoso detective. Mis pesquisas, practicadas en el vasto acervo de la sabiduría antigua, se orientan hacia un ámbito más intangible y huidizo: el ámbito de la trascendencia, de la realidad oculta.

Tú sabes que en vida tuya -y a diferencia de ti, debo decir- nunca estuve especialmente interesado en esta clase de misterio. (Ya ves: has tenido que morirte para que de pronto nada me interesase tanto.) Como a la mayoría de mis contemporáneos, la palabra *misterio* me remitía automáticamente a las novelas y películas de intriga. Pero es ésa una trivialización de la palabra. Etimológicamente, *misterio* quiere decir "cosa oculta"; se aplica a *Un gato en el palomar* y a *La dama de blanco* (para citar dos libros azules de literatura de misterio) porque también ahí las cosas suelen tener una dimensión oculta, una madeja secreta cuyo hilo el protagonista va desovillando. Sin embargo, originariamente la palabra *misterio* fue acuñada en la antigua Grecia para designar, no una dimensión policíaca detrás de cada cosa, claro, pero sí (igual que esa otra: *mística*, con la que está emparentada) una dimensión sagrada, una realidad oculta de naturaleza sutil que subyace a la grosera realidad aparente.

La *realidad* digo, Blanca. Porque, además, este misterio no es como el de las novelas y películas de intriga: no es, tal como muchos podrían pensar (tal como yo mismo hace unos años hubiera pensado), una ficción. Es una realidad que, aunque intangible, está presente de una forma cotidiana y determinante en nuestras vidas. Desgraciadamente, hoy la mayoría de nosotros hemos perdido esta percepción. Hoy el mundo ya sólo es misterioso a los ojos de los niños (¡el deslumbramiento, la sensación de maravilla con que los niños descubren el mundo!). Para percibir el misterio, esto es, la auténtica dimensión de las cosas, habría que mirar más allá de su superficie. Años atrás, yo mismo hubiera alegado que los científicos sí miran más allá de la superficie, que la ciencia escruta la realidad hasta el fondo. Ahora mi opinión ha cambiado. Ahora digo que aun los investigadores de la molécula de ADN y de los genes, del cerebro y de las partículas subatómicas, no miran más allá de la epidermis de lo real; que todo lo que hacen es mirar a fondo esa epidermis. Ya que un átomo, Blanca, o un gen, no es menos material que el cuerpo físico del que participa o al que determina.

Y la Materia -el mundo físico- es para los antiguos sabios la costra de las cosas, la epidermis de lo real.

Mirar más allá de la superficie supone, pues, mirar más allá de la Materia. ¿Y cómo se hace para mirar más allá de la Materia?, preguntarás. El secreto, nos dicen los antiguos sabios, está en acallar la mente. Nuestra mente bulle de ruido; está llena de ideas, de planes, de temores, de prejuicios; rezuma preocupaciones, esperanzas y deseos. Todo eso hay que silenciarlo. Sólo cuando cesa la actividad de la mente, estamos en disposición de percibir el "otro lado", el lado espiritual de la realidad, su misterio... Mira, tú eres una gran aficionada a las artes plásticas. Yo solía acompañarte a exposiciones. Recuerdo aquella vez que visitamos un taller de confección de tapices. Pudimos comprobar entonces que el reverso de un tapiz es algo muy complejo; no sólo duplica el anverso: en él desembocan también los cabos sueltos de la trama. En un tapiz tenemos ese misterio del "detrás", del que carece una pintura. Detrás de una pintura no se ocultan secretos, en ella todo salta a la vista. Y es así, Blanca -a la manera de una pintura-, como modernamente tendemos a ver el Universo. Los antiguos sabios lo veían más bien como un tapiz -salvo que, a diferencia de lo que ocurre con los tapices, el "detrás" del Universo es infinitamente más valioso que el "delante". Ellos *sabían* que, bajo la superficie del Universo -esto es, más allá del mundo físico-, subyacen maravillas, tesoros ocultos de valor incalculable...

LOS OJOS DEL SEGUNDO TÉRMINO

Para los antiguos sabios, Blanca, el Universo es misterioso. Es misteriosa la existencia en general, pero también todos y cada uno de los aspectos de la existencia. Incluido ese aspecto fundamental de la existencia humana cuyo "detrás" es el que vamos a investigar aquí, en esta carta y en las que la seguirán -ya que no bastará con una sola, el tema es demasiado prolijo. Me refiero, naturalmente, al amor erótico, al amor entre el hombre y la mujer (aunque es bien sabido que un amor de esta clase puede darse también entre individuos del mismo sexo). Con talante detectivesco, indagaremos en el amor erótico. Pero no a la manera de los biólogos y neurólogos, los cuales obran como el relojero que para comprender el reloj lo desmonta y analiza las piezas. No te hablaré pues, descuida, de hormonas ni de áreas y procesos cerebrales, ni descargas de dopamina u otras lindezas semejantes que son el último grito en hallazgos de la ciencia. El punto de vista que adoptaremos será el del sabio que, para comprender el reloj, lo que hace es acometer una reflexión sobre el Tiempo.

Es misteriosa la existencia, decía, y cada aspecto de la existencia. Y lo es también cada vida en particular, Blanca. Todo encierra un misterio para los antiguos sabios. De ahí que no se conformasen con desmontar el reloj, con escrutar la superficie de las cosas. Sentían curiosidad por lo que había al otro lado, en el lado oculto del tapiz, y en consecuencia se aplicaban a mirar detrás. Esta acción -que puede hacerse hasta con los ojos cerrados- de mirar más allá de las apariencias, tiene un nombre, querida mía: se llama "intuir". Las intuiciones brotan del inconsciente, y recientes investigaciones han demostrado que a ese nivel se desarrollan procesos cognitivos de mucha mayor hondura que en el nivel consciente. Nuestros antepasados lo sabían, Blanca, y por eso la intuición, la intuición mística, es el órgano de conocimiento antiguo por excelencia. De él se valían los antiguos sabios para desentrañar el mundo: es decir, para escrutar el trasmundo, el "detrás" del mundo, el entramado profundo de la vida.

Déjame precisar que, cuando te hablo de los antiguos sabios, estoy pensando en particular en aquellos sabios antiguos que catalogaríamos bajo la etiqueta del *esoterismo*, o del *ocultismo*, que viene a ser la vertiente de detrás de la sabiduría, y que incluye la vertiente de detrás de las llamadas religiones del Libro -judaísmo, cristianismo e islam-, en las que preferentemente nos centraremos aquí. Será sobre todo a la autoridad de estos sabios (proscritos siempre por los pontífices de la ortodoxia) a la que nos acogeremos en estas cartas. Y, por cierto, ya te adelanto que casi todos los antiguos sabios que desfilarán por ellas (fuera de algunas místicas contemplativas) son varones. Pero no protestes: ¿acaso es culpa mía si la historia de la filosofía y de la religión -en sus dos vertientes, la de delante y la de detrás, la exotérica y la esotérica- registra un escaso número de mujeres? Por otra parte, este dato es engañoso: no me cabe duda de que las mujeres debisteis de contribuir de forma decisiva a la sabiduría antigua, por más que los varones llevásemos la fama. No en vano se admite que tenéis una facultad intuitiva más desarrollada.

De todos modos, Blanca, hoy en día ni hombres ni mujeres nos servimos ya apenas de este instrumento, la intuición mística. Preferimos la razón y la experimentación empírica. Instrumentos imprescindibles, qué duda cabe. Pero ¿por qué arrinconar como viejo cachivache un intrumento -ese al que los antiguos sabios simbolizaron mediante el llamado "tercer ojo", "ojo interior" u "ojo de fuego"- que nos permitiría vislumbrar la esencia, la dimensión interior de las cosas? ¿Por qué constreñirnos a la punta del iceberg cuando la realidad es mucho más profunda, de una profundidad insondable? El problema, Blanca, es que, como te decía, en general el hombre moderno no cree ya en esa dimensión oculta. Nos inclinamos a concebir el mundo más como una pintura que como un tapiz. Lo que no impide -porque casi toda regla conlleva excepciones- que haya habido sabios modernos que se aproximaran a la existencia con los "ojos de detrás". Con los *ojos del segundo término*, para usar la fórmula acuñada por uno de ellos, uno de los más sobresalientes: Carl Gustav Jung[1]. Y si me lo permites, citaré también al filósofo francés Henri Bergson, quien rescatara para la filosofía moderna esta idea antigua de la realidad como algo de un grosor mucho mayor del que permite percibir la inteligencia. La inteligencia, dice Bergson, nos da a conocer las cosas por fuera; la intuición mística nos desvela su interioridad, lo que las cosas son por dentro. A los sabios modernos "de mirada antigua", como Jung y como Bergson, los contaremos también entre nuestros sabios.

Sin duda la intuición mística es un órgano de conocimiento sumamente eficaz, querida. Ahora bien: esta visión interior capta el trasmundo -el "detrás" del mundo- *de forma fragmentaria*. Debido a eso, en ocasiones dos intuiciones místicas dicen cosas dispares. Tendemos entonces a suponer que una de las dos se equivoca. Pero no tiene por qué ser necesariamente así. Tomemos un ejemplo de esa disparidad, quizá el más llamativo: aquel que se refiere al pensamiento religioso de Occidente y al de Oriente. Es verdad que entre uno y otro existen considerables diferencias. Pero eso no quiere decir que se excluyan mutuamente; ocurre más bien que cada uno fija su atención en un *aspecto distinto* de la trascendencia. Te recuerdo aquella célebre parábola india de los ciegos y el elefante: Unos ciegos llegan cada uno por su lado ante un elefante. No han oído hablar nunca de este animal, y, tratando de hacerse una idea aproximada, se aplican a examinarlo

---

1. C. G. Jung, *Recuerdos, sueños, pensamientos*, p. 62

por medio del tacto. Como cada uno se ciñe al flanco que tiene más próximo, las versiones difieren. La que da el que examina la trompa ("es largo y flexible como una serpiente") no se asemeja en nada a la del que palpa una pata ("hace el efecto de una columna"), o el vientre, o la cola del animal. Y, sin embargo, ninguno se equivoca. Todos han obtenido *parte* de la verdad, que es poliédrica, tiene muchas facetas.

La intuición capta, pues, el "detrás" del mundo fragmentariamente. Y también *a grandes rasgos*, Blanca. Es decir, los detalles se le escapan, lo percibe todo como dentro de una neblina gris parecida a la que en tu tierra escamotea a veces las líneas del paisaje... Ignoro si en razón de la etimología o por una feliz coincidencia, en la palabra inglesa para "niebla" -*mist*- está la raíz griega de *misterio* y de *mística: mys*, que significa "ocultar". Una cosa entrevista dentro de la niebla aparece borrosa; es en efecto una "cosa oculta", una cosa envuelta en la incertidumbre. Se presta por tanto a la interpretación, admite varias posibles lecturas. Ya que estábamos con las metáforas zoológicas, supón, Blanca, que vislumbras un animal en medio de la niebla. Distingues sus proporciones: casi dos metros de largo por uno y medio de alto; sus cuatro largas y huesudas patas, y, al final de un robusto cuello también considerablemente largo, su esbelta cabeza en forma de hocico. Con estos datos elementales, ¿verdad que te costaría decidir de qué animal se trata? Porque, como mínimo, tres interpretaciones son posibles. Y bueno, algo parecido es lo que sucede con las descripciones del trasmundo que nos ofrecen los antiguos sabios. Hay una serie de percepciones casi unánimes, pero la visión de detalle varía de unos sabios a otros. Casi todos ven, digamos, un animal de cuatro patas, alto, largo, con hocico. Sólo que unos creen reconocer en él un caballo, otros una cebra, otros un asno...

Una percepción prácticamente unánime de los antiguos sabios es la concerniente al detrás del ser humano. Ya que, si todas las cosas de este mundo son mucho más de lo que aparentan, querida, lo mismo, acentuado, es cierto respecto de nosotros los humanos. Si hemos de creer a los antiguos sabios, tú estabas en lo cierto y yo equivocado: no somos sólo animales racionales, tenemos un detrás; y este detrás es inmaterial, espiritual, y es por tanto inmortal y eterno. A este detrás del ser humano, los antiguos sabios lo denominaron *alma*. Pero decir "tenemos un detrás", "tenemos un alma", no es exacto: *somos* un alma. Porque el "detrás", Blanca, el "detrás" es *la esencia* de las cosas, lo que las cosas *son* realmente. Tenemos un físico, una edad, un nombre, una inteligencia, un carácter, unas habilidades o talentos, una personalidad incluso. Todo eso lo tenemos; el alma, en cambio, es lo que somos. La intuición mística es justamente una facultad del alma: el "tercer ojo" es el ojo del espíritu ("ojo del corazón" lo llamaron también los antiguos sabios, porque al corazón -tenlo presente cada vez que aludamos a él- se lo suponía sede corporal del alma y, por tanto, la encarnaba).

Al ser la existencia del alma el fundamento de la teoría que desplegaremos en estas cartas, conviene que tratemos de dotar de un mínimo de consistencia a ese postulado. No alegaré las demostraciones racionales de los filósofos, sino un hecho empírico documentado por la medicina y del que, si no me engaño Blanca, en vida tú ya tuviste noticia: me refiero a las denominadas Experiencias Cercanas a la Muerte. Las modernas técnicas de resucitación cardiaca han posibilitado el "retorno a la vida" de personas en estado de muerte clínica. Y muchas de estas personas regresan con un relato que contar acerca de su experiencia. Desde mediados de los años setenta, cuando el doctor Raymond Moody se dedicara a recopilar algunos de estos relatos, son en todo el mundo cada vez más los médicos y científicos interesados en escucharlos. Merecen esa atención, Blanca, pues parecen todos cortados por el mismo patrón..., un patrón que desmonta la objeción principal que la ciencia opone a la idea del alma. Habla, este modelo común (del que no faltan tampoco los testimonios antiguos, como por ejemplo aquel célebre cuadro de El Bosco, *Ascenso al Paraíso Celeste*), del viaje a través de un túnel y de una luz blanca al final, donde aguarda al viajero una figura gloriosa y resplandeciente irradiando un amor absoluto. El caso, querida, es que este viajero viaja sin un equipaje que la ciencia considera indispensable para viajar: viaja sin un soporte físico, sin estar biológicamente vivo. Este viajero astral desafía el dogma científico de que la conciencia, de que el *Yo*, no sobrevive a la muerte, y constituye por ello, me parece, una prueba bastante consistente de la existencia del alma.

He mencionado la figura de luz blanca al final del túnel de la muerte. El viajero astral, a esta figura amorosa, acogedora, que le recibe en el Más Allá, la identifica con Dios. Lo que indirectamente otorga también cierta credibilidad a esta otra idea -la de Dios-, estrechamente asociada a la del alma, y que será igualmente básica en nuestras cartas, amor mío... Muchos son los argumentos que se han aducido en favor de la existencia de Dios -de seguro los conoces mejor que yo-, pero creo que uno de los más convincentes es uno de los más sencillos también. Es aquel esgrimido por los teólogos según el cual si el ser humano se ha sentido desde el principio vinculado a un ser que le trasciende, este sentimiento es ya en sí mismo una prueba de la existencia de Dios. Porque si en la oscuridad invocamos la luz y la echamos en falta, ¿no es señal de que algún día la vieron nuestros ojos? Si sentimos sed, es porque existe el agua; no se puede anhelar algo que no existe... La existencia de Dios es, desde luego, otra percepción unánime de los antiguos sabios. Otra es que el alma -esta alma que esencialmente es cada ser humano- está, por decirlo así, "coja"; es imperfecta, no está íntegra. Es en realidad una mitad de alma y no un alma entera. Y es justo a partir de aquí, querida, que la niebla desdibuja los contornos, y en los antiguos sabios la unanimidad deja paso a la controversia. Surge ésta a la hora de plantearse qué ha sido de la mitad "ausente", y cuál es, por tanto, el modo de restaurar la integridad original del alma humana. Podemos clasificar las diversas opiniones en dos grandes grupos. Están los sabios que postulan que la mitad perdida del alma no es externa a ella, no está ausente de ella sino inhibida: de lo que se trataría entonces es de hacerla aflorar, de despertarla. A esta interpretación la llamaremos "hipótesis psicológica". Y están los que creen que la mitad perdida está realmente ausente del alma, y que hay que buscarla fuera por tanto. Este segundo grupo se bifurca a su vez en dos opiniones dispares: aquella según la cual la mitad perdida del alma es Dios (o bien está en Dios y entonces es un doble trascendente, angélico, de cada ser humano: "hipótesis angélica" denominaremos a esta variante); y aquella otra para la que la mitad perdida del alma no es sino otra alma humana semejante a ella, es decir, un *alma gemela*.

De estas tres posibles interpretaciones, cuatro contando la hipótesis angélica, las cuatro igualmente indemostrables, yo me quedo con la última, Blanca. Y ello por una razón de tipo personal, pero tan válida como cualquier otra (quizá más si pensamos, con el filósofo danés Kierkegaard, que "las conclusiones de la pasión son las únicas dignas de fe"). Necesito creer en ella porque es la que ofrece un mejor asidero a mi esperanza: la esperanza de que tú y yo volveremos un día a estar juntos... Tal vez los antiguos sabios partidarios de esta interpretación lo fueran por la misma razón que yo: quizá ellos también eran viudos, o eran conscientes de que un día lo serían, o de que su amada esposa enviudaría un día y tendrían entonces por fuerza que separarse de ella. En cualquier caso, fueron ellos -los antiguos sabios partidarios de esta interpretación- los que con preferencia se aplicaron a mirar detrás de ese aspecto fundamental de la existencia humana: el amor erótico. Y es lo que ahí vieron, Blanca, lo que sin más demora entraremos a considerar a continuación.

UNA BELLEZA SECRETA

Piensa en cómo nos conocimos. Fue una suerte que aquella tarde tú tuvieses una entrevista de trabajo, y que se pusiera a llover y así yo tomase el tranvía en lugar de ir andando como era mi costumbre; de otro modo, no habríamos coincidido. Impensadamente he empleado la palabra "suerte". Pero ¿te has preguntado alguna vez si la suerte tuvo realmente algo que ver en ello? ¿Si fue pura coincidencia? Desde luego, no puede negarse que nuestro encuentro fue puramente casual en apariencia. Pero mira, los antiguos sabios desconfiaban de las apariencias, las juzgaban engañosas. Creían que los avatares del azar no explicaban todos los encuentros. O, mejor dicho, que en muchos casos el azar "sabía lo que se hacía". El azar era sólo aparente: si uno rascaba un poco la superficie, descubría la necesidad, lo que ellos llamaban el *Destino*, que vendría a ser una especie de fuerza sobrenatural o de mano invisible que maneja los hilos del azar. (Imposible pensar esta noción de "azar necesario" o del "azar como Destino" sin imaginar detrás una Inteligencia infinita capaz de manejar esos innumerables hilos.)

Si hubiésemos relatado nuestro primer encuentro a algún sabio antiguo, éste habría eximido de toda responsabilidad a la suerte. "La suerte nada tuvo que ver -habría dicho-, fue cosa del Destino. Vosotros estabais predestinados a encontraros." Algo parecido, en verso, diría un poeta. Porque olvidaba decirte que la intuición (y es por eso que les incluiremos también entre los antiguos sabios) es igualmente esencial a los poetas: es a través de ella como captan la poesía de la vida, es decir, *su misterio*... Debió de ser un encuentro semejante al nuestro el que inspirara al poeta inglés del siglo diecinueve Coventry Patmore cuando escribió estos versos:

> Él encuentra, por expreso azar del Cielo,
> a la joven destinada; alguna mano oculta
> le desvela esa belleza
> que otros no pueden comprender[2]

"Por expreso azar del Cielo", Blanca. Es decir, que ese encuentro en apariencia casual fue en realidad una cita. El Cielo envió las citaciones, por así decir; les emplazó a ambos en ese lugar y a esa hora precisa para que se encontrasen. Asimismo, los dos últimos versos me dan que pensar acerca de tu belleza, sabes. Porque, antes y después de aquella tarde -la tarde de nuestro primer encuentro-, he conocido mujeres más bellas que tú..., pero extrañamente ninguna me lo ha parecido tanto. Esos dos versos -"le desvela esa belleza / que otros no pueden comprender"- sugieren una idea de la que hago postulado y punto de partida de estas cartas: la idea de

---

2. Coventry Patmore, "The angel in the house", *The Poems*, p. 77

que, más allá de la belleza objetiva, existe otra belleza subjetiva y oculta, una belleza misteriosa que se revela sólo a los ojos predestinados. (No hay que confundir esta belleza subjetiva con el conjunto de cualidades espirituales que adornan a una persona y que denominamos "belleza interior": la belleza interior es ciertamente superior a la exterior, querida, pero es igual de objetiva.) Y a diferencia de lo que ocurre con la belleza objetiva, todo el mundo está en posesión de esta otra belleza "cifrada", que es -por lo que a la teoría de las almas gemelas respecta- la verdadera belleza.

En otras palabras, Blanca, todos somos bellos a los ojos adecuados. Tu belleza, tu belleza secreta, era sólo para mis ojos, porque sólo ellos -mis ojos del segundo término, los de la intuición- poseían la clave para desentrañarla. Esta clave es la de la predestinación amorosa.

La creencia en la predestinación amorosa tuvo muchos adeptos en la antigüedad. Venía a explicar un fenómeno difícilmente explicable por otras vías. Un fenómeno que podríamos enunciar así: "Hay secretos vínculos de afecto de los que ninguna razón puede dar cuenta"[3]. La frase pertenece a un tratado sobre el matrimonio escrito por un representante del Puritanismo protestante del siglo diecisiete, el inglés Thomas Gataker. Seiscientos años antes, un eminente poeta y filósofo andalusí llamado Ibn Hazm de Córdoba había expresado lo mismo con estas otras palabras: "Si la causa del amor fuese no más que la belleza de la figura corporal, fuerza sería conceder que el que tuviera cualquier tacha en su figura no sería amado, y, por el contrario, a menudo vemos que hay quien prefiere alguien de inferior belleza con respecto

---

3. Thomas Gataker, *A Good Wife God's Gift*, citado por Laurence Lerner en *Love and Marriage*, p. 121

a otros cuya superioridad reconoce, y que, sin embargo, no puede apartar de él su corazón. Y si dicha causa consistiese en la conformidad de los caracteres, no amaría el hombre a quien no le es propicio ni con él se concierta. Reconocemos, por tanto, que el amor es algo que radica en la misma esencia del alma."[4] Después comprenderás lo que Ibn Hazm quiso decir con esta última frase, que ahora puede resultarte enigmática... Completaremos los testimonios con el de un sabio antiguo que de seguro no te resultará desconocido. El médico y alquimista suizo del siglo dieciséis Teofrasto Paracelso dejó escrito: "Cuando dos seres se buscan y se unen en un amor ardiente y aparentemente insólito, hay que pensar que su afecto no nace ni reside en el cuerpo, sino que proviene de los espíritus de ambos cuerpos, unidos por mutuos lazos y superiores afinidades... Son éstos los que llamamos espíritus gemelos."[5]

Estos tres pasajes, querida, expresan de entrada una constatación común a los antiguos sabios: el hecho de que el amor, cuando es verdadero, no obedece a criterios objetivamente mensurables. Tú y yo podemos invocar ejemplos -creo que cualquiera podría- que servirían para ilustrar este postulado. Tengo el recuerdo de una reunión familiar en casa de tía Magda, en que acaloradamente se tocó el tema del compromiso de la prima Inés con Marcel, su actual marido, y todos manifestaron su incomprensión al respecto. No entendían como ella podía preferirlo a su otro pretendiente, en su opinión mucho más apuesto y encantador, por no hablar de que era un mejor partido. Sólo tú saliste en defensa de Marcel. No recuerdo cuál fue tu argumento. En cualquier

---

4. Ibn Hazm de Córdoba, *El collar de la paloma*, p. 102
5. Teofrasto Paracelso, *Libro de las Entidades*

caso, amor mío, el de Gataker, Ibn Hazm y Paracelso habría venido a ser éste:

El amor, el amor verdadero, a menudo resulta incomprensible visto desde fuera, es decir, para sus testigos. Con seguridad, tía Magda y los demás entenderían lo que Inés ve en Marcel si pudieran verlo *con sus ojos*. Los de ellos son los ojos del testigo, y éstos son ojos "objetivos", Blanca, ojos que nada saben de bellezas secretas. El protagonista del amor, en cambio -el verdadero enamorado-, mira a la persona amada con los ojos "subjetivos" del segundo término. El testigo del amor juzga a la persona amada en base a criterios mensurables, la juzga por el rasero de la belleza objetiva. El verdadero enamorado, por ese otro rasero misterioso: el de la belleza subjetiva, una belleza que -invisible a los ojos impersonales de la objetividad- sólo él es capaz de descifrar... El criterio de la belleza objetiva se revela, pues, ineficaz para dar cuenta del amor, para explicar por qué ama el verdadero enamorado. Los testigos más perspicaces concluyen entonces que el amor maneja sus propios criterios de belleza, unos criterios eminentemente subjetivos; mientras los demás suponen que no existe criterio alguno en el amor y llegan a la conclusión de que el amor es ciego. Sólo cuando ellos mismos caen en sus redes, están en disposición de entrever la verdad; de comprender que, desde el momento en que eran incapaces de ver -más allá de la belleza objetiva- esa otra belleza personal e intransferible, los ciegos eran ellos.

EL ORIGEN QUE ES TAMBIÉN LA META

Esta belleza subjetiva, que a todas luces es la que importa, Blanca, está, por decirlo así, encriptada, está escrita en cifra y a la espera de ser descifrada. ¿Por quién? Por el único poseedor de la clave: el alma gemela, la pareja predestinada... ¿Qué es lo que dice la noción de predestinación amorosa, a la que nos atendremos aquí? Dice que cada individuo está ontológicamente, esencialmente ligado a otro por lazos de amor. En otras palabras, que todo individuo está hecho a la medida de otro, al cual está destinado a amar. Muchos clisés amorosos entrañan esta noción. Aquel manido lugar común de los enamorados: "Estamos hechos el uno para el otro". O aquellas frases convencionales ‑tan cursis para mi gusto‑ de las novelas de amor y las películas románticas: "Antes de conocerte, ya te buscaba sin saberlo", "Es como si te conociera de toda la vida"... Esos tópicos, sólo en boca de los antiguos sabios asumen su plena significación; los enamorados los repetimos sin reparar apenas en su sentido. Pero encierran de hecho un sentido, Blanca; traducen una idea que, por lo demás, desde el momento en que ha hecho fortuna, no podría responder a una mera invención, sino a una vivencia personal ‑no por oscura menos intensa‑ del común de la gente.

Recuerdo haberte preguntado una vez, mucho después de conocernos, qué viste en mí aquella primera tarde para aceptar mi precipitada propuesta de quedar para el día siguiente. "Vi la excusa perfecta", respondiste entre risas. Porque nuestra primera cita coincidía, en tu calendario familiar, con el día de la mensual visita a tía Magda, de la que pensaste que a lo mejor podías librarte. Pero no sólo no te libraste, acuérdate, sino que al final me vi arrastrado yo también a su casa. Pero aparte de una excusa, viste algo más, porque inmediatamente añadiste que me encontraste simpático, y que te inspiré confianza. "Como una sensación de familiaridad" dijiste. Y la verdad es que me sorprendió oírtelo, pues lo mismo, convine, había sentido yo. El caso, Blanca, es que ahí los dos andábamos a vueltas con otro gran tópico cursi de la literatura romántica: ese según el cual determinados encuentros amorosos tienen el dulce regusto de un "regreso al hogar". Y por cierto que esta idea del propio hogar no como un lugar sino como una persona que de algún modo nos completa, viene de antiguo. ¿Sabías que aforismos del tipo: *El hogar de un hombre es su mujer*[6], abundan por ejemplo en el *Talmud*, en el texto básico de la religión judía? Este tópico del "regreso al hogar" intenta dar cuenta del sentimiento inefable de *déjà vu*, de "ya visto", que podemos experimentar ante nuestra pareja predestinada: un sentimiento ligado a la revelación de su belleza subjetiva. La sintonía misteriosa, la "química" diríamos ahora, o -más a tono con lo que serán estas cartas- la "alquimia" que en ocasiones se establece entre un hombre y una mujer hasta entonces desconocidos el uno para el otro, la atribuían los antiguos sabios a un mutuo reconocimiento. Un fenómeno no muy distinto del suscitado por aquellas percepciones olfativas o gustativas a las que tú eras tan sensible, Blanca: esas sensaciones ligadas a un olor o a un sabor que -como el de la magdalena de Proust- emerge de pronto de la infancia reavivando los recuerdos más apagados.

El reconocimiento puede ser instantáneo, y es el flechazo, el amor a primera vista... A propósito de flechazos, no hace mucho fui testigo de uno bastante espectacular; un flechazo de manual digamos. Registrarlo aquí me dará la ocasión, que buscaba, de mencionarte un viaje muy especial, un viaje del que mis piernas aún no se han repuesto: la marcha a pie por el Camino de Santiago. Recordarás que muchas veces, de jóvenes, tú y yo habíamos planeado hacer juntos este viaje pero siempre un contratiempo u otro nos lo impidió. Pues bien,

6. *Yoma 1,1*

hace unos meses me decidí a hacerlo en solitario. Aunque en espíritu es como si lo hubieras hecho conmigo, sabes. Porque cuando uno pasa toda una mañana a solas caminando entre campos de trigo o girasoles bajo una inmensa bóveda de cielo, o esforzándose en subir un cerro a pie con una pesada mochila a la espalda, es normal que le dé por hablar consigo mismo; y eso en mi caso equivale a hablar contigo. Fue ese continuado ejercicio de introspección, sospecho, el que abonó el terreno para estas cartas... Pero fui testigo de un flechazo, te decía. Sí. Porque, en el mes y pico que me llevó ir y regresar de Santiago de Compostela, no siempre anduve solo. De vez en cuando coincidía con otro peregrino, o con grupos de ellos, con los que recorría un trecho del camino. El caso es que en determinado momento ajusté mis pasos a los de un joven peregrino que renqueaba un tanto al andar, Alfons se llamaba. Aunque era taciturno y de pocas palabras, respondiendo a mis preguntas me dijo que era de Valencia, de donde había partido, y que se había echado al Camino porque "había oído una llamada". Yo di por hecho que se refería a la llamada de Cristo. Pensé que le rondaba por la cabeza el hacerse monje o sacerdote, y aunque él ni me lo confirmó ni me lo desmintió, creo que mis sospechas no andaban descaminadas a juzgar por sus muestras de piedad cada vez que entrábamos en alguna de las numerosas iglesias (¡aah, Blanca, el Románico del Camino, qué maravilla!) que jalonaban nuestra ruta. Sin embargo, al final la llamada resultó ser otra... Cruzábamos Astorga, acabábamos de avituallarnos para una nueva etapa. Era a primeras horas de la mañana, los rayos del sol naciente reverberaban en el aire límpido y como de cristal. Yo, si te digo la verdad, ni siquiera me fijé en ella: era una chica como tantas otras con las que, atravesando los pueblos, nos habíamos cruzado. Pero Alfons moderó la marcha, y ella hizo lo mismo. Se saludaron, conversaron unos minutos. Yo me mantuve discretamente apartado aguardando a que él me la presentara, pues pensé que se conocían de hacía tiempo: era la impresión que daban. Mi sorpresa fue cuando oí que se intercambiaban los nombres... En fin, Alfons no siguió viaje; quedamos en vernos a mi regreso de Santiago. Fue entonces cuando me la presentó: "Te presento a mi novia...", dijo.

Ya ves, querida, que, al lado de este flechazo, el nuestro palidece. Y más que palidecerá al lado de los dos que quiero recordarte ahora. Porque se trata de los dos flechazos señeros de la literatura occidental, consignados por dos de sus más grandes poetas. Me refiero, por supuesto, a los flechazos que acometieron a Dante ante la visión de Beatriz y a Romeo ante la de Julieta. El primero es un testimonio verídico. Dante Alighieri tenía sólo nueve años -la misma edad que ella- cuando vio por primera vez a Beatriz. Corría el año mil doscientos setenta y cuatro. Dante lo rememora en su *Vida Nueva*: "En ese momento digo en verdad que el espíritu de la vida que reside en la secretísima cámara del corazón, comenzó a temblar con tal fuerza que percutía terriblemente hasta en las venas más pequeñas, y temblando dijo estas palabras: 'He aquí un dios más fuerte que yo (en referencia al Amor) que viene a dominarme'. Entonces el espíritu animal que reside en la alta cámara (el cerebro), a la cual todos los espíritus sensitivos llevan sus percepciones, comenzó a maravillarse vivamente, y, hablando especialmente al espíritu de los ojos, dijo estas palabras: 'Apareció ya vuestra beatitud'."[7]

Es casi como si Dante, ¿verdad amor mío?, se hubiera visto asaltado por una revelación: la revelación de la "beatitud"

---

7. Dante, *Vita Nuova*, II

de Beatriz. Del hecho de que tal beatitud sea reconocida especialmente por el espíritu de los ojos, deduzco que aquí esa palabra puede ser reemplazada sin dificultad por *belleza*. Cabe leer pues: "Apareció ya vuestra belleza". La aparición de la belleza de Beatriz sobrecoge a Dante, y nada nos impide pensar, Blanca, que esta belleza sea belleza subjetiva. Que esos ojos a los que alude el poeta ("y hablando especialmente al espíritu de los ojos") sean los ojos de fuego del alma. Y que, cuando más adelante en ese mismo libro (y luego en la *Divina Comedia*, donde Beatriz se convertirá en cicerone del poeta en su viaje por las regiones celestiales) Dante exalte la belleza de Beatriz, se esté refiriendo quizá también a su belleza objetiva, pero ante todo a esa otra belleza visible sólo para sus ojos, para los ojos del alma de Dante.

Está luego ese otro ejemplo ilustre cuya obra de procedencia, *Romeo y Julieta*, figura, al lado de otras ediciones bilingües de Shakespeare, en lugar destacado de tu biblioteca... Y ahora que menciono tu biblioteca ("la biblioteca azul" la llamábamos, porque tú misma encuadernaste en diferentes tonos de azul sus libros), déjame hacerte una pequeña confidencia dentro de esa otra confidencia mayor que es esta carta que te escribo: Sabes, una de las cosas que más echo de menos de nuestra convivencia (son tantas las cosas, pero una de las que más) son nuestras lecturas en común. Aquellas veladas en que, después de cenar, nos acomodábamos uno frente al otro en esta misma mesa desde la que te escribo. El balcón abierto como ahora en verano, cerrado en invierno, pero siempre abiertos los postigos, descorridas las cortinas, para que el resplandor ambarino de la farola de la calle, al filtrarse, crease esta atmósfera ensoñada tan propicia a nuestras lecturas... Entrecierro los ojos y me parece volver a verte. Sí, ahí estás, ajustándote las gafas de leer con tu sereno encanto, haciendo girar la llave en la cerradura del viejo armario con vitrina, entresacando de los ciento cincuenta y siete volúmenes azules, aquel que la víspera o noches atrás dejamos en suspenso, ese que ahora, sentada frente a mí, abres por la señal. "¿Listo?", me preguntas. Y como yo respondo afirmativamente, te pones a leer en voz alta, mientras yo te escucho, o a veces te observo solamente, o atiendo sólo al sonido de tu voz, a los graciosos cambios de tono que imprimes al diálogo según los personajes...

Es así, Blanca, sentada a esta mesa leyendo en voz alta para los dos, como más me gusta recordarte. Pero también en tu pequeño estudio de artista del fondo del pasillo, componiendo, con retales y acuarelas y conchas marinas y recortes de periódico y de viejas partituras, aquellos pequeños collages sobre fondo estrellado que luego comercializaba tu amiga Irene. Como también me gusta recordarte dormida a mi lado, con esa expresión angélica que se te ponía en la cara, mientras yo trataba de adivinar tus sueños, de ver la manera de introducirme subrepticiamente en ellos... Me detengo porque sin darme cuenta estoy empezando a deslizarme por la pendiente de lo cursi y (por más que tú me lo afearas y lo vieras como una manifestación de auto-odio) ya sabes que eso no lo soporto. Y además, ya está bien de divagar. Déjame añadir tan sólo que contigo fui muy dichoso, y que lo fui por partida doble: porque tú me hacías feliz, pero también y sobre todo porque veía que yo te hacía feliz a ti, lo cual era para mí una felicidad mayor. Y ya: punto. Vayamos con el anunciado ejemplo.

El joven Romeo convalece de un desengaño amoroso; sus amigos le arrastran a una fiesta -él no quiere ir, está abrumado por la pena. Allí conoce a una chica, y, como a Dante, le acomete una revelación: la de la belleza de Julieta.

¡Oh, ella muestra a las antorchas cómo se resplandece!
Se diría que cuelga de la mejilla de la noche
Como una rica joya en la oreja de un etíope.
¡Belleza demasiado rica para gozarla; demasiado preciosa para la
tierra!
Como una nívea paloma en medio de cuervos,
así destaca esa dama entre sus compañeras.
Acabado el baile, observaré donde se coloca
Y, tocando la suya, haré dichosa mi ruda mano.
¿Amó mi corazón antes de ahora? ¡Niéguenlo mis ojos!
Pues nunca vi belleza verdadera hasta esta noche.[8]

A buen seguro, querida Blanca, Romeo había conocido
antes de esa noche otras bellezas, como aquella por la que
penaba. Pero se trataba de bellezas objetivas. Ante Julieta se
enfrenta por primera vez a esa otra belleza misteriosa que es
sólo para sus ojos. Las demás eran, en cierta manera, falsas;
la de Julieta es la belleza verdadera: "Pues nunca vi belleza verdadera hasta esta noche." El amor que sintió por esas
otras mujeres fue, en consecuencia, también falso en cierto
sentido: "¿Amó mi corazón antes de ahora? ¡Niéguenlo mis
ojos!". Diríamos que esos otros amores fueron semejantes a
espejismos. Porque, según opinarían generaciones más tarde
los poetas románticos, "sólo se ama una vez"[9], "el amor es
una repetición infinita" ("eres mía para la eternidad: el amor
es una repetición infinita"[10], escribirá Novalis). La belleza
que los ojos de Romeo -no los ojos físicos: los del segundo
término- perciben en Julieta, es la señal de reconocimiento

8. Shakespeare, *Romeo y Julieta*, I, v
9. Friedrich Schlegel, *Cuadernos Literarios*, 1297
10. Novalis, *Enrique de Ofterdingen*

de su compañera predestinada, de su alma gemela. En el caso de Romeo, Blanca, como en el de Dante, este reconocimiento es instantáneo. Pero cabe otra posibilidad: que el reconocimiento vaya emergiendo poco a poco, a veces en el curso de toda una vida. En cualquier caso, sea instantánea o paulatina, el que experimenta esa sensación raramente la identifica. Por lo común el reconocimiento acaece de un modo insensible, como a oscuras ("la persona no lo ve, pero lo ve su estrella", leo embelesado en el Talmud). Acaece por debajo del umbral de la conciencia. Al sujeto sólo se le alcanza la poderosa atracción que el otro ejerce sobre él; quizá también un vago sentimiento de familiaridad, como en nuestro caso. Son los antiguos sabios los que nos enseñan a ver, por detrás de esa atracción, de esa familiaridad -explicándolas-, un reconocimiento.

Ellos dirían que, aquella lluviosa tarde en el tranvía, tú y yo nos reconocimos... Sí, ya sé: el reconocimiento implica un conocimiento previo, y tú y yo nunca nos habíamos visto antes. Pero nunca nos habíamos visto antes *en esta vida*. Y ¿qué es una vida, amor mío? Una vida, para los antiguos sabios, no es más que un instante, un eslabón en una larga cadena... Llegamos con esto a la idea de reencarnación, que es una idea todavía hoy sumamente extendida en Oriente, pero también antaño en Occidente y, desde siempre, entre los antiguos sabios. Según éstos, el "antes" de un individuo se remonta muy lejos en el Tiempo. Desborda los estrechos confines de una vida y se extiende hacia atrás a lo largo de multitud de formas encarnadas, hasta un punto más allá del Tiempo. Este punto más allá del Tiempo, Blanca, es la verdadera patria del alma. Siguiendo a los antiguos sabios, lo denominaremos *el Origen*. Pero de este misterioso punto de partida (que es a la vez -y esto es lo que más nos importa- una meta, un misterioso punto de llegada) hablaremos más adelante. Ahora quiero citarte otros ejemplos de reconocimiento instantáneo, de los que tanto abundan en la Literatura.

EL IMPACTO DEL RAYO

De todos los ejemplos que conozco, el más hermoso, el que me parece el más hermoso, lo imaginó el escritor inglés D. H. Lawrence en los albores de este siglo nuestro que ya toca a su fin. Lawrence creó el personaje de Tom Brangwen para encabezar las tres generaciones de su novela-saga *El arco iris*. Para ello debía encontrarle una esposa. Y eligió a Lidia, una emigrante polaca, ante la cual Tom Brangwen experimenta una sensación de familiaridad tan abrumadora que supuso -nos dice Lawrence- la irrupción de un destello de trascendencia en su grisácea vida. Tom Brangwen regresaba un día desde Nottingham a su casa en Cossethay con el carro cargado de sacos de semillas. Iba andando junto al caballo, pendiente de éste, cuando vio venir a una mujer por el camino...

Ella había oído el carro, y levantó la vista. Tenía el rostro claro y pálido, gruesas cejas oscuras y una boca ancha, de curioso rictus. Él pudo verle muy bien la cara, como si la iluminase una luz suspendida en el aire. La vio con tanta claridad que dejó de estar ensimismado y se quedó en suspenso. "Es ella", dijo involuntariamente. Cuando pasó el carro, salpicando barro fino, ella se echó atrás, hacia la cuneta. Entonces, mientras él caminaba junto al inquieto caballo, su mirada se cruzó con la de ella. La desvió rápidamente, manteniendo alta la cabeza y sintiendo una punzada de alegría. No podía pensar en nada. Se volvió en el último momento. Vio el gorro, la silueta envuelta en la capa negra, el movimiento del cuerpo al andar. En un instante desapareció en la curva. Había pasado por su lado. Sintió que vivía de nuevo en un mundo lejano, no en Cossethay sino en otro mundo, en una realidad frágil. Siguió adelante, silencioso, en suspenso, purificado. No podía pensar ni hablar, no podía hacer ningún ruido ni ninguna seña, no podía cambiar sus movimientos. Apenas se atrevía a pensar en el rostro de ella. Se movía consciente de ella y del mundo que había más allá de la realidad. La sensación de que habían intercambiado una señal de reconocimiento le poseía como a un loco, como un tormento. ¿Por qué estaba seguro, qué confirmación tenía? La duda era como sentir un espacio infinito, un vacío, algo aniquilador. Albergaba en su pecho la voluntad de estar seguro. Habían intercambiado una señal de reconocimiento. Vivió en este estado durante los próximos días. Y de nuevo, como una niebla, comenzó a desgarrarse para dejar paso al mundo yermo y vulgar.[11]

Tras este primer encuentro, Tom Brangwen recaba información en el pueblo acerca de la desconocida. Y siente "una curiosa certidumbre acerca de ella, como si estuviera destinada a él... Sabía que su destino se aproximaba. El mundo se sometía a su transformación. Él no daba ningún paso; lo que tenía que llegar, llegaría."[12] Lidia no es precisamente una mujer hermosa, te habrás dado cuenta: "Tenía el rostro claro y pálido, gruesas cejas oscuras, y una boca ancha, de curioso rictus." ¿Cómo explicar entonces ese fulminante enamoramiento? Un enamoramiento que, quizá por primera vez en su vida, vuelve a Tom Brangwen consciente de la existencia de un orden secreto, de una realidad oculta detrás

---

11. D. H. Lawrence, *El arco iris*, traducción de Pilar Giralt, pp. 28-29
12. *Ibid*, p. 31

de la realidad aparente. ¿Cómo explicarlo, Blanca, si no es remitiéndonos al concepto de belleza subjetiva?

El siguiente ejemplo está tomado de un relato breve perteneciente a uno de los grandes maestros del género, y un gran maestro del género teatral también: bastará con mencionar *El jardín de los cerezos* para que sepas de quién te hablo. Eso es: de Antón Chéjov... Dos cazadores pernoctan en una casa de campo. Allí entablan una tertulia que pronto deriva hacia el tema del amor (*Sobre el amor* se titula el relato). Entonces su anfitrión, para ilustrar el tema, procede a referirles su propia historia, que es una historia de amor adúltero, Blanca. Pero no una de esas trágicas historias de adulterio a las que nos tiene acostumbrados la literatura: no es *Ana Karénina*, por citar otro ilustre texto ruso de la biblioteca azul. Es una historia mucho más modesta, una historia mínima en la que apenas pasa nada. Se trata de un hombre y una mujer que se enamoran profundamente uno del otro, pero que por lealtad al amigo y al marido reprimirán ese amor. Eso es todo. Ah, pero esta historia tan delgada está, digamos, trufada de cosas interiores. ¿Que qué clase de cosas? Pues mira: por ejemplo la sensación que asalta al protagonista cuando por primera vez ve a la que habrá de ser la mujer de su vida: "Al momento tuve la sensación de que aquél era un ser muy allegado a mí y ya conocido, como si ya antes, largo tiempo atrás, hubiese visto precisamente ese rostro, esos ojos inteligentes y atractivos en mi infancia, en un álbum que tenía mi madre encima de la cómoda"... Transcurren meses desde ese primer encuentro, desde esa revelación de familiaridad en el rostro de una desconocida. Pero Aliohin no olvida: "No pensaba en ella -nos dice-, pero era como si su leve sombra estuviese alojada en mi alma." Una noche, en el teatro, vuelve a verla, "y de nuevo tuve la misma impresión, irresistible y sorprendente, de belleza, de

45

ojos hermosos y acariciantes, y la misma sensación de proximidad."

Si nos hubiese dado tiempo de leer la antología de relatos breves de Chéjov que adquiriste unos meses antes de tu muerte (y que estoy seguro de que te hubiese encantado), esta escena a la que acabo de referirme no habría dejado de evocarte otra similar del que es uno de los relatos más famosos del genial escritor ruso: *La señora del perrito*. También aquí el protagonista se ha enamorado de una mujer casada a la que algún tiempo después reencuentra entre el público de una representación teatral: "Entró también Ana Sergeievna y tomó asiento en la tercera fila. Cuando Gurov la vio se le encogió el corazón y se dio plena cuenta de que en el mundo entero no había ahora para él un ser tan allegado, tan querido y tan importante como ella; ella, esta mujer menuda que no destacaba especialmente, que vivía perdida en medio de una muchedumbre provincial, que sostenía unos impertinentes comunes en la mano, henchía ahora toda su vida, era su alegría y su dolor, la única felicidad que deseaba para sí mismo." Gurov es un Don Juan, o lo ha sido hasta entonces. Es un amante de la belleza femenina. Y he aquí que de pronto se siente subyugado por esta sola mujer no especialmente hermosa, de la que ya no querrá separarse. "Ana Sergeievna y él se amaban como personas muy allegadas, como parientes, como marido y mujer, como amigos íntimos; a él se le antojaba que el Destino mismo los había designado el uno para el otro. Era incomprensible que ella tuviera marido y él esposa. Eran como dos aves de paso, macho y hembra, que habían sido atrapadas y obligadas a vivir en jaulas separadas."

Para que veas que semejantes experiencias no son sólo invenciones novelescas, sino que están basadas en la realidad inmediata, dejaremos ahora momentáneamente la literatura de ficción y atenderemos a varios testimonios personales. El primero corresponde a aquel filósofo danés del siglo diecinueve que de refilón cité al comienzo. No existen muchos filósofos cuya obra esté tan claramente influenciada por una mujer como en el caso de Soren Kierkegaard. No es que esa mujer ayudara de forma consciente a modelar su pensamiento. Es que el flechazo fue por ambas partes tan intenso y turbador, que ya sus vidas no pudieron sustraerse a ese influjo; y sucede que en Kierkegaard vida y obra iban inextricablemente ligadas. En el diario que llevó toda su vida, describe así la impresión que le produjo ese primer encuentro con Regina Olsen:

Vos, soberana de mi corazón, guardada cual tesoro en lo más profundo de mi pecho, en la complitud de mi pensamiento, allí... ¡desconocida divinidad! Oh, *puedo realmente creer los relatos del poeta que, cuando uno ve por primera vez al objeto de su amor, imagina que lo ha visto hace mucho tiempo, que todo amor, como todo conocimiento, es reminiscencia, que el amor también tiene sus profecías en el individuo...* Creo que habría de poseer la belleza de todas las chicas para poder dibujar una belleza igual a la tuya, que habría de navegar alrededor del mundo entero para poder encontrar el lugar que me falta y hacia el que apunta el más profundo misterio de todo mi ser, y al momento siguiente estás tan cerca de mí, llenando mi espíritu tan poderosamente, que me glorifico y siento que es bueno estar aquí.[13]

También ella hablaría más tarde de la poderosa atracción que sintió hacia él la primera vez que se vieron. Porque cuando póstumamente Kierkegaard alcanzó la fama, fueron muchos los

---

13. Alexander Dru, *The Journals of Soren Kierkegaard*, Oxford University Press, 1938

curiosos que quisieron conocer y sondear a aquella mujer que transitaba como en filigrana por la mayor parte de sus libros. Kierkegaard se había comprometido con ella en su juventud, pero era un hombre enfermizamente melancólico, y temió que ese carácter suyo fuera a hacerla desdichada. Con gran dolor de su corazón, resolvió romper el compromiso y, en vista de la consternación de ella, fingió no amarla con el propósito de que le olvidara y rehiciera su vida. Sin embargo, se sumió en la desesperación cuando ella le tomó la palabra casándose con otro hombre. Pero aunque vivieron separados, Kierkegaard y Regina se tuvieron siempre muy presentes el uno al otro y se amaron incondicionalmente hasta el fin de sus días.

El segundo testimonio personal que quiero trasladarte es el de un sabio de nuestros días, Ken Wilber, y su esposa Treya. Wilber es una autoridad en psicología transpersonal y en investigación de la conciencia. Aparte de numerosos ensayos sobre esos temas, publicó un libro hace unos años donde relataba una dura experiencia que le tocó vivir. Da la casualidad, Blanca, que esta experiencia es la misma que me tocó vivir a mí: la enfermedad y muerte de su querida esposa. En él se alternan el relato y las reflexiones del autor con las entradas del diario que su esposa dejó escrito. En las primeras páginas, ambos describen su primer encuentro, y ¿cómo crees que lo hacen? Pues cómo no, en términos de reconocimiento: "Cuando Treya y yo nos conocimos, tuvimos la extraña sensación de que llevábamos vidas enteras buscándonos. Ignoro si esto será literalmente cierto .../... Pero apenas la rodeé con el brazo se disolvió toda sensación de separación y distancia, y fue como si ambos nos fusionáramos, como si hubiéramos estado juntos durante vidas enteras."[14]

---

14. Ken Wilber, *Gracia y coraje*, pp. 9 y 15

Treya, por su parte, rememorando en su diario aquel primer abrazo, dice haber sentido "algo indescriptible: una ternura, una sensación de fusión, de encaje, de ser completamente uno... ¿Qué había pasado? Una especie de reconocimiento, un reconocimiento que se halla más allá de este mundo, más allá de las pocas palabras que habíamos intercambiado. Fue algo mágico."[15]

El último testimonio personal en el que nos detendremos antes de regresar al fructífero terreno de la literatura de ficción, es el de un poeta moderno "de mirada antigua". No es casual, amor mío, que este poeta nacido con el cambio de siglo, el francés André Breton, fuera figura clave del surrealismo, movimiento que reivindicaba el papel primordial de la intuición en el arte en general y, en particular, en la poesía. Habiéndose empleado a fondo en el estudio de la tradición esotérica, Breton era además un profundo conocedor de la sabiduría antigua. Pues bueno, he aquí que en su autobiográfico *Arcano 17*, le escribe a su amada Elisa, con la que se casó casi enseguida de conocerla: "Antes de conocerte, pero qué digo, estas palabras no tienen sentido. Tú sabes bien que, al verte la primera vez, sin duda alguna te reconocí."[16] Es, Blanca, el flechazo, el amor a primera vista, lo que en francés se conoce como *coup de foudre*, "el impacto del rayo". Es decir, un amor súbito que arrebata, y al que el propio Breton había bautizado como *amour fou*, "amor loco". "Naturalmente -puntualiza-, yo hablo del amor que toma todo el poder, que se liga por toda la duración de la vida, que no consiente en reconocer como su objeto más que a un solo ser. A este respecto, la experiencia, por adversa que haya sido hasta ahora

---

15. *Ibid*, pp. 14-15
16. A. Breton, *Arcane 17*, p. 24

(aquí es pertinente señalar que Breton y Elisa acabarían divorciándose), no me ha enseñado nada: tan fuerte es en mí esta aspiración, y soy consciente de que no renunciaría a ella más que sacrificándole todo lo que me hace vivir. Aquí continúo vinculado a un mito de los más potentes, sobre el cual ningún aparente revés en el marco de mi aventura anterior lograría prevalecer."[17] El mito al que se refiere, querida, no es otro que el de la predestinación amorosa, el mito de las almas gemelas. Un mito que enuncia a renglón seguido: "Todo ser humano ha sido arrojado a la vida en busca de un ser del otro sexo y de uno solo que le es, desde todo punto de vista, contraparte, al punto que el uno sin el otro aparece como el resultado de una disociación, de una dislocación de un solo bloque de luz."[18]

Existe una leyenda árabe (aunque no falten los defensores de su historicidad) que retrata un ejemplo extremo de *amor loco*. Germina en Arabia en la segunda mitad del siglo siete, y en los siglos siguientes se expande por todo el Oriente islámico dando lugar a innumerables versiones. (Éste, Blanca, es el Oriente del que se apoderó la fábula: el numeroso Oriente de las mil y una noches, encarnado en Arabia, en Andalucía y en Egipto, en Turquía, en Irak y en Persia, y hasta en la India.) Al héroe de esta leyenda se le conoce por el sobrenombre de Majnún, o sea el "Loco". Su historia es muy sencilla. Es la historia de un hombre que pierde la razón a causa de la imposibilidad de unirse a la joven que ama. Ella le corresponde, pero su padre la obliga a casarse con otro. Desde entonces Majnún vive obsesionado con el amor de Layla. Su locura de amor le hace blanco del escarnio de la gente. Le lleva a errar semidesnudo por desiertos

17. *Ibid.*, p. 28
18. *Ibid.*, p. 28

y montañas, viviendo en compañía de los animales salvajes. En un intento de disuadirle de ese "amor loco", su padre le llevará en peregrinación a La Meca. Pero todo es inútil, porque La Meca de Majnún es Layla. La leyenda concluye con la muerte del "loco de amor" sobre la tumba de su amada y, en una de sus más célebres versiones -la del poeta persa del siglo doce Nizami de Gandza-, con el corolario de la reunión de los dos amantes en el Paraíso. Majnún y Layla se conocieron en la infancia; pastoreaban juntos el mismo rebaño según algunas versiones. Su primer encuentro tuvo carácter de revelación para Majnún, que de inmediato quedó prendado de la belleza de Layla. Sin embargo fíjate, Blanca: la leyenda quiere que Layla no sea particularmente agraciada, que sea fea incluso. En uno de los episodios, el califa tratará de hacer entrar en razón al insensato haciéndole ver que en el mundo existen infinidad de mujeres más hermosas. Pero Majnún no atiende a razones: él se halla bajo el influjo de la belleza subjetiva, la del alma gemela. Layla es para Majnún (como Dulcinea para ese otro loco egregio, don Quijote, dispuesto a dejarse matar antes que negarlo) la mujer más bella del mundo. Y así lo pregona a los cuatro vientos en poemas de un lirismo apasionado que él mismo compone. Andando el tiempo esos poemas proliferarían en la literatura árabe, porque son muchos los poetas que, conmovidos por este drama, han atribuido sus poemas de amor al "loco de Layla".

En este otro libro que ahora tengo en mis manos (no, no está encuadernado en azul, no es uno de los libros de tu biblioteca), la protagonista no precisa que nadie le haga ver que existen otros hombres más atractivos que su amado: "Hace seis años más o menos que te vi por primera vez; eras joven, apuesto, amable; otros jóvenes me han parecido más bellos y apuestos que tú; ninguno me ha provocado la menor emoción, y mi corazón te perteneció desde ese primer vistazo. Creí ver en tu rostro los rasgos del alma que le faltaban a la mía... No han pasado dos meses sin que yo pensara que no me había equivocado; el ciego amor, me decía, tenía razón; estábamos hechos el uno para el otro; yo sería tuya si el orden humano no hubiera alterado las relaciones de la Naturaleza; y si a alguien le estaba permitido ser feliz, nosotros hubiéramos debido serlo juntos."[19]... ¿Ves? Lo mismo que a Majnún y Layla, tampoco a esta joven pareja de enamorados se les consiente ser felices juntos. Ello supone -le escribe a su amado la protagonista- una alteración de los planes de la Naturaleza. Sin embargo, Blanca, la Naturaleza no se da por vencida y conspira a lo largo de todo el libro para que se cumpla ese destino. El libro es *Julia o la Nueva Heloísa*, del filósofo francés de la Ilustración Jean-Jacques Rousseau, y es un idilio narrado en cartas. Si quieres saber mi opinión, se trata de una de las novelas de amor más bellas de la literatura occidental. Qué pena que no figure en tu biblioteca para habernos dado el gusto de leerla juntos. No, no voy a resumírtela aquí, prefiero que la leas si tienes ocasión (doy por seguro que ahí donde estás tienes acceso a la mejor de las bibliotecas). Por otra parte, en esta novela lo esencial no es el argumento sino los sentimientos de los personajes. De ahí el formato epistolar, porque las cartas, Blanca -y aquí tienes esta que te escribo-, son un vehículo idóneo para la expresión de sentimientos. Como los que exteriorizaba Julia en el anterior fragmento. O como los que formula su amante cuando trata de convencerla de que se fuguen juntos aun

---

19. Jean-Jacques Rousseau, *Julie ou la Nouvelle Heloïse*, p. 250, troisième partie, lettre XVIII

52

pasando por encima del estricto sentido del deber de ella: "No, entérate de una vez, mi Julia: un eterno veredicto del Cielo nos destinó el uno para el otro; es la primera ley que hay que escuchar, es el primer empeño de la vida el de unirse a quien debe hacérnosla dulce .../... Ven, ¡oh mi alma!, a reunir en brazos de tu amigo las dos mitades de nuestro ser."[20]

A Rousseau le sirvió de inspiración una novela pastoril del siglo diecisiete que mencionaré aquí aunque sólo sea de pasada en atención a tu querencia por los cuentos de hadas y por el color azul. Porque, junto con la narración de este género de cuentos y la conversación culta y galante, la lectura en público de esta novela -*La Astrea*, de Honoré d'Urfé- constituía uno de los esparcimientos favoritos de la selecta concurrencia de la *Chambre bleue*... ¿Nunca has oído hablar del "aposento azul" del Hôtel de Rambouillet? Ahora ese palacio ya no existe, pero en su momento fue vecino del Louvre. Porque es de París de dónde hablamos... Y aquí, amor mío, surge en mi cabeza inevitablemente un recuerdo al rojo vivo: el de los dos viajes que hicimos juntos a la *Ville Lumière*, sobre todo del segundo, el de celebración de nuestro décimo aniversario, porque, si bien los primeros síntomas de tu larga enfermedad ya se habían dejado sentir -o precisamente por eso-, fue el más intenso de los dos, el que vivimos más plenamente y el que ha eclipsado al primero en el recuerdo.

Pues bien, sitúate en el París del *Grand Siècle*, el París de los Tres Mosqueteros y de Cyrano de Bergerac, e imagina una alcoba palaciega toda forrada de terciopelo azul en un medio social donde, en materia de decoración de interiores, sólo se llevaban el rojo y el marrón claro. Al fondo de la pieza iluminada por un candelabro de cristal, una magnífica

---

20. *Ibid*, p. 56, première partie, lettre XXVI

cama con dosel desde donde la marquesa de Rambouillet, reclinada en su lecho, preside el más famoso de los salones parisinos. Un salón frecuentado por la flor y nata de la intelectualidad de su tiempo, incluidas las primeras mujeres de letras, las célebres *précieuses*, apodadas también las *bas-bleues*, las "medias azules", por ser esta prenda el distintivo de club de las damas asiduas a la tertulia de la *Chambre bleue*. Entre las cuales se contaba por cierto, Blanca, una "vieja conocida" tuya: Madame d'Aulnoy, que con el título de uno de sus libros -*Contes de fées*- pondría nombre para la posteridad a esos relatos populares que, convenientemente adaptados al gusto aristocrático, causaban sensación en los salones de la época. Igual que esa novela, *La Astrea*, una novela hoy olvidada pero, en su siglo, quizá la más leída. Una novela que comparte con la *Nueva Heloísa* un mismo hálito: ambas han podido ser definidas como un canto de glorificación del amor espiritual, platónico; en ambas la teoría de las almas gemelas anda agazapada como una marca al agua; y tanto en la una como en la otra se adivina en acción al Destino conspirando en favor de la reunión de las "medias naranjas".

Otra conspiración aún más implacable del Destino para imponer sus designios, la hallamos en una antigua leyenda que es, quizá Blanca (con el permiso de Romeo y Julieta, y de Abelardo y Heloísa), la historia de amor más famosa de Occidente: la leyenda de Tristán e Isolda. Aunque sabemos que su origen es mucho más remoto, las versiones escritas más antiguas que se conservan del *Romance de Tristán* -las francesas de Béroul y Thomas- datan del siglo doce. Aquí la fulminante punzada del amor debida al mutuo reconocimiento es significada por la ingestión de un filtro amoroso. Pero antes de este episodio ya se entrevé la mano del Destino -una mano disfrazada de azar- manejando los hilos. Veámoslo.

Tristán es sobrino del rey Marcos de Cornualles, adonde llega un guerrero irlandés exigiendo un tributo de doncellas. Morholt el gigante es desafiado y muerto por Tristán en singular combate. Devuelto a Irlanda, su hermana la reina extrae del cadáver una esquirla de la espada que le mató, esquirla que la princesa Isolda guarda en un cofrecillo, jurando valerse de ella para identificar y tomarse venganza del asesino de su tío. Entretanto, Tristán se ve obligado a abandonar la corte, porque en el combate con el gigante ha resultado herido por una lanza envenenada, y la herida empeora y apesta de tal modo que nadie quiere tenerle cerca. Un día resuelve hacerse a la mar en una frágil barca. Llega a Irlanda navegando a la deriva, sin velas ni timón ni remos (en lo que se ve que es el Destino el que le ha guiado hasta allí). En la corte irlandesa se hace pasar por un juglar herido en un choque con piratas. La reina, que es una hechicera versada en pócimas mágicas, le cura la fétida herida, y la princesa Isolda le vela y le cuida mientras convalece.

Una vez repuesto, Tristán, temiendo ser reconocido por los secuaces de Morholt, regresa a Cornualles. Allí es bien recibido por todos salvo por los cortesanos de su tío, que le suponen heredero del reino. Le suponen heredero porque el rey no tiene esposa ni descendencia. Por eso instan a Marcos a casarse. Él cede finalmente y anuncia que se casará con la dueña de un cabello rubio que una golondrina ha dejado caer en su ventana. Los cortesanos se sienten burlados, pero Tristán se acuerda de Isolda la Rubia y se ofrece a ir en su busca. (Obviamente, a estas alturas no se ha visto sorprendido todavía por el reconocimiento amoroso de Isolda, de otro modo nunca hubiera pensado en ella como esposa para su tío.) He aquí, pues, a Tristán navegando de nuevo rumbo a Irlanda; pero esta vez con una misión concreta: hallar esposa para su rey. Según algunas variantes, habrá de ser otra vez el azar, bajo la forma de una tempestad, el que conduzca por segunda vez a Tristán a Irlanda (a Isolda por tanto: en lo que vuelve a traslucirse la mano del Destino moviendo los hilos).

Siempre disfrazado para no ser reconocido, Tristán mata a un dragón que aterroriza a la capital. Pero no puede evitar que el dragón le inyecte su veneno. Trasladado a la corte, por segunda vez la reina le cura y su hija Isolda le vela. Pero entonces la joven (cuya mano es la recompensa prometida por la muerte del dragón: ¡de nuevo el Destino procurando unir a esta pareja como sea!) descubre una mella en el filo de la espada de Tristán. Comprueba que esta mella casa con la esquirla que ella guarda en su cofrecillo, y se dispone a tomarse la prometida venganza. Pero no lleva a cabo su propósito. Según algunas versiones, al ir a darle muerte, se siente extrañamente conmovida por la belleza del joven, y eso la disuade. La versión de Thomas quiere que sea en este instante, y no en el de la ingestión del filtro, cuando surja el amor entre ellos. Es decir, el instante del reconocimiento mutuo. (Previsiblemente, Blanca, no es la belleza aparente de Tristán la que conmueve a Isolda. Es su belleza secreta, la destinada a los ojos del alma gemela, la que se desvela ante ella -ante ambos según Thomas- en ese instante mágico.)

Pero Tristán es ahora un embajador con una misión. Cuando anuncia ésta a los reyes de Irlanda, ellos consienten en casar a su hija con el rey Marcos, pero Isolda se niega en redondo. La reina prepara entonces un filtro amoroso y, antes de que Isolda se embarque, encarga a su doncella que se lo sirva a ella y a Marcos nada más llegar a Cornualles. Ah, pero el Destino no se queda cruzado de brazos, ¿qué esperabas?, se inmiscuye de nuevo. Y así, durante la travesía, Tristán e Isolda beben del brebaje mágico creyéndolo vino, y al instante caen desesperadamente enamorados el uno del otro... Nos detendremos aquí. La historia continúa, Blanca, pero te contaré el resto en otra carta. Lo que quería mostrarte ahora es como el Destino parece empeñado en unir a Tristán e Isolda. Lo intenta por todos los medios y fracasa. Hasta que al final se sirve, como último recurso, de la pócima mágica.

La pócima mágica simboliza, al propio tiempo, el reconocimiento intuitivo suscitado por la predestinación amorosa. Este reconocimiento, Blanca, es, en mucha mayor medida que en Occidente, un tema corriente en la literatura oriental. A continuación analizaremos con cierto detalle tres ejemplos orientales, uno chino, otro japonés, otro indio. Cada uno es la obra clásica más representativa de su respectiva literatura. No será casualidad entonces que en los tres esté presente de modo sustantivo el tema de la predestinación amorosa: ello da la medida del arraigo de ese tema en el pensamiento oriental... Pero antes de abordar esos tres ejemplos eminentes, no me resisto a citarte uno modesto. En primer lugar porque tipifica una clase de cuentos de amor -muy numerosa en Oriente- que tiene en el concepto de reencarnación un elemento fundamental. Y luego, querida, porque sé que te complacerá pues constituye una muestra de ese género tradicional que tanto estimas.

Érase una vez una joven princesa que vivía atenazada por una terrible pena cuya causa nadie conocía y que le impidía articular palabra. (¿Ves como la pena es en verdad un formidable cortapisas para las palabras, como no era una excusa la razón que te di para haber postergado la tarea de escribirte?) El rey promulga un edicto por el que ofrece la mano de su hija al hombre capaz de sacarla de su desolación y hacerla hablar. Por palacio desfilan numerosos pretendientes de noble linaje. Todos fracasan. Finalmente, le llega el turno a un mendigo del que nadie duda que carece de la menor posibilidad. Pero he aquí que previamente el cuento nos ha mostrado a un hada que desvelaba a este mendigo sus existencias anteriores, en todas las cuales había sido separado prematuramente de su alma gemela. Por eso, cuando le descubrimos entre los pretendientes, ya imaginamos el final: "Tú eres aquel a quien he estado aguardando tanto tiempo", le dice la princesa al verle, recobrada ya el habla y la alegría.[21]

HISTORIA DE LA PIEDRA Y DE LA FLOR

Dejemos ahora ese pasado indefinido, el "Érase una vez" nebuloso de los cuentos de hadas, y situémonos en un período concreto de la Historia: mediados del siglo dieciocho. Es el marco temporal en el que transcurre y en el que fue escrita la novela clásica más popular de la literatura china. Dos títulos se disputan su portada: *Historia de la Piedra* y *El sueño de las casas rojas*. Ambos me servirán para introducirte a la novela. Comencemos por el color rojo del segundo título: el rojo era signo de clase social en la antigua China; sólo los miembros de las clases altas podían vestir de este color y decorar con él sus casas. Las "casas rojas" son, pues, las residencias de la antigua nobleza feudal china, medio social en el que se desarrolla la novela. Ésta hace el efecto de un extenso retablo (¡tres mil páginas!) de la cotidianidad de una familia. Pero es eminentemente la historia del amor predestinado de dos de sus miembros más jóvenes. En los nombres de estos niños (Bao-yu y Dai-yu) está ya insinuada su gemelidad anímica,

---

21. Compilado por Henri Gougaud en *El árbol de los soles*

porque en ambos figura una misma palabra: yu, "jade". Es la Piedra a la que hace alusión el primero de los títulos.

Pero es sobre todo a Bao-yu a quien identifica la Piedra. Porque el nacimiento de Bao-yu viene marcado por un pequeño prodigio: la expulsión por la boca, al romper a llorar, de un pequeño jade. Bao-yu conservará toda su vida esta piedra a modo de amuleto. En el lenguaje figurado con que el autor, con que Cao Xueqin habla de las cosas del Otro Mundo, la Piedra es, diríamos, el emblema celestial de Bao-yu; el de Dai-yu es la Flor. Piedra y Flor representan respectivamente los dos polos masculino y femenino (*yang* y *yin* en la tradición china) en los que, según los antiguos sabios, se articulan todas las cosas. Antes de descender a este mundo, es decir antes de encarnar, Bao-yu y Dai-yu eran espíritus puros: él un "espíritu-Piedra", ella un "espíritu-Flor". En su alto mundo original, Piedra y Flor (*yang* y *yin*) estaban íntimamente ligadas la una a la otra, según se nos hace saber desde el arranque mismo de la novela... Ésta comienza enfocando a un funcionario provincial que se queda dormido y penetra en un extraño sueño en el que viaja al Otro Mundo. Allí conoce a dos inmortales: dos clérigos que dicen estar en el "secreto del mecanismo de los destinos". En el taoísmo, que es el trasfondo religioso/filosófico de esta novela, los "inmortales" son las almas que se han liberado de las trabas materiales, las almas que han alcanzado la iluminación y, con ello, el estatus divino. Son estos dos clérigos los que refieren al funcionario -y a través de él, a nosotros los lectores- la historia de la Piedra. Comienzan por situar a ésta en su alto mundo original, el "Paraíso del Amor", donde la Piedra ejerce de jardinero. Salvo que el suyo es un jardín metafórico, Blanca; un jardín que se reduce, además, a una sola Flor (detalle que apuesto te evocará a otro entrañable jardinero de la Literatura: el Principito, también él consagrado al cuidado de una flor única en un lejano planeta). Es esta estrecha relación entre ambos la que determina que, cuando la Piedra se ve obligada a descender a este mundo, la Flor decida correr la misma suerte. Pero no descienden ellos solos: según los dos inmortales, junto con la Piedra y la Flor descendió un ingente número de almas. Estas almas están distribuidas por parejas; ya que es sobre todo la relación con su respectiva *yuan-cia*, con su respectiva "enemiga predestinada" (tal la forma peculiar que revestía la noción de almas gemelas en la antigua China), lo que las almas vienen a trabajar a este mundo. En su lenguaje figurado, Xueqin nos habla de una "deuda de lágrimas" que cada alma tiene contraída con su gemela. Es la liquidación de esa deuda lo que justifica la periódica encarnación de las almas en este "bajo mundo".

Piedra y Flor encarnan con dos años de diferencia. La primera en el seno de una familia noble, los Jia; la segunda, en otra más modesta. Pero resulta que son familias emparentadas, razón por la cual cuando Dai-yu queda huérfana, los Jia la toman a su cargo. Se produce entonces, Blanca, la consabida escena del reconocimiento. Porque el encuentro entre los dos primos suscita en ellos la oscura reminiscencia de su antigua relación en el Cielo: "'Qué extraño', pensó ella en el fondo de su corazón. 'Estoy casi segura de haberle visto en alguna parte: ¡tan familiar me resulta su rostro!'"[22] Y él, sorprendido: "¡Esta primita... pero si la he visto antes!"

---

22. Cao Xueqin, *Le Reve dans le pavillon rouge*, Ed. Gallimard, edición en dos volúmenes a cargo de Li Tche-Houa y Jacqueline Alézaïs, vol. I, p. 77 (Este título, aunque consagrado por la costumbre, no es exacto; la traducción correcta del título chino es "Sueño de mansiones rojas".)

Y ante la objeción de la abuela Jia -la matriarca del clan, que acaba de hacer las presentaciones- de que cómo puede ser eso: "Aunque no la haya visto nunca, su rostro me parece realmente familiar, y en el fondo de mi corazón experimento la impresión de reencontrar a una vieja amiga después de una larga separación."[23]

A partir de este reconocimiento mutuo, los dos niños se hacen inseparables. Duermen en la misma cama, comen en la misma mesa: en suma, crecen juntos. Y al llegar a la adolescencia pasan a ocupar cada uno un pabellón en el jardín o, para ser más precisos, en el inmenso parque que circunda el palacio de los Jia. Es en este paradisíaco "Jardín de los Grandiosos Paisajes" donde -asistidos por doncellas de su misma edad que son más bien sus compañeras de juego y confidentes- Bao-yu y Dai-yu viven su amor puro e inocente, un amor que contrasta con la atmósfera lujuriosa que se respira en el palacio. Y así, entre certámenes poéticos, tiernos diálogos e inocentes juegos infantiles, transcurre felizmente su existencia. Hasta que alcanzan la edad de casarse. Es entonces cuando una vaga amenaza comienza a cernirse sobre ellos.

Esa amenaza, Blanca, es la de la separación. Porque la decisión sobre su matrimonio no depende de ellos, compete a la abuela Jia, y aunque nadie duda de que están predestinados a convertirse en marido y mujer, el anuncio oficial del compromiso se demora, y eso comienza a dar pie a especulaciones y a sembrar de inquietud los corazones de los dos primos. Así, una noche, Dai-yu, tras lamentarse de que sus padres no hubieran tenido la previsión, antes de morir, de concertar su matrimonio con Bao-yu, sufre una pesadilla en la que se ve siendo obligada a casarse con un viudo. En

---

23. *Ibid*, p. 81

61

sueños huye en busca de su primo, que le desmiente que su matrimonio no hubiera sido pactado con antelación: "Tú me fuiste originariamente prometida". Es en razón de ese compromiso secreto, según él, que Dai-yu fue a dar de niña a la mansión de los Jia. "De pronto, he aquí que ella cree acordarse confusamente de haber sido, en efecto, prometida a Bao-yu en un tiempo pasado; y en ella el duelo deja paso enseguida a la alegría."[24] Pero entonces -absurdamente, pero con la lógica secreta de los sueños- Bao-yu se abre el pecho con un cuchillo para que Dai-yu lea en su corazón la verdad de lo que dice. Mientras él se desploma exangüe, ella le abraza llorando. Y en ese punto despierta. Por la doncella de su primo se enterará luego de que Bao-yu ha sufrido también una pesadilla esa noche, y que esta pesadilla (se había puesto a gemir y a exclamar que su pecho estaba siendo rasgado con un cuchillo) concuerda extrañamente con la suya -lo que evidencia una suerte de comunión anímica entre los dos primos.

La amenaza de la separación parece estar en el origen de una extraña enfermedad que, por entonces, comienza a aquejarles a ambos. Esta enfermedad habrá de acompañarles el resto de su corta vida, les mantendrá postrados por largos períodos, y hasta les llevará en varias ocasiones al borde de la muerte o de la locura. Una de estas ocasiones es propiciada involuntariamente por la doncella de Dai-yu cuando, ante la incertidumbre sobre el futuro de su señora -y por tanto sobre el suyo propio-, decide poner a prueba el amor de Bao-yu y le da la falsa noticia de que su prima se dispone a abandonarle. Dai-yu es víctima de un equívoco similar cuando le llegan rumores del compromiso de su primo con la hija

---

24. *Ibid.*, vol. II, p. 592

de un alto funcionario. En ambos casos, sólo el desmentido de la infausta noticia posibilita la curación. En fin, Blanca, todo esto cunde y da pábulo a habladurías. Así, a raíz del episodio al que acabo de referirme, una doncella comadrea con otra: "Creo que el destino del joven Bao-yu y el de Dai-yu están ligados por una estrecha afinidad. Tienen razón los que repiten el viejo dicho *El camino del verdadero amor nunca es fácil*. Pero no es menos cierto aquel otro que dice: *Nadie puede nada contra las verdaderas afinidades*. A juzgar por sus sentimientos mutuos y por el modo en que acaba de manifestarse la voluntad del Cielo (se refiere al modo milagroso en que Dai-yu se ha repuesto tras el desmentido del infausto rumor), es con toda seguridad en razón de esta voluntad, que ambos forman una pareja destinada a unirse por medio de los lazos del matrimonio... Es evidente que ellos son una de esas parejas de las que el viejo proverbio dice *Los dos están destinados el uno al otro desde el Origen*."[25]

Finalmente, llega el aciago día en que la amenaza de la separación se concreta. Fiel a la ancestral desaprobación china de los matrimonios por amor (que no hacen sino menoscabar la autoridad de los padres), la abuela Jia ha tomado al fin una decisión, y no es la que todo el mundo esperaba: para esposa de su nieto ha elegido no a Dai-yu sino a otra de sus primas. Sin embargo, conocedora del estrecho vínculo que les liga a ambos, da instrucciones para que Dai-yu no sea informada hasta el mismo día de la boda. Dispone asimismo que el propio Bao-yu acuda a la ceremonia engañado: amparándose en la convención nupcial que prohíbe todo contacto entre los futuros esposos, le hacen creer que es con Dai-yu con quien va a casarse. Pero todas

---

25. *Ibid*, vol. II, pp. 788-789

las precauciones no impiden a la verdad abrirse paso hasta Dai-yu, que entonces resuelve acabar con su vida. Rechaza todo alimento, quema sus poemas, y muere en el mismo instante en que Bao-yu contrae matrimonio. Éste descubre la falsía demasiado tarde (el velo nupcial le ha ocultado el rostro de la novia durante la ceremonia), y al enterarse de la muerte de su amada, recae en su antigua enfermedad, que le lleva ahora a él mismo a traspasar las puertas del trasmundo.

Pero allí le sale al paso un inmortal. Todo ser humano, le dice, tiene prefijada la hora de su muerte, y la suya aún no ha llegado. Él se niega a regresar sin Dai-yu (he aquí, Blanca, un tema clásico de la literatura antigua: el del fiel amante que viaja al Otro Mundo en busca de su amada difunta). Pero el inmortal se muestra inflexible. Le advierte: "Si verdaderamente deseas reunirte con ella, deberás aplicarte a partir de ahora con todo tu corazón a cultivar el saber y la virtud. Entonces llegará de forma natural la hora en que podréis encontraros de nuevo el uno en presencia del otro. Si, por el contrario, no eres capaz de resignarte a proseguir en paz el curso de tu existencia, serás culpable de tu muerte prematura, confinado en las profundidades del infierno... y condenado a no volver a ver nunca más a la difunta Dai-yu."[26] La advertencia surte efecto: Bao-yu se restablece, y a partir de aquí -ya casi al final- el rumbo de la novela varía. El sistema taoísta, que hasta ese momento se había mantenido como un discreto telón de fondo, invade el primer plano. Bao-yu adopta una postura de indiferencia hacia el mundo, y termina por entregar el jade con el que nació a un misterioso clérigo, que no es otro que uno de los dos inmortales que

26. *Ibid*, vol. II, p. 1000

nos han referido la historia. Luego desaparece. Nadie sabe qué ha sido de él, pero la cesión del jade a los inmortales es lo bastante elocuente: la Piedra ha regresado a su sede originaria. Y es que, como apunta el narrador: "Una vez que la Flor inmortal, temporalmente encarnada en la Tierra, ha regresado a su verdadera forma original, ¿qué razón hubiera tenido la Piedra para no regresar, ella misma, a su origen?"[27]

Hasta aquí, Blanca, el romance de la Piedra y la Flor. Bien es verdad que, hacia el final, el trasfondo filosófico imprime un giro nihilista a la historia: el amor de Bao-yu y Dai-yu se diluye, junto con ellos, en el vacío absoluto. Pero eso no desmiente el dato fundamental de la novela, que es también, como aspiro a demostrarte en estas cartas, uno de los datos fundamentales de la sabiduría antigua. Este dato -la existencia de una predestinación amorosa de las almas- fue valorado por los antiguos sabios de modos diversos, según el ideario filosófico o religioso profesado por cada cual. Entre los taoístas, fue juzgado a fin de cuentas irrelevante. Sin embargo, aunque abierto a las interpretaciones, el dato está ahí, amor mío. Y eso es lo que nos importa.

ROSTROS NOCTURNOS

Voy a referirte ahora otra historia de amor que es sólo un momento en una historia mucho más larga. Pero es, a mi entender, el episodio central de esa historia mayor que la engloba y que se llama la *Historia de Genji*. Es éste el libro clásico por excelencia de la literatura japonesa. Su autora, Murasaki Shikibu, fue una mujer allegada a la corte imperial

---

27. *Ibid.*, vol. II, p. 1581

de comienzos del siglo once. Esta cortesana, preceptora de la joven emperatriz, se inventa un príncipe de esa fastuosa corte, el príncipe Genji, hijo del emperador y de su concubina más querida. Genji, que está casado por conveniencia, busca el amor fuera del matrimonio, pero no encuentra más que veleidosas aventuras sexuales, y llega a convencerse de que el amor es esto. Además de amantes ocasionales, mantiene una relación estable con una dama de la corte, la dama de Rokujo, que habrá de ser, como veremos, la causante de su desgracia. El episodio en cuestión lleva por título *Yugao*, que significa "rostros nocturnos" y es el nombre de una delicada flor de color blanco que sólo se abre de noche. Como en la novela de Xueqin, tenemos aquí también una flor alegórica de una mujer.

El príncipe Genji repara por primera vez en la belleza de esta flor una noche en que atraviesa de incógnito un barrio humilde de la capital con el propósito de visitar a su vieja nodriza. La visita es inesperada y, en tanto no abren la verja de entrada, el carruaje aguarda en la calle. En esos minutos de espera, en la casa de al lado llama la atención de Genji una enredadera de flores blancas. La delicadeza de esas flores le sobrecoge, y pide a uno de sus acompañantes que le reúna un ramillete. Podemos ver aquí, Blanca, sutilmente disfrazado -transferido a la emoción de alguien ante la belleza de una flor-, el misterio del reconocimiento. El príncipe, que se siente observado desde el interior de la casa, ve confirmada esta sensación cuando la puerta se abre y una niña le ofrece, de parte de su señora, un abanico donde depositar el ramillete. Genji no tiene tiempo de interrogar a la pequeña: la verja ante la que aguarda acaba de abrirse. Pero, finalizada la visita, vuelve a fijarse en el ramillete graciosamente colocado sobre el abanico. Al examinar éste de cerca, descubre unos versos garrapateados con tinta todavía fresca: "La flor que te sobrecogió no es otra que Yugao, inconcebiblemente extraña en su vestido de brillante rocío." Tales palabras aguijonean su curiosidad; tienen sobre él, podríamos decir, el efecto de una contraseña, una contraseña secreta que sólo él entiende.

Su fiel criado Koremitsu le concierta una cita nocturna con la misteriosa dama. A esa cita le seguirán otras, siempre de noche (Yugao es una flor nocturna) a fin de eludir a los espías del padre del príncipe pero también de la celosa dama de Rokujo. Pronto Genji pasa todas las noches en compañía de Yugao en la humilde casa de ella. Pero de día la separación se le hace insoportable. Es una atracción irresistible la que, sin que acierte a explicársela, esa mujer ejerce sobre él. Una noche oyen una salmodia en la calle: "Loado sea el Salvador que ha de venir". Se asoman a la ventana y ven a la luz de la luna a un anciano arrodillado. La casa de Yugao está situada en las inmediaciones de una montaña sagrada frecuentada por peregrinos. La visión de este anciano que reza mientras aguarda el alba para emprender la ascensión, trae a la memoria de Genji estos versos, que hace ahora suyos ante Yugao: "No desmientas este augurio de la salmodia del peregrino: que nuestro amor continuará incluso en vidas venideras"[28]... Quiero detenerme un instante en este punto, querida. Porque detrás de estos versos alienta una historia verídica, una de las grandes historias de amor del Oriente. Su autor los puso en boca del emperador chino del siglo ocho Hsüan-tsung, famoso por disponer de miles de concubinas pero no ser capaz de apreciar más que la belleza de una de ellas, una que ni siquiera era de las más bellas. La trágica historia de amor del emperador Hsüan-tsung

---

28. Murasaki Shikibu, *The tale of Genji*, traducción de Arthur Waley, Ed. George Allen & Unwin Ltd., Londres, 1952, p. 64

y la señora Yang Kuei-fei ha inspirado innumerables poemas en Oriente a lo largo de los siglos. Uno de los más antiguos y más célebres es el del poeta chino Po Chü-i, que concluye con el triste regreso del emperador a palacio tras la revuelta que le ha costado la vida a su amada. En esos versos, le vemos deambular como un fantasma por los largos corredores y los enormes salones desiertos, presa de esa indecible nostalgia que no le deja vivir. Finalmente, recurre a un nigromante para entablar contacto con el alma desencarnada de Yang Kuei-fei. Y entonces ésta formula a través del médium una petición que -como veremos, Blanca- es el deseo último, el desiderátum de las almas gemelas. Dando por sentados sus futuros reencuentros en otras vidas, pide para ambos llegar a ser, en la Tierra, como "dos árboles unidos en un solo tronco", y, en el Cielo, como "dos pájaros gemelos que comparten una de sus alas."[29]

Volviendo a la *Historia de Genji*, ésta se nos transforma ahora en una historia de fantasmas. Aguijados por la salmodia del peregrino, Genji y Yugao deciden fugarse juntos esa misma noche. Imparten las órdenes oportunas y emprenden viaje a través de las calles desiertas. El sueño sin embargo los vence y Genji ordena detener el carruaje ante una casa deshabitada. Los sirvientes que les acompañan acondicionan una de las destartaladas habitaciones. Se retiran a dormir, pero de madrugada Genji despierta sobresaltado. Ante él se yergue una majestuosa figura femenina. Él no la reconoce, pero el lector sabe que se trata de la dama de Rokujo o, más exactamente, de su espíritu, que separado del cuerpo persigue a Genji en sueños. El fantasma le reprende, gesticulando como si quisiera arrancar a Yugao de su lado. Genji desenfunda la espada y traspasa, sin tocarlo, al espectro. Cree sufrir una

---

29. Po Chü-i, *Canción de la Pena Interminable*

alucinación o una pesadilla, de la que no logra liberarse, y al tratar de despertar a Yugao, descubre con horror que está fría: el fantasma le ha arrebatado la vida.

Vienen luego las prisas de Koremitsu y los demás criados. Prisas por cumplir a escondidas con los ritos funerarios (trasladan el cadáver a un monasterio en las montañas). Prisas, también, por echar tierra sobre ese -a sus ojos- efímero e insignificante lance amoroso en la vida de su señor. Para Genji, sin embargo, no se ha tratado en absoluto de un lance insignificante, Blanca. Prueba de ello es la enfermedad nerviosa que (como al protagonista de la *Historia de la Piedra* y como a los de tantas novelas de amor) le aqueja a raíz de la pérdida de la amada y que le llevará al borde de la muerte. Significativas son también las reflexiones que, algún tiempo después, ya restablecido, se hará Genji al recordar ese episodio de su vida: un episodio que "me afectó extrañamente. Y me metí en muy serios peligros para verla. Sin duda tiene que haber habido un fuerte vínculo entre nosotros. Una relación condenada desde el comienzo a ser efímera, ¿por qué habría de haber tomado tan completa posesión de mí y hacer que ella fuera, para mí, algo tan precioso?"[30]

UN ANILLO PERDIDO Y TRES GOTAS DE SANGRE EN LA NIEVE

Hay, Blanca, un texto clásico del Oriente, pero también de la Literatura universal. Un drama que, cuando fue traducido del sánscrito al inglés a finales del siglo dieciocho, repitió en

---

30. El autor de la carta sigue aquí la traducción de Edward G. Seidensticker. Ed. Alfred A. Knopf, New York, 1985, p. 79

Occidente el éxito que había cosechado en Oriente a lo largo de catorce siglos. Es la obra capital del más destacado poeta en lengua sánscrita, Kalidasa, que vivió en la India -allá por el siglo cuatro- una vida hoy aureolada de leyenda. Del título existen numerosas variantes según las diversas transcripciones: "El reconocimiento de Shakuntala", "La señal de reconocimiento de Shakuntala", "Shakuntala descubierta por la señal de reconocimiento". Algunas versiones omiten la palabra *reconocimiento*, pero aluden a la señal que lo desencadena: "El anillo de Shakuntala", "Shakuntala o el anillo perdido". Popularmente, se conoce a este drama por el nombre de su heroína.

Shakuntala es la joven hija de un ermitaño y de una ninfa. Vive con su padre en una cabaña en medio del bosque. Por este bosque acierta a pasar un día Duixanta, rey de la India, que se enamora perdidamente de ella. El flechazo es recíproco. Aunque al comienzo los dos temen no ser correspondidos, ya luego se confiesan su amor y se casan en secreto. Pero Duixanta es el rey y, en cuanto tal, tiene obligaciones que le reclaman en la corte. Se marcha, pero antes entrega a Shakuntala su anillo real como prenda del matrimonio y de su pronto regreso. Este anillo lo extravía Shakuntala: se le cae a un lago mientras hace sus abluciones. Los meses transcurren sin que ella tenga noticias de su esposo. Finalmente decide partir en su busca. Se presenta en la corte. El rey no la reconoce, niega que sea su esposa, y ella no tiene el anillo para demostrarlo. Sobreviene entonces uno de esos prodigios típicos de los relatos orientales, Blanca: un gran viento se levanta y Shakuntala es arrebatada al Cielo. En la Tierra, Duixanta queda pensativo tratando en vano de recordar. Porque no es que reniegue de ese matrimonio, es que no lo recuerda: "En vano me escudriño el pensamiento y la memoria. Ningún recuerdo me viene de que amara tiempo atrás a esta mujer espléndida, tan bella y adorable. No obstante, debo de haberla amado algún día; dentro del pecho el corazón me late con demasiada fuerza." Un día, unos soldados descubren el anillo real en poder de un pescador. Le acusan de haberlo robado y le conducen a palacio. Él alega que lo encontró en la tripa de un pez. Pero he aquí que la visión del anillo saca al rey de su desmemoria. De pronto recuerda habérselo dado a Shakuntala como señal de su matrimonio secreto, y se maldice por no haber recordado a tiempo.

El rey se desespera, descuida sus obligaciones, sólo piensa en Shakuntala y en su matrimonio secreto. Desde el Cielo, ella comparte su desesperación sin poder hacer nada, sin comprender tampoco "que un amor tan fuerte precisara de una señal para recordarlo todo". ¿Qué hace entonces Duixanta? Lo digo con emoción, Blanca, pues es lo mismo que hacías tú cuando te sentías agobiada: pinta. Pinta el retrato de su esposa perdida, modelado sobre su recobrado recuerdo. Sus consejeros le toman por loco porque pasa las horas muertas al lado de ese retrato, hablándole como si se tratase de la Shakuntala real. Así las cosas, llega a palacio un mensajero de los dioses. Como sabes, en las literaturas más antiguas los dioses son unos personajes más de las tramas humanas. Solicitan de Duixanta un favor: que combata a unos demonios que amenazan la tranquilidad del Paraíso. Diestro en el manejo del arco, Duixanta les presta ese servicio, y, en recompensa, ellos posibilitan su ansiado reencuentro con su esposa secreta. Le esclarecen también el enigma de su desmemoria, la razón de que "un amor tan fuerte precisara de una señal para recordarlo todo". Fue, le dicen, el efecto de un maleficio: sólo la visión del anillo podía liberarle.

Ésta es, Blanca, en síntesis, la historia de Shakuntala. Cuando la descubrí hace unos años, yo estaba ya familiarizado con aquel ciclo literario del Occidente medieval que gira en torno a ese misterioso objeto sagrado caído del Cielo, buscado por muchos y encontrado por muy pocos: el Santo Grial. Y me sorprendió hallar un cierto paralelismo entre el nudo argumental de *Shakuntala* y la historia matriz del ciclo griálico. Ésta tiene por protagonista a un caballero errante de nombre Perceval, quien al inicio de su historia habita una cabaña en medio del bosque, igual que Shakuntala. Los dos coinciden en vivir alejados de la sociedad en compañía de su progenitor de sexo opuesto: ella con su padre, él con su madre viuda. Con todo, los papeles están cambiados: el papel que en el drama indio se correspondería con el de Perceval en el ciclo griálico, no es el de Shakuntala, sino el de Duixanta. Porque es Perceval quien, como éste, abandona y olvida a su alma gemela tras contraer matrimonio con ella (en la versión de Gerbert de Montreuil y la de Wolfram von Eschenbach) y pasar algún tiempo en su compañía. Por lo demás, si Duixanta recobra la memoria de su esposa original gracias a la visión del anillo, a Perceval la memoria se la devuelve una circunstancia más sutil y extraña: la contemplación de tres gotas de sangre en un prado nevado. La mezcla del rojo con el blanco le evoca la sonrosada faz de su esposa Blancaflor. Esta imagen del caballero encima de su montura, absorto en la contemplación de una mancha rosácea en la nieve que le recuerda a su amada, es, Blanca, una de las estampas literarias más bellas que recuerdo. Veamos si a ti también te lo parece:

Por la noche acamparon en un prado próximo a una floresta. A la mañana siguiente nevó mucho, y toda la comarca estaba muy fría. Perceval se levantó de madrugada, como solía, porque quería buscar y encontrar aventura y caballería; y se encaminó al prado, helado y nevado, donde había acampado la hueste del rey.

Pero antes de que llegara a las tiendas, volaba una bandada de ocas que la nieve había deslumbrado. Las vio y oyó como iban chillando a causa de un halcón que venía acosándolas con gran ímpetu, hasta que encontró a una separada de la bandada, a la que atacó y acometió de tal modo que la derribó en tierra; pero era tan de mañana, que se fue sin querer ensañarse en la presa. Perceval aguija hacia donde ha visto el vuelo. La oca había sido herida en el cuello, y derramó tres gotas de sangre que se esparcieron sobre lo blanco, y pareció color natural. La oca no sentía mal ni dolor que la retuviera en tierra, y, antes de que él llegara, ya había reemprendido el vuelo.

Cuando Perceval vio hollada la nieve sobre la cual había descansado la oca, y la sangre que aparecía alrededor, se apoyó en la lanza para contemplar aquella apariencia; pues la sangre y la nieve juntas le rememoran el fresco color de la faz de su amiga, y se ensimisma tanto que se olvida; porque en el rostro de ella lo rojo estaba colocado sobre lo blanco igual que aquellas tres gotas de sangre que aparecían sobre la nieve. Y la contemplación en que estaba sumido le placía tanto porque le parecía que estaba viendo el joven color de la faz de su hermosa amiga.

Perceval se absorbe en la contemplación de las tres gotas, en lo que empleó las primeras horas de la mañana, hasta que de las tiendas salieron escuderos que lo vieron absorto y se creyeron que dormitaba.[31]

LA UNIÓN PERFECTA

El tema del olvido del alma gemela, presente en las historias de Shakuntala y de Perceval, es un tema típico de esas narraciones populares tan queridas por ti, Blanca: los cuentos de hadas. Consideremos dos ejemplos paralelos tomados de ese

31. Chrétien de Troyes, *Perceval o el cuento del Grial*, traducción de Martí de Riquer, Espasa-Calpe, colección Austral, Madrid, 1961

libro encuadernado en azul cerúleo, los *Cuentos de Grimm*. Tanto el héroe de *El Tamborilero* como el de *El muy amado Rolando*, antes de casarse, sienten la necesidad de despedirse de sus progenitores y, al separarse de su novia, la olvidan. En el primer caso, él desoye la advertencia de ella de no besarles en la mejilla derecha so pena de olvidarla. Ofuscado, consentirá en casarse con la muchacha escogida para él por sus padres. También Rolando caerá en las redes de una "falsa novia" (ese otro típico motivo de los cuentos de hadas, asociado al del olvido del alma gemela). Mientras en el primer cuento la verdadera novia no cesa hasta sacar al novio de su amnesia, en el segundo se resigna a perderle. Pero en ese país indefinido de cuento de hadas, quiere la costumbre que todas las muchachas sean requeridas para cantar en presencia de los novios el día de la boda. La verdadera novia de Rolando trata de escurrir el bulto, pero las otras muchachas la arrastran a la iglesia. Y es al oírla cantar, que el novio reconoce la voz, momento en el que recupera su pasado y vuelve a ser él mismo.

Tales ejemplos serían idóneos, Blanca, si, antes de ser presa del olvido, los héroes de estos cuentos estuvieran casados y no sólo comprometidos. Por eso las historias de Shakuntala y de Perceval me parecen ilustrar mejor el tema del reconocimiento de la pareja predestinada. Porque en el matrimonio secreto entre Duixanta y Shakuntala, como también en el de Perceval y Blancaflor, se adivina el matrimonio original de las almas gemelas: un matrimonio celebrado en el Cielo -en el Origen- y del que una vez en la Tierra se olvidan los cónyuges, o retienen de él tan sólo una oscura reminiscencia. Este matrimonio original es la piedra angular sobre la que se asienta nuestra teoría, amor mío, la teoría de las almas gemelas, cuya gemelidad deriva precisamente del hecho de haber estado, una vez, *casadas*. Te hablo de un casamiento que no es una mera adhesión, una mera suma de factores. Es, por contra, una *unión perfecta* y sin fisuras, un estado de absoluta no-separación o no-Dualidad. En el rico vocabulario metafísico acuñado por las lenguas más antiguas, existe una palabra específica para designarlo, ya que constituye un concepto clave de la Metafísica. Esa palabra es *advaja* o *advaita* en sánscrito, es *yehud* en hebreo, *tawhid* en árabe...

Puedes hacerte una idea de la peripecia de las almas gemelas, Blanca, imaginando a los gemelos biológicos (con los que nuestros sabios suelen compararlas) en el vientre de su madre. Los gemelos idénticos o univitelinos son, al comienzo de la reproducción, una sola cosa, un solo cigoto; es en el curso de la gestación que esa cosa única se escinde, desdoblándose en dos embriones. Según nuestros sabios, la escisión del alma única del Origen en dos almas diversas está en la raíz de la diferenciación sexual, de modo que otra forma de presentar la peripecia de las almas gemelas es la del maestro de Perceval cuando, iniciándole a las leyes de la caballería, le dice: "El hombre y la mujer florecen a partir de la misma semilla, tenlo bien presente."[32] De forma parecida lo explica el *Zóhar*... Pero antes de transcribir la cita, querida, déjame darte noticia de este enigmático libro al que acudiremos con frecuencia en estas cartas: el *Sefer ha Zóhar*, el "Libro del Esplendor", denominado por algunos *la Biblia de los cabalistas*.

Habré de empezar por decir que la Kábala es la sabiduría esotérica de la religión judía. *Kábbalá* significa "tradición" en hebreo. Una tradición oral que nace de la intuición mística y cuyo germen podría remontarse a la época posterior al exilio babilónico (siglo seis antes de Cristo), o más lejos aún: a los días de Moisés según los propios cabalistas. Pero no sería

32. Wolfram von Eschenbach, *Parzival*, p. 99

75

hasta el siglo trece cuando cabalistas provenzales y de la península ibérica comenzarían a asentar por escrito, en numerosos libros, toda esa vasta tradición oral... Ya que se tercia, Blanca, déjame decirte que los cabalistas se parecían a ti en su respeto casi religioso hacia los libros. El culto al libro es de hecho una de las constantes de la tradición judía, donde los libros no se destruyen; cuando se vuelven inservibles, se entierran en el cementerio mediante un ritual prescrito. Un rabino medieval[33] recomienda a sus alumnos que si mientras escriben se les vuelca el tintero, limpien antes la mancha de su libro que la de su ropa; y que si una pieza de oro cae al suelo junto con un libro, recojan primero éste. Después de la *Torá* o el Pentateuco (que para los cabalistas era una suerte de libro autobiográfico, pues lo suponían dictado por Dios mismo), el libro judío más sagrado es el *Talmud*. Pero otro libro llegaría con el tiempo a emular a éste en importancia; al punto que los *hassidim*, que los devotos judíos, agradecían a Dios en sus plegarias el haber nacido con posterioridad al mismo, pudiendo así beneficiarse de su profunda sabiduría. Ese libro, texto canónico de la Kábala, es el *Zóhar*.

Un denso halo de misterio ha envuelto siempre al *Zóhar*. No sólo por lo que hace a su contenido, altamente esotérico: también en lo concerniente a su autoría. Desde luego, la sabiduría que contiene es el poso resultante de una larga sedimentación. Pero la identidad de la persona, o personas, que convirtió toda esa sabiduría milenaria en un libro, ha sido frecuente motivo de controversia. La leyenda, que enseguida se adueñó del tema, ofrece opiniones para todos los gustos. Unos remontan el libro al patriarca Abraham; otros

---

33. Rabí Yeuda-el Hassid, *Sefer Jasidim*, citado por Marcos Ricardo Barnatán, *La Kábala*, p. 63

lo pretenden directamente inspirado desde el Cielo por el profeta Elías; otros atribuyen la paternidad al rey Salomón -tenido por uno de los primeros grandes cabalistas. Hasta hubo quien conjeturó si habría sido traído a la Tierra por ángeles. Pero la opinión más extendida, Blanca, es aquella a la que da pábulo el propio libro y que apunta a un célebre maestro talmúdico del siglo dos, Simón bar Jochai, y a su discípulo rabí Abba. Tal teoría implica un largo período de ocultación del libro a la espera del momento propicio para su difusión. Se cuenta que un cabalista de Safed descubrió la primera página del *Zóhar* en un envoltorio de pescado, apresurándose a rescatar el resto de manos de los pescaderos árabes que se lo habían vendido, los cuales habrían hallado el libro oculto en una cueva... Pero si dejamos a un lado la leyenda, querida, lo cierto es que el *Zóhar* vio la luz pública a fines del siglo trece. Y lo hizo de manos de un renombrado cabalista castellano al que hoy la mayoría de estudiosos coinciden en señalar como su verdadero autor. Este rabino -Moisés ben Shem Tov de León- eludió el honor sin embargo, pretendiéndose solamente copista de un manuscrito muy antiguo llegado a sus manos de forma milagrosa y atribuyendo la responsabilidad al citado rabí Simón bar Jochai, que es a la vez la figura central del libro.

Era la respuesta de Simón bar Jochai a uno de sus discípulos la que me disponía a citarte hace un momento. Dice así: "Antes de venir a esta Tierra, cada alma y cada espíritu se compone de un hombre y una mujer unidos en un solo ser. Al venir abajo, a la Tierra, estas dos mitades son separadas y enviadas a animar dos cuerpos diferentes. Cuando llega el tiempo del casamiento, Dios los une como antes."[34]

---

34. *Sefer ha-Zóhar*

Esta última frase, Blanca, abona una creencia ampliamente compartida también entre nuestros sabios y cuyo eco se deja sentir en la máxima *Los matrimonios están hechos en el Cielo*. Es la creencia de que el Destino tiende a reunir aquí en la Tierra a aquellos que ya habían sido cónyuges en el Origen. Claro está que esta tendencia no siempre culmina con éxito, a veces se trunca. Es el caso, por ejemplo, de los protagonistas de la *Historia de la Piedra*. Pero en esa admirable novela china, hay también un ejemplo de predestinación matrimonial que se cumple, Blanca. Lo hallamos casi al final del libro. Es como si, para terminar, el autor -Xueqin- hubiera querido desquitarse de ese fracaso: el del matrimonio predestinado de sus protagonistas. Los artífices de este desquite son Aroma -la doncella de Bao-yu, pero también su amiga y confidente- y el actor aficionado Bijou. Aroma y Bijou no han coincidido nunca, pero han intercambiado una prenda de amor sin saberlo. ¿Cómo es posible?, dirás. Es posible, Blanca, porque en cierta ocasión en que Bijou obsequiara a su amigo Bao-yu con un cinturón de seda rojo, éste pidió prestado a Aroma uno verde para corresponder al regalo, ofreciéndole a ella el rojo a cambio. Pasan los años y llega ese día funesto (o venturoso según la visión taoísta) en que Bao-yu desaparece. Como consecuencia, Aroma se queda sin empleo, y su familia le concierta un matrimonio con un joven desconocido para ella. A la mañana siguiente de la boda, el marido está ayudando a la esposa a desempaquetar sus cosas, cuando encuentra entre los vestidos de ella el cinturón de seda rojo. Admirado, va en busca del cinturón verde y se lo muestra. "Al ver este cinturón que Bao-yu había recibido de ella, Aroma comprendió que su actual marido no era otro que el actor aficionado Bijou, y comenzó a creer en

78

la predeterminación de las uniones conyugales."[35] "La vida matrimonial de Aroma -remata Xueqin- es el primer capítulo de otra historia."

Así pues, Blanca, aunque el Destino tiende a reunir aquí en la Tierra a las almas gemelas, en esta tendencia interfieren múltiples factores capaces de malograrla. Volvamos al pasaje del *Zóhar*. Tras decir que, cuando llega el tiempo del casamiento, Dios reúne a los cónyuges originales (a los cónyuges que lo habían sido ya en el Origen), concluye: "Pero esta unión depende de la vida de un hombre y de la manera en que él vive. Si ha vivido una vida pura y piadosa, gozará una unión semejante a la que precedió a su nacimiento, la cual era la *unión perfecta*. Así, el hombre y su compañera se pertenecen el uno al otro para siempre."[36] Es decir, el *Zóhar* condiciona la unión en la Tierra con el alma gemela al hecho de llevar una vida virtuosa. Este y otros condicionantes llevaron a su autor a apostillar, a su declaración de que "el Santo, bendito sea Él, une a las parejas"[37], que "es difícil para el Santo, bendito sea Él unir a las parejas"[38]. (¿El apelativo te choca? Sólo es una de las tantas fórmulas que emplea la tradición judía para cumplir con la prescripción de designar a Dios sin nombrarlo.)

Yosef Gikatilla, otro gran nombre de la Kábala judía, coincide con su contemporáneo y paisano Moisés de León en que el encuentro con el alma gemela depende de los propios merecimientos. En su opúsculo *El secreto de la unión de David y Betsabé*, sostiene Gikatilla que el rey David no halló en

---

35. Cao Xueqin, *Le Reve dans le pavillon rouge*, vol. II, p. 1577

36. *Ibid.* (las cursivas son del autor de la carta)

37. *Sefer ha-Zóhar* I 89a, 90b, 91b, 137a, 229a

38. v.353

primera instancia a su alma gemela debido a su "mala inclinación", que así llama eufemísticamente la tradición judía a la lujuria. "En ese sentido, sabe y comprende que David, que la paz esté sobre él, tenía una mala inclinación. Por esa razón no mereció a Betsabé desde el comienzo, a pesar de que ella le estaba destinada desde los seis días del Génesis (es decir, Blanca, desde la Creación, que duró seis días según el Génesis), de donde fue emanada el alma de David y el alma de Betsabé, miembro femenino de su pareja."[39]

UNA TRAMA AMOROSA

Pero si hacemos caso a los antiguos sabios, querida, para reunirse con el alma gemela en la Tierra no basta con haber hecho, en ésta o en anteriores vidas, méritos suficientes. Existen otras razones que explican que dicha reunión no tenga lugar en todos los eslabones de esa larga cadena de formas encarnadas que es la vida humana. Que no siempre tenga lugar, al menos, en circunstancias propicias para ahondar en el amor específico de las almas gemelas, que es el amor erótico. Nuestra alma gemela puede haber elegido encarnar no en nuestro cónyuge terrenal, sino en alguien más o menos próximo a nosotros, quizá un hermano, o un amigo. En esos casos, la afinidad no dejará de traslucirse, pero siempre a través del vínculo correspondiente -el fraterno, el amistoso... Nuestra alma gemela puede asimismo haber elegido no coincidir en absoluto con nosotros en esta vida, Blanca. El caso es comparable a lo que ocurre en las novelas largas de tema amoroso, de esas que abundan en tu biblioteca: tampoco ahí la amada

---

39. Yosef Gikatilla, *El secreto de la unión de David y Betsabé*, p. 58

o el amado del o la protagonista aparece siempre -o no siempre igual de destacado- en todos y cada uno de los capítulos. La historia de amor puede verse momentáneamente orillada en favor de otras tramas episódicas. Con la trama principal y con sus dos amantes protagonistas arranca y culmina la novela; pero entremedias se cruzan otras tramas, otros personajes. Y así sucede también, al parecer, con el ciclo vital de un alma, con el ciclo formado por todas sus reencarnaciones. La trama principal es una historia de amor: la relación del alma con su gemela. Ésos son los protagonistas. Pero se da el caso que, en determinados capítulos, que en determinadas existencias, alguna trama o personaje secundario cobren momentánea relevancia. Quizás en vidas pasadas el alma contrajera con ese personaje lo que Xueqin denominaba metafóricamente una "deuda de lágrimas" -una deuda kármica, en la jerga metafísica del Oriente- y ahora haya llegado el momento de saldar esa deuda. (La peculiaridad respecto a la "deuda de lágrimas" que liga al alma con su gemela, es que esta otra deuda fue contraída en vidas pasadas y no en el Origen.) O quizás ese personaje o esa trama accesoria puedan aportarle algo, enseñarle al alma una lección importante. O bien la lección deba aprenderla en solitario, sin el concurso de su gemela. En cualquier caso, una vez saldada la deuda, una vez aprendida la lección, la trama principal aflora nuevamente y el alma gemela recobra el protagonismo que le corresponde.

Y si el encuentro del alma gemela no está asegurado en la Tierra, Blanca, tampoco lo está su reconocimiento en caso de encontrarla. El reconocimiento puede requerir cierto grado de madurez, cierto refinamiento o *evolución* del alma (en posteriores cartas aclararemos este concepto) que nos permita mantener abierto el "ojo del corazón", que es -metafóricamente- el órgano del reconocimiento, porque tal como reza un adagio árabe, *el corazón percibe lo que el ojo no puede ver*. Puede que sólo una de las almas gemelas haya alcanzado ese grado evolutivo; entonces, el reconocimiento no será recíproco sino unilateral. Se trata de un caso raro, sin duda. Pero tan exhaustivo es el estudio sobre el amor acometido por aquel sabio andalusí que cité al comienzo, que esa posibilidad no se le escapa:

Alguien podrá replicar que, siendo esto así, el amor debería ser el mismo en el amante que en el amado, puesto que ambos son partes que antes estuvieron unidas y es una su suerte. La respuesta es la siguiente: Esta objeción, por vida mía, es razonable. Ahora bien, el alma de quien no corresponde al amor que otra le tiene, está rodeada por todas partes de algunos accidentes que la encubren y de velos de naturaleza terrenal que la ciñen, y por ello no percibe la otra parte que estuvo unida con ella antes de venir a parar donde ahora está; pero, si se viera libre, ambas se igualarían en la unión y en el amor. En cambio, el alma del amante está libre, y como sabe el lugar en que se encuentra la otra alma con quien estuvo unida y vecina, la busca, tiende a ella, la persigue, anhela encontrarse con ella y la atrae a sí, cuanto puede, como el hierro a la piedra imán.[40]

Conviene insistir de todos modos, Blanca, en la excepcionalidad de este caso contemplado por Ibn Hazm. Por lo que he podido colegir de mis lecturas (entre las cuales el libro de Hazm, titulado *Collar de la paloma*), la evolución de las almas gemelas acostumbra a ir al unísono. Cuando el reconocimiento es unilateral, sin correspondencia, o con una correspondencia pasajera, lo más probable es que se trate de

---

40. Ibn Hazm, *op. cit.*, p. 103

un error. Los amores contrariados suelen ser amores descaminados, errores de percepción ya que, como veremos, el reconocimiento es falible. En todo caso, si uno es la excepción (pero esto no hay modo humano de saberlo), si es en efecto una cierta ofuscación la que impide el reconocimiento por parte de nuestra alma gemela, lo mejor será dejarla tranquila, dar tiempo al tiempo. Si no nos reconoce en esta vida, ya lo hará en la siguiente; intentando forzar el reconocimiento sólo conseguiremos ofuscarla más todavía. Aquella lluviosa tarde en el tranvía, Blanca, si te hubieras cambiado de asiento en vez de reír mis gracias, ¿te habría gustado que yo, no dándome por aludido, hubiera vuelto a sentarme a tu lado? ¿Verdad que no? No lo dudes: el mejor consejo para un amante contrariado es resignarse, pasar página, buscar el amor en otros brazos. (Por mi parte, estoy seguro de que lo hubiera encontrado, sabes. ¿Te acuerdas de aquella chica de mi barriada a la que le tenía echado el ojo cuando te conocí? No me cabe duda de que también hubiese sido feliz a su lado. Sólo que, de estar ahora ella en tu lugar, a mí posiblemente no me habría dado por hacer de detective, ni estaría ahora escribiéndole esta carta.)

A propósito del encuentro con el alma gemela en la Tierra y su dificultad, me acuerdo ahora de una película que vi hace algunos años. (¡Qué extraño, qué difícil se me hace todavía ir sin ti al cine!) Vacilo al anotar el título porque, transcrito aquí, resulta extrañamente inoportuno. Se titula *No te mueras sin decirme adonde vas*[41] y es de uno de los pocos poetas fílmicos que aún van quedando en nuestros días. Yo sé que esta película te hubiera encantado. A pesar de sus buenas dosis

---

41. Film argentino escrito y dirigido por Eliseo Subiela. Año de producción: 1995

de humor, el argumento es serio y, en muchos momentos, conmovedor. Nos habla de un hombre que un día comienza a ser visitado por el fantasma de una mujer. Esta mujer fue su compañera en numerosas vidas pasadas, y debería haberlo sido también en ésta de no ser porque, en el período entre vidas, ambos se perdieron la pista. Él reencarnó en un nuevo individuo, pero ella no quiso emprender una nueva vida mortal de la que él estuviera ausente. Por eso, desde el Cielo hace gestiones para localizarle. Y, cuando al fin lo encuentra, se le aparece en forma de fantasma.

De otro fantasma de mujer -otro fantasma enamorado- nos da noticia un eminente libro de poesía italiana del siglo catorce: el *Canzoniere* de Petrarca. En esos melodiosos, bellísimos versos, cuenta con emoción Petrarca como su querida Laura (de la que se había enamorado por efecto de un flechazo, como su paisano y coetáneo Dante, cuando la vio salir de misa del convento de Santa Clara de Aviñón un Viernes Santo) se le aparece después de muerta para consolarle. A veces es sólo la voz de ella lo que él escucha en el interior de su mente. Pero lo más frecuente es que ella se le aparezca bien visible. Se le aparece por la noche, sentada a los pies de su cama, y entabla conversación con él con voz "muy dulce, suave y baja". ¿Que de qué hablan? Pues puedes figurártelo, hablan de su amor y de los sucesos de su vida. En estas citas nocturnas en el umbral entre la vida y la muerte, ambos alcanzan un grado de intimidad espiritual como nunca lo conocieron en vida de ella. No lo conocieron nunca, Blanca, porque sus vidas discurrieron por caminos separados: Laura estaba casada con otro hombre. Pese a ello, al referirse a sus vidas, el fantasma de Laura emplea el singular: "*nuestra* vida", como si entre su vida y la de Petrarca hubiera una secreta ligazón. Como si sus vidas, separadas sólo en apariencia, hubieran sido, en el fondo, una vida en común.

UN AMOR INFANTIL

El *Canzoniere* de Petrarca no es un libro azul, amor mío, no lo atesora tu biblioteca. Pero atesora muchos otros libros excelentes, entre ellos varias novelas de las inglesas hermanas Brontë, y entre éstas, una que refleja una situación parecida a la que retrata Petrarca en su *Canzoniere*. Hay aquí también una pareja profundamente enamorada a la que las circunstancias de la vida separan. Luego ella muere y él queda solo y triste. Pero lo que se presumía la separación definitiva, se convierte en un renovado acercamiento, pues ella regresa de entre los muertos. Regresa al mundo -o a la imaginación de su amado- en forma de fantasma. Y eso es un gran consuelo para él, que de nuevo puede verla, conversar con ella... Como ya habrás adivinado, estoy hablando de *Cumbres borrascosas*, la gran novela de amor escrita a mediados del siglo diecinueve por Emily Brontë (ese libro azul cielo que leímos juntos un verano, no en aquellas entrañables veladas domésticas que antes rememoraba, sino en escenarios exteriores: sentados a la sombra de un pino o caminando al atardecer por un sendero entre viñedos).

Los protagonistas eran unos niños cuando el padre de Katherine rescató a Heathcliff de la calle y lo adoptó. Entre los dos niños se establece enseguida una estrecha complicidad porque, más allá del desfase social, ambos descubren entre sí una afinidad secreta. Katherine reflexionará más tarde en voz alta sobre esa afinidad al decir: "...él nunca podrá figurarse cuánto le quiero, y no porque sea atractivo, sino porque hay más de mí en él que en mí misma. Su alma y la mía están hechas de la misma sustancia, cualquiera que sea ésta". ¿Lo ves, Blanca? Katherine reconoce en Heathcliff a su alma gemela. El planteamiento de *Cumbres borrascosas* es en el fondo semejante al de la *Historia de la Piedra*, sólo que en un marco diverso: lo que allí era un idílico jardín, aquí son solitarios páramos y pastizales. Por lo demás, las similitudes con la novela de Xueqin son notorias. Tenemos aquí también un amor infantil. Dos niños -uno adoptado- que crecen como hermanos y son traumáticamente separados al alcanzar la edad adulta. Tenemos el tema de la enfermedad amorosa: la grave "crisis de delirio" que durante varias semanas aqueja a Katherine tras la súbita partida de Heathcliff. Tenemos el tema de la "falsa novia" -novio en este caso. Y el tema de la muerte por amor. Y el del amor más allá de la muerte.

De hecho, ambos relatos se amoldan a un esquema argumental muy antiguo. Este esquema, Blanca, se reproduce en muchos relatos de amor tanto de Occidente como también de Oriente, pues constituye un patrón universal. Estoy seguro de que la pareja protagonista de esta clase de relatos será de tu agrado, querida, pues se trata no sólo de una pareja de enamorados sino, habitualmente (yo sé que la gran pena de tu vida es no haber tenido hijos), de una pareja de niños. El motivo de esta elección habría que buscarlo en la naturaleza del amor infantil, el de la primera adolescencia, que es también, además de un amor puro e inocente, un amor muy intenso -tanto más intenso cuanto más puro, lo uno parece estar en relación directa con lo otro. De una intensidad, además, sostenida: un amor que se mantiene en la cresta de la ola todo el tiempo, sin remansarse nunca en la playa. El amor adulto en cambio, es cierto que en general se atempera, se asienta con el tiempo, se convierte en hábito. Aunque aquí deba apostillar algo que ya tú y yo sabemos por experiencia, Blanca: y es que este atemperamiento del amor no es inevitable. Pues es falso que el amor, desde la voluptuosidad inicial, no pueda hacer otra cosa que decaer. Al amor le queda aún otro camino, y ese camino es un camino ascendente: el de la *transformación*.

Pero estoy precipitándome: ¡tan impaciente estoy por participarte mis averiguaciones! A lo que íbamos. Existe un esquema que se repite universalmente, en la literatura amorosa de todos los tiempos. Un niño y una niña se crían juntos, en íntima armonía. Estos dos niños son a menudo caracterizados como hermanos gemelos, aunque tal condición trate de soslayarse a veces (como tratan Brontë y Xueqin) mediante el subterfugio de la adopción. Sin embargo, se trasluce en el hecho de que los dos niños sean inseparables, de que lo hagan todo juntos, y de que exista entre ellos un gran parecido físico, así como una especie de afinidad, de ligazón secreta como la que existe entre hermanos gemelos. Esa infancia en común suele describirse con tintes paradisíacos. La tragedia vendrá luego, con la llegada a la edad adulta. ¿En qué consiste esa tragedia? Pues en la mutua separación, que expulsa a los dos niños de ese Paraíso privado que es el estar juntos. Los dos jóvenes enamorados son arrojados al mundo, como Adán y Eva en el Génesis bíblico, y pasan el resto de su vida buscándose, porque añoran aquel Paraíso perdido de la infancia.

He aquí pues, Blanca, el patrón por el que están cortados gran número de relatos de amor antiguos, y no pocos modernos. Tendremos ocasión de ver más ejemplos, pero eso será en posteriores cartas, ahora debo ir concluyendo ésta. Releyéndola, reparo en la inoportuna recurrencia del tema de las apariciones *post-mortem*, y me apresuro a aclararte que no hay intención oculta en ello. No pienses mal, no reincido en el tema aposta para incitarte a seguir el ejemplo... Pero disculpa, no son cosas para bromear. De hecho, te confieso que a raíz de los primeros resultados de mis indagaciones me mantengo más alerta, más receptivo. Será por eso que ahora capto detalles que antes me hubieran pasado inadvertidos. O me hubieran parecido accidentales, como ese volumen azul marino que la otra noche se desprendió de su estante en el momento de abrir yo la vitrina, liberando una pequeña flor que tú habías dejado secar entre sus páginas. No puedo estar seguro, claro, pero diría que es una de las flores del primer ramo que te regalé hace más de cincuenta años. Luego está -cuando, como ahora, te escribo- esta obstinada sensación de tu presencia. Tan fuerte, que de vez en cuando no puedo evitar volverme de golpe esperando sorprenderte *in fraganti*. (No se lo digas a nadie, pero tengo la impresión de que tú recibes esta carta a la vez que yo la escribo, como si estuvieras leyéndola por encima de mi hombro.) Últimamente, me parece oler tu perfume...

Ah, y hablando del rey de Roma: tu perfume, ¿cómo se llamaba? Llevo tiempo intentando acordarme. Mala suerte que no quedara ningún frasco empezado en tu tocador. Quisiera conservar uno, abrirlo ocasionalmente, ya sabes, igual que hacías tú con la colección de olores de tu infancia, para transportarme en ese túnel del tiempo a los felices días. Tus amigas no me han sacado de dudas, y en las perfumerías se me informa de que no existe un perfume a base de esencia de tila. Sin embargo, el tuyo siempre me recordó (sí, ya sé que eso tú lo encontrabas absurdo) el aroma dulzón de la tila. Y fíjate tú que ahora es al revés: ahora es la tila la que me evoca tu perfume. Es por eso que me he aficionado a las infusiones y -las tardes de primavera- a los paseos arriba y abajo por la olorosa avenida de los Tilos del parque de la Ciudadela, que además me trae tantos recuerdos de cuando lo frecuentábamos de jóvenes... Pero todo eso, ya te digo, todo eso se ha vuelto ahora superfluo: porque últimamente tu perfume me persigue. Me circunda ahora mismo mientras te escribo, como un olor fantasma. No puedo sino conjeturar que tal vez estés realmente presente, aunque no de un modo físico. O quizá sea tu ausencia lo que percibo, igual que se dice de los amputados que por las noches les despierta un picor en su extremidad ausente... La comparación es atinada pues yo me siento como si me hubieran amputado la mejor mitad de mí mismo. Y es curioso, amor mío, porque, de algún modo, esta sensación abona la teoría de las almas gemelas, a la que he pretendido introducirte en esta carta.

Tuyo

CARTA SEGUNDA

EL MATRIMONIO CELESTIAL

(O EL ANDRÓGINO)

Por eso dejará el hombre a su
padre y a su madre y se unirá a su
mujer, y serán dos en una sola
carne. Grande es este misterio.

san Pablo, *Ef.* 5, 31-32

Barcelona, 17 de junio de 1999

Querida Blanca:

De vez en cuando tú me hablabas de Dios. Muy de vez en cuando realmente... y por fortuna: porque oír hablar de un ser supremo que entonces para mí no existía me alteraba los nervios, te lo digo de verdad. De Jesús, en cambio, podía escucharte hablar horas enteras. De hecho, tú sabes que los Evangelios eran, y siguen siendo, una de mis lecturas favoritas. Y es que Jesús para mí existía en un grado extraordinario: existía en su mensaje de amor sobre todo, en su predilección por los humildes y los afligidos, en su amor incondicional a la humanidad, en su sacrificio. Pero Dios, ese Dios invisible al que Jesús en su agonía gritó desde la cruz: "¿Por qué me has abandonado?", para mí ese Dios no existía. Y por eso oírte hablar de él me incomodaba, perdóname; me sacaba de quicio, por más que me esforzara en disimularlo.

93

Sin embargo... no, mira, ahora pienso que quizá lo que en realidad me incomodaba no fuera eso; que quizá fuera la conciencia que yo tenía de que, si bien la razón negaba, el corazón asentía, ¿sabes lo que quiero decir? Ah, pero siempre el corazón llevaba las de perder: porque, para conocer de esa clase de asuntos al menos, la razón se me antojaba una instancia más fiable... Deben de estar en lo cierto los teólogos cuando afirman que todos albergamos el presentimiento de Dios, sólo que a veces desoímos esa corazonada. Pero fíjate que los teólogos van aún más lejos: sostienen que la sola presencia de un presentimiento de Dios en el corazón del hombre, es ya una prueba de Su existencia. Ya que -aseguran- ese presentimiento es innato, es propiamente una reminiscencia... Bueno, pues si es tal como ellos dicen, Blanca, resulta que junto a un presentimiento de Dios (y, como espero demostrarte en el decurso de estas cartas, estrechamente vinculado a él), existe en el corazón del hombre otro presentimiento innato y no menos vigoroso. Ese presentimiento es el del alma gemela, el de la criatura que entre todas nos está destinada, porque es la otra mitad que nos completa.

Tienes razón, sí: de justicia es reconocer que, en este mundo, esos dos presentimientos sólo raramente se ven confirmados por la realidad inmediata. Es más, querida, a menudo ésta parece empeñada en desmentirlos. No hay sino que escuchar los noticiarios o abrir los periódicos, o dirigir una mirada a nuestro alrededor o a nosotros mismos. Si hablamos de Dios, ahí está la ingente cantidad de adversidades e injusticias que ensombrecen el mundo; si del alma gemela, la proliferación de divorcios y desencuentros y situaciones de soledad... Una cosa, sin embargo, da que pensar, Blanca: y es que esos presentimientos parecen dotados de una obstinación extraña. Cuántas personas siguen confiando en

Dios tras una desgracia. Y cuántas arrastran una larga lista de desengaños y fallidas experiencias amorosas, y no por eso desisten de la búsqueda de su "media naranja"... Y luego están esas excepciones, esos casos raros en que tales presentimientos sí hallan alguna forma de confirmación -siquiera subjetiva- en la realidad inmediata. Y así, a propósito del presentimiento de Dios, me viene a la memoria una frase de C. G. Jung, aquel sabio moderno "de mirada antigua" que nombré la vez pasada. Su colaboradora Aniela Jaffé, mientras le ayudaba a preparar un libro de memorias, recibió de él una confidencia un tanto sorprendente viniendo de un psicólogo, de un hombre con mentalidad científica. Le dijo Jung que Dios había sido siempre para él "una de mis experiencias inmediatas más ciertas."[42]

Pero vayamos con el presentimiento que aquí nos ocupa: el del alma gemela. Que se sepa, el primer occidental que le dio forma teórica fue el filósofo griego Platón, quien en el siglo cinco antes de Cristo puso en boca de su contemporáneo Aristófanes el siguiente relato fabuloso: Antaño -explica-, los seres humanos eran dobles... "La forma de cada individuo era en su totalidad redonda, su espalda y sus costados formaban un círculo; tenía cuatro brazos, piernas en número igual al de los brazos, dos rostros sobre un cuello circular, semejantes en todo, y sobre estos dos rostros, que estaban colocados en sentidos opuestos, una sola cabeza; además, cuatro orejas, dos órganos sexuales, y todo el resto era tal como se puede uno figurar por esta descripción."[43] Semejante duplicidad les hacía sumamente poderosos. Pero como este poder desafiaba al de los dioses, Zeus les partió

---

42. C. G. Jung, *Recuerdos, sueños, pensamientos*, p. 12
43. Platón, *El Banquete*, 189 D

a cada uno por la mitad. Desde entonces, cada mitad busca a la contraparte que la completa: "Cada uno de nosotros, efectivamente, es una contraseña de hombre como resultado del corte en dos de un solo ser, y presenta sólo una cara como los lenguados. De ahí que busque siempre cada uno a su propia contraseña."[44]

Hay quien para descalificar este discurso, Blanca (la gente es muy quisquillosa), te haría notar que Aristófanes era un comediógrafo. Pero eso es no reparar en que ése era precisamente el efecto perseguido por Platón, que utilizó una máscara cómica para ocultar a la mayoría la que -según se colige del testimonio de su discípulo Aristóteles- era para él la más valiosa de sus teorías, nada menos que el núcleo de las llamadas "doctrinas no escritas" de Platón, quien en otro de sus *Diálogos* dice claramente que el filósofo no pone por escrito lo que para él es "de mayor valor"[45]. Otros, para quitar validez al testimonio, objetarían el hecho de que Aristófanes distinga tres bi-unidades diversas: una varón/hembra, una varón/varón y una hembra/hembra, cuando los estudiosos coinciden en no ver en ello sino un intento por parte de Platón de justificar la homosexualidad, tan extendida en su patria. Pero yendo al pasaje en cuestión, sus intérpretes suelen traducir por "contraseña" la palabra griega *symbolon*. Un *symbolon*, Blanca, era una tablilla de madera partida en dos que servía para posibilitar el reconocimiento, al juntar las dos mitades, entre dos personas que nunca se hubieran visto antes. Por cierto que en la antigua China existía una práctica parecida, sólo que con una finalidad algo distinta. Los esposos chinos bien avenidos, al separarse por un largo

---

44. *Ibid.*, 191 D
45. *Fedro*, 278 D

período, rompían en dos un espejo de mano y se quedaban cada uno con una mitad. De este modo, al mirarse en ella, veían confirmado su presentimiento: la actual carencia de la otra mitad de sí mismos. También a su muerte eran enterrados con medio espejo cada uno. En China el espejo era emblema de felicidad conyugal, y, universalmente (en razón de su propiedad de duplicar a los individuos), símbolo tradicional de gemelidad..., por lo que seguramente un espejuelo partido en dos resultaría más idóneo como contraseña entre almas gemelas, querida. Pero la tablilla de madera nos valdrá también como metáfora.

Porque la definición del *symbolon* griego, ¿no te evoca la idea de la que hablamos la otra vez: la idea de belleza subjetiva de cada individuo, esa suerte de mensaje encriptado descifrable sólo por el poseedor de la clave? Tu belleza subjetiva, Blanca -esa belleza oculta que es sólo para mis ojos-, sería la contraparte de mi mitad del *symbolon*. En la historia de *Shakuntala* que te referí en la carta anterior, esta contraseña vendría simbolizada por el anillo gracias al cual el rey Duixanta reconoce a su esposa secreta. En otro célebre libro oriental (un libro que, con sus seis volúmenes de color azul noche, a juego con el título, destaca entre los demás volúmenes de tu biblioteca), en *Las mil y una noches* digo, existe un delicioso cuento donde los anillos hacen también la función de *symbolon*, de contraseña para el reconocimiento. Aunque leímos este cuento en una de aquellas añoradas veladas domésticas, hace de esto tantos años (*Las mil y una noches*, de esto sí te acordarás, fueron una de nuestras primeras lecturas juntos), y sobre todo son tantas las *Noches*, Blanca, tantos los cuentos de esa colección, que quizá no recuerdes este que te digo:

En dos reinos muy distantes entre sí, viven un príncipe y una princesa desconocidos el uno para el otro y, sin embargo, tan semejantes que se dirían hermanos gemelos (a este metafórico parentesco se remite una y otra vez el narrador). Una mañana, los dos jóvenes despiertan cada uno con el anillo del otro y con el recuerdo y la nostalgia del otro. ¿Qué ha pasado? Ha pasado una cosa muy extraña, querida, y es que esa noche han sido objeto de atención por parte de una pareja de genios -ya sabes, esos seres invisibles e imprevisibles que pueblan *Las mil y una noches*. La genio descubre al príncipe, el genio a la princesa, y ambos disputan por cuál es el más bello. Para cotejarlos, trasladan a la princesa dormida por los aires y la depositan al lado del príncipe en su cama. Uno al lado del otro, su gemelidad se hace tan patente que los traviesos genios se maravillan y deciden despertarles por turnos y observar su reacción. Ésta es evidentemente de enamoramiento instantáneo, es un recíproco flechazo. Como prenda de amor, cada uno se apropia del anillo del otro, y vuelven a dormirse por obra de los genios, que se apresuran luego a devolver a la princesa a su lejano reino y a su cama. Ese intercambio de anillos, sin embargo, les servirá más tarde para, aun sin verse, reconocerse mutuamente como "su amor extraviado"[46].

Volviendo al relato de Platón, en numerosas tradiciones espirituales existen relatos parecidos concernientes a la naturaleza doble del Hombre original. Así, una de las piezas claves de la tradición hermética (de la que en otra carta tendremos ocasión de hablar cumplidamente), un tratado llamado *Poimandrés*, da cuenta de la escisión que Dios infligió a los Hombres originales, a los cuales se reputa dobles, varón y hembra a la vez. Ahí leemos que "Dios rompió el vínculo que los mantenía unidos... y aparecieron los varones por un

46. *Las mil y una noches*, "Historia de Kámar Azzaman, hijo del rey Xahraman"

lado y las hembras por el otro."[47] En la tradición judía existen relatos del mismo tenor. Según un comentario rabínico del libro del Génesis fechado en el siglo cinco, "Adán y Eva fueron hechos espalda con espalda y unidos por los hombros; después Dios los separó de un hachazo, dividiéndoles en dos." Y a renglón seguido menciona una variante de esta teoría: "Existe otra opinión: el primer hombre era varón en su mitad derecha y mujer en su mitad izquierda; pero Dios dividió las dos mitades."[48] Más abajo en el mismo texto leemos aún: «Rabí Jeremías b. Leazar dijo: ‹Cuando el Santo, bendito sea Él, creó a Adán, lo creó como un andrógino, pues se ha dicho *Varón y hembra Él los creó y les dio el nombre de Adán* (Gen. 5: 2). Rabí Samuel b. Nahmán dijo: 'Cuando el Señor creó a Adán, lo creó con una cara doble, luego lo dividió y lo hizo con dos espaldas, una espalda a este lado y una espalda al otro lado'. A esto se ha objetado: 'Pero está escrito *Y Él tomó una de sus costillas, etc*' (Gen. 2: 21). *Mi-selathaw* (una de sus costillas) quiere decir uno de sus costados, replicó él, así como hemos leído: *Y para el segundo costado (sela') del tabernáculo, etcétera.* (Ex. 26: 20)"[49]

Elémire Zolla asimila a la misma clase de relatos otro motivo frecuente en mitología: el de la decapitación, por parte del Dios supremo, de un ser primordial mitad masculino mitad femenino. Aquí, Blanca, el varón vendría representado por la cabeza, separada del tronco -la mujer-, bien sea a fin de anular un poder que rivaliza con el del Dios, bien con vistas a dar origen al mundo y al devenir por medio de ese sacrificio. Y cita como ejemplo el mito hindú de Namuci, quien,

47. Corpus Hermeticum, *Poimandrés*, 18
48. Midrash *Génesis Rabbá* 1:1
49. Midrash *Génesis Rabbá* 8:1

habiendo arrebatado el *soma* -la bebida de los dioses- al dios del Cielo Indra, fue decapitado por éste con su *vajra*, con su rayo diamantino. Y ya que menciono un mito hindú: el Hombre primordial del hinduismo, el Purusha, engloba en sí mismo al varón y a la mujer. "El sabio sabe que la mujer reside en el costado izquierdo del varón", se lee en un texto sagrado hindú, el *Tripura Samhita*.

Para los antiguos exégetas, para los glosadores atentos de la Escritura, Eva estaba contenida en Adán. Es así que Dios pudo extraerla de su cuerpo: "Hizo, pues, Yahvé Elohim caer sobre el hombre un profundo sopor; y cuando quedó dormido, tomó una de sus costillas, cerrando en su lugar con carne, y de la costilla que del hombre tomara, formó Yahvé Elohim a la mujer." (Gen. 2: 21-23) Como hemos visto arriba, la palabra hebrea para "costilla" (*sela'*) admite también la traducción "costado", lo que llevó a los exégetas judíos a la idea (pero esa idea la tenían ya, Blanca, la Escritura no hizo sino corroborarla) de que originariamente Eva era uno de los dos costados de Adán -el izquierdo, precisan. O sea, que Adán, que el primer hombre, era en el momento de su creación un ser de naturaleza doble.

DOS EN UNO

Este Hombre primordial, querida, este ser humano medio hombre medio mujer (ya es hora de que te presente al que será el protagonista de estas cartas), es el *Andrógino*. Los antropólogos y los historiadores de las religiones han evidenciado la coincidencia de las más diversas culturas en caracterizar al primer hombre, al hombre del Origen, como un ser andrógino -de *andros-gune*, "hombre-mujer" en griego. El

100

Andrógino es, además, una figura recurrente en el pensamiento y el arte antiguos. Los artistas lo pintaban a veces como un solo individuo humano en posesión de los dos sexos, o también como un hombre y una mujer unidos por la espalda. Pero con mayor frecuencia se le representaba bajo la forma de un ser humano doble, con dos cabezas sobre un único cuerpo, o bien con dos mitades de cara en una sola cabeza. La cabeza o la cara izquierda y la mitad del cuerpo correspondiente a ese lado, inequívocamente femeninas; netamente masculinas la cabeza, o la cara, y el lado derechos. (Fue el descubrimiento de esta figura enigmática observándome, con su doble par de ojos, desde la portada de un libro de Alquimia expuesto en el escaparate de una librería, lo que poco después de tu muerte me puso otra vez sobre tu pista, Blanca. A decir verdad, fue ésa la primera de una serie de coincidencias, relacionadas casi siempre con libros, que han ido sucediéndose desde entonces y que han jalonado mi camino hasta aquí: hasta esta esperanza que me asiste ahora de reencontrarme contigo en un futuro más o menos próximo.)

En las ilustraciones, el Andrógino aparece con frecuencia coronado y ataviado con galas reales. Sus dos mitades suelen ir asimismo acompañadas de símbolos que refuerzan su complementariedad por contraste: la mitad masculina puede estar respaldada por un sol o empuñar una espada (símbolo fálico), y la mitad femenina ir acompañada de una luna o provista de una copa (emblemática de la vagina). Los artistas antiguos dotaron al Andrógino de todo un ajuar simbólico. Y así, no es raro encontrárselo sosteniendo en sus manos un compás abierto, o una i griega, emblemas ambos de la esencia andrógina, consistente en el hecho de ser doble, de ser *dos en uno* (la bifurcación del compás y de la letra Y evoca una Dualidad unificada o una Unidad dual). O, con idéntico simbolismo, se nos puede presentar sosteniendo una vara con dos serpientes enroscadas -el llamado caduceo o vara de Hermes. O aparecérsenos aureolado de un arco iris, o irisado por una cola de pavo real, símbolos ambos de la unión de todos los colores, es decir de la diversidad en la unidad. O (como se me apareció a mí en el escaparate de aquella librería) respaldado por un águila. O con una flor azul en su mano (sí, amor mío, de este color precisamente). ¿Y sabes cómo puede presentársenos también? Con un dragón aplastado bajo sus pies y ostentando un par de alas: eso para indicar que su naturaleza no es de este mundo.

Porque la naturaleza del Andrógino no es de este mundo, sabes Blanca. Es cierto que las ilustraciones (verbigracia las que menudean en los libros de Alquimia) nos lo pintan bajo forma corporal, carnal, y que los antiguos sabios nos lo describen también de esta manera. Ya hemos visto que Platón retrató a los hombres andróginos del Origen provistos de brazos, piernas, orejas y hasta con órganos sexuales. Sin embargo, sería un error tomar estos retratos en sentido literal. Lo corporal tiene en ellos valor de símbolo: remite a una realidad inmaterial -la del alma- imposible de describir si no es simbólicamente. En la descripción de Platón, es la unión perfecta de dos *almas* lo que representa el cuerpo humano esférico de ocho miembros -cuatro brazos y cuatro piernas. Es así como lo entiende, por ejemplo, un autor árabe del siglo nueve -Ibn Dawud de Isfahan- cuando en referencia al famoso pasaje del *Banquete* platónico, escribe: "Ciertos adeptos de la filosofía han pretendido que Dios, exaltada sea Su gloria, creó *a todo espíritu* en forma redonda, como una esfera, y después la escindió en dos mitades, colocando a cada una en un cuerpo. Por eso, cada cuerpo que encuentra el otro cuerpo en el que está la mitad *de su espíritu*, lo ama a causa de esa afinidad primitiva, y así los caracteres humanos se asocian según las necesidades de sus naturalezas."[50]

La figura del Andrógino despierta en el alma secretas resonancias. Surge -como en nuestro siglo ha puesto en evidencia C. G. Jung- de los más hondos recovecos de la memoria humana. De ahí su universalidad, de ahí que el Andrógino sea un motivo recurrente en el Arte y la Literatura universales y que se lo halle en el imaginario de todas las culturas. Esa universalidad, querida, se corresponde con la universalidad del concepto de predestinación amorosa, por la sencilla razón de que un común origen determina un común destino. Como declara Platón por boca de Aristófanes, el Andrógino primordial es la explicación de la predestinación amorosa, su causa. Las almas gemelas están predestinadas, están hechas la una para la otra, porque comparten un mismo origen, porque entre ambas conformaban en el Origen un solo ser; y su vocación es restaurar ese ser andrógino. La Androginia se erige así no solamente en el origen del amor erótico, Blanca, se erige también en su meta. No se emplaza solamente en el lejano pasado, sino que (y es lo que más nos importa, amor mío) se proyecta también en el futuro.

Y no menos antiguo y universal que el Andrógino, es el mito de Origen que invariablemente le acompaña: el mito del *hombre doble* que resultara dividido en dos mitades. Ya en la prehistoria hallamos trazas de este mito, del que existen innumerables versiones. La mayoría describen la escisión en dos del Andrógino primordial en términos de castigo y de tragedia. Es el caso de la versión platónica. Pero existen variantes en las que tal escisión no reviste carácter negativo. Esta

---

50. Ibn Dawud de Isfahan, *Libro de la flor*

103

interpretación favorable es la que predomina en los textos del Oriente. Recordemos por ejemplo un célebre pasaje de la *Brhadaranyaka Upanishad*... Pero perdona, menciono ese texto como si se tratara de un libro de la biblioteca azul. ¿Qué son las Upanishads? Originariamente, enseñanzas secretas que los antiguos sabios hindúes impartían a sus discípulos en reuniones celebradas en los bosques, lejos del mundanal ruido. Su propósito era la iniciación a la sabiduría de los Vedas, de las Escrituras Sagradas del hinduismo. Estas "enseñanzas secretas" (tal el significado del sánscrito *upanishad*), estos comentarios inspirados de las Escrituras, serían luego compilados en una larga serie de textos, los cuales pasaron a conformar la última sección de los Vedas.

Bueno, pues uno de estos textos sagrados, Blanca, uno de los mayores, es la *Brhadaranyaka Upanishad* que me disponía a citarte. Ahí leemos: "En el Origen, este mundo era un Alma sola (Alma: *Atman*, en sánscrito) en la forma de una Persona (*Purusha*). Carecía de alegría y deseaba una segunda Persona. Ahora bien, era tan grande como una mujer y un hombre fusionados en un estrecho abrazo. Y, por tanto, provocó la caída de Sí mismo y su ruptura en dos mitades que se convirtieron en marido y mujer. De ahí el dicho: 'Uno mismo es como una media mitad'."[51] 'Como una de las dos mitades de un guisante partido', solía repetir Yajnavalkya, el sabio a quien se atribuyen las enseñanzas de la *Brhadaranyaka Upanishad*... Pero veamos otra versión favorable, ésta occidental, de la escisión del Hombre primordial en dos mitades. Es la ofrecida en sus *Diálogos de amor* por el sabio renacentista Judá Abrabanel, comúnmente conocido como León Hebreo. Se apoya, como podrás ver, en los dos

---

51. *Brhadaranyaka Upanishad* 1.4.3

relatos de la creación del hombre contenidos en el libro del Génesis:

Adán, o sea, el primer hombre, creado por Dios en el sexto día de la creación, siendo un solo individuo humano contenía en sí macho y hembra sin distinción, y dice (la Escritura) que "Dios creó a Adán a imagen de Dios, macho y hembra los creó": una vez le cita en singular -Adán, un hombre- (la voz hebrea *adam*, Blanca, designa no al varón sino al genérico "hombre", al ser humano independientemente de su sexo) y la otra en plural -"macho y hembra los creó"- para indicar así que, aun cuando era un solo individuo, contenía al mismo tiempo macho y hembra. La glosa de este pasaje hecha por los comentaristas hebreos antiguos en lengua caldea, dice: "Adán fue creado de dos personas: de una parte, macho; de otra, hembra", y esto viene especificado al final del texto al decir que Dios creó a Adán, macho y hembra, y les dio el nombre de Adán, aclarando que Adán solo contenía a ambos, y que antes un individuo formado por los dos se llamaba Adán, porque nunca se menciona a la hembra, Eva, hasta que no fue separada de su macho, Adán. De ahí tomaron Platón y los griegos aquel primitivo Andrógino, mitad macho y mitad hembra. Luego prosigue Dios: "no es bueno que el hombre esté solo; hagámosle una ayuda frente a él", o sea, que no parecía que Adán, macho y hembra, estuviera bien en un solo cuerpo, unido por las espaldas y con caras opuestas; era mejor que la hembra estuviera separada y frente a él, cara a cara, para poder servirle de ayuda. Para probarle, llevó ante él los animales terrestres, por ver si se contentaría con tener por compañera a una de las hembras de los animales; y él impuso nombre a cada uno de los animales, según sus propias naturalezas, y no halló ninguno que fuera suficiente para servirle de ayuda y consorte. Por ello, Dios le adormeció, tomó uno de sus lados (*sela'*), que en hebreo es una palabra equívoca, que también significa *costilla*, aunque aquí y en otros pasajes se usa con el sentido de *lado*: es decir, tomó el lado o persona femenina, que estaba detrás, a la espalda de Adán, y la separó de dicho Adán, y suplió con carne el vacío del espacio cortado, y de aquel lado hizo la mujer, separada; ésta se llama Eva después de haber sido separada, mas no antes, pues entonces era lado y parte de Adán. Una vez la hubo hecho, Dios la presentó a Adán recién despertado de su sueño, el cual dijo: "Ésta sí es hueso de mis huesos y carne de mis carnes; ésta se llamará varona porque del varón fue tomada". Y prosigue, diciendo: "por ella abandonará el hombre a su padre y a su madre, y se unirá a su esposa, y serán como una sola carne", es decir que, por proceder de la división de un individuo, el hombre y la mujer vuelven a reintegrarse por medio del matrimonio y del coito en un mismo individuo carnal e individual. De aquí tomó Platón la división del Andrógino en dos mitades separadas, macho y hembra, y el nacimiento del amor, que es la inclinación que siente cada una de las dos mitades por reunirse con la otra y formar una sola carne.[52]

"MI AMÉRICA ENCONTRADA"

Sin nombrarnos, todos estos testimonios podrían estar hablando de nosotros, Blanca: de la raíz de nuestro mutuo reconocimiento, y por ende de nuestro mutuo amor, que se remontaría entonces en el Tiempo hasta un punto más allá de éste, hasta un remoto Origen en el que tú y yo no sólo estábamos juntos sino *perfectamente unidos*, de tal modo que entre ambos conformábamos un solo ser. Si atendemos a

---

52. León Hebreo, *Diálogos de Amor*, pp. 333-334

esos testimonios y otros semejantes de los antiguos sabios, el fenómeno misterioso del enamoramiento (hablo del enamoramiento genuino, el que resulta de "descifrar" la belleza subjetiva) no sería sino el reconocimiento más o menos consciente -y, por desgracia, más o menos falible también- de la otra mitad de uno mismo, aquella con la cual cada uno conformaba un todo en el Origen. Y así, escribe Platón: "Cuando se encuentran con aquella mitad de sí mismos... experimentan entonces una maravillosa sensación de amistad, de intimidad y de amor, que les deja fuera de sí, y no quieren, por así decir, separarse los unos de los otros ni siquiera un instante."[53]

Y es así también, Blanca, que un gran poeta barroco por el que te confieso mi predilección: el inglés John Donne, atendiendo a la circunstancia histórica de que, hasta el descubrimiento de América, la Tierra había sido también como un *symbolon* con sus dos mitades perdidas la una para la otra, pudo hablar metafóricamente de su amada como de "mi América encontrada": "*O my America, my new found land*"[54]... Salvo que no siempre la otra mitad del propio *symbolon* resulta fácil de encontrar, o de reconocer; no siempre se tiene nuestra suerte, querida. (O la suerte -pero ya dijimos que ésa no era la palabra- de John Donne, quien también encontró pronto a su alma gemela y la reconoció y se casó con ella, aunque tuviera que hacerlo en secreto y ello le reportara la pérdida de su empleo y posición social y hasta la cárcel, ¡con lo que algún espíritu obtuso hablaría más bien de *mala* suerte!)

Pero insisto: no todos tienen nuestra suerte. El descubrimiento de América, para apurar la metáfora, se demoró

---

53. Platón, *El Banquete*
54. Elegía 19, "Cuando se acuesta su amada"

muchos siglos. Y eso no es todo: Colón murió convencido de que había arribado a las Indias, acuérdate, no reconoció el nuevo continente. Y lo mismo puede suceder con el alma gemela. Además, que también el amor se equivoca, ya lo dice una célebre canción. (Pero alerta: esto es un modo ligero de hablar, porque el amor acierta incluso cuando se equivoca, el amor es ya en sí mismo un acierto.) Que el amor a veces yerra me parece, con todo (lanzado pues a hablar con ligereza), innegable. En efecto, es un hecho que tanto tú como yo, antes de enamorarnos uno de otro, lo habíamos estado de otras personas. Y quizá, al conocerlas, hasta tuvimos la misma sensación de familiaridad que experimentamos el uno hacia el otro la primera vez que nos vimos. Sin duda, en esos otros casos el amor "se equivocó", en el sentido de que se confundió de persona, como cuando creemos reconocer a alguien de lejos y al aproximarnos nos percatamos de nuestro error. O tal vez fuera la belleza objetiva lo que reconocimos en ellas. Y deliberadamente hablo aquí también de reconocimiento, amor mío: porque la belleza objetiva es también una vieja conocida del alma...

¿Que a dónde y cuándo se remonta ese conocimiento? Ya te lo digo: al mismo dónde y cuándo que el de la belleza subjetiva. Es decir, no se remonta en realidad (de otro modo no nos atraería esa belleza, ya que al decir de nuestros sabios, al alma sólo le atrae lo que le recuerda a su patria) a un "dónde" ni a un "cuándo", sino a ese punto más allá del dónde y del cuándo, a ese punto más allá del Espacio y del Tiempo que hemos denominado "el Origen". Esto es algo comúnmente admitido entre los antiguos sabios. Se desprende de los escritos de Platón, quien en vez de reconocimiento maneja un término equivalente: habla de *anamnesis*, de "reminiscencia". En el Origen, afirma Platón, vivíamos en la perpetua contemplación mística de la Belleza, de la Belleza absoluta, de la Belleza en sí. Y aunque al descender al Tiempo y al Espacio la olvidásemos, cualquier atisbo de belleza todavía suscita en nosotros esa oscura reminiscencia. De ahí la poderosa atracción que sentimos hacia todo lo objetivamente bello; particularmente (porque la belleza de las personas no es la de las cosas) hacia las personas bellas del otro sexo.

Desde luego, los antiguos sabios eran conscientes de esta poderosa atracción, de este deslumbramiento. Pero fíjate en que eran igualmente conscientes de la necesidad de resistirse a él. Por cuanto la belleza que importa es aquella de que te hablé, aquella subjetiva, cifrada, que es como un guiño del Destino: la belleza que es "sólo para sus ojos", para los ojos del alma gemela. Pues, por más que la belleza objetiva constituya un poderoso acicate para el amor, Blanca, "no es el amor mismo, que radica, en cambio, en la identidad de las almas que estuvieron unidas en un mundo superior y que, en este otro sublunar, se buscan con frenesí cuando pueden vencer las trabas materiales que las desfiguran y sujetan."[55] Son palabras de un islamólogo eminente comentando un célebre tratado árabe del siglo once concerniente al amor y a los amantes. Ya en la carta anterior cité este tratado: el *Collar de la paloma*, ¿lo recuerdas? El título dejará de sonarte críptico si te digo que hace referencia a las buenas o malas acciones con las que, a modo de cuentas, la paloma del alma va confeccionando el collar de su destino. Bien, pues en el *Collar de la paloma* Ibn Hazm de Córdoba compone un "Discurso sobre la esencia del amor", y dice: "Mi parecer es que

---

55. Emilio García Gómez, de su introducción a *El collar de la paloma*, p.66

109

consiste en la unión entre partes de almas que, en este mundo creado, andan divididas en relación a cómo primero eran en su elevada esencia... en el sentido de la mutua relación que sus almas tuvieron en la morada de su altísimo mundo y de la vecindad que ahora tienen en la forma de su actual composición."[56]

Otro sabio árabe contemporáneo de Hazm, el historiador Al-Masudi, nos brinda un ejemplo más de la misma creencia cuando, en alusión a su amada, proclama: "Mi alma estaba ligada a la suya antes de que fuésemos creados."[57] Y un sabio sufí (un sabio adscrito al sufismo, a la mayor corriente de "detrás" del islam), el persa Ruzbehan de Shiraz, expresará un siglo después idéntica convicción en su tratado de amor místico *Jazmín de los Fieles de Amor...* Pero primero, ¿qué son los Fieles de Amor? "Fieles de Amor" es la denominación que tanto en Oriente como en Occidente se ha dado, y que a menudo se dieron a sí mismos numerosos sabios y poetas de temperamento místico. Estos sabios antiguos, Blanca, se hicieron valedores de una creencia que, como veremos, es consustancial a la teoría de las almas gemelas: la creencia de que el amor erótico hunde sus raíces ontológicas en la Divinidad. Los Fieles de Amor militaban en una religión laica: una religión sin templos ni Escrituras ni sacerdotes ni dogmas. Una religión secreta en la que se rendía culto a Dios bajo el nombre de *Amor* (que es el nombre que mejor Le cuadra, querida, pues, como explica A. Afifi, para estos místicos "el amor no es una cualidad abstracta sobreañadida a la

---

56. Ibn Hazm de Córdoba, *El collar de la paloma*, p.101
57. Mas'oudi, *El banquete en casa de Yahya la Barmécida*. Cf. Emile Dermenghem, *Les plus beaux textes arabes*, La Colombe, París, 1951. (Citado por R. Nelli, *L'érotique des troubadours*, p. 53)

Esencia de Dios", sino que "la realidad del amor es idéntica a Su Esencia"[58]) y no se entendía el acceso a Él si no era por la mediación, por la vía del amor humano.

Pues bueno, Ruzbehan de Shiraz, el Fiel de Amor persa, escribe: "Los santos espíritus, en el país de su origen, en la alta ciudad divina, se contemplaron mutuamente... En esta contemplación mutua, vislumbraron los vestigios divinos que impregnaban su ser. Bajo el efecto de esta belleza, se unieron en matrimonio los unos con los otros, asociándose según su grado de afinidad. Cuando vinieron a este mundo, de nuevo se miraron con los mismos ojos (los del segundo término, Blanca), en proporción... a la proximidad del alma con el alma. A la luz de la fisionomía, se reconocieron y experimentaron mutuamente el amor."[59]

EL SECRETO DE LA UNIÓN DE DAVID Y BETSABÉ

Acabo de citar tres ejemplos musulmanes. Pero mira que la creencia en la predestinación amorosa de las almas la hallamos también entre los sabios de las otras dos grandes religiones del Libro. En la carta anterior nombramos a rabí Yosef Gikatilla, que vivió en la Castilla del siglo trece y fue uno de los grandes maestros del misticismo judío, esto es, de la Kábala. Entre otros tratados sobre temas místicos, Gikatilla es autor de *El secreto de la unión de David y Betsabé*, texto que,

---

58. Abu'l-Ala Afifi, *The Mystical Philosophy of Muhyid'Din Ibnul-Arabi*, Cambridge, 1936 (citado por Annemarie Schimmel, *Las dimensiones místicas del Islam*)

59. Ruzbehan Baqli Shirazi, *El Jazmín de los Fieles de Amor*

según manifiesta en las primeras líneas, redactó en respuesta a la solicitud de un amigo que le había consultado acerca del significado del dicho talmúdico *Betsabé estaba destinada a David desde los seis días del Génesis*[60]. El secreto revelado en este tratado, Blanca, puede resumirse diciendo que los amores terrenales no siempre se explican por circunstancias de este mismo orden: obedecen a veces a una circunstancia celestial. ¿Y cuál es esta circunstancia? Que las almas de los amantes eventualmente son las dos mitades escindidas de un Alma única y celeste.

Esta Alma única y a la vez doble, esta alma compuesta de dos mitades, no es otra que el Andrógino, querida, sobre el que (como la mayoría de nuestros sabios) rabí Gikatilla hilvana su teoría de la predestinación amorosa. "En el momento de su creación -escribe-, el hombre fue creado andrógino por el alma. Es decir, dos rostros, una forma que es masculina y femenina."[61] Gikatilla pretende arrojar de paso luz sobre otros dichos del *Talmud*, como por ejemplo: *Cada día un eco de la Voz surge del monte Horeb y clama 'La hija de fulano está destinada a mengano'*[62]. O este otro, que incide en la inconveniencia de guiarse por criterios contingentes a la hora de elegir esposa: *Quien desposa una mujer por el dinero o la belleza, un mes entra y un mes sale*[63], es decir que tal matrimonio está abocado al fracaso. Hay que dejarse guiar por el corazón, nos viene a decir, hay que aguardar al alma gemela. Pero ya dijimos que para Gikatilla el hallazgo del alma gemela dependía de los propios merecimientos. Es así como, según el cabalista, al rey David

---

60. *Talmud*, Sanhedrín 107a
61. R. Yosef Gikatilla, *op. cit.*, p. 46
62. *Talmud*, Sanhedrín, 22a
63. *Talmud*, Kiddusim, 70a

le fue postergado el encuentro con Betsabé debido a su inicial inclinación a la lujuria. Por esta razón, ella estaba ya casada cuando David la conoció... Te recuerdo el episodio, referido en el Libro Segundo de Samuel:

David, rey de Israel, paseando una tarde por la terraza de palacio, ve en una casa vecina a una mujer bañándose y se enamora de ella. Pero esa mujer está ya casada, su marido es un oficial del ejército destacado en la frontera. Aprovechándose de esta ausencia, David mantiene con Betsabé una relación adúltera. Pero quiere hacerla su esposa, y entonces comete un acto horrible, un acto que atraerá sobre él y sobre su pueblo el castigo divino. Manda una misiva al jefe de su ejército ordenando que Urías, el marido engañado, sea colocado en primera línea de combate. Su muerte deja vía libre al casamiento de David con Betsabé. Pero este vergonzoso proceder ha ofendido a Yahvé, que envía una devastadora sequía sobre Israel, y a su rey, un mensajero -el profeta Natán- para advertirle. David admite su pecado, se arrepiente, pero no puede sustraerse al castigo. El castigo es la muerte de su hijo habido con Betsabé. Sin embargo Yahvé les concederá otro hijo, Salomón, que heredará el trono de Israel. Pero ésa, como se dice en los cuentos, es ya otra historia.

Primera tachadura al margen del manuscrito. El hecho de que las dos palabras que sobrevivieron (*mon envie*) estén en francés, igual que la cita de una tachadura ulterior que he podido identificar como perteneciente a *La montaña mágica* de Thomas Mann, me permite señalar para esta cita la misma fuente, y completarla: (en francés en el original alemán) "*Je t'aime -balbuceó-, je t'ai aimée de tout temps, car tu es le Toi de ma vie, mon rêve, mon sort, mon envie, mon éternel désir...*"

Cuando conoce a Betsabé, el rey David está todavía dominado por el defecto que, según rabí Gikatilla, le ha mantenido apartado de ella hasta entonces. Este defecto, Blanca, este defecto al que en la antigua literatura rabínica se alude eufemísticamente como la "mala inclinación" (*yetzer hara*), no es otro que la lujuria. Y es el defecto que le ha conducido a matar a su rival Urías, el defecto que le lleva a conservar a sus otras numerosas esposas aun después de haber conocido a la suya verdadera, a su esposa original, aquella destinada a completar su alma. Gikatilla llega a detectar, en un versículo de los Salmos atribuidos al rey David, el reconocimiento por parte de éste del dilema en el que se debate: "Pues estoy dispuesto hacia mi costado y mi mal está delante de mí." (Sal. 38: 18) La clave interpretativa que maneja te parecerá traída por los pelos, Blanca, pero ten en cuenta que en general las interpretaciones cabalísticas de lo que nos hablan es del sistema de creencias de sus autores. Tomando como clave interpretativa el postulado según el cual el verdadero cónyuge de todo ser humano estuvo originariamente alojado en su costado, para Gikatilla el sentido del versículo era claro: David estaba predestinado por su costado a amar a Betsabé, pero su mala inclinación no dejaba de atosigarle.[64]

EL ESTATUS CONYUGAL DEL ORIGEN

Muchos sabios cristianos profesaban también la creencia en la predestinación amorosa de las almas, esa creencia que cristalizó en el concepto de almas gemelas. Tal concepto revestía

---

64. Cf.: Charles Mopsik en sus notas a *El secreto de la unión de David y Betsabé*.

antiguamente la forma conyugal: el alma gemela era *el cónyuge* verdadero u original de cada individuo. Y es bajo este prisma, Blanca, que examinaremos ahora la concepción que del matrimonio tenían los antiguos sabios cristianos y, en particular, algunos Padres de la Iglesia; para lo que hay que empezar por decir que no todas las opiniones de los Padres, de los inmediatos sucesores de los apóstoles, llegarían a ser adoptadas por la Iglesia e incorporadas al dogma. Un ejemplo es el relativo a la doctrina de la preexistencia del alma y la reencarnación, en la que algunos Padres creían; y otro lo tenemos, en parte, en la teoría del matrimonio que ahora paso a exponerte.

Para los antiguos sabios cristianos, el matrimonio no es una mera convención social, sino que es obra de Dios mismo. La idea es que Dios habría instituido una conjunción o matrimonio celestial en el Origen, para luego crear a la humanidad a partir de ese patrón, en base a ese molde. Es decir, Blanca: la habría creado por parejas, por parejas conyugales. La predestinación amorosa radica, pues, en el acto creador de Dios, que no ha creado al hombre y a la mujer por separado, sino simultáneamente, por el mismo acto creador: los ha creado *unidos*. Aunque los sabios cristianos llegaron a esta conclusión por un proceso intuitivo, esa intuición vino avalada por un examen en profundidad del libro del Génesis. Concretamente, de los dos relatos que allí se ofrecen de la creación del hombre –y a los que aludía León Hebreo en el fragmento antes citado. Recordémoslos.

El primero dice así: "Y creó Dios al hombre a imagen Suya, a imagen de Dios lo creó, y los creó varón y hembra" (Gen. 1: 27-28). Como hace notar Hebreo, el singular y el plural están aquí barajados. La Biblia era tenida por un libro, si no dictado por Dios mismo, al menos de inspiración divina, por lo que no era pensable un error de redacción. De modo que, si el anterior versículo emplea primero el singular y luego el plural, es que debe tener una buena razón para ello. Los exégetas antiguos, que -a la manera de Hércules Poirots de la Sagrada Escritura- se aplicaban a desentrañar esas razones ocultas, interpretaron dicho versículo en el sentido siguiente: Dios habría creado al hombre y a la mujer *unidos*, de tal modo que, aun siendo dos, podía hablarse de ellos en singular, pues estaban fusionados integrando un solo ser. Tal interpretación la vieron corroborada un poco más adelante en el propio Génesis: "Cuando Dios creó al hombre, le hizo a imagen Suya. Hízolos varón y hembra, y los bendijo, *y les dio, al crearlos, el nombre de Adán.*" (Gen. 5: 1-3) Les dio un nombre conjunto, Blanca, un solo nombre para los dos.

¿Qué conclusión sacaron de esto nuestros sabios? Sobre todo la conclusión de que, por el acto creador de Adán y Eva, Dios había creado al mismo tiempo la institución matrimonial. Dios no se había limitado a crear al primer hombre y a la primera mujer, sino que los había creado unidos, emparejados, *casados*. Los había creado -como consiente decir el idioma inglés- *twined* (participio de un verbo derivado de *twin*, "gemelo"). Los creó acoplados formando una Unidad superior, es decir, un matrimonio. Con Adán y Eva, Dios habría creado el primer matrimonio, la primera pareja conyugal, lo que justifica que algunas versiones arameas del Génesis traduzcan: "los creó varón *y su cónyuge*".

Consideremos ahora el segundo de los relatos, aquel según el cual Dios creó al hombre de la arcilla (tal el significado literal de la palabra *adam*), y a la mujer a partir de una costilla o de un costado del hombre. "Modeló Yahvé Elohim al hombre de la arcilla y le inspiró en el rostro aliento de vida, y fue así el hombre ser animado", leemos en Gen. 2:7. Y más

116

abajo: "Hizo, pues, Yahvé Elohim caer sobre el hombre un profundo sopor; y cuando quedó dormido, tomó una de sus costillas, cerrando en su lugar con carne, y de la costilla que del hombre tomara, formó Yahvé Elohim a la mujer." (Gen. 2: 21-23)

Aquí la creación simultánea de Adán y Eva no es tan evidente, ¿verdad, querida? En apariencia la mujer es creada en segunda instancia. Pero si analizamos con detenimiento este segundo relato (el mismo detenimiento que aplicó León Hebreo), verás que llegamos a idéntica conclusión que en el primero. En efecto, de acuerdo con esta segunda versión, Dios no crea a Eva de la nada, de un montón de arcilla, como previamente ha creado a Adán. La crea a partir de un fragmento -una costilla, un costado- del cuerpo de éste. De hecho, según los exégetas, no la crea: *la extrae* de Adán. De lo que infirieron que Eva ya existía, que había sido creada con anterioridad, había sido creada simultáneamente con Adán, del que formaba parte, con el que conformaba originariamente un solo ser. La aparente creación diferida de Eva no sería sino la crónica de la posterior traumática escisión de ese ser unitario. (Ese ser unitario que no es otro que el Andrógino, Blanca, ya que no es el único caso, dado el sesgo masculino de la mayoría de sabios antiguos, en que al Andrógino se lo consideró globalmente masculino, quedando la mujer englobada en el varón.)

En Adán y Eva está prefigurada, representada la humanidad entera, amor mío. Luego, decir que Dios los creó simultáneamente (o unidos) y que, en consecuencia, instituyó el matrimonio por este acto creador, es tanto como decir que Dios creó a la humanidad original por parejas, por parejas de cónyuges. Una confirmación de esto la hallaron los exégetas en Gen. 2, 24: "Por eso dejará el hombre a su padre y a su

117

madre y se unirá a su mujer, y vendrán a ser los dos una sola carne". Date cuenta de que no se dice que el hombre se unirá a *una* mujer sino a *su* mujer: es decir, a aquella junto con la cual fue creado. Esta asignación específica de cada mujer a cada hombre -e, inversamente, de cada hombre a cada mujer- viene además anunciada en el versículo precedente, donde Adán reconoce a Eva como *su* mujer: "Ésta sí que es hueso de *mis* huesos y carne de *mi* carne."

Bueno, todos estos son argumentos que los antiguos sabios cristianos buscaron -y hallaron- en el Antiguo Testamento para justificar su intuición: la de que el ser humano es, por su origen, la mitad de una pareja. Pero argumentos de esta clase pudieron rastrearlos asimismo en el Nuevo Testamento. Y así, el Padre griego de la Iglesia Orígenes de Alejandría consideró significativas a este respecto las siguientes palabras de Jesús: "De manera que ya no son dos sino una sola carne. Por tanto, lo que Dios unió, no lo separe el hombre" (Mt 19: 4-7). Orígenes (que prescribió la intuición mística para la percepción de las realidades suprasensibles y que sufrió la condenación de algunas de sus intuiciones) vio en la fórmula "lo que Dios unió" la evidencia de que los matrimonios terrenales están predestinados desde el comienzo, puesto que aunque luego se separaran, Dios había creado *unidos* a los dos cónyuges. Otro eminente teólogo y Padre de la Iglesia latina, san Agustín de Hipona, lo corrobora: "No los creó Dios por separado, uniéndolos luego como si fueran extranjeros, sino que creó a la mujer del varón"[65]. En una palabra, Blanca: los creó unidos, formando entre ambos "una sola carne", un solo ser, *un matrimonio*.

La realidad del matrimonio es pues, para san Agustín, anterior a la Caída, anterior al pecado. Así lo reafirma al

---

65. San Agustín, *De bono coniugali*, 1, 1

comienzo de uno de sus tratados en vindicación de este sacramento: "Así pues, la intención de este libro es ésta: distinguir, en cuanto Dios se digne ayudarnos, la bondad del matrimonio del mal de la concupiscencia carnal, por el cual el hombre, que nace por ella, arrastra el pecado original. Esta vergonzosa concupiscencia... no existiría jamás si el hombre no hubiera pecado antes; *pero el matrimonio existiría igualmente aunque nadie hubiera pecado.*"[66] De paso, este fragmento nos entera de que, en la intuición de san Agustín (pero también en la de otros Padres de la Iglesia, en la de filósofos como nuestro amigo Kierkegaard y, como veremos, en la de la mayoría de nuestros sabios), el estado caído de la humanidad va ligado a la aparición del sexo. Para nuestros sabios, Blanca, el matrimonio del Origen era una unión puramente espiritual. Este modelo perfecto, divino, espiritual de matrimonio, los hombres lo adaptamos inconscientemente a la realidad imperfecta, humana y sexuada, que rige aquí abajo. El matrimonio terrenal, podríamos decir que se inspira lejanamente en aquel matrimonio original, en aquel arquetipo celestial instituido por Dios en el Origen. "El matrimonio es la imagen no de algo terrenal, sino celestial", afirma san Juan Crisóstomo, otro Padre de la Iglesia que, como san Agustín, dedicó mucho tiempo a pensar el matrimonio. Los seres humanos participábamos originariamente, por nuestra creación duplicada, de aquel matrimonio celestial del Origen. Pero luego acaeció la Caída; perdimos nuestra condición celestial y, con ella, el estado conyugal que le era inherente. Ahora oscuramente añoramos aquel estado privilegiado del que antaño disfrutábamos y, a través de

66. San Agustín, *De nuptiis et concupiscentia*, 1, 1, 1 (las cursivas son del autor de la carta)

la institución matrimonial, tratamos de reproducirlo aquí en la Tierra.

UN DIOS CASAMENTERO

Esto por lo que hace a los antiguos sabios cristianos, Blanca. Pero la idea de que todo ser humano -por haber creado Dios no individuos sueltos sino *parejas* (aunque podemos pensar que el individuo, que la unidad elemental es la pareja)- es originariamente un cónyuge, ha podido ser asimismo establecida por los antiguos sabios de las otras dos religiones del Libro. En efecto, en el Corán se hace mención expresa del estatus conyugal de la primera pareja: "(Dios) os creó a todos a partir de un solo hombre, del que creó a *su esposa*, y, a partir de ellos dos, diseminó un gran número de hombres y mujeres." (4:1) Observa que también aquí Dios crea a la esposa del primer hombre *a partir de éste*. De lo que se infiere (como en el Libro judeocristiano) que ella había sido ya creada con anterioridad, que había sido creada simultáneamente con su esposo, por el mismo acto creador, y que la posterior "creación" de la esposa a partir del esposo no habría sido en realidad sino una escisión de aquel ser andrógino.

El arriba citado Ibn Hazm de Córdoba, en el "Discurso sobre la esencia del amor" de su *Collar de la paloma*, cita otro versículo coránico muy parecido, uno que dice: "Él es quien os creó a todos de una sola alma, de la cual creó también a su compañera, para que conviviera con ella." (7:189) Lo cita en apoyo de su tesis -que es la tesis de nuestros sabios- de que las parejas que se constituyen en este mundo frecuentemente lo hacen impelidas por una ley cósmica: la ley que determina que todas las cosas tiendan a emparejarse con lo que les es semejante. Semejanza que, en el caso de las parejas humanas, responde al origen común de sus dos almas en un alma superior que originariamente las englobaba, y de la que ambas son ahora las dos mitades escindidas. Justificándose, pues, con el citado versículo coránico, Ibn Hazm diría que la razón de nuestra convivencia de más de cuarenta años, Blanca, es que tú y yo somos las dos mitades de la misma alma, porque Dios "dispuso -escribe Hazm- que la razón de su convivencia (la de Adán y Eva, pero por extensión la nuestra y la de todas las parejas de almas gemelas) fuera el que Eva procedía de la misma alma que Adán."[67]

Tachadura al margen. Un trazo demasiado rápido de rotulador ha indultado la totalidad de la acotación: *yo enviaba mensajes modulados.* **Se trataría, como en los demás casos, de una cita extraída de los libros azules, y el autor debe de haber visto en ella una comunicación de su difunta esposa.**

También en la tradición judía, querida, se piensa en el matrimonio como en una obra de Dios por haber creado Éste unidos a nuestros primeros padres. El versículo bíblico "Y dijo el hombre: 'La mujer que pusiste conmigo me dio del árbol y comí'." (Gen. 3: 12), es comentado así en el *Zóhar*: "La expresión 'conmigo' indica que Adán y Eva fueron creados juntos con un solo cuerpo." En una palabra, fueron creados *casados*. Figúrate que en el *Talmud*, se describe incluso la boda de Adán y Eva en el Paraíso, con Dios como oficiante y maestro de ceremonias: "La boda de la primera pareja se celebró con una pompa que nunca ha vuelto a repetirse en el

---

67. Ibn Hazm de Córdoba, *El collar de la paloma*, p.102

curso entero de la historia. Dios mismo, antes de presentarla a Adán, vistió y adornó a Eva como novia. Hasta hizo un llamamiento a los ángeles diciendo: 'Venid, realicemos servicios de amistad para Adán y su esposa...' Los ángeles, por tanto, rodearon el dosel matrimonial y Dios pronunció sus bendiciones sobre la pareja nupcial... Entonces los ángeles bailaron y tocaron instrumentos musicales ante Adán y Eva en sus diez cámaras nupciales de oro, perlas y piedras preciosas, que Dios había preparado para ellos."[68]

Adán y Eva, te lo recuerdo, son la imagen de todas las almas masculinas y femeninas creadas por Dios en el Origen. Cuando Dios creó a las almas, enseñan los rabinos, emparejó a cada alma con su *zug*, esto es, con su "cónyuge", con su contraparte de sexo opuesto (su *bat zug* en el caso de las almas masculinas, su *ben zug* en el de las femeninas)... Así pues, también para el judaísmo, Dios habría concertado en el Cielo todos los matrimonios, Blanca. De ahí el viejo dicho judío: *El cónyuge de una persona viene dado por el Cielo*... Existe una palabra *yiddish*, una palabra de esa lengua familiar de los judíos de ascendencia centroeuropea, que designa asimismo a esta otra alma con la cual cada uno fuimos creados: es la palabra *bashayrt*, "destinada". Los cabalistas, los antiguos sabios judíos, nos hablan de esa compañera destinada que asegura al alma la plenitud. En *El secreto de la unión de David y Betsabé*, rabí Gikatilla explica que "Cuando un ser de sexo masculino es creado, forzosamente su cónyuge de sexo femenino es creada simultáneamente, porque en el Mundo Superior nunca se fabrica una media forma, sino sólo una forma entera."[69] Y

---

68. Louis Ginzberg, *The Legends of the Jews*, citado por Alan Watts, *Las dos manos de Dios*, p. 194.
69. *Ibid*, p. 45

leemos en el *Zóhar*: "Las almas del mundo, que son el fruto de la obra del Todopoderoso, son todas místicamente una, pero cuando descienden hacia abajo son separadas en femenino y masculino. Durante la primera creación están juntas, pero luego son separadas, una hacia la derecha (el varón) y la otra hacia la izquierda (la hembra), y luego Dios hace su apareamiento; Dios, y no otro, pues sólo Él conoce el cónyuge apropiado para cada cual. Feliz es el hombre que es recto en sus obras y sigue el camino de la verdad, de modo que su alma pueda reencontrar su pareja original, pues entonces se hace efectivamente perfecto, y por su perfección es bendecido todo el mundo."[70] (Date cuenta, Blanca, que al aludir a una "primera creación" del ser humano e, implícitamente, a una segunda, el autor del *Zóhar* no hace sino atenerse al texto del Génesis: las dos creaciones sucesivas se corresponden con los dos relatos de la creación del hombre ofrecidos allí.)

¡Sabías que el lenguaje conyugal en el Antiguo Testamento ha podido ser interpretado -en una segunda lectura esotérica de la Escritura- como alusivo a aquel modelo conyugal instituido por Dios en el Origen? Como alusivo, pues, a una predestinación amorosa instaurada en virtud de la mencionada creación conjunta o creación doble. Expresiones del Libro de Malaquías tales como "la esposa de tu juventud" y "la esposa de tu alianza", se han prestado a ser leídas bajo la clave de una Unidad original de la pareja: la juventud designaría aquí el pasado más remoto del alma (aquel "Tiempo fuera del Tiempo" que es el Origen); la alianza -alianza matrimonial en este caso- sería la emanada de aquella creación doble... Por la época en que se redactó el Libro de Malaquías, los israelitas padecían severas penalidades y se preguntaban

---

70. *Sefer ha-Zóhar* I, 90b

la razón, el motivo de que Dios les hubiera vuelto la espalda. El profeta Malaquías les responde: «Preguntáis por qué. Porque Yahvé es testigo entre ti y la esposa de tu juventud, a la que has sido desleal, siendo así que ella era tu compañera y la esposa de tu alianza. ¿No los hizo para ser un solo ser, que tiene carne y espíritu? Y este uno, ¿qué busca sino una posteridad de Dios? Guarda, pues, tu espíritu, y no seas infiel a la esposa de tu juventud.» (Mal. 2: 14-16)

Según el contexto de estos versículos, Blanca, Dios volvió la espalda a los israelitas porque éstos habían repudiado a sus esposas originales, israelitas como ellos, para casarse con mujeres extranjeras. Ahora bien, si buscáramos -con los cabalistas- el sentido oculto de este pasaje, podríamos interpretar que, con las esposas originales de los israelitas, se estaría aludiendo en realidad a sus "gemelas", a las mujeres junto con las cuales fueron creados. Esta interpretación se adecúa además a la leyenda, consignada en el *Talmud*, según la cual los primeros israelitas nacieron todos duplicados, cada uno en compañía de una "hermana gemela". Es lo que expresa un aforismo relativo a los hijos del patriarca Jacob (bautizado *Israel* por Yahvé y padre genealógico de los israelitas), que se repite en numerosos textos rabínicos: *Con cada tribu nació su gemela*[71]. Aquí el sustantivo "tribu" designa a su epónimo, es decir, a los doce hijos de Jacob, que son los que dan nombre a cada una de las doce tribus de Israel. Luego, el aforismo, esclarecido, quedaría así: "Con cada hijo de Jacob nació su hermana gemela." Estas doce parejas contrajeron matrimonio, tal como era su destino, y de esos matrimonios descendieron las doce tribus de Israel y, de ellas, el pueblo judío. Los antiguos sabios hebreos habrían hecho extensivo

---

71. Midrash *Génesis Rabbá* 82: 8

124

este nacimiento doble de los patriarcas a los descendientes de éstos y a la humanidad entera, Blanca, y así, según ellos, toda alma había venido al mundo en compañía de una hermana gemela con la que estaba destinada a casarse. Si ese destino se cumplía, ello era fuente de bendiciones: "Pues así hemos afirmado en la doctrina secreta de la *Mishná* (la parte esencial y más antigua del *Talmud*) que si un hombre toma a su hermana... ello es fuente de benignidad."[72] Pero si, por la razón que fuere, ese matrimonio predestinado no llegaba a realizarse, o bien se rompía (eventualidad a la que podía entenderse que se refería el arriba citado pasaje de Malaquías), entonces no podía esperarse de Dios otra cosa que calamidades.

Como es natural, Blanca, este valor exagerado atribuido a la reunión matrimonial en este mundo con el alma gemela, dotó de extraordinaria relevancia a la cuestión de la elección de pareja, y Charles Mopsik, en su erudita introducción al tratado de Gikatilla, nos informa de que generaciones enteras de cabalistas (tan aficionados ellos a imaginar esotéricos métodos de indagación de la realidad oculta) se enfrascaron en discurrir "medios y estrategias para encontrar a su verdadera compañera desconocida".

En el Antiguo Testamento hallamos varios ejemplos de amor predestinado. Tenemos el caso de Isaac y Rebeca: Abraham envía a su hombre de confianza a la tierra de sus antepasados en busca de una esposa para su hijo Isaac. Debe buscarla no sólo entre los paisanos de su amo, sino -conforme a una disposición mosaica- entre su parentela. Es decir, una aguja en un pajar. El hombre ruega a Dios que le facilite la búsqueda, e improvisa una estrategia no muy distinta -imagino- de las que

---

72. Zóhar

125

se ingeniarían más tarde los cabalistas para dar con su *bat zug*. Conviene con Dios una señal: se apostará junto a un pozo a las afueras de una ciudad; cuando al atardecer las muchachas acudan a proveerse de agua, les pedirá de beber, y aquella que se ofrezca también a abrevar su camello será la predestinada por Dios. No bien ha terminado de decirse mentalmente esto cuando Rebeca, la muchacha que superará la prueba y que cumple todos los requisitos, se acerca al pozo con una jarra al hombro.

Otro claro ejemplo figura en el Libro de Tobías. De seguro conoces el episodio, pero te lo recuerdo... Sobre Tobías recae el encargo de reclamar un depósito de dinero en una ciudad a varios días de camino. Busca un compañero de viaje conocedor de la región, y encuentra a un joven que le inspira confianza. Este joven es en realidad un ángel enviado por Dios, pero esto lo ignora Tobías. Parten, y a mitad de camino llegan a las puertas de una ciudad. El ángel informa a su compañero de viaje de la presencia en esa ciudad de una muchacha de nombre Sara, con la que -de acuerdo con aquella misma disposición mosaica mencionada arriba- Tobías tiene derecho a casarse. Pero acto seguido aduce una razón más honda: "Sara te está destinada desde la Eternidad" (Tob. 6: 18). Al oír esto, Tobías siente un estremecimiento, siente el roce del Destino, y decide pedir a Sara en matrimonio. El padre de ella corrobora la afirmación del ángel: "Desde el Cielo está determinado que te sea dada. Tómala por esposa. Tú eres su hermano y ella tu hermana." (Tob. 7: 12)

Consideremos esta última frase, Blanca. La simbología fraterna, con la conyugal, son las dos formas que revistió en la antigüedad la noción de "almas gemelas". Ambas se confundían muchas veces, de suerte que son muchas las narraciones antiguas (en el Antiguo Testamento tienes el caso

126

paradigmático del Cantar de los Cantares) donde los esposos se tratan de hermanos y son caracterizados así por el narrador. Aparte la referencia implícita a su origen común, o sea a su gemelidad, el tratamiento fraterno nos sugiere también la clase de amor que idealmente debiera unir a estos esposos: un amor casto, espiritual, como el que es propio del hermano y la hermana. Es así que Tobías, antes de consumar el matrimonio, se dirige a Dios con estas palabras: "Señor, si yo tomo ahora a esta hermana mía, no es por un deseo lujurioso, sino por un amor verdadero." (Tob. 8: 7) Nos dice el texto sagrado que Tobías fue el octavo marido de Sara. Los otros siete murieron misteriosa y repentinamente en la cámara nupcial antes de consumar el matrimonio. Aunque se apela a las maquinaciones de un demonio enamorado de Sara, algunos exégetas interpretan que Dios (haciendo gala de la severidad que Le caracteriza en el Antiguo Testamento) les castigó por amarla lujuriosamente y no como Tobías, con amor verdadero. Pero cabe aún otra lectura, Blanca, una lectura cabalista para esas misteriosas muertes: y es que los siete maridos malogrados de Sara no serían el que le estaba predestinado, ninguno de ellos era su *ben zug*, su alma gemela. Con el matrimonio de Sara y Tobías se cumple finalmente el Destino decretado por Dios, haciéndose buena desde ese mismo instante aquella máxima de la *Mishná*: "Si un hombre toma a su hermana... ello es fuente de benignidad."

INCOMPATIBILIDAD DE NATURALEZAS

Si me lo permites, querida, quisiera decirte ahora -ya que me he explayado acerca del matrimonio terrenal y su modelo celestial- unas palabras a propósito del divorcio... Hablábamos antes de los Padres de la Iglesia. De como algunos de ellos interpretaron el matrimonio terrenal como una restauración del verdadero matrimonio, el cual ya había tenido lugar en el Cielo bajo auspicio divino. Estos sabios cristianos supusieron que los matrimonios terrenales serían infalibles, en el sentido de que reunirían otra vez a los cónyuges originales. De ahí que considerasen improcedente el divorcio. No contaron con los errores en que previsiblemente uno incurriría a la hora de reconocer a su cónyuge predestinado entre la multitud de posibles candidatos. John Milton, el gran poeta inglés algo posterior a Shakespeare y a Donne, sí contó con ese factor, Blanca. Y ello dio lugar a este hecho curioso que es que, si en la antigüedad algunos Padres de la Iglesia esgrimieron la predestinación amorosa como argumento en contra del divorcio, en el siglo diecisiete Milton se sirviera del mismo argumento para apoyarlo.

Milton compuso cuatro tratados en defensa del divorcio. Aunque suene paradójico, abogaba en su favor precisamente por tener un concepto tan elevado del matrimonio: el que se deriva de la creencia -que él profesaba- en lo que aquí hemos denominado "matrimonios celestiales". Creía que todos los seres humanos hemos estado ya casados en el Origen; casados no por la Iglesia ni por el Estado: por Dios mismo. Y que ese matrimonio es el que verdaderamente cuenta, porque aunque luego se rompiese como consecuencia de la Caída, la vinculación persiste. Esa vinculación es indisoluble. Opina Milton que el matrimonio terrenal es importante, no debe ser tomado a la ligera; pero ha de estar subordinado a aquel vínculo celestial primario. Lo ideal sería que en la Tierra todos nos casáramos con el que fue nuestro cónyuge celestial, nuestro verdadero cónyuge. Pero Milton sabía por experiencia propia que ese ideal no siempre se cumplía en la realidad. El matrimonio terrenal no es infalible, está sujeto a errores; la sociedad debe poner el medio para enmendar esos errores; y ese medio es el divorcio.

En tiempos de Milton, como en nuestros días, la Iglesia contemplaba ciertas razones por las que un matrimonio podía ser anulado. Por ejemplo, en el caso de descubrirse que uno de los cónyuges estaba ya casado. O si se destapaban lazos de consanguinidad entre los cónyuges. O si entre ellos eran inviables las relaciones sexuales... A Milton todas esas razones le parecían inconsistentes. Para él, la única razón de peso era la incompatibilidad entre los esposos; una incompatibilidad basada en la teoría de las almas gemelas, Blanca, ya que no es cuestión de caracteres, sino *de naturalezas*. Dos esposos, decía Milton, son incompatibles cuando no comparten la misma naturaleza; lo que para él significaba: cuando no están hechos el uno para el otro, cuando no son las dos mitades del mismo *symbolon*. Pues al igual que éstas comparten en exclusiva la misma pieza de madera, sólo las almas que son gemelas comparten la misma naturaleza. Cuando un matrimonio terrenal no coincide con el celestial concertado por Dios en el Origen, entonces esos esposos incurren, según Milton, en una incompatibilidad de naturalezas, y en tales casos el divorcio no sólo es admisible sino conveniente: gracias a él se eluden las tensiones de una forzada convivencia, así como la tentación del adulterio.

Esto lo pensaba y lo proclamaba Milton en el siglo diecisiete, Blanca. Pero como las ideas (sobre todo las que brotan de la intuición mística) son intemporales y para ellas no rige la cronología, un siglo antes Teofrasto Paracelso había hecho una anticipada apostilla al pensamiento de Milton al escribir: "Cuando se unan un hombre y una mujer que se pertenecen y han sido creados el uno para el otro, no habrá adulterio, porque *en su estructura forman una esencia que no puede romperse*. Pero si éstos no se unen, no habrá amor resistente, sino que ondeará como la caña al viento. Cuando un hombre galantea con muchas mujeres, es que no tiene una auténtica esposa que le complete, igual que la mujer que galantea con otros hombres no tiene tampoco el hombre adecuado. Pero Dios creó a cada hombre con su instinto para que no tenga por qué ser adúltero. Por eso, para aquellos que están hechos uno para el otro reza el mandamiento de preservar el matrimonio como si se pertenecieran. Porque hay dos matrimonios: aquel que Dios ha dispuesto, y aquel que el hombre se dispone a sí mismo. Los primeros se atienen voluntariamente al mandamiento, los otros no: se ven forzados por él."[73]

Pero volviendo a Milton, creía éste en "el expreso azar del Cielo" al que aludían aquellos versos de Coventry Patmore que cité la otra vez (Patmore no era tan gran poeta como Milton, pero tenía las mismas grandes intuiciones acerca del amor). Milton creía que el azar era algo así como el disfraz tras el que se escuda Dios (ya que al parecer Dios prefiere pasar inadvertido, lo que no significa que no pueda intuirse, que no pueda digamos leerse entre líneas) para intervenir de incógnito en el mundo. Para intervenir, por ejemplo, en las relaciones personales y, en particular, en los casamientos. Milton compartía la idea cabalista de que "El Santo, bendito sea Él, une a las parejas". Disfrazado bajo la apariencia del azar, Dios actúa, se podría decir, de casamentero: procura que los cónyuges celestiales contraigan matrimonio también aquí, en la Tierra. Ciertamente no siempre lo consigue,

---

73. Paracelso, *Textos esenciales*, edición de Jolande Jacobi. Ediciones Siruela, pp. 92-93

Blanca, porque los seres humanos disponemos de libre albedrío: podemos hacer caso omiso de la voz interior de la intuición, que nos impulsa en una dirección, y tomar otra dirección distinta. Podemos casarnos con alguien que no sea nuestro cónyuge original. Eso puede considerarse un error. Pero Milton era aún más drástico: decía que eso era pervertir el plan divino. En uno de sus tratados sobre el divorcio escribe: "Y como Él prohíbe casarse a todas las naturalezas incompatibles... si se da la circunstancia de que, por accidente, se emparejan indebidamente, Él les ordena separarse, *como personas a quienes Dios nunca unió.*"[74]

Tachadura al margen. Se salvó fragmentariamente lo que, a tenor de otras tachaduras, podría ser una cita: *...el cartero trajo la misiva que ella (llevaba esperando) tanto tiempo.*

Pero los tratados sobre el divorcio no son el legado principal de Milton, Blanca; lo es su poesía. En particular, su *Paraíso Perdido*, un largo poema que compuso estando ciego: elaborando los versos en su mente, memorizándolos, y dictándolos luego a sus allegados cuando acudían a visitarle. A lo largo de esos diez mil versos, Milton narra la historia bíblica de Adán y Eva. Pero lo hace desde su propia óptica, y ahí reside el interés y el encanto. Porque la óptica particular de Milton convierte la historia de Adán y Eva en un canto al amor conyugal, al matrimonio celestial y a las almas gemelas. Milton proclama abiertamente algo que en el Génesis está ya pero como en filigrana: que Adán y Eva son las dos mitades de la misma

---

74. *Doctrine and Discipline of Divorce,* citado por Anthony Low en *The reinvention of love,* p. 195

alma. Lo proclama, por ejemplo, por boca del propio Adán, cuando éste califica a Eva como su lado izquierdo, "el lado más cercano al corazón":

...para darte el ser te di
el lado más cercano al corazón,
sustancia viva, para así tenerte
a mi lado desde ahora en adelante,
mi inseparable y preciado consuelo.
Como parte de mi alma yo te busco
y te reclamo la otra mitad mía.[75]

Y lo explicita también más adelante, en los versos donde Adán trata de describir la belleza subjetiva de Eva:

...los mil modestos atractivos
que fluyen sin cesar de sus palabras
y sus acciones, mezcladas de amor
y dulce complacencia, que *revelan*
una sincera unión de pensamiento,
y nos muestran como una sola alma[76]

La pareja formada por nuestros primeros padres es imagen de todas las parejas de almas gemelas, Blanca. De modo que la historia de Adán y Eva es nuestra propia historia. Tendremos ocasión de volver sobre ella, de citar más versos del *Paraíso Perdido*. Ahora debemos dar un paso adelante en nuestro camino perquisitor. Recuerdo que cuando yo mismo

---

75. Milton, *El Paraíso perdido*, iv, 484-490 (traducción de Esteban Pujals) Las cursivas son del autor de la carta.
76.*Ibid* , viii. 600-606 (las cursivas son del autor de la carta).

hace unos años me dispuse a dar este paso, juzgué conveniente imbuirme de una especial disposición de ánimo: la misma que te recomendaría ahora si probablemente tu estado desencarnado no lo hiciera superfluo. Una disposición semejante a la de aquellos audaces viajeros de tiempos pasados (pero también de nuestro siglo, y pienso en dos exploradores de la que si no me engaño es tu región favorita del planeta: en Alexandra David-Néel con sus libros sobre el Tíbet, y en Peter Matthiessen, autor de aquel otro precioso libro azul, *El leopardo de las nieves*) que tuvieron la osadía de adentrarse en territorios inexplorados. Porque es un territorio de lo más ignoto, de lo más secreto, el que me disponía a explorar, querida. Por suerte (pero desconfío de esta palabra, ya lo sabes), hallé en una librería de viejo a uno de los pocos conocedores de esa *terra incognita*. Siguiendo el ejemplo de Tobías con el ángel, lo recluté de inmediato como cicerone y compañero de viaje. Él será ahora también nuestro guía. No, no se trata de ningún ángel esta vez..., pero sí de los libros de alguien que, según su testimonio, tuvo trato con esos celestiales seres.

DEL AMOR EN EL MÁS ALLÁ

Hasta aquí hemos visto algunas averiguaciones de los antiguos sabios concernientes al amor, a los misteriosos entresijos del amor en la vida terrenal. Pero el amor no se detiene ahí, en la Tierra, igual que no se detiene ahí el individuo: uno y otro prosiguen en el Más Allá. Tampoco las averiguaciones de los antiguos sabios se detienen por completo en ese punto: es así que vamos a poder abordar este tema. Naturalmente, he dudado antes de hacerlo, porque ¿qué voy a contarte del Más Allá que ya tú no sepas? Pero como el Más Allá tiene, al parecer, varias alturas, y yo ignoro en cuál de ellas te encuentras tú, no creo que esté de más ofrecerte aquí una visión de conjunto. Antes de nada, sin embargo, y a manera de preámbulo, permíteme que abra, una vez más, el *Zóhar*. En ese libro omnímodo leemos: "Cada alma busca su propia pareja en la otra vida. Las almas que no han hallado su verdadera compañera erran, después de la muerte, en busca de su alma gemela. Y aquel que no la ha buscado o no ha hallado su verdadera compañera sobre la Tierra es, después de la muerte, como un átomo llevado por todos los vientos. No hallará paz hasta que no se haya unido con su verdadera compañera. Los suspiros que parten de los seres amados resuenan en el alma en busca de su alma hermana"...

No te pregunto si oyes resonar en tu alma mis suspiros, igual que oigo yo en la mía resonar los tuyos, por no incurrir en la cursilería -esa pegajosa materia con la que me temo voy a estar continuamente bregando en estas cartas. Así y todo, no deja de ser una pregunta pertinente, amor mío. Porque tú estarás en el Más Allá, pero al mismo tiempo no te has movido de mi lado, no puedes negarlo: y menos últimamente, que has dado en manifestarte a través de los libros azules...[77] Pero a lo que voy. En el siglo dieciocho, en plena edad de la Razón, a contrapelo pues de toda la corriente de una época, un sabio cristiano proscrito por la Iglesia, el escandinavo Emmanuel Swedenborg, experimenta transportes místicos en el curso de los cuales viaja al Más Allá y tiene trato con los habitantes del Cielo, con los ángeles. Si aceptamos su testimonio, el Cielo no es el mundo de los espíritus, adonde

---

77. Primera de las tres enigmáticas alusiones en las que se sustenta la hipótesis aventurada en el prefacio.

134

van las almas al morir los cuerpos (adonde has ido tú, querida). El Cielo está por encima del mundo de los espíritus, si bien éstos pueden ascender al Cielo bajo determinadas condiciones y convertirse así en ángeles. El estado angélico es el estado celestial. Hay una frase muy hermosa de Swedenborg que resume cuáles son las condiciones que posibilitan el acceso al Cielo. Es la que dice: "Hay una vía abierta hacia el Cielo, pero nadie que no tenga ya el Cielo dentro de sí tiene acceso a ella."[78] Los espíritus pueden descender al infierno también, según Swedenborg; las dos vías están abiertas. Pero como estoy seguro de que ése no habrá de ser tu caso, omitiré esta segunda vía. Todos los ángeles del Cielo han sido previamente hombres. Sin dejar de ser uno, el Cielo presenta innumerables divisiones y subdivisiones, a las que me referiré luego.

En el ingreso en el Otro Mundo tras la muerte física, distingue Swedenborg varias etapas. Lo primero que hay que decir, Blanca, es que el Otro Mundo no es externo a los individuos, sino interior a ellos. Y es un mundo espiritual, ya que para Swedenborg (para nuestros sabios en general) el mundo sensible, material, no es más que la apariencia externa de la verdadera realidad, que es espiritual e interna. El abandono del mundo sensible por obra de la muerte supone, pues, sumergirse en la dimensión interna y verdadera de la existencia, una dimensión interna al propio individuo. Éste, durante la etapa inmediatamente posterior a la muerte física, conserva la personalidad que tenía en vida. A través de la inmersión dentro de sí mismo, ingresa en el mundo de los espíritus, adonde acuden a recibirle sus familiares y amigos difuntos. Si la que fue su pareja en la Tierra le ha precedido,

---

78. *Amor conyugal*, 500

se reúne con ella y reanudan su vida en común. Ahora bien, en una segunda etapa, se desvela lo que Swedenborg llama la "interioridad" del individuo. Lo que significa que éste se despoja de su personalidad terrenal, que es una personalidad externa y adoptada, para ostentar su personalidad propia -interna-, es decir, para ser él mismo. Al ponerse al descubierto su "interioridad" o su yo verdadero, se desvela si las personas con las que se relacionó en vida son sus verdaderos "semejantes". Se desvela asimismo si la que fue su pareja en vida es o no su verdadero cónyuge, lo que en Swedenborg significa: si es o no el alma absolutamente semejante a él. Si lo es, los dos permanecen juntos y gozan del verdadero amor conyugal, que es el amor del Cielo. En caso contrario se separan, y, si sus verdaderos cónyuges han dejado también la vida terrenal, se reúnen con ellos.

Como lectora atenta que eres, habrás observado que por dos veces he aludido a la noción de semejanza. Esta noción es básica en la antropología swedenborguiana, y en ella está implícita, como veremos, la noción de almas gemelas. Según Swedenborg, las almas de los hombres se asemejan entre sí en mayor o menor medida y, en el Cielo, tienden a agruparse con arreglo a ese criterio. Es decir, aquellas que son similares tienden a juntarse, mientras que las que son disímiles se apartan de forma natural: "Los que más se diferencian, están más apartados; los que se diferencian menos, se hallan más próximos; y la similitud determina que estén juntos."[79] ¿Qué entiende Swedenborg por "semejanza"? ¿Qué es lo que determina la semejanza entre almas? Lo que determina la semejanza entre las almas es su "interioridad" o el "estado de su amor", o sea Blanca: la cualidad de las almas, su predisposición al

---

79. Emmanuel Swedenborg, *El Cielo y sus maravillas y el infierno*, 42

bien o -como lo define Swedenborg- su "amor predominante". Esta cualidad, esta "interioridad" de las almas, no preexiste a su experiencia sobre la Tierra. En este aspecto, Swedenborg se aparta de la línea mayoritaria de nuestros sabios, ya que no cree que la semejanza entre almas sea originaria, que la semejanza absoluta entre dos almas sea el resultado de su creación conjunta. Entiende más bien que dos almas son más o menos semejantes en función de su evolución sobre la Tierra. Si han tenido una evolución paralela, si como resultado de esa evolución su "interioridad" es similar, entonces se trata de almas semejantes y -no importa si han coincidido o no en la Tierra- esa semejanza determinará su vinculación en el Cielo; una vinculación más o menos estrecha según el grado de la semejanza.

Tachadura al margen. El rotulador ha hecho estragos en la parte central de la acotación. Sólo se puede leer la fecha (26-6-99) y lo que presumiblemente sea el final de una larga cita: *...ella había encontrado ese (modo) de decir que le quería.*

Es decir, Swedenborg descreía de la predestinación amorosa de las almas gemelas, al menos es lo que se desprende de sus escritos. Para él, las almas gemelas no son gemelas desde su creación: *llegan a serlo* a través de su evolución sobre la Tierra. No se trata por tanto de una gemelidad ontológica. "¿Cómo es que Swedenborg -entiendo que quieres preguntarme- descreía de una idea, la de predestinación amorosa, tan arraigada, según tú, en la sabiduría antigua?". Bueno, mi respuesta es doble. Por lo pronto, la difusión de esa idea quizá no fuese tan generalizada como, en mi entusiasmo, he podido darte a entender. Y por otra parte, Blanca, incluso los mayores sabios están sujetos a error. Por más que les asista la intuición mística, ya dijimos que esta intuición no podría ser perfecta: es fragmentaria, y es una visión como a través de la niebla... Pero entremos ya, sin más preámbulos, en la doctrina swedenborguiana de la semejanza y en los vínculos entre almas derivados de ella.

EL VERDADERO AMOR CONYUGAL

Según refiere Swedenborg, cuando dos o más almas se asemejan interiormente, cuando tienen una similar predisposición al bien, se reconocen mutuamente en el Cielo. Reconocen su afinidad -como si dijéramos, su pertenencia a la misma familia de almas- y sienten el deseo de vivir juntas. En consecuencia, se agrupan de forma natural y entretejen relaciones más o menos estrechas de acuerdo con su nivel de semejanza. Integran así distintas sociedades. En cada una de esas sociedades existen a su vez diversos niveles de asociación, según el grado de afinidad entre sus miembros. El hogar de un alma son sus semejantes, son las demás almas afines a ella. "Quienes son semejantes -escribe Swedenborg- se sienten espontáneamente atraídos; porque esta similitud hace que se sientan como entre los suyos y en su hogar; en cambio, con otros se sienten como entre forasteros y lejos de su tierra."[80] Tanto es así, Blanca, que las almas con una predisposición al mal se encuentran como en su hogar en el infierno -adonde dice Swedenborg que van a parar-, ya que allí están en compañía de almas semejantes.

Por más que no lo encontremos abiertamente expresado en Swedenborg, de su testimonio -asentado en libros como

---

80. *Ibid.*, 44

El Cielo y sus maravillas, su obra más divulgada- se infiere que existen diversos grados de semejanza entre almas, desde una lejana hasta una tan estrecha que llega a la identidad, a la semejanza absoluta: es decir, a la gemelidad. Cada grado determina a su vez una vinculación más o menos estrecha entre las almas semejantes. Por ejemplo, Blanca: si, en una escala del uno al diez, el grado de semejanza entre dos almas correspondiera al dos, entonces la vinculación entre esas almas equivaldría a la que en nuestro mundo existe entre compatriotas -Swedenborg diría que pertenecen a la misma "sociedad" de almas. Si la semejanza fuera de grado cuatro, podríamos hablar de conciudadanos; si de grado seis, de vecinos de escalera. Con el grado ocho entraríamos ya en el parentesco. El grado nueve de semejanza determinaría un nivel de vinculación muy estrecho, correspondiente al de la familia directa. (Según los antiguos sabios, la afinidad tan estrecha entre las almas emparentadas determina una fuerte inclinación a reencarnarse juntas.)

¿Y el grado diez? El grado diez de semejanza, o sea la gemelidad, es el más importante de todos, Blanca, ya que da lugar a la unidad elemental del Cielo, que es la pareja unida, *el matrimonio*. El Cielo swedenborguiano se basa en una eterna vida en pareja. Swedenborg rebate la lectura más obvia de aquel célebre episodio evangélico en el que Jesús, interrogado sobre cuál de los siete maridos sucesivos de una viuda sería su esposo en la eternidad, responde que en la eternidad "ni se casarán ni se darán en casamiento, sino que serán como los ángeles del Cielo"[81]. Hay que reparar, dice Swedenborg, en quién formula la pregunta: la formula un saduceo, un miembro de esa secta materialista que descreía

---

81. Mt. 22:30, Mc. 12:25, Lc. 20:34-36

de la vida eterna. La respuesta de Jesús de que en el Cielo no existe el matrimonio, se referiría al matrimonio tal como los saduceos lo entendían: el matrimonio basado en las conveniencias sociales y en la satisfacción de los instintos.

Así pues, al clasificar como matrimonio el grado supremo de vinculación entre almas, no estoy haciendo una mera equivalencia, Blanca -como la que hago al hablar de compatriotas, de conciudadanos, etcétera. No se trata de una metáfora: atendiendo al testimonio de Swedenborg, el estado conyugal es un estado real en el Cielo. Aunque no en todos los casos se dé la consumación porque, como veremos, el matrimonio celestial hay que merecerlo. Naturalmente, el número de individuos o almas que integran los diferentes colectivos -los colectivos correspondientes a cada grado de semejanza- mengua según nos aproximamos al grado diez. Así, la "sociedad" es el colectivo más poblado, mientras que el más restringido es el matrimonio: la gemelidad es prerrogativa de la pareja.

La obra de Swedenborg abunda en pormenorizadas descripciones del estado conyugal en el Cielo. Se trata -asegura- del estado más deseable del Más Allá, y consiste en "la conjunción de dos seres en una sola mente."[82] Es un estado de *unión perfecta* con otra alma (con otra alma del todo semejante a la propia, porque sólo cuando uno se junta con quien se le asemeja, es perfecta la unión). Y esa *unión perfecta* lo es en virtud del "verdadero amor conyugal", que es el que posee la propiedad de unificar las almas del todo semejantes o gemelas. Es con el fin de desvelar en sí misma el verdadero amor conyugal, que el alma encarna en el mundo físico. Para Swedenborg, el matrimonio terrenal (hoy diríamos: en

---

82. *Ibid.*, 367

general, las relaciones de pareja en la Tierra) es la escuela preparatoria para la realización matrimonial verdadera, que nos aguarda en el Cielo. ¿Qué aprendemos en esa escuela? Aprendemos la lección del verdadero amor conyugal: es decir, a amar a nuestro cónyuge de modo "inocente"; lo que en Swedenborg quiere decir de modo incondicional, altruista, y también de modo espiritual (ambos modos van ligados).

Sabes Blanca, en el curso de sus viajes astrales por el trasmundo, Swedenborg tuvo ocasión de admirar parejas de ángeles casados celestialmente; ángeles que si bien de entrada le parecieron individuales, luego, al aproximarse, se le revelaron dobles. No pudo percibirlos con claridad sin embargo, porque su belleza era tal que le deslumbraba. También explica cómo se llega a esos casamientos. Dice: "También me fue dado presenciar cómo se conciertan los matrimonios en los Cielos. Como en la vastedad del Cielo quienes son semejantes se hallan unidos y los que son disímiles están separados, cada sociedad del Cielo está constituida por aquellos que son semejantes. Quienes son semejantes se atraen mutuamente...; asimismo los cónyuges cuyas mentes están en condiciones de unirse formando una sola, se encuentran; y entonces se aman entrañablemente a primera vista; y reconociéndose mutuamente como cónyuges, se casan."[83]

Los cónyuges cuyas mentes están en condiciones de unirse formando una sola, querida, son aquellos que han aprendido la lección del verdadero amor conyugal. En *El Cielo y sus maravillas*, dice Swedenborg haber oído a un ángel describir el verdadero amor conyugal en estos términos: "*El amor conyugal es la Divinidad del Señor en los Cielos*; es el bien divino y la verdad divina unidos en dos seres, como si no fuesen dos

---

83. *Ibid.*, 383

sino uno solo... *La Divinidad está reflejada en la pareja que goza del verdadero amor conyugal...*; y por eso, en el amor conyugal están inscritas todas las cosas del Cielo, incluyendo incalculables bendiciones y deleites."[84] (En esta cita he destacado dos frases: no serán las únicas sobre las que llamaré tu atención de aquí al final de esta carta. Las pondremos entonces todas encima de la mesa y, como en aquel pasatiempo infantil, uniremos los puntos y veremos el dibujo que resulta.)

Swedenborg dedica capítulos enteros de sus libros a la descripción del amor conyugal, al que califica de "el amor fundamental de todos los amores del Cielo"[85], comparándolo incluso con el Cielo mismo y situando al "verdadero amor conyugal" en lo más íntimo del Cielo, del que constituye el deleite supremo. Que es un tema muy querido para él se ve no sólo en la extensión y la minuciosidad con que lo trata: se ve también en la pasión que pone en describirlo. Por eso llama la atención que él nunca se casara, que ni siquiera se le conocieran aventuras amorosas. Sin embargo, Blanca, al leerle, al leerle preferentemente en *Amor conyugal*, se tiene la impresión de que se trata de un hombre con una gran ansia de esta clase de amor. Afirma además en dicho libro que todo aquel, casado o soltero, que en su vida terrenal haya aspirado al verdadero amor conyugal, encontrará a su verdadero cónyuge en el Otro Mundo; pero que los célibes, que los solteros sin ansia de pareja, tendrían serias dificultades para hallarlo. Siendo, pues, el celibato una postura errónea para Swedenborg, ¿no sería lógico suponer que él mismo no incurriría en el error contra el que predicaba? No habría que contarle pues entre los célibes y sí más bien entre

---

84. *Ibid.*, 374
85. *Apocalypsis revelata*

142

los solteros con ansia de pareja. Pero entonces, ¿por qué no se casó? Según todos los indicios, Blanca, no se casó porque (al igual que el rey David, pero sin duda por distinta causa) dio con su alma gemela demasiado tarde, cuando ella estaba ya casada. Esta mujer a quien Swedenborg amó en secreto, y en quien creyó reconocer a su "cónyuge verdadero", era una vecina suya, autora de libros piadosos, la condesa Elizabeth Gyllenborg-Stjerncrona, con la que le unió una amistad íntima. Nos consta, por referencia de ciertos documentos, que Swedenborg albergaba la esperanza de reproducir con ella un día aquel matrimonio celestial que le había sido dado presenciar en el Otro Mundo. Y ya que hablando del ideario amoroso de Swedenborg nos hemos deslizado hacia el terreno personal, me gustaría presentarte con más detalle a este hombre tan singular nacido a finales del siglo diecisiete en Estocolmo, Suecia.

Lo cierto es que se hace difícil no sentir consideración por Swedenborg cuando se conocen los rasgos de su personalidad. El más destacable era ese que es siempre, bien mirado (sé que coincidirás conmigo en esto), el rasgo más destacable en cualquier persona, y también, en su defecto, el que más se echa en falta. Me refiero, naturalmente, a la bondad. La bondad o la maldad de corazón de alguien nos habla del "estado de su amor" o de su "interioridad", para emplear el lenguaje de Swedenborg, y es la vía por la cual podemos llegar a conocer a esa persona realmente, más allá de la personalidad terrenal que de forma pasajera reviste. Y es que la bondad, Blanca, la bondad es la cualidad central de la belleza interior; y la belleza interior, con ser tan objetiva como la exterior, presenta un rasgo diferencial que la hace infinitamente más preciosa. Déjame decírtelo por medio de un ejemplo: Si pienso en tu belleza física, ¿estoy pensando *en ti* realmente? Tus grandes ojos negros, pongamos, ¿son consustanciales a ti? ¿O cabría la posibilidad de que hubieras nacido con ojos verdes y almendrados? ¿Verdad que sí? Pues en ese caso tus ojos no son realmente tuyos, querida: son tuyos, fíjate lo que te digo, casi en igual medida en que lo serían un par de pendientes que te hubiesen regalado tus padres al nacer. Tu bondad, en cambio, nadie te la ha regalado, es tuya por derecho propio; cuando pienso en tu bondad, estoy pensando *en ti* realmente, en lo que tú realmente eres. Y por cierto: la de Swedenborg es una bondad que me recuerda la tuya. Se traslucía en las mismas cosas, en el amor por los niños por ejemplo, en la costumbre de llevar siempre encima caramelos en atención a ellos. Él mismo tenía la inocencia, la pureza de corazón de un niño. Un compatriota que lo trató lo evocaba a su muerte con estas elogiosas palabras: "No recuerdo haber conocido otro hombre de un carácter más uniformemente virtuoso; siempre contento, nunca quejoso o malhumorado... Era un verdadero filósofo y vivía como tal. Trabajaba diligentemente y vivía con frugalidad... Era un modelo de sinceridad, virtud y piedad, y, por lo que yo he visto, no hay nadie en mi país que posea una sabiduría tan profunda como la de Swedenborg."[86]

No menos extraordinaria que su personalidad es su biografía. Empleó la primera mitad de su vida en una fecunda carrera científica durante la cual sentó las bases de muchos descubrimientos modernos. Luego su vida dio un brusco giro. El desencadenante fueron los éxtasis místicos que comenzaron a sobrevenirle y que ya no le abandonarían. Durante esos éxtasis, su alma deserta del cuerpo y en rápido vuelo es transportada a las regiones celestiales, donde tiene

---

86. Citado por D.T. Suzuki, *Swedenborg: Buddha of the North*, p. 44

trato con los ángeles. Ya ves, hacia la mitad de su vida el científico eminente -uno de los más eminentes de su tiempo- vuelve la espalda a la ciencia y a los intereses mundanos y se convierte en un místico, en un visionario, consagrándose a la tarea de poner por escrito cuanto los ángeles le enseñan. "No invento, sólo transmito", declara. Se siente obligado a transmitir esos conocimientos y, como son copiosos, escribe todos los días, casi sin descanso. Al no existir en Suecia aún libertad de prensa, una vez terminado cada libro, viaja a Amsterdam o a Londres para publicarlo. Publica de forma anónima y con sus propios recursos, porque no está interesado en la fama ni el dinero.

Mantuvo esta incesante actividad hasta su muerte, ocurrida a edad avanzada en Londres, adonde quiso ir a morir. Parece que profetizó el día exacto. Esta facultad clarividente se le había manifestado ya en otras ocasiones, aunque él nunca alardeara de ella. Lo que no impidió que, a su pesar, algunos de sus prodigios trascendieran a la opinión pública. Uno de estos prodigios en particular, querida, marcó época, fue sonado no sólo en Suecia, en toda Europa, acarreándole una fama involuntaria que acabó por delatarle a los ojos de sus contemporáneos como el autor de esos libros visionarios escritos en latín que, desde hacía quince años, venían viendo regularmente la luz de forma anónima. La cosa fue como sigue... Había viajado Swedenborg desde Estocolmo para pasar unos días en Gotemburgo. La noche de marras se encontraba cenando en casa de unos amigos, en compañía de otros invitados. Podemos pensar en una velada no muy distinta de las de los viernes en casa de Esther y Enrique, algo más concurrida quizás. En tal caso sí, Blanca, mira, figúrate que te hablo de una de aquellas agradables veladas a las que tú y yo éramos asiduos: aquí estamos, en el amplio ático de Esther y Enrique. Además de los habituales, nos acompaña esta vez un viejo amigo de Madrid, pero al que le encanta Barcelona, y que se deja caer por aquí siempre que puede. La velada es alegre, se disfruta de la conversación y de la suculenta cena (¡ah, ese *suquet de peix* que Esther cocina como nadie...!). Pero fíjate: de pronto nuestro amigo se levanta de la mesa y sale a la terraza sin decir nada. "¿Qué te ocurre?", le preguntamos a su regreso al cabo de unos minutos, "¿te encuentras mal?", porque tiene el rostro demudado. Y va él entonces y nos anuncia que un mayúsculo incendio se ha declarado en su ciudad y que el fuego se propaga rápidamente.

Ahora hazte cuenta de que este amigo nuestro no tuviera modo humano de saberlo. Porque estamos a mediados del siglo dieciocho: falta más de un siglo para la invención de la radio, la televisión, el teléfono..., y obviamente desde un ático de Barcelona, por alto que sea, no se alcanza a ver Madrid. Pensaríamos primero que bromea, pero luego nos fijaríamos en su expresión horrorizada y posiblemente empezaríamos a dudar de su sano juicio. Máxime cuando vemos que sus incursiones a la terraza se suceden y que él persevera en el disparate. Ahí está este viejo amigo nuestro al que hasta ahora teníamos por un hombre sensato -se trata de un científico de renombre- reportándonos angustiado el desarrollo de un incendio ¡que está teniendo lugar a seiscientos quilómetros! En fin, el anuncio de su extinción se demorará todavía un par de horas. Entretanto lo que se ha extinguido es la velada -sólo quedamos él, tú, yo y los anfitriones-, y el alarmante rumor ha corrido por toda Barcelona. Ha llegado a oídos del alcalde, que enseguida convoca al vidente y le pregunta que qué broma es ésa. Sí, sí, broma: al cabo de dos días, llegados de Madrid los primeros mensajeros a caballo, se confirmará no sólo la noticia del incendio, sino el pormenorizado reporte de Swedenborg.

Espectacular, ¿verdad, amor mío? Sí, pero anecdótico. Lo sustancial para nosotros es la obra de Swedenborg, sus libros. Libros de viajes podríamos decir, ya que son el testimonio de un explorador del Otro Mundo. Y no creas que este testimonio cayera en saco roto: iluminó a muchos pensadores posteriores, incluidos grandes pensadores de nuestro siglo, como D. T. Suzuki, introductor del budismo en Occidente, y Henry Corbin, introductor del misticismo islámico. Su influencia se dejó sentir igualmente en buen número de poetas y novelistas. Dos exponentes ilustres de esta influencia, ambos del siglo diecinueve, son el novelista inglés Wilkie Collins y el francés Théophile Gautier, a los que me referiré a continuación.

DOS NOVELAS FANTÁSTICAS

A Wilkie Collins, querida, le debemos algunas deliciosas veladas de lectura en común. Se las debemos a cuenta de dos de los azules volúmenes de tu biblioteca, *La dama de blanco* y *La piedra lunar*: en opinión de muchos críticos, las dos mejores novelas policíacas que se han escrito. Pero, aparte del género policíaco, Collins cultivó también el melodrama, género en el que se inscribe *Dos destinos*, la novela de la que voy a hablarte ahora. Aunque podría inscribirse igualmente en el género fantástico, porque en ella está presente el elemento sobrenatural.

Los destinos del título son los de Mary y George, cuyas vidas, tras haber coincidido en la infancia, divergen después dolorosamente. El argumento responde a aquel patrón universal que te apunté en la carta anterior. Se trata aquí también de dos niños enamorados que pasan en común su infancia y luego son traumáticamente separados, para buscarse el resto de su vida aun sin saberlo. A lo largo de su vida de adultos, ocasionalmente sus caminos se entrecruzan de forma providencial. Y, aunque en esas ocasiones ninguno de los dos sea consciente de haber reencontrado a su compañero de infancia, el reconocimiento se produce a otro nivel: "Era como si, creyendo que vería a una extraña, me hubiera encontrado inesperadamente con una amiga... Ella siguió mirándome fija e interrogativamente. Por un momento, aunque era un desconocido, mi rostro pareció turbarla, como si lo hubiera visto antes y lo hubiera olvidado."[87]

Collins se recrea al comienzo en la descripción de la idílica infancia de sus dos héroes, a quienes sitúa en un escenario paradisíaco, a orillas de un lago inglés, por donde pasean su tierno amor cogidos de la mano. Cuando el George adulto -que es también el narrador- rememore aquellos tiempos, le vendrá la imagen de Adán y Eva en el Jardín del Edén y hablará de su infancia en compañía de Mary como de "nuestro Paraíso original, antes de que el pecado y el dolor alzaran sus espadas de fuego y nos arrojaran al mundo."[88] A su compañera de infancia, nos la dibuja con los más delicados trazos, y nos confía que "misteriosamente existía una relación de afinidad entre su alma y la mía que no sólo desafiaba nuestros jóvenes esfuerzos por descubrirla, sino que era demasiado profunda para que la estudiaran mentes mucho más veteranas y sabias que las nuestras."[89]

Habrá de ser, sin embargo, una mente veterana y sabia -la de la excéntrica abuela de Mary- la que desentrañe el misterio

---

87. Wilkie Collins, *Dos destinos*, pp. 65-66
88. *Ibid.*, p. 19
89. *Ibid.*, p. 25-26

de esa afinidad profunda. George la rememora, a esta vieja dama, sentada junto a la ventana con un libro de Swedenborg abierto en su regazo. Dame Dermody es como una discípula lejana del místico sueco; tiene trato con los ángeles y le asiste el don de la clarividencia. Es a través de ese sexto sentido como reconoce en Mary y George a dos almas "cuya unión el Cielo ha predestinado"[90] y que "sin saberlo, recorren un camino celestial, cuyo principio está en la Tierra, pero cuyo fulgurante final se halla entre los ángeles, en un estadio superior del ser."[91] La anciana les profetiza su traumática separación, pero también el triunfo final de su amor predestinado, lo que se cumple al final de la novela, cuando los dos destinos del título confluyen definitivamente en uno solo. Esta profecía de Dame Dermody se enraíza en su sistema de creencias, en el que se combinan -nos dice Collins- "las enseñanzas de Swedenborg sobre ángeles y espíritus separados, sobre el amor al prójimo y la pureza de la vida, con fantasías desbordantes y creencias afines emanadas de su propia cosecha."[92] Ella misma nos lo resume así:

Tengo la creencia de que el verdadero amor se determina y se consagra en el Cielo. Las almas que están destinadas a unirse en ese mundo mejor, siguen la orden divina de descubrirse y establecer su unión en este mundo. Los únicos matrimonios felices son aquellos en que las dos almas han logrado encontrarse en esta vida. Cuando las almas gemelas se encuentran por primera vez ya no hay fuerza humana que logre separarlas. Tarde o temprano, por ley divina, han de volver a coincidir y convertirse otra vez en

---

90. *Ibid.*, p. 31
91. *Ibid.*, p. 29
92. *Ibid*, p. 28

almas unidas. Las astucias del mundo quizás les obliguen a llevar formas de vida muy distintas. Quizás les engañen o hagan que ellos mismos se engañen contrayendo un enlace terrenal y falible. No importa. Llegará sin duda el momento en que ese enlace revele su naturaleza, y las dos almas separadas se encuentren de nuevo para quedar unidas en este mundo y en el otro.[93]

Ya ves, amor mío, que aunque Swedenborg descreyera de la predestinación amorosa, su testimonio daba pie a esa creencia, por lo demás bien arraigada y con unas coordenadas bien definidas en la sabiduría antigua. Una creencia que informa igualmente el testamento literario de Théophile Gautier, la novela *Spirite*, perteneciente asimismo al género fantástico.

Tenemos aquí también a una suerte de discípulo lejano de Swedenborg, compatriota suyo además, y "como él, inclinado sobre el abismo del misticismo"[94]. El papel del barón de Feroë en *Spirite* es análogo al de Dame Dermody en *Dos destinos*: el de testigo clarividente de una historia de amor nada convencional. El escenario, en cambio Blanca, no puede ser más convencional para una historia de amor: ¡París! Y bien, en París reside Guy de Malivert, hombre joven y apuesto, bien situado y con una vida social activa, pero que extrañamente permanece soltero (eso era todavía extraño a mediados del siglo diecinueve, cuando transcurre esta historia). Es, se nos dice, como si un sexto sentido le aconsejara reservarse, mantenerse a la espera. Malivert acaba por bajar la guardia sin embargo, y se medio compromete con una joven viuda. Luego comienzan a ocurrirle cosas extrañas: presentimientos y sucesos inexplicables, de los que hace su

93. *Ibid*, p. 30
94. Théophile Gautier, *Spirite*, p. 26

confidente al barón de Féroë. Con ayuda de éste, termina por adivinar a su alrededor la presencia invisible y protectora de una mujer (¡igual que yo adivino a mi alrededor, Blanca, tu invisible y protectora presencia!), una mujer de la que se enamora locamente, pese a presentirla tan sólo.

Tachadura al margen. Se aprecia a duras penas el final de la acotación: *...que cómo iba a creer él en fantasmas."* **Las comillas finales sugieren que se trata efectivamente de una cita. Aquí el presunto mensaje del Más Allá parece guardar relación con el contexto inmediato de la carta en la que se inscribe (de ser así, se trataría de un guiño irónico). Es una de las pocas ocasiones en que se da esta coincidencia.**

Con el tiempo, esta presencia fantasmal se manifiesta: se trata del espíritu desencarnado de una joven llamada Lavinia que, en vida, le amó en secreto... Malivert está cada vez más enamorado de Lavinia, del espíritu de Lavinia, de su fantasma. Ella le refiere su vida, que -igual que las vidas de Mary y George en la novela de Collins- se entrecruzó con la de él en repetidas ocasiones (¡siempre la mano del Destino, fíjate, moviendo los hilos!), pero sin que Malivert reparara entonces en ella. Durante algún tiempo, Lavinia acarició la esperanza de que él terminara por reconocerla como lo que realmente era: "el alma hecha para su alma". Pero entonces le llegaron los rumores del compromiso de su amado, y, puesto que no podía imaginarse unida a otro hombre ("toda otra unión me hubiera parecido una especie de adulterio"[95]), optó por profesar en un convento.

---

95. *Ibid.*, p. 122

No viviría mucho más, la pena acabó por consumirla. Al internarse su alma desencarnada en el Otro Mundo, "supe entonces lo que ya había presentido: que estábamos predestinados el uno al otro. Nuestras almas formaban esa pareja celestial que, confundiéndose, hacen un ángel; pero *estas dos mitades del todo supremo*, para reunirse en la inmortalidad, deben haberse buscado en vida, deben haberse adivinado bajo los velos de la carne, a través de las pruebas, los obstáculos y las diversiones. Sólo yo había sentido la presencia del alma gemela y me había lanzado hacia ella, empujada por la intuición que no engaña. En ti, la percepción, más confusa, no había hecho sino ponerte en guardia contra los vínculos y los amores vulgares. Tú comprendías que ninguna de esas almas estaba hecha para ti"[96] (Quédate con la frase en cursiva, Blanca, la que define a las almas gemelas como las dos mitades del Todo supremo. Y también con esta otra, tomada de la misma novela: "¿Qué es la más dichosa relación humana al lado de la felicidad de la que gozan dos almas en el beso eterno del amor divino?"[97])

¿El final? Oh, sí, claro: el final de la historia es la muerte de Malivert a manos de unos bandidos durante unas vacaciones en Grecia. Ah, y un colofón swedenborgiano: en el instante del traspaso, el barón de Féroë (al que sorprendemos leyendo "esa extraña y misteriosa obra de Swedenborg que lleva por título *Los matrimonios en el Cielo*"[98]) es arrebatado por una visión. Los muros de su casa se vuelven transparentes y, en el cielo, "no el cielo en el que se detienen los ojos humanos, sino el cielo penetrable tan sólo a los ojos de los

---

96. *Ibid.*, p. 137.
97. *Ibid.*, p. 138
98. Théophile Gautier, *Spirite*

videntes", ve a las almas de Lavinia y Malivert confundirse en un solo "ángel de amor".

Este ángel de amor, este ángel doble, no es otro que el Andrógino, Blanca... lo que nos devuelve al tema central de esta carta.

LA INTEGRIDAD HUMANA

Para definirte la Androginia, querida, bastaría de entrada una sola palabra: *Integridad*. Esta palabra define como ninguna otra la cualidad principal del Andrógino, que es la de *ser entero*. Con tal de que a esa definición le añadamos acto seguido la fórmula "dos en uno", ya que la Integridad le viene al Andrógino justamente de su carácter doble. Esto es clave, Blanca: la esencia de la Androginia no consiste tanto en ser a la vez masculino y femenino, que son cualidades adjetivas, cuanto en ser *doble*, que es lo sustantivo: cuanto en ser *dos en uno*, cuanto en ser un solo ente compuesto por la conjunción, por la unión de otros dos. La dualidad masculino-femenina no sería más que la expresión terrena de esta Dualitud esencial. El Andrógino, sabes, el "hombre-mujer", era para los antiguos sabios el ser humano entero, perfecto. La idea es que los seres humanos somos (perdona la comparación vulgarísima) semejantes a los zapatos: vamos por pares. Un zapato suelto es una anomalía; un hombre sin una mujer y viceversa, también. Esto lo expresa el Génesis mediante aquella célebre máxima: "No es bueno que el hombre esté solo" (Gen. 2: 18). Por separado, el hombre y la mujer somos una anomalía, Blanca, porque la unidad humana es la pareja. Esta intuición de la esencial "bi-unidad" humana es común a los antiguos sabios, y es

153

común también a las tradiciones espirituales de Oriente y de Occidente. He citado ya algunos testimonios, a los que añadiré ahora algunos más.

"El macho sin la hembra no es más que medio cuerpo, tal como acontece con la hembra sin el macho... pero si estuvieran casados y juntos, entonces formarían un cuerpo perfecto y completo"[99]: esto escribe el alquimista del siglo diecisiete Basilio Valentín. Ni el varón ni la hembra -anota por su parte Paracelso- "está completo por sí solo, sino que sólo juntos dan como resultado un hombre íntegro."[100] Y Swedenborg: "El varón y la hembra fueron creados de tal modo que de dos puedan volverse como un solo hombre, o una carne; y cuando se vuelven uno, entonces los dos juntos son el hombre en su totalidad; pero sin esta conjunción son dos, y cada uno es como si fuera un hombre partido, o la mitad de un hombre."[101] En estas citas, hay que entender "hombre" en sentido genérico, Blanca: el ser humano. Y por cierto, la palabra hebrea *adam*, "hombre", es igual de abarcadora; de ahí que los antiguos sabios judíos considerasen englobados en Adán -en el Adán de antes de la Caída- a los dos géneros del ser humano, al varón y a la hembra. Justificaron de este modo su intuición de la naturaleza andrógina, doble, del primer hombre creado, modelo original de todos los demás. En un célebre pasaje del *Zóhar*, un discípulo pregunta a rabí Simón bar Jochai si "no es el amor entre el hombre y la mujer una profunda y elevada experiencia", a lo que responde el rabino: "El mundo se apoya sobre el principio de la unión del varón con la hembra. La forma

---

99. Basilio Valentín, *Las doce llaves de la filosofía*, sexta llave.
100. Paracelso, *op. cit.*
101. Emmanuel Swedenborg, *Conjugal Love*

en la cual nosotros nos hallamos, tanto la forma de varón como la de hembra, no es una forma completa ni superior. *Dios no establece Su residencia en sitio alguno donde tal unión no existe. El nombre Adán fue dado a un hombre y a una mujer unidos en un solo ser.*" (Atención: retén la frase que he señalado en cursiva.)

En otros pasajes, el *Zóhar* incide en la misma idea: "*Adán* indica la perfección a la que un hombre accede a través de su unión con la mujer"; "El término *Adán* indica acabamiento, plenitud"; "El varón no merece la denominación de hombre en tanto no está unido con la hembra". Y el *Talmud* lo corrobora: "Un hombre sin mujer es medio hombre". Yosef Gikatilla, por su parte, en un pasaje que ya cité parcialmente de *El secreto de la unión de David y Betsabé*, explica: "Cuando un ser de sexo masculino es creado, forzosamente su cónyuge de sexo femenino es creada simultáneamente, porque en el Mundo Superior nunca se fabrica una media forma, sino sólo una forma entera. Y no se produce arriba un alma que no contenga masculino y femenino... De este modo, en el momento de su creación el hombre fue creado andrógino por el alma. Es decir, dos rostros, una forma que es masculina y femenina."[102] (La expresión "dos rostros" alude a la máxima rabínica: "Cuando el Santo, bendito sea Él, creó al primer hombre, lo creó con dos rostros; luego los dividió"[103].)

Esta Unidad o Integridad humana, Blanca, es la que nuestros ancestros esperaban restaurar por medio del matrimonio terrenal, de ahí la enorme importancia otorgada a éste en las sociedades antiguas y en las primitivas.

---

102. Yosef Gikatilla, *El secreto de la unión de David y Betsabé*, p. 46.
103. Midrash *Génesis Rabbá* 8:1

Al hablar del matrimonio terrenal, hemos de empezar por decir que es una institución humana, o sea que hubo que inventarlo, no es algo connatural al hombre como lo es el sexo. De hecho, ese invento vino a coartar la libertad sexual a la que los hombres tendían instintivamente: casarse equivalía a enjaular al pájaro del amor, al que no se distinguía del sexo. Los hombres debieron tener, pues, poderosas razones para implantar el matrimonio. Por supuesto habría razones de orden práctico y social. Pero sobre todo estaba esa razón ontológica: oscuramente, en un nivel subconsciente de percepción, se consideraba que al volver a reunir a un hombre y a una mujer, el matrimonio terrenal restauraba en cierta manera (una manera verdaderamente burda y precaria) el matrimonio celestial o el Andrógino del Origen. Recomponía la Integridad primigenia, esa integridad representada en la ceremonia nupcial por un antiquísimo símbolo de lo completo: el anillo.

En una u otra forma, querida, el matrimonio es una institución universal y, antiguamente (todavía hoy en algunas culturas), casi una obligación. En la tradición judía, casarse figura entre los mandamientos religiosos. "Aquel que no se casa -dice el *Talmud*- vive sin alegría, sin bendición, sin bien", y agrega: "Un célibe no es un hombre en el sentido pleno de la palabra."[104] En la tradición hindú existe idéntica convicción: "El hombre soltero es sólo medio hombre, pues la segunda mitad es la esposa." Convicción común también a las sociedades primitivas, entre las cuales la condición social del celibato o la soltería está tan mal vista, que prácticamente no hay solteros, y los pocos que hay son denostados, marginados socialmente, y a menudo se les hace la vida imposible

104. *Talmud*, Yeb 62b, 63a

hasta que se casan. (Déjame decir, entre paréntesis y en tono de broma, que esta actitud no es desconocida en las sociedades avanzadas, donde existen personas como la querida tía Magda, con idéntica obsesión casamentera y métodos igual de expeditivos.) En su libro *Masculino/Femenino*, la antropóloga François Héritier menciona numerosos ejemplos; cita a B. Gutmann, quien estudió la tribu de los chagga de África oriental, donde los escasos solteros son menospreciados por todos y se les llama "los que no tienen vida en ellos". El apelativo es revelador pues, como observa Héritier, en la mayoría de sociedades el celibato es considerado "la negación misma del individuo, dado que éste sólo se considera realizado de forma plena en y por el matrimonio."[105] En el colmo de su afán casamentero, los chagga llegan a concertar casamientos póstumos entre solteros difuntos. Se les hace con ello un favor inestimable, Blanca, porque supersticiosamente se cree que, cuando un joven muere sin haberse casado, lleva una vida muy desdichada en el Otro Mundo.

Mira, ahora que hablamos del matrimonio se me hace presente nuestra boda, de la que el mes pasado se han cumplido cincuenta años. El recuerdo está fresco porque estuve el otro día hojeando el álbum. La verdad es que me puse nervioso, no sé por qué me pasa siempre que me tropiezo con una foto tuya que no sea una de las habituales de las que me rodeo. Descubrí que de ese día, del día de nuestra boda, se me habían quedado grabados (aparte del numerito de mi tío abuelo, que eso no se olvida fácilmente) únicamente pequeños detalles. Fue una boda muy sencilla, quizá por eso. ¿Qué clase de detalles? Pues mira, por ejemplo la manera como te quitaste disimuladamente durante el banquete los

---

105. François Héritier, *Masculino/Femenino*, p. 246

incómodos zapatos; la presión de tu mano en la mía al salir de la iglesia; el cariño y la solicitud con que trataste a tía Elvira, venida de tan lejos y aquejada del mal que más tarde tú misma heredarías... En fin, cosas intrascendentes, de esas que suelen ser en el recuerdo las que más importan.

> **Tachadura al margen. Bajo los trazos rápidos del rotulador, puede leerse una cita en catalán que, gracias a la erudición de mi amigo C. B., he podido identificar. Se trata de un extracto de A la busca del tiempo perdido de Marcel Proust: *"Ahora bien, los recuerdos de amor no son una excepción de las leyes generales de la memoria, regidas ellas mismas por las leyes más generales de la costumbre. Como ésta lo debilita todo, lo que mejor nos recuerda a alguien es justamente lo que habíamos olvidado."***

NOSTALGIA DEL ORIGEN

Pero no perdamos el hilo, hablábamos de las creencias primitivas tocantes al matrimonio. Tales creencias, Blanca, tienen que ver con los mitos de Origen de las sociedades primitivas; y numerosos mitos de Origen son versiones autóctonas del mito de Origen más universal que existe: el mito del "ser doble" primordial que resultara dividido en dos mitades. Así, por ejemplo, entre las tribus de Mali, en el África Negra, está arraigada la creencia en un Andrógino original que se escindió en un individuo masculino -el Soma- y otro femenino -la Nyamba-; Soma y Nyamba pasan por los progenitores de la humanidad actual, caracterizada por la división en hombres y mujeres. Y es que el hombre primitivo, sabes, conserva oscuramente la memoria del Origen. No guarda, fíjate, la memoria del origen terrenal de su humanidad, cuando sus ancestros africanos descendieron de los árboles erguidos sobre sus patas traseras, sino la memoria *de su Origen celeste*, de aquel "Tiempo fuera del Tiempo" en el que no había aún ni hombres ni mujeres sino andróginos. Y entre esos andróginos, los antepasados míticos: seres dobles como Tuisto, el Hombre primordial de la mitología germánica, cuyo nombre comparte raíz con el noruego antiguo *twistr*, "bipartito", y con el latino *bis*, "doble". Desde esa Edad de Oro, desde ese tiempo paradisíaco que es el tiempo de los "hombres dobles", los antepasados míticos descendieron -o, por mejor decir, *cayeron*- al tiempo histórico como consecuencia de su división en dos mitades, y aquí fundaron la actual raza humana.

Mircea Eliade -la más grande autoridad en historia de las religiones- nos entera de que el "Tiempo atemporal" del Origen gozaba, en la mentalidad primitiva, de un prestigio mágico, sagrado, mientras que el tiempo histórico pasaba por un tiempo profano y corrupto: una degeneración de aquel tiempo mítico de los antepasados del que el hombre sentía viva añoranza. Esa añoranza (esa *saudade* que dirían Sara y Joao, nuestros amigos lisboetas que, dicho sea de paso, vinieron a verme el verano pasado, y les acompañé a visitar las ruinas de Sant Pere de Rodes y a la vuelta paramos en la Fonda Europa y durante la cena todo el tiempo hablamos de ti) esa añoranza, Blanca, era la que le llevaba a reactualizarlo periódicamente por medio de rituales. La reactualización simbólica del Origen servía para renovar, para regenerar el mundo desgastado por el devenir, por el transcurrir histórico. Tales rituales coincidían por lo general con las festividades del Año Nuevo: después de un año funcionando en el Tiempo,

159

era necesario que el mundo saliera momentáneamente fuera de ese flujo para regenerarse. De esos rituales, el mundo emergía flamante y como recién creado.

El Origen al que simbólicamente se retornaba estaba poblado no por hombres y mujeres, sino por andróginos. En consecuencia, los rituales de renovación del mundo incluían la androginización simbólica de los individuos. Hombres y mujeres intercambiaban sus vestidos, de manera que ellos devinieran al mismo tiempo ellas y viceversa. Imitaban así a sus antepasados míticos, que eran andróginos, que eran "hombres dobles". Y por idéntica razón, Blanca (porque el Mundo Superior del Origen era un mundo poblado de andróginos y no de hombres y mujeres), la Androginia simbólica se contaba también entre las particularidades de los mediadores entre el mundo inferior y el Superior: los chamanes. Pero al chamán, sabes, no le bastaba con adoptar los vestidos y el papel propios del otro sexo: él, además, trataba de acceder a la Androginia real. Y eso ¿cómo? te preguntarás. Según Mircea Eliade (que es quien nos guía por todo este tramo del camino), por medio de la conjunción con un cónyuge imaginario, con el que se casaba el chamán en el curso de un viaje extático al Mundo Superior.

Por si no te lo he dejado claro todavía, el hombre histórico y su antepasado mítico no son dos hombres diversos; es el mismo hombre, sólo que con dos estatus ontológicos distintos. Y ese punto de inflexión ontológica, esa linde temporal delimitando un antes y un después en el hombre, ¿sabes qué la marca? La marca la Caída. El hombre de antes de la Caída es el hombre entero, el hombre doble, andrógino; el de después, un "medio hombre" fruto de la división del hombre entero primordial en un varón y una hembra. La Caída supuso, en la mentalidad primitiva, una terrible

160

pérdida ontológica, una pérdida que podríamos cifrar en el paso de lo sagrado a lo profano. Pero también en el paso *de la realidad a la ilusión*, querida, por cuanto al antes de la Caída -al Origen- se lo tenía por el tiempo real, mientras que el después -el tiempo histórico- no era, para los primitivos, sino un tiempo ilusorio, resultante de la degeneración de aquel tiempo real. Asimismo, se entendía que los "habitantes" del Origen -los antepasados míticos *dobles*- eran los hombres reales, de los que los hombres históricos e *individuales* no eran, no somos otra cosa, Blanca, que versiones ilusorias, transcripciones caídas e imperfectas.

Para los primitivos, los hombres históricos no eran reales más que cuando imitaban la naturaleza *doble*, entera, de sus antepasados míticos. Un medio para ello es la androginización simbólica, otro el matrimonio terrenal, siendo el segundo desde luego un medio mucho más eficaz que el primero. Los hombres primitivos presintieron algo que después los antiguos sabios racionalizarían. Presintieron que, en el tiempo histórico, nada se asemejaba tanto al Andrógino ahistórico como la unión sacralizada del varón y la hembra. De ahí la valoración extremadamente positiva del matrimonio terrenal en las culturas tradicionales. Al matrimonio se lo tenía por una suerte de paliativo de la escisión que, en tiempo inmemorial, había separado al hombre y la mujer. El ritual nupcial obraba, por así decir, a manera de cola: de los dos hacía uno solo, restaurando así en cierto modo el Andrógino primordial. Entre otras cosas, Blanca, eso explica que en la Grecia clásica el ritual nupcial se pareciese tanto al de los *Misterios*.

Por si no lo sabías, con este nombre se designaba, en las religiones antiguas, el conjunto de doctrinas y ceremonias secretas destinadas a la iniciación mística: es decir, al cambio de estatus ontológico, al paso de un "modo de ser" profano a otro sagrado. ¿Y cuál era el "modo de ser" sagrado por excelencia? Hete aquí, era la Androginia. Con lo que el ritual nupcial, que se suponía daba acceso a ésta, se asimilaba a las iniciaciones místicas y a menudo formaba parte de ellas; era considerado un *rito de paso* de un "modo de ser" *profano* -la soltería, la individualidad- a otro *sagrado* -la forma entera del ser humano. Significativamente, en la Grecia clásica -lo mismo que en otras culturas antiguas- el casamiento recibía el nombre de "consagración", *télos*. Aunque hay que decir en honor a la verdad, Blanca, que en esas culturas el matrimonio distaba mucho de estar fundado en el amor como afortunadamente acostumbra en nuestros días. Todo este sistema de creencias que en la Antigüedad rodeaba al casamiento respondía, pues, a una intuición cierta, pero la almendra se les escapaba. El fondo de la cuestión -el verdadero amor conyugal del que hablaba nuestro amigo Swedenborg- no estuvo nunca al alcance más que de una minoría de amantes y unos pocos sabios de intuición afilada.

Pero sigamos. Muchas veces, el significado de restauración andrógina que revestía la unión nupcial era subrayado mediante la androginización simbólica de los recién casados, los cuales intercambiaban sus vestidos. Y aquí, querida, me río (perdona las digresiones, es que a poco que se le dé pie mi cabeza regresa con facilidad al pasado) me río evocando un divertido episodio de nuestra juventud, esa juventud que ya nos va quedando tan lejana (¡aunque, bien mirado, tú quizá ahora vuelvas a ser joven!). Supongo que era inevitable acordarse en este punto de aquella vez en que, para un baile de disfraces, nos travestimos el uno del otro. A ti te bastó con recogerte el pelo, plantarte mi traje y anudarte una corbata, pero tu empeño en hacer de mí un perfecto sosia tuyo, hizo mi caracterización bastante más laboriosa. Recuerdo que, para dar mayor crédito a la farsa, yo iba soltando frases lapidarias y tú arrastrabas los pies como un presidiario con grilletes... Pero espera, ahora que caigo, ese baile de disfraces, ¿no fue en Amélie-les-Bains? No, ah, ya me acuerdo, fue en Toulouse, en aquella escapadita que desde Amélie-les-Bains hicimos a Toulouse durante nuestra luna de miel... ¡Mira, pues, qué extraordinaria coincidencia! Porque resulta, amor mío, que ahí los dos, sin saberlo, estábamos cumpliendo un rito ancestral: el de la androginización simbólica de los recién casados.

Con semejante rito se daba a entender que, en virtud del matrimonio, se obraba una suerte de osmosis entre el hombre y la mujer: ambos se mezclaban, él pasaba a formar parte integrante de ella y viceversa, regresando de este modo a su Androginia primordial. De dos seres, pasaban a ser uno solo.

El disfraz intersexual no se restringía al rito nupcial, ya lo he dicho. Era costumbre también en las festividades sagradas, como las del Año Nuevo, durante las cuales se escenificaba además la hierogamia, el "matrimonio sagrado" del Dios y la Diosa, del que en otra ocasión hablaremos. También en las ceremonias iniciáticas propiamente dichas (verbigracia en las iniciaciones de pubertad) los hombres solían vestirse de mujer y las mujeres de hombre. Esta androginización simbólica se trasladó asimismo a las leyendas y a los mitos, donde los héroes aprendieron a disfrazarse y a hacerse pasar por heroínas... Pero es en el rito nupcial donde el simbolismo del disfraz intersexual adquiere su pleno significado. La historiadora de las religiones Marie Delcourt, que ha estudiado esta práctica con relación a la Grecia clásica, señala además otro motivo habitualmente asociado al disfraz intersexual y al matrimonio: la proeza heroica. "En las iniciaciones -explica-, la proeza, la toma de vestidos del otro sexo y el matrimonio constituían las fases coordinadas, cuyo orden desconocemos, de una ceremonia compleja."[106] Es decir que el acceso al matrimonio, a la Androginia, requería de una hazaña: sólo a través de un acto de heroísmo podía el hombre reintegrar su mitad perdida.

Mira por dónde, querida, se me cuela aquí de rondón un tema cuyo desarrollo reservo para más adelante: el tema del heroísmo amoroso; la idea de que, en el corto plazo, la restauración andrógina sólo es posible por vía heroica. Aun guardándolo para una carta posterior, te recuerdo tan sólo que una de las manifestaciones populares de este tema es el célebre motivo mitológico y folklórico de la "conquista de la novia", ese motivo tan presente también en tus queridos cuentos de hadas. Piensa si no en aquel patrón universal de cuento (en el que algunos estudiosos han visto los vestigios de un antiquísimo rito iniciático) que habla de un príncipe obligado, para reunirse con su princesa, a encaramarse a una torre inaccesible donde ella está prisionera (una torre rodeada de un bosque de espinos en *La bella durmiente del bosque*, una torre en medio del mar en el mito griego de *Hero y Leandro*, una alta torre sin puerta ni escalera en *Rapónchigo*...; las variantes son infinitas, porque la prisionera en la torre es un arquetipo amoroso universal). Naturalmente, el príncipe logra su propósito porque, excuso decírtelo, los cuentos de hadas acaban siempre felizmente: final feliz que suele consistir en la reunión amorosa del príncipe y la princesa. En algunas de las versiones del cuento, en la de los hermanos Grimm por ejemplo, de esa reunión nacen dos gemelos niño y niña. Hecho este nada inusual, Blanca: en gran número

---

106. Marie Delcourt, *Hermaphrodite*, p. 26

de relatos antiguos, la pareja protagonista procrea gemelos de distinto sexo. Lo que ya a estas alturas de mi carta no te sorprenderá que haya sido interpretado como un claro signo de bi-unidad, de gemelidad anímica.

HOMBRES UNILATERALES

Te he hablado de la nostalgia que sentía el hombre primitivo. Pero esa nostalgia del Origen, de la Integridad del Origen, el hombre de todos los tiempos la comparte -si bien no con el mismo grado de desinhibición, ciertamente. Esa nostalgia es inherente al hombre, amor mío, porque la Integridad es el "modo de ser" *real* del hombre. Y la manera más eficaz de paliar esa nostalgia ya hemos dicho que es el matrimonio. Al matrimonio terrenal se le atribuía antaño, pues, esa función importantísima: recrear la Integridad, la Androginia, la Unidad primordial de los esposos. Sin embargo, nuestros sabios eran conscientes de que, aun tratándose de los cónyuges originales, el matrimonio terrenal no pasaba de ser un paliativo. Era una burda imitación, un sucedáneo del verdadero matrimonio. Es así, Blanca, que, una vez reunidas en la Tierra, las almas gemelas del *Banquete* platónico no se contentan con el goce de estar de nuevo juntas, aspiran a algo más:

Cuando se encuentran con aquella mitad de sí mismos... experimentan entonces una maravillosa sensación de amistad, de intimidad y de amor, que les deja fuera de sí, y no quieren, por decirlo así, separarse los unos de los otros ni siquiera un instante. Éstos son los que pasan en mutua compañía su vida entera y ni siquiera podrían decir qué desean unos de otros. A ninguno, en efecto, le parecería que ello era la unión en los placeres afrodisíacos y que precisamente ésta es la causa de que se complazca el uno en la compañía del otro hasta tal extremo de solicitud. No; es otra cosa lo que quiere, según resulta evidente, el alma de cada uno, algo que no puede decir, pero que adivina confusamente y deja entender como un enigma. Así, si cuando están acostados en el mismo lecho, se presentara junto a éste Hefesto con sus utensilios y les preguntase: "¿Qué es lo que queréis, hombres, que os suceda mutuamente?". Y si al no saber ellos qué responder, les volviese a preguntar: "¿Es acaso lo que deseáis el uniros mutuamente lo más que sea posible, de suerte que ni de noche ni de día os separéis el uno del otro? Si es esto lo que deseáis, estoy dispuesto a fusionaros y a amalgamaros en un mismo ser, de forma que siendo dos quedéis convertidos en uno solo y que, mientras dure vuestra vida, viváis en común como si fuerais un solo ser y, una vez que acabe ésta, allí también en el Hades en vez de ser dos seáis uno solo, muertos ambos en común. ¡Ea! Mirad si es esto lo que deseáis y si os dais por contentos con conseguirlo." Al oír esto, sabemos que ni uno solo se negaría, ni demostraría tener otro deseo, sino que creería simplemente haber escuchado lo que ansiaba desde hacía tiempo: reunirse y fusionarse con el amado y convertirse de dos seres en uno solo. Pues la causa de este anhelo es que nuestra primitiva naturaleza era la que se ha dicho y que constituíamos un todo; lo que se llama amor, por consiguiente, es el deseo y la persecución de ese todo. Anteriormente, como digo, constituíamos un solo ser, pero ahora, por nuestra injusticia fuimos disgregados por la Divinidad.[107]

Experto soldador en cuanto dios griego de la fragua y el fuego, Hefesto interpreta el máximo anhelo de los amantes platónicos: "reunirse y fusionarse con el amado y convertirse de dos seres en uno solo". Un anhelo coincidente con el de

107. Platón, *op. cit.*, 192 B-E

todos los amantes verdaderos, Blanca, como lo son sin duda (para citarte otro ejemplo) Wamiq y Azra, célebre pareja de la literatura persa...

Lo que yo quiero, respondió Wamiq, es huir solo con Azra a un desierto, buscar una patria en la soledad y levantar mi tienda al borde de una fuente, manteniéndome alejado de amigos y enemigos, teniendo el alma y el cuerpo en paz al abrigo de las gentes. Que pueda caminar más de doscientas parasangas en cualquier dirección, sin encontrar huellas humanas. Y que cada cabello de mi cabeza, cada pelo de mi cuerpo, se convierta en otros tantos ojos, y que mi único punto de mira sea mi Azra, a fin de volverme hacia ella con millares de ojos y contemplar eternamente su rostro. ¡Ah! mejor todavía, que sea abolida mi condición contemplativa. Lo que yo quiero es ser liberado de la dualidad, y convertirme en Ella. En tanto dura la dualidad, existe la distancia y el alma está marcada por el hierro de la separación. Cuando el amante penetra en el retiro de la Unión, Ésta no puede contener más que a Uno solo. ¡Paz![108]

¿Ves, Blanca? Wamiq y Azra, como los amantes platónicos, no se conforman con estar juntos. Ni siquiera con estar juntos a solas, aislados de todo, sin otra ocupación que la eterna contemplación mutua. Su dicha no será completa en tanto no se fusionen el uno con el otro convirtiéndose en uno solo. El autor del anterior pasaje -el poeta sufí Jami, que vivió en la Persia islamizada del siglo quince- compartía con Platón una creencia generalizada entre los antiguos sabios: la de que el actual estado de la humanidad es un

---

108. Jami, *Salamán y Absal*, citado por Henry Corbin en *Avicena y el relato visionario*, p. 218.

estado anómalo, defectuoso, enfermo. Y compartía también el diagnóstico: ser medias formas y no formas enteras. Creía asimismo, con Platón, que no es el matrimonio terrenal el llamado a sanar ese estado, sino todo lo más a aliviarlo. Alivio, por lo demás, transitorio, Blanca, como dolorosamente se puso en evidencia a tu muerte... Cuando, en la tradición cristiana, el Génesis instaura el matrimonio terrenal al decir: "dejará el hombre a su padre y a su madre y se unirá a su mujer, y vendrán a ser los dos una sola carne"[109], esto último es metafórico. Los dos no serán *realmente* una sola carne, tan sólo será *como si* lo fueran. Un abismo real sigue mediando entre dos almas gemelas casadas terrenalmente. Ese abismo es el que se abrió entre ellas de resultas de la disgregación del Andrógino primordial en dos mitades. Ahora esas dos mitades se buscan, se anhelan, tal vez se encuentren y se casen. Pero estar casados aquí abajo en la Tierra, como lo estamos tú y yo, amor mío, no es como estarlo allá arriba, en el Cielo. Aquí abajo, aunque estemos casados (y aunque lo estemos con nuestro cónyuge original), seguimos siendo "medias formas".

Con anterioridad a los antiguos sabios, las sociedades primitivas ya presintieron la condición alterada, caída, enferma, del ser humano. E intuyeron asimismo el diagnóstico: ser media forma en vez de una forma entera; ser individuales y no dobles; ser un hombre o una mujer en vez de un-hombre-y-una-mujer. Prueba de esta intuición ancestral, Blanca, son los relatos primitivos de la escisión de un ser andrógino primordial en dos mitades. Como lo es también un fenómeno curioso y muy extendido: el de las representaciones de "mitades de hombres" cortados verticalmente, es decir, hombres

---

109. *Gen 2, 24*

unilaterales, hombres con un solo lado -un solo ojo, un solo brazo, una sola pierna. Descripciones e imágenes semejantes las hallamos también en los tratados alquímicos (donde estas mitades de hombres reciben el nombre de *monocolus*, "un solo ojo", o *uniped*, "un solo pie"), aunque es en las sociedades primitivas donde el motivo es particularmente abundante. Las pinturas y grabados rupestres representando hombres unilaterales se remontan en muchos casos –según nos informa François Héritier- a finales del Neolítico y su distribución es casi universal: "Al motivo se lo halla en Australia, Tikopia, Marquesas, Nueva Guinea, Indonesia y China; entre los gilíacos, yakutos, samoyedos y buriatos; en la India, Ceilán, Europa -Rumanía, Grecia, Alemania, Irlanda-, en el mundo árabe, África y Madagascar; entre los esquimales, los indios del Pacífico y de las llanuras, los iroqueses, los aztecas y aun en los pueblos desaparecidos de la Tierra del Fuego."[110]

Tales figuras unilaterales frecuentan los mitos de Origen como aquel que cité arriba: el del Soma y la Nyamba. Según las descripciones recogidas por los antropólogos, Soma y Nyamba están cortados verticalmente: "El Soma es un ser con un solo brazo y un solo pie; es la mitad derecha del cuerpo del que la Nyamba fue la mitad izquierda y que él ha cortado en dos."[111] Héritier reseña un caso curioso documentado en China: el de unos seres fabulosos "doblemente unilaterales, si así puede decirse: poseen un brazo derecho y una pierna izquierda o viceversa, y se casan con quien aporta las piezas que faltan del puzzle."[112] De este tema de la "mitad

---

110. François Héritier, *op. cit.*, p. 166
111. Viviana Pâques, *L'arbre cosmique dans la pensée populaire et dans la vie quotidienne du Nord-Ouest africain*, Institut d'Ethnologie, Paris, 1964. Citado por Jean Libis, *Le mythe de l'androgyne*, p. 85.
112. F. Héritier, *op. cit.*, p. 169

de hombre" emana otro grupo de motivos, como el de los "saltadores a la pata coja" y el del "pie descalzo", para los que Héritier apunta, entre otras posibles explicaciones, ésta: "... el individuo no puede ser pensado en el mito, sólo la pareja, como es el caso de los seres humanos primordiales del pensamiento griego, que fueron cortados en dos y cada mitad busca su complemento. La figura unilateral representaría, pues, lo impensable, la monstruosidad absoluta: el individuo.»[113]

Tachadura al margen. Subsiste solamente un nombre propio: *Darcy*, por el cual se infiere que la acotación era una cita extraída de la novela *Orgullo y prejuicio* de Jane Austen.

EL ZAPATO DE CENICIENTA

Este grupo de motivos, querida, está también presente en el folklore, esto es, en la tradición oral popular de muchos países. Voy a ponerte un ejemplo que te complacerá: el ejemplo de tu cuento de hadas más querido, ilustrativo del tema del "pie descalzo".

De la antigüedad del cuento de *Cenicienta* te dará ya una idea la abundancia de sus versiones: ¡unas quinientas sólo en el folklore europeo! (aunque la historia sea al parecer de origen oriental). Las más conocidas son la que recolectó Charles Perrault en Francia a finales del siglo diecisiete, y la de los hermanos Grimm, recogida en Alemania un siglo después. Tal vez te sorprenda tanto como a mí enterarte de que los cuentos compilados por los hermanos Grimm y otros

---

113. *Ibid.*, p. 167

autores no son estrictamente cuentos infantiles. Yo también creía que los cuentos de hadas fueron pensados para niños, pero a tenor de las averiguaciones de Jung y los llamados psicólogos de las profundidades, eso no es exacto. Ni siquiera puede afirmarse con rigor que fueran "pensados", fíjate: al parecer surgieron en parte espontáneamente, como surgen los sueños mientras dormimos. (No en vano quizá, se ha considerado tradicionalmente a la hora del sueño, a la noche, como el tiempo propio de los cuentos de hadas, Blanca, al punto que en muchos lugares se cree que contarlos de día es exponerse a la fatalidad.) Ese origen común con los sueños explica la universalidad del ámbito de difusión de estos cuentos, así como también el hecho de que sus patrones temáticos coincidan en las más diversas culturas. Igual que los sueños, los cuentos de hadas serían en buena medida productos del subconsciente, que es donde el hombre guarda la memoria y la nostalgia del Origen -por tanto la nostalgia de la Integridad, de la Androginia. Y es así que el cuento de *Cenicienta* puede ser interpretado en clave simbólica, con el siguiente resultado:

Cenicienta baila con su príncipe. Este baile palaciego figura el Origen, donde los dos cónyuges estaban unidos integrando un solo ser andrógino, bilateral, tal como aparentan estarlo una pareja de bailarines. Luego Cenicienta huye, y en su huida pierde un zapato (lo que me hace recordar, discúlpame, aquella vez que perdí un zapato en el tren y, ante mi reacción inicial de que me lo habían robado, tú cáusticamente observaste que, como debía de tratarse de un ladrón con una sola pierna, no iba a costarnos mucho atraparle). La pérdida del zapato es el signo de la pérdida de su pareja de baile -de su "otro lado", de su "otra mitad"- como consecuencia de la separación, de la división en dos del Andrógino que entre ambos conformaban. Ahora Cenicienta es un ser unilateral, es tan sólo la mitad de alguien. Y lo mismo el príncipe, que recorre el reino en busca de su mitad perdida. Para reconocerla, se sirve del zapato que ella dejó atrás. Ese zapato es la mitad del *symbolon* en poder del príncipe, que él confronta con cualquier contraparte con la esperanza de hallar a la otra mitad. Sólo al probárselo a Cenicienta, el zapato ajusta al pie como anillo al dedo: el príncipe ha hallado al fin a su alma gemela. Los dos se casan y regresan a palacio, al baile eterno del Origen, donde reintegran la pareja de baile original, el Andrógino.

Como ves, querida, detrás de esta suerte de radiografía esotérica del cuento de *Cenicienta*, alienta el mito del Andrógino primordial dividido en dos mitades. Pero ¿sabes lo que sobre todo querría hacerte notar aquí? Que el príncipe no reconoce en Cenicienta a su antigua pareja de baile en tanto no le prueba el zapato. Y es que, cuando él se presenta en la casa donde ella vive con su madrastra y hermanastras, Cenicienta no es ya la joven radiante de antaño, en el baile. Ahora viste pobremente y su rostro está ennegrecido por el hollín y las cenizas. De haberla mirado con los ojos físicos, a buen seguro el príncipe no la habría reconocido; no habría percibido su belleza subjetiva, secreta, aquella reservada sólo para sus ojos. Pero él no presta atención a su apariencia, se fija sólo en si el zapato ajusta a su pie: o sea, en si ella responde a su *contraseña*, la contraseña del alma, del corazón, significada por el zapato. Es con los ojos del corazón con los que la mira el príncipe, y es así como la reconoce.

La conveniencia de mirar con los ojos del corazón antes que con los físicos, Blanca, es, tú lo sabes, uno de los mensajes más reiterativos de los cuentos de hadas. Es también el mensaje central de *El Principito*, ese cuento de hadas moderno. Por otra parte, la trama de muchos cuentos repite la de *Cenicienta*, es decir, el tema del Paraíso perdido y recobrado, que se plasma en la mutua búsqueda del príncipe y la princesa, en los obstáculos y pruebas que deben superar antes de encontrarse (encuentro que casi siempre es un reencuentro) y en su boda final. Late aquí, como te decía, el mismo recuerdo subconsciente y nostálgico del Origen que diera lugar al mito universal del Andrógino. Pero en el cuento de *Cenicienta* hay además un tema colateral, presente también en otros numerosos cuentos de hadas: el tema de la fealdad que es sólo aparente, de la fealdad que encubre una gran belleza.

Porque el verdadero aspecto de Cenicienta, querida, es el que luce en el baile: el de una belleza radiante. Su verdadera condición es la de princesa; sus harapos son sólo un disfraz; la ceniza que le tizna el rostro, una máscara. Seguro que recuerdas algún cuento de hadas con un príncipe o una princesa que, por efecto de un encantamiento, reviste una fea apariencia. ¿Has dicho *El príncipe rana*? ¿Has dicho *La Bella y la Bestia*? Son quizá los ejemplos más conocidos. En vez de contemplar a su "compañero repugnante" con los ojos físicos, la heroína o el héroe debe aprender a mirarle con los ojos del corazón. Sólo entonces podrá reconocerle como su alma gemela y accederá a unirse a él o a ella en matrimonio. En los cuentos de hadas, esta unión a menudo viene simbolizada por el beso. En el instante en que el beso de amor restaura el matrimonio celestial del Origen, el encantamiento se rompe y la rana o la Bestia recobran su condición principesca.

Permíteme un breve inciso para decirte que este tema de la fealdad como disfraz y la conveniencia de mirar más allá de él, con los ojos del corazón, me parece un recordatorio dirigido a un cierto tipo de personas, esas que, guiándose exclusivamente por el criterio de la belleza objetiva, se embarcan en amores imposibles, en amores que de ningún modo pueden ser correspondidos, en lugar de enamorarse de alguien más a su alcance -y, por lo general, nadie más al alcance que el alma gemela, Blanca. Perdóname, pero estoy pensando en tu primo Jean-Paul, enamorado siempre de mujeres mucho más atractivas y jóvenes que él y que por supuesto no le hacen el menor caso. Pero, quien más quien menos, todos estamos expuestos a esta clase de errores; ya te dije que la belleza objetiva es engañosa, capaz de suscitar en nosotros la emoción del reconocimiento y hacernos creer falsamente que estamos en presencia de la otra mitad de nuestro *symbolon*.

Permíteme alargar un poco más este inciso. Es que al hilo de todo esto, querida, se me ha venido a las mientes otro conocido nuestro (no veas aquí afán de cotilleo, estoy únicamente tratando de ilustrar el tema). ¿Te acuerdas de Alfredo? Sí, mujer, aquel seductor *bon vivant* y solterón recalcitrante bastante más joven que yo, que regentaba una galería de arte y del que tú decías que se parecía a Glenn Ford. Bueno, pues ahora me tropiezo con él cada dos por tres. Se ha mudado a nuestro barrio. Su antiguo apartamento se le ha quedado pequeño, porque, ¿no lo adivinas?, finalmente Alfredo se ha casado. Me contó como se había cruzado una tarde con una "Venus de Tiziano" que daba el brazo a una invidente, circunstancia esta que al parecer le conmovió y que avivó aún más su afán de conocerla. Nunca antes, me confesó (pero no le creí), había sentido el impulso de seguir a una mujer por la calle. Hasta llegó a mencionar la palabra Destino: algo como que el Destino guió sus pasos detrás de esas dos mujeres. En fin, de algún modo se las arregló para entablar conversación con ellas, las invitó a un café, con el tiempo se ganó su confianza. Hoy, ya te digo, Alfredo es un hombre felizmente casado. ¡Ah, pero no con la Venus tizianesca sino, fíjate lo que son las cosas, con la invidente! Así que si alguien, digamos tú, me pidiera que interpretase este sucedido, le diría que la belleza objetiva estaba de parte de la primera mujer, pero que la segunda resultó estar en posesión de la belleza subjetiva que incumbía a Alfredo.

Todo esto, Blanca (el breve inciso sigue alargándose, discúlpame), me hace pensar en aquella película que nos ha conmovido siempre mucho a los dos cada vez que la hemos visto en el cine -varias veces cuando su estreno- o en la tele. Te hablo de *Marty*, esa historia de amor nada convencional pues está protagonizada, no por los dos figurines de rigor, sino por Ernest Borgnine, ahí es nada, y Betsy Blair, que hace de fea sin para mi gusto serlo. Aunque, volviendo ya al tema, sospecho que tampoco son sacrificios extremos como el de las heroínas de *El príncipe rana* y *La Bella y la Bestia* lo que se espera de nosotros, pobres mortales. Ya conoces los cuentos de hadas: sus personajes son arquetipos, su mundo es un mundo de extremos; la heroína es siempre la más hermosa, el héroe el más valiente, la bruja la más fea y malvada. En el caso de esos dos cuentos, tenemos efectivamente dos personajes extremos, uno espléndido, otro horrendo. El mensaje vuelve a ser el mismo que en *El Principito*: "Sólo se ve bien con el corazón, lo esencial es invisible a los ojos.", o lo que es igual, es preferible fijarse en la belleza subjetiva antes que en la objetiva. Y sin embargo...

Sin embargo, Blanca, temo que los seres humanos estemos demasiado condicionados por la belleza objetiva como para prescindir de ésta por completo. ¿Me habrías reconocido aquella primera tarde, en el tranvía, si me hubiesen faltado todos los dientes? ¿Te habría reconocido yo si tu aspecto hubiese sido el de una bruja mala de cuento? En su todavía bajo nivel evolutivo (en posteriores cartas voy a

175

poder justificarte esta locución), el amor erótico tiene algo de transacción comercial: así como cuando adquirimos un bien de consumo exigimos el mejor producto al alcance de nuestro bolsillo, tampoco a la hora de emparejarnos tendemos a conformarnos con alguien de una belleza objetiva muy inferior a la nuestra; eso ocurre solamente, me temo, en los cuentos de hadas... Es para decirte, querida, que, en la vida real, la Bestia difícilmente sería reconocida por la Bella como su alma gemela; tengo para mí que el reconocimiento de la belleza subjetiva que a cada uno concierne requiere todavía -en tanto dure nuestro actual estadio evolutivo- de la presencia adicional en el alma gemela de un grado de belleza objetiva similar al propio. Verosímilmente, las parejas de almas gemelas tendemos a reencarnarnos también con arreglo a este criterio.

DE LA BELLEZA

Al restaurar el matrimonio celestial del Origen, decíamos, la "rana" o la "Bestia" recobra su belleza original. Y esto es así porque el matrimonio celestial, porque la Androginia, embellece a los esposos. Sí, sí, has leído bien, Blanca: la Androginia embellece. La explicación habría que buscarla en la naturaleza misma del Andrógino tal como lo imaginaban los antiguos sabios, para los cuales el Andrógino era la perfección del ser humano, y la belleza no es otra cosa que el resplandor de lo perfecto. La belleza, según se reconoce desde antiguo, tiene como requisito esencial la simetría, y ¿cuál es la simetría humana? Has acertado: la simetría humana es la del Andrógino. Si, según hemos visto, el hombre unilateral, el "medio hombre" que es el varón sin mujer y la mujer sin

176

varón, resultaba monstruoso a los ojos del segundo término de los antiguos sabios, era precisamente a causa de su asimetría. Así pues, príncipe y princesa, mientras estaban unidos integrando el Andrógino, eran bellos en el grado sumo de la Belleza. Fue al perder la Androginia, al separarse uno de otro, cuando simultáneamente perdieron esa cualidad que la adornaba. Desde entonces, toda belleza (incluida la tuya, amor mío, y me duele decirlo) es circunstancial y pasajera; es el pálido reflejo o el simulacro de aquella Belleza original, que era la Belleza absoluta, la Belleza en sí.

Dicha pérdida es la que en los cuentos de hadas viene significada por el encantamiento del príncipe, que troca en rana o en Bestia. O por el acto de disfrazarse, el acto de adoptar una mísera condición que no es la propia; y así el rey que se disfraza de mendigo, la princesa que se viste de harapos y se tizna el rostro de cenizas... Pero me viene a la memoria a este propósito un encantamiento célebre de la biblioteca azul: el padecido por la dama de don Quijote, Dulcinea del Toboso, que, de princesa de belleza inigualable como era en la mente de su enamorado caballero, se metamorfoseó en una mujer rústica y fea. De ese encantamiento hará por liberarla don Quijote, igual que hacen los héroes de los cuentos de hadas a través de toda una serie de pruebas cuya superación (hete aquí de nuevo el tema del heroísmo amoroso colándoseme de rondón) permitirá al príncipe y a la princesa recobrar su Androginia original, y con ella su belleza de antaño, la belleza inherente a la Androginia. En el cuento de *Cenicienta*, esta belleza original viene plasmada en el esplendor de su vestido de baile, que en muchas versiones es un esplendor cósmico: engloba el sol, la luna y las estrellas. Los textos de los antiguos sabios abundan en referencias a esta hermosura sin parangón, Blanca. Swedenborg habla de "la belleza de los ángeles del Cielo", y dice que "proviene del amor conyugal"[114] del Cielo, que es el verdadero amor conyugal, un amor que unifica a los cónyuges "en una sola mente". Un siglo antes, otro gran místico cristiano, Jakob Boehme, pintaba al ser humano primordial "revestido de la suprema gloria, ni hombre ni mujer, sino ambos."[115] Y según el *Zóhar*, mientras Adán y Eva estaban fusionados en uno solo, irradiaban una belleza deslumbrante: "La belleza de Adán era como una emanación del fulgor superior, y la de Eva tal que ninguna criatura podría mirarla fijamente."

Recordarás que en la carta anterior constatábamos este hecho evidente: que todos nos sentimos poderosamente atraídos, deslumbrados, ante la belleza objetiva en alguien del otro sexo. Y decíamos que ello obedece a que, de algún modo, reconocemos esa belleza; y que si la reconocemos, es porque la hemos visto en algún lugar antes de ahora; y que ese "lugar" (no un lugar espacial sino místico) no es otro que el Origen. Bueno, pues ahora ha llegado el momento de precisar esas afirmaciones, de entrar en detalles, de plantearnos y responder a la pregunta: ¿quién estaba, en el Origen, investido de esa Belleza?, esa Belleza de la que decía Platón que vivíamos en su perpetua contemplación mística. O, dicho de otro modo: ¿a quién contemplábamos? ¿Lo sabes? Yo creo saberlo: a la luz de la teoría de las almas gemelas, la respuesta no ofrece dudas, querida. Contemplábamos (la contemplación es aquí la consecuencia natural del amor) a nuestra alma gemela, con la cual conformábamos entonces un Todo andrógino. Esa Belleza en cuya contemplación mística vivíamos no es otra que la Belleza del Andrógino, una Belleza

---

114. Swedenborg, *El Cielo y sus maravillas, y el infierno*, 382 a.
115. J. Boehme, *Von der Gnadenwahl*, 5:35

178

consustancial en aquel entonces a nuestra alma gemela, y también a nosotros mismos -sólo que nuestra Belleza la contemplábamos reflejada en la de ella, como si nos mirásemos en un espejo.

Páginas atrás te hablé de como, en sus viajes extáticos por el trasmundo, a Swedenborg le fue dado ver parejas de ángeles casados celestialmente. En un capítulo de *Amor conyugal* titulado *Los matrimonios en el Cielo* (aquel libro que leía el barón de Féroë cuando sorprendió a Lavinia y Malivert confundiéndose en un solo "ángel de amor") el místico sueco nos describe uno de esos ángeles andróginos. Pero sólo puede hacerlo deficientemente, porque su belleza, nos dice, lo deslumbraba: tal era su fulgor. La belleza sin parangón ("la misma esencia de la Belleza") de esos esposos no era sino el resultado de su amor mutuo, del amoroso modo en que se contemplaban. Y fue sólo gracias a la gentileza que tuvo la esposa de apartar momentáneamente la vista del esposo, que él, Swedenborg, pudo fijarse y describir después mínimamente esa belleza, pues ésta "era mayor cuando se miraban el uno al otro, y menor cuando ella desviaba la vista hacia otro lado"[116].

Esta belleza inefable que deslumbró a Swedenborg, la Belleza del Andrógino, se les representaba a veces a los antiguos sabios en los colores del arco iris, que es uno de los elementos de la Naturaleza tradicionalmente vinculados a la Androginia, Blanca... Y aquí no podría dejar de evocar un instante mágico que tú y yo vivimos hace muchos años pero que no puedes haber olvidado, uno de esos instantes mágicos que la vida nos obsequia a veces a las almas gemelas -apuesto a que también a ti se te habrá venido a la cabeza. Pienso en aquella

---

116. *Amor conyugal*, 42

lluviosa tarde que ascendimos a la cumbre del Puigmal y en el espectáculo majestuoso que nos aguardaba allí: la visión de aquel vibrante arco iris desplegándose ante nuestros ojos humedecidos por la tormenta y quizá también por la dicha... Y con todo, ese colorido esplendor, esa belleza que nos emocionó hasta las lágrimas, no dejaba de ser descriptible: estaba al alcance del pincel de un gran pintor, de la pluma de un gran poeta. En cambio, esta otra Belleza que te digo -la Belleza encarnada en el Origen en nuestra alma gemela-, ésa, Blanca, es inasequible a toda descripción, está más allá de toda representación; la belleza terrenal no le hace justicia, es apenas la huella, la sombra, el pálido reflejo. Y, aun así, el reflejo remite a su modelo: es por eso que a todos nos deslumbran las personas bellas del otro sexo. En cierto modo se trata, sí, de un reconocimiento, de una reminiscencia que diría Platón... sólo que no es a la persona a quien reconocemos, sino a *su belleza*.

Desgraciadamente, como te decía, esa distinción no siempre resulta fácil. Mira, desde que ya no estás (pero incluso antes en alguna ocasión) me ocurre a veces creer reconocerte por la calle, en el autobús, en el cine, la otra tarde en un supermercado: el corazón me dio un vuelco, me apresuré hacia ti, te llamé por tu nombre, naturalmente no te volviste, no eras tú, no podías ser tú... Pienso que a todos nos ocurre el creer reconocer a alguien de pronto; alguien que, por su manera de hablar o de vestir, o por la forma de andar o de gesticular, o de pasar las páginas de un libro, nos recuerda a un ser querido, a una persona a la que de algún modo tenemos en la cabeza todo el tiempo. Tengo para mí que se trata de la misma clase de confusión en que incurrimos ante las personas bellas del otro sexo: creemos reconocerlas, pero en realidad es *su belleza* lo que reconocemos. Esa belleza nos resulta familiar y querida, porque nos recuerda vagamente aquella otra belleza de la que estaba investida nuestra alma gemela cuando aún los dos éramos uno, en el Origen.

DIOSES BASTARDOS

Me temo que esta carta se ha alargado ya más de la cuenta. Pero es que las noches han sido también más largas, querida, padezco de insomnio últimamente, será el calor. Ah, pero antes de terminar, me toca poner encima de la mesa esas frases sobre las que he ido llamando tu atención. Si has llevado la cuenta, son cinco, las dos primeras pertenecientes a nuestro amigo Swedenborg, el místico sueco: "El amor conyugal es la Divinidad del Señor en los Cielos" y "la Divinidad está reflejada en la pareja que goza del verdadero amor conyugal". La tercera está tomada del *Zóhar*: "Dios no establece Su residencia en sitio alguno donde tal unión no existe" (se refiere a la unión del varón y la hembra). Y las dos restantes proceden de la novela *Spirite* de Théophile Gautier: ahí se alude a las almas gemelas como a "las dos mitades del todo supremo", y se pregunta "¿qué es la más dichosa relación humana al lado de la felicidad de la que gozan dos almas en el beso eterno del amor divino?".

Habrás advertido que las cinco frases convergen, apuntan en la misma dirección, una dirección delicada y que probablemente te sorprenda, amor mío, pues aunque no ignorases que, como proclama la Escritura cristiana, "Dios es Amor", quizá no presintieras un vínculo tan estrecho entre Dios y esa clase específica de amor: el amor erótico. Porque no es sólo que el amor erótico sea -como intuyeron los antiguos sabios- el amor fundamental, la matriz de la que derivan, como las ramas a partir del tronco, todos los demás amores, el amor al prójimo, el paterno-filial, la amistad, el amor fraterno, inclusive el amor recíproco entre Dios y el hombre: es que Dios se revelaba a los ojos de los antiguos sabios (a sus ojos del segundo término) como el fruto de un amor erótico; como el fruto del matrimonio celestial. Se les revelaba, pues, *como idéntico al Andrógino*.

Esta intuición de la identidad de Dios y el Andrógino, Blanca, parece venir ya sugerida en aquel relato platónico fabuloso con el que abríamos esta carta, y con el que ahora la cerraremos. En su relato de la escisión del hombre andrógino original en dos mitades, dice Platón que el poder de los hombres dobles, de los hombres andróginos del Origen, era tal que amenazaba con emular al de los Dioses: los hombres amenazaban con "emprender una escalada al Cielo". Bien, pues cabe pensar que -quizá en el mito oriental en el que según los estudiosos se habría inspirado Platón- no se trataba sólo de una amenaza, sino de un hecho consumado: que aquellos hombres del Origen rivalizaban ya, de hecho, con los Dioses, o sea, que eran iguales a ellos. Ahora bien, ¿cómo se las arreglan los llamémosles «Dioses legítimos» para desposeer a esos otros «Dioses bastardos»? «No les era posible darles muerte», nos dice Platón -señal inequívoca de que efectivamente se trataba de Dioses, de Inmortales. ¿Qué hacen, pues, para deponerles del alto pedestal de la Divinidad? Lo que hacen, Blanca, es dividirles a cada uno en dos mitades. Es decir, les sustraen su Unidad dual, su Androginia.

La maniobra surte efecto: los hombres-Dioses pierden su poder, se convierten en simples hombres, en simples mortales. Y de ello nosotros sacamos la conclusión de que aquello que les confería el poder de igualarse a los Dioses, era justamente esa misteriosa cualidad que les asistía: la Androginia, de la que hemos tratado ampliamente en esta carta.

Tuyo

CARTA TERCERA

LOS DIOSES DOBLES

(O LA BI-UNIDAD DIVINA)

En el secreto de la relación del
hombre y la mujer está Dios.

Carta sobre la Santidad,
anónimo del siglo trece

Barcelona, 20 de julio de 1999

Querida Blanca:

Amélie-les-Bains no ha cambiado tanto desde nuestra luna de miel. Estuve los otros días. Vuelvo todos los años por estas fechas y me alojo en el mismo hotel, los últimos años en la misma habitación (esa desde donde se veía, o te lo parecía a ti, una peña en forma de cabeza de león), y doy los mismos paseos. ¿Recuerdas los paseos a pie y en bicicleta, las charlas de café, los anocheceres al calor de la lumbre, aquellos cielos tan bien amueblados de nubes que contemplábamos tendidos sobre los pastos...? Pero lo que más que nada me interesa evocarte ahora, amor mío, son nuestras excursiones por la montaña. Ya que es una suerte de excursión lo que querría proponerte. Claro que no exactamente una excursión de placer como las de entonces... aunque espero que igualmente la disfrutes. Hablo más bien de un viaje exploratorio, como el que emprendimos la otra vez de la mano de Emmanuel Swedenborg y por un territorio igual de misterioso. Pero mientras que aquel lugar había sido poco hollado, este al que ahora te invito lo han transitado teólogos, filósofos y demás detectives de lo etéreo. Si accedes, ahora seremos nosotros los que -por el bien de nuestra investigación y de la mano de esos otros detectives más avezados- nos aventuremos en este misterioso territorio, que es el territorio de la Metafísica, el de las realidades y significaciones últimas.

Sí, ah, llevas razón: en las cartas precedentes ya transitamos por tales agrestes parajes. Pero nos desenvolvimos por sus estribaciones. Ahora habremos de subir más alto. Y a esas alturas el terreno se hace más abstracto, vaporoso como las nubes blancas que transportaban los cielos de Amélie-les-Bains, y por eso aún más áspero y difícil. Así que te formularé la misma pregunta que me hacías tú cada vez que te disponías a leer, en voz alta para los dos, un libro: ¿Preparada? ¡Sí? Pues allá vamos...

Al final de la carta anterior anticipamos una conclusión, la de que Dios y el Andrógino son la misma cosa. Ahora deberemos tomarnos la molestia de razonarla. Partiremos para ello de la definición de Dios que solían dar los antiguos sabios. O, mejor, del atributo divino por antonomasia, aquel que para los antiguos sabios define a Dios como tal: esto es, la *Unidad*. En todas las tradiciones espirituales, Blanca, Dios es eminentemente *el Uno*. La Unidad es lo que, por encima de cualquier otra consideración, caracteriza a Dios, cuya Divinidad reside precisamente en Su carácter unitario, al punto que si Dios no fuera Uno, si dejara de ser Uno, entonces ya no sería Dios. Ah, pero la Unidad, ¿en qué consiste? Para los antiguos sabios, la Unidad es *la cualidad de lo entero*, de lo perfecto: es decir, la cualidad de aquello que constituye un Absoluto, un Todo. La Unidad consiste, pues, en la Integridad: de algo que es entero, decimos que es Uno. En la carta anterior, vimos que la Integridad era la cualidad definitoria del Andrógino, y hablamos de ella con relación al ser humano. Pero la Integridad es realmente prerrogativa de Dios, Blanca: Dios es el único ser entero, perfecto, total, porque Él es el único Uno. Dios es *el Andrógino* por tanto, el único Andrógino que existe, de modo que cuando en la otra carta hablábamos del ser humano del Origen como de un ser andrógino, es de Dios de quien en realidad estábamos hablando.

Sí, sí, has leído bien, es eso justamente lo que estoy diciéndote: en el Origen el hombre no era distinto de Dios. Pero esta delicada cuestión de la participación del hombre del Origen en la esencia divina, la dejaremos si te parece para la siguiente carta. Aquí me propongo hablarte no del hombre, sino de Dios. De Dios que es idéntico al Andrógino, digo; que tiene en el Andrógino -por ser la Androginia el símbolo definitorio de la Integridad- Su símbolo por excelencia. Y más que eso, Blanca. Podría decirse que el Andrógino es también la "radiografía" de Dios, toda vez que "a simple vista" en Dios no se percibe más que al Uno, mientras que el Andrógino presenta una imagen "radiografiada" de ese Uno: una imagen de las dos mitades en que ese Uno se conjuga. Y es que ya te dije que la Integridad por sí sola no basta para definir al Andrógino. La Integridad es el resultado de una síntesis, de la fusión de dos cosas en una sola: una sola cosa de la que las otras dos vendrían a ser las dos mitades... Los antiguos sabios discernían en la Divinidad esas dos vertientes: la vertiente "a simple vista" y la "radiografiada". Así, los sabios judíos simbolizaron a Dios (pero el símbolo es polivalente) mediante una estrella de seis puntas, la estrella -o el escudo- de David, que en un

189

examen en profundidad se revela constituida por dos triángulos superpuestos y entrelazados. También los sabios chinos representaron lo que ellos llamaban el *Tao* -que vendría a ser la Divinidad- bajo ese doble aspecto. El aspecto a simple vista del *Tao* es el *Tai Kih*, la Gran Esencia, figurado por un círculo vacío; la radiografía es el *yin-yang*, representado por ese mismo círculo dividido helicoidalmente en dos mitades: una mitad blanca -yin- correspondiente al principio femenino, y otra negra -yang-, principio masculino. (Para significar que ambos principios están presentes también en su contrario, la zona blanca incluye un redondel negro, y viceversa.)

Los antiguos sabios, Blanca, veían en Dios un "círculo vacío", un ser neutro, asexuado, un ser que no es ni varón ni hembra sino todo lo contrario. Pero cuando hacían, digamos, la radiografía de Dios, distinguían entonces -en ese Dios Uno- dos mitades o Personas diferenciadas, una masculina y otra femenina. Ahora, fíjate bien, esta Pareja o Dualidad que en su fuero interno es Dios, es una Pareja o Dualidad *enamorada*, una Pareja eternamente inmersa en la emoción sublime del enamoramiento. Con lo que llegamos así, por esta inesperada vía, a esa intuición fundamental de los antiguos sabios lacónicamente proclamada en el Evangelio de san Juan: la intuición de que "Dios es Amor" (I Jn. 4, 16). Si cupiera valerse aquí de la vieja distinción escolástica, diríamos que la Unidad es la *forma sustancial* de Dios, y el Amor (comenzando por el amor erótico, que es la raíz de todo amor) Su *materia prima*. Tal y como sentencia el *Zóhar*: "*En el Amor se encierra el misterio de la Unidad*". Pues así como el corazón es un músculo que precisa estar lleno de sangre para funcionar, así también, Blanca, la Unidad es como un músculo movido por el Amor.

EL AMOR QUE RIGE EN DIOS

Los siguientes versos son de un poeta que ya cité en la carta anterior, Coventry Patmore:

Varón y hembra hizo Dios al hombre
a su entera y no despedazada imagen.
Y en nuestros amores oscuramente sentimos
el amor que en Él mismo rige.[117]

Se alude en ellos a aquel primer relato de la creación del hombre de los dos que ofrece el Génesis, y a la lectura que de él hicieron los antiguos sabios. Te recuerdo el pasaje: "Díjose entonces Dios: 'Hagamos al hombre a nuestra imagen, según nuestra semejanza'... Y creó Dios al hombre a imagen Suya, a imagen de Dios lo creó, y los creó varón y hembra."[118] Numerosos sabios antiguos, Blanca, tanto judíos como cristianos, vieron confirmada en este pasaje su intuición fundamental acerca de Dios: la intuición de Su Androginia. En primer lugar, se preguntaron: cuando Dios proponía "Hagamos al hombre a nuestra imagen, según nuestra semejanza", ¿a quién se dirigía? Si hablaba consigo mismo, ¿por qué lo hacía en plural? La respuesta la hallaron indirectamente en la interpretación de los versículos que seguían. De acuerdo con esta interpretación de la que ya te di amplia cuenta en la carta anterior, Dios habría creado no un hombre y una mujer por separado, sino una pareja de cónyuges: una pareja unida, casada; de ahí que le fuera aplicable el singular ("lo creó"). O podemos verlo desde el otro ángulo: Dios creó un hombre,

---

117. Citado por Elémire Zolla, *La amante invisible*, p. 73
118. Gén. 1, 26-28

en singular; sólo que este hombre era doble, andrógino; estaba constituido por una pareja, de ahí que pudiera aplicársele el plural ("los creó"). Ahora bien. Se nos dice que Dios creó al hombre (a este hombre doble, a este hombre masculino-femenino) *a Su imagen*. De donde lógicamente derivaron los antiguos sabios la conclusión de que Dios mismo era doble, era andrógino. Dios era una pareja conyugal, lo que explicaría el plural de "Hagamos al hombre".

¡Ya ves que la sagacidad de los antiguos sabios nada tiene que envidiar a la de un Hércules Poirot! Pero aún hay más. Otra secreta insinuación de Androginia la vieron en la dualidad de la expresión "a nuestra imagen, según nuestra semejanza": la "imagen" correspondería a la Persona masculina, la "semejanza" a la Persona femenina de Dios. Hasta en Su propio nombre en hebreo -*YHVH* (Yahvé)- discernieron los cabalistas la Androginia de Dios: la *Y* del tetragrama la relacionaron con la mitad masculina, la *H* con la femenina, y *VH* representaba la unión de ambas, el Andrógino divino.

Pero tomemos los versos de Patmore. El primero afirma la Androginia pasada del hombre: "varón y hembra hizo Dios al hombre". El segundo, la Androginia actual -la Androginia eterna- de Dios: "a Su entera y no despedazada imagen". (De paso, Blanca, date cuenta de que estos versos traslucen que, también para Patmore, la Integridad deriva del hecho de ser dos, del hecho de ser *dos en uno*.) De estos dos versos se desprende una consecuencia sustanciada en los dos que siguen: "Y en nuestros amores oscuramente sentimos / el amor que en Él mismo rige". En efecto, si Dios es una Pareja divina a cuya imagen creó a la pareja humana original, entonces, querida, el amor que en este mundo inferior se profesan las dos mitades caídas de aquella pareja humana del Origen, constituye el reflejo de un amor más alto, *del amor que rige en Dios*.

O dicho de otro modo: del hecho de que la Dualitud humana sea amorosa y que esta Dualitud fuera originalmente creada a imagen de la divina, deduce Patmore el carácter amoroso de la Dualitud de Dios. Infiere que la relación que mantienen entre sí las dos Personas implícitas en Dios, es una relación de amor conyugal, de amor erótico (y también que el amor erótico pertenece a la esencia, a la naturaleza misma de la Divinidad, y tiene en Dios su raíz). Claro es que la diferencia existente entre la naturaleza humana actual -dividida, "despedazada"- y la divina -entera- determina que el amor erótico que rige entre el hombre y la mujer diste mucho del que rige entre las dos Personas de Dios: el primero, dice Patmore, es "oscuro" en comparación con el segundo, que se infiere luminoso.

En estos cuatro versos, en suma, Coventry Patmore se está haciendo eco de una intuición antigua y universal: la intuición de que Dios se articula en dos Personas, y que esta articulación consiste en una relación de amor erótico. Dios sería lo que en la carta anterior denominamos un "matrimonio celestial", es decir, una *Pareja de Esposos divinos*. Pero esto sin dejar de ser ante todo Uno, por cuanto al estar *perfectamente unida*, esta Pareja integra una sola Persona, una tercera Persona que trasciende a la propia Pareja (y que es infinitamente más importante que la propia Pareja). Ya que es ésta la esencia del concepto de Androginia, amor mío: ser *dos en uno*, ser *dos* siendo al mismo tiempo -y sobre todo- *Uno*.

LA MARCA DE LO DIVINO

Detengámonos de nuevo en la Unidad de Dios. Decíamos arriba que la Unidad es (con el Amor) la esencia de Dios; que la Unidad es aquello en lo que la Divinidad consiste. Y la Unidad dimana de la Integridad, o sea de la idea de Perfección, en el sentido de "acabamiento"; de la idea de Plenitud, de Totalidad; de la idea de Absoluto, que es palabra proveniente del latín con el significado de perfecto, completo, acabado. Es decir, Blanca, que Dios es Dios porque es Uno, y es Uno porque es entero, perfecto, porque es absoluto, completo. Es Uno porque es total: de ahí que los antiguos sabios designaran a Dios indistintamente como *el Uno* y como *el Todo*. Y de ahí que Lo representasen por medio de la forma perfecta: el círculo.

Sí, Blanca, esta idea de Perfección, de Totalidad, esta idea de Integridad representada en mitología por la figura del Andrógino y en numerología por el Uno, en geometría viene dada por la forma redonda, por la esfera. Es así como, entre los símbolos del que es el único ser perfecto, total, entero, entre los símbolos de Dios, la esfera o el círculo es al que los antiguos sabios fueron más asiduos. No ha de sorprendernos, pues, que el antiguo emblema chino del *Tao* tenga forma circular. Como tampoco debe extrañarnos que dicho emblema esté integrado por dos mitades complementarias de forma dinámica semejantes a las aspas de una hélice, visto que la Perfección, la Plenitud, la Integridad encarnada por la esfera, es el resultado de la armonización de dos elementos de signo contrario: toda esfera tiene dos polos.

Esta armonización, los antiguos sabios la concebían, ya lo he dicho, como de naturaleza erótica. "Un *yin* y y un *yang* –proclama el antiguo sabio chino Chuang Tzu- se llaman *Tao*: la apasionada unión de *yin* y *yang* y la cópula de marido y mujer representan el modelo eterno del Universo". Se afirma así, Blanca, que en la Unidad divina subyace una Dualitud enamorada; que la Unidad, que Dios, es el fruto de una interacción amorosa. Es bajo esta luz que se entenderían determinadas sentencias antiguas del estilo de este aforismo cabalista: "En el secreto de (la relación) del hombre y la mujer, está Dios"[119]. O de esta línea de un antiguo texto hindú: "Están la Luna y el Sol y, entre ellos, la Semilla: esta última es ese ser cuya naturaleza es la Suprema Alegría."[120] O de este encabezamiento de una plegaria de los primeros siglos del cristianismo: "De Ti, Padre, y a través de Ti, Madre, los dos Nombres inmortales, *Progenitores del Ser Divino...*"[121]

La idea de Dios como una Pareja de Esposos (una pareja enamorada) menudea en la historia de las religiones. Igual que lo hace un concepto derivado de esa idea: el concepto de *hierogamia*, de "matrimonio sagrado". La hierogamia designa la unión amorosa subyacente en la Divinidad, es decir, el apareamiento divino -el del Dios y la Diosa- que engendra al Uno, al Dios neutro, al Dios que no es ni masculino ni femenino sino, digamos, todo lo contrario. Los historiadores de las religiones nos informan de que, en las religiones primitivas, las celebraciones litúrgicas solían girar en torno a la hierogamia, en torno a la representación ritual del matrimonio sagrado por parte de la sacerdotisa y el sacerdote, o de la sacerdotisa y el rey. Por ellos sabemos también, Blanca, que, en el pensamiento religioso primitivo, la Androginia, la cualidad conyugal del "dos en uno", era esencial a la Divinidad. Mircea Eliade habla de la Androginia como de la seña de identidad o "la marca" de lo Divino, y afirma que era tenida por un rasgo distintivo de los dioses. De *todos* los dioses, inclusive de aquellos típicamente masculinos o femeninos en apariencia.

---

119. *Lettre sur la Sainteté*, p. 35 (paráfrasis de una frase del *Talmud*, Sotá 17a)
120. *Hevajra Tantra*
121. Hipólito de Roma, *Refutationis omnium haeresium*, V, 6, citado por Elaine Pagels, *Los evangelios gnósticos*, pág. 93

Hablo aquí de dioses, en plural, querida, y es cierto que al hacerlo empleo quizá la palabra con demasiada ligereza. Porque la Unidad comporta la Unicidad: Dios es singular, no hay dioses, hay un solo Dios, un Dios único en Su naturaleza. Pero es que las mitologías y las religiones primitivas, a las que se refiere Eliade y a las que nos referiremos nosotros ahora, incurrieron en ese contrasentido. No hay que perder de vista, por otra parte, que en las religiones politeístas sobresale un dios por encima del resto: la diversidad de dioses está, en último término, subordinada a un Dios supremo; un Dios que o bien es andrógino o bien es una pareja divina.

Los ejemplos de "dioses dobles" -de dioses andróginos o parejas divinas- que ha conocido la humanidad, son innumerables. Veamos algunos:

Zeus, dios supremo griego[122], pese a su reputación de masculinidad, se revela en algunas representaciones arcaicas como un dios andrógino. Una estatuilla descubierta en Labranda, en Caria, lo muestra imberbe y con cuatro hileras de tetillas sobre el pecho. Para los iniciados órficos era el "dios masculino-femenino": "Macho fue Zeus y, al mismo tiempo, virgen inmortal", proclama un himno órfico. Hércules, el héroe viril por antonomasia, presenta también connotaciones de dios doble: en un episodio de su leyenda se transviste de mujer, y hay constancia de que -al menos en algunos lugares del mundo antiguo donde se le rendía culto- sus sacerdotes e iniciados vestían ropas femeninas, igual que el propio dios. El Fénix, ave símbolo de la inmortalidad, era macho y

_____

122. Para todo este párrafo dedicado a los dioses de la Antigüedad clásica grecolatina, el autor de la carta se ha basado en el cap. II del libro de Marie Delcourt titulado *Hermaphrodite*, (Presses Universitaires de France, Paris, 1958).

hembra a la vez. En Chipre se adoraba a una Afrodita barbuda bajo el nombre de Afrodito; y su equivalente romana, la diosa del Amor Venus, tenía también una versión andrógina: la Venus calva, de antiquísimo culto. Su hijo Eros (Cupido para los romanos) era concebido y representado como andrógino por artistas y poetas. La diosa nupcial Hera, por su parte (esposa y hermana de Zeus), no sólo posee figura andrógina sino que engendra por sí sola a sus hijos, lo que constituye un claro signo de Androginia, Blanca. La mayoría de las divinidades de la vegetación y la fecundidad eran andróginas; tales como Dionisos, dios de la vid, que era el dios bisexuado por excelencia: en una tragedia de Esquilo se le llama "el hombre-mujer", y en otra de Eurípides, "el extranjero con aspecto de mujer". (Si bien en tiempos arcaicos a Dionisos se le representaba en la plenitud de su doble naturaleza, en época helenística decaería en adolescente grácil y afeminado.) Los romanos conocían, además, numerosas figuras legendarias -como Faunus y Fauna, Ruminus y Rumina, Liber y Libera- que se desdoblaban en una persona masculina y otra femenina.

Esto por lo que concierne a la civilización grecorromana.[123] Trasladémonos ahora a la India.

La religión hindú conoce numerosos dioses y diosas, querida, pero a fin de cuentas todos se reducen a una sola pareja divina: Mahadeva y Mahadevi, "Gran Dios" y "Gran Diosa". A esta pareja unitaria, conocida popularmente como Shiva y Shakti (*shakti*: "esposa" en sánscrito), se la identifica con el Uno, con el Absoluto. Unas veces se la representa fusionada en estrecho abrazo; otras, bajo la forma de un solo ser andrógino. En el primer caso reciben también los nombres

---

123. *Ibid.*, pág. 46.

de Kameshvara y Kameshvari; en el segundo, el de Ardhana-rishvara (*Ardhanari*: "el Andrógino"), o simplemente Ishvara, "Señor", que es la denominación habitual del Dios supremo. También el Buda, que sin ser Dios, en la práctica es invocado como tal ("Señor Buda" se le llama), a menudo es representado estrechamente abrazado a su Shakti... Igual que en el Dios judeocristiano del que C. Patmore se hacía eco en los versos citados arriba, Blanca, en el seno de la Divinidad hindú rige el amor erótico. Y al igual que en el Dios judeocristiano, este amor no es algo adjetivo, contingente, y sí por contra algo sustantivo, algo esencial a lo Divino. Esto se aprecia en los propios nombres de Kameshvara y Kameshvari, donde -al lado de *ishvara* o *ishvari*, "señor", "señora"- aparece la palabra *kama*, "amor". Aun cuando el dios Kama, equivalente al Cupido de la mitología occidental, dispone de diversas clases de flechas según el tipo de amor erótico que desee inducir, en general la palabra sánscrita *kama* tiende a asociarse con el sexo, con el amor carnal (piensa en el célebre *Kamasutra*), lo que me da pie para hacerte la siguiente observación:

Las mitologías y religiones antiguas acostumbran a describir el amor que rige en Dios en términos sexuales, en términos de amor carnal. Pero no te dejes engañar por este lenguaje, no hay que interpretarlo en su literalidad. Mira, amor mío, el amor erótico tal como lo experimentamos los seres humanos está teñido de sexualidad: se comprende entonces que tradicionalmente hayamos atribuido esos mismos tintes a todo amor erótico, sea humano o divino; que tendamos a pensar que esos tintes son esenciales al amor erótico. Pero ¿si te digo que esos tintes en realidad son accesorios, como accesorio es un tinte que colorea el agua, de por sí incolora? No lo digo yo, lo dicen nuestros sabios, y como observara un gran pensador francés del siglo dieciséis: "Para juzgar las cosas grandes y elevadas, hace falta un alma de la misma clase, de otro modo nosotros les atribuimos los vicios que nos son propios."[124] Atendamos pues al criterio de almas más grandes y elevadas que la nuestra...

Verás, querida, que a menudo nuestros sabios se sirven también del lenguaje sexual para aludir al amor que rige en Dios. Pero ellos lo hacen en sentido figurado. Nuestros sabios son conscientes -igual que debemos serlo nosotros- de que todo lo humano que creemos presente a la vez en Dios, está presente en Él de otra manera: con una cualidad distinta, más sutil y cristalina, más en estado puro digamos, menos adjetivada, más "desnuda". Acuérdate de como distinguía Patmore la naturaleza o cualidad del amor que rige en Dios del que rige en las parejas humanas: éste, decía, es oscuro en comparación con aquél. ¿Y por qué es oscuro? Es oscuro precisamente porque no está desnudo, porque no es incoloro, está tintado de sexualidad, de deseo, y, tal como proclama -para no salirnos del hinduismo- el más popular de los textos sagrados hindúes, tal como proclama ese epítome de la literatura védica y de los Upanishads que es el *Bhagavad-Gita*: "El deseo lo oscurece todo, al igual que el humo oscurece el fuego y el polvo impide que el espejo refleje la imagen."[125]

Dejémoslo, pues, claro desde ahora, Blanca: el sexo es un fenómeno humano, no divino. Los dos polos en que se articula el matrimonio celestial o la Androginia no son sexuales, aunque metafóricamente les atribuyamos ese carácter. La dualidad masculino-femenina no es sino la expresión, en la Materia, de la Dualitud esencial del Andrógino, que es un ser puramente espiritual, un ser "virginal" en la definición

---

124. Michel de Montaigne, *Essais* I, XIV
125. *Bhagavad-Gita*, 3:38

de nuestros sabios, quienes, para indicar esto, lo representaron alado y aplastando bajo sus pies un dragón, símbolo como veremos de la Materia. Es la naturaleza material del sexo la que impide su presencia en el Andrógino, donde rige un amor de otra clase: un amor no sometido a ese yugo, a esa servidumbre intolerable que es para nuestros sabios el prurito carnal. Ágape denominaron los cristianos a este amor emancipado, este amor "virginal" que es el amor genuino, del que la sexualidad vendría a ser la versión caída, el amor vertido al grosero idioma de la Materia...

¡Pero alto, alto, estoy corriendo demasiado, cada cosa a su debido tiempo! De todos modos, empiezas a ver por dónde voy, ¿verdad, amor mío? Voy contracorriente, como las truchas. A propósito: ¡pesqué una enorme el mes pasado!, tenías que haberla visto, casi tres quilos, tan grande como la que pescaste tú aquella vez; si hubieras visto la cara que puso Enrique, porque él volvió de vacío, figúrate, todo un teórico del arte de la pesca con mosca.

Pero disculpa la facilidad con que me voy por las ramas. Te decía que voy contracorriente (¡sólo que no soy yo: son nuestros sabios!) de la tendencia, tan generalizada hoy en día, a la entronización del sexo. Es cierto, querida, yo sé que todo esto les sonaría a extravagancia incluso a sujetos tan curados de espanto como Esther y Enrique. Seguramente la generalidad de la gente no esté preparada para oír lo que voy a trasladarte en estas cartas -pero sucede que yo no le escribo a la generalidad de la gente, te escribo a ti. Se tiende a pensar que el deseo sexual no es sustancialmente distinto de los demás apetitos, y que por tanto no hay razón para posicionarse al respecto de un modo diverso. A nadie se le ocurriría plantearse si hace lo correcto cuando, ante la sensación de hambre o de sed, pone los medios para satisfacer esos apetitos, siempre que lo haga sin perjudicar a nadie. Por eso se extrañan de que, cuando se trata del deseo sexual, tantas tradiciones y sabios antiguos preconicen la abstinencia. Pero es que ocurre que, para estos sabios, querida, el deseo sexual no es ni mucho menos un apetito más. En su ámbito tiene lugar un fenómeno que, aunque pueda ser explicado por causas naturales (un biólogo te hablará de endorfinas y descargas neuronales), trasciende ampliamente el orden material y, al catapultarnos más allá de la materia, nos descubre la existencia de otra dimensión más sutil y cristalina en el universo. Ese fenómeno misterioso es el amor.

El otro día, sabes, oí a un sexólogo decir por la radio que el amor es como los yogures: tiene fecha de caducidad, dura aproximadamente dieciocho meses, luego se acaba; o, en el mejor de los casos, le sucede otra cosa más parecida a la amistad. Esta proposición quizá tenga la virtud de ofrecer respuesta a la pregunta de por qué hoy se cambia con tanta facilidad de pareja: la gente ya no se resigna, como antaño, a vivir con un amor "caducado". Pero se sustenta a mi entender en una premisa falsa. Mira, Blanca, de vez en cuando almuerzo en el restaurante de Quimet, que ahora regenta su hijo. Te acuerdas de Quimet y Marta, que en paz descansen, verdad. Bueno, pues su hijo, que es un chico estupendo y sabe lo amigos que éramos de sus padres, me acompaña a veces a los postres. Y hasta no hace mucho acababa haciéndome siempre la misma pregunta: "Pero hombre, ¿por qué no vuelves a casarte?" Yo echaba balones fuera, hasta que un día me harté y le expliqué la verdadera razón. Le dije que te amaba, y que el hecho de que estuvieras muerta no cambiaba para nada las cosas. Y como él hiciera amago de objetar, cometí la indiscreción de mencionar nuestra teoría. ¿Te has fijado en el interés que suscita siempre en la gente el tema de las almas gemelas? De más está pues decir que tuve que extenderme en explicaciones. "Si quieres que te diga la verdad -me espetó él cuando hube terminado-, prefiero no encontrar a mi alma gemela en cuanto eso implica, por lo que me cuentas, atarse para siempre, cerrarse la puerta a nuevas relaciones". En vano le objeté que, según la teoría que acababa de exponerle, él ya estaba atado a alguien desde siempre y para siempre, y que ahondar en esa relación no suponía limitarse, antes al contrario: la limitación estribaba en instalarse en la superficie del amor yendo de relación en relación sin profundizar en ninguna. Amar más, concluí, no consiste en tener más amantes, sino en amar más profundamente; y esto comporta la exclusividad.

Menciono la anécdota, querida mía, porque la posición del hijo de Quimet me parece representativa de la de una amplia mayoría de personas, para las que (como para aquel sexólogo radiofónico) el amor se concentra en los primeros estadios de una relación, en la voluptuosa efervescencia de los primeros meses. Pocos sospechan que el amor tenga un "detrás"; y mucho menos que la complicidad, que la amistad íntima que, en los casos de amor verdadero, sucede al enamoramiento, y que ellos interpretan como un decaimiento del amor, sea en realidad un estadio superior, una sazón. Porque el amor verdadero no envejece: madura. Tú y yo, sin ir más lejos, somos una clara demostración de esto. Como lo era también aquel anciano matrimonio que veíamos pasear por el barrio cogidos de la mano, ¿te acuerdas? Tú decías que te recordaban los viejos amantes de la canción de Serrat, esos que se acunan cada noche como dos niños pequeños y por la mañana se preguntan: ¿estás bien?, ¿hoy no te duele nada? Apuesto a que esos tiernos amantes crepusculares que hubiésemos llegado a ser nosotros si no te hubieras marchado antes de tiempo, saben del amor mucho más que la joven pareja de recién casados que tenemos ahora arriba por vecinos y que hacen el amor apasionadamente a todas horas. Porque del amor, sabes, yo creo que podríamos decir, contra la opinión mayoritaria de que es cosa de jóvenes, aquello que jocosamente se dice de la juventud misma: que es cosa demasiado valiosa para dejarla en manos inexpertas.

Volveremos en otra carta sobre ello. Ahora retrocedamos unas páginas a retomar el hilo de la relación de "dioses dobles":

El dios primordial de los primitivos australianos era andrógino. Igual que el dios supremo de la China feudal, que constituye otro caso típico de desdoblamiento, pues aunque recibía el nombre de *Soberano de Lo alto Augusto Cielo*, este nombre se articulaba en dos partes, Soberano-de-Lo-alto y Augusto-Cielo[126]. (Se trata, como ves, de designaciones redundantes, gemelas.) La célebre serpiente emplumada *Quetzalcóatl*, la divinidad precolombina, es también andrógina. En numerosos pueblos de indios americanos -pueblos como los Zuni, adoradores de una divinidad llamada "Él-Ella" (*Awonawilona*)-, se ha constatado la creencia en la androginia del dios supremo. Los indios pobladores del antiguo México designaban a su dios "Padre-Madre" (*Ometecuhtli-Omecihuatl*), denominación por lo demás frecuente en mitología. Así, en la indonesia isla de Kisar, en el archipiélago de las Molucas, la deidad suprema recibía el nombre de "Nuestra madre-Nuestro padre" (*Apna-Apha*).

¿Qué más? La antigua religión del Báltico conocía un Dios de nombre *Jumis*, palabra que en las lenguas bálticas denota

126. Cf. Marcel Granet, *La religion des Chinois*, p. 42.

"dos cosas o seres que crecen juntos en una sola unidad."[127] Asimismo, entre los dioses de la mitología escandinava (Odín, Frey, Loki, Nerthus...), no falta la componente andrógina más o menos velada. La diosa Nerthus, por ejemplo, es la versión femenina del dios del viento y del mar Njörd. Y el dios de la fertilidad Frey ("Señor" en noruego) tiene una hermana gemela, Freya ("Señora"). Quiere la leyenda que Frey y Freya sean hijos de Njörd y vivieran durante un tiempo casados. En el otro hemisferio, tenemos a los dioses bisexuales de la antigua Babilonia. Y tenemos a Zurván, el dios arcaico iranio, dios "del Tiempo Infinito", representado en un bronce como un dios alado y andrógino que alumbra a dos dioses gemelos, Ormuzd y Ahrimán...

Habrás observado que acabo de mencionar dos casos de gemelidad divina. De la gemelidad ya te hablé, ya dije que es un motivo ampliamente atestiguado en las religiones y mitologías primitivas. La gemelidad, Blanca, da cuenta del desdoblamiento de un ser único (un historiador de las religiones habla del "matrimonio implicado en la gemelidad"[128]) en las dos potencias o personas que implícitamente lo integran. Los gemelos mitológicos suelen ser de sexo opuesto, pero en caso contrario (verbigracia Rómulo y Remo, Cástor y Pólux...), se les caracteriza como solar uno, lunar el otro, siendo así que sol y luna son emblemas de lo masculino y lo femenino. Muchos esposos divinos de la mitología pasan por hermanos gemelos y se presentan en ocasiones abiertamente como tales. En la mitología japonesa, la Deidad suprema,

127. Marija Gimbutas, *The Encyclopedia of Religion* de Mircea Eliade (artículo "Doubleness"), MacMillan Publishing Company, New York.
128. Ugo Bianchi, *The Encyclopedia of Religion* de Mircea Eliade (artículo "Twins").

creadora de todas las cosas, reviste la forma de una pareja de hermanos, Izanagi e Izanami. Ya he mencionado que Zeus y Hera eran hermanos a la vez que esposos, igual que los dioses egipcios Isis y Osiris: de ahí la costumbre del faraón, tenido por la encarnación del dios, de desposar a su hermana. Casi todos los dioses del panteón egipcio poseen su paredro, su consorte: Amón/Amonet, Noun/Nounet, Heh/Hehet, Bes/Beset..., siendo los dioses más antiguos las más de las veces bisexuados. Así, según los lingüistas, el nombre del dios supremo Atón (asociado luego con el dios-sol Ra) posiblemente signifique "el que es completo". En tal caso, Atón justifica su nombre pues, aunque se afirmaba que era masculino, en realidad era bisexual: en los textos de los sarcófagos se le llama "el gran Él-Ella", lo cual ciertamente no deja mucho lugar a dudas. Maât, hija de Ra, poseía también la facultad de desdoblarse, facultad por lo demás frecuente entre los dioses egipcios... Pero no sigo, Blanca, no quiero agobiarte con una lista interminable de dioses. Mejor volvamos la vista hacia el monoteísmo, que es de enumeración más sucinta. Volvámonos hacia el Dios que a ti y a mí nos resulta más próximo. El más nuestro: el Dios judeocristiano.

DIOS PADRE Y MADRE

Es cierto que, en su vertiente exotérica o "de delante", tanto el judaísmo como el cristianismo nos legaron un Dios masculino. Sin embargo, no les resultó nada fácil imponer esa visión unilateral, machista, de la Divinidad. Ambas religiones tuvieron que hacer frente a la propensión popular a ver en Dios una Madre a la vez que un Padre. El cristianismo no logró neutralizar del todo esa tendencia, con la que hubo de transigir en parte. El judaísmo tuvo más éxito en ese empeño, pero le costó siglos apear a la diosa cananea Asherah -o Athirat, o Astarté- de su trono al lado de Yahvé, de quien era considerada popularmente la esposa, como antes lo había sido de Baal. El Libro del Deuteronomio ordenaba que el símbolo de esta diosa -un árbol o tronco que se plantaba al lado de los altares dedicados a Yahvé- fuera talado y quemado, pero inscripciones hebreas alusivas a "Yahvé y su Asherah" han sido datadas todavía en el siglo octavo.

Pero fue sobre todo la vertiente esotérica de estas religiones la que conservó la intuición de la Divinidad como una Pareja de Esposos o un Andrógino. Consideremos primero el Dios de los judíos: Yahvé Elohim, el Dios protagonista de la *Torá*; un Dios que creó al hombre a imagen Suya, y lo creó "macho y hembra", lo que, como vimos, fue interpretado por numerosos exégetas judíos como una tácita revelación de Su Androginia, de modo que cuando en Génesis 1:26, dice Dios -a quien se supone solo en el Universo- "Hagamos al hombre", estos exégetas dedujeron que Dios Padre se estaba dirigiendo a Su Esposa.

Para empezar, no me resisto a transcribirte aquí un bello pasaje del *Zóhar* que se refiere al poder de la Esposa de Dios, denominada *Shejiná* en la Kábala -y también "la Madre", "la Matrona", "la Reina", "la Casada". Dice así:

Por encima de todos los ángeles está colocada la Matrona o Shejiná.../... Sabed que el camino que conduce al Árbol de la Vida (símbolo éste de la inmortalidad divina) es la Matrona. Cuando la Matrona se mueve, todos los ejércitos celestiales se mueven con ella. Todos los mensajes que el Rey Supremo envía abajo deben primero pasar por sus manos. Y todos los mensajes de este mundo al Rey Supremo van a ella, y ella los transmite. Ella es el mediador perfecto entre el Cielo y la Tierra. Y aunque no parezca compatible con la gloria del Gran Rey que Él confíe todo a la Matrona, incluso la conducción de sus garras, sin embargo podemos nosotros compararlo en nuestro propio mundo a un Rey que se ha unido a una mujer superior en posesión de cualidades notables. Y como el Rey quiere que todo el pueblo conozca y aprecie las cualidades de su Reina, Él confía todas las grandes obras del reinado a ella y pide a su pueblo que la obedezca y la respete.

Un rey que ama tanto a su esposa que le cede el mérito de las obras de su reinado, por tanto el reconocimiento de su pueblo. Todo un detalle, ¿verdad, Blanca? Me recuerda una anécdota igual de hermosa y referida también a una encantadora pareja real de la que además tú eras admiradora. Se cuenta que, cuando el rey Balduino de Bélgica iba a alguna parte sin su esposa Fabiola, sus conciudadanos gritaban a su paso «¡Viva la reina!». Y si un forastero, extrañado por esa aparente incongruencia, interrogaba a uno de los que gritaban, obtenía la siguiente respuesta: "Vitoreamos a la reina porque sabemos que eso place al rey". Pero me disponía a hablarte de la Kábala. ¿Sabes aquellos versos de C. Patmore que cité al comienzo? Proclamaban que, en el seno de Dios, rige el mismo amor que entre dos amantes. Pues bien, amor mío, en ninguna otra tradición mística se insiste tanto en la importancia de ese amor que rige en Dios, como en la Kábala. Ese amor es el modelo de todo amor intersexual, la falsilla ideal de todo amor erótico. El matrimonio es un misterio sagrado para los cabalistas, porque todo matrimonio verdadero reproduce, en símbolo, la unión de Dios con la Shejiná. No en vano, Blanca, el más sagrado de los textos de la Sagrada Escritura es, al decir de los cabalistas, el Cantar de los Cantares, que es un diálogo de amor entre esposos.

Tú conoces ya ese poema, sabes de su belleza. No hay en la Escritura ni fuera de ella otra pieza literaria que haya sido objeto de tantos comentarios místicos. Uno de estos comentarios, uno de los más celebrados (un comentario versículo por versículo), es el acometido a principios del siglo trece por un paisano nuestro, Ezra ben Shelomó de Gerona.

Este cabalista catalán define el Cantar como "el libro más sagrado de la Sagrada Escritura", como "aquel que contiene los misterios y secretos más valiosos". Y esto es así porque, aunque el libro aborde el apasionado romance entre el rey Salomón y la reina de Saba (conoces la historia, ¿verdad?: ella había oído hablar tanto y tan bien de él a los caravaneros y mercaderes de paso por su reino, que quiso ir en persona a conocerle), se lo ha querido interpretar como alusivo a la interioridad de Dios. De este modo, allí donde la esposa dice "el rey me ha introducido en sus estancias para reír y ser felices juntos" (Cantar 1:4), Ezra de Gerona interpreta "sus estancias" como los cuartos íntimos de la Divinidad, y también como los lugares íntimos del Jardín del Edén. Sigue en esto al tratado cabalístico *Sefer Bahir*, "Libro de la Claridad", que ya había visto en tales "estancias" la morada de Dios, "el último de Sus cuartos". Naturalmente, este cuarto íntimo es una cámara nupcial, Blanca. En la interioridad de Dios -afirman los exégetas- tiene lugar un intercambio amoroso semejante al de los esposos del Cantar (al de los esposos antes de la separación, pues en el Cantar se suceden varias fases: la del amor, la de la separación, la del adulterio, la de la reconciliación). Según una tradición rabínica, Dios mismo recita a diario el Cantar de los Cantares; lo que es un modo metafórico de decir: cada día de Su Eternidad, Dios consuma el amor místico del que se habla en el Cantar; cada día de Su Eternidad, Dios se une a Sí mismo en amoroso abrazo.

Y esta unión, Blanca -la de Dios consigo mismo, o sea, la unión de Sus dos Personas-, constituye la mismísima *Unidad de Dios*. Esta *Unidad* (*Yehud*, en el argot cabalístico) es precisamente lo que Dios es, aquello en lo que la Divinidad consiste. De lo que se sigue que Dios sólo es Dios en tanto en cuanto está unido a su Esposa. Es decir, que *el estatus divino es eminentemente un estatus conyugal*. Aunque tradicionalmente haya recibido interpretaciones diversas, el ideograma hebreo llamado sello de Salomón o estrella de David, fue visto por los cabalistas como emblema del estatus conyugal de la Divinidad. Los dos triángulos superpuestos y entrelazados representarían la "unión santa" de los Esposos divinos. Tal unión es descrita en la Kábala en términos sexuales, pero ya te he prevenido contra una lectura textual de este tipo de descripciones -aunque es lo cierto que muchos cabalistas trataron, en palabras de Gershom Scholem, "de descubrir el misterio del sexo en Dios mismo". "El misterio del sexo tiene para el cabalista -escribe Scholem, máxima autoridad en misticismo judío- un sentido extraordinariamente profundo. Este misterio de la existencia humana no es, para él, más que un símbolo del amor entre el 'Yo' divino y el 'Tú' divino, entre el Santo, bendito sea Él, y su Shejiná."[129] Esta unión de las dos Personas -masculina y femenina- de Dios es, para la Kábala, la piedra angular del Universo, querida. Y es una unión fecunda no sólo hacia arriba sino también hacia abajo. No sólo alumbra a la propia Unidad divina: alumbra también a la Creación.

La Creación del Universo es precisamente el tema en el que nos centraremos ahora.

---

129. Gershom Scholem, *Las grandes tendencias de la mística judía*, p. 251

DOS QUERUBINES ABRAZADOS

¿Qué es el Universo? Primero de todo, Blanca, el Universo no es sólo el vasto dominio de los astros, de las nebulosas y galaxias; no es sólo el Universo físico. Para los antiguos sabios, el Universo físico es tan sólo el escalón inferior de una pirámide de muchas alturas. A esta pirámide escalonada, la describen los cabalistas más bien en términos de Manifestación que de Creación divina. Dios no *crea* el Universo: *se manifiesta* por medio del Universo. O -cabe decir- Dios crea el Universo a partir no de la nada (la célebre Creación *ex nihilo*), sino de Sí mismo. En el siglo tres, el filósofo neoplatónico Plotino dice que el Uno, deseoso de conocerse a Sí mismo, produce una *emanación*. El teólogo cristiano del siglo nueve Juan Escoto Erígena habla de un proceso de *despliegue* de la Unidad divina. La Kábala maneja también el concepto de emanación: el Universo emana de Dios en una larga cadena o serie descendente de emanaciones o manifestaciones divinas.

La raíz de esta cadena es el así llamado Punto Primordial o Punto Oculto. Este Punto no es otro que el Origen, Blanca, el *punto más allá del Tiempo y del Espacio* al que aludimos en las anteriores cartas. Y hablo aquí de Punto en el sentido estricto de la palabra. Entre los antiguos sabios, *el punto* (la mónada de los filósofos: del griego *monos*, "unidad") gozaba de un prestigio sagrado, porque simbolizaba por excelencia el Centro, y el Centro del Universo es la esencia misma de lo sagrado (el Centro del Universo es Dios, como veremos). La esfera era la forma geométrica considerada perfecta precisamente por estar modelada en base el punto. Al carecer de extensión, no es difícil de imaginar al punto como radicado fuera del Espacio y -toda vez que ambas coordenadas van ligadas- fuera del Tiempo. De este Punto Primordial por tanto, de este manantial sagrado, emana la Luz del Espíritu -la Vida, el Ser, la sustancia divina-, Luz que se derrama hacia abajo al modo de un torrente (el Punto Oculto es comparable al corazón en su bombear la sangre por todo el organismo). Este torrente va creando a su paso las diversas emanaciones, llamadas *Sefirots* en la Kábala (los *Sefirots* se despliegan por parejas a partir de la doble fuerza, masculina y femenina, constituyente de la Divinidad). Conforme el torrente desciende, conforme se aleja de la Fuente de la Vida, sus aguas bajan cada vez más turbias, su Luz se atenúa. El *Zóhar* idea la metáfora paradójica de los velos: Dios tiende sucesivos velos ante Su Rostro a medida que se manifiesta. Debido a esa superposición de velos, las manifestaciones divinas devienen cada vez más opacas, más "profanas"; la Luz que se filtra a través de ellas se hace cada vez más tenue...

Esta pirámide cósmica, Blanca, puede dividirse en tres tramos, tres niveles o "mundos" superpuestos: el inferior o mundo material, el intermedio o mundo de los espíritus (ese mundo donde ahora tú habitas), y, en la cúspide, el Punto Oculto, la también llamada "Raíz de todas las raíces". A este Mundo Superior, sede de lo sagrado, de la Divinidad, fuente de toda la Creación o, mejor, de toda la Manifestación divina, se lo designa también en la Kábala con la palabra hebrea *Majshabá*, que quiere decir "Pensamiento Divino", y es una palabra llena de secretas correspondencias, en las que nos detendremos un instante. Dados como eran a atisbar "detrás del tapiz" de la realidad, los cabalistas idearon un curioso método de perquisición esotérica. Atribuyeron valor numérico a las letras del alfabeto hebreo, lo que les posibilitaba el descubrimiento de equivalencias secretas entre conceptos. Por este procedimiento deductivo denominado guematría, esos Hércules Poirots de la Metafísica buscaron (¡y sorprendentemente hallaron!) confirmación a sus propias intuiciones. Bueno, pues al aplicarlo a la palabra *Majshabá*, obtuvieron resultados sorprendentes: *Majshabá*, el "Pensamiento de Dios", totaliza trece, la misma cifra que *Ahabá*, "Amor", y que *Ejad*, "Uno".

Volviendo a la pirámide cósmica, el Mundo Superior o Punto Oculto era comparado por los cabalistas con el *Sancta Sanctorum*, con el "Santo de los Santos" (*Qodes Qodasim*, en hebreo). Era éste el recinto más sagrado del lugar más sagrado de Israel: el Tabernáculo del desierto, después el Templo de Jerusalén mandado construir por el rey Salomón y que constaba de tres recintos a imitación de la estructura del Universo. Separado por un velo del segundo recinto o "Santo", el "Santo de los Santos" era el más interior de los tres y también el más sagrado ya que albergaba el Arca de la Alianza, donde residía la Divina Presencia (esto es, la *Shejiná*, a la que después los cabalistas personificarían y otorgarían el rol de Esposa de Dios... pero no nos compliquemos más de lo debido). Sobre la cubierta del Arca se erguían los *Kerubim*, dos "Querubines" cincelados en oro cuya presencia no era casual, formaba parte de las instrucciones de Dios a Moisés para la fabricación del Arca: "harás dos Querubines de oro, modelándolos en una sola pieza" (Ex, 25:18). Y como Dios no hace nada ni manda hacer nada sin una buena razón, Blanca, los exégetas se preguntaron cuál sería esta buena razón en el caso de los Querubines del Arca.

Recordarás aquella sentencia del *Zóhar* relativa a la unión conyugal: *Dios no establece Su residencia en sitio alguno donde tal unión no existe.* Siendo así, y desde el momento en que Dios había fijado Su residencia en la Tierra en el Arca de la Alianza, la unión conyugal no podía dejar de manifestarse en el Arca.

Los dos Querubines representarían, pues, a los Esposos divinos. Dice la Escritura que contemplaban el Arca sagrada, pero también el uno al otro, "sus rostros vueltos como un hombre hacia su hermano" (Ex. 25:20). La costumbre de representar a Dios y a su Esposa cara a cara, mirándose a los ojos, venía de antiguo, se remontaba a las religiones paganas según acreditan los hallazgos arqueológicos. Es, de hecho, Blanca, la postura en la que de siempre se ha representado a los esposos, a los amantes en general (acuérdate de los esposos celestiales descritos por Swedenborg, de como extraían su Belleza de su contemplación mutua), y denota la unión íntima de los mismos.

Aunque en las instrucciones para la fabricación del Arca esto no se especificase, algunos exégetas dictaminaron que los Querubines eran de sexo opuesto. Se apoyaron para ello en una circunstancia gramatical, y es que, para decir "dos", el Éxodo no emplea la palabra *shene* sino *shenayim*, que, a diferencia de aquélla, expresa, no una mera Dualidad, sino una Dualidad *de contrarios*. Otros fueron aún más lejos y, pese a hallarse cada Querubín en un extremo del Arca, de su posición cara a cara dedujeron que estaban *abrazados*, siendo así que el abrazo era la imagen misma de la *unión perfecta*, de la *Yehud*, de la Unidad de Dios para los antiguos sabios judíos. El afamado rabino francés del siglo once Salomón Yitzjaki, más conocido por el acrónimo de Rashi, comparaba el abrazo de los *Kerubim* con la relación mutua de la clara y la yema en el huevo: de igual forma que el huevo es el resultado de la *unión perfecta* de la clara y la yema, Dios es el fruto del abrazo de Sus Dos Personas.

Tachadura al margen. A partir de palabras sueltas, podemos tratar de recomponer la cita: *"El despertador no sonó a la hora programada: ahora tenía el tiempo justo".* **Si admitimos como hipótesis que la esposa del autor**

se comunicaba con éste a través de los libros azules, hemos de suponer aquí encerrada una alusión personal que desde luego a nosotros se nos escapa.

Presidido de este modo por los dos Querubines abrazados, el *Sancta Sanctorum* del Templo aparecía como la réplica terrenal, simbólica, del otro *Sancta Sanctorum*, el del Universo: esto es, el Punto Oculto, donde dice la Kábala que tiene lugar la unión sagrada de los Esposos divinos. Es la constante interacción amorosa de éstos la que genera el torrente de Luz que se derrama generosamente hacia abajo, difundiendo la Vida a su paso. Por lo que hace a los Querubines, la literatura cabalista les prodiga las referencias. En el *Zóhar*, rabí Simón bar Jochai, comentando a sus discípulos el versículo de los Salmos *Cuán bueno y cuán placentero es para los hermanos morar juntos en unidad*, señala que "La expresión 'en unidad' se refiere a los Querubines. Cuando sus rostros se miraban uno a otro (es decir, cuando estaban 'juntos en unidad'), era favorable para el mundo: 'cuán bueno y cuán placentero'. Pero cuando el varón apartaba su rostro de la hembra, era malo para el mundo." Y un opúsculo anónimo del siglo trece sobre el matrimonio (una especie de manual de instrucciones para recién casados denominado *Carta sobre la Santidad*, pero conocido también bajo los títulos de *El lecho nupcial* y *La relación del hombre con su mujer*) nos habla de los dos Querubines del Arca como de los portadores de un gran "secreto".

¿Qué secreto era éste, querida? Pues nada menos que el secreto de la Divinidad, del que un cabalista de nuestros días escribe: "el secreto está cerrado con una cerradura doble, masculina y femenina"[130]. Y bien, con este secreto cerrado a

---

130. Mario Satz, *Umbría lumbre*

214

cal y canto cerraremos también este capítulo -pero sin echar la llave, aún habremos de volver de forma esporádica sobre el Dios hebreo. Ahora, y antes de pasar a ocuparnos del Dios cristiano, haremos un alto en el camino para formarnos una composición de lugar acerca de una rama heterodoxa, esotérica, del cristianismo, y de sus ideas relativas al "matrimonio celestial". Esta rama -ya desaparecida- del cristianismo, es la de los gnósticos.

MISTERIOS GNÓSTICOS

Ante todo, ¿qué se entiende por *gnosis*? El vocablo es griego y significa "conocimiento". Pero en religión, Blanca, la palabra *gnosis* alude a una determinada clase de conocimiento: el operado por esa especie de fogonazo en la oscuridad que es la intuición mística. Es la razón de que el calificativo "gnóstico" se aplique a muchos sabios antiguos que no pertenecieron a lo que propiamente se conoce como el movimiento gnóstico. Es decir, el movimiento cristiano de carácter mistérico (afín al de los *Misterios*) que floreció en los dos primeros siglos de nuestra era, pero que hunde sus raíces en doctrinas anteriores al cristianismo, y cuya influencia atraviesa la historia del pensamiento occidental (C. G. Jung, por ejemplo, se reconocía heredero intelectual de los gnósticos) y llega hasta nuestros días.

Si bien el gnosticismo tiene un pie puesto en el judaísmo y otro en el cristianismo, se aparta claramente de la línea oficial de ambas religiones. La resurrección de los cuerpos por ejemplo, Blanca, no está entre las creencias gnósticas. Jesús no resucitó, porque no murió en la cruz: el que murió fue "el sustituto" (esto es, el cuerpo), decían los gnósticos.

215

La persona espiritual, el alma, no podía morir porque -la de Jesús como la de cualquiera- era una chispa divina y eterna. Aunque el movimiento gnóstico en sí no tuviese una vida larga, su sistema filosófico pervivió y conoció un nuevo auge entre los siglos diez y doce. Como su nombre indica, el sistema gnóstico (si es que puede hablarse de un solo sistema habida cuenta la variedad de sectas y doctrinas), pretendía estar basado en la *gnosis*. Los gnósticos tenían al "ojo del corazón", a la intuición mística, por el único órgano de conocimiento capaz de desentrañar la realidad del Universo. Rechazaban por igual el conocimiento adquirido a través de la razón, que no profundiza en la realidad, y el adquirido por la vía de la fe, que es imperfecto. Quizá para engastar en el cristianismo sus intuiciones místicas acerca de Dios y de la esencia y destino del hombre, los gnósticos se dijeron depositarios de un saber secreto que Jesús (no sólo en vida suya, sino también después por medio de visiones) habría transmitido a unos pocos discípulos escogidos. Este saber esotérico sería consignado en numerosos manuscritos, muchos de ellos atribuidos apócrifamente a altos personajes de las Sagradas Escrituras.

En buena medida, Blanca, nuestro conocimiento del pensamiento gnóstico se lo debemos a un suceso que te parecerá sacado del *Libro de las mil y una noches*. Corría el año mil novecientos cuarenta y cinco; el final de la Segunda Guerra Mundial era ya un hecho. Un campesino de la población egipcia de Nag Hammadi ensilló una tarde su camello y se internó en la montaña con intención de hacer acopio de cierto tipo de tierra blanda con la que abonaba sus tierras. Se puso a cavar a los pies de un peñasco, cuando su azada tropezó con algo duro. Todo esto lo referiría él mismo años después una vez que su hallazgo se hubo revelado uno de los mayores de la historiografía religiosa. Siguió cavando hasta dar con una jarra de un metro de alto, una jarra de arcilla roja, sellada. Vaciló antes de romper el sello, pues había oído esas historias típicas de *Las mil y una noches*: historias de genios encerrados en jarras, que tanto pueden favorecer inmensamente a su liberador como también ocasionarle la mayor de las desgracias. Cuando al fin se decidió, la jarra resultó contener no un genio hechizado, sino trece viejos e inofensivos códices de pergamino encuadernados en cuero.

Esos libros, sin embargo, no habían sido tan inofensivos en el pasado a juzgar por el celo que puso la Iglesia primitiva en intentar destruirlos. Fue con vistas a eludir ese celo, que, allá por el siglo cuatro, sus propietarios (los monjes de un monasterio cercano, según se cree) habrían procedido a ocultarlos en la jarra y a enterrar ésta en la montaña. El hecho, amor mío, es que gracias a esta indisciplina monacal hoy podemos conocer las claves del pensamiento gnóstico, ya que los libros eran compilaciones de una cincuentena de textos de esa procedencia. Se trataba de traducciones al copto -al egipcio antiguo- de originales griegos, entre los que figuraba una colección de evangelios distintos de los canónicos y de una antigüedad en algunos casos superior a la de éstos. Tales evangelios incluían, además de dichos y noticias de Jesús que ya constaban en el Nuevo Testamento, otros inéditos. Por ejemplo, se referían a María Magdalena como la fiel compañera de Jesús, a quien "el Salvador amó más que al resto de las mujeres."[131] Y así, en el *Evangelio de Felipe* (con el de Tomás, los dos más prominentes) se lee: "Hubo tres que caminaron siempre con el Señor: María su madre y la hermana de ésta, y Magdalena, que fue llamada 'compañera de Él'."[132] Y aún: "La compañera del Salvador

---

131. *Evangelio de María*, pág. 10
132. *Evangelio de Felipe*, pág. 59

es María Magdalena. Y Cristo la amaba más que a todos los discípulos y acostumbraba a besarla a menudo en la boca. El resto de los discípulos se sentían ofendidos y expresaban su desaprobación. Le decían: '¿Por qué la amas más que a todos nosotros?' El Salvador respondió diciéndoles: 'Porque no os amo tanto como la amo a ella'."[133]

Lo mismo que en la Kábala, en el gnosticismo abunda la temática conyugal. "¡Grande es el misterio del matrimonio!", proclama el *Evangelio de Felipe*. Menudean en los textos las alusiones al novio y a la novia, así como al Lecho o la Cámara Nupcial donde ambos deben unirse en matrimonio para restaurar al Esposo y la Esposa celestiales, o sea al Andrógino. Otra metáfora predilecta de los gnósticos es aquella que lo era también de los cabalistas, Blanca: la del Templo de Salomón como imagen del Universo, que devenía así Templo cósmico. Era precisamente el *Sancta Sanctorum* de este santuario (el Punto Oculto de los cabalistas) lo que los gnósticos significaban mediante la metáfora del Lecho o la Cámara Nupcial. "El *Sancta Sanctorum* es la Cámara Nupcial"[134], leemos en el *Evangelio de Felipe*. Y también: "la mujer está unida a su marido en la Cámara Nupcial"[135]. Y aún: "la Cámara Nupcial es superior a las otras cosas (es decir, a los otros recintos, a los otros niveles cósmicos), porque no se puede encontrar nada como ella."[136] Es en esta alta Cámara donde los esposos originales, divorciados a raíz de la Caída, deberán volver a casarse, porque "La redención tiene lugar en la Cámara Nupcial."[137]

---

133. *Ibid*, pág. 72
134. *Ibid*, pág. 69
135. *Ibid*, pág. 70
136. *Ibid*, pág. 69
137. *Ibid*, pág. 69

Basándose en este símbolo, los gnósticos valentinianos (los seguidores de Valentín, el más sobresaliente de los maestros gnósticos) desarrollaron incluso un ritual. "Crisma en la Cámara Nupcial" lo denominan algunos textos. Por si no lo recuerdas, en el cristianismo el crisma es el óleo que se usa para ungir en los sacramentos y en las consagraciones. Este ritual gnóstico debía de tratarse, pues, de una suerte de sacramento parecido al matrimonio. Si bien se ignora el procedimiento concreto, del tenor de los textos se desprende una ceremonia encaminada a recrear simbólicamente la Androginia original de la pareja contrayente. La unión original entre Jesús y María Magdalena servía también como modelo. Sea como sea, amor mío, no olvides que no es de un matrimonio terrenal de lo que aquí hablamos. El símbolo y el ritual gnóstico de la Cámara Nupcial -donde "los dos se hacen uno"- se refiere al matrimonio celestial. La unión del novio y la novia a la que aluden los textos gnósticos es una unión mística y no carnal, es una unión sagrada.

La unión carnal -base del matrimonio terrenal- pasaba entre los gnósticos por impura, por contaminada. "Pensad en la relación incontaminada -insta el *Evangelio de Felipe*- porque posee un gran poder."[138] Así y todo, Blanca, el matrimonio terrenal obtuvo entre los gnósticos su justa consideración de sucedáneo digamos, de sombra o simulacro del matrimonio celestial, y por ello no del todo despreciable: "Ciertamente el matrimonio en el mundo es un misterio para aquellos que han tomado una esposa. Ahora bien, si hay una cualidad oculta en el matrimonio contaminado, ¡cuánto más en el matrimonio que no es contaminado y que consiste en un misterio verdadero! No es carnal sino puro. Pertenece no al

138. *Ibid*, pág. 64

deseo (el de los cuerpos) sino a la voluntad (la de los corazones). Pertenece no a la oscuridad y a la noche sino al día y a la luz."[139] Para los gnósticos, el verdadero matrimonio no es el operado en el mundo inferior, sino el que se cumple en el Cielo. No el que acaece a la vista de todos ("Si un matrimonio está abierto al público, se ha convertido en prostitución"[140]), sino el que tiene lugar en el recinto más interno y secreto del Templo cósmico.

Este recinto es el Lugar al que pertenecen realmente los novios: "Los novios y las novias pertenecen a la Cámara Nupcial. Nadie podrá ver al novio con la novia convertirse en uno."[141] Nadie podrá verlos, Blanca, pues el *Sancta Sanctorum* queda fuera del alcance de los ojos "profanos". Éstos pueden imaginarlo tan sólo: es decir, visualizarlo a través de imágenes, de símbolos; preferentemente, el símbolo del matrimonio. Sólo los ojos "sagrados", los del segundo término, pueden penetrar el velo que oculta al *Sancta Sanctorum*: ojos como los de los gnósticos, como los de los cabalistas, ojos como los de Swedenborg o como los de esos dos literarios discípulos suyos: Dame Dermody y el barón de Féroë...

Ya he dicho que el casamiento celestial al que aspiraban los gnósticos tenía por objeto la restauración -mediante la reunificación de las dos mitades que resultaron divididas por obra de la Caída- del Andrógino primordial. Y es que, según la creencia gnóstica, amor mío, "la humanidad, que fue formada a imagen y semejanza de Dios, era masculino-femenina"[142]. Leemos en el *Evangelio de Felipe*: "Aquellos que

---

139. *Ibid*, pág. 82
140. *Ibid.* pág. 82
141. *Ibid.* pág. 82
142. Ireneo, *Adversus haereses*, citado por Elaine Pagels, *Los evangelios gnósticos*, p. 101.

están separados serán unidos y serán llenados (completados)." Y a renglón seguido: "Si alguno se convierte en un hijo de la Cámara Nupcial, recibirá la luz."[143] Aparece aquí un motivo -el de la luz- presente ya en una cita anterior donde al matrimonio incontaminado se lo alineaba al lado de la luz y enfrente de la oscuridad. Vemos ahora que al lado de la luz se alinea también el matrimonio celestial, es decir, la Unidad divina. Es por eso que al Adán andrógino del Origen -al Adán que incluía también a Eva- se le describe en los textos gnósticos como una figura de luz radiante; una luz que eclipsaba la del sol y que se apagó al hilo de la Caída. De ahí, también, el dicho del *Evangelio de Tomás*: "Cuando alguien sea uno, estará lleno de luz; pero cuando se encuentre dividido, estará lleno de tinieblas"[144].

No sólo entre los gnósticos, Blanca: en la mayoría de tradiciones espirituales, la oscuridad es emblema de este mundo inferior; la luz -la luz incolora, la luz en estado puro, la luz blanca-, icono por excelencia del Mundo Superior, del mundo del Origen, el de la Divinidad. (Pero no solamente icono: pensemos en la luz blanca al final del túnel en las Experiencias Cercanas a la Muerte.) "Todos los que entren en la Cámara Nupcial encenderán la luz"[145], declara el *Evangelio de Felipe*. A todos ha de llegarnos esa hora, amor mío: la hora de encender la luz de la Cámara Nupcial. Es decir, el momento de fusionarnos con nuestra alma gemela. Se tratará de una *restauración*, puesto que ya estuvimos unidos antes: "Cuando Eva estaba todavía en Adán (esto es, cuando el alma estaba todavía unida a su gemela), la muerte no existía. Cuando

---

143. *Evangelio de Felipe*, págs. 85 y 86
144. *Evangelio de Tomás*, pág. 43
145. *Evangelio de Felipe*, pág. 85

fue separada de él, la muerte vino a existir. Si él volviera otra vez a ser completo y alcanzara su primitivo ser, la muerte ya no sería más."[146] Y, debajo, el mismo evangelio agrega: "Si la mujer no se hubiera separado del hombre, no habría muerto con éste; su separación fue el origen de la muerte. Por esto vino el Cristo: para restablecer a los que habían sido de este modo separados al comienzo y unir de nuevo a los dos. ¡A los que están muertos a causa de la separación, se les devolverá la vida al reunirlos!"[147] La idea es clara: el matrimonio celestial del Origen, con todo y haber sido contraído para toda la Eternidad, se rompió; los dos cónyuges se divorciaron; y ahora es preciso subsanar ese divorcio. A la mayoría, la consecución de esta meta ha de llevarnos miles de años (porque la reencarnación es también una creencia gnóstica), pero los gnósticos aspiraban a acortar ese plazo. Insisto, Blanca, en que se trata de una restauración, de unas segundas nupcias *con la misma pareja*. No es con cualquiera con quien el alma está llamada a casarse celestialmente, no, sino con el alma que ya fuera su cónyuge celestial en el Origen: esto es, con su gemela.

Esta idea de predestinación amorosa parece traslucirse en el siguiente dicho del *Evangelio de Felipe*: "Ciertamente, toda relación amorosa entre aquellos que son desiguales, es adulterio."[148] La expresión "aquellos que son desiguales", ¿no te evoca el concepto swedenborgiano de semejanza y el miltoniano de incompatibilidad de naturalezas?... Algunos de los dichos atribuidos a Jesús en el *Evangelio de Tomás*, instan a la restauración andrógina: "¡Cuando convertiréis a los dos se-

---

146. *Evangelio de Felipe*, pág. 68
147. *Ibid*, pág. 70
148. *Ibid*, pág. 61

res en uno... cuando consigáis que el varón y la hembra sean uno solo, a fin de que el varón no sea ya varón y la hembra no sea hembra... entonces entraréis en el Reino!"[149] El Reino de los Cielos, querida, es como decir el Punto Oculto, la Cámara Nupcial... Otro ejemplo: "Cuando hagáis que los dos sean uno, os convertiréis en hijos del Hombre, y si decís: '¡Montaña, quítate de ahí!', ella se quitará."[150] El desplazamiento de la montaña expresa la omnipotencia inherente a la Androginia; una imagen presente también en este otro dicho: "Si dos están en paz el uno con el otro en la misma casa (es decir, si los dos están unificados, si los dos son Uno), dirán a la montaña: '¡Desplázate!', y ella se desplazará."[151]

Hay aún otro dicho del *Evangelio de Tomás* que merece ahora nuestra atención, Blanca. Es aquel según el cual "Jesús dijo: ¡Cuando os desnudéis sin avergonzaros, os quitéis vuestras ropas y las depositéis a vuestros pies a la manera de los niños pequeños, pisoteándolas! Entonces os convertiréis en los hijos de Aquel que vive, y ya no tendréis temor."[152] Habrás reconocido la alusión al pasaje del Génesis en el que, inmediatamente después de la Caída, Adán y Eva sienten vergüenza de sus cuerpos desnudos y los cubren con hojas de higuera entrecosidas. Cuando podáis volver a quedaros desnudos sin sentir vergüenza, les viene a decir el Jesús gnóstico, será señal de que habréis reparado la causa de la Caída, entonces regresaréis al Reino. Bueno, pues el *Evangelio según los Egipcios* incardina esta idea con la de la restauración andrógina. Según este texto gnóstico, Jesús, a la pregunta

---

149. *Evangelio de Tomás*, pág. 37
150. *Ibid*, pág. 50
151. *Ibid*, pág. 41
152. *Op. cit.*, págs. 39-40

de cuándo se conocerían las cosas de las que hablaba, respondió: "Cuando pisoteéis a vuestros pies la ropa de la vergüenza, y cuando los dos lleguéis a ser uno, y el varón con la hembra no sean ni varón ni hembra."[153] Al ligar las dos ideas, Jesús está haciendo una asociación frecuente en los textos gnósticos: está vinculando la caída de Adán y Eva con su divorcio. Y es que lo que subyace en todas estas sentencias gnósticas, amor mío, es la naturaleza andrógina del Hombre Primordial, del Hombre Perfecto del Mundo Superior. Un mundo en el que -aseguran los gnósticos- "no hay ni varón ni hembra sino una criatura nueva, un hombre nuevo que es andrógino."[154]

"YO SOY EL PADRE, YO SOY LA MADRE, YO SOY EL HIJO"

Con los gnósticos -que tenían, como dije, un pie en ambas religiones- hemos dado el salto del judaísmo al cristianismo, para acabar ahora hablando del Dios cristiano. Y esto sin apartarnos todavía de los gnósticos, Blanca, porque si en el cristianismo exotérico la intrínseca Androginia o Bi-Unidad de Dios fue a menudo silenciada, no fue así en el cristianismo esotérico, empezando por el más temprano: el cristianismo esotérico de los gnósticos. Para éstos, Dios era una pareja divina de Esposos. Era Padre y Madre al mismo tiempo, y como a tal Le invocaban en sus plegarias y en sus textos. El *Apocrifón de Juan* se refiere a Él como *matro-pater* ("madre-padre"). Otro texto, el titulado *Gran Anunciación*, se

---

153. Citado por Clemente de Alejandría, *Stromatas, III*
154. Hipólito de Roma, *Philosophoumena* (V, 7, 13-15)

dirige a los "dos lados" de Dios, el masculino y el femenino, de los que afirma que "son separables el uno del otro, y, sin embargo, son uno solo"[155]. Y para el primer gnóstico conocido, para Simón el Mago -quien encumbrara hasta un alto rango místico a su alma gemela Helena de Tiro-, Dios era el *Arsénothélys*, el "varón-hembra".

Tachadura al margen. Del párrafo o frase larga original he podido rescatar, bien que mutilado, el final: ...*el teniente (frunció) los labios* .../... *y que si en algo no creía era precisamente en las casualidades.*" Casi con seguridad, se trata de una cita sacada de una novela policiaca.

En consonancia con esta concepción, el simbolismo sexual está habitualmente presente en las descripciones gnósticas de Dios -igual que vimos que lo estaba en la teología cabalista. Así, el texto titulado *Trimorphic Protennoia* pone en boca de Dios el siguiente insólito autorretrato: "Soy andrógino. Soy tanto Madre como Padre, dado que copulo conmigo mismo."[156] Valentín dice que Dios presenta una doble naturaleza, masculina y femenina, y alude a la naturaleza femenina de Dios -la Madre- como la receptora de la semilla del Padre. Esa semilla fructifica y da origen a toda la serie de parejas andróginas (designadas por él con el término griego *Eones*, "Eternidades") que según Valentín integran la "Plenitud" divina, lo que los gnósticos llamaban el *Pleroma*... Pero no te hablaré aquí de estas parejas; ello corresponde, en mi plan, al tema de la próxima carta. Te hablaré, en cambio, de otra opinión de los antiguos sabios: la opinión según la cual,

---

155. Citado por Elaine Pagels, *op. cit.*, p. 94
156. *Trimorphic Protennoia*, citado por Elaine Pagels en *op. cit.*, p. 99

de la cópula amorosa del Padre y la Madre, lo que nace es eternamente el Hijo, una tercera Persona que es *el Uno* propiamente dicho. Aquel encabezamiento de plegaria gnóstica que cité páginas atrás ("De Ti, Padre, y a través de Ti, Madre, los dos Nombres inmortales, *Progenitores del Ser Divino...*") es una formulación de esta idea. Una idea en la que se cifra el misterio trinitario, Blanca, el del "tres en uno", que no es sino una variante de aquel otro misterio: el binario o del "dos en uno". Efectivamente, la Trinidad (Tri-unidad, Tres en uno) no es sino otro enunciado del concepto de Androginia... ¿Te sorprende? Es que la Trinidad no es patrimonio del Cristianismo, querida, es anterior al Cristianismo. Es, de hecho, una noción típica de las religiones paganas, donde habitualmente las tres Personas trinitarias se presentan como un Dios Padre, una Diosa Madre y un Dios Hijo. O sea, se identifican con las tres Personas que coexisten en el Andrógino: a saber, los Dos y el Uno fruto de la fusión de ambos.

Sí, Blanca: es en el amor, en el amor erótico, donde descansa el misterio de la Trinidad, ese misterio tan insondable que era más fácil, para san Agustín, vaciar el océano con una concha que llegar a entenderlo por medio del intelecto. La Divinidad se revelaba a los ojos del segundo término de los antiguos sabios como una Trinidad, como un sistema ternario: un solo Dios englobando a tres Personas. El sistema ternario ha sido definido como la estructura profunda o la *vida interna* de la Unidad, y ésa es la razón, querida, de que en las mitologías y religiones el sistema ternario sea casi tan frecuente como el binario y de hecho se solape con él. Así, el *Tao* es un sistema ternario: el Padre y la Madre son el *yang* y el *yin*, y el Hijo de ambos es el *Tai Kih*, el círculo vacío. La noción cristiana de Trinidad (Padre, Hijo y Espíritu Santo) sería una reformulación desfigurada -adaptada a las necesidades teológicas de la nueva religión- de ese mismo universal esquema andrógino. Un esquema al que los gnósticos permanecieron pese a todo fieles, como lo demuestra el hecho de que al Espíritu Santo -que es del género femenino en las lenguas semíticas- lo identificaran con la Persona femenina de Dios, denominada por ellos *Sophia*, "Sabiduría" en griego. (Sin entrar en ello mencionaré que, en la Edad Media, la Iglesia Oriental, Ortodoxa o Greco/Rusa, adoptaría esta noción gnóstica, una noción que daría lugar mucho después a una importante especulación teológica conocida como *sofiología*.)

El gnóstico *Apocrifón de Juan* ya citado reseña una visión mística de la Trinidad que habría tenido san Juan tras la crucifixión de Cristo: san Juan vio una luz, y en la luz "una figura con tres formas". Y esta figura se presentó diciendo: "Yo soy el Padre; yo soy la Madre; yo soy el Hijo". Esta concepción primigenia de la Trinidad se desvirtuaría en el dogma trinitario cristiano al escamotearse de él a la Madre, a la Persona femenina de Dios, Su Esposa. Pero perduraría en la intuición mística de los sabios, querida. Todavía en el siglo dieciocho, un místico cristiano de tendencia pietista (un místico adscrito a este movimiento del luteranismo alemán que anteponía la intuición mística al dogmatismo religioso), el conde de Zinzendorf, se refería a la Trinidad en términos de Marido, Mujer e Hijo. Por otra parte, Blanca, aunque la Diosa fuera escamoteada del dogma, no lo fue del corazón de los fieles, que enseguida fijaron su atención en dos figuras evangélicas femeninas. Me refiero a María Magdalena, y, sobre todo, a la figura excelsa de la Virgen María.

Si bien la jerarquía eclesiástica se ha empeñado en estigmatizar sin fundamento a la Magdalena como una prostituta (y aquí creo interpretar tu pensamiento, amor mío, si añado entre paréntesis y en tono indignado que las prostitutas no suelen ser vocacionales, y que entonces serlo no es un estigma para ellas sino en todo caso para la sociedad), los Padres y los cristianos de los primeros siglos dieron gran importancia a su figura. Vimos antes como los gnósticos tenían a la Magdalena por la compañera de Jesús; pero no creas que era ésta exclusivamente una percepción gnóstica. Los cristianos de a pie, haciendo caso omiso a los jerarcas, no vieron en esta mujer a una mera pecadora arrepentida, ni dejaron de reconocer en su estrecha relación con Jesús algo más que una mera relación de maestro y discípula. Lo reconocieron en el hecho de que, en los Evangelios, la Magdalena encabezase las listas de mujeres que acompañaban a Jesús; así como en el dato de su presencia al pie de la cruz, un privilegio reservado a los allegados más íntimos. Y lo reconocieron aún más en las escenas en casa de Lázaro de Betania, cuando la hermana de éste, María (la Magdalena para los exégetas), escucha embelesada las palabras de Jesús, perfuma sus pies y los enjuga con sus cabellos. Pero sobre todo, Blanca, ¿sabes dónde lo reconocieron? En aquel pasaje del Evangelio de san Juan: Jn. 20, 1-18, que para los cristianos es, si me apuras, el pasaje más importante de las Escrituras, porque en él está justificada la esperanza de la Resurrección. Aquel pasaje que refiere como tras la crucifixión, transcurrido el preceptivo día de reposo, la Magdalena, sin esperar siquiera al alba, no soportando la ausencia de Jesús, regresa al jardín donde le dieron sepultura. Descubre el sepulcro vacío y corre a avisar a Pedro y a Juan, que se limitan a constatar el hecho y se marchan. Ella se queda sola, rompe a llorar, y en eso que en el sepulcro ve a dos ángeles. "¿Por qué lloras?", la interpelan. Un personaje al que toma por el jardinero le hace la misma pregunta:

"¿Por qué lloras? ¿A quién buscas?" Pensando que ha sido él quien ha trasladado el cadáver, le pide que se lo devuelva, que si estorba, ella misma se encargará de llevárselo. Y es entonces cuando sorprendentemente el jardinero la llama por su nombre: "¡María!" Y ella se emociona al reconocer a Jesús resucitado, trata de abrazarle y se dirige a él con una expresión de cariño: *Rabuni*, "mi maestro"...

Mira, Blanca, yo he leído muchas novelas de amor, muchas las he leído al alimón contigo, pero no recuerdo otra escena de amor más conmovedora ni más tierna. Y eso que no es una escena de amor al uso: no hay en ella besos ni abrazos, no hay pasión sexual. Pero hay otra clase de pasión, una pasión que a ti y a mí no nos es desconocida, amor mío, y en la que me propongo ahondar en el curso de estas cartas, porque es precisamente la clase de pasión que -al decir de nuestros sabios- animaba a las almas gemelas en el Origen. Esta pasión trasciende a la sexual, pero es igual de intensa, y más emocionante, más íntima, más profundamente satisfactoria. Muchos cristianos se escandalizarían (yo sé que tú no) de que yo vea en este episodio evangélico una escena de amor. Pero no he sido ni mucho menos el único, sabes: lo mismo vieron los gnósticos, y, después de ellos, muchos cristianos de a pie, así como también los artistas que, en la Edad Media sobre todo, lo plasmaron en sus lienzos. Sin olvidar el sinfín de predicadores que, a lo largo de los siglos, adoptaron a la Magdalena como prototipo de la "esposa" del Cantar de los Cantares -el cual tenía en Cristo al "esposo", según la interpretación alegórica.

Si en la Edad Media la devoción a María Magdalena cundió en toda la cristiandad, Blanca, es porque en el imaginario medieval la Magdalena pasaba por la esposa de Jesús. Existe incluso una tradición, no exenta de argumentos, que pretende que Jesús tuvo descendencia: la estirpe de Cristo se habría perpetuado en el sur de la actual Francia, adonde habría huido la Magdalena tras la crucifixión... Sea como fuere, la Magdalena era la esposa de Jesús *el hombre*, no de Jesús *el Dios*, no de Jesús en cuanto hipóstasis divina. Para el papel de "Esposa de Dios", la devoción popular halló en los Evangelios otra figura más idónea: la de la Virgen María.

La primera oración a la Virgen María (cuyo color es el azul como sabes, así como para los artistas el color de la Magdalena es significativamente el rojo, el color de la pasión) la primera oración a la Virgen de la que se tiene noticia data del siglo cuatro. Cien años después, y bajo la presión de los fieles, la Iglesia se veía obligada a hacer un hueco en el dogma a la Persona femenina de Dios. El acontecimiento tuvo lugar en el concilio de Éfeso, donde se otorgó a la Virgen el título de *Theotokos* o "Madre de Dios". De ahí a ver en ella a la Diosa Madre, a la Esposa de Dios Padre, había sólo un paso. Poco a poco, la Madre fue ocupando, en el culto y la devoción populares, el lugar que en justicia le correspondía al lado del Padre. Hasta que -en los siglos once y doce- se produjo en toda la cristiandad la eclosión de la devoción mariana. Por todas partes florecieron catedrales en honor de "Nuestra Señora", el *Avemaría* se convirtió en el himno de la Madre, como el *Padrenuestro* lo era ya del Padre, y místicos como san Bernardo de Claravall comenzaron a hacer objeto de su contemplación a la Virgen María. Todavía hoy la Virgen es, para vosotros los católicos, querida (igual que la *Shejiná* para los cabalistas), la privilegiada mediadora entre Dios y los hombres...

Bueno, hasta aquí. El Dios cristiano es la guinda que cierra nuestra larga nómina de "dioses dobles". Una nómina en modo alguno exhaustiva, amor mío, pero que te habrá servido, espero, como demostración del carácter andrógino que se atribuía a Dios en la antigüedad. Ya nos consta que este carácter es una prerrogativa divina: no es que Dios sea andrógino, es que es el Andrógino, el único que existe. Ah, pero la Androginia no es solamente una característica *específica* de Dios, sabes. A continuación nos interesa ahondar en la razón por la que los antiguos sabios decían que era también Su característica *por antonomasia*. Y es una razón que vas a comprender enseguida.

La Androginia es la característica por antonomasia de Dios por el hecho de que en la Androginia se cifra el misterio de la Unidad, que es el misterio de Dios, ya que Dios es por definición el Uno. Tal misterio puede reducirse a una simple fórmula: "dos en uno". Es decir, Blanca, que la Unidad es intrínsecamente doble. Pero es que además, no te lo pierdas, *la Unidad dimana de su Dualitud interna...* Lo verás más claro con ayuda de una metáfora. Pero antes, querida, una pequeña anécdota personal relacionada con ella y que estoy seguro te hará reír: Aunque te escribo estas líneas a la luz de una lámpara de escritorio, arde en una esquina de la mesa -como sin duda puedes ver- un racimo de velas, de esas que usabas tú para crear ambiente en casa. Me he decidido últimamente a dar salida de este modo a la nutrida provisión de velas que dejaste en un cajón. Bien, pues estando la otra noche estropeada la farola de la calle y apagada esta lámpara y las luces del comedor, se presentó Luis de improviso. Lo conoces: el marido de Paula, *ex*-marido dentro de poco porque Paula y Luis están en trámites de divorcio. Ah, pero sí, ¿no lo sabías? El caso es que no sé por qué me ha escogido a mí como confidente y pañuelo de lágrimas, razón por la que, como te decía, se presentó la otra noche con un par de pizzas, y como coincidió que yo acababa de encender tus velas, me sorprendió inmerso en esta lívida claridad azulada y con tu retrato encima de la mesa. Y pensó: Mira éste, entregado a alguna oscura maniobra espiritista para comunicar con su mujer. Me lo confesó, todavía con la sospecha, mientras dábamos buena cuenta de las pizzas. Y yo, Blanca, por mi parte, ¿quieres saber qué pensé yo?: Ah, amigo mío, si supieras que no lo necesito, que también los muertos hallan maneras de comunicar con los vivos...[157]

Bien, pero a lo que iba. A falta de lámparas eléctricas, los antiguos sabios a menudo se alumbraron con velas como éstas que arden ahora en la esquina de la mesa. ¿Como éstas? Bueno, no exactamente, me figuro que las suyas no estarían tintadas de azul. Cada vez que enciendo una de estas velas, Blanca (disculpa que vuelva a salirme por la tangente), me acuerdo de lo que te acordabas tú siempre al hacerlo según me confesaste: me acuerdo de la "niña de los fósforos". Y, sabes, en mi memoria ese entrañable personaje de Hans Christian Andersen es inseparable de lo que me dijiste una vez en cuanto terminamos de leer el cuento. Me dijiste -con esa manera tuya enigmática y sentenciosa que tienes a veces de decir las cosas- lo que entonces me pareció una cursilada, y francamente sigue pareciéndomelo, querida, una cursilada de grueso calibre: algo así como que querías que tú y yo llevásemos siempre a la niña de los fósforos en nuestro corazón, y que continuamente la rescatásemos del frío de la calle y la introdujésemos en casa, la cálida casa que la llama de los fósforos le evocaba y que, según tú, era la nuestra... En fin, pues igual que la trémula claridad de la llama tenía para la niña de los fósforos un gran poder evocador, así también para los antiguos sabios, Blanca. La acción calorífera, purificadora, iluminadora, de la llama, su vocación ascensional, les sugirió

---

157. Segunda alusión que abonaría la extraña hipótesis formulada en el prefacio.

bellas metáforas místicas. Esta que ahora te propongo se le ocurrió a un gran místico cristiano del siglo diecisiete llamado Jakob Boehme, y se refiere a una luz dorada...

Boehme parte de la base de que la luz, que es una, viene generada por la combinación de dos principios: la claridad y el resplandor. En sí misma la claridad (o sea, la blancura) no es luz, no posee el resplandor propio de la luz. Ni es luz el resplandor por sí solo ya que -dice Boehme- en sí mismo el resplandor es negro, carece de claridad; se requiere la conjunción de ambos principios, claridad y resplandor, para generar la luz. El color dorado de ésta es el resultado de la combinación del blanco propio de la claridad y del rojo propio del resplandor... Y bien, así sucede también con la Unidad: ésta es el fruto de la armoniosa combinación de dos principios. No hay Unidad sin Dualidad. Para los antiguos sabios, Blanca, la Dualidad es *el elemento* de la Unidad, la arcilla con la cual la Unidad se moldea. La Dualidad vendría a ser a la Unidad lo que los cimientos con relación a una casa. (Salvo que estos cimientos -te parecerá una precisión pedante, pero no es baladí- *no son ontológicos*: si hablamos ontológicamente, hemos de invertir los términos y decir que la Unidad es el fundamento de la Dualidad, su soporte permanente.)

Puedes comparar también a la Unidad con un puzzle con sus piezas encajadas. Pon, aquel puzzle gigante que presidió el recibidor de nuestro primer hogar y que nos llevó meses componer, no me digas que no te acuerdas. Representaba la llegada de un tren vespertino de viajeros a una pequeña estación de montaña. Es como si lo viera; entrecierro los ojos y ahí está el paisaje alpino: las estrellas gravitando sobre las montañas nevadas, las ventanillas de los vagones rasgando la bruma con su amarillo intenso, la luz más matizada de unos fanales proyectándose sobre el andén, y unos cuantos pasajeros cargados con sus maletas que se encaminan presurosos hacia el lateral, donde se alza un edificio de ladrillo presidido por el típico reloj de estación con sus enormes manecillas negras... Ah, ¿lo ves también tú ahora? No era nuestro primer puzzle, pero fue el primero que mereció el honor de ser enmarcado y colgado en el recibidor. Y mereció tal honor porque su estampa nos evocó una novela que acabábamos de leer y que nos había gustado especialmente, ¿te acuerdas? La estación ferroviaria de montaña se nos figuró la estación de Dorf, fin de trayecto para la clientela del Sanatorio Internacional Berghof, adonde arribara el protagonista de *La montaña mágica* de Thomas Mann con intención de pasar unos días que, sin darse cuenta, se le fueron convirtiendo en años... Pues bien: digamos que la Dualidad son las piezas de ese puzzle. Las piezas, que en el mundo inferior están dispersas, desordenadas, en el Superior encajan unas con otras para componer la estampa, para revelar la Unidad. En el puzzle ensamblado coexisten dos niveles: el nivel de lo simple (la estación de Dorf), y el de lo compuesto (las piezas que la conforman). Y eso mismo, sabes, cabe decir de la Divinidad: es en la armoniosa coexistencia entre lo simple y lo compuesto, entre la Unidad y la Dualidad, donde radica Su misterio. Un misterio que toma cuerpo en la noción de Androginia, querida: de ahí la concepción de ésta como la clave secreta de Dios y como Su característica *por antonomasia*.

EL CÍRCULO MÁGICO

La importancia que para la Unidad reviste la Dualidad se trasluce en la cosmogonía de los antiguos sabios, es decir, en su modo de explicar la formación del Universo. Pero primero,

Blanca, ¿cuál era la visión que los antiguos sabios tenían del Universo?

De esa cosmovisión te he hecho ya un anticipo al referirme a la Creación según los cabalistas. Sabemos ya que para los antiguos sabios el Universo era comparable no a una pintura y sí más bien a un tapiz. En una pintura todo salta a la vista, no hay nada oculto; un tapiz, en cambio, tiene un "detrás". El "detrás" del Universo es el llamado *Mundo Superior* y toda la serie de niveles -cifrados a menudo en siete y agrupados bajo la etiqueta de *mundo intermedio*- situados entre aquél y el *mundo inferior*. Resultan así tres mundos o niveles cósmicos. Con frecuencia, los antiguos sabios se representaron este esquema bajo la forma de círculos concéntricos en torno a un punto central, del que esos círculos irradian. Se trata del conocido símbolo del "círculo mágico" o *mandala*. La circunferencia -el círculo más externo y más extenso- figura el mundo inferior. El punto central, interno, encarna el Mundo Superior o Punto Oculto, sede de la Unidad. Los antiguos sabios identificaban Unidad con Centralidad, Blanca: el Uno es el Centro místico, sagrado, del Universo. Este Centro es consciente, se lo ha definido también como el "ojo del Universo". "Él tiene el poder de ver el Universo dentro de su propio ser", anota Moisés Azriel, cabalista del siglo trece...

Puedes visualizar este mandala cósmico, sin ir más lejos, en las diversas zonas de luz y de penumbra que delimitan a su alrededor las llamas de estas velas que arden sobre la mesa: en como la luz se atenúa gradualmente del centro a la periferia, para terminar desvaneciéndose en la oscuridad. Puedes figurártelo también en las ondas concéntricas de un estanque o de un lago de montaña al que se ha arrojado una piedra: en como las ondas van expandiéndose a partir de ese punto central. También puedes pensar en un Universo a modo de caja china o de muñeca rusa contenida dentro de otras. O puedes tomar aquella imagen a la que recurrimos al tratar de la Creación según los cabalistas: la imagen del torrente o del río. Esta imagen, querida, es idónea para expresar la idea del Universo como emanación divina, y así lo entendieron muchos sabios antiguos. Los del antiguo Egipto lo imaginaron bajo la forma del río Nilo, surgido a partir de las lágrimas vertidas por el dios-sol Ra. También el Génesis se sirve de la misma metáfora al hacer brotar, a los pies del Árbol de la Vida -en el mismo centro del Paraíso pues-, un río divino descompuesto en cuatro brazos, correspondientes a los cuatro puntos cardinales... En su cabecera, el Río es angosto: el Mundo Superior es apenas un punto. Es en el curso de su descenso que el Río va acreciéndose, ensanchando su cauce hasta desembocar en el mar. Un mar oscuro, Blanca, porque el mar ha tipificado desde antiguo el mundo inferior, y -en comparación con el Superior, que ellos presentían radiante- el mundo inferior aparecía oscuro a los antiguos sabios. Pero no por oscuro menos hermoso: un mar plateado como el que se ofrecía a nuestros ojos las noches de luna en Palamós, cuando el calor apretaba impidiéndonos dormir y salíamos a tomar el aire a la terraza...

Y bien, se trata, como ves, de una estructura piramidal (la pirámide es otra metáfora clásica del Universo): ancha la base, el vértice un punto. Puede decirse, querida, que, a diferencia del mundo inferior, el Superior carece de extensión. Si el mundo inferior es extenso, el Superior es *intenso*: está comprimido, vertido hacia dentro. Explican los antiguos sabios que, en el Origen, nada más que el Punto Oculto existía. Pero, por alguna razón (una transgresión según algunos, la necesidad que tenía Dios de manifestarse según otros), parte de la esencia de este punto vertido hacia dentro, invirtió su flujo, proyectándose hacia fuera, derramándose a la manera de un Río. Un Río que desciende y que va creando los diversos mundos a su paso... No hay fractura entre un mundo y el siguiente. Hay más bien una gradación descendente de la esencia del Mundo Superior. Esta esencia, Blanca, no es otra que la Divinidad..., y Divinidad y Unidad son homólogos según nos consta. Tenemos, pues, la esencia divina del Mundo Superior, la Unidad, que se desliza hacia abajo y que va disminuyendo conforme desciende.

¿Qué significa que la Unidad disminuye? Significa que va escindiéndose gradualmente en dos mitades, en las dos mitades que La integran. A esta esencia divina, unitaria, que disminuye, los antiguos sabios le dan diversos nombres: la llaman Vida, Luz, Ser, Santidad...

Conforme desciende, el Río pierde "esencia divina". La Unidad va cediendo ante su contrario, la Dualidad, del mismo modo que a medida que el día se marcha, gana terreno la noche. La Unidad va escindiéndose en Dos, dando origen a su paso a mundos cada vez más duales, menos unitarios. Dando origen también, por grados, a las coordenadas propias de esos mundos de la escisión: el Espacio y el Tiempo. Al quebrarse del todo la Unidad, resultan dos mitades separadas, opuestas la una a la otra. Y es el momento en que viene a existir el mundo inferior, el mundo del Espacio-Tiempo, que es por excelencia el mundo de la Dualidad, un mundo en el que todas las cosas se conjugan por parejas de opuestos. De este mundo leemos en el *Zóhar*: "Una tradición nos enseña que todo lo que produce este mundo inferior está desunido, no existiendo la unión más que en el Mundo Superior... aquí no hay *unión perfecta*; no hay sino división." Citaré también, para ejemplificarte esta cosmogonía, unas líneas de una obra clave del "detrás" de la religión cristiana, una obra reprobada sin embargo por la Iglesia: el *De Divisione Naturae*, del ya nombrado monje irlandés del siglo nueve Juan Escoto Erígena. Pero antes de la cita, no me resisto a referirte una anécdota personal. Otra. Sí, salvo que ésta no hace reír, Blanca. No me hizo reír a mí al menos, aunque tú quizá te desternilles de risa, porque para eso siempre has sido muy imprevisible. Quiero que conozcas la manera rocambolesca -y hasta misteriosa, diría yo- en que ese libro venerable que acabo de mencionar llegó a mis manos:

Resulta que, encontrándome de visita una noche en casa de Esther y Enrique, nuestra buena amiga se sintió resfriada y, mientras Enrique preparaba la cena, me ofrecí a bajar a por aspirinas a la farmacia. La hallé cerrada y me dispuse a andar unas cuantas manzanas hasta la del turno de guardia. Pero, en una esquina de Muntaner, fui testigo de lo que la policía creo que denomina un "robo por alunizaje": un coche se empotró deliberadamente contra la luna de un escaparate y, tras arramblar sus ocupantes con todo lo que pudieron, se dio a la fuga. Yo pude tomar la matrícula y avisé a la policía, que se presentó de inmediato y me invitó a acompañarla a comisaría para tomarme declaración. Cuando salí, Enrique me aguardaba en su coche. Le hice detenerse ante la farmacia, donde un anciano me pidió que le hiciera el favor de parar un taxi. Y mientras le ayudaba a subirse a bordo, descubrí en el asiento de atrás un libro. Lo tomé. No me dio tiempo de advertir al taxista, porque ya el anciano había cerrado la portezuela y el coche arrancaba calle abajo. Me quedé con el libro en las manos. Pero mira, Blanca, no era de la clase de libros que uno esperaría hallar olvidado en un taxi: no se trataba de un *best-seller* ni de la típica novela de pasatiempo, ni tampoco era una guía turística, sino una vieja edición (ya sólo por el olor a viejo papel impreso que desprendía, a ti te hubiera encantado) bilingüe y comentada de un tratado teológico muy antiguo. Y figúrate que, cuando más tarde me apliqué a leerlo, se me reveló, para mi estupor, como una pieza clave del puzzle que por entonces yo estaba componiendo en mi cabeza -este puzzle que ahora, ya encajado, estoy sometiendo a tu consideración, querida. Y me embargó un escalofrío; tuve la inefable sensación de que, si bien su antigüedad no se remontaba más allá de cincuenta años, ese libro se había abierto camino desde el lejano siglo nueve en que fue escrito, hasta mí a través de los siglos. Como esas botellas con mensaje que, a lomos de las olas, atraviesan océanos hasta rendir viaje en una remota orilla donde una mano intrigada, ¡plop!, las descorcha.

Bueno, pues esta vez esa mano intrigada era la mía; el libro era el *De Divisione Naturae*; y éstas las líneas que hace un momento me disponía a transcribirte: "La división de las sustancias... –escribe Escoto Erígena- comienza a partir de Dios, y, descendiendo por grados, termina en la división del hombre en varón y hembra. La reunificación de las mismas sustancias debe comenzar a partir del hombre y remontar por los mismos grados hasta Dios mismo, en quien... no existe división alguna porque en Él todo es Uno."[158]

EL MISTERIO SUPREMO

Fíjate bien ahora en esta ilustración -si puedes leer mis cartas, digo yo que también podrás verla. Reproduce un dibujo de un Fiel de Amor italiano del siglo catorce, el poeta Francesco da Barberino. Los seis hombres y otras tantas mujeres

---

158. *De Divisione Naturae* II, 532 A

alineados respectivamente a izquierda y derecha de la figura central conforman seis parejas, seis matrimonios. La figura del centro es también un matrimonio, pero un matrimonio celestial, un matrimonio en el que los esposos están fusionados en una sola carne. Esta pareja andrógina -designada como "Esposo y Esposa"- es una figura divina: por encima de ella flota "Dios Amor", el Dios de los Fieles de Amor. Para denotar su pureza y su naturaleza aérea, espiritual, Francesco da Barberino lo pinta elevándose montado en un caballo blanco y alado. Debajo, la leyenda reza: "De nosotros dos, el Amor ha hecho una sola cosa, gracias a la celestial virtud del matrimonio." Date cuenta de que la disposición simétrica de las seis parejas permite imaginar un mandala. Cada uno de los seis círculos concéntricos estaría habitado por dos personajes -masculino y femenino- dispuestos simétricamente respecto al círculo central y séptimo; de modo que cuanto más distante del Centro está cada círculo, tanto más divorciados aparecen los esposos que lo habitan.

Visto así, Blanca, se diría que el dibujo de Francesco da Barberino reproduce la cosmogonía de los antiguos sabios, pero aludiendo expresamente a las parejas de almas gemelas: a su descenso o caída a partir de la Divinidad. ¿Ves: no es como si la unión original hubiera ido quebrándose conforme -por la irradiación del Centro- los esposos descendían hacia la periferia? Se trataría por tanto en los siete casos de la misma pareja, sólo que en diferentes fases de su caída. Claro es, querida, que esta jerarquía de parejas, que esta representación secuencial de la Caída, puede leerse también en sentido inverso: veremos entonces en ella el paulatino retorno de las almas gemelas separadas a su Unidad primigenia. El hecho de que los esposos del Centro estén unidos en una sola carne, homologa este imaginario mandala con los mandalas propiamente dichos de la Europa medieval y del Oriente. En su círculo interno, en efecto, los mandalas acostumbran a exhibir un Andrógino o una pareja divina de esposos; en los mandalas orientales, una pareja fusionada en el abrazo unificador del que hablaba Rashi.

Y es que el círculo interno del mandala cósmico, Blanca, la esencia interna o Centro del Universo, era concebido por los antiguos sabios como una Unidad intrínsecamente dual. Hete aquí. Una novela medieval que habrás oído nombrar -el *Romance de la Rosa*- nos brinda una bella ilustración de esto. Se nos habla ahí de un joven interesado en iniciarse a los misterios del Amor -que son también los del Univer-so. Este joven se sueña una noche transitando un camino que desemboca ante un muro al otro lado del cual sabe que debe acceder, pero para localizar la puerta, se ve obligado a dar una vuelta completa bordeándolo. ¿Qué se encuentra al otro lado? Al otro lado de este muro circular, el soñador se encuentra con un jardín secreto -el "Jardín del Amor" de la iconografía medieval y renacentista- en cuyo centro se alza una fuente circular también. Ya ves que se trata de círculos concéntricos: el muro delimita, pues, un círculo mágico, un mandala. Y el sueño progresa hasta revelarnos en la fuente la presencia de dos límpidos cristales, en los que el soñador descubre admirado que se refleja el jardín (el Universo) ente-ro. Y estos dos cristales que flotan en la fuente se resuelven en una flor única, no una flor cualquiera: la flor perfecta, la rosa, símbolo antiguo del Centro, en cuya posesión el soña-dor comprende que se cifra el misterio último del Amor...

¡Ves Blanca?, dos cristales pero una sola flor: en el centro de este mandala medieval rige el "dos en uno". Y es así en casi todos los mandalas, amor mío, porque al Centro del Universo (y también al Centro del alma, que como veremos es en el fondo la misma cosa pues de Centro sólo hay uno) lo concebían los antiguos sabios bajo la forma de una Unidad dual, es decir, de un matrimonio. Es así como el más antiguo de los textos clásicos chinos, el *I Ching* o *Libro de los Cambios*, puede hablar del matrimonio como de la realización del "corazón del Universo"... El caso es que semejante concepción del Centro del Universo como una Unidad dual o un matrimonio no carecía de argumentos, sabes. Si la Unidad se fragmentaba en dos en el curso de su descenso, ello significaba que los Dos ya estaban presentes en la Unidad. Claro que esa presencia era potencial, implícita: porque en la Unidad los Dos estaban casados, estaban unidos en *unión perfecta*. Pero había aún otra razón para postular la presencia implícita en el Uno de la Dualidad, una razón menos consistente quizá, pero a tus ojos seguramente más encantadora: No por nada el significado literal de la palabra *Edén* es "felicidad", "alegría"; el Edén es el Paraíso, es la encarnación espacial del Punto Oculto; y en el Punto Oculto los antiguos sabios situaban la felicidad absoluta -ya que el Uno, ya que el Ser Supremo, no podía sino gozar de la suprema felicidad. Ahora, ¿cuál es el súmmum de la felicidad? Al decir de los antiguos sabios, al decir de nuestro amigo Swedenborg por ejemplo, querida (pero, si en algo vale nuestro testimonio, para esto no necesitamos apelar al magisterio de los sabios), la felicidad mayor de todas no es otra que la felicidad conyugal, que la alegría que los amantes encuentran el uno en el otro. ¿Cómo podría entonces la felicidad suprema propia de Dios concretarse en otros términos que no fueran los de Amante y Amado, de Esposo y Esposa?

¡Ah, pero todo esto son razonamientos, amor mío! Y ya sabemos que los antiguos sabios llegaban a convicciones no tanto por vía de la razón cuanto de la intuición mística, los razonamientos no hacían sino avalar ésta. Era de un golpe de intuición como aprendían que el mundo inferior no posee el monopolio de la Dualidad, que la Dualidad atraviesa el Universo entero y está presente también en el Punto Oculto, salvo que Allí está presente de otra manera: Allí los Dos no se oponen, no están separados como en el mundo inferior. En el Punto Oculto, los Dos están armonizados, compenetrados; están, para decirlo con una fórmula gnóstica, "en paz el uno con el otro en la misma casa"... Esa casa es a la que alude la reina de Saba cuando le dice a su esposo en el Cantar: "Qué bello eres, amor mío, y qué dulce; nuestro lecho es todo alegría, las vigas de nuestra casa son cedros; los artesonados, cipreses" (Cantar 1:16-17). Esa casa, si quieres saberlo, Blanca, no tiene parangón con nuestra casita de Palamós, ni siquiera guarda punto de comparación con las casas que aparecen en las publicaciones del tipo *Casa y jardín* en las que colabora tu amiga Irene. Esa casa, infinitamente más hermosa, es la Unidad, es la casa del Uno.

En el Punto Oculto, pues, los Dos están perfectamente unidos, integrados; y esa Integridad es el estado original de la Dualidad -ya que con la Dualidad, sabes, ocurre como con el agua, que se presenta en otros estados además de su estado líquido original. Si atendemos a los antiguos sabios, la Dualidad está implícita en la Unidad (en la Unidad del Punto Oculto, ¡no hay otra!), porque el Uno se configura a través de Su Dualitud interna: la *unión perfecta* de los Dos engendra al Uno. Esto no choca con la exigencia de que el Uno sea incausado (el Uno es el *primus agens*, la causa primera, y debe por tanto él mismo carecer de causa). No choca, querida, porque Su causa es interna, *intrínseca a Él mismo*. Los Dos integrados, los Dos cuya integración alumbra al Uno, no son externos a Él -de ahí que podamos hablar del Uno como de una Trinidad. No se trata pues, estrictamente, de una causa. Una causa es por definición externa, ajena a su efecto; cuando la causa es interna, corresponde hablar más bien de un *mecanismo* o de una *dinámica* interna.

Si la Dualidad es para los antiguos sabios el sustrato implícito de la Unidad, es porque la idea de Unidad deriva de esa otra idea: la idea de Integridad, la idea de Totalidad, de Perfección. Y lo entero, lo total, lo perfecto, implica la conciliación de dos contrarios. Nuestros amigos los cabalistas vieron en ello la razón de que, en el Cantar, el esposo llamara a la esposa *thamathi*, "mi perfecta": según un pasaje del *Zóhar* comentado por el sabio abad Busson[159], la denomina así precisamente en el momento en que ella se adhiere al costado de él, es decir, en el momento en que ella le hace a él entero, y el propio *Zóhar* nos recuerda que *thamathi* puede leerse también (en virtud de la ausencia de vocales en la lengua hebrea) *thamuthi*, "mi gemela"[160].

De una cosa sólo puede afirmarse que es total, que es entera, perfecta, en la medida en que integra o sintetiza en sí misma los dos opuestos/complementarios en que esa cosa se conjuga. Es una ley cósmica el que todas las cosas se conjuguen por parejas. En el Mundo Superior estas parejas están integradas, son parejas de complementarios; pero en el inferior son, por estar divorciadas, parejas de opuestos. Es esta tensión entre opuestos inherente a toda materia, Blanca, la que justifica que a las almas gemelas de este mundo les atribuyeran los antiguos sabios chinos la condición metafórica de enemigos; y la que justifica también que, en el Corán,

---

159. Abad Busson, *L'Origine égyptienne de la Kabbale*, citado por Elémire Zolla en *L'Androgino*, p. 66
160. *Sefer ha-Zóhar*, cap. 713

Dios atribuya tal condición a Adán y Eva en el momento de ser expulsados del Jardín del Edén: "Descended del jardín. Ahora sois enemigos uno de otro.", 2:34.

Tachadura al margen. Encabezada por la fecha (31-7-99), la acotación original era la estrofa de un poema. A partir del primer verso, que sobrevivió, he conseguido identificarlo. Pertenece a Emily Dickinson, una autora mencionada en las cartas con relación a los libros azules. La estrofa borrada dice así: *Recorrimos gran parte del camino. / La extraña encrucijada / en la ruta del Ser estaba cerca: / Eternidad la llaman.*

Has de saber que, entre los antiguos sabios, la presencia implícita de la Dualitud en la Unidad no sólo era una convicción firmemente asentada: constituía para ellos el misterio supremo. En cuanto tal, no formaba parte de su enseñanza pública, sino de la esotérica transmitida a discípulos escogidos. Discípulos como lo fueron María Magdalena y los apóstoles Tomás y Felipe para Jesús si damos crédito a los evangelios gnósticos. O como sabemos que para Platón lo fue Aristóteles, quien dice en su *Metafísica* que su maestro situaba en lo alto de la cadena cósmica, no sólo a la "Mónada" (al Uno), sino también a la "Díada" (a los Dos), y que lo mismo hacía su predecesor Pitágoras. Para Platón y para los pitagóricos, la Díada no tiene nacimiento, no deriva de la Mónada: es tan eterna como Ésta, de la que constituye el sustrato, la *materia prima* -siendo entonces la Mónada la *forma sustancial*. Y si la Mónada es la causa del bien, la Díada, en su versión escindida, es la causa del mal para el hombre, constituyendo estas enseñanzas el grueso de las llamadas "doctrinas no escritas" o secretas de Platón, de la que el relato del

245

Andrógino que interpola en el *Banquete* no sería sino la glosa enmascarada para el gran público.

Un exponente moderno de esta intuición antigua, amor mío, lo tenemos en un sabio cristiano del siglo diecinueve, teórico principal que fuera de esa especulación teológica a la que aludí de soslayo páginas atrás y que, como tantas elucubraciones místicas, no logró sustraerse al celo anatemizador de la ortodoxia. Me refiero a la sofiología y al ruso Vladimir S. Soloviev, de cuyas heterodoxas ideas habremos de tratar en otra ocasión con mayor detalle. Soloviev, que no observaba ya el secretismo de los antiguos sabios, no dudó en proclamar el fundamento dual de la Unidad. La Dualidad, afirmaba, es consustancial con la Unidad de modo parecido a como las dos caras de una moneda son consustanciales con la unidad que constituye ésta. ¿Es concebible una moneda con una sola cara? Pues aún lo es menos un Uno que no esté integrado por dos cónyuges. Es la unión de sus dos caras la que engendra la moneda; y es también, pensaba Soloviev, la unión de sus dos cónyuges la que engendra al Uno.

LA COINCIDENCIA DE LOS OPUESTOS

¿Recuerdas cómo comencé esta carta? La comencé diciendo que Dios era por definición *el Uno*. Pero de entonces acá hemos visto que la Unidad por sí sola no basta para definir a Dios. Esta definición ha de completarse con ese elemento adicional que además da razón de la esencia íntima de Dios (esto es, del Amor): la cualidad del *dos en uno*. En el mundo inferior, tal cualidad brilla por su ausencia: el Universo físico está hecho de opuestos, es por antonomasia el reino de la Dualidad. Pero de la Dualidad escindida: un reino en el que la fracción de Integración o de Unidad entre los Dos es igual a cero. Porque, para cuando el Río de la Unidad (por retomar la vieja metáfora) desemboca en el mar, no queda ya Unidad en él: la Unidad se ha escindido en dos mitades, los complementarios han devenido opuestos. "¿Quiénes somos?", recuerdo que me preguntaste en plan trascendental una vez. Bueno, pues aquí tienes la respuesta, amor mío: tú y yo somos una de esas Dualidades divorciadas, uno de esos Dioses bastardos desterrados del Cielo a los que aludí al final de la carta anterior; somos una gota de ese Río divino que, derramándose del Punto Oculto, desembocó en el Universo físico. Junto con todas las demás almas humanas, constituimos la porción disminuida de Dios, a raíz de cuya disminución ocupamos cuerpos diversos, no somos más Uno. Somos aquellos de los que habla el *Zóhar* cuando dice que "antes de venir a esta Tierra (antes de caer), cada alma y cada espíritu se compone de un hombre y una mujer unidos en un solo ser" y "al venir abajo, a la Tierra, estas dos mitades son separadas y enviadas a animar dos cuerpos diferentes"[161].

Esa separación supuso para nosotros la pérdida del Paraíso. Ya que el Paraíso no es realmente un lugar, sabes: es un estado trascendente. El que resulta (tal la definición de Paraíso dada por Escoto Erígena) de "la reunión del ser humano, es decir, de los dos sexos, en la Unidad primordial"[162]. Por la reunión de los dos sexos hemos de entender el casamiento celestial de los dos *cónyuges originales*, Blanca, pues para nuestra teoría, para la teoría de las almas gemelas, la diferenciación sexual no cuenta más que en tanto manifestación terrena de aquella ruptura primigenia, la del matrimonio celestial del

---

161. *Sefer ha-Zóhar*
162. *De Divisione Naturae* II, 533 C

Origen. Así pues, el Paraíso es la Unidad, es el matrimonio celestial de los Dos, tal y como sugieren los dichos gnósticos del tipo: "¡Cuando convertiréis a los dos seres en uno, y cuando haréis lo de dentro igual a lo de fuera y lo de fuera igual a lo de dentro, y lo alto igual a lo bajo; cuando consigáis que el varón y la hembra sean uno solo, a fin de que el varón no sea ya varón y la hembra no sea hembra... entonces entraréis en el Reino!"[163] Entonces entraréis en el Paraíso, en la Integridad, en la Uni-Totalidad del Punto Oculto.

O sea, querida, que en tanto tú y yo permanezcamos por así decir "celestialmente divorciados", en tanto no restauremos nuestro matrimonio celestial del Origen, estaremos privados de ese estado trascendente que el sabio alemán Nicolás de Cusa definiera en el siglo quince (pero el concepto era universal y mucho más antiguo) con la fórmula *coincidentia oppositorum*, "coincidencia de los opuestos", de la que dijo que era la definición más cabal de Dios. Nicolás de Cusa creía que, aunque la realidad de Dios estaba fuera del alcance de la inteligencia humana, podía entreverse por medio de la intuición mística. Y su intuición le decía (esa intuición, como te digo, era ampliamente compartida por los antiguos sabios: ya los cabalistas habían denominado al Punto Oculto, *Ha-achdut ha-shawah*, "Una coincidencia de los opuestos") que lo más parecido a la Divinidad era eso: la "coincidencia de los opuestos", la unificación de los opuestos en una síntesis que los trasciende... A poco que te fijes, verás que no se trata sino de una formulación más amplia de la noción de Androginia, de la noción de "dos en uno" o "Dualidad integrada". Si el mundo inferior está constituido por parejas de *opuestos* -luminoso u oscuro, blanco o negro, alto o

---

163. *Evangelio de Tomás*, pág. 37

bajo...-, en el Punto Oculto los opuestos "coinciden", se reconcilian, se aúnan; se vuelven *complementarios* y, en cierto sentido, iguales. Y esta "coincidencia" da lugar a una tercera cosa. Una tercera cosa que (por impensable que eso le resulte a nuestro intelecto dualista) es unitaria: a la vez luminosa y oscura, blanca y negra, alta y baja...

Las parejas de opuestos son innumerables, no hay nada en este mundo inferior que no tenga su opuesto. Pero todas remiten, en última instancia, a una sola: a la pareja varón-hembra, que es la síntesis prototípica, la quintaesencia de todas las parejas de opuestos. Es lo que permite decir a los antiguos sabios que el mutuo amor del hombre y la mujer es el patrón del amor universal, del amor que, como escribiera Dante, "mueve el sol y las demás estrellas" (*l'amor che move il sole e l'atre stelle*). Date cuenta por lo demás, querida, de que al igual que la noción de divorcio implica un matrimonio previo, la noción "pareja de opuestos" presupone ya un tiempo pasado en el que esos opuestos estuvieron conjuntados. Por último, si todas las demás parejas de opuestos son adjetivas y no hacen sino calificar a la pareja varón-hembra, eso es porque la pareja varón-hembra es, por excelencia, la expresión terrena de la polaridad conyugal propia del Punto Oculto, que es la de las almas gemelas...

¿Me sigues? Me produce cierta mala conciencia bombardearte con tantas disquisiciones, pero ya te lo advertí, te dije que el terreno sería áspero y difícil. De todos modos, si encuentras tediosas mis cartas, protesta y pasaré a escribirte una carta de amor al uso... como aquellas que te escribía de novios, ¿te acuerdas? Hace tiempo que hallé casualmente el escondrijo donde las guardabas, y me tomé la libertad de leer alguna. "Mi dulce amor: Estos días que estás lejos, enfilo el camino al campo cada tarde al salir del trabajo y, tumbado en la hierba, contemplo pasar las nubes con la secreta esperanza de que sigan viaje a donde tú las veas pasar y puedas leer los mensajes de amor que mentalmente deposito en ellas..." ¿De veras te escribí yo esas cursiladas?... Y sin embargo, mira: aquella emoción no es distinta de ésta, de la intensa emoción con que te escribo estas cartas. Dirás que la exteriorizo poco, quizá eches en falta pasajes almibarados como el transcrito. Pero sin duda la emoción puedes leerla ya dentro de mi alma, querida, como por otra parte has hecho siempre, mientras que las conclusiones a las que me ha llevado mi labor detectivesca no se te harán presentes a menos que te las ponga negro sobre blanco, que es a lo que con tu permiso voy a seguir aplicándome ahora.

Si la Dualidad no es monopolio del mundo inferior, si existe también en el seno mismo del Mundo Superior, es decir en la Unidad, salvo que Allí es Dualidad *integrada*, entonces, al estar presente en todos los niveles cósmicos -desde el más bajo hasta el más alto-, la Dualidad se nos revela como la columna vertebradora, como la urdimbre sobre la que está tramado el Universo. La Dualidad es en efecto la armazón universal, Blanca, el fundamento cósmico (salvo que ese fundamento *no es ontológico*, si me permites la precisión pedante pero que merece ser anotada: el fundamento ontológico del Universo, el motor que dota de existencia al Universo, es realmente la Unidad). Y en cuanto sustrato común o hilo conductor de los tres mundos, la Dualidad hace que no exista discontinuidad entre ellos; determina que los tres mundos sean en el fondo uno solo, un solo y mismo Universo. La diferencia la marca el grado de "coincidencia", esto es, el grado de *integración amorosa* de esa Dualidad común a los tres: gradación que va desde la escisión absoluta de la Dualidad del mundo inferior, a la integración perfecta, sin costuras, de la Dualidad del Punto Oculto. (Un buen sistema para recordar esto es visualizar la Dualidad cósmica en forma de "V" invertida, donde los dos palos aparecen abajo muy separados y arriba confluyen en un punto.)

De modo y manera que entre el Mundo Superior y el inferior existe un parentesco, Blanca. Ese parentesco es comparable al que, en el taller de un escultor (y pienso en aquel escultor tan amable que conocimos en Toledo), existe entre una escultura y un bloque de piedra. Ambos tienen en común la piedra, y así también la Dualidad es común a los dos mundos. La Dualidad es, digamos, la piedra de talla del Universo. En el mundo inferior, esa piedra es un bloque informe -una Dualidad escindida. En el Superior se trata ya de la escultura, es decir, de la Unidad. La Unidad, que es mucho más que Dualidad integrada, Blanca, así como la escultura es otra cosa que un mero bloque de piedra cincelada. El bloque de piedra y la Dualidad escindida se parecen también en esto: en el hecho de que, cuando realizan lo que podríamos llamar su vocación íntima, ambos se transforman en *otra cosa*.

Su vocación íntima he dicho. Y he dicho bien, Blanca, pues para los antiguos sabios la Unidad está ya de algún modo presente en la Dualidad escindida. Está presente en potencia, como una identidad secreta, un desiderátum, una vocación íntima. También la escultura está presente de la misma manera en el bloque de piedra. Eso es al menos lo que nos dijo nuestro amigo el escultor de Toledo, ¿cómo se llamaba? Espera, que no me acuerdo... Bah, se me ha olvidado el nombre, pero no la conversación. Con esa insaciable curiosidad tuya por los entresijos del arte, le preguntaste acerca del material de sus esculturas: el material podía ser mármol, granito, arenisca, y el tamaño del bloque era variable también. Pero a eso agregó algo que nos sorprendió:

dijo que esa variabilidad no estaba en función de la escultura sino al revés. O sea que no proyectaba primero la escultura, adquiría el bloque de piedra antes de comenzar a pensar siquiera en la escultura. Pero "pensar" no es la palabra, lo que hacía era arrellanarse en un sillón y desde allí contemplar el bloque largamente. Lo contemplaba durante horas hasta que -por efecto de lo que podríamos llamar la intuición artística- se le revelaba su verdadera identidad: un torso desnudo quizás, o una Piedad, o una figura abstracta. "La escultura está oculta en la piedra -declaró- y mi deber de escultor es sacarla a la luz."

Sobre la perdurabilidad -en forma de identidad secreta- de la Unidad en la Dualidad escindida, habremos de volver en otra ocasión, Blanca. Lo que me interesa remarcarte ahora es la circunstancia inversa: la perdurabilidad de la Dualitud en la Unidad, simbolizada por este detalle obvio, pero a efectos de nuestra metáfora relevante, de que *en la escultura perdura la piedra*. Bajo otra forma, bajo otras hechuras, pero perdura. También en esto se asemeja la escultura a la Unidad. Porque el hecho de que los Dos del Punto Oculto conformen un matrimonio perfecto, ¿significa acaso que dejen por ello de ser *dos*, que dejen de ser una pareja? Planteado de otro modo: la desaparición de la oposición de los Dos en el Punto Oculto, ¿comporta también la desaparición de éstos? La respuesta es no, amor mío, en absoluto. Con tal de que no omitamos esta importantísima salvedad: que la continuidad de la Dualidad en la Unidad es implícita, oculta, secreta.

Digamos, pues: en Dios coexisten dos dimensiones, una explícita, la del Uno, y otra implícita, subyacente, la de los Dos. Tan es así, tan es Dios explícitamente *Uno* pero implícitamente *doble*, querida, que tradicionalmente se ha podido definir a Dios como una Unidad dual o una Bi-Unidad, es

252

decir, como una Unidad estructurada en dos polos. Es al unificarse, al neutralizarse mutuamente, que el Eterno Masculino y el Eterno Femenino -como designaron los antiguos sabios a estos dos polos implícitos- dan lugar a la dimensión explícita de Dios, a la Unidad, la cual (lo mismo que la luz blanca es resultado de la síntesis de todos los colores siendo ella misma incolora) no es ni masculina ni femenina, pertenece a un tercer género, un género neutro, unitario, que es el género divino propiamente dicho: el *género andrógino*.

Ahora, Blanca, este mismo vocablo acuñado por los antiguos sabios para designar el género divino, este vocablo compuesto de *andros*, "varón", y *gune*, "hembra", deja entrever por sí solo que, para los antiguos sabios, el varón y la hembra subsisten en la Unidad (subsisten de un modo implícito, y también de un modo sublimado, sin la connotación sexual). Recordemos a este respecto la versión hindú que del mito del Andrógino primordial y su escisión en dos mitades nos ofrece la *Brhadaranyaka Upanishad*: Se habla ahí del mundo del Origen como de "un Alma sola en la forma de un Purusha". El Purusha, Blanca, el Hombre primordial, era considerado de naturaleza puramente espiritual, era "alma" o "conciencia" o "yoidad" (*atman*), contrapuesto a la *prakrti*, a la "Materia". Debido a su sustancia espiritual absolutamente pura, el Purusha no se circunscribía a contorno corporal alguno, era ilimitado. En una palabra, el Hombre primordial era también Hombre cósmico, abarcaba el Universo entero, y los antiguos sabios hindúes lo tenían por esencialmente idéntico a Dios, al Ishvara. Pues bien, Blanca, si lo recuerdas, esa Alma única idéntica a Dios, el Purusha, "era tan grande como una mujer y un hombre fusionados en estrecho abrazo"... ¿No disciernes aquí claramente las dos dimensiones de Dios: la dimensión unitaria (el "Alma sola") y la dual ("una mujer y un hombre fusionados en estrecho abrazo")? Para los antiguos sabios hindúes responsables de la *Brhadaranyaka Upanishad*, la dimensión unitaria de Dios engloba implícitamente a la dual, tal y como corrobora la continuación del texto. Ya que a fin de aliviar Su soledad, se nos dice, el Purusha del Origen, sabedor de que en Él dormían, por así decir, un hombre y una mujer abrazados, procedió a despertarlos; o sea, a separarles. Hizo explícitos al varón y a la hembra implícitos hasta entonces en Él, provocando "la caída de Sí mismo y su ruptura en dos mitades que se convirtieron en marido y mujer."[164]

UNA HÉLICE EN PERPETUA ROTACIÓN

La misma existencia del Uno, Blanca, es la prueba inequívoca de la continuidad implícita de los Dos, toda vez que es *la constante* compenetración o integración amorosa de éstos lo que genera al Uno... En efecto. Aludí arriba a las dos dimensiones de Dios como la dimensión "a simple vista" y la "radiografiada", las cuales a menudo se combinan en los ideogramas antiguos de la Divinidad; y mencioné el hebreo sello de Salomón o estrella de David y el símbolo chino del *Tao*. Pues bien, date cuenta de que, en ambos ejemplos, el aspecto implícito genera al explícito. En el sello de Salomón, la superposición o cópula de los dos triángulos equiláteros produce la estrella de seis puntas. En el *Tao*, la interacción amorosa de *yin* y *yang* alumbra al *Tai Kih*, al círculo vacío. Esa interacción viene sugerida por la forma helicoidal (forma de hélice o de S) de la línea que delimita las dos mitades, negra

---

164. *Brhadaranyaka Upanishad*

y blanca, *yin* y *yang*, del círculo bipartido. La forma helicoidal da idea de movimiento, de rotación interactiva entre las dos mitades; es esa rotación la que genera el círculo vacío. Si observas una hélice en reposo, verás las dos mitades que ésta delimita, pero si la hélice gira a gran velocidad, no apreciarás más que un círculo blanco -vacío- y uniforme. Debido al perpetuo movimiento rotatorio (a su constante interacción amorosa), las dos mitades del círculo son imperceptibles a simple vista; resulta visible solamente el efecto de su interacción: el círculo blanco y uniforme, sin división interna, eso es, el Uno. La causa, el amor activo de los Dos (una causa interna, que no se nos olvide), no es en el *Tao* perceptible por sí misma; lo es sólo implícitamente, es decir, en su efecto: el Uno.

Porque la Unidad *implica* la Dualidad, Blanca, la Unidad requiere de la interacción constante de los Dos implícitos en Ella. La Unidad es de suyo dual, del mismo modo que una moneda tiene intrínsecamente dos caras. El efecto presupone una causa o, en su ausencia, un mecanismo interno; y la Unidad es el efecto, el fruto, de la constante interacción amorosa de los Dos. De modo que, aunque *yin* y *yang* aparentemente se disuelvan en el *Tai Kih* o círculo vacío, podemos estar seguros de que siguen ahí. Desaparecen, es cierto, pero en el sentido literal de la palabra: dejan de ser aparentes, se vuelven invisibles, se quitan de delante... Ha de ser así, amor mío: los Dos deben "desaparecer" en el Uno. Porque el Uno no es la mera yuxtaposición de los Dos (en cuyo caso éstos no "desaparecerían"), sino *su síntesis*, una tercera cosa distinta de la mera suma de ambos. Un metalúrgico hablaría de la aleación de dos metales que da lugar a un tercero, un tercer metal con unas propiedades distintas, más perfectas que las de los dos metales aleados. Los Dos pasan a ser esa tercera cosa -el Uno-, lo mismo que, bajo el cincel del escultor, el bloque de piedra cambia en escultura, y, en su rápida rotación, las dos mitades de la hélice se transforman en un círculo blanco y uniforme. Los Dos "mueren" en cierto sentido, para renacer bajo la forma del Uno (esta imagen será explotada hasta la saciedad por los alquimistas, ya lo veremos). Pero, al igual que la piedra sigue presente en la escultura sólo que bajo otra forma -su forma original y verdadera-; y al igual que el círculo blanco nos habla de la presencia secreta, implícita, de la hélice; así también la Dualidad perdura en la Unidad, querida: su muerte, su disolución en el Uno, es sólo aparente.

Y bueno, llegamos así al final de esta carta. En ella nos hemos ocupado de Dios, de como los antiguos sabios intuyeron en Dios una dimensión implícita, oculta, secreta. Una dimensión que es, como si dijéramos, la cocina de Dios, allí donde se cuece la realidad divina. Retomando la vieja distinción escolástica: la dimensión explícita correspondería, en Dios, a la *forma sustancial*, a la Unidad; la implícita, a la *materia prima*, al Amor. Dios es ambas cosas, Unidad y Amor, inseparablemente, habida cuenta de que el Amor, de que el amor que rige en Dios -quiero decir el amor de Sus Dos Personas-, es *el mecanismo interno* de la Unidad. Es por eso que los antiguos sabios pusieron tanto énfasis en la dimensión implícita de Dios, Blanca. Como se lo he puesto yo en esta carta, toda vez que es en esta dimensión implícita donde se referencia la noción de almas gemelas, que es la noción que alienta a mi esperanza, la esperanza de que tú y yo volveremos, un día, a estar juntos.

Tuyo

CARTA CUARTA

LA CAÍDA

(O EL EXILIO)

Lo que nos libera es el conocimiento
(la *gnosis*) de quiénes fuimos
y en qué nos hemos convertido,
del lugar de donde venimos
y de aquel en el que hemos caído,
adónde vamos tan deprisa,
de qué errores se nos está
redimiendo.

Teodoto, maestro gnóstico del siglo dos

Barcelona, 17 de agosto de 1999

Querida Blanca:

Este ladrido lánguido que se oye a lo lejos no debe de ser del mismo perro que oíamos gemir en noches calurosas como ésta. No, no puede ser el mismo. Te burlarás, pero ¿sabes lo que me trae a la mente? Aquella salmodia del peregrino de la *Historia de Genji* de que te hablé hace ya algunas cartas. Ahí era un signo de buen augurio, ojalá aquí también: "No desmientas este augurio de la salmodia del peregrino: que nuestro amor continuará incluso en vidas venideras"... La noche está como detenida, ¿no te parece? Como encantada por la bruja de uno de tus cuentos. Sólo ese perro y los infatigables mosquitos parecen haberse librado de este encantamiento brujeril, cuyo instrumento parece ser una cierta atmósfera de tila (de tila sí, sí, no te rías) que me penetra en el momento en que me dispongo a iniciar esta carta...

En la anterior tuviste el coraje de acompañarme -tú y yo de la mano, como una pareja de exploradores- por un territorio agreste y escarpado, pero provechoso para nuestro propósito. He dejado transcurrir unos días para reponer fuerzas, porque nuestra travesía por el territorio de la Metafísica no ha concluido todavía. Nos resta completar el perfil de la dimensión implícita de Dios, atendiendo para ello a Su Multiplicidad secreta. A ello nos aplicaremos en esta carta. Pero no nos centraremos esta vez en la figura de Dios, sino en la del hombre. O, mejor dicho: en el tránsito de la una a la otra. En la disminución de Dios -de una porción de Dios- al rango de hombre, y en las razones de esa disminución ontológica.

El presupuesto de partida de esa disminución es que el hombre, antaño, participaba de la naturaleza divina... Sí, ya comprendo que semejante premisa te resulte osada, y hasta blasfema si piensas en hombres como Genguis Khan o Hitler o Jack el Destripador. Pero aguarda a ver a esos monstruos una vez que hayan purgado sus culpas al final de un particularmente largo y doloroso ciclo de reencarnaciones. Acuérdate de aquello que le oímos una vez a... ¿a quién? Ya mi memoria flaquea. No te dejes engañar por la exhibición de nombres y datos de estas cartas; continuamente tengo que andar consultando libros y apuntes; de ahí el desorden que ves y que desde luego tú no hubieras consentido. En fin, aquello que le oímos una vez a alguien en una conferencia: "Un sabio es aquel capaz de ver en una bellota un roble, en una crisálida una mariposa, y en un pecador un santo", el santo que ese pecador llegará a ser un día... Nuestro anónimo conferenciante se estaba haciendo eco de una doctrina que gozó de amplio consenso entre los antiguos sabios, Blanca. Una doctrina que -aun a costa de hacer recaer sobre sí sospechas de herejía- hasta Padres de la Iglesia como Orígenes de Alejandría sustentaron y que Escoto Erígena justificó diciendo que lo contrario sería tanto como sostener la victoria definitiva del pecado. Es la doctrina de la *apokatastasis* o del "restablecimiento", nombre con el que se la conoce a cuenta de la astrología griega, porque *apokatastasis* era la palabra con la que se aludía al retorno de un astro a su punto de partida, al punto en que se hallaba el astro en el momento de su nacimiento, y ésa era una buena metáfora para una doctrina cuyo postulado era que "todas las criaturas sin excepción están destinadas a salvarse al final de los tiempos".

Así que no. Vamos a olvidarnos de Genguis Khan, de Hitler, de Jack el Destripador. Vamos a prescindir de los pecadores y a pensar más bien en los santos. En personas como Gandhi, como el abate Pierre, o como la Madre Teresa de Calcuta... Lo cierto, querida, es que la vertiente de "detrás", la vertiente de "dentro" de todas las religiones, ha proclamado sin ambages la filiación divina del hombre. Posiblemente la vertiente de "fuera" tuviera la misma sospecha, pero no osó declararla. Pretendiendo, con el Génesis, que el hombre había sido creado *a imagen de Dios* (o que en el Origen estaba en disposición de contemplar Su rostro, es decir, Su esencia), se limitó a situar al hombre del Origen en las inmediaciones del Ser Supremo, pero sin llegar nunca a identificarlo con Él; sintió el mismo pudor que tú en dar ese paso. Por eso se aferró al concepto de creación *ex nihilo*, de creación a partir de la nada. Para los antiguos sabios, sin embargo, el origen del hombre no está en una creación *ex nihilo*, Blanca. Ya te dije que ellos preferían hablar de "emanación": el hombre *emana* de Dios. Y, en todo caso, cuando hablaban de "creación" no se referían a una creación a partir de la nada, sino que Dios creaba al hombre *a partir de Su propia esencia*.

Que el hombre es de filiación divina significa que en su origen -en el Origen- el hombre era, en expresión del teólogo del siglo doce Guillermo de Saint-Thierry, "lo que Dios es". Humanidad y Divinidad no son en el fondo realidades distintas para nuestros sabios -como lo serían si la segunda hubiese creado de la nada a la primera. En el fondo se trata de la misma realidad sólo que en dos estados diversos, igual que el estado sólido y el líquido del agua no son sino estados diversos de una sola y misma sustancia, ¿te das cuenta? Y de igual modo que el líquido es el estado original y propio del agua, en tanto que el sólido -el hielo- es, podríamos decir, su estado adulterado, así también, Blanca, por extraño que esto nos resulte, el estado humano es anómalo, un estado caído en relación al estado divino, que es el estado propio, original, de esta realidad esencial única de la que hablamos.

Desde luego, esta esencia única no puede enmascarar la abismal disimilitud entre lo humano y lo Divino. Pero ¿acaso el hielo no es muy diferente del agua aunque su realidad no sea esencialmente distinta? O sea, que el hombre no es "lo que Dios es", pero si hacemos caso de nuestros sabios, querida, lo fue antaño. ¿Cuándo? A poco que les hayas dedicado atención a mis anteriores cartas, estarás ya en condiciones de responder a esto. El hombre fue "lo que Dios es" en tanto poseía la cualidad divina por antonomasia, la Androginia: circunstancia que, ya lo hemos visto, era la que se daba en el Origen. Fue la escisión en dos del Andrógino original lo que -tal como el descenso de temperatura determina el tránsito del estado líquido al sólido del agua- marcó el paso del estatus divino al humano.

Si cada ser humano, cuando era uno con su alma gemela, era entero, andrógino, y constituía por tanto una partícula indistinguible de Dios, eso explica lo que es una tendencia generalizada entre los antiguos sabios, Blanca. Me refiero a la tendencia a circunscribir a las parejas humanas andróginas en el seno de círculos o esferas -siendo lo redondo, como te dije, símbolo por excelencia de la Divinidad. En efecto, los Hombres andróginos del Origen retratados por Platón en el *Banquete*, son de forma redonda: "La forma de cada individuo era en su totalidad redonda, su espalda y sus costados formaban un círculo". Como redondas eran también las perlas en que los antiguos sabios musulmanes se figuraban alojados a los bienaventurados, a los hombres que han accedido al Paraíso. Más allá de su forma esférica, la perla es, como veremos, símbolo antiguo de la Unidad andrógina, del Paraíso por tanto, y en el interior de este Paraíso el bienaventurado no estaba solo: le acompañaba su *hurí* predestinada, su "esposa del Paraíso", como define el Corán a las *huríes*. (Si bien el profeta pronostica un número ingente de ellas para cada hombre, parece que los antiguos sabios musulmanes hablaron de una sola.) Pero para ejemplo de representaciones de amantes inscritos en esferas, Blanca, el que nos toca más de cerca es aquella extraordinaria pintura del siglo quince ante la que cada vez que visitábamos el Museo del Prado, que era cada vez que pasábamos por Madrid, tú y yo echábamos raíces. Te hablo -ya lo habrás adivinado- de *El Jardín de las Delicias* de Jerónimo Bosch, alias El Bosco, cuyo abigarrado Paraíso de la tabla central aparece poblado de andróginas parejas de amantes, cada una alojada en el interior de una esfera transparente.

EL "VALS" DE LA UNIDAD

Así pues, querida, cuando el alma estaba unida a su gemela en "una sola carne" espiritual (una "carne" andrógina), ambas gozaban, en su mutua *unión perfecta*, de la Unidad suprema. En aquel entonces, el hombre no era hombre propiamente hablando: era "lo que Dios es". Pero con razón me preguntas, o me figuro yo que me preguntas: "Si cada hombre entero o andrógino, si cada hombre doble del Origen era 'lo que Dios es', ¿cómo es posible que Dios, siendo único, haya podido ser a la vez tan numeroso?, ¿no habíamos quedado en que el plural aplicado a Dios era un contrasentido?"... Por lo pronto, Blanca, no es que Dios haya sido numeroso *en el pasado*: Dios *es* numeroso, lo es eternamente, eso forma parte de Su naturaleza. *De Su naturaleza implícita*: he aquí la clave. La Pluralidad de Dios es secreta, implícita, subyacente, igual que lo es Su Dualidad. La Pareja de Esposos implícita en Dios de la que te hablé en la otra carta, no es una sola sino múltiple.

Los sabios antiguos de cultura griega, a esa multiplicidad de Parejas divinas las designaron con el vocablo *Syzygias*, que en griego significa "uniones de dos". Las *Syzygias* no determinan Unidades diversas, fíjate bien, sino siempre la misma Unidad, la Unidad de Dios, que es por definición única. La diversidad de la Unidad es adjetiva, Blanca, no sustantiva. Acaso para facilitar la comprensión de este concepto, el más grande de los teósofos sufíes, el Fiel de Amor Ibn Arabí de Murcia, incrementó la cifra que da el Corán para los Nombres de Dios. Dios -sentencia Ibn Arabí- tiene infinitos Nombres. Uno para cada alma, dice él. Uno para cada pareja de almas gemelas, nos aventuraremos a decir nosotros. Uno para cada *Syzygia*. Es decir, la Pluralidad de Dios es nominal y no afecta a Su esencia. Es algo parecido a lo que ocurre con Dios respecto de las diversas religiones. En cada religión, Dios recibe un Nombre distinto -Alá, Yahvé, Brahma, Cristo...-, pero eso no quiere decir que existan tantos Dioses como religiones; Dios es universal, el mismo para todas; es sólo Su Nombre y Sus circunstancias lo que varía.

Encontraríamos otras metáforas igual de válidas, querida, pero más triviales, para figurarnos la Pluralidad implícita de Dios. Así, podría ocurrírsenos pensar, por ejemplo, en una playa. Pongamos la playa de Castell de Palamós, tan llena de recuerdos para nosotros. La playa es una. Pero esta playa única está integrada por infinidad de granos de arena, cada uno de los cuales *es* playa, por más que no sea *la* playa. Y bueno, entiendo que es en este mismo sentido que se puede decir que cada una de las Almas humanas originales, que cada una de las Almas dobles o andróginas del Origen, era Dios. Y que *es* Dios -en presente de indicativo- cada una de las infinitas Dualidades integradas, cada una de las infinitas *Syzygias* eternamente existentes en el Uno... O podríamos pensar en un libro (salvo que en este caso no seríamos tan originales, pues la metáfora de la Divinidad como un Libro era ya un lugar común entre los sabios medievales). Un libro azul si tú quieres. Pero un libro azul con infinitas páginas; digamos el *Libro de las mil y una noches*, que, como hiciera notar Jorge Luis Borges, puede dar esa impresión de infinitud. De ese inmensurable Libro fueron a desencuadernarse cierto número de páginas, que se desprendieron al abrirlo, dispersándose por el suelo, al igual que efectivamente sucede con algunos de los volúmenes de la biblioteca azul... O podríamos invocar una metáfora todavía más trillada por los antiguos sabios: la de la Divinidad como un Fuego. El fuego se nos aparece como un todo compacto, unitario: la llama es una. No es sino cuando de la llama se desprenden centellas, que ese todo uniforme se revela implícitamente constituido por infinidad de pequeñas partículas. Pues bien, de modo parecido, la miríada de los seres está en Dios de un modo unitario, uniforme, sin Pluralidad. O, más exactamente, la Pluralidad de Dios es subyacente, secreta, se explicita sólo al caer. Aquel razonamiento por el que, si lo recuerdas, dedujimos la presencia implícita en Dios de la Dualidad, nos servirá también ahora para afirmar la presencia implícita en Él de lo Múltiple: si del Uno pudo salir lo Múltiple, es porque ya estaba de algún modo -de un modo implícito, subyacente- en el Uno.

Al hablar de un fuego, Blanca, posiblemente la imagen que te haya acudido a la cabeza sea la del fuego del hogar, con la leña crepitando, el humo ascendiendo por el cañón de la chimenea y el olor a hollín impregnándolo todo. Los antiguos sabios se imaginaban más bien un Fuego inextinguible, un Fuego arquetípico cuyo ejemplo más conocido es el de la Divinidad suprema egipcia, figurada como una enorme bola de fuego, el dios-sol Ra. Los iconos nos la muestran en forma de disco rojo bordeado de amarillo, dos colores que para los egipcios simbolizaban respectivamente lo masculino y lo femenino, según nos informa un ilustre egiptólogo, que agrega: "En su esencia íntima, la Divinidad estaba considerada como si fuera macho y hembra. El calor del fuego representaba el principio masculino universal, y la luz del fuego era el símbolo del principio femenino."[165] ¿Esto, no te hace pensar en aquella metáfora que cité la otra vez: la de la claridad y el resplandor de la luz?... Bien, pues ese Fuego andrógino por el que los antiguos sabios se representaban a la Divinidad, Blanca, ese Fuego unitario, está participado

---

165. Frédéric du Portal, *Los símbolos de los egipcios*

por un número infinito de *centellas* o chispas, cada una andrógina a su vez y aportando su "grano de arena" de Unidad, su pequeña fracción de fulgor a ese Fuego infinito. No había en el Origen otra cosa fuera de ese Fuego inagotable que lo abarcaba todo. Pero entonces aconteció algo; algo necesario al decir de algunos, un desdichado accidente según los más. Y es que, de resultas de la pérdida de su Androginia, de resultas de su escisión en dos mitades, cierto número de las centellas divinas (un número ingente pero limitado; por tanto, con relación a la Infinitud divina, un número insignificante) dejaron de aportar su contribución de Unidad al Uno. Al instante, esas centellas escindidas se desprendieron del Fuego original. Cayeron. Y conforme caían, fueron creándose a su paso los diversos mundos: los mundos intermedios y, en último lugar, el de la escisión o de la Dualidad: el mundo inferior, donde finalmente encallaron.

Otra metáfora que de pronto se me ocurre, y que sé que será de tu agrado, pone en juego el baile palaciego del cuento de *Cenicienta*. Figúrate que el palacio es el de la Unidad, encarnada a su vez por todas y cada una de las parejas de baile. Y supón que, al sonar las doce fatídicas campanadas, son unas cuantas y no una sola pareja las que se deshacen. Esas parejas rotas abandonan precipitadamente el palacio, dejan atrás los luminosos y cálidos salones, para adentrarse en la oscuridad y el frío nocturnos. Damas y galanes pierden en ese trance los zapatos, cambian los impolutos vestidos por las cenizas. Y a todo esto, en el palacio de la Unidad sigue tocando la orquesta, el baile prosigue, porque son infinitamente más las parejas que permanecen que las que se marchan... ¿Que qué es lo que bailan estas parejas? ¡Ah, esta pregunta tan propia de ti, ya me la esperaba! Quizá debiera responderte que bailan al son de la música de las esferas, la música del océano cósmico, que a tenor de las pinturas antiguas se encargan de tocar ciertos ángeles y que digo yo que debe de bailarse a la manera de un vals. Pero mira, quizá tú prefieras imaginarlas, y a ver por qué no, bailando al son de nuestra canción: *Que reste-t-il de nos amours, que reste-t-il de ces beaux jours, une photo, vieille photo de ma jeunesse...*

Tachadura al margen. La frase suprimida asoma muy entrecortada, pero el nombre *Hans Castorp* delata su procedencia (*La montaña mágica* de Thomas Mann) y nos permite completarla: *"Cada vez que Hans Castorp posaba los ojos sobre la descuidada dama, se le reafirmaba más aquella semejanza que al comienzo no identificaba y que había descubierto en sueños"*.

Los antiguos sabios, Blanca (y, aquí especialmente, conviene que tengas presente que hablamos con preferencia de los esotéricos, de los de la trastienda, digamos, de la sabiduría), tuvieron esa intuición: la de la Multiplicidad inherente a la Unidad. La intuición de que Dios no está constituido por una sola Pareja de Esposos divinos, sino por multitud de ellas: un número infinito de *Syzygias*. Para los antiguos sabios, lo Múltiple no es algo que el Universo se sacara de la manga al hilo de la Caída; por el contrario es algo eterno, presente desde siempre en el Uno. De hecho, querida, si admitimos la Dualidad implícita de Dios, debemos admitir también sin vacilaciones Su Multiplicidad implícita, toda vez que ambas nociones son correlativas, inseparables la una de la otra. Los "diez mil seres", como designaban los antiguos sabios chinos a lo Múltiple, a la miríada de los seres, son consustanciales con lo Dual. No hay Dualidad sin Multiplicidad ni viceversa: ambas categorías se implican mutuamente.

Hasta ahora habíamos caracterizado el mundo inferior, el mundo físico, como dual: un mundo en el que todo se conjuga por parejas de opuestos. Ah, pero es obvio que el mundo inferior se caracteriza también por la Multiplicidad: un mundo en el que las parejas de opuestos son "diez mil", son múltiples. Si tomamos la única pareja de opuestos sustantiva, vemos que no hay (como Adán y Eva en el Paraíso) un solo hombre y una sola mujer, hay múltiples hombres y mujeres. La Dualidad es siempre múltiple, Blanca: dondequiera que exista, existe Multiplicidad también. Ahora, como hemos visto, la Dualidad existe asimismo en Dios. Luego, esta Dualidad divina por fuerza debe ser múltiple. Pero te repito: esto no debe llevarnos a pensar en múltiples Dioses, porque -lo mismo que Su Dualidad- la Multiplicidad de Dios es *implícita*; esa Multiplicidad está, por así decir, comprendida dentro del Uno único.

A vueltas con el palacio de *Cenicienta* (salvo que ahí ella no responde a ese nombre, porque el nombre "Cenicienta" connota el estado caído), a vueltas con el luminoso palacio de la Unidad donde un número infinito de *Syzygias*, de parejas de baile, bailan sin parar la eterna danza del Uno: ¿sabes qué es cada una de esas parejas? Cada una de esas parejas es una *Mónada*, una partícula de "Unidad". Pero insisto: esas múltiples Mónadas no son, por más que suene paradójico, Unidades diversas. Se trata en todos los casos de *la misma* Unidad única multiplicada hasta el infinito, ya que, como explica la voz autorizada de Henry Corbin, no es ésta una Unidad aritmética, sino *ontológica*: el Uno -el Uno que inviste con su Unidad a cada una de las infinitas Mónadas divinas- es siempre el mismo... Hablamos de un único Uno por tanto, querida. Pero de un único Uno que, como consecuencia de Su Multiplicidad implícita, hace el efecto (la metáfora de Haydar Âmolî, un discípulo de Ibn Arabí, será también de tu gusto) de una vela rodeada de espejos. Aunque en apariencia haya múltiples velas, en realidad se trata de una vela única; lo que en realidad es múltiple no es la vela sino los espejos.

Lo que en Dios es múltiple no es Su Unidad, *sino la Dualidad implícita en Su Unidad.* Valiéndonos de aquella popular imagen de las almas gemelas que pone en juego una naranja, podríamos enunciar así esta intuición fundamental de nuestros sabios: La naranja es única; es múltiple la pareja de medias naranjas que la integra. O sea, amor mío, que la unión de una pareja cualquiera de medias naranjas -tú y yo, pongamos- da lugar no a una naranja específica, particular de esa pareja, sino a *la* naranja. La naranja es de suyo universal, común a todas las parejas de medias naranjas. Es particular sólo en la medida en que se accede a ella por un medio particular: por la unión de una pareja de medias naranjas específica, distinta de todas las demás...

UN SOLO DIOS DE INFINITOS NOMBRES

Esta intuición de la presencia implícita de lo Múltiple en el Uno, Blanca, podemos rastrearla en los sistemas de los antiguos sabios, así como en las corrientes esotéricas más diversas. El maestro sufí Ibn Arabí de Murcia y sus discípulos la expresaban mediante la ya mencionada métafora de los Nombres, los infinitos Nombres de Dios, uno para cada centella de aquel Fuego infinito. Platón la había ya insinuado mucho antes en su "teoría de las Ideas". Y sus continuadores, con Plotino a la cabeza, la formularían más tarde expresamente al ubicar a esas Ideas eternas, a esos modelos celestes de las formas terrenales de los que éstas emanan, en una Mente Suprema: la mente de *Theos*, la mente de "Dios". Proclo habla de *Hénadas* (sinónimo de *Mónadas*: "Unidades") para referirse a la multiplicidad implícita del Uno. En el Uno existe una pluralidad de Hénadas, afirma Proclo; pero esta pluralidad, agrega, debe entenderse como unitaria. En Oriente, varios mitos refieren como el Uno sintió el deseo de ser Muchos, y en consecuencia procedió a multiplicarse a Sí mismo, o, lo que es igual, a hacer explícita la Multiplicidad implícita en Él. En el *Bhagavad-Gita* hindú se lee que una "porción" del Ishvara condescendió a encarnar en las múltiples almas humanas. Otra doctrina de ascendencia indoeuropea, el druidismo, la doctrina mística de los celtas, se basaba al parecer (aunque existen pocos datos para establecerlo con certeza) en un *monismo múltiple*: es decir, en la creencia de una Unidad del Ser; una Unidad que, sin embargo, lleva intrínsecamente aparejada la Multiplicidad. Ahora la Unidad está oculta, subyacente en lo Múltiple, pero presumiblemente hubo un tiempo en que era lo Múltiple lo que subyacía en la Unidad. Esta concepción forma parte también del núcleo doctrinal del taoísmo.

Si nos fijamos ahora en el judaísmo, Blanca, nos enteramos de que el nombre *Elohim* con que la Escritura designa a Yahvé, es un nombre plural, la forma plural de *Eloah*; quiere decir "Dioses, Ángeles". Los cabalistas encontraron significativo que, para designar al Dios único, la Escritura emplease una palabra usada para aludir a los numerosos dioses paganos. Pero no fue éste el único indicio al que se acogieron para reivindicar la implícita Multiplicidad del Uno. Hallaron también ocasión para ello en el mito del Árbol de la Vida que se yergue en el centro del Paraíso según el Génesis. Observaron que, siendo como era este Árbol símbolo del Uno, su copa no dejaba de estar integrada por innumerables hojas. Entre los cabalistas, Blanca, el Árbol de la Vida es también el "Árbol de las Almas", porque cada hoja de esa frondosa copa (cada hoja es bifoliada, está compuesta de dos lados simétricos) representa una de las almas andróginas del Origen. Algunas de las cuales nos desprendimos como hojas muertas del Árbol, yendo a dar al mundo inferior.

> **Tachadura al margen. Se lee una cita entrecortada:** *"Juntos (habían) afrontado tantas* (¿dificultades?) *.../... afrontar juntos la máxima* (¿dificultad?): *(la) de la separación."* **Parece clara la alusión a la forzada separación del autor y su esposa, que la muerte de ella impuso a ambos.**

Al símbolo del Árbol se asimila el de la Fuente, ya que es a los pies del Árbol de la Vida donde nace el Río cósmico o Río de los mundos del que te hablé en la pasada carta. Esta figuración del Centro cósmico como un Árbol o una Fuente no es privativa de la tradición judeocristiana, es universal. Un testimonio relativo a la Fuente se lo halla en el texto árabo-persa del siglo doce titulado *Relato del Exilio occidental*. Aquí, la Fuente de la Vida es descrita como un manantial en el que nadan multitud de peces. Maravillado ante la presencia de esa Multiplicidad implícita en el Uno, el viajero astral (una suerte de Swedenborg persa) inquiere: "¿Pero quiénes son estos peces?" La respuesta: "Son otras tantas imágenes de ti mismo. Sois los hijos de un mismo padre."[166] Es decir, Blanca, esos peces son el equivalente de las centellas divinas inmersas en el Fuego que no se consume.

---

166. Citado por Henry Corbin, *ibid*, p. 39

En otro texto árabo-persa del mismo período, no es cuestión de peces sino de pájaros. La epopeya mística *El lenguaje de los pájaros*, del poeta sufí Farid al-Din Attar, narra la odisea de una bandada de treinta pájaros (la cifra vale por Muchos) que emprenden la ascensión a los Cielos. El título hace alusión a un pasaje del Corán donde se dice que el alma, para ser "colmada de todo bien", ha de aprender el "lenguaje de los pájaros" (o de los ángeles: el lenguaje del Espíritu), que es su lengua vernácula, la lengua original del alma. Los treinta pájaros aspiran a llegar al Cielo más alto, aquel en el que reside su Rey, el Simorgh, del que guardan la lejana memoria y la nostalgia. El Simorgh encarna la Unidad divina, el Fuego del que se desprendieron las centellas volanderas, representadas por los treinta pájaros. Para llegar a su destino, la bandada debe atravesar siete valles o mares. (El siete es otra cifra simbólica que recurre en las especulaciones de los sabios con el significado de ciclo, secuencia completa.) Ya en el Palacio celestial del Simorgh, los pájaros hacen un inesperado descubrimiento. Lo que descubren estupefactos es que su Rey no es otro que *ellos mismos* (la voz persa *si-morgh* significa "treinta-pájaros"), sólo que ellos mismos una vez culminado su viaje. Al contemplar al Simorgh, se ven a sí mismos como en un espejo:

En aquel momento, en el reflejo de sus rostros, estos treinta pájaros (si-morgh) vieron el rostro del Simorgh espiritual. Entonces la estupefacción les produjo vértigo, e ignoraban si seguían siendo ellos mismos o si eran el Simorgh, ya que veían que era efectivamente el Simorgh el que estaba allí, en ese lugar; y cuando dirigían las miradas hacia ellos mismos, veían que ellos mismos eran el Simorgh. Y cuando miraban simultáneamente a los dos lados, veían que ellos y el Simorgh no formaban en realidad más que un solo ser. Ese único ser era Simorgh y Simorgh era ese ser. Nadie en el mundo oyó decir nunca nada parecido.[167]

El Simorgh es uno solo, Blanca. Pero este pájaro único engloba implícitamente muchos: es lo que descubren admirados los pájaros terrenales que llegan hasta Él, y que devienen Él sin dejar de ser implícitamente ellos mismos. Un hermeneuta como Idries Shah lo expresa así: "El aspirante comprende el misterio, la paradoja de una gota individual que puede mezclarse con el océano y, aun así, permanecer significativa."[168] Según el propio Attar, se trata de "el gran Misterio". Este gran Misterio, Blanca, no es otro que la existencia en Dios de una dimensión implícita que abarca la Multiplicidad y también la Dualitud; el *Uno* que es al mismo tiempo *Muchos* y es al mismo tiempo *Dos*. Attar habla del "enigma de la realidad-del-nosotros (de los Muchos) y la realidad-del-tú (de los Dos)". Porque tanto los Muchos como los Dos poseen "realidad" en Dios; salvo que, a diferencia de la del Uno, la suya es una realidad implícita.

Este Simorgh persa se identifica con un ave fabulosa de la mitología islámica, el *Anka*. El historiador árabe del siglo diez Al-Masudi se refiere a ella en *Las Praderas de oro*: "El Profeta (Mahoma) nos dijo un día: 'En las primeras edades del mundo, Dios creó un ave de belleza maravillosa y le dio todas las perfecciones: un rostro parecido al del hombre, un plumaje resplandeciente de los más ricos colores... Dios creó una hembra a imagen del macho y dio a esa pareja el nombre de *Anka*'."[169] Observa que ese nombre es el de la pareja;

---

167. Attar, *El lenguaje de los pájaros*.
168. Idries Shah, *Los sufíes*
169. Mas'oudi, *Las Praderas de oro*, 4, 19 s.

274

de modo que se trata de un ave doble, andrógina, un ave que encarna el misterio del "dos en uno". Entre los antiguos sabios musulmanes, el Anka devino un símbolo de la Divinidad equivalente al Simorgh, al que terminó asimilándose. Su plumaje resplandeciente, dice Masudi, es "de los más ricos colores", con lo que podemos imaginárnoslo como un pájaro parecido al pavo real, revestido pues de los colores del arco iris, ese emblema andrógino. Pero tampoco sería disparatado imaginarlo como un pájaro de color azul... No, Blanca, no es pensando en el cuento de Madame d'Aulnoy que digo esto[170], sino en otro cuento de hadas homónimo pero escrito en formato teatral por un poeta y dramaturgo belga de la *Belle époque*, al que estoy seguro te hubiera gustado conocer y convertir en inquilino de tu biblioteca.

Te hablo ahora de Maurice Maeterlinck, autor que reivindicaba la intuición como órgano de conocimiento por excelencia, llegando a afirmar que "todo lo que no sale de las profundidades más desconocidas y secretas del hombre, no sale de su única y legítima fuente"[171]. Su obra teatral *El Pájaro Azul* es la historia de un par de niños pequeños, Tyltyl y Mytyl, hermanos de distinto sexo (gemelos si atendemos a la semejanza de sus nombres), que emprenden en sueños un viaje al Cielo en busca de un Pájaro de color azul. Un hada les ha desvelado la existencia de este Pájaro misterioso en el que se cifra, les dice, "el gran secreto de las cosas y de la felicidad". Tyltyl y Mytyl llegan al Cielo, y he aquí que, entre otras maravillas, dan con una enorme puerta tras la que

---

170. Se refiere a *L'Oiseau Bleu*, "El Pájaro Azul", uno de los *Contes de fées* de esta aristócrata francesa que pusiera de moda los cuentos de hadas en el siglo XVII.
171. *Confession de poète*

se les revela, "irreal, infinito, inefable, el más inesperado de los jardines de ensueño y de luz nocturna, en el que, entre estrellas y planetas, iluminando todo lo que tocan, volando sin cesar de pedrería en pedrería, de rayo de luna en rayo de luna, evolucionan mágicos pájaros azules, perpetua y armoniosamente, hasta los confines del horizonte, tan innumerables que parece que son el aliento, la atmósfera celeste, la propia sustancia del jardín maravilloso". Es decir, Blanca, el divino Pájaro Azul resulta no ser uno sino múltiple.

La condición alada, por tanto aérea, "espiritual", de los pájaros, los hace idóneos para simbolizar a los "Muchos", a los habitantes del Mundo Superior, como también lo son, por idéntica razón, los Ángeles. En efecto, hablar de la Multiplicidad implícita en Dios, a menudo equivale a hablar de Ángeles para los antiguos sabios. Es así, por ejemplo, para los gnósticos, para el teólogo musulmán Avicena, para el neoplatónico Proclo, y para tantos otros. Significativamente, los Ángeles de la tradición abrahámica -Miguel, Gabriel, Rafael, Serafiel, Uriel, etcétera- llevan todos el sufijo *el*, que en las lenguas semíticas (como se ve en la etimología de la palabra Allah) quiere decir "Dios". Los nombres de estos Ángeles con mayúscula, de estos Ángeles andróginos, serían, pues, los Nombres de Dios, los infinitos Nombres de la Divinidad única. Lo que concuerda con la terminología de Proclo, que, además de las *Hénadas* arriba citadas, habla de los *Dii Angeli*, de los "Dioses Ángeles", a los que identifica con las "Ideas" platónicas.

Una secta esotérica del islam, una secta muy antigua cuyo conocimiento debemos en Occidente a Henry Corbin: la secta de los teósofos ismailíes, concibe el Mundo Superior, que aquí recibe el nombre de "mundo del '*Aql*'", es decir, de las "puras Inteligencias", como un mundo puramente espiritual integrado por seres de esa misma naturaleza, esto es, por Ángeles. Los Ángeles ismailíes conforman lo que se denomina un *Pleroma*, término griego que, con el significado de "Plenitud", tiene su origen en la filosofía helenística, y que ya vimos al tratar de los gnósticos. El *Pleroma* es el Mundo Superior o mundo de lo Divino *en su plenitud*, es decir, en su infinita riqueza. Connota, por tanto, la Multiplicidad, Blanca; evoca un *Uno* que es, a la vez y sin contradicción, *Muchos*. Cierto que, para los teósofos ismailíes, el Pleroma o mundo de la Divinidad revelada (por encima hay aún otra instancia: la Divinidad oculta, pero esto lo dejaremos para otra ocasión) es un mundo jerarquizado: existe toda una jerarquía de Ángeles. Pero es éste a mi entender un dato adjetivo y opinable que no oscurece el hecho básico. El hecho básico es la Multiplicidad intrínseca del mundo divino.

Estos teósofos llegan incluso a detectar, en dicha jerarquía angélica, el punto exacto donde se produjo la ruptura causante de la Caída: fue, aseguran, al nivel del tercer Ángel del Pleroma. Ese nivel corresponde a la humanidad celestial del Origen, Blanca, ya que para los teósofos ismailíes, los seres humanos antes de caer éramos Ángeles, formábamos parte integrante del Pleroma divino.

Un maestro gnóstico -Teodoto- habla asimismo de los "Ángeles de los que somos una porción" caída[172]. Recordemos también en este punto aquel mito de origen bíblico pero reelaborado por los antiguos sabios: el mito de los Ángeles caídos liderados por Luzbel o Lucifer, a quien algunos de nuestros sabios despojan de sus connotaciones demoníacas para hacer de él el desdichado símbolo de la raza humana.

---

172. *Extractos de Teodoto*, citado por H. Corbin, *La paradoja del monoteísmo*, pág. 148, nota 41

Mencionaré por último una antigua exégesis bíblica evocada por Henry Corbin -en quien me he apoyado para este tema de la angelología. Es la exégesis que el Padre griego de la Iglesia Metodio de Olimpo hace de esta parábola evangélica: "¿Qué os parece? Si uno tiene cien ovejas y se le extravía una, ¿no dejará en la montaña las noventa y nueve e irá en busca de la extraviada?" (Mt. 18:12). Metodio ve en la montaña el Mundo Superior; en las cien ovejas, los infinitos Ángeles que lo pueblan; y en la oveja descarriada, el alma humana, que ha desertado de la montaña para descender al llano, al mundo inferior.

UN SÓLO DIOS... PERO NO UN DIOS SOLO

Teodoto y Metodio no son los únicos sabios cristianos para quienes Multiplicidad y Unidad, lejos de ser incompatibles, coexisten armoniosamente en Dios, querida. Ya te he hablado del Cielo swedenborgiano, superpoblado de ángeles, de ángeles casados y agrupados en innumerables sociedades. Valentín y otros maestros gnósticos hablaban de los *Eones* o "Eternidades" que, uncidos en *Syzygias* o Parejas espirituales, integran según ellos el Pleroma divino. (Lo mismo que el ismailí, el Pleroma gnóstico está jerarquizado, pero insisto en que este dato me parece negligible.) Otro ejemplo es, en el siglo cuatro, Gregorio de Niza. Según este Padre de la Iglesia, si bien Dios ha sido, es y será siempre Uno, antes de la Caída este Uno estaba por así decir habitado de múltiples Hombres espirituales y andróginos. Hombres divinos, por tanto. Tales Hombres integraban un Todo o un Pleroma: el *Anthropines Pleroma*, el "Pleroma Humano". Gregorio equipara esos Hombres implícitos en Dios con Ángeles, y dice que pecaron, causando su salida de Dios: la Caída. Para Gregorio, la Caída consistió, por un lado, en la explicitación de esa Multiplicidad hasta entonces implícita en la Unidad; y, por otro, en la división sexual: es decir, en la partición de cada Ángel andrógino en un varón y una hembra, lo que significó el inicio del hombre material y dividido, del hombre con "h" minúscula.

En el siglo nueve, Juan Escoto Erígena se refiere (en aquella obra donde expone el proceso que discurre en sentido descendente desde Dios a las criaturas y en sentido ascendente de éstas a Dios) a la *caelestium numerositas* o *spiritualis numerositas*, "numerosidad celestial o espiritual", de los Hombres contenidos en potencia, de forma implícita, en el seno de Dios antes de la Caída. (Escoto Erígena se vio influenciado -así como él influenció a su vez a muchos místicos medievales- por la lectura de Gregorio de Niza, pero me reitero en mi opinión de que citar las influencias de un sabio antiguo no tiene mucho sentido, pues nunca se sabe si esas influencias son tales o la confirmación de sus propias intuiciones.) Esos Hombres celestiales eran andróginos, no eran por tanto propiamente hombres sino dioses, ya que también para este gran sabio, Blanca, la Androginia es la condición original del ser humano, una condición que perdió como consecuencia del pecado. "Si el hombre no hubiese pecado, no habría sufrido la división de su simplicidad en dos sexos"[173], escribe el Erígena, para quien la floración de lo Múltiple no fue otra cosa que la actualización de una "Numerosidad" latente en Dios.

En fin, amor mío. Con esto creo haber citado ya suficientes ejemplos de esa intuición antigua, la de la Multiplicidad

---

173. Juan Escoto Erígena , *De Divisione Naturae* IV, 799 A

implícita del Uno, indisociable de Su Dualidad implícita. Como ves, si en la carta anterior pudimos definir a Dios como una Unidad dual o una bi-Unidad, ahora podemos atrevernos a definirlo también como una Unidad plural o una multi-Unidad. Siempre en el bien entendido que Su Pluralidad y Su Dualidad son implícitas, que es la Unidad de Dios la que Le define como tal. La Dualidad y la Multiplicidad de Dios quedan eclipsadas por Su Unidad (igual que desaparecen las estrellas bajo el sol del mediodía, sin que ello signifique que hayan dejado de refulgir). En suma: por paradójico que nos resulte, Dios no es una Unidad simple sino compuesta; es *Uno*, pero implícitamente es *muchos*, y esos muchos son *dobles. Implícitamente, Dios es una Multiplicidad de Parejas.*

Ahora, ¿cuál es la diferencia entre esas infinitas Parejas de almas gemelas que son Dios (que son Dios en el mismo sentido en que los granos de arena de la playa de Castell son playa) y las que, como tú y yo, estamos sujetas al ciclo de las reencarnaciones? Una diferencia sustancial, querida: y es que, al contrario de nosotros, las Parejas de almas gemelas del Mundo Superior no han perdido la condición andrógina, es decir, forman un matrimonio celestial, y de esta diferencia básica derivan otras, entre ellas una relacionada con un sentimiento en el que yo he andado enzarzado estos últimos tiempos. Me refiero a la soledad, que es un sentimiento inherente a las almas gemelas caídas, pero del todo extraño a las almas gemelas implícitas en Dios. Porque en Dios no cabe la soledad, Blanca. La unión amorosa de las múltiples Parejas existentes en Su seno, descarta la soledad a la que en principio parecería condenarle Su Unicidad, Su condición de Único. "Esa unión -afirma Henry Corbin (Corbin es de los que apuestan por la "hipótesis angélica" para explicar el misterio de la mitad perdida del alma; pero su aserto resulta válido también desde nuestra hipótesis)- esa unión, afirma Corbin, rige una ontología donde la individuación (es decir, donde la unificación de los Dos que se convierten en un individuo único) consuma no las soledades del Único, sino cada vez el misterio del Único que es Dos, del Dos que es Único."[174]

Porque, ¿no quedamos en que el Amor era la *materia prima* de Dios? Y si en el Origen no había otra cosa más que Dios, si en el Origen Dios estaba solo en el Universo, entonces esa soledad -esa Unicidad- no podría ser absoluta; de lo contrario, si Dios estuviera absolutamente solo, ¿a quién amaría?, ¿con quién pondría en práctica el Amor que Él es? Los antiguos sabios comprendieron bien esto. Comprendieron que, vista la esencia dual del Amor, la Unicidad de Dios recogida por ejemplo en la profesión de fe judía ("Escucha, Israel, el Señor nuestro Dios es Uno") y en la musulmana ("No hay más Dios que Dios"), no podía ser sino relativa. Que si bien es cierto que Dios es Único, esto es así por fuera digamos; por dentro Dios está "habitado" por Parejas, por *Syzygias*.

La soledad no afecta pues al Punto Oculto, Blanca, a la naturaleza *entera*, la del Andrógino, a la naturaleza de Dios. La soledad se restringe al mundo inferior, a nuestra naturaleza escindida de seres humanos. Esta soledad nuestra, con todo, no es esencial, no es una soledad ontológica. Es accidental por cuanto, al decir de los antiguos sabios, la Caída es algo transitorio y remontable, un paréntesis insignificante en medio de la Eternidad. (En medio del Infinito, todo paréntesis, por trágico y dilatado que sea, resulta insignificante.) Para cerrar este tema de la soledad, podríamos consultar de

---

174. Henry Corbin, *op. cit.*, p. 50

nuevo el *Zóhar*, que es mucho más que un libro, querida, es algo parecido a una enciclopedia de la condición humana: no hay tema importante para el hombre que no esté ahí cumplidamente tratado. En el *Zóhar*, un discípulo de Simón bar Jochai, reflexionando sobre el versículo del Génesis: "Y se dijo Yahvé Elohim: no es bueno que el hombre esté solo" (Gen. 2:18), se pregunta si el hombre está esencialmente solo, y concluye que no, y apela a la autoridad del propio Génesis y a la tradición rabínica: "¿No está escrito 'varón y hembra los creó', y no hemos aprendido que el hombre fue creado 'con dos rostros'?"

Es decir, que el hombre no está solo porque, en esencia, ontológicamente hablando, todo ser humano es la mitad de una pareja unitaria, de una pareja que de forma paradójica constituye una Unidad. Y su vocación íntima -como también su destino- es reconstituir esa pareja original, divina, de la que procede.

EL EXILIO DE DIOS

Llegamos ahora al tema central de esta carta: la Caída.

La práctica totalidad de las versiones esotéricas de la Caída coincide en sus conclusiones. Para empezar, se la concibe como *un drama acaecido dentro de Dios mismo*. Este drama cósmico habría consistido en dos sucesos simultáneos, correlativos. Por un lado, en la atomización del Uno primordial –de una porción del Uno primordial- en la miríada de los seres. Por otro, en la división de cada uno de esos seres en dos mitades diferenciadas. En una palabra, Blanca: la Caída habría consistido en la explicitación de lo que hasta entonces había permanecido implícito en Dios: Su Multiplicidad y

Su Dualidad. Como te dije, se piensa en un Fuego supremo del que se habrían desprendido multitud de centellas, cada una escindida a su vez en dos mitades -escisión que supuso, según hemos visto, la propia génesis de la Caída toda vez que representó, para una porción del Uno, la pérdida de Su Integridad, de Su Unidad, de su Divinidad por tanto. Podemos definir la Caída como una merma de Dios, como la venida a menos de una porción de Dios; y al hombre como el resultado de esa disminución. Dios destronado y rebajado al rango humano.

De acuerdo con esto, los antiguos sabios veían al hombre (al alma humana) como a un Dios caído; a la humanidad, como a una porción de Dios en el exilio. La idea de Exilio es solidaria de la de Caída; alude a una porción de Dios que se aliena, que se exilia de Sí mismo -de la Unidad- y va a dar en el mundo de la escisión o de la Dualidad. Deja de ser Uno para devenir Dos. O, digamos mejor, deja de ser *Dos en Uno*, es decir Dualidad integrada, para devenir *"Dos fuera del Uno"*, Dualidad escindida.

Porque -una vez más, querida- en el Uno los Dos existían ya. Al tratarse de una creencia fundamental para nosotros, esta de la coexistencia de la Dualidad (y la Multiplicidad) con la Unidad en el Mundo Superior, no me resisto a citarte aún otros testimonios. Como el del filósofo y exégeta judío del siglo uno Filón de Alejandría, para quien, cuando Dios creó al Hombre varón y hembra según el Génesis, el Hombre aún no había sido dividido en el varón y la hembra, *pero éstos se hallaban ya implícitos en el Hombre entero*; de ahí que el texto sagrado los mencione antes de su separación -o sea, antes de explicitarse, lo que tuvo lugar mucho después. Y así -concluye Filón-, ahora cuando el hombre y la mujer se encuentran, "el amor sobreviene, reúne y encaja en uno las mitades divididas de una sola criatura viviente, digamos, y establece en cada una de ellas un deseo de asociarse a la otra con vistas a la producción de sus semejantes."[175]

Otro testimonio puede ser el de ese monje irlandés cuyas citas comienzan a menudear en nuestras cartas, por lo que bien se merecerá que nos detengamos un momento en él. Juan Escoto Erígena fue uno de los más grandes teólogos del Medievo y como tal fue reconocido por sus contemporáneos, entre ellos el nieto de Carlomagno, Carlos el Calvo, quien le acogió en su corte cuando, a raíz de una invasión extranjera, tuvo que abandonar el monasterio donde se había educado y exiliarse de su país. Carlos, a quien en la partición del imperio de su abuelo le correspondió el territorio que hoy conocemos por Francia, confió al Erígena la dirección de la Escuela Palatina de Aquisgrán, la más renombrada de su época, donde nuestro sabio halló la tranquilidad de espíritu necesaria para elaborar el primer sistema filosófico original que dio la Edad Media en Occidente, formulado en aquel texto al que me referí la otra vez, el *De Divisione Naturae*, "Sobre la división de la Naturaleza".

En ese libro, el Erígena escribe a propósito del necesario retorno de las centellas caídas al Fuego original: "Las cosas inferiores (Dualidad y Multiplicidad) son naturalmente atraídas e integradas por las superiores (Unidad), *no de forma que aquéllas dejen de existir*, sino para preservarlas y para que subsistan en éstas y para que sean una sola."[176]

También Jakob Boehme -¿recuerdas el místico luterano del que tomamos prestada la metáfora de la claridad y el resplandor de la luz?- creía que en el Andrógino original

---

175. Filón de Alejandría, *De Opificio Mundi* 152, 1.37, LIII
176. Juan Escoto Erígena, *De Divisione Naturae* V, 879 A

estaban prefigurados, implícitos, los dos sexos. Dado que se trata de otro de nuestros sabios de referencia, nos permitiremos también con él la libertad de esbozar su somero retrato... Jakob Boehme se asemeja en lo esencial a aquel otro sabio cristiano algo posterior, Swedenborg. Ambos tenían unas intuiciones místicas que eran algo más que eso: eran visiones, experiencias directas del "detrás" del Universo, y se sentían en la obligación de transmitirlas. Sus circunstancias personales, sin embargo, fueron bien diversas. Nacido en la localidad alemana de Görlitz, en la región de Silesia, en el último tercio del siglo dieciséis, Boehme ejercía el oficio de zapatero –en la historia de la teosofía se le conoce por el apodo de "el remendón de Görlitz". Sabemos que no era un hombre excesivamente culto (lo que ejemplifica como la sabiduría tiene poco que ver con eso con lo que a menudo se la confunde, Blanca: la erudición, que es cosa harto distinta). Varias generaciones de pensadores y poetas hallaron inspiración en sus libros *Aurora* y *Mysterium Magnum*, convirtiéndolo en uno de los teósofos más influyentes hasta nuestros días. Pero, como suele suceder (como le sucediera también a Swedenborg con la Iglesia luterana sueca), sus intuiciones místicas no fueron bien acogidas por el clero de su tiempo, que le prohibió divulgarlas; prohibición que al principio él acató pero luego contravino. Como Swedenborg, defendía a ultranza la autenticidad de sus visiones, expuestas en sus libros en un estilo oscuro pero a la vez fascinante por la fuerza de sus imágenes -la metáfora de la claridad y el resplandor de la luz es un buen ejemplo de ello.

Arriba te hablé de la Unidad como del rasgo distintivo de Dios, y de su carencia -es decir, de la fragmentación- como del rasgo característico del mundo físico. Bueno, pues ésa, querida, es una de las visiones, una de las intuiciones fundamentales de Boehme. Otra es la que apunta a dicha fragmentación como la causa de la presencia del mal en este mundo. Otra (y es ésta la que más nos interesa) es la del Hombre andrógino del Origen, al que Boehme identifica con el Adán del que aún no había sido separada su esposa Eva. "Adán era una perfecta imagen de Dios, macho y hembra -leemos en su *Mysterium Magnum*-, y, sin embargo, ninguno de los dos separadamente... Adán era el hombre y su esposa en una individualidad."[177] La Caída vino a dar al traste con este privilegiado estado de cosas. La expulsión del Paraíso no sería, para Boehme, sino el colofón de la Caída, que él discierne más bien en el episodio bíblico del sueño de Adán durante el cual éste se desdobla. El sueño de Adán simbolizaría el alejamiento de la Divinidad por parte del Hombre andrógino del Origen: conforme se adentra en el sueño, los dos sexos implícitos en él se explicitan, se objetivan, dando lugar al hombre y la mujer separados. Adán inaugura así un nuevo estatus existencial: el de ser humano. Se acuesta siendo "lo que Dios es", se acuesta siendo Hombre con "H" mayúscula, y se levanta como un simple hombre mortal; se acuesta *entero* y despierta escindido en dos mitades. Para un cristiano fervoroso como Boehme, esta escisión supuso una tragedia sólo comparable a la crucifixión de Cristo.

Otro sabio cristiano posterior en tres siglos al remendón de Görlitz pero muy influido por él, el también alemán Leopold Ziegler, vio asimismo en la Caída una disminución o degradación ontológica por la cual el Hombre perdió su Integridad andrógina original, y con ella su naturaleza divina. Ziegler concibe también a Dios como una bi-Unidad, como un solo ser con dos lados, el "lado paternal" y el "lado maternal". Pero

---

177. Jakob Boehme, *Mysterium Magnum*, I, 103, citado por Diane Long Hoeveler, *Romantic Androgyny*, The Pennsylvania State University Press, U.S.A. pág. 43

así como los antiguos sabios solían simbolizar a Dios mediante la figura geométrica del círculo, él señala a la elipse como una representación más idónea, toda vez que, con su forma de óvalo, la elipse no tiene un solo centro como el círculo, sino dos: "El Dios vivo -anota Ziegler- no es un círculo en torno a un solo centro, sino una elipse a partir de dos focos, ambivalente en sí, bicentrado, bipolar."[178] Sólo que Dios es ante todo Uno, Blanca, por lo que no hay que pensar en esta Dualidad o polaridad divina en términos de oposición, como las polaridades del mundo inferior. De hecho, la elipse tiende infinitamente al círculo, sus dos focos a resolverse en uno solo. La polaridad divina es, por excelencia, lo que hemos llamado una Dualidad integrada o una Pareja casada: lo que Ziegler denomina una "polaridad ligada". Y siendo el Hombre original de naturaleza divina, también en él dice Ziegler que regía esta polaridad ligada, de la que la Caída significó el desligamiento: es decir, el divorcio de los Esposos, el desdoblamiento del Andrógino en un hombre y una mujer separados. Significó por tanto el hundimiento de la Unidad, la degradación de Dios, de esa porción de Dios llamada Hombre, al estatus de hombre con "h" minúscula.

UNA PIEDRA ARROJADA A UN ESTANQUE

Para el filósofo griego Empédocles, el hombre es un "vagabundo exiliado de la divina mansión"[179]. La definición del hombre como "Dios en el exilio" abunda en los textos de los

---

178.Leopold Ziegler, *Menschwerdung*, citado por Sophie Latour en su artículo *L'archétype de l'androgyne chez Leopold Ziegler* (*L'Androgyne*, p. 198)
179. Empédocles, *Purificaciones*, fr. 117

antiguos sabios, Blanca. Pero no sólo: se la encuentra también, disfrazada, en la tradición popular; particularmente en tus queridos cuentos de hadas. En efecto, menudean ahí los protagonistas de ascendencia real, los príncipes. Con frecuencia, estos príncipes se ven despojados de su dignidad y exiliados de su reino. Se convierten así en mendigos, en vagabundos, y deben superar toda una serie de pruebas antes de recobrar su condición primigenia. *Realeza*, en la simbología antigua, es sinónimo de *Divinidad* (ya te dije que al Andrógino se lo representaba casi siempre coronado y ataviado con galas reales). Dichos cuentos pueden interpretarse entonces como alusivos a la Caída o el Exilio, al descenso de Dios -de una porción de Dios- al rango de hombre.

Dada la premisa de que la Unidad divina no es implícitamente sino Dualidad *integrada*, la Caída habría consistido en la desintegración, en la escisión de esa Dualidad en una porción de Dios. Y, como antes de la Caída toda Dualidad era integrada (nada había fuera de Dios), la Caída habría comportado la aparición de la Dualidad escindida y, por ende, la aparición de los mundos donde ésta existe en mayor o menor medida: el mundo inferior y los intermedios. En el Origen sólo el Punto Oculto, sólo la Unidad existía. Dios lo llenaba todo. No había nada fuera de Él, porque no había un "fuera de Él": todo era Él, todo estaba "dentro", no había divisiones ni grados de realidad. Retomando aquella metáfora -la de las ondas concéntricas- de la que nos servimos en la carta anterior para visualizar el mandala cósmico, diremos que en el Origen todo era como la superficie de aguas encalmadas previa al impacto de la piedra.

"Fuera de Dios" acabo de escribir en alusión al mundo inferior y a los intermedios. Pero esta expresión es engañosa y exige una inmediata aclaración por mi parte. Cuando me oigas hablar de un "fuera de Dios", querida, piensa que es para entendernos, no debes tomarlo al pie de la letra: en sentido estricto, no existe tal cosa. Lo que existe son grados decrecientes de Divinidad conforme al descenso por la escala de los mundos. Pero incluso el último de los mundos, incluso el más alejado de Dios que es este desde el que te escribo, no queda fuera del ámbito divino. Para referirnos a este mundo, sería por tanto más exacto (pero también menos esclarecedor, me parece) hablar de los arrabales de Dios, como haríamos con relación a una ciudad, cuyos barrios extremos no dejan de formar parte de ésta por más alejados que estén del centro.

Adelantando pues esta cautela, la Caída podría describirse como la salida de una porción de Dios fuera de Sí mismo. Con lo cual vino a existir el "afuera", eso que algunos sabios antiguos dieron en llamar el "envoltorio" de Dios -que, como cualquier envoltorio, conserva vagamente la forma de lo que recubre. "El Universo es el envoltorio, el revestimiento de Dios."[180], leen los judíos en el *Zóhar*. Y los hindúes, en la *Isa Upanishad*: "Por medio del Señor en su envoltorio, todo esto ha de existir." Podríamos comparar la Caída con un escape de gas (con explosión incluida: el *Big Bang* del que nos da noticia la ciencia), salvo que en vez de gas hablaríamos de Unidad, de esencia divina. Conforme la Unidad se escapaba, conforme se distanciaba del Uno, iba escindiéndose en dos, dando así origen a la Dualidad -a la Dualidad escindida, se entiende. Una chispa y vino a existir este mundo, el mundo de la Materia, el mundo inferior del Espacio-Tiempo. Al referirnos, en la carta anterior, a la cosmovisión cabalista, definimos este "escape" o esta salida de Dios fuera de Sí mismo como un

---

180. *Zóhar*, I, 19b

descenso voluntario por el cual Dios se manifestaba. Pero según una opinión más extendida, Blanca, no se habría tratado de un descenso voluntario, sino realmente de *una caída*. Dios no estaría manifestándose, estaría cayendo. Siempre en el bien entendido que no fue la totalidad de Dios, sino una porción, lo que cayó.

La Kábala, como te digo, difiere a este respecto de la mayoría de corrientes esotéricas. En general, los cabalistas no creían que el despliegue de los mundos a partir del Punto Oculto constituyese una caída en sentido estricto. Habría que hablar más bien de un proceso de manifestación divina; de una teofanía consustancial a la Divinidad, que eternamente precisaría manifestarse, revelarse a Sí Misma a través de ese despliegue de mundos. Es este enfoque el que postula asimismo la conveniencia de la escisión primigenia del Andrógino en dos mitades separadas. El cabalista español del siglo quince Ibn Gabbay sostenía que la perfección humana sólo se alcanzó una vez que Adán y Eva fueron separados y pudieron así encontrarse y amarse cara a cara (postura esta propia del amor conyugal, según vimos). Esta opinión era compartida, como sabemos, por León Hebreo, quien, reflexionando acerca del versículo del Génesis: "Y se dijo Yahvé Elohim: no es bueno que el hombre esté solo; hagámosle una ayuda frente a él", llega a la conclusión siguiente: "No parecía que Adán, macho y hembra, estuviera bien en un solo cuerpo, unido por las espaldas y con caras opuestas; era mejor que la hembra estuviera separada y frente a él, cara a cara, para poder servirle de ayuda."[181] En la tradición sufí hallamos también este punto de vista, sustentado ahí en la idea de que Dios sintió la necesidad de ser conocido y, con ese propósito, el

---

181. León Hebreo, *Diálogos de Amor*, p. 334

Amor que Él es se dividió en dos mitades: un conocedor -el Amante- y un conocido -el Amado-. *Yo era un tesoro escondido y anhelaba ser conocido*, reza un célebre *hadith*, un célebre dicho del profeta Mahoma.

Muchas de las cosmologías hindúes (porque el hinduismo, querida, es un mosaico de sistemas a veces contradictorios entre sí y no hay una única cosmología) coinciden también en postular el cáracter voluntario de la Caída. Ya que estamos, adentrémonos un poco en la filosofía mística del hinduismo...

La Divinidad hindú, el Ishvara (o Prajapati o Brahma, que son otros de sus nombres), presenta potencialmente dos aspectos: uno masculino y otro femenino. Estos dos aspectos, o estas dos Personas (Shiva y Shakti) contenidas implícitamente en el Ishvara, están *perfectamente unidas*. Están, por tanto, inmersas en el glorioso estado de *advaita*, el estado de Unidad, de Plenitud, de Integridad que caracteriza a lo Divino. En un momento dado, no obstante, el Ishvara siente la necesidad de hacer explícita esa Dualidad implícita en Él. Acuérdate de la *Brhadaranyaka Upanishad*, según la cual Dios, sintiéndose solo en Su Unicidad, resolvió hacer explícita Su Dualidad potencial. El Ishvara siente la necesidad de actualizar lo que ya está en Él en potencia, y decide entonces sacrificar una porción de Sí mismo para hacer aflorar el Universo. Esta porción de Dios que se autosacrifica es el Purusha, el Hombre primordial u Hombre cósmico, que en la filosofía mística hindú no difiere esencialmente del Ishvara. El Purusha por tanto, o más bien los Purushas, equivalentes a las "centellas" o partículas divinas del modelo occidental, se autoexilian de la Unidad, de Dios, su verdadera patria. Se escinden en dos mitades, y de ese sacrificio derivan los diversos mundos duales, los mundos donde la Dualidad es, en mayor o en menor medida, explícita.

Algunos sistemas hindúes recurren (lo mismo que la Kábala hebrea y los filósofos neoplatónicos) al concepto de "emanación". La Divinidad, se afirma, no puede dejar de manifestarse de continuo. Aquí no es ya la escisión de Shiva y Shakti la responsable de la Creación, sino que es la eterna cópula o unión amorosa de esta pareja divina la que genera un continuo proceso de emanación o de despliegue por el cual vienen a existir todos los mundos o niveles cósmicos, desembocando al final en el mundo físico. Obviamente, por el camino la Divinidad va perdiendo sus propiedades... comenzando por la que en el pensamiento hindú es la propiedad divina más importante de todas, querida: la *realidad*, la propiedad de ser, de existir realmente. De tal manera que este mundo -último eslabón de esa larga cadena de emanaciones- pasa por algo ilusorio en el hinduismo.

Pero no vayas a creer: los sabios hindúes defensores de este punto de vista se afanan como el que más por retornar al Origen; se consideran también "medias mitades" en tanto no accedan de nuevo a la plenitud de la Unidad, a la Integridad original del Uno. Piensan que el proceso cósmico de manifestación divina responsable de la inmersión del Yo o del Espíritu (*Purusha*) en el ciclo de las reencarnaciones, es un proceso de ida y vuelta; que todo lo que se desprende del Uno, regresa a Él tarde o temprano; y tratan de acelerar ese regreso. Pero, al mismo tiempo, no perciben ese continuo ciclo de manifestación y reabsorción como algo negativo. Es más bien una suerte de juego; un juego cósmico al que eternamente se entrega la Divinidad.

Ibn Arabí y otros sabios antiguos postularon una concepción parecida. De todos modos insisto, Blanca: esta idea de la Caída como un descenso voluntario de la Divinidad no era la hegemónica en la sabiduría antigua. Ni siquiera suscitaba el consenso de los sabios hindúes y budistas, como lo prueban dos textos clásicos de la filosofía mística oriental: la *Chandogya Upanishad* y el *Dighanikaya*. En el primero, se compara la Caída con el secuestro de un hombre por unos bandidos: le secuestran en su ciudad natal, le vendan los ojos y le conducen lejos, hasta un descampado donde le abandonan.[182] En el segundo, el Buda habla de un número indeterminado de dioses a los que se les nubló la memoria, y como consecuencia cayeron del Cielo y encarnaron en hombres.[183] Incluso la Kábala alberga al respecto opiniones encontradas... Pero me quiero detener, abrir un paréntesis para referirte un episodio de hace algunos años que te arrojará luz sobre esta tendencia mía a citar la Kábala y apelar, a la menor ocasión, a la tradición judía: reconoce que esto te tiene intrigada y que has llegado a pensar si no me habré hecho circuncidar en tu ausencia, cambiado el traje y la corbata por levita negra y filacterios, y dejado crecer barba y patillas en tirabuzón.

Este episodio nos retrotraerá, además, a una anécdota de mi infancia que creo que nunca te había contado y que te agradará porque contiene un punto de misterio. Resulta que hace unos años conocí a un antropólogo israelí de paso por España. Ariel Gershman residía en Gerona por entonces, pero antes había recalado en Toledo y en Córdoba, tres ciudades con un rico pasado cabalista. Le conocí en una pequeña librería del call o barrio judío de Gerona. Los dos nos habíamos encaprichado del mismo libro, pero sólo quedaba un ejemplar, así que Ariel sugirió que lo pagásemos a medias y lo leyésemos por turnos, cosa que hicimos; él con mucho más provecho que yo desde luego, porque era un estudioso

---

182. *Chandogya Upanishad*, VI, 14, 1-2.
183. *Dighanikaya*, I, 19-22.

de la Kábala, mientras que aquél era el primer libro de ese tema que yo leía en mi vida, y no se trataba precisamente de un manual para principiantes. El caso es que, al traspasarle el libro, tuvo el detalle de aclararme ciertos conceptos oscuros, y fue así, charlando una lluviosa tarde en un café de Gerona, como trabamos amistad.

Yo a la primera ocasión le hablé de ti y de mi labor detectivesca; le dije que quería estudiar la Kábala por ver si hallaba en ella alguna pista que apuntalara mi esperanza de reencontrarme contigo. Y mira por donde me dijo que sí, que esa esperanza podía ofrecérmela la Kábala. Y durante algunas semanas Ariel se convirtió en mi instructor en materia de Kábala y tradición judía, y yo -mal me está el decirlo- resulté un alumno bastante aplicado, pero es porque la materia me apasionaba. Y cuando tocamos el tema del *guilgul*, que es el término cabalístico para la reencarnación, Ariel dejó caer que no le extrañaría nada que yo hubiese sido judío en vidas pasadas (lo que significaría que tú también lo fuiste, querida, porque los judíos acostumbraban antaño a casarse entre ellos, y yo no puedo concebir una vida pasada en la que ya tú no fueras mi esposa). Y entonces me acordé de una vez cuando niño en que, para conjurar el aburrimiento de una clase de cálculo, me dio por inventarme un nombre. No un nombre cualquiera, un nombre con el que, sin ser el mío, yo pudiera sentirme identificado. Y no tuve que pensármelo mucho, sabes, porque enseguida me vino uno a la cabeza. Era un nombre para mí extraño, que yo no había oído nunca, me vino "Abecassis", con todas las letras, incluidas las dos eses. Desde entonces, cuando me cansaba de ser yo (cosa que aún me sucede a veces), jugaba a ser el profesor Abecassis, que era también yo pero al mismo tiempo era otro. Y el hecho misterioso es que, algunos años después, descubrí por casualidad ese nombre en letras de imprenta. Lo descubrí en la relación de agradecimientos de un libro de la biblioteca de mi padre, que yo había tomado sin intención de leerlo -pues lo que yo buscaba era una novela de Emilio Salgari, ya ves qué cosas- y que hojeé porque sí, por hacer algo. Ese libro trataba del *Talmud*, y fue por esta extraña vía, que descubrí que el nombre que yo creía haberme inventado de niño, no era un nombre inventado en realidad, sino que era un nombre judío.

Pero iba a hablarte de la Kábala -de la Kábala con "K", como la escribe mi amigo Ariel, como la escribían los cabalistas. Con la Kábala, sabes, sucede un poco lo que con el hinduismo: no es expresión de un pensamiento único, sino un compendio de especulaciones e intuiciones místicas diversas, a veces incluso contradictorias, acumuladas a lo largo de muchas generaciones. Una de estas especulaciones divergentes es la planteada en el siglo dieciséis y siguientes por la escuela de uno de los últimos grandes maestros de la Kábala: el jerosolimitano Isaac Luria.

El dictamen de Luria acerca del mundo y del ser humano se resume en esta sola palabra: *Galut* en hebreo, o sea "Exilio". Luria (quien, como tantos cabalistas, vivió una vida ejemplar, una vida de *tsaddic*, de "justo", de hombre santo) habla de un drama cósmico inicial, de una Caída protagonizada por una porción de la Divinidad. En palabras de una autoridad en misticismo judío: "La Kábala de Luria parte de la hipótesis de que el proceso de creación se debe a una situación de ruptura en el interior de la Divinidad... Ese estallido provoca la caída de las centellas de Santidad en el mundo de la acción, que es el mundo de las 'cáscaras' o escorias."[184]

---

184. Moseh Idel, *Mesianismo y Misticismo*, p. 91

Esto lo describe Luria mediante la metáfora de la "rotura de los Vasos". El cabalista imagina a la Luz divina alojada en una serie de recipientes celestiales. La rotura de esos Vasos conlleva el paso de la Unidad primordial a la Multiplicidad, conlleva la disgregación de la Luz divina en múltiples partículas o "centellas" que caen al mundo inferior, y allí quedan sepultadas bajo la Materia, la cual las recubre a cada una a la manera de una "cáscara". Es misión del hombre, dice Luria, restaurar la Unidad original de los Vasos mediante la liberación de las centellas cautivas. (La "cáscara" que aprisiona a las centellas no es otra que la Dualidad, amor mío, que la Dualidad escindida propia de la Materia -ya que además de dispersas, las centellas están escindidas cada una en dos mitades.)

Esta versión del Exilio o de la Caída se basa a su vez en una antigua teoría cabalista: la llamada teoría de la "contracción" (*Tsimsum*), que viene a ser la réplica o el contrapunto a aquella otra teoría cabalista de la "emanación" que vimos en la pasada carta. Aquí no se trata ya de un "despliegue", sino de un "repliegue" de Dios sobre Sí mismo. Ya hemos dicho que, antes de la Caída, Dios lo abarcaba todo. Pues bien, postula la teoría del *Tsimsum* que, en un momento dado, Dios -la Unidad- se contrajo hacia el interior de Sí mismo, concentrándose en un punto. Afuera quedó un hueco, un vacío que fue inmediatamente invadido por Su contrario -la Dualidad-, dando así origen al mundo inferior. Y también a los mundos intermedios, Blanca, porque la contracción fue escalonada. Acuérdate de todas las puestas de sol que hemos presenciado juntos desde la plaza del Casino de Palamós o desde el faro (aquellos suntuosos crepúsculos rosados, un poco demasiado cursis para mi gusto) y entenderás a qué me refiero. Porque así como entre el día que marcha y la noche que llega no hay discontinuidad sino una gradación, un escalonamiento de claroscuros, de modo similar entre el Mundo Superior y el inferior -lleno de Dios el primero, "vacío" el segundo- quedaron otros mundos. Mundos intermedios, híbridos entre la Unidad y la Dualidad. Mundos en los que la retirada de Dios consistió más bien en una disminución, en una atenuación de Su Luz.

"El Señor sacó Su poderosa Luz de una parte de Sí Mismo", leemos en el *Zóhar*, que para explicar esta doctrina del *Tsimsum* propone una metáfora curiosa. Compara a Dios con un hombre que se hubiese visto obligado a interrumpir el flujo sanguíneo de uno de sus brazos por medio de un torniquete. La sangre sería la Luz (o la Vida o el Ser divino). La sangre sería la Unidad. El brazo por el que ésta habría dejado de fluir quedaría así a merced de la Dualidad. Seguiría formando parte del "cuerpo" de Dios, Blanca, porque no se trata de una amputación -ya te dije que, en sentido estricto, no existe un "fuera de Dios". Pero quedaría por así decir huérfano de Unidad, huérfano de esencia divina.

Semejante figuración del Universo bajo la forma anatómica de un hombre -un hombre divino, andrógino- no es novedosa en la Kábala, uno de cuyos símbolos más asiduos es el del Hombre Cósmico *Adam Cadmón*, el Hombre primordial, el Adán andrógino del Origen. A este *Adam Cadmón* se le representa coronado y a sus distintas secciones se vinculan todos los mundos. El Superior se sitúa por encima de la Corona (a la que numerosos cabalistas lo asimilan), y el inferior corresponde a los pies. Si a esta metáfora anatómica del Universo le aplicásemos la teoría del *Tsimsum*, podríamos hablar de la Unidad como de la carne que, emanando de la Corona, revestía originariamente el esqueleto -la Dualidad- del *Adam Cadmón*. Y diríamos que en determinado momento la carne se contrajo, se replegó escalonadamente hasta su origen en la Corona, de modo que en los pies del Hombre Cósmico quedó tan sólo la osamenta. El resultado, para los antiguos sabios, salta a la vista: es que el mundo inferior es un mundo "descarnado" y -ante la ausencia de "carne"- *un mundo en el exilio.*

LA PERLA EXTRAVIADA

El tema del Exilio es, decíamos, solidario del de la Caída.

En el siglo doce, un sabio musulmán de origen persa llamado Shihaboddin Yahya Sohravardi desenterró la rica tradición esotérica de la antigua Persia (una tradición cristalizada en torno a la figura del profeta Zoroastro o Zaratustra) y, bebiendo de esa venerable fuente, compuso varios relatos de la Caída en forma de parábola. Entre esos varios relatos, Blanca, está aquel texto que mencioné arriba: el *Relato del Exilio occidental*, que, escrito en primera persona, arranca así: "Cuando, juntamente con mi hermano Asim, me puse en viaje desde la región situada más allá del río hacia el país de Occidente, intentando dar caza a una bandada de pájaros de las orillas del Mar Verde, fuimos a caer de repente en 'la ciudad cuyos habitantes son opresores', la ciudad de Qairawan. Cuando sus moradores se dieron cuenta de que nos acercábamos a ellos y de que éramos hijos del célebre sabio al-Hadi ibn al-Khair el yemenita, nos rodearon, nos hicieron prisioneros inmovilizándonos con cadenas de hierro y nos arrojaron a un pozo de profundidad sin límites."[185]...

Los puntos cardinales juegan un papel destacado en este relato. Ante todo debes saber que, en el simbolismo antiguo,

---

185. Citado por Henry Corbin, *El hombre y su ángel*, p. 32

Oriente y Occidente, levante y poniente, se entienden en sentido vertical y no horizontal. El Oriente, el punto cardinal del horizonte por donde asciende la luz –ese emblema universal de lo divino- figuraba el Mundo Superior, y así, en el libro del Génesis, al Jardín del Edén se lo ubica "al Oriente". Podemos pensar también en el Oriente mítico de los poetas románticos alemanes, la *Morgenland* o "tierra de la mañana", como designaban también a la Edad de Oro de la tradición clásica, al Paraíso perdido del ser humano. El Occidente a su vez, por donde la luz declina, encarnaba el mundo inferior; y el mundo intermedio era el "Medio Oriente" para Sohravardi.

Tachadura al margen. Borra una larga acotación de la que perdura el arranque, sin fecha: *"En la ladera norte de la Jungfrau...* De cara a posteriores referencias en otras acotaciones marginales, recuérdese tan sólo que la Jungfrau es un pico de los Alpes Berneses, en Suiza.

Pues bien, desde el Oriente, "la región situada más allá del río", el narrador emprende viaje hacia Occidente siguiendo el itinerario del sol. Y lo hace en compañía de su hermano, lo que -a la luz de lo que llevamos visto hasta ahora, querido- no habrá de parecerte una circunstancia gratuita. En efecto, los mitos que narran cómo el mundo inferior vino a existir -los mitos de la Caída- tienen con frecuencia por protagonistas a una pareja de hermanos gemelos. Estas parejas dan cuenta, como dijimos, del desdoblamiento del Andrógino original en las dos personas que lo integran. Ahora, si atendemos a aquel párrafo del *Zóhar* según el cual en el Origen cada alma se componía de un hombre y una mujer unidos en un solo ser y sólo al venir abajo, a la Tierra, estas dos mitades fueron separadas. O a este otro que explica como Dios creó las almas por medio de Su aliento: "Conviene observar que cada uno de los alientos (las almas) del mundo es creado macho y hembra; y cuando salen (de la boca de Dios) al mundo, salen macho y hembra, y es entonces cuando se separan"[186]. Si atendemos a éstas y otras líneas del mismo tenor legadas por los antiguos sabios, Blanca, podemos presumir que es al ponerse en camino hacia Occidente cuando el narrador del *Relato del Exilio occidental* y su hermano se desdoblan.

Es decir, que en el Oriente, que en el Origen simbolizado por el Oriente, los dos hermanos eran *uno solo*. Eran el Andrógino primordial, como lo confirma su familiaridad con el "célebre sabio al-Hadi ibn al-Khair". Porque, tras este misterioso personaje, los hermeneutas descubrían disfrazado ¿sabes a quién? Al Uno, a Dios, en tanto en cuanto se trata del "yemenita", y el Yemen, Blanca, es un símbolo geográfico del Punto Oculto: el profeta Mahoma sintió venir del Yemen "el soplo del Misericordioso". ("Sabiduría yemenita" se ha denominado en el Islam al conocimiento alcanzado no a través de la razón sino de la intuición mística.) Del estrecho parentesco de los dos hermanos con este alto personaje se infiere, pues, que en el Origen ellos mismos eran el Yemenita, participaban de la esencia divina, unitaria, del Yemenita. Y que fue al alejarse de Él cuando perdieron esa esencia unitaria, escindiéndose en dos individuos. (Aunque en esta escisión nosotros veamos el divorcio primordial de las almas gemelas, el *Relato del Exilio occidental* ha sido frecuentemente interpretado a partir de la "hipótesis angélica".)

Los dos hermanos se alejan del Yemenita para emprender viaje hacia Occidente, hacia el reino de la Dualidad encarnado aquí por la ciudad de Qairawan (en la actual Túnez, es decir,

---

186. *Sefer ha-Zóhar*

muy al Occidente para un persa como Sohravardi), "la ciudad cuyos habitantes son opresores". En Qairawan, la Unidad, la centella divina caída del Oriente, ha quedado cautiva, o sea en suspenso. Es, Blanca, el exilio de Dios en el mundo inferior, el exilio de la Unidad en el reino de la Dualidad. Ahora los dos hermanos ya no son Uno más que en potencia. El Yemenita se ha convertido para ellos en una nostalgia; en un referente celestial también: su Padre que está en el Cielo. Y sobre todo en una esperanza: la esperanza de regresar a Él algún día.

Existe una narración gnóstica -el llamado *Canto de la Perla*- anterior al menos en diez siglos al relato de Sohravardi, pero posiblemente basado en la misma parábola de la antigua Persia (ya te dije, sin embargo, que eso no desmerecía el testimonio), porque ambos relatos tienen muchos puntos de contacto. Como ocurre con la mayoría de escritos gnósticos, es de autor anónimo; no importaba el autor sino el mensaje. El texto en el que se incluye -*Actas de Tomás*- data aproximadamente del siglo dos. Lo primero que debes saber, Blanca, es que la perla, que el simbolismo de la perla, es asimilable al de la centella: nos habla de la Unidad de Dios en su concreción en cada individuo. O sea, alude al alma entera, al alma andrógina original del ser humano. Aunque las perlas sean muchas, en realidad se trata de una perla única. Como diría Ibn Arabí: una perla única bajo diferentes Nombres.

Pues bien, esta perla de valor incalculable ha caído al fondo del mar más profundo. Desde el luminoso reino del Oriente, un joven príncipe viaja al país antípoda, el país de Occidente, representado esta vez por Egipto (porque es donde fueron esclavizados los ascendientes de los gnósticos, los israelitas), con la misión de recuperarla. Con la misión de recuperar "la perla única que está en medio del mar rodeada por la serpiente de sonoro silbido". El mar, metáfora tradicional del mundo inferior, vale aquí por lo mismo que Egipto, ese país simbólico en el que (a imitación de los antiguos israelitas) el príncipe es hecho prisionero: sus habitantes le atiborran de alimentos con objeto de sumirle en un profundo sueño. "Olvidé que era hijo de rey (del rey de Oriente) y serví a su rey (el de Occidente) y olvidé la perla por la que mis padres me habían enviado, y por el peso de su alimento caí en un profundo sueño."[187]... Este sueño es alegórico, Blanca, como todo lo demás en el *Canto de la Perla*: lo que parece un relato de aventuras esconde en realidad un texto metafísico. La peripecia que se nos cuenta es la del alma humana, que de resultas de la Caída ha perdido la Unidad, la Divinidad, la Androginia. La ha perdido en el mundo de la escisión, adonde regresa una y otra vez, en reencarnaciones sucesivas, con la misión de recuperarla. Pero, una vez en este mundo, los placeres y las ambiciones terrenales enajenan al alma de tal modo, que olvida su verdadera identidad y la misión que le trajo...

Naturalmente el relato continúa. Pero lo interrumpiremos aquí. Habrá ocasión de retomarlo en otra carta. Porque lo que querría ahora, amor mío, es describirte la Caída o el Exilio desde la perspectiva que me parece la más idónea: la perspectiva de los dos aspectos o dimensiones de Dios.

UN CALCETÍN VUELTO DEL REVÉS

Porque decir que una porción del Uno se partió en dos y que ése fue el origen de la Dualidad, sería decir las cosas con demasiada simpleza. Por aquello de que la Dualidad existía con

---

187. Citado por Mircea Eliade, *Historia de las creencias y de las ideas religiosas*, pág. 369

anterioridad, existía en el seno mismo de la Unidad, sólo que Allí de un modo implícito. Más exacto sería decir que, con la ruptura en dos de la Unidad, la Dualidad implícita en la Unidad se explicitó. O -aún más exacto- que en una porción de Dios se invirtió el orden genuino, el orden original de las dos dimensiones divinas, la explícita y la implícita. Desde la perspectiva de las dos dimensiones de Dios, la crónica de la Caída sería, pues, más o menos como sigue:

"Cuando Dios moraba solo, en silencio, dado que después de todo era una Mónada y no había nadie antes que Él..."[188] (Este preámbulo no es mío, le he tomado prestada la pluma a un gnóstico valentiniano. Dicho ahora con mis propias palabras:) Cuando todo lo que existía era Dios, cuando el esqueleto del *Adam Cadmón* estaba revestido en su totalidad de carne digamos, de esencia divina, entonces en todo el Universo la Unidad era lo explícito y la Dualidad lo implícito. Ahora bien, de resultas de la salida de una porción de Dios fuera de Sí mismo (o, si quieres, como consecuencia de la contracción de Dios de una parte de Sí mismo), este orden original se trastornó. Se intercambiaron los planos: en dicha porción de Dios, la Unidad devino implícita, explícita la Dualidad. Para hacértelo gráfico: fue como darle la vuelta a un calcetín. Cuando volvemos del revés un calcetín, lo de dentro pasa afuera y lo de fuera adentro ¿no? Bueno, pues de modo semejante, en dicha porción de Dios la Dualidad implícita en la Unidad se explicitó. Los Dos pasaron a primer plano como si dijésemos, al tiempo que el Uno se desenfocaba, se relegaba al fondo. Y, como la Dualidad va siempre de la mano de la Multiplicidad, así el paso al primer plano de la

---

188. *Una exposición valentiniana.* Citado por Elaine Pagels, *Los evangelios gnósticos*, p. 72

Dualidad supuso al mismo tiempo la floración de lo Múltiple, implícito también hasta entonces en el Uno...

Cierto: en la práctica esta inversión del orden divino original vino a significar, para los Dos, su divorcio. Pero con una salvedad: y es que la Unidad devino a su vez implícita en la Dualidad. Lo que significa, Blanca, que aun después de nuestra caída, de nuestro divorcio, los Dos permanecemos ligados por un vínculo. Ese vínculo es el de nuestra gemelidad anímica, y es un vínculo exclusivo e indisoluble que hace que los Dos caídos no podamos restaurar la Unidad perdida más que el uno a través del otro... Ahora, de las siguientes palabras de Platón pronunciadas por Aristófanes en el *Banquete*: "Desde tan remota época, pues, es el amor de los unos a los otros connatural a los hombres y reunidor de la antigua naturaleza, y trata de hacer un solo ser de los dos y de curar la naturaleza humana", de estas palabras podría inferirse que aquel divorcio múltiple acaecido en el seno del Uno fue el origen del amor, y que por tanto el casamiento celestial marcará el fin de éste. Pero no, Blanca, no es eso seguramente lo que Platón quiso decir. Porque para los antiguos sabios -para Platón también-, el amor, lejos de ser algo accidental, constituye una categoría esencial y eterna. Antes de caer, antes de su divorcio, los Dos -los Doses múltiples- ya se amaban. Y seguirán amándose tras la redención final, en el Paraíso, porque como bellamente se declara en *Las mil y una noches*: "Cuando nada existía, existía el amor; y cuando no quede ya nada, quedará el amor; él es el primero y el último."

Lo que seguramente Platón quiso decir es que ese divorcio múltiple fue el origen del amor *tal como los humanos lo conocemos*: el origen de este amor deseoso, anhelante, de este amor teñido de nostalgia que caracteriza las relaciones de pareja en el mundo inferior. ¡Ah, pero no es éste el amor propiamente dicho, ¡Blanca! Eso no son más que sus despojos, los restos del naufragio varados en la playa. El Amor, el amor con mayúscula, el del Origen, el amor que rige eternamente en el seno del Uno, no es anhelante ni insatisfecho; antes al contrario, es, por definición, colmado. Es amor consumado y por tanto feliz. No amor sediento sino saciado. Toda vez que la "sed" no es, como opinan algunos, esencial al amor: es una componente del amor caído. Cuando la "sed" se sacia (y esta sed sólo se sacia en el Uno, en cuanto los Dos divorciados vuelven a fusionarse en Uno), la "sed" desaparece. Pero no así el amor: el amor perdura, querida. Y esto por una razón clarísima: porque el amor es consustancial a los Dos; y ya sabemos que en el Uno los Dos perduran.

En efecto, dondequiera que exista la Dualidad, puedes afirmar sin temor a equivocarte que allí existe el amor. Y ya vimos que, en cuanto que armazón del Universo, la Dualidad existe en todos los niveles cósmicos, incluido el nivel más alto, el del Uno. Ahí existe también, por tanto, el amor (pero ya lo sabíamos ¿no?). Es más, ahí el amor existe de un modo perfecto, porque, siendo la clase de Dualidad existente en el Uno -esto es, la Dualidad integrada- la forma perfecta de la Dualidad, también su amor ha de constituir la forma perfecta del amor -y, en consecuencia, su modelo, su paradigma... Pero no es ya sólo que el amor de los Dos exista en el Uno, fíjate bien. Y no es ya sólo que ahí exista en su forma perfecta. Es que este amor de los Dos configura al Uno. *Es el Uno*, Blanca: por eso no es descabellado afirmar que el amor, además de consustancial a los Dos, es lo realmente valioso de los Dos, igual que lo realmente valioso de una ostra es su perla y no las dos valvas de su concha. "No hay más Dios que el Amor" proclamaba en el siglo trece el sufí Fakhruddin

Iraqi, parafraseando la profesión de fe musulmana. Se refería al amor en general, pero preferentemente a esta clase específica de amor: el amor de los Dos, el amor erótico, que es la quintaesencia de todas las clases de amor, Blanca, la clase de amor originaria, aquella en la que estaba concentrado en el Origen el Amor que es Dios. Fue al explicitarse los Dos y lo Múltiple al hilo de la Caída, que este amor quintaesencial se diversificó en toda la variedad de amores -como los pétalos de una rosa al eclosionar-, comenzando por el amor de Dios hacia su porción caída.

LA PREGUNTA DEL MILLÓN

Aparte del viaje onírico de Tyltyl y Mytyl, en esta carta hemos aludido por dos veces al sueño. La primera con relación a Adán, que al dormirse se vio escindido en dos mitades. La segunda, a propósito del príncipe oriental que descendió a este mundo en busca de "la perla" de la Unidad y se quedó dormido, atrapado en la Dualidad. El acto de dormirse como metáfora de la Caída desde el mundo del Origen a este mundo dual y el sueño como metáfora de su permanencia en él, son lugares comunes de las mitologías, y también del discurso de los antiguos sabios. Y no faltan tampoco en los cuentos de hadas, Blanca. Ahí tienes si no el modelo de *La bella durmiente del bosque*. Como lo conoces de sobra, sólo invocaré la almendra: Una joven princesa vive felizmente en un palacio en medio del bosque. Un día se pincha mientras hila, y de inmediato se abisma en un profundo sueño, porque el pinchazo está sujeto a un hechizo. De este sueño, sólo el beso de su príncipe predestinado puede despertarla. Cualquier otro beso no sirve: muchos lo intentarán en vano.

Cabe interpretar este cuento en clave simbólica, Blanca, en la clave simbólica que nos suministra la teoría de las almas gemelas. Es tarea fácil si nos fijamos en su antecedente bíblico: el relato del sueño de Adán. Hemos de suponer que, al igual que Adán antes de quedarse dormido, la princesa insomne simboliza el alma andrógina primordial, la cual engloba a la princesa y al príncipe. La inmersión en el sueño representa la Caída en el mundo de la Dualidad por la escisión en dos del Andrógino. El príncipe se escinde de la princesa al dormirse ésta, igual que Eva se separa de Adán cuando a él le vence el sueño. En adelante, todos los esfuerzos se centrarán en restaurar la Unidad primordial de la pareja a través de la reintegración del príncipe en la princesa. Tal reintegración, tal matrimonio, viene significado por el beso, que es un símbolo antiguo de la unión de los amantes (aún hoy en día, lo primero que hacen los recién casados para sancionar su unión, es besarse). En las versiones primitivas de este cuento, parece que la unificación del príncipe y la princesa era descrita de una manera más cruda, por medio de un símbolo de unión más antiguo aún que el del beso: el coito. El príncipe violaba a la princesa dormida, que entonces despertaba...

Si el sueño es asimilable al estatus caído y dual, querida, el *despertar* vale por el retorno a la Unidad en la simbología religiosa: figura la restauración del Andrógino primordial. Déjame añadir que, en una versión algo distinta de este cuento de *La bella durmiente* -una versión reseñada en sus *Cuadros de viaje* por el poeta alemán Heinrich Heine-, se incluye ese otro motivo clásico de los cuentos de hadas: el reconocimiento de la pareja predestinada. Quiere esta otra versión pretendidamente más genuina que, cuando el príncipe se tope con la princesa dormida, él no esté aún en disposición de despertarla, pero que tome entonces la precaución de cortar un pedazo del preciado velo que la cubre. Así, cuando al cabo de toda una serie de pruebas heroicas, el valor del príncipe logre al fin romper el encantamiento, él acudirá de nuevo a su lado. Y cuando a su pregunta: "Bellísima princesa mía, ¿me conocéis?", ella le responda: "Valiente caballero mío, no os conozco", él le mostrará el trocito de tela que la princesa echaba en falta en su velo. Con lo cual se hará efectivo el poder del *symbolon*: "los dos se abrazan con ternura y suenan las trompetas y se celebra la boda".[189]

Este ejemplo de *La bella durmiente*, querida, nos remitirá a otro caso de sueño simbólico: el de ese poema erótico de resonancias místicas atribuido al rey Salomón: el Cantar de los Cantares. También aquí el alma se sumerge en el sueño, en el sueño de la Dualidad, y es despertada a la Unidad por el esposo, a través de la unión amorosa: "Bajo el manzano te desperté; allí donde te alumbró tu madre, allí donde te trajo al mundo la que te engendró." (Cant. 8: 5) La referencia a la madre (hablo ahora como lo haría un cabalista de pro) no es casual. Se repite en otras partes del Cantar donde la casa o la alcoba materna es el lugar adonde la esposa conduce al esposo para consumar la unión: "...hallé al amado de mi alma; le agarré para no soltarlo hasta introducirlo en mi casa materna, en la alcoba de la que me engendró." (Cant. 3: 4) "Yo te agarraría y te haría entrar en la casa de mi madre. Tú me instruirías en el amor y yo te daría a beber vino oloroso, jugo de mi granado." (Cant. 8: 2-3) Tales alusiones a la madre y a la casa o al lecho donde engendró, apuntan al lugar de donde partió la separación de los esposos, allí donde fue

---

189. Heinrich Heine, *Viaje por el Harz*

engendrada la Dualidad escindida. Señalan pues al Punto Oculto, Blanca: que es al propio tiempo el lecho nupcial del alma, porque la Unidad original de los esposos sólo podría ser formalmente restaurada allí donde se quebró.

Ahora bien, para ascender tan alto hará falta remontar la Caída, desandar sus pasos. Si te digo que es a lo que la esposa parece apremiar al esposo cuando le insta a regresar a ella "cual cervatillo por las montañas de Beter" (Cant. 2: 17), se dibujará en tu cara una sonrisa escéptica, como si la viera. Pero es que si tú y yo de jóvenes, buenos montañeros como éramos, nos hubiéramos interesado por esas montañas y por la posibilidad de escalarlas, querida, nos habríamos llevado un buen chasco, sabes. Como no pudieron dejar de observar los cabalistas, las montañas de Beter no existen sino en el plano simbólico: el nombre *Beter* proviene de una raíz hebrea que significa "cortar en dos", "separar". Luego, la esposa del Cantar estaría apremiando al esposo a superar la Dualidad escindida para reunificarse con ella, para restaurar con su esposa la Unidad original de ambos... Y ahora viene la pregunta del millón: Esto, ¿cómo se logra? ¿Cómo haremos para cruzar las montañas de Beter?

En realidad, nadie nos pagaría un millón por responder a esto. Porque la respuesta no puede ser más fácil, Blanca; no necesitamos recurrir a la intuición mística, la lógica nos basta. En buena lógica, no hay más que un medio para invertir los efectos de la Caída, para abolir la escisión en dos de la Unidad primordial, y ese medio es anular la causa que la desencadenó... Interesémonos, pues, por la causa de la Caída. Tratemos de responder a esa pregunta que el novelista Herman Melville formuló en estos literarios términos: "¿Qué broma cósmica o desliz del Anarca desintegró al hombre entero y arrojó los fragmentos a través de la puerta de la vida?"[190]. (En este Anarca que incurre en un desliz, debes ver aquellos Dioses bastardos de los que, si la tienes presente, te hablé al final de mi primera carta.) Traslademos la pregunta a los antiguos sabios. Su opinión nos aportará la clave para responder a ese otro interrogante, que, replanteado de este modo, sí que se convierte en la pregunta del millón: ¿Cuál es el camino de retorno al Origen?

Comenzaremos para ello por remitirnos a la carta anterior, allí donde describíamos el Universo tal como lo vieron los antiguos sabios. Lo vieron -dijimos- en forma de una sucesión de círculos concéntricos. Al punto central, interior, lo llamaron Mundo Superior o Punto Oculto; a los círculos que le seguían, mundo intermedio; y mundo inferior al círculo más externo. Este último -caracterizado por la Dualidad, por la Dualidad escindida- es el círculo que habitamos los seres humanos mientras permanecemos encarnados. El mundo intermedio es el círculo del alma, y es un mundo de transición habitado por los ángeles y por los humanos desencarnados (entre los que tú te cuentas ahora, amor mío). Y en el centro, en el Punto Oculto, habita Dios. Pero no es que lo habite: el Punto Oculto *es* Dios, y su característica es la Unidad, o sea, la Dualidad integrada.

Cuando te expuse esta cosmovisión, obvié sin embargo deliberadamente un punto fundamental, aunque haya aludido a él de pasada a lo largo de estas cuatro cartas. Ahora ha llegado el momento de plantearlo abiertamente: ¿Cuál es la naturaleza del mundo inferior? ¿Y la del Mundo Superior? (Prescindiremos del mundo intermedio, que no es sino una gradación entre ambos.) Dicho de otro modo, Blanca: el mundo inferior se caracteriza por la Dualidad escindida,

---

190. Herman Melville, *After the Pleasure-party*

310

sí, y el superior por la Dualidad integrada, por la Unidad. Ah, pero ¿de qué está hecha la Unidad, de qué está hecha la Dualidad escindida?

Pues bien, el dictamen de los antiguos sabios es claro y rotundo: la Dualidad escindida está hecha de *Materia*, y es corpórea por tanto. La Unidad, en cambio, es inmaterial e incorpórea: está hecha de *Espíritu*.

"El Espíritu es indestructible, imperecedero; todo lo penetra. Nadie puede destruir ese Ser inmutable... El Espíritu nunca nació; nunca cesará de existir: es eterno. Está por encima del tiempo, del que ha pasado y del que ha de venir; no muere cuando el cuerpo muere... Está más allá del pensamiento, y los ojos mortales no pueden verlo."[191] En estos sensacionales términos se habla del Espíritu en el *Bhagavad-Gita*, Blanca, en el "Canto del Altísimo" hindú, escrito hace más de dos mil años. A través de los siglos, el concepto ha conservado el mismo halo de misterio..., un prestigio que justo ha comenzado a perder en nuestros días. Hoy el Espíritu no tiene buena prensa, tú lo sabes, se ha vuelto un concepto trasnochado; la gente frunce el ceño cuando oye hablar del Espíritu. La misma circunstancia que antes alimentaba su misterio -eso de que esté más allá del pensamiento y de que los ojos mortales no puedan verlo- se ha girado ahora en su contra, ahora que el mundo se ve más como una pintura que como un tapiz. Tampoco le ayuda el hecho de que históricamente haya sido tan manipulado en favor de intereses espurios. Ha querido imponerse además: el hombre *debía* renunciar a la Materia en pro del Espíritu. Pero, ¿verdad que es una incongruencia pretender imponer a alguien la libertad? Pues esto es lo mismo: el Espíritu no se impone; no se impone a

191. *Bhagavad-Gita*, 2: 17, 20, 25

los demás en todo caso: se conquista en el corazón de uno. Lo veremos en la próxima carta. Y veremos también que la progresiva conquista del Espíritu, lo es de la Unidad también. Porque el Espíritu es de lo que la Unidad está hecha, Blanca. Es por esto que Platón, atendiendo a la naturaleza incorpórea de las ideas, definía el mundo de la Unidad, el Mundo Superior, como "mundo de las Ideas". Cada cosa de este mundo material tiene, según Platón, su origen en aquel alto mundo; cada cosa de este mundo material es el vestigio de un modelo espiritual, de una Idea.

Los antiguos sabios hasta llegaron a abstraer, en la Materia, el principio separador responsable de la escisión. Ese principio, querida, no es otro que el *egoísmo*. Y en el Espíritu reconocieron el principio contrario: el *altruismo*; un principio unificador que es el que posibilita la *unión perfecta* de los Dos en el Punto Oculto. El Espíritu es copulativo; la Materia, disyuntiva. Vladimir Soloviev explicaba este contraste en base a aquella conocida ley de la Física: la de la impenetrabilidad de la Materia, así como a la propiedad contraria del Espíritu. Dos objetos materiales, nos recuerda Soloviev, son, a diferencia de dos espíritus, impenetrables el uno para el otro; lo que hace que se excluyan mutuamente; que no puedan ocupar simultáneamente el mismo lugar; que no puedan, por tanto, fusionarse en uno solo.

Pero así descritas, Blanca, Materia y Espíritu podrían antojársete dos sustancias esencialmente dispares, dos sustancias antagónicas separadas por un abismo insalvable. Y bueno, no te oculto que tal era la idea de determinados sistemas antiguos -como el zoroastrismo, como el maniqueísmo, como los sistemas gnósticos, para todos los cuales en el Universo coexisten dos elementos o sustancias diversas e irreconciliables. En general, no obstante, se creía más bien en la existencia de una sola sustancia, una sustancia que habría adoptado, por así decir, dos estados opuestos. Puedes pensar en dos lugares antípodas uno de otro, pero ubicados en el mismo orbe. A este orbe o sustrato común, a esta sustancia elemental única, los antiguos sabios le dieron, entre otros, el nombre de *el Ser*, en alusión a la esencia irreductible de todo lo que existe.

Tachadura al margen. La negra tinta del rotulador emborrona buena parte del margen de la hoja, encubriendo lo que presumiblemente fuera una cita. Con todo, junto con la fecha (28-8-99) y palabras sueltas, aún puede leerse: *…visita escolar al museo de …/… un viejo reloj de bolsillo en una vitrina…/… ¡Mira, éste es de mi época!"*. A tenor de acotaciones ulteriores, esta época quizá podamos fijarla en el siglo dieciocho.

Recurramos a aquella imagen que ya nos sirvió al comienzo. Supón que el Ser, que esta sustancia única que te digo, fuese agua. Pon que esa agua está embalsada en la cumbre de una montaña y que sobreviene una catástrofe: el dique de contención se agrieta y cierta cantidad del agua embalsada se precipita ladera abajo en forma de río. Ahora, Blanca, puesta a suponer, supón que en la cumbre de esa montaña reinara una temperatura constante que mantuviese el agua del embalse en su estado líquido original, mientras que ladera abajo la temperatura descendiera de forma progresiva. (Ya sé que esto no es verosímil, sólo estamos suponiendo.) Tendríamos que el agua del río cambiaría de estado conforme se precipitase ladera abajo ¿verdad?: pasaría gradualmente del estado líquido al sólido. Y, para cuando llegara abajo de todo, al valle, lo que ocurriría es que se habría solidificado por completo, se habría convertido en hielo. Y el hielo, ¿qué es lo que tiene? Lo que tiene el hielo es que deja como en suspenso las cosas; las desvirtúa, deja sus propiedades momentáneamente sin efecto... (En vez del Ser, hubiésemos podido también decir la Luz, y entonces hablaríamos de un eclipse, de una Luz oscurecida.)

Bien, pues si imaginamos que el agua es el Ser, la sustancia única del Universo, entonces su estado líquido corresponde al Espíritu en nuestra metáfora, y el sólido a la Materia. El Espíritu es el estado genuino del Ser, el estado que le es propio, es decir el estado del Ser en el Origen, antes de caer, al igual que el líquido es el estado original del agua, el estado del agua en el embalse. Y si el Espíritu es el Ser en su estado natural, Blanca, la Materia ¿qué será? Obviamente, un estado desnaturalizado, anómalo, el estado resultante de ese proceso degenerativo por el cual el Ser se desvirtúa y queda momentáneamente en suspenso, descendiendo en potencia y dignidad. (Estoy siguiendo de cerca en esto a uno de los más grandes sabios de todos los tiempos, querida, y, si atendemos al testimonio de sus contemporáneos, uno de los más grandes santos también: el filósofo neoplatónico Plotino.) Ahora, como sea que el Espíritu es la constitución de la Unidad y la Materia la constitución de la Dualidad, el antedicho proceso por el cual una porción del Ser espiritual del Origen se desnaturalizó o cambió de estado, es el estricto reflejo del proceso que describíamos páginas atrás: aquel por el cual la Unidad -la Dualidad integrada- se transmutaba en Dualidad escindida al caer a través de los mundos.

Es decir, Blanca, en el instante en que la Unidad espiritual se escinde en dos, esas dos mitades comienzan a "materializarse", a corporificarse; se vuelven pesadas y, como consecuencia, caen. La sustancia sutil del Origen se condensa y resulta en la sustancia densa, grosera, de que está hecho el mundo inferior. El mundo inferior es el reino de la Dualidad escindida, y está hecho de Materia. Pero -detalle importante, querida- la Materia no reside en la Dualidad, sino en la escisión: cuando es integrada, esto es en el Uno, la Dualidad es tan espiritual como el propio Uno (sin esto no podría engendrarle). Los Dos implícitos en el Uno son, pues, espirituales. Y sobre todo es espiritual *su mutuo amor*, por el hecho de ser el mutuo amor de los Dos el que, al consumarse en la *unión perfecta*, engendra al Uno. Es justamente la naturaleza inocente, espiritual, del amor de los Dos implícitos en el Uno lo que -en razón de la mencionada propiedad unitiva del Espíritu- mantiene a éstos cohesionados, fusionados el uno con el otro en *unión perfecta*.

Y bueno, ya con estas pistas te resultará muy fácil adivinar a qué se debió la Caída; qué fue lo que, según nuestros sabios, desencadenó el "divorcio" de los Dos y la consiguiente degradación de Dios -de una porción de Dios- al rango de hombre... Lo has adivinado: la causa habría que buscarla en un cambio en la naturaleza del mutuo amor de los Dos: *en la pérdida de su inocencia*, de su espiritualidad. O lo que es lo mismo, querida: en la intrusión de la materialidad en su mutuo amor... ¿Cómo que a qué me refiero con "la materialidad en su mutuo amor"? Lo sabes muy bien, no te hagas la tonta. La materialidad es, en el amor, el deseo sexual, que si quieres saberlo, es un deseo eminentemente egoísta, y extraño por tanto a la naturaleza de lo Divino, ajeno por completo a la Unidad. El sexo implica separación, división, la misma palabra lo delata. La etimología, sabes, es una inestimable fuente de pistas para los detectives de mi ramo, y la palabra *sexo* quiere decir "cortar", "separar"; proviene de la raíz latina *sec*, que ha dado también el verbo "seccionar". ¿Cómo iba, pues, a tener el sexo cabida en *el Uno*? En homenaje a uno de tus libros preferidos de Agatha Christie: sería como introducir *un gato en el palomar*. Cosa nada aconsejable, pero que según nuestros sabios es lo que sucedió después de todo. Ellos no lo dijeron de este modo, claro. Pero su idea era ésta: el sexo es el pecado original del amor; la Materia, el pecado original del Espíritu.

Pero bueno, ¿a qué viene esa cara que te adivino? Para tu tranquilidad te diré que ni me he arrojado en brazos de una Liga Anti-Vicio, ni he abrazado el puritano ideario de Juan Calvino, ni milito ahora en una secta rara. Estas ideas que te expongo no son tampoco chocheces propias de la edad, ni me las he sacado de la manga como un vulgar fullero: no he llegado a ellas sino tras largos años de indagaciones en el libresco mundo de la sabiduría antigua. Han sido años de pesquisas, de registros (bibliotecas enteras he peinado en pos de pistas), años de seguimientos (porque a menudo un libro me ha llevado a otro y éste a un tercero) y de agotadores interrogatorios a los antiguos sabios en busca de respuestas a mis preguntas. Que son muchas, Blanca, pero que se resumen en esta sola: ¿volveré a verte algún día? Y de cuyas respuestas te estoy dando cuenta para que tú, que siempre me habías reprochado el ser un descreído, sepas ahora exactamente cuál es mi credo.

Habría sido pues, te iba diciendo, la intrusión en el Uno de ese "cuerpo extraño", el deseo sexual, la causa de que una porción de la Unidad dejase de hacer honor a su nombre y *se seccionase* en dos. La causa, en suma, de que una porción de la Unidad se precipitase en el mundo de la escisión y de la Materia. Salvo que este mundo de la escisión y de la Materia, Blanca, o sea el Universo físico, no existía con anterioridad a la Caída: vino a existir simultáneamente con ella. En efecto, la ruptura de la Unidad acarreó el surgimiento de la

Dualidad escindida y, con ella, de los mundos "escindidos", que son los intermedios y el mundo escindido por antonomasia, el mundo inferior. De ahí que los antiguos sabios viesen un correlato entre la Caída y la creación (la creación casi instantánea que consigna la Biblia) del Universo físico.

Dicho correlato tiene, por cierto, una implicación que merece ser señalada, pues entronca con los postulados de las mitologías y las religiones primitivas. Y es que, en cuanto resultado de la infiltración del sexo en el amor de las dos Personas de Dios, el Universo físico se nos revela como el fruto de la cópula sexual de esas dos Personas. Lo que casa al dedillo con las descripciones primitivas de los dioses creadores: dioses bisexuales que crean el Universo copulando "consigo mismos", es decir, con su pareja divina. Estos dioses, querida, encarnarían a las dos Personas de Dios correspondientes a Su porción caída. Es decir, no son ya el Uno. O más bien son el Uno en el instante mismo de caer, el Uno en el preciso instante en que los Dos implícitos en Él profanan el amor al trocar en sexualidad la espiritualidad de su cópula.

Pero hay otra salvedad que conviene hacer aún. Es a propósito de la idea de infiltración o de intrusión en el Uno de un cuerpo extraño. Ocurre como cuando te hablo de un "fuera de Dios": son sólo maneras de decir las cosas, figuras retóricas útiles para entendernos, pero que resultan falsas si las tomamos al pie de la letra. Tomado al pie de la letra, en efecto, el concepto de infiltración aquí resulta falso, porque presupone la existencia de dos sustancias diversas e independientes, una de las cuales se injiere en la otra. Y ya te he dicho que, aunque esa opinión no careciera de partidarios, no era la mayoritaria entre los antiguos sabios, que asumían más bien la existencia de una sola sustancia universal. En sentido estricto, por tanto, no es que el amor del Origen se viese invadido por un amor foráneo. Es explicarlo mejor decir que ese alto amor se desvirtuó, se vació de contenido digamos, al perder su inocencia, su espiritualidad original y definitoria. No es que en una botella de agua se infiltrase un líquido extraño: es más bien que el agua de la botella se derramó.

EL SUEÑO DE LA MATERIA

Recordarás que la causa de la Caída se tipifica en el Génesis por la ingestión de un fruto prohibido, el del Árbol de la Ciencia del Bien y del Mal. Como su propio nombre indica, Blanca, se trata del árbol de la Dualidad, de la Dualidad escindida, es decir, del árbol de los opuestos. Conocido también como Árbol de la Muerte, a él se contrapone el Árbol de la Vida, caracterizado por la Unidad y de cuyo fruto se alimentaban Adán y Eva en el Paraíso antes de ser tentados por la insidiosa serpiente. El hecho de que el inductor de la transgresión fuese una serpiente es igualmente revelador, pues -lo mismo que el dragón y los reptiles en general, que viven a ras de tierra- la serpiente es, desde antiguo, símbolo de la Materia. Y eso sin hablar de su simbolismo fálico, sexual: leo en un artículo de antropología que, entre los pueblos del Medio Oriente, circulaba en tiempos la superstición de que las serpientes instruían a los humanos en la realización del coito. Ya el solo hecho de arrancar el fruto del árbol es indicativo de la clase de transgresión de que se trata, sabes. Porque "arrancar la fruta" era un eufemismo corriente para aludir al acto sexual. Quiere además la tradición que el fruto prohibido fuera precisamente una manzana, emblema antiguo de los deseos terrenales y en particular de la sexualidad.

No necesito recordarte que la causa de que un célebre personaje de cuento de hadas se sumergiera en un profundo sueño (o lo que es lo mismo, en el estado caído, dual), fue también la ingestión de una manzana.

Y ya que aludo a *Blancanieves*, querida, si procedemos a extraer el "detrás", el simbolismo original de este cuento (igual que hicimos antes con los de *Cenicienta* y *La bella durmiente*), verás que también él se nos revela como una suerte de recreación *naïf* de la Caída. Lo mismo que la bella durmiente, la Blancanieves todavía despierta representaría el estado original del alma, su estatus andrógino, divino, de antes de caer. Un estatus caracterizado por la espiritualidad, de la que -con su connotación de inocencia, de pureza- da cuenta el mismo nombre "Blancanieves", que vendría a ser el del alma antes de la Caída -así como el de "Cenicienta", con su insinuación de oscuridad, sería el de después. La portadora de la manzana es aquí una bruja y no una serpiente, pero para el caso es lo mismo. Al comer de ella, Blancanieves pierde su "blancura", su inocencia, y, como resultado, se sume en un profundo sueño. Sólo el beso de su príncipe, de su alma gemela, puede rescatarla de este sueño que es también el sueño de *La bella durmiente*, el sueño de la Dualidad escindida.

Del beso ya dije que es símbolo antiguo de la *unión perfecta* de los amantes. Agrego ahora que esa unión lo es de las almas y no de los cuerpos, pues en el beso se unen los alientos, y el aliento era el estereotipo por excelencia del alma, del espíritu: *pneuma*, *ruach* y *ruch*, voces griega, hebrea y árabe respectivamente para *alma*, significan justamente "aliento", que es lo que en la tradición abrahámica Dios insufla a Adán para convertirlo en ser animado.

Más pistas. Numerosas tradiciones esotéricas apuntan a la aparición de la concupiscencia, es decir, de los apetitos materiales y egoístas, fundamentalmente el deseo sexual, como el factor desencadenante de la Caída. Son muchos los sistemas gnósticos que hablan de la Caída como el resultado del enamoramiento voluptuoso de un dios: al hilo de ese acto sexual, habría venido a existir el mundo material y dual. También en el hermetismo germinó la idea de un desliz amoroso como explicación de la Caída. "Aquel que se reconoce a sí mismo -sentencia el *Poimandrés-* (o sea, aquel que se reconoce como lo que es: un ser espiritual de filiación divina) alcanza el sumo bien, mientras que quien ha amado el cuerpo surgido a causa del *error del amor*, ése permanece en la oscuridad, errando, sufriendo en sus sentidos las cosas de la muerte."[192] Porque para los sabios hermetistas, Blanca, el deseo carnal va ligado a la muerte, está en el origen de la pérdida de la inmortalidad divina. En esta misma pieza maestra hermética leemos: "Dejad que el hombre espiritual se reconozca a sí mismo, entonces descubrirá que es inmortal y que *el deseo carnal es el origen de la muerte*."[193] "¡Oh, pueblos, hombres nacidos de la Tierra! -exhorta Poimandrés- ¡Vosotros, que os habéis abandonado a la embriaguez, al sueño y a la ignorancia de Dios, sed abstemios, dejad de revolcaros en la crápula, hechizados como estáis por un sueño de animal!"[194]

Una antigua parábola india que presenta cierto aire de familia con el persa *Relato del Exilio occidental* y con el gnóstico *Canto de la Perla*, nos brindará un ejemplo oriental. Érase una vez un viejo maestro yogui llamado Matsyendranâth, quien,

---

192. Corpus Hermeticum, *Poimandrés*, 19 (las cursivas son del autor de la carta)
193. *Ibid*, 18 (cursivas del autor)
194. *Ibid*, 27

cegado de curiosidad hacia el amor físico, se las arregló para que su espíritu entrase en el cuerpo de un hombre joven acabado de fallecer, vivificándolo. En este cuerpo prestado, Matsyendranâth satisface su curiosidad, pero en ese mismo instante se sumerge en el olvido. Amnésico de su verdadera identidad, es hecho prisionero por las mujeres del país de Kadali, con el que se simboliza aquí la Materia y el mundo inferior. Tendrá que ser su discípulo Gorakhnâth el que, acudiendo en su rescate, le saque de esa amnesia. Y mira el ardid tan original que emplea: para atraer la atención de su maestro, adopta la forma sugerente de una danzarina. Pero su danza encierra un mensaje encriptado, está cargada de símbolos; símbolos que el maestro descifra y que tienen la virtud de devolverle la memoria.

Otro ejemplo oriental, querida, es el de la mismísima doctrina budista. En efecto, el budismo identifica a la concupiscencia -lobha- como una de las tres causas (las otras dos son la ira y la ignorancia) de esta vida menoscabada que es la vida humana. Toda vez que la fuente de la lobha es el egoísmo, dice el Buda que el método más eficaz para combatirla es el pensamiento altruista: el pensar en los demás, en el bienestar físico y espiritual del prójimo, antes que en el propio. Según el Libro de los Muertos tibetano o *Bardo Thodol*, de todos los atractivos mundanos con que la Materia tienta al alma del difunto para impedir su liberación y seguir así encadenándola al ciclo de las reencarnaciones, la unión carnal es con mucho el más eficaz. De ahí que los lamas que velan a los moribundos traten de persuadirles para que mueran con la mente puesta en el solo pensamiento del amor puro. O sea, Blanca, que, para los budistas, el deseo sexual habría sido el causante no sólo de la Caída inicial del alma, sino también el principal responsable de las sucesivas y reiteradas caídas (reencarnaciones) del alma en este bajo mundo.

El surgimiento del deseo sexual como el factor responsable de la Caída es también -ya de vuelta en Occidente- una de las ideas-fuerza del Pietismo. Y como juzgo probable que tu conocimiento acerca de este movimiento religioso se reduzca a la mención que de él se hace en un libro azul violado (la joven Vanenka de *Ana Karenina*, "ese ángel de bondad" como la define Tolstoi, se adscribe entre sus prosélitos), te diré que el movimiento pietista surge en el seno de la Iglesia luterana alemana del siglo dieciocho; que, en línea con nuestros sabios, los pietistas ponían énfasis en la intuición mística y en la experiencia interior de los fieles frente al dogmatismo religioso; y que tenían una visión evolutiva del mundo, en consonancia también con la de nuestros sabios (de esta visión del mundo he de hablarte largamente en mi próxima carta). Además, para estos místicos, la meta del ser humano no era otra que la perfección andrógina: es decir, el retorno al Origen, ya que otro punto central del pensamiento pietista es que Adán había sido creado andrógino por Dios. Y esta perfección andrógina, Blanca, sólo se alcanza, según ellos, por la vía de un amor que está predeterminado, siendo así que el amor conyugal cumple, para pietistas como el conde de Zinzendorf, una función salvadora.

Ya te advertí que no soy muy partidario de ir explicitando influencias. Pero mencionar aquí que una fuente de inspiración para los pietistas fue Jakob Boehme, me servirá para enlazar de nuevo con este teósofo cristiano del siglo diecisiete, y, concretamente, con su interpretación del sueño de Adán...

Sugiere Boehme que Adán (el Adán andrógino, por tanto un Adán indistinguible de Dios), al quedarse dormido, "se imaginó a sí mismo en la Naturaleza (*Physis* en griego)". Es decir, se imaginó en el mundo físico. Se soñó bajo forma material y escindido en dos mitades. La Materia -y de su mano la Dualidad escindida- se deslizó así, por la vía del sueño, en el Adán andrógino y espiritual del Origen. Discípulos de Boehme como J. J. Wirz y Gottfried Arnold concretarían esta "fantasía material" de Adán al decir que éste se había imaginado a sí mismo apareándose "como los animales" con su "esposa oculta": fue la razón por la que Eva se separó de él. El teósofo alemán Michael Hahn era de la misma opinión. Para él, el error de Adán (e inversamente el de Eva, aunque Hahn no lo diga) fue sentir deseo carnal hacia su esposa Eva, a la que habría intentado poseer sexualmente. "Si Adán hubiera poseído a su esposa siempre espiritualmente" -escribe-, ella nunca se habría separado de él. (Este acto de fuerza, si me permites la retrospectiva, estaría en el origen de la "deuda de lágrimas" que, según aquella *Historia de la Piedra* que te referí en mi primera carta, el alma tiene contraída desde el Origen con su gemela.)

Por la misma época que estos teósofos, nuestro amigo John Milton ponía en boca del Arcángel Miguel las siguientes palabras referidas a Adán y Eva:

> La imagen del Creador, dijo Miguel,
> Abandonóles al envilecerse
> Para satisfacer sus apetitos
> Desordenados, y entonces tomaron
> La semejanza de aquel que sirvieron,
> El vicio animal.[195]

---

195. J. Milton, *El Paraíso perdido*, xi, 513-518 (traducción de Esteban Pujals)

Es decir, Blanca, según el *Paraíso Perdido* de Milton, Adán y Eva perdieron la "imagen del Creador" en ellos (o sea la Divinidad, la Unidad) de resultas de la intrusión en su mutuo amor del "vicio animal", esto es, de la concupiscencia.

UNA INFIDELIDAD AMOROSA

La idea de una desviación material en el amor puramente espiritual del Origen, o sea en el amor de los Dos implícitos en el Uno, viene igualmente sugerida -ya lo he dicho- en la recreación de la Caída que ofrece el *Poimandrés*. Pero antes de remitirnos de nuevo a ese tratado, Blanca, convendrá que te ponga rápidamente en situación al respecto:

Hablar del *Poimandrés* es hablar de una corriente filosófica que echaría profundas raíces en el esoterismo occidental: el hermetismo. Y hablar del hermetismo supone hacerlo en primer lugar de la que fue su cuna, la Alejandría helenizada de los albores de nuestra era. Verás que algunos de los sabios antiguos que desfilarán por nuestras cartas -pienso en Orígenes, en Filón, y en Clemente de Alejandría- llevan el nombre de esta ciudad tras el suyo propio. Pero hay muchos otros -como Plotino y como Proclo, como el maestro gnóstico Valentín y el astrólogo Tolomeo- cuyo nombre podríamos vincular también por un epíteto al de esta ciudad egipcia. Todos vivieron en ella en ese fecundo período de su historia: comienzos de la era cristiana. Sin exagerar demasiado, podría decirse que desde esos primeros siglos, con escasos paréntesis y durante casi un milenio, Alejandría se erigió en la meca de la sabiduría antigua, y, por eso mismo Blanca, de la tolerancia ideológica. En aquella ciudad cosmopolita, coexistieron armoniosamente todas las corrientes filosóficas y las escuelas científicas de su tiempo, todas las tendencias místicas de Occidente y de Oriente y todas las confesiones religiosas, incluido un amplísimo abanico de sectas. Y la coexistencia en armonía lo que tiene es que propicia los mestizajes: es decir las influencias, el enriquecimiento mutuo. Fue, pues, en esta suerte de arca de Noé de la sabiduría antigua, en este campo abonado para el pensamiento, donde brotó el hermetismo -pero también el neoplatonismo, el gnosticismo, el cristianismo de los Padres griegos de la Iglesia, la Alquimia...

El hermetismo debe su nombre a un legendario sabio egipcio contemporáneo de Moisés: Hermes Trismegisto, o sea, Hermes el "Tres veces grande" en sabiduría. El ingente corpus de la literatura hermética estuvo perdido durante toda la Edad Media. Fue durante el Renacimiento, en Italia, cuando a partir de copias bizantinas se rescataron algunos textos, el *Poimandrés* entre ellos, compilándose en lo que hoy se conoce como *Corpus Hermeticum*. El descubrimiento de un texto espiritual perdido, sabes Blanca, es una de esas tantas cosas que no ocurren por azar según los sabios. De libros como el *Poimandrés*, el *Zóhar* o los evangelios gnósticos, se dice que aguardaban el momento propicio para ver la luz sin que su sabiduría cayese en saco roto. Acerca de la manera como el *Corpus Hermeticum* vio la luz, circulaba antaño, por cierto, una linda historia; sé que te gustará. Cuentan que en cierta casa de Alejandría se levantaba una estatua de piedra en lo alto de una columna de madera. La gente la veneraba como a la imagen de un gran sabio de la Antigüedad y solía mirar bajo sus pies, pues una inscripción invitaba a hacerlo así si se deseaba "conocer el secreto de la creación de los seres y de qué modo fue formada la Naturaleza". Nadie halló nada bajo los pies de la estatua, pero en la casa vino a habitar un niño que, cuando fue lo bastante mayor para leer la inscripción, comprendió su verdadero sentido y miró, no bajo los pies, sino bajo la columna de madera. Descubrió así una cámara subterránea, y en la cámara, una tumba presidida por la imponente estatua de un hombre sentado. Y el hombre sostenía una tabla hecha de esmeralda con jeroglíficos en los que se leía: "He aquí la formación de la Naturaleza"; y, en un voluminoso libro a su lado: "He aquí el secreto de la creación de los seres y la ciencia de las causas de todas las cosas."[196] Aquella tabla, Blanca, era nada menos que la *Tabula smaragdina*, el famoso texto fundador de la Alquimia; el libro era el *Corpus Hermeticum*; y la estatua y la tumba, los de Hermes Trismegisto.

No podemos decir si este gran sabio existió realmente, pero de ser así, la leyenda lo sobredimensionó al identificarlo con Thoth, dios de la sabiduría en el antiguo Egipto, asimilado por los griegos a su Hermes. Real o apócrifo, Blanca, a Hermes Trismegisto se le ha otorgado tradicionalmente el patronazgo de la sabiduría esotérica u oculta (de aquí que el adjetivo *hermético* haya llegado a designar todo lo que es secreto); de modo que podemos suponer que algunos de nuestros sabios se encomendarían a él a la hora de escudriñar, con los ojos del segundo término, el "detrás" del Universo. Por lo demás, no es nada extraño que tal honor recayese en un sabio del Egipto faraónico, civilización mítica donde las haya para los antiguos sabios de Occidente, que, a tenor de sus vestigios, la reputaron cuna de la sabiduría antigua. Y aun en el caso de que este misterioso personaje fuera un sabio de carne y hueso, Blanca, es seguro que no son suyos la mayoría de los libros que en la antigüedad circularon con

---

196. Balînûs (Apolonio de Tiana), *Kitâb sirr al-Halîka*

su nombre: ¡sólo en Alejandría, unos veinticinco mil!, lo que justifica o se justifica por su reputación de protector de las bibliotecas e inventor de la escritura. Y es que el nombre "Hermes Trismegisto" era un cajón de sastre en el que se embutía todo aquello que en la sabiduría esotérica resultaba de paternidad incierta. Libros, aforismos, símbolos, incluso la fundación de la Alquimia, arte hermético por excelencia, se le atribuyeron espuriamente. Por otra parte, fueron muchos los sabios antiguos que, optando por el anonimato, invocaron como responsable de su obra a un sabio de leyenda: fue, como vimos, el caso del autor del *Zóhar*, y seguramente otro ejemplo sean los autores de los textos griegos atribuidos a Hermes Trismegisto y compilados en el *Corpus Hermeticum*, del que el *Poimandrés* es el primer libro y la piedra angular.

¿Sabes, Blanca, cómo imagino yo al autor del *Poimandrés*? Quizá en recuerdo de los superhéroes de cómic de nuestra infancia, lo imagino viviendo una doble vida. Por la mañana, trabaja de artesano quizá, o regenta una botica (igual que Attar, el poeta sufí) en una populosa calle de Alejandría. Para ya luego, por la tarde, aplicarse a la paciente labor de escribir esa suerte de Génesis pagano -como ha sido definido su libro. Por las tardes muda en Hermes Trismegisto digamos, lo mismo que el tímido reportero del Daily Planet se transformaba en Superman cuando la ocasión lo requería. Entrecierro los ojos y me parece verle: ahí está, sentado ante una mesa a la luz de unas velas, en la gran sala de la Biblioteca de Alejandría, que según las crónicas llegó a albergar un millón de manuscritos (¡qué insignificante la biblioteca azul a su lado!). Pensativo, con la pluma de caña en la mano, baraja el vocabulario griego en busca de las palabras justas para narrar la Caída. Para narrarla tal como su intuición mística se la representa, que es escuetamente así:

El Hombre primordial, cuya naturaleza era "a la vez masculina y femenina", residía felizmente en el Reino Celestial, ya que su esencia no era distinta de la de Dios. Pero cometió la imprudencia de mirar hacia abajo, instante en que se enamoró de la Naturaleza -de la *Physis*. En una palabra, se enamoró materialmente, lo que provocó su caída en el mundo inferior, "y la Naturaleza... lo aprisionó en su mano"[197]. Ahora, dividido en dos (porque, como consecuencia de la Caída, "el vínculo que unía todas las cosas quedó roto...; todas las criaturas vivientes, habiendo sido hasta entonces bisexuales, resultaron divididas en dos... y así llegaron a ser varones y hembras"[198]), ahora, digo, "está dominado por el deseo carnal y por el olvido". Por un olvido de la misma clase que el que aquejaba al protagonista del *Canto de la Perla*, querida; no en vano el mito central de la tradición gnóstica es afín al del hermetismo.

En efecto, el mito gnóstico nos habla también de un drama interno de la Divinidad: dice en síntesis que, cegados por el deseo de conocer el cuerpo, una porción de los *Eones* o las *Syzygias* incorpóreas que eternamente integran la luminosa esfera de la Divinidad -el Pleroma divino-, se volvieron hacia la Materia, momento en el que ésta los engulló.

Entre las tradiciones espirituales que interpretaron la Caída como el efecto perverso de una desviación en el amor del Origen (en el amor de los Dos implícitos en el Uno), no podríamos tampoco dejar de recordar la leyenda del Santo Grial. Tenemos mucho que hablar de esta leyenda, Blanca, y, aunque lo haremos principalmente en otra carta, vaya por delante que el Grial simboliza el estado original del ser

---

197. Corpus Hermeticum, *Poimandrés*, 14
198. Ibid, 18

humano, su Integridad perdida. Y se aparece en un castillo encantado, un castillo de ubicación insegura y de arduo acceso habitado por un Rey que ha perdido su Integridad, como también la ha perdido su Reino. La escenografía de estas apariciones tiene la cualidad mágica, sobrenatural, de los sueños. Y quizá se trate justamente de eso, sabes: de la plasmación del sueño, la plasmación de la nostalgia de ese Rey disminuido, el Rey Pescador, que sueña con recobrar su Integridad perdida.

Dos son las explicaciones que en los relatos del Grial se nos ofrecen de la caída en desgracia del Rey Pescador (porque es un rey aficionado, como yo, a la pesca) y de su Reino. Una es la de la llamada *Elucidación*. Se describe ahí el estado original del Reino como un estado paradisíaco en el que los caballeros bienaventurados gozaban de la casta compañía de mujeres sobrenaturales: vírgenes hermosísimas que les servían, en cuencos y copas de oro, comida y bebida en abundancia: una manera de decir que les procuraban la felicidad perfecta. Es ésta, Blanca, una descripción muy semejante a la que la mitología noruega hace del Walhala, donde las vírgenes Walkirias se ocupan de los caídos en combate. O a la que hacían los antiguos celtas de su Paraíso, localizado en una isla blanca y secreta, la isla de Ávalon, convertida después en la Tierra de las Hadas de los cuentos. Y tiene también un aire de familia con el Cielo musulmán, que es un Cielo poblado por las bellísimas y siempre vírgenes *huríes*, artífices de la felicidad de los bienaventurados, a los que los antiguos sabios musulmanes imaginaban, como ya declaré, alojados en el seno de perlas (símbolo de la Unidad, del *Tawhid* como se dice en árabe), cada uno en compañía de su *hurí* predestinada. No es imposible que el anónimo autor de la *Elucidación* se inspirase en uno de estos Cielos a la hora de caracterizar el Reino del Grial anterior a la Caída. En cualquier caso, para él, la pérdida de ese estado paradisíaco se había debido al quebrantamiento, por parte de los caballeros bienaventurados, de una ley sagrada vigente en ese reino: la ley de la castidad.

La otra explicación griálica de la Caída es la que Wolfram von Eschenbach nos ofrece en su *Parzival*, versión alemana de la leyenda, para cuya redacción dice que se basó, no en la primera de las versiones conocidas, el *Cuento del Grial* de Chrétien de Troyes, sino en un texto anterior redactado como éste en francés antiguo y basado a su vez en otro texto árabe. Recalca Wolfram que el servicio del Grial "sólo puede ser desempeñado por caballeros que vivan en castidad."[199] Y especifica que la dolencia del Rey Pescador (aquí llamado Anfortas, del francés antiguo *enfertez*, "enfermedad") se debió a que este Rey del Grial -un rey que tenía la palabra *Amor* por divisa- "ansió el amor fuera de la castidad"[200], comportamiento este incompatible con el Grial, según Wolfram. Él mismo acomoda este dictamen a otra interpretación según la cual el Rey del Grial "cayó" por haber vuelto los ojos hacia una mujer que no era la suya. Es decir, hacia una mujer que no era la que el Grial le tenía asignada, ya que entre las innumerables virtudes del Grial se cuenta el concertar mágicamente los matrimonios de todos aquellos adscritos a su linaje. El Rey del Grial cayó, pues, por haber sido infiel a su mujer. Pero esta infidelidad, Blanca, insinúa Wolfram que hay otra manera de entenderla. Y es que, para él, mirar a la propia esposa con ojos impropios, con ojos lascivos, es también una suerte de infidelidad conyugal. Detalle que nos

---

199. Wolfram von Eschenbach, *Parzival*, p 241
200. *Ibid*, p. 232

proporciona la clave para entender una enigmática reflexión que se hace Parzival al casarse con Blancaflor o -como la llama Wolfram- Condwiramurs, "La que conduce al amor". En efecto, en la versión alemana de que te hablo cuando menos, este casamiento es de carácter simbólico, es un rito nupcial semejante al que practicaban los gnósticos y consiste en yacer juntos en la misma cama, pero sin contacto sexual porque -reflexiona Parzival- "si ahora ansiara el amor carnal, actuaría la infidelidad en lugar de mí"[201].

Esta noción de la Caída como resultado de un acto de infidelidad conyugal, Blanca, concuerda llamativamente con una antigua leyenda hindú relativa al dios Shiva y su Shakti, su "esposa", encarnada por la diosa Parvati. En general, en los mitos de Origen hindúes, es Shiva el que, a instancias del dios creador Brahma, expulsa de sí a su mitad femenina con vistas a la creación del Universo físico, y ella la que pugna por reunirse con él. Pero esta leyenda que te digo -registrada en un texto mitológico llamado *Skanda Purana*- invierte la pauta: Parvati, airada a causa de los coqueteos de Shiva con otra mujer, resuelve romper su matrimonio y se separa de él. Acude Shiva entonces a ella suplicante y le dice: "Tú eres la ofrenda y yo soy el fuego (el fuego que acoge la ofrenda); yo soy el sol y tú eres la luna. Por tanto, no deberías causar una separación entre nosotros, como si fuéramos personas distintas."[202] Tales palabras desarman a la diosa, que accede a contraer segundas nupcias con Shiva, para lo cual él la incorpora a su propio cuerpo -al costado izquierdo de su cuerpo-, restaurando de este modo el Uno primordial.

---

201. *Ibid*, p. 112
202. *Skanda Purana* 1.3.2., 18-21

LA ESPOSA OCULTA

Pero regresemos ahora a la Alemania del siglo diecisiete, a Jakob Boehme y a sus discípulos. En los textos de estos teósofos cristianos, Blanca, la así llamada "esposa oculta" original de Adán recibe el nombre de Sofía. Tomaron prestado ese nombre; si has leído con atención mis cartas adivinarás a quién. (A los gnósticos, eso es: ellos denominaban así a la Persona femenina de Dios.) El nombre de Eva lo reservaban los boehmenistas para la esposa terrenal, "caída", es decir, para la esposa manifestada, para la esposa una vez divorciada del esposo. "Sofía" no era para ellos nombre de mujer como "Eva", era nombre de Diosa y como a tal la retrataban en sus textos. "Virgen celestial" o "Virgen divina", así la llamaban. Y aseguraban que es de esta Mujer de la que el hombre siente viva añoranza: es ella el secreto objeto de su búsqueda del alma gemela. Y el hombre que cree saciar su sed de amor en el matrimonio terrenal con Eva, se engaña con un sucedáneo, porque en el fondo es con Sofía con quien aspira a casarse. Con Sofía, quien ya fuera su esposa antaño, en el Origen... Verás que hablo desde la óptica masculina -sigo en ello a estos teósofos-; pero evidentemente, amor mío, este asunto del que tratamos tiene dos orillas. Si nos situásemos en la orilla opuesta, hablaríamos del "esposo oculto" original de Eva, al que no llamaríamos Adán, le daríamos otro nombre para distinguir al "esposo oculto" del manifiesto.

Pero aparte de esta omisión machista, querida, hay una cosa en la que a mi modesto entender se equivocaron más gravemente los boehmenistas. Y es que pusieron tanto énfasis en la "Mujer celestial", que perdieron de vista un dato básico: olvidaron que Sofía es Eva, sólo que Eva bajo su forma original y verdadera. Así es, Blanca: Eva y Sofía son, en el fondo, la misma persona; igual que, en el cuento de *El príncipe rana*, la rana y el príncipe son un solo y mismo individuo: la rana no es sino el príncipe venido a menos, no es sino el príncipe caído en desgracia. Para tomar otra variante del mismo cuento: esta pordiosera de ahora no es otra que la Reina de antaño, ahora divorciada, y de la que su "ex" siente nostalgia, con la que sueña todavía en secreto. "Es siempre la mujer perdida aquella que canta en la imaginación del hombre", escribía André Breton, el poeta surrealista francés. "Pero ella debe ser también -agregaba-, al término de las pruebas para ambos, la mujer reencontrada."[203]

Dado el gran interés de Breton por la tradición esotérica, de seguro que entre sus temas de estudio figuraría el Tarot. Ya sé que no te descubro nada al decirte que las cartas del Tarot son el prototipo de nuestras modernas barajas de naipes, pero ¿sabías que, a diferencia de éstas, las del Tarot encierran significados ocultos? Los que en ellas emboscaron sus autores, posiblemente miembros de alguna sociedad secreta medieval, que habrían tratado de divulgar clandestinamente, a través de esas cartulinas, sus conocimientos esotéricos. Te hablo del Tarot, querida, porque hay un naipe de esta misteriosa baraja que parece ilustrar el dilema al que me refería, la falsa disyuntiva entre la Reina y la pordiosera, entre la "Mujer celestial" y la "mujer terrenal". En la carta *El Enamorado*, sexto arcano mayor del Tarot, se ve a un hombre que, a una cierta altura de su camino, se enfrenta a una encrucijada. Esta encrucijada está personificada por dos mujeres; una ciñe corona, la otra no (o bien, en algunas versiones, la otra ciñe una corona hecha con hojas de parra). Una representa a la Mujer celestial, la otra a la terrenal o "caída".

---

203. *Arcane 17*, p. 56

Las dos mujeres han sido vistas también como encarnaciones del amor espiritual y del carnal respectivamente, pero no entraré en eso ahora. En una de las versiones más antiguas de este naipe, la del Tarot de Marsella, por encima del hombre planea un arquero alado -Cupido- que, por el sesgo que imprime a su flecha, parece estar de parte de la mujer terrenal. Aparentemente el hombre se siente atraído por las dos mujeres, pero supone que debe elegir entre ambas, y como consecuencia su corazón está dividido.

Este naipe marsellés es rico en detalles significativos. Por lo pronto, la mujer terrenal es tan parecida al hombre -el personaje central del dibujo- que se dirían hermanos gemelos: mismos rasgos, misma expresión, misma cabellera rubia, misma sencilla indumentaria. La mujer que ciñe corona, en cambio, no se asemeja en nada al hombre. De hecho, éste y la mujer rubia parecen formar pareja: los dos están de frente, uno junto al otro, medio abrazados (la mujer morena y coronada se encuentra de perfil y en primer término). Todo indica que el hombre ha llegado hasta allí en compañía de la mujer rubia; se le ha aparecido entonces la otra, y ahora duda entre ambas... Podemos suponer, Blanca, que el autor de este naipe estaba al cabo de la calle (sería el mensaje agazapado en la carta) de lo que ya tú y yo sabemos: que la elección correcta de *El Enamorado* no es optar por una de las dos mujeres, porque en el fondo se trata de una sola y la misma sólo que en dos tiempos diversos. La Mujer celestial o la Reina corresponde a un lejano pasado (a un lejano futuro también); la mujer terrenal o la pordiosera es la mujer actual. La pordiosera no es sino la Reina destronada: es lo que *El Enamorado* Boehme y sus discípulos parecen olvidar cuando, llegados a esa encrucijada de su camino, se decantan por una y dan de lado a la otra. Parecen olvidar además (pero aquí

334

sí que el olvido debe de ser sólo aparente) que también el hombre es un pordiosero, un Rey destronado; que los dos -hombre y mujer- están en plano de igualdad puesto que cayeron juntos, y que juntos deben por tanto levantarse. A los dos incumbe despojarse de sus harapos -de su materialidad, de su egoísmo- y volver a investirse de la dignidad de la Realeza: esto es, la espiritualidad, la *virginidad* en la jerga de estos teósofos.

Mis ojos están pesados de sueño, me veo obligado a ir concluyendo. Pero déjame, querida, añadir primero que estos procesos internos, correlativos, de desvestimiento e investidura tienen los pies de plomo: la pareja de pordioseros no recobrará la dignidad real, Adán y Eva no volverán a mirarse otra vez como en el Origen -con ojos puros, con ojos "virginales"- sino al cabo de un largo aprendizaje. Con este arduo aprendizaje en el que, queramos que no, estamos inmersos, Blanca, habremos de vérnoslas en la siguiente carta. Ahora me gustaría cerrar ésta con aquel misterioso objeto sagrado caído del Cielo, el Santo Grial, del que dijimos que se aparecía como en sueños (quizá el peso sobre mis párpados sea el del cúmulo de sueños que he traído a colación en esta carta) en el castillo de un rey venido a menos, de un rey destronado; un rey que extravió su Realeza al perder su Integridad original, que es justamente lo que el Grial le evoca. Ah, pero fíjate bien: en esas apariciones, el Grial es inseparable de la bellísima doncella que lo transporta. Esta doncella es la Reina del Grial y su esplendor no le va a éste a la zaga: "El rostro de ella era tan resplandeciente que a todos les parecía que había amanecido."[204] Insiste Wolfram en la "virginidad" de esta Reina, o sea, en su pureza (el propio Grial es, según

---

204. Wolfram von Eschenbach, *op. cit.*, p. 128

nos hace saber, "todo pureza"). En esta radiante Reina Virgen portadora del Grial, Blanca, ¿cómo no ver a la "Sofía" del Rey Pescador, a su esposa original de la que fue dolorosamente separado cuando pretendió amarla "fuera de la castidad"? Fue a raíz de esa traumática separación que el Rey perdió su Integridad -lo que en los relatos viene significado por la pérdida de la salud a causa de un "golpe doloroso" que le dejó tullido. Ahora el Rey sueña con su Integridad perdida, encarnada por el Grial. Pero la Integridad es, en sus sueños, inseparable de la otra mitad de sí mismo. De ahí que el Grial se le aparezca siempre transportado por una doncella, siempre la misma... y que esta doncella sea una *Reina Virgen*: porque es ésa la imagen que el Rey Pescador guarda de ella. Es así como él recuerda del Origen a su alma gemela.

Tuyo

CARTA QUINTA

LA EVOLUCIÓN

(O EL RETORNO AL ORIGEN)

...porque sabemos lo que somos,
pero no lo que podemos llegar a ser.

William Shakespeare

Barcelona, 12 de septiembre de 1999

Querida Blanca:

¿Ves como, poco a poco, carta tras carta, va tomando forma nuestra esperanza, la esperanza de reunirnos? Porque si tú y yo somos dos mitades de la misma cosa, si tú y yo compartimos la misma esencia, entonces nos cabe la esperanza de compartir también nuestro destino. Y ese destino no puede ser otro que la restauración de nuestra minúscula fracción de Unidad. Porque en la Unidad está nuestro Origen, querida, y es una ley del Universo el que todo tienda a regresar a su estado original. La Caída es reversible, según los antiguos sabios: los Dos estamos llamados a regresar al Uno del que caímos, a hacer explícita nuevamente nuestra Unidad esencial. El proceso está en marcha, tú y yo estamos ya en camino a casa, en la larga senda de retorno al Origen, que es una senda de perfeccionamiento ("Cada cual viaja hacia su perfección", dice Attar en *El lenguaje de los pájaros*). Y ese viaje, amor mío, pasa por ti en mi caso, y viceversa. Pasa por el alma gemela de cada cual. Por una progresiva aproximación amorosa al alma

339

gemela que culmine en la fusión con ella. Sólo de esta fusión habrá de nacer, para nosotros, la Unidad.

De modo que el alma no alcanza la Perfección divina más que interactuando con su gemela, la cual se nos revela así la clave del retorno al Origen, la clave del regreso al Hogar del alma. Este Hogar es un dúplex digamos, una casa para dos, y es el mismo para todas las parejas de almas gemelas, Blanca. Porque no hay múltiples Unos: cada pareja de almas gemelas que se fusiona en "una sola carne" espiritual, está realizando a Dios, el Uno único. Esta consumación en Dios del amor erótico no debe sorprendernos si pensamos -con los antiguos sabios- que la realidad en la que estamos inmersos es un proceso cíclico cuya meta fue antaño el punto de partida. Si es en Dios donde el amor erótico tiene su raíz, entonces ¿no habrá de parecernos natural que sea también en Él donde halle su acabamiento?

Al resorte de este regreso al Hogar, de este retorno al Origen, lo denominaremos *Evolución*, que viene a ser sinónimo de maduración, de crecimiento. "Cada brizna de hierba tiene su ángel que se inclina sobre ella y le susurra '*crece, crece*'", se lee en el *Talmud*, dando a entender que el Universo entero conspira en pro de nuestro crecimiento... Mira, Blanca, los seres humanos solemos preguntarnos por el sentido de nuestra existencia. Nos lo preguntamos particularmente en momentos como el que vivía yo cuando inicié estas pesquisas: es decir, cuando somos desdichados. Nos gustaría pensar entonces que nuestras aflicciones no son estériles, que existe una buena razón para habernos tomado la molestia de venir a este mundo. Por regla general, cuando somos felices no nos planteamos tales cuestiones, y, si lo hacemos, opinamos que el sentido de la vida es precisamente disfrutar de ella. Los antiguos sabios tenían el convencimiento común de que existe, en efecto, una buena razón para haber venido a este mundo. Pero esta buena razón no es exactamente el ser felices, o, mejor dicho: el objetivo es la felicidad, sí, pero no es éste un objetivo inmediato sino a largo plazo. El objetivo es *la felicidad suprema*, la del Origen, la felicidad del Uno; no la felicidad limitada y frágil, a menudo mezquina, de que podamos disfrutar en este mundo...

Entiéndeme: no niego que la felicidad sea un aditamento deseable de la vida. Lo que digo es que no es su propósito, que el sentido de la vida es otro. No estamos aquí para ser felices, estamos aquí para *crecer*. Y el crecimiento acostumbra a ir de la mano del sufrimiento, parece que así son las cosas. En los cuentos de hadas, acuérdate, las tribulaciones del héroe son necesarias para su evolución. Porque lo que de verdad cuenta en la vida, Blanca, no son las vicisitudes externas, placenteras o enojosas, que nos acontecen, sino las internas, los movimientos de nuestra alma. Y es en la dificultad donde el alma se templa, donde da la medida de sí misma y madura... Son muchos los sabios antiguos que podría citarte en apoyo de esta afirmación. Desde el gran poeta trágico ateniense Esquilo, quien dejó escrito: "Es una ley: sufrir para comprender", hasta C. G. Jung, pasando por la mística cristiana del siglo trece Hadewijch de Amberes, que sentenciaba: "Si no se sufre, no se crece". Incluso una personalidad tan sensual y hedonista como la del dramaturgo y poeta irlandés Óscar Wilde, llegada para él la hora de la tribulación, reconocía en el dolor el alimento del alma, y así escribía que "el amor de alguna clase es la única explicación posible de la extraordinaria cantidad de sufrimiento que hay en el mundo... porque de ninguna otra manera podía el alma del hombre, para quien se han hecho los mundos, alcanzar la plena estatura de su perfección."[205] Y bueno, la misma idea la hallamos en el Oriente, bajo la forma del concepto de *karma* o ley cósmica de la justa retribución de las acciones.

Por duro que suene, querida, una desgracia en esta vida puede ser providencial para ayudarnos a reaccionar y corregir errores de vidas anteriores. Crecemos a base de corregir errores y, como el hombre aprende mejor lo que descubre por sí mismo, sufrir es a menudo la única manera de tomar conciencia de nuestros errores. Por eso, aunque en ocasiones las contingencias de nuestra vida puedan parecernos adversas, en realidad nos son favorables. Favorables para nuestro crecimiento, que es, en opinión de los antiguos sabios, el único criterio a tener en cuenta a la hora de valorar una vida: si nos ha servido para crecer, para madurar, entonces ha sido una vida provechosa... Me sonrío al acordarme de una divertida escena que vi en el cine hace tiempo, *El tigre y la nieve* se llamaba la película, y en ella un profesor de literatura, aleccionando a sus alumnos sobre las condiciones para escribir buena poesía, les exhortaba a no desaprovechar ninguna oportunidad de sufrir que se les presentara: "sufrid, sufrid todo lo que podáis", les aconsejaba recordando que en general los grandes poetas han forjado su alma en el yunque del sufrimiento.

Añadiré algo, querida, que, dadas tus actuales circunstancias, posiblemente te resulte una obviedad, pero lo diré de todos modos: y es que existe una forma de felicidad independiente de los avatares de la existencia. Me refiero a una felicidad que no excluye el dolor, porque no es lo contrario del dolor, sino en todo caso su integración, la superación del sufrimiento. Esta clase de felicidad, reputada por los antiguos sabios como la felicidad genuina, depende de la extinción

---

205. *De profundis*

de los apegos materiales y los deseos egoístas, y ha sido la doctrina budista la que principalmente ha señalado la senda para lograrla. Se trata del llamado "óctuple sendero": conocimiento recto, voluntad recta, lenguaje recto, acción recta, vida recta, esfuerzo recto, pensamiento recto y meditación recta. Claro que, para hacer honor a tanta rectitud, habría que estar muy adelantado en el camino de la Evolución (o posiblemente haya que estar como tú ahora: desencarnado). Recorrer ese sendero aquí en la Tierra comporta de hecho, según la doctrina budista, sustraerse definitivamente al *karma* y al sufrimiento y poner término al ciclo de las reencarnaciones: esto es, alcanzar la cima de la Evolución.

La Evolución es un lento crecimiento. Va por tanto ligada al devenir, al Tiempo; se inició con el Tiempo y con él finalizará una vez que haya cumplido su misión, que es la de retornar a las almas caídas a su Origen. Porque es *el alma* la que crece, la que evoluciona en el curso del Tiempo a través de sucesivas reencarnaciones. Como proclamara el gran sabio indio Sri Ghose Aurobindo: "El verdadero fundamento de la reencarnación es la Evolución del alma." Reencarnación y Evolución: dos conceptos indisociables. Al alma, sabes, puede aplicársele aquel principio del filósofo griego Heráclito de que todo cambia, de que uno no puede bañarse dos veces en el mismo río porque el agua que por él fluye es siempre distinta. También el alma es distinta cada vez, ya que fluye, ya que está en continua evolución.

Por supuesto, el soporte físico del alma, su "percha", ha evolucionado también, en paralelo a ella, hasta desembocar en este perchero tan complejo que es el cuerpo humano. Es así como nuestra alma, Blanca, antes de encarnar en un cuerpo humano, ha ascendido por toda la escala de los seres: ha animado bacterias, peces, anfibios, reptiles y mamíferos. Pero -y es el punto importante- la evolución de la percha ha estado siempre supeditada a las necesidades del alma. Cuando la percha debía servir de soporte a -pongamos- un exiguo taparrabo, un simple gancho cumplía la función. Pero ahora que de lo que se trata es de colgar un elaborado traje de noche, o de etiqueta con sombrero de copa incluido, la percha se ha convertido en un complejo artilugio lleno de brazos. Naturalmente, desde la perspectiva mecanicista que caracteriza a la ciencia, esta concepción resulta inaceptable: el Espíritu -se afirma- no es más que un subproducto, un apéndice, una extensión de su percha. Para los científicos ortodoxos, Blanca, tú no podrías estar leyendo esta carta, toda vez que no tienes detrás una percha de átomos y moléculas que te sustente. Para la ciencia, es el espíritu el que va a rebufo de la evolución de su percha y no al revés. Los antiguos sabios creían, por el contrario, que el espíritu no sólo es independiente de su percha, sino que al final la genera y la adapta a su medida. El soporte físico (empezando por la elaborada percha de la conciencia: el cerebro) no es más que un vehículo para el alma. El cuerpo es al alma lo que el cable conductor a la electricidad: la electricidad surge del cable, necesita del cable para manifestarse; pero no es el cable el que la genera. El cuerpo no genera el alma, ésta preexiste y -en el caso de los seres humanos- procede "de arriba". Es al descender cada vez al mundo físico, que el alma humana adopta, para conducirse por él, una "percha" de átomos y moléculas.

UN SER DE TRANSICIÓN

Hace mucho que la Evolución dio comienzo, mucho antes de que el hombre irrumpiese en el escenario cósmico. En la carta anterior vimos que los antiguos sabios interpretaron la Caída como una merma de Dios; como la disminución de una porción de Dios (una porción ínfima: ¿qué son unas centellas con relación a un gran Fuego?) al nivel del hombre. No es mala definición, Blanca, pero es reduccionista, una definición a grandes rasgos; las cosas no son tan simples. Gracias a las pesquisas acometidas en el siglo diecinueve por ese gran Hércules Poirot de la Naturaleza que fue Charles Darwin, hoy podemos afinar tal definición y afirmar que inicialmente la Caída fue mucho más acusada. Que en realidad su alcance fue abismal pues, partiendo de la Conciencia Absoluta, habría desembocado en el extremo opuesto: en lo inconsciente, en la pura nada. Sólo tras una larga y aparentemente azarosa *Evolución*, las partículas divinas o "centellas" caídas se habrían encarnado en el hombre.

Así y todo, amor mío, no parece que esto fuese un completo secreto para los antiguos sabios, quienes no sólo percibieron, como nuestro paisano Ramón Llull (el gran místico y filósofo catalán del siglo trece), la escala de los seres, de los más simples a los más complejos: de las plantas a los animales y de los animales a los hombres, y de éstos a Dios pasando por los ángeles. Percibieron también una cierta continuidad entre los diferentes escalones. Y hasta intuyeron la lenta progresión del alma por esa escala. Así, mucho antes de que Darwin pusiera al descubierto los antecedentes evolutivos del ser humano, los antiguos sabios ya hablaban de sus existencias anteriores como animales. "Yo fui un pájaro y fui un mudo pez en el mar", rememoraba allá por el siglo cinco antes de Cristo el filósofo griego Empédocles.[206] Y un gran místico y poeta musulmán contemporáneo de Llull, Jalaluddin Rumi, escribía versos tan sorprendentes como éstos:

206. *Purificaciones*, fr. 117

Morí mineral y me hice planta,
morí planta y me elevé al animal,
morí animal y fui hombre.
¿Por qué habría de temer? ¿Cuándo fui menos al morir?
Pero de nuevo moriré como hombre, para elevarme
hasta los ángeles bienaventurados; pero también como
ángel
deberé morir: todo debe perecer, salvo Dios.
Cuando haya sacrificado mi alma angélica,
me convertiré en lo que ningún espíritu conoció jamás.[207]

La evolución de las especies habría sido, pues, intuida ya
por los antiguos sabios, Blanca, lo que ocurre es que, al contrario de los científicos, parece que no le concedieron mayor
importancia. Ellos consideraban que lo realmente importante había comenzado en el momento en que en la Evolución
hizo acto de presencia el ser humano. Los años, debieron de
decirse, sólo tienen sentido si el hombre está aquí para contarlos. El drama cósmico oscilaba para ellos entre dos polos:
uno superior, Dios, y otro inferior, el hombre. Desde este
punto de vista, el proceso de miles de millones de años transcurrido desde lo que hoy conocemos como *Big Bang* hasta la
aparición del hombre, habría sido tan sólo un largo prelu-
dio, un largo parto para alumbrar al segundo polo del drama
cósmico. Sería con la aparición del hombre (con la floración
de la conciencia y el libre albedrío propios del hombre) que
habría dado comienzo el drama cósmico propiamente dicho:
la aventura humana del *retorno al Origen*.
Que los antiguos sabios tuvieron ya la intuición de la extrema hondura inicial de la Caída, lo prueba un antiguo mito

---

207. Jalaluddin Rumi, *Mathnawi ma'nawi*

con el que me he topado varias veces en el curso de mis pesquisas, sabes. Es el mito según el cual las centellas desprendidas del Fuego original se habrían precipitado para siempre en el abismo de la Nada de no mediar la intervención divina. Es decir, querida, que según este mito Dios no se quedó de brazos cruzados presenciando como caía una porción de Sí mismo, sino que hizo algo al respecto. Lo que hizo Dios para detener la Caída, para hacer encallar a las centellas antes de que tocaran fondo, fue crear e interponer el mundo y el fruto del mundo, el hombre (no confundas este hombre mortal creado por Dios con el Hombre inmortal e increado habitante del Paraíso)... Creo probable que los antiguos sabios que idearon este mito intuyeran oscuramente la verdad: que, de hecho, la Caída había tocado inicialmente fondo en la Nada, el No-Ser o el Caos. Pero Dios habría acudido en rescate de Su porción caída y extraído, del Caos, el Orden: o sea el mundo inferior, este mundo que habría de servir de útero para el ulterior alumbramiento del hombre, así como de escenario hecho a medida para la aventura humana.

La creación divina del hombre habría consistido, pues, en un rescate. Antes de elevarlas al nivel humano, Dios habría rescatado a Sus centellas caídas de la Nada, de la sima inconsciente en que se habían abismado inicialmente y de la que no hubiesen podido salir por sí solas (sé buena de nuevo y no confundas, como han hecho muchos, este estado de inconsciencia absoluta con el Origen y el Hogar del alma)... Es así, Blanca, como, después de todo, el Génesis estaría en lo cierto cuando insinúa que Dios extrajo al mundo y al hombre de la Nada. Salvo que esa creación, que ese rescate, se habría prolongado en el tiempo mucho más de los siete días simbólicos que allí se calculan. La creación del mundo y del hombre que lo corona le habría llevado a Dios miles de millones de años. Digamos que Dios plantó la simiente de donde, al cabo de una larga germinación, habrían de brotar el mundo (el mundo tal como lo conocemos: el mundo hecho a la medida humana) y el hombre.

Ahora bien, ve y pregúntale a un agricultor si, para obtener el fruto deseado, basta con plantar la simiente; sabes lo que te dirá, verdad: te dirá que al principio los cultivos requieren muchos cuidados. Si los antiguos sabios hubiesen podido ver en perspectiva -como pueden hoy los astrofísicos- la historia del Universo físico, desde la formación de las primeras estrellas hasta la eclosión de la conciencia, no habrían dejado de advertir por doquier la mano de Dios oculta bajo el guante de seda del azar: tantas son las casualidades que necesariamente han debido cruzarse en ese largo proceso cósmico, Blanca. Es cierto que ellos también, como los astrofísicos, hubieran tenido quizá de entrada una sensación de vértigo, de malbaratamiento ante la enormidad de las magnitudes espacio-temporales involucradas (¡se calcula en unos doscientos mil millones el número de galaxias del Universo, y en trece mil setecientos millones de años la edad de éste!). Pero quizá luego hubieran reflexionado eso de lo que ya los astrofísicos empiezan a darse cuenta, querida: que, dado lo improbable de la floración de la conciencia, esa enormidad de magnitudes era asimismo una condición indispensable. Cuando un agricultor está empeñado en introducir una determinada especie frutal, tanto le da la cantidad de hectáreas que deba sembrar, aunque sea para obtener un solo brote, o la cantidad de tiempo que éste tarde en germinar.

Si mucho me apuras, hasta podría citarte algunos científicos eminentes (empezando por el caballero de Lamarck, precursor del evolucionismo darwiniano, que en la embocadura del siglo diecinueve ya concebía la Evolución como "un

348

proceso natural guiado por un impulso de perfección") científicos que no han dejado de reconocer en ese largo proceso evolutivo una cierta dirección, una tendencia secreta hacia la vida y hacia la vida consciente, esto es, hacia el hombre. Claro es, Blanca, que esos mismos científicos se guardan de invocar una causa trascendente, una conducción invisible de la Evolución. Pero si ampliamos las miras, ¿resulta tan impensable un Dios bondadoso, un Dios que -a la manera del rico que saca de la miseria a sus parientes repentinamente arruinados- tiende la mano a Su porción caída para elevarla hasta la luz de la conciencia?

Tachadura al margen. Otra vez debo a la erudición de mi amigo C. B. el reconocimiento, en base a dos únicas palabras, de este poema de Emily Dickinson: *"Alone / I cannot be / for ghosts / do visit me / recordless company"* **(Solo no puedo estar / porque los fantasmas me visitan / compañía intangible.")**

Ahora bien: lo más asombroso del asunto es que la Evolución no se detiene con la aparición de la conciencia, es decir con el hombre. "El hombre es un ser de transición", declara Sri Aurobindo. La aparición del hombre marca un hito, pero no es el final de la Evolución, no es más que el final de su primera fase. En cuanto las centellas caídas encarnan en el hombre, una segunda fase da comienzo, y es a esta segunda fase incipiente todavía, a esta fase que ha de culminar nada menos que con el ascenso del hombre al rango divino, a la que prestaron atención preferente los antiguos sabios, Blanca. No se interesaron en la lenta elevación de las centellas caídas desde la Nada hasta el nivel humano. A qué ocuparse en algo que ya había hecho su parte, debieron de pensar, en algo que pertenecía al pasado y sobre lo que además en su momento no se tuvo control alguno. El control nos vino de la mano de la segunda fase, que es cuando entró en juego nuestra voluntad, eso que se llama el libre albedrío. En esta fase en curso de la Evolución, querida, cada uno de nosotros estamos involucrados de forma activa. Si durante los miles de millones de años de la primera fase, la Evolución había funcionado, digamos, con el piloto automático (un piloto activado por Dios inmediatamente después de la Caída), a partir de la hominización cada centella caída se hace cargo de los mandos. Antes de eso, ya éramos los actores protagonistas de una película que podríamos titular *Retorno al Origen*; después, nos convertimos también en sus realizadores.

La segunda fase de la Evolución es consciente y va asociada, como te dije, al concepto de reencarnación. Sólo la conciencia reencarna. Por eso, Blanca, cuando Empédocles dice "Yo fui un pájaro y fui un mudo pez en el mar", hemos de entender que no es estrictamente de reencarnación de lo que está hablando. Sí lo hace, en cambio, cuando dice de su maestro Pitágoras que "cuando se entregaba a ello con toda la energía de su espíritu, era capaz de ver fácilmente lo que había sido en diez, veinte existencias humanas."[208] Para reencarnar, es preciso que haya algo que reencarne, y ese algo, esa llama viva que (para decirlo con una tradicional metáfora que te gustará) pasa a una nueva vela cuando la cera de la anterior se agota, es la conciencia. La conciencia, que como escribiera el romántico alemán Novalis, "es la propia esencia del hombre en plena transfiguración, es el divino hombre originario."[209] Lo que no ha alcanzado todavía a ser

---

208. *Purificaciones*, fr. 129
209. Novalis, *Enrique de Ofterdingen*

consciente, verosímilmente se vuelve, al morir, inmanente al mundo físico; se diluye en el mundo físico como un azucarillo en el café, para acto seguido reorganizarse en una nueva forma un poco más evolucionada. Es de esta manera, querida, como desde la noche de los tiempos habríamos ido subiendo peldaños en la escala evolutiva hasta alcanzar el rellano de la conciencia.

He aquí precisamente otra discrepancia entre las dos fases de la Evolución: la primera es una progresiva conquista de nuevas formas orgánicas cada vez más complejas. El aminoácido cambia en pez, el pez en anfibio, el anfibio en reptil, el reptil en mamífero, el mamífero en hombre. Son, digamos, conquistas "exteriores". Las de la segunda fase, por el contrario, son "interiores": para evolucionar, al hombre no le hace falta salir de los límites de la forma humana, crece interiormente -en su alma, en su conciencia- sin dejar exteriormente de ser hombre. La percha humana es lo bastante compleja como para admitir los vestuarios más elaborados. Sólo al término de la Evolución (con el matrimonio celestial de las almas gemelas, si nuestra teoría no va descaminada) se produce el reemplazo de la forma humana por la divina. Al final, la forma humana debe ser reemplazada también, Blanca, porque -como sugiriera Goethe- todo lo que existe en este mundo existe en función del proceso de convertirse en otra cosa: "Todo lo que es perfecto en su especie debe elevarse por encima de su especie y convertirse en otra cosa, en un ser incomparable."

La segunda fase de la Evolución culmina, pues, con la restauración de la Divinidad original del hombre. Es el camino preparatorio para esa restauración y consiste -¿cómo podría ser de otro modo?- en desandar el camino inverso, el que antaño había ido de Dios al hombre. Sólo corrigiendo, anulando la causa de la Caída, podrá el hombre remontarse a su condición original y verdadera. Hacia el final de la carta anterior vimos ya cuál pudo haber sido esa causa en opinión de nuestros sabios: hablamos entonces de la infiltración de la materialidad en el mutuo amor de los Dos, ¿lo recuerdas? Bueno, pues si esto es así, Blanca, entonces el retorno al Origen no podría ser sino el resultado de la "desmaterialización" de ese amor. Por el camino del deseo, los Dos divinos habían descendido a la humanidad; por ese mismo camino recorrido en sentido inverso, están ahora los Dos humanos llamados a remontarse a la Divinidad.

Ahora bien. ¿No parecería obvio que, para desmaterializar nuestro mutuo amor, las almas gemelas estemos llamadas a desmaterializarnos nosotras mismas? Claro es que no me refiero a la clase de desmaterialización de la que, desafortunadamente para mí, tú gozas ahora, amor mío, no estoy hablando del cuerpo físico. Ya dijimos que el cuerpo físico no era más que un vehículo para desenvolvernos por los círculos externos del mandala cósmico. Cuando digo que estamos llamados a desmaterializarnos, no hablo por tanto del vehículo sino *del piloto*: hablo del alma, del Yo del ser humano. Porque en cierto sentido, Blanca, el alma humana puede ser también ‑lo es de hecho en mayor o menor medida‑ material. Es material en la medida en que está anclada en la Materia, apegada a la Materia, esto es, en la medida en que está dominada por los instintos y por los deseos materiales, en la medida en que su atención está puesta "abajo" en lugar de "arriba", en la medida en que es egoísta.

De acuerdo con esto, cabría distinguir (como hace por ejemplo Plotino, quien dice que el alma humana es de naturaleza doble, celeste en su extremo superior, terrenal en el inferior) dos aspectos en el alma humana o en el Yo. O si lo prefieres, querida, distinguir (como hacen los sufíes) dos al‑

mas en el ser humano, una material y otra espiritual. Ambas están presentes en cada ser humano en proporciones diversas, dependiendo de su grado de evolución. El Yo espiritual es el rostro verdadero del alma, es el verdadero Yo. El otro es, por así decir, una máscara, un ropaje de Materia del que se revistió el Yo al caer a este mundo, y es en este sentido un falso yo. (Los antiguos sabios judíos y cristianos, que también creían en esta suerte de "ropaje material" del alma, justificaron hermenéuticamente su creencia apelando a aquel versículo del Génesis en el que, inmediatamente antes de ser expulsados del Paraíso, Adán y Eva son vestidos por Dios con "túnicas de piel": "Entonces Yahvé Elohim hizo túnicas de piel y vistió con ellas al hombre y a su mujer.", Gen. 3:21.)

Este falso yo es tan engreído que se ve a sí mismo como el ombligo del Universo. Los sufíes lo comparaban con el faraón de Egipto, que se tenía por centro de todas las cosas. A este falso yo egocéntrico inherente al ser humano, a esta alma "carnal" o material que es la sede de los instintos y de la concupiscencia, los sufíes la llamaron *naf*. Nosotros en Occidente lo llamamos *ego*. Pero el significado viene a ser el mismo: designa una suerte de ropaje material que, sin ser el cuerpo físico, recubre el alma humana, impidiéndole realizar todas sus virtualidades. La Evolución consiste justamente en el paulatino despojamiento de ese ropaje, en la gradual descarga del lastre material del alma a fin de que ésta consiga encumbrarse hasta la patria de donde está exiliada. Así, el alma admitiría la comparación con un globo aerostático (como aquel al que nos subimos aquella vez en Granada, ¿te acuerdas?): lo mismo que el globo, el alma tiende naturalmente hacia arriba, pero se ve atraída hacia abajo por todas las pulsiones negativas derivadas del egoísmo y la Materia, todo ese lastre que lleva a bordo. Para ascender, para liberar su naturaleza celeste original, debe hacer un esfuerzo por sublimarse, volverse más liviana, más volátil: digamos que al alma deben crecerle alas.

En apoyo de este postulado fundamental de nuestra teoría, Blanca, déjame citarte en primer lugar no a una figura religiosa, lo que sería demasiado fácil, sino literaria: a la gran figura de las letras francesas Victor Hugo, que en su *Autobiografía Intelectual* anota: "Toda la Creación es un ascenso perpetuo desde el bruto al hombre, desde el hombre a Dios. La ley consiste en despojarnos más y más de la Materia, en envolvernos más y más con el Espíritu." Por su parte, el genial filósofo catalán Francesc Pujols dice que el Espíritu tiende, por un indefectible proceso natural de Evolución, a desmarcarse progresivamente de la Materia. Este sabio (apodado bellamente, por la casa en que vivió, el "sabio de la Torre de las Horas") toma la escala de los seres descrita por el místico medieval Ramón Llull, que va de la materia inerte a Dios, e imagina al Espíritu ascendiendo gradualmente por esa escala. Pujols era paisano y contemporáneo nuestro, Blanca, por eso lo menciono aquí. Pero no ha sido el único (ahí tienes los versos de Jalaluddin Rumi que cité arriba) ni el más meticuloso glosador de esta lenta cristalización del Espíritu, de este proceso de crecimiento o decantación -podríamos decir- del alma. El glosador más meticuloso ha sido este otro sabio moderno "de mirada antigua": el francés Pierre Teilhard de Chardin, en quien nos apoyaremos ahora.

UN AUTOMÓVIL QUE DA VOLANTAZOS

Teilhard de Chardin era jesuita. Pero, como a tantos sabios antiguos pertenecientes al clero (como a Orígenes y a Clemente de Alejandría y a Juan Escoto Erígena...), sus opiniones heterodoxas le valieron en su tiempo la reprobación de la Iglesia. Además de la religiosa, Teilhard poseía una sólida formación científica, sobresaliendo como paleontólogo, disciplina a la que dedicó muchos años de investigación en China. De la ciencia tomó la descripción en clave evolutiva del devenir del Universo físico. Pero como Teilhard no era, sabes Blanca, de los que se conforman con observar "el tapiz" solamente por delante, se tomó la molestia de echar un vistazo al otro lado. Y allí divisó algo que dotaba de sentido al Universo físico. Divisó una *finalidad*. Vio evolucionar el Universo en una dirección predeterminada y con una meta precisa.

Claro que esto no era una novedad: antes que él, muchos sabios antiguos se habían asomado al lado oculto del devenir del Universo y habían visto ya esa finalidad secreta. El siguiente ejemplo se lo debemos a Henry Corbin, que ha rescatado del olvido el texto ismailí que lo registra. *Libro del sabio y el discípulo* es el título de esta obra de datación imprecisa (lo más tarde el siglo diez) estructurada, como su nombre indica, en forma de diálogo entre un sabio y su discípulo. El primero le dice al segundo: "La mentira de los ignorantes cuando hacen el elogio de este mundo es patente, puesto que desconocen el sentido oculto ('la realidad interior' apostilla Corbin), aquello que Dios ha querido para el mundo. Su opinión es que Dios ha creado el mundo sin que esto tenga ningún sentido. Ahora bien, la creación del mundo por parte de Dios no es un mero juego. Si el mundo fuera en sí mismo su propio fin no habría salida; esta creación sería absurda, pues toda creación que no conduce a algo es ridícula, y todo discurso que no tiene sentido es una bobada."[210]

210. Henry Corbin, *El hombre y su ángel*, pp. 114-115

Tachadura al margen. Se salvaron fragmentos de lo que -gracias a una referencia hecha más abajo- he podido identificar como tres versos de Rabindranath Tagore tomados de sus *Poemas tardíos: "Nosotros dos construiremos un puente para siempre / entre dos seres desconocidos el uno para el otro. / Esta impaciente maravilla está en el corazón de las cosas."*

Esta idea de un sentido interior al mundo físico, Blanca, esta idea de una finalidad secreta en la Evolución del Universo, es algo que todavía hoy la mayoría de científicos –habituados a mirar el tapiz solamente por delante- se resisten a admitir. La famosa opinión de Albert Einstein de que "Dios no juega a los dados con el Universo" ha alcanzado escaso predicamento entre sus colegas. El parecer mayoritario de la ciencia es que la Evolución es como un barco a la deriva, está regida por el azar -un azar que no es "azar necesario", que no obedece a un orden secreto de las cosas-, y que por tanto el Universo no está predestinado: no tiende hacia una meta, hacia un destino fijado de antemano. La ciencia hace tan sólo la siguiente salvedad: Si bien la vida surge en el Universo de modo fortuito, una vez surgida, adopta lo que podríamos llamar una finalidad inmediata, un objetivo a corto plazo: la supervivencia. La vida -se afirma- sólo piensa en perpetuarse a sí misma, en garantizar su continuidad a través de la reproducción.

Para la ciencia, la Evolución sería pues, Blanca, semejante a un automóvil en marcha pero que no se dirigiera a ninguna parte, un automóvil cuyo único propósito fuera correr, devorar kilómetros. Para Teilhard, en cambio, ese automóvil no se echó a la carretera así sin más, sin tener una idea precisa de adonde quería llegar ni del itinerario que le conduciría hasta allí. Desde luego, durante el largo trayecto han podido surgir imprevistos; eventualmente el auto ha podido equivocar el camino; pero siempre regresa al itinerario programado. Teilhard intuía en la Evolución una meta, un objetivo a largo plazo. Y esta meta ¿sabes dónde la intuía preferentemente? En el largo proceso que condujo a la aparición del amor erótico sobre la Tierra, así como en el subsiguiente proceso de maduración, de sublimación, en el que según Teilhard se halla inmerso el amor erótico desde entonces.

Examinemos rápidamente la senda evolutiva que condujo a la emergencia sobre la Tierra del amor erótico, Blanca: verás que ese examen nos revelará un hecho curioso.

En los albores de la vida (la vida fue resultado de una de esas "azarosas" concatenaciones de acontecimientos a las que me referí antes), la reproducción era asexual. Los organismos, que entonces no pasaban de bacterias, se reproducían por simple división: se escindían en otros organismos idénticos, es decir, se duplicaban a sí mismos. Luego (y este luego significa al cabo de mil millones de años: para que te hagas una idea de la dificultad del cambio y de la escasa probabilidad estadística de su advenimiento), este sistema de reproducción cayó en desuso, siendo reemplazado por la forma de reproducción vigente aún en nuestros días: la reproducción sexual se impuso rápidamente. El caso, querida, es que, si este cambio resulta conveniente desde la óptica evolutiva, desde el punto de vista individual resulta una extravagancia inexplicable. ¿Qué movió a los organismos a sacarse de repente de la manga un nuevo sistema reproductivo cuando todo estaba a favor del mantenimiento del sistema antiguo, mucho más práctico y eficiente? Con este nuevo sistema, la reproducción no dependía ya de un solo individuo, requería de la interacción de dos. Además, en principio estos dos

357

individuos no hubieran tenido por qué ser diferentes uno de otro, cada uno hubiera podido incorporar los dos sexos (como sucedía ya con ciertas especies), cosa mucho más razonable en términos de supervivencia de la especie al garantizar una mayor capacidad reproductora. Pero he aquí que, contra todo pronóstico, se impuso una clara diferenciación entre esos dos individuos, uno de los cuales se convirtió en macho y otro en hembra, quedando así instauradas las bases del amor erótico.

La guinda de esta aproximación al amor por parte de la Naturaleza fue la adopción por la especie humana de la postura "cara a cara" en el acto sexual -que es, como vimos, la postura propia de los esposos.

A la vista de todo ello, Blanca -y a falta de explicación convincente de parte de la ciencia-, este detective no puede menos que suscribir las palabras del autor romántico Friedrich Schlegel cuando definiera el amor como "el mayor milagro sagrado de la Naturaleza"[211]... El mayor, pero no el único: otro ejemplo de "milagro" es el que se refiere al surgimiento del libre albedrío, que, como dijera uno de los más conspicuos inquilinos de tu biblioteca (G. K. Chesterton), "es el valor y la dignidad del alma"[212]. Porque, visto desde la óptica individual, querida, el sistema antiguo de toma de decisiones -la programación genética- era el sistema perfecto. Para un individuo acostumbrado a seguir ciegamente, porque está programado para ello, los dictados de su naturaleza, evolucionar hacia otro sistema que, al otorgarle la libertad de elegir, comporta la dificultad de discernir entre el bien y el mal, son ganas de complicarse la vida.

---

211. Friedrich Schlegel, *Kritische Ausgabe*, V, 67
212. G. K. Chesterton, *Herejes*, cap. VII

Date cuenta de la curiosidad: hete aquí que el automóvil de la Evolución de pronto da volantazos descartando vías cómodas y seguras para aventurarse por inciertos caminos vecinales. De un auto así, ¿diríamos que su único propósito es correr, correr a toda costa sin importar hacia donde? Para Teilhard resulta evidente que no, Blanca, que el automóvil de la Evolución se dirige a alguna parte, a una meta precisa determinada de antemano. Denomina a esta meta "Punto Omega". El Punto Omega es el Punto Oculto de los cabalistas, pero formulado en términos evolutivos: en cuanto última letra del alfabeto griego, la *omega* da idea de eslabón final en una larga cadena. Igual que los antiguos sabios, Teilhard imagina el Universo en forma de mandala, en forma de círculos concéntricos en torno a un punto central. Este Punto es la meta del Universo, y es interior al Universo. Es oculto, porque está *dentro*. La Evolución va de fuera a dentro; de lo manifiesto a lo invisible (siendo, en cada caso, *uno mismo* la puerta de acceso a este "dentro"). Es un lento proceso de interiorización, una zambullida del Universo dentro de sí mismo (*dentro* es también *arriba*, y *fuera* es *abajo*: la Evolución es también una *ascensión*). La meta del Universo es pues, para Teilhard -como para los antiguos sabios-, interior al Universo mismo. Es el Centro del Universo. Y este Centro, este Punto Omega hacia el cual confluyen -en el cual terminarán por converger- todas las cosas, es, además de interno, *espiritual*, *consciente* y *personal*. A la vez que a una progresiva interiorización, el Universo tiende pues a una progresiva espiritualización, a una cada vez mayor conciencia... y también a una cada vez mayor personalización.

"El Universo está en vías de personalización"[213] proclama Teilhard... Hay aquí entrañada una idea que tal vez te

---

213. Teilhard de Chardin, *op. cit.*

sorprenda, querida. Es la idea de que lo personal rebasa ampliamente la categoría de lo humano, la idea de que la condición humana no es más que un hito (un hito clave, eso sí) en el tránsito del Universo hacia la personalización absoluta, que es atributo del Punto Oculto. Ya que efectivamente, Blanca, el Punto Oculto o Punto Omega, pese a no ser humano, es de naturaleza personal: es la Persona suprema -como también es la Conciencia y el Espíritu supremos. Ahora bien: esta Persona suprema es inconmensurable con la persona humana. Porque entre los antiguos sabios, sabes (y aquí nos meteremos en un vericueto intransitable del que saldremos rápidamente so pena de extraviarnos), era un principio comúnmente admitido que la Persona suprema o absoluta en realidad *trasciende lo personal*. En otras palabras: que, a fuer de personal, Dios rebasa esta categoría, queda por tanto fuera del alcance no ya de la inteligencia: de la propia intuición mística. Más allá de cierto punto, la intuición pierde pie al no existir ya puntos de apoyo, no le queda más remedio que detenerse ahí, en ese umbral donde la Divinidad revelada deviene oculta (*Deus absconditus*, "Dios escondido", en la formulación latina), donde el Dios personal deviene Dios desconocido e incognoscible. De este Dios no hay referencias ni puede haberlas: es una absoluta incógnita. Nada se sabe de Él, y por tanto nada puede decirse... salvo, posiblemente, esto: que es un Dios suprapersonal, un Dios que trasciende lo personal (y no un Dios impersonal como a menudo se cree). Por eso los antiguos sabios se quedaban siempre un peldaño por debajo del *Deus absconditus* y hablaban de Dios como de un ser personal. Igual que hacemos nosotros -siguiendo su ejemplo- en estas cartas.

Hay una impresión generalizada en Occidente y que es falsa, Blanca. En general, se tiende a creer que esta idea de

Dios como un ser personal es eminentemente occidental, cuando la realidad es que al Punto Oculto se le identifica en casi todas las religiones con un ser personal. Ya hemos dicho que los sistemas de creencias hindúes -los sistemas orientales en general- son innumerables. Desde luego, encontramos la creencia en un Dios impersonal: Brahman. Pero también, tanto o más extendida, la creencia contraria. De hecho, numerosas escuelas upanishads presentan al propio Brahman como a un dios personal. El Ishvara ("Señor") hindú es un dios personal. En "el Upanishad de las Upanishads", como ha sido llamado el *Bhagavad-Gita*, se alude expresamente a Él como "la Persona más elevada", el Yo supremo. En otros textos sagrados del hinduismo, cuando se evita hablar de Dios en términos de persona, es porque se está aludiendo al *Deus absconditus*, al "Dios escondido" del que nada se sabe ni se puede decir. En los Vedas, las dos concepciones de Dios -personal e impersonal- coexisten: en unos textos se habla de Brahma, "la Persona Absoluta"; en otros de Brahman, "el Absoluto". Se da incluso la circunstancia (seguramente como resultado de las interpolaciones, de los cambios introducidos en el curso del tiempo) de que en un mismo texto aparezcan ambas nociones entremezcladas. Es el caso de la Upanishad que citamos la otra vez, aquella donde se refiere la escisión primigenia del Uno en dos: en primera instancia se dice que este Uno es una Persona -Purusha- ("En el Origen, este mundo era un Alma sola en la forma de una Persona"[214]), pero más abajo, al reiterar aquel versículo, se reemplaza *Purusha* por *Brahman* ("Verdaderamente, en el Origen este mundo era Brahman, uno solo"[215]).

---

214. *Brhadaranyaka Upanishad*, 1.4.1
215. *Ibid.*, 1.4.11

Ya que momentáneamente nos hemos trasladado a la India, el gran poeta indio Rabindranath Tagore (autor de *Poemas tardíos*, ese precioso librito azul zafiro) solía proponer una curiosa parábola cuando le hablaban del Uno, del Absoluto, como de algo impersonal. Imaginaba un tocadiscos y un extraterrestre. (Sí, sí, has leído bien.) Supongamos, decía, que un extraterrestre en viaje de exploración por la Tierra acertara a oír por casualidad la voz humana en un tocadiscos. Si se guiara por la simple apariencia, pensaría que esa música, que esa voz que oye, es producto de algo tan impersonal como las revoluciones de un disco en un cajón metálico. Tendría que hacer un esfuerzo de abstracción para descubrir la verdad, para percatarse de que, más allá del tocadiscos, existe una persona, una persona que le presta la voz.

LA MOLÉCULA HUMANA

Es pues, Blanca, en términos de *persona* que Teilhard de Chardin concibe a Dios. Escribe: "Yo no soy capaz de concebir una evolución hacia el Espíritu que no desemboque en una suprema Personalidad. El Universo, a fuerza de converger, no puede fraguar en *Algo*. Como ya lo ha hecho parcial y elementalmente en el caso del hombre, tiene que terminar en *Alguien*."[216] El camino de superación de la Caída que denominamos Evolución por fuerza ha de transitar del *Algo* al *Alguien*, Blanca, toda vez que la Caída consistió en el movimiento inverso (aunque en realidad el punto de partida se remonte, según creemos saber, mucho más atrás en el Tiempo, hasta la Nada o el No-Ser). De las numerosas versiones

---

216. Teilhard de Chardin, *Como yo creo*, p. 124

que de la Caída ofrece la Kábala (salvo que no hablaríamos aquí de una Caída en sentido estricto, sino más bien de un descenso voluntario), la más sucinta dice que del gran *Quién* primordial, se desgajó o emanó el *Qué* (en hebreo: del *Mi* se desgajó o emanó el *Elé*). El *Qué* o el *Algo* es la Materia, lo inconsciente, lo impersonal; se lo ubica en los círculos externos del mandala cósmico. El *Quién* o el *Alguien* es el Espíritu, la conciencia, la *persona*, y radica en el Centro, en el Punto Oculto.

¿Ves, querida?, la Materia es la cualidad de lo impersonal, de los objetos, en tanto que el Espíritu es personal. Los seres humanos estamos a medio camino entre esas dos cualidades, entre el *Algo* y el *Alguien*. Somos ya "alguien", pero somos todavía "algo"; nuestra alma lleva todavía adherida un *ego*, un alma carnal. La deriva evolutiva consiste precisamente en ir desprendiéndonos de nuestro *ego*, de nuestro "algo". Esta deriva (que en su segunda fase nos compete a cada uno) fue vista por los antiguos sabios como un proceso interno de depuración, de *desnudamiento*. "Algunos temen resucitar desnudos. Por eso desean resucitar en la carne, y no saben que aquellos que se visten de la carne están desnudos. Aquellos que están dispuestos a desnudarse son los que no están desnudos."[217] Como quizá hayas adivinado por el estilo críptico y tajante, se trata de un fragmento de evangelio gnóstico, el de Felipe. De entre los sabios antiguos, los gnósticos son tal vez los que más prodigaron la metáfora del desnudamiento interior en cuanto tarea esencial del hombre. Así, en el *Diálogo del Salvador*, el apóstol Mateo pregunta a Jesús por "el lugar de la Vida... donde no hay tinieblas sino una luz pura", a lo que Jesús responde: "Mientras lleves esa carne, no podrás verlo." Otro

---

217. *Evangelio de Felipe*, 56

ejemplo es aquel dicho que ya citamos en otra ocasión, por más que entonces le atribuyésemos otro sentido (el oscuro simbolismo de los dichos gnósticos no se agota con un solo significado): "¡Cuando os desnudéis sin avergonzaros, os quitéis vuestras ropas y las depositéis a vuestros pies a la manera de los niños pequeños, pisoteándolas! Entonces os convertiréis en los hijos de Aquel que vive, y ya no tendréis temor."

De modo que el alma del individuo está llamada a desnudarse, a vaciarse de *ego* de forma paulatina, en el transcurso de la Evolución. Pero Teilhard, Blanca, no pierde de vista que el protagonista de la Evolución no es el individuo sino la pareja, o el individuo en cuanto miembro de una pareja: es decir, el individuo en cuanto cónyuge. Y es que también para Teilhard la Evolución es ante todo el viaje de regreso de los Dos al Uno. "La atracción mutua entre los sexos es un hecho tan esencial -escribe- que toda explicación biológica, filosófica o religiosa del mundo que no consiguiese hacerle un hueco esencial en su edificio, estaría virtualmente condenada al fracaso"[218]. Y agrega: la Evolución "obliga a los elementos personales simples a completarse en la pareja .../... no se cierra en el individuo sino que va más allá, hacia una concentración más perfecta"[219]. Va hacia lo que Teilhard denomina "la molécula humana completa... un elemento más sintético y, de entrada, más espiritualizado que la persona-individuo. La molécula humana es una Dualidad que comporta a la vez lo masculino y lo femenino."[220]

Esta espiritualizada molécula humana compuesta de dos átomos, masculino y femenino, no es otra que... ¿lo adivinas?

218. Teilhard de Chardin, *Esquisse d'un Univers personnel.*
219. *Ibid.*
220. *Ibid.*

Que el Andrógino, naturalmente. El Andrógino, del que ya sabemos que reside en el Centro del mandala cósmico y que es una tercera Persona distinta de las otras dos que mediante su mutua unión Le alumbran. "Las personalidades elementales -confirma Teilhard- pueden y tienen que afirmarse, accediendo a una Unidad psíquica o a un Alma más elevada. Con una condición: que el Centro superior al que vienen a unirse sin mezclarse, esté dotado de su propia realidad autónoma. Dado que no hay ni fusión ni disolución de las personas primarias, el Centro en el que dichas personas se unen debe necesariamente ser distinto de ellas, es decir, debe tener su propia personalidad."[221] (La afirmación de que en el Uno no hay ni fusión ni disolución de las personas primarias -o sea de los Dos, pero también de los Muchos-, habría que entenderla en el sentido de que en el Uno resultante de la unión de los Dos, éstos implícitamente subsisten.)

Quedamos pues en que el protagonista de la Evolución es menos el alma individualmente considerada, que el alma *en cuanto cónyuge*. El protagonista es el alma en cuanto gemela de otra alma, y esto sencillamente porque la meta de la Evolución -la Unidad- se concreta para cada alma en la restauración de su propia Unidad original, siendo ésta, si damos por buena nuestra teoría, la que en el Origen conformaba con su gemela. Es por eso, amor mío, que la Evolución se ha afanado tanto desde el principio en allanar el camino para la emergencia de la relación intersexual, y a través de ella, de lo que nuestro viejo amigo Swedenborg denominaba el "estado conyugal": es decir, la relación cara a cara entre dos almas gemelas. Porque esa relación constituye el crisol para el refinado del amor erótico, que es digamos la "cola" destinada a

---

221. Teilhard de Chardin, *L'Énergie humaine*

cohesionar a las parejas de almas gemelas en la Unidad. Y es que -fíjate bien en esto, Blanca- el amor por sí solo no basta: para que surta su efecto cohesivo, el amor debe estar libre de impurezas, debe estar desnudo. De ahí el empeño de la Evolución no sólo en implantar en este mundo caído el amor erótico: de ahí también su empeño en exaltar éste hasta su quintaesencia, hasta ese sumo grado de pureza, de desnudez, propio del Uno. El desnudamiento del amor erótico se erige así en el nudo de la Evolución, tal y como recalca Teilhard:

La manera más expresiva y más profundamente auténtica de contar la Evolución universal sería sin duda la de seguir las huellas de la evolución del amor.

Bajo sus formas más primitivas, en la vida apenas individualizada, difícilmente se distingue el amor de las fuerzas moleculares. Tanto que se podría pensar en fenómenos químicos o táctiles. Después, poco a poco, se despega, pero para seguir durante mucho tiempo todavía *confundido* con la simple función de la reproducción. Es con la hominización cuando se revelan, por fin, el secreto y las múltiples virtudes de su violencia. El amor "hominizado" se distingue de cualquier otro amor porque el "espectro" de su cálida y penetrante luz se ha enriquecido maravillosamente. Ya no se trata sólo de la atracción única y periódica de cara a la fecundidad material, sino de una posibilidad, sin límites y sin descanso, de contacto a través del Espíritu mucho más que a través del cuerpo. Antenas infinitamente numerosas y sutiles, que se buscan entre los delicados matices del alma. Atracción de sensibilización y mutuo enriquecimiento, en la que la preocupación por salvar la especie se fusiona gradualmente con la embriaguez más amplia de consumir el mundo entre dos.[222]

---

222. Teilhard de Chardin, *L'Esprit de la Terre*.

AMOR "ULTRAVIOLETA"

Si has leído este párrafo con atención, habrás reparado en que Teilhard hace mención del "espectro de la luz" referido al amor hominizado. Lo que haremos ahora, Blanca, es desarrollar esa metáfora. Vamos a trazar el perfil de la Evolución del amor erótico, la Evolución del amor mutuo de los Dos, y vamos a hacerlo con las mismas imágenes manejadas por Teilhard de Chardin en sus escritos. Pero antes déjame que te recuerde que, al hablar de la Evolución del amor, se sobreentiende que nos referimos a la Evolución en su segunda fase, es decir a la Evolución humana, ya que es con el hombre que aparece esa condición indispensable del amor: el libre albedrío.

Teilhard toma de la ciencia el espectro de las vibraciones electromagnéticas de la luz y elabora con él una metáfora. El espectro de la luz es toda la gama de colores, toda la variedad de colores existente en la naturaleza. Una parte de este espectro resulta invisible al ojo humano, y ahí radica, como vamos a ver, la idoneidad de la metáfora. Teilhard imagina un "espectro del amor" comparable al de la luz y dice que, al comienzo de la Evolución del amor, la gama de colores visible por el ojo (por el amor) humano era muy reducida. Nos resultaban visibles sólo los colores de la banda inferior del espectro: o sea, Blanca, el sexo puro y duro, sin implicación del alma. La Evolución del amor, dice Teilhard, es la historia en curso de la lenta, de la paulatina conquista, por parte del ser humano, de los colores de la banda alta del espectro.

Actualmente hemos llegado ya a entrever, siquiera de forma precaria todavía, un color con unas vibraciones muy altas: un amor en que el sexo es secundario y dependiente del amor espiritual. Esta visión es aún insegura y debe asentarse poco a poco. Quizá harán falta todavía unos cuantos miles de años, quién sabe. Pero incluso entonces, la cima del espectro seguirá sin coronar, por encima quedarán todavía alturas, colores por descubrir. El amor humano no puede dejar de evolucionar, dice Teilhard, hasta alcanzar a ver el color más alto de todos: *el ultravioleta*; es decir, el amor puramente espiritual, independiente del sexo. "El amor es el umbral de otro Universo. Por encima de las vibraciones que conocemos, el iris de sus matices está todavía en pleno crecimiento. Pero, a pesar de la fascinación que ejercen sobre nosotros los colores inferiores, la creación de la luz sólo avanza hacia el ultravioleta. Es en estas zonas invisibles y como inmateriales donde nos aguardan las auténticas iniciaciones a la Unidad."[223]

Quedémonos con esta última frase. De acuerdo con ella, el lento viraje del amor hacia el "color ultravioleta" supone la iniciación de los amantes a la Unidad. Es decir, Blanca, que la Evolución del amor en el sentido del Espíritu constituye, para Teilhard, una iniciación, una preparación indispensable para la unificación de los Dos, para su retorno al Origen. Y esto porque (ya lo dije) *el Espíritu es por esencia unitivo*; tiende a unir, a hacer coincidir los opuestos, a volverlos complementarios en virtud de esa propiedad fundamental del Espíritu: el altruismo. Porque los opuestos se oponen en la exacta medida en que cada uno mira para sí y no para el otro: el egoísmo aísla, el altruismo cohesiona. Hay una frase de Teilhard que te encantará, una definición muy hermosa que da del amor verdadero: "Amor -dice- significa colocar la propia felicidad en la felicidad de los otros." Sólo un amor de esta clase, un amor altruista y puramente espiritual -esto es, plenamente evolucionado, un amor "ultravioleta"-, es capaz de unificar a los Dos

223. Teilhard de Chardin, *L'Évolution de la Chasteté*.

de modo tan perfecto que, de esa unión, resulte una tercera Persona (Dios, el Uno) distinta de la mera suma de ambos.

Tachadura al margen. Del largo párrafo anulado, he logrado rescatar dos breves fragmentos: *...que se batían en duelo...* y: *...detuvo la calesa a la vera del camino.* Duelos y calesas son elementos propios del siglo dieciocho, una época recurrente en las acotaciones al margen.

De modo que nuestro Universo, que el Universo físico que tiene su encarnadura consciente en el género humano, está en plena evolución, y que esto equivale a decir (sabiendo como sabía Teilhard de Chardin que el amor constituye el meollo, el corazón mismo del Universo) que el amor humano está en plena evolución. Es ésta una larga senda en la que, como te decía, apenas acabamos de doblar el primer recodo. Antes de dar al amor por culminado, nos quedan todavía muchos "colores" por descubrir. Colores con vibraciones cada vez más altas. Colores que se adentran en un territorio desconocido aún para la mayoría: "Por encima de un cierto grado de sublimación -escribe Teilhard-, el amor espiritualizado penetra en lo desconocido."[224] Conocemos los abismos de la Materia; venimos del fondo de esas honduras. Pero desconocemos todavía las alturas del Espíritu: apenas si hemos comenzado a escalarlas. Hacia arriba queda aún un largo trecho, porque "las profundidades que le asignamos a la Materia son sólo el reflejo de las cumbres del Espíritu."[225]
Observa que Teilhard habla de alturas, de cumbres, de vibraciones más altas. En este orden de cosas, querida, *arriba*

---

224. Teilhard de Chardin, *L'Énergie humaine*
225. Teilhard de Chardin, *L'Évolution de la Chasteté.*

equivale a *dentro*. La ascensión es una progresión *hacia dentro*, hacia la esencia, que es siempre interior. La ley de despliegue del amor -la gama de los colores de su espectro- va de fuera a dentro, para culminar en el color más interno y más elevado de todos: el ultravioleta, el color correspondiente al Centro.

En la Evolución del amor, es decir en la segunda fase de la Evolución, distingue Teilhard dos etapas:

Llegados a este punto, me parece distinguir a mi alrededor las dos fases siguientes en la transformación creadora del amor humano. Durante una primera fase de la humanidad, el hombre y la mujer, replegados sobre el don físico y los cuidados de la reproducción, desarrollan gradualmente, en torno a este acto fundamental, una aureola creciente de intercambios espirituales. Este nimbo era, al principio, una franja casi imperceptible. Pero, poco a poco, hacia él van emigrando la fecundidad y el misterio de la unión. Y finalmente el equilibrio se rompe a su favor. Pero, en ese preciso instante, el centro de unión física, de donde surgía la luz, se muestra impotente para sostener nuevos desarrollos. El centro de atracción se proyecta bruscamente hacia delante, hacia el infinito. Y para continuar aprehendiéndose cada vez más en el Espíritu, los amantes tienen que darle la espalda al cuerpo para desarrollarse en Dios... Evidentemente tal transformación ... no puede ser instantánea. Para eso hace falta esencialmente tiempo. El agua que se calienta no se evapora toda a la vez. En ella, la fase líquida y la fase gaseosa coexisten durante largo tiempo. Y así debe ser. Sin embargo, bajo esta duplicidad sólo hay un acontecimiento en curso, cuyo sentido y cuya dignidad se extienden a todo el conjunto. Así, en el momento actual, la unión de los cuerpos conserva su necesidad y su valor para la raza. Pero su cualidad espiritual se define por el tipo de unión mayor que la alimenta, después de haberla preparado. El amor está en vías de cambiar de estado (del estado "líquido" o *material* al "gaseoso" o *espiritual*).[226]

Déjame extraer la almendra de este denso párrafo. Teilhard imagina un centro de gravedad del amor, un centro de atracción entre el hombre y la mujer. Y ese centro de atracción no es algo fijo e inmutable, sino que por efecto de la Evolución va desplazándose, progresa a lo largo de lo que hemos denominado el "espectro del amor". El progreso es sumamente lento, por tanto imperceptible. Y, todavía hoy, ese centro sigue radicado en la banda inferior del espectro, anclado en el acto sexual, en la reproducción, en la propagación de la especie. Ah, pero, en torno a esa atracción sexual ha ido acumulándose en el decurso de la Evolución una atracción de otro signo, una atracción espiritual que poco a poco está ganando peso. Llegará el día -vaticina Teilhard- en que la componente espiritual desbancará a la sexual en la mutua atracción del hombre y la mujer; el día en que el centro de gravedad del amor se desplace hacia la banda alta de su espectro. Pero la Evolución no se detendrá ahí: continuará empujando en el sentido del Espíritu.

En el espectro del amor, el referente de la banda inferior, el polo en torno al cual gira el amor material, es el acto sexual; y Dios es el polo espiritual, el referente de la banda alta. La Evolución discurre entre esos dos polos. Esta polaridad, esta tensión de la Materia en pos del Espíritu, la veía así un antecesor de Teilhard, nuestro amigo Swedenborg: "Desde la creación, cada persona tiene implantada en ella una inclinación interna a contraer matrimonio y otra externa. La interna es espiritual, y la externa natural. La persona accede

---

226. *Ibid.*

371

primero a la inclinación externa y, conforme se vuelve espiritual, accede a la interna."[227] La visión de Teilhard es más bien la de una balanza, la típica balanza de brazos iguales: el acto sexual sería el plato izquierdo; Dios, el derecho. Al comienzo no había más que amor material: el plato izquierdo estaba repleto y el fiel de la balanza se inclinaba por completo de ese lado. Pero, andando el tiempo, comenzó a posarse amor espiritual en el plato derecho. Es así, Blanca, que hoy, en general, cuando se piensa el amor erótico, ya no se piensa exclusivamente en un intercambio sexual: una componente espiritual anda también involucrada. Podemos vaticinar, con Teilhard, que llegará un día (pero de ese día nos separan todavía muchos siglos) en que ambos platos se equilibren. Y, como la tendencia inexorable es hacia la independencia del amor respecto de la sexualidad, el equilibrio terminará por romperse en favor del plato derecho. Sólo cuando el plato derecho esté lleno y el izquierdo vacío, podrá la Evolución decir "misión cumplida".

UN TRIÁNGULO AMOROSO

La intuición de Teilhard no es única, Blanca, ni mucho menos. Acabo de citar a Swedenborg, pero son muchos los sabios que, desde la atalaya de la intuición mística, han avizorado la misma verdad. El horizonte evolutivo que vislumbran puede parecernos insulso visto desde nuestra actual perspectiva tan lejana. Pero digo yo que debe de ser como esos libros clásicos que nos hacían leer en la escuela y que se nos antojaban un tostón, pero que luego, leídos al cabo de los años, revelaban

---

227. *Amor conyugal*, 148

todas sus esencias. Ese horizonte lejano podríamos resumirlo en sendas citas de un sabio antiguo y otro moderno. La primera pertenece a una homilía seudo clementina del siglo dos (es decir, a una homilía quizá erróneamente atribuida al Padre griego de la Iglesia Clemente de Alejandría, quien simpatizó en alguna medida con los gnósticos y llegó a ser acusado de herejía). Clemente -o quienquiera que se ocultase tras esa autoría- analiza la fórmula gnóstica "cuando lo masculino con lo femenino no sea ni masculino ni femenino", y la interpreta en el sentido siguiente: "Que el hermano, al ver a la hermana, no conciba en ella nada de femenino, y que ella no conciba en él, a su vez, nada de masculino. Si actuáis así, quiere decir, el Reino de mi Padre llegará."[228] La segunda quizá te suene, la he sacado de tu biblioteca, de una de las *Cartas a un joven poeta* de Rainer María Rilke, y dice: "La gran renovación del mundo consistirá probablemente en esto: el hombre y la mujer, liberados de todo falso sentimiento y aversión, no se buscarán ya como opuestos sino como hermano y hermana... El amor no será ya la relación de un hombre y una mujer, sino la de una persona con otra".

Rilke, como en general los antiguos sabios, opinaba aquello que te dije antes: que la condición de *persona* trasciende el ámbito humano, y que si bien la condición humana conlleva la diferenciación sexual, no así la de persona. La persona rebasa la diferencia entre los sexos, pertenece a un género neutro, un tercer género de naturaleza espiritual al que podríamos denominar género andrógino (y así hallaríamos, de paso, acomodo en nuestra teoría a la "hipótesis psicológica" formulada en nuestra primera carta a propósito del debate sobre la mitad perdida del alma).

---

228. *Segunda Epístola de Clemente*, párrafo 12

Impelido por la Evolución, el Universo físico ha desembocado en el ser humano, pero previsiblemente no se detendrá ahí, Blanca, seguirá encaramándose. Y, conforme progrese, disminuirá el protagonismo sexual en la relación entre los dos polos -masculino y femenino- en que el ser humano se articula. Cada vez más, el protagonismo recaerá en otra clase de complementariedad distinta de la sexual. Una complementariedad de orden personal, espiritual, que constituye el "detrás" de la complementariedad sexual, digamos su versión "desnuda". Y esta lenta, imperceptible deriva no se detendrá en tanto no se alcance la personalización absoluta: tal la finalidad de la Evolución. Según Teilhard, los seres humanos estamos llamados, a la larga, a llevar a las últimas consecuencias nuestra condición de *personas*. Lo que implica desembarazarnos de nuestro revestimiento sexual y, con ello, traspasar sin darnos cuenta la divisoria que separa lo humano de lo Divino.

Qué quimérico que suena todo esto, ¿verdad, amor mío? Teilhard es el primero en admitirlo: "En la práctica -dice-, no quiero disimular que la dificultad del intento me parece tan grande que todo lo que he escrito en estas páginas podría ser calificado por nueve de cada diez personas de ingenuidad o de locura. ¿No pertenece al ámbito de la experiencia universal y concluyente que los amores espirituales siempre terminan mal? El hombre está hecho para caminar sobre el suelo y jamás se le ocurre pensar en volar por sí mismo... Yo replicaría que es verdad, que éste es un sueño de locos. Por eso hoy el aire nos pertenece."[229] Ciertamente, hoy el aire nos pertenece, Blanca. Y sin embargo, cuando en el siglo quince el gran Leonardo da Vinci vaticinó que el hombre

---

229. *L'Évolution de la Chasteté*

llegaría a volar un día, fueron pocos los que le creyeron; para sus contemporáneos eso resultaba tan increíble como nos resulta hoy a nosotros el futuro evolutivo conjeturado por Teilhard. Pero volvamos al pasaje donde lo conjetura...

El hecho de señalar, por un lado, el acto sexual (y su consecuencia natural, la reproducción) como el referente del amor material, y, por otro lado, a Dios como el referente del amor espiritual, no es novedoso. Una de las claves de la teoría del amor de los antiguos sabios es el postulado de que mientras que el amor material busca ser fecundo hacia abajo -busca engendrar una descendencia-, el espiritual mira hacia arriba: busca engendrar a Dios. Cuando Platón nos describe a los amantes espirituales ("amantes platónicos" los denominará en su honor el humanista Marsilio Ficino) insatisfechos de su condición escindida y ansiando fusionarse el uno en el otro a fin de ser uno solo, esta Unidad a la que aspiran no es sino la Unidad divina. Ya lo sabíamos, ¿verdad?: hay multitud de Dualidades, pero una sola Unidad absoluta en la que todas ellas se resuelven. Cada pareja de almas gemelas que, de forma más o menos consciente, aspira a fusionarse "en una sola carne" espiritual, es a convertirse en Dios (a hacerse "Dios en Dios" en la voz de un célebre místico cristiano del siglo trece, el Maestro Eckhart) a lo que realmente aspira. Dios se erige así en la meta oculta, en el objetivo secreto e irrenunciable de los amantes espirituales, en el polo superior hacia el que convergen.

En otra carta aludíamos a la tabla central de esa obra maestra que se llama El Jardín de las Delicias. Fijémonos ahora en el ala izquierda de ese tríptico, ahí donde se representa el bíblico Jardín del Edén. En segundo término, pero en el centro, presidiendo la composición, se yergue esbelta la Fuente de la Vida. Vimos que los exégetas identificaban a esta Fuente con el Árbol de la Vida por ser a los pies de este Árbol, situado en el centro del Paraíso, donde según el Génesis nace el Río que, partido en cuatro brazos, riega la totalidad del Universo. En primer término, abajo, los personajes del drama: Adán y Eva antes de la Caída, cuando su mutuo amor no había sido todavía profanado por la Materia; y, en medio de ambos, Dios envuelto en una túnica del mismo color rosado que la Fuente situada justo por encima de Él. Adán está sentado, arrodillada Eva, ambos de medio perfil, y Dios de pie en medio de ellos, de frente, mayestático.

En esta pintura, Blanca, hay un detalle insignificante sólo en apariencia, pues a través de él El Bosco parece haber querido mostrar a Dios no como un personaje ajeno a la mutua relación de amor de Adán y Eva, sino formando parte intrínseca y esencial de esa relación. Me refiero al hecho de que Dios aparezca en íntimo contacto con ambos: Su pie derecho posado sobre el izquierdo de Adán, Su mano izquierda sosteniendo la diestra de Eva. Es como si de este modo El Bosco hubiera querido presentar a Dios como el nexo de unión de la Pareja primordial, como si Dios se erigiera en el referente íntimo de Adán y Eva en cuanto pareja; más aún, en la encarnación -y en el fruto- de su unión... (Sé lo que estás pensando. Pero déjame decirte que descubrir referencias simbólicas en la pintura de un artista como El Bosco no es una operación gratuita propia de detectives ociosos. Podríamos definir a El Bosco como un pintor esotérico. Sabemos que perteneció a una sociedad secreta de carácter gnóstico denominada la Hermandad del Libre Espíritu; que fue un visionario, y que su pintura está llena de claves ocultas.) Visto que el amor de Adán y Eva en el Paraíso antes de la Caída era puramente espiritual, sin mezcla de Materia (ya dijimos que la Materia no tiene cabida en el Mundo Superior), el Jardín del Edén de El Bosco puede interpretarse como la pintura del amor espiritual en su máxima expresión: en su pureza inmaculada, la del Paraíso. Y allí está Dios, en medio de los amantes, en íntimo contacto con ellos. Como sugiriendo que el amor espiritual entraña la referencia a Dios -lo que lo convierte en *amor divino*. Como sugiriendo que cuanto más espiritual es un amor, tanto más presente se hace Dios en medio de los amantes, hasta llegar, en el Paraíso, a Su Absoluta Presencia en medio de ellos. Una Presencia en la que, de algún modo, ellos se absorben.

En fin, querida, podemos imaginar el amor espiritual como un triángulo: dos de sus tres vértices mantienen una relación de igual a igual, y luego, por encima de ellos, está un tercero en el que confluyen. Refiriéndose al matrimonio basado en el amor espiritual, escribe Teilhard que "El matrimonio sólo encuentra su equilibrio en un tercero que va por delante de ellos. ¿Qué nombre hay que darle a este intruso misterioso?"[230] Ese nombre es "Dios" para Teilhard -para los antiguos sabios, Blanca. El vínculo de las almas gemelas es pues, para el jesuita francés, una suerte de diálogo a tres bandas, con tres interlocutores: "El amor es una función en tres términos: el hombre, la mujer y Dios", siendo Dios "el Centro hacia el que los dos amantes convergen al unirse"[231]. Así pues, el fundamento de este triángulo amoroso no es otro que el misterio trinitario que formulamos la otra vez: el del "tres en uno", que es el misterio supremo, el misterio de la implícita dimensión dual del Uno.

Bueno, hasta aquí las páginas que hemos dedicado a la prospectiva, mejor dicho a la visión interior, a la intuición

---

230. Teilhard de Chardin, *Esquisse d'un Univers personnel.*
231. *Ibid.*

mística que Pierre Teilhard de Chardin tuvo del futuro evolutivo de la humanidad. En ese futuro, el amor erótico juega un papel clave según hemos visto. Y si estás pensando en preguntarme si el amor erótico jugó también un papel clave en el presente de Teilhard (en este presente particular en el que su alma reencarnó en padre jesuita), ya me adelanto, amor mío, y te digo que, aunque parezca sorprendente tratándose de un religioso célibe, la respuesta es sí. Atiende a lo que escribió a los treinta años, poco después de ordenarse sacerdote, con motivo del reencuentro con su prima Marguerite Teillard-Chambon, a quien estaba muy unido desde la infancia (se llevaban sólo unos meses y habrían de morir también con escasos años de diferencia): "Por la afilada punta de las tres flechas que ella me ha lanzado, el mundo mismo ha hecho irrupción en mí... Y bajo la mirada que me había conmovido, la cáscara donde dormitaba mi corazón ha estallado. Con el amor ancho y puro, ha penetrado en mí -o ha salido de mí, no lo sé- una energía nueva que me ha hecho sentir que yo era tan vasto y tan rico como el Universo."[232] Déjame aclararte enseguida que se trató siempre de un amor puramente espiritual, platónico (aparte de la fidelidad a sus votos, a Teilhard el acto sexual le parecía una "unión grosera"). Naturalmente, Blanca, siempre es aventurado desde fuera, desde los ojos del testigo, que no tienen acceso a la belleza subjetiva, señalar la posible alma gemela de alguien. Máxime cuando ese alguien es un religioso célibe. Pero ya dijimos que las almas gemelas no siempre reencarnan en calidad de amantes, y que su afinidad esencial no deja de traslucirse sea cual sea el nivel de relación. Teilhard y Marguerite se cruzaron cartas toda su vida, pero son especialmente remarcables

---

232. Écrits, p. 137

las fechadas en los años de la Gran Guerra, a través de las cuales la joven Marguerite asistió al despertar de la intuición mística de su primo. Esas cartas se han publicado, querida (las de ella, aunque perdidas, se reflejan en las de él), y si mi olfato de detective no me engaña, son cartas comprometedoras: dejan traslucir, como a contraluz, la afinidad esencial de sus almas.

EL SENTIDO INTERNO DEL AMOR

Pero no es sólo Teilhard, Blanca. Otros sabios modernos "de mirada antigua" han tratado de espiritualizar la noción darwiniana, estrictamente naturalista, de Evolución. "Evolucionistas metafísicos" se ha denominado a estos sabios para los que la evolución biológica no es más que la fase inicial de un largo proceso tendente a la emergencia y al perfeccionamiento del Espíritu. La Evolución no es pues, para ellos, una cosa azarosa; o, si tú quieres, el azar que rige la Evolución no es aleatorio: obedece a una especie de determinismo divino. He nombrado ya al místico indio Sri Ghose Aurobindo. No podría faltar tampoco, hablando de evolucionismo metafísico, el filósofo francés Henri Bergson y su noción de "impulso vital": un impulso que "es Dios o de Dios" y que, a través de un denodado pulso con la Materia, conduce la Evolución hacia cotas cada vez más altas de conciencia y de espiritualidad. Como tampoco podría quedar fuera de esta lista Madame Blavatsky, ni Rudolf Steiner, fundadores de la llamada Sociedad Teosófica. Ni los esoteristas Gurdjieff y Ouspensky. Ni el filósofo norteamericano John Fiske, de quien leo en su *Through Nature to God*, "A través de la Naturaleza hacia Dios": "La perfección espiritual es la verdadera meta de la Evolución, el fin divino que estaba ya implicado en el comienzo." Incluso cabría nombrar a Swedenborg, quien escribiera cosas como: "El amor conyugal va purificándose más y más y deviene casto en las personas que se vuelven espirituales por la gracia del Señor."[233]

Pero de todos los evolucionistas metafísicos, Blanca, el que con mayor profusión trató del amor y de la Evolución del amor en sus escritos (el que mayor atención merece de nuestra parte por tanto) es aquel sabio al que ya he aludido también en estas páginas: Vladimir S. Soloviev.

Si crees que no conoces a este brillante teólogo y poeta ruso, acuérdate de Alioxa, el más espiritual y compasivo de *Los hermanos Karamázov*. Parece que fue en su amigo Soloviev en quien se inspiró Dostoievski para ese personaje (el alma gemela de la Vanenka de *Ana Karenina*, si me permites seguir jugando, aun con personajes de ficción, a columbrar gemelidades anímicas). Con Soloviev, por cierto, resulta todavía menos aventurado que con Teilhard conjeturar acerca de su alma gemela: todos sus biógrafos coinciden en señalar a una tal Sofía Chitrovo como el exclusivo amor de su vida. Fue la imposibilidad de casarse con ella lo que motivó su renuncia al matrimonio, así como su obsesiva dedicación a la teología que minaría su salud y acabaría llevándole a la tumba antes de tiempo. ¿Será casualidad que, en la teología de Soloviev, figure en lugar destacado esa especulación mística de inspiración gnóstica -la sofiología, la doctrina de la *Sophia* o de la "Sabiduría" divina- que lleva el mismo nombre que su amada?

Las ideas de Soloviev se alinean esencialmente con las de los antiguos sabios que te he expuesto hasta ahora en estas

---

233. *Amor conyugal*, 145

cartas. También él pensaba que, en su actual estado caído, el hombre es la mitad de un verdadero Hombre: un ser imperfecto, incompleto. Y también él estaba convencido al propio tiempo de que el hombre está destinado a superar ese estado; destinado a remontarse a su estado original de Perfección, de Integridad: "El hombre puede... comprender en su forma un contenido absoluto, convertirse en una persona absoluta. Pero para llenarse de un contenido absoluto, que en lenguaje religioso se llama Vida Eterna o Reino de Dios, la forma humana debe ser restablecida en su integridad. En la realidad empírica, el hombre en cuanto tal (el Hombre *entero*) no existe en absoluto; existe sólo en un estado determinado de limitación unilateral, como individualidad masculina o femenina... Pues bien, es obvio que el hombre verdadero (*entero*), el hombre en la plenitud de su personalidad ideal, no puede no ser más que hombre o mujer; debe ser la Unidad superior de ambos sexos. La tarea propia e inmediata del amor consiste en realizar esta Unidad, en fundar el hombre verdadero."[234]

El fin de la Evolución del amor consiste pues en esto, Blanca: en posibilitar el advenimiento del "hombre verdadero", que es el Hombre andrógino. En expedir al hombre, digamos, el pasaporte al Paraíso, a la Unidad, haciendo de cada "dos seres mortales y limitados una individualidad inmortal y absoluta"[235]. Para ello es preciso llevar el amor al límite, llevarlo a alcanzar su cenit, la cumbre de su Evolución, esto es, *el amor verdadero* -"el color ultravioleta" en la metáfora de Teilhard. Sólo entonces será subsanable el divorcio de los Dos. Únicamente el amor verdadero hará posible al "hombre

---

234. Vladimir Soloviev, *Le sens de l'amour*, p. 48
235. *Ibid.*, p. 53

verdadero", que no es distinto de la "Uni-Totalidad" como Soloviev llama a Dios. Bien es verdad que dicha cumbre queda aún lejos, para nosotros resulta invisible todavía. Pero, ¿negaremos la existencia del color ultravioleta por el hecho de que nuestros ojos no puedan verlo?

Sería del todo injusto negar que el amor (que el amor verdadero) sea realizable por la única razón que no se ha realizado todavía... Incluso la conciencia racional, antes de ser un hecho en el hombre, no era más que una aspiración confusa e infructuosa en el mundo animal. ¿Cuántas eras geológicas y biológicas han transcurrido en tentativas infructuosas por crear un cerebro capaz de convertirse en el órgano en que se encarnase el pensamiento racional? El amor (el amor verdadero) es todavía para el hombre lo que fue la razón para el mundo animal: existe en germen, en cuanto aptitud, pero de hecho todavía no existe.[236]

Soloviev señala a renglón seguido una discrepancia sustancial entre ambos procesos evolutivos -el que hace unos cuantos miles de años desembocó en la aparición de la razón humana, y el que en un lejano futuro habrá de resultar en la floración del amor puro o verdadero. Esta diferencia es que el primer proceso, correspondiente a la primera fase de la Evolución, fue inconsciente, en tanto que el segundo, vinculado a la segunda fase, es consciente: está en nuestras manos, Blanca, en manos de las almas gemelas. "No olvidemos -dice Soloviev- que, si la realidad de la conciencia racional apareció en el hombre pero no por el hombre, la realización del amor (del amor verdadero), grado superior de la humanidad

---

236. *Ibid.*, p. 47

en el camino de su vida propia, debe producirse no solamente *en el hombre* sino *por el hombre*."[237]

Soloviev traza una semblanza general de la Evolución, y lo hace en los siguientes términos: la Evolución, dice, es "la oposición y la lucha recíproca de la especie y el individuo"[238]. La batalla es ardua, pero está destinada a decantarse del lado del individuo. Éste va abriéndose camino en el curso de la Evolución por entre la indiferenciación de la especie. Va cristalizando, destacándose sobre el fondo oscuro de la Naturaleza en la que hasta entonces había estado, digamos, diluido... Para ilustrarlo, querida, podrías evocar aquel espectáculo al que eras tan aficionada, aunque te obligara a madrugar. Me refiero a los crepúsculos matutinos: ¿recuerdas como los contornos de las cosas, difusos durante la noche, iban precisándose bajo la luz creciente? Pues así también el individuo bajo la luz de la Evolución. Siendo como es la de *individuo* una categoría espiritual, y material la de la *especie*, cabe decirlo también de este otro modo: En el curso de la Evolución, *el Espíritu va abriéndose paso a través de la Materia*. Lentamente, el individuo -cada mitad de centella caída y sepultada bajo un montón de escombros- se despoja de esa sepultura. La Materia pertenece a la especie: se despoja, pues, de lo que no le pertenece en cuanto individuo. Ya que, como apunta Soloviev: "El conjunto de fuerzas vitales que hierven en un ser individual, no es su vida propia, sino una vida extranjera, es la vida de la especie (la vida biológica, material)."[239]

---

237. *Ibid.*, p. 48
238. *Ibid.*, p. 62
239. *Ibid.*, p. 61

Tachadura al margen. Se ha podido salvar, de forma muy fragmentaria, la cita: *...al salir del museo (¿junto con?) los demás niños .../... la sensación inexplicable .../... él, en otro (tiempo,) había sido otro."* Tal vez la fuente sea la misma de la acotación fechada el 28-8-99.

En los animales, esta vida de la especie es omnímoda, lo abarca todo. Los animales no son libres, no tienen iniciativa propia: todo lo que hacen les viene dictado por el instinto de la especie a la que pertenecen. Los seres humanos tenemos más libertad, pero en menor medida estamos también sujetos a los dictados de la especie. Muchas de las cosas que hacemos, las hacemos impulsados por esas fuerzas vitales de carácter material que nos determinan. Es lo que Soloviev llama "la tiranía de la especie sobre el individuo"[240]. La tarea de la Evolución consiste justamente en la paulatina liberación de esas determinaciones materiales. A través de la Evolución vamos volviéndonos -en palabras de Soloviev- "capaces de libertad interior frente a las exigencias de la especie"[241]. Y a medida que eso sucede, Blanca, vamos liberando nuestra vida propia, la del individuo, la vida del Espíritu. Ya que, además de la vida biológica, corpórea, material, existe una vida secreta, invisible, una Vida con "V" mayúscula, una vida en el sentido religioso del término, vida espiritual, del alma (y, a diferencia de la biológica, vida inmortal), que es la "vida propia" de cada uno. (Siendo resultado de la Caída, la otra es sobrevenida y, por tanto, ajena a uno.)

En el curso de la Evolución, esta vida propia -la del alma, la vida del individuo- va independizándose pues de esa otra vida ajena, la del cuerpo, la "vida de la especie". Y el amor sigue

---

240. *Ibid.*, p. 62
241. *Ibid.*, p. 62

una evolución paralela, Blanca. Ya que igual que existe una "vida de la especie", existe también un "amor de la especie". Y este amor gira en torno al sexo. Es este amor el que nos determina a unirnos carnalmente para que la especie se reproduzca, pues ésa, querida, es la finalidad de este amor que sobrevino con la Caída y que es por tanto ajeno al individuo. Existe luego, sepultado bajo este amor ajeno, uno propio, un "amor del individuo". Éste es el amor genuino, el amor tal como era antes de caer: un amor que no empuja a la intimidad carnal sino a la espiritual, no a la unión de los cuerpos sino a la de las almas. Es éste el amor que en el curso de la Evolución va abriéndose paso a través de la Materia. La Materia lo va alumbrando como en un largo parto.

Tal deriva del "amor de la especie" hacia el "amor del individuo" es una transición hacia *la interioridad del amor*, hacia lo que Soloviev denomina el "sentido interno del amor". Ya que, como Teilhard -como los antiguos sabios, Blanca-, Soloviev pensaba que la Evolución transcurre de fuera a dentro. Todas las cosas tienen según él un sentido interno, un último *detrás* hacia el que tienden secretamente. (De modo parecido, los gnósticos se referían a "la profundidad" insondable de todo ser, y para los cabalistas "nada existe sin una gran profundidad"[242].) Este sentido interno de todas las cosas se escribe en el idioma del Espíritu, y, en nuestro diagrama del Universo en forma de mandala, estaría ubicado en el Centro. El Centro vendría a ser a modo de un imán que atrae hacia sí todas las cosas de los círculos externos del mandala cósmico. Esta tensión *hacia dentro* es lo que define la Evolución y la Vida. "Todo lo exterior y lo fortuito -afirma Soloviev- está subordinado al sentido interno de la vida."[243]

---

242. Gershom Scholem, *La Kábala y su simbolismo*
243. Soloviev, *op. cit.*, p. 85

Naturalmente, esta tensión hacia dentro se ve contrapesada por fuerzas de signo contrario, fuerzas materiales que le oponen una atracción hacia fuera: "A la existencia verdadera, o a la idea Uni/Total, se opone, en nuestro mundo, la existencia material, la cual, por su obstinación absurda, apaga nuestro amor y no le permite realizar su sentido."[244] De lo que en la Evolución se trata, es de ir venciendo ese contrapeso externo -esos cantos de sirena que tiran de nosotros hacia fuera-, deján donos arrastrar por nuestro "imán" interno.

La unión sexual tiene su propio "sentido interno", Blanca, como lo tienen todas las cosas de este mundo. "Todo acto o hecho externo no es nada en sí mismo -opina Soloviev-; el amor sólo es algo en la medida en que posee un sentido inter no... (y este sentido interno del amor es) la restauración de la Unidad, o de la Integridad de la persona, la creación de la in dividualidad absoluta."[245] El "detrás" o el sentido interno de la unión sexual es pues, también para Soloviev, la *unión perfecta* o el matrimonio celestial de las almas gemelas. Ya que -citando sus propias palabras- el sentido interno del amor "exige la reu nión de lo que ha sido indebidamente separado"[246]... De todo lo cual resulta que la Evolución del amor transcurre del "fue ra" o la unión sexual, al "dentro" o el matrimonio celestial.

UNA METÁFORA IMPERFECTA

Para Soloviev, el hombre separado de su mujer (el alma separa da de su gemela) es un ser imperfecto, insuficiente: "En cuanto

---

244. *Ibid.*, p. 90
245. *Ibid.*, p. 56
246. *Ibid.*, p. 87

a la relación del marido y la mujer, es la de dos potencialidades que actúan de modos diversos pero que son igualmente imperfectas, y no consiguen la perfección más que interactuando mutuamente."[247] Todas las cosas tienden hacia su *perfección*, hacia su sentido interno. Es así que el alma se inclina con todas sus fuerzas hacia su gemela y busca unirse a ella. Primeramente busca unirse a ella a través de la unión sexual. Pero más adelante ésta se le revela como una "falsa unión" incapaz de *perfeccionar* (de unir verdaderamente) a las almas gemelas. De ahí la necesidad de que la unión sexual vaya dejando paso, en el decurso de la Evolución, a una unión de otro signo:

Generalmente hablando, la muerte es la desintegración de un ser, la dislocación de sus componentes. Pero la división de los sexos, que no es abolida por su unión exterior y pasajera en el acto de generación, esta división de los elementos masculino y femenino del ser humano, es ya en sí un estado de desintegración y un principio de muerte. Permanecer en el estado de división sexual significa permanecer en la vía de la muerte... Sólo el hombre entero puede ser inmortal, y si la unión biológica no puede realmente restaurar la Integridad del ser humano, eso significa pues que esta falsa unión debe dejar su sitio a una unión verdadera.[248]

Esta Integridad, Blanca, esta perfección consistente en la unión verdadera de las almas gemelas, encuentra su total cumplimiento únicamente en Dios. ("Esta perfección que para nosotros aún está en vías de realización, es ya real para Dios."[249]) Por eso, al final, las almas gemelas están llamadas

---

247. *Ibid.*, p. 73
248. *Ibid.*, p. 62
249. *Ibid.*, p. 78

a trocar la condición humana en divina, que es su condición original y verdadera. Y el medio es soltar lastre, dar la espalda a la Materia y volverse hacia el Espíritu. Su mutuo amor está llamado a independizarse de los pretextos materiales -la reproducción, el placer sensual- que le sirvieron para dar los primeros pasos, igual que un niño se independiza del andador en cuanto aprende a andar por sus propios medios. En la voz de Soloviev:

Entre los animales cuya reproducción es exclusivamente sexuada -rama de los vertebrados-, cuanto más arriba se encuentre el animal en la escala de los organismos, menor es su potencia de reproducción y mayor es la atracción sexual... En los peces, la reproducción tiene unas dimensiones enormes: los embriones que produce cada hembra en un año se cuentan por millones; estos huevos son fecundados por el macho *fuera* del cuerpo de la hembra, lo que no permite suponer que haya una fuerte atracción sexual. De todos los vertebrados, es sin duda esta clase de sangre fría la que más se reproduce y la que manifiesta menos pasión amorosa. En el grado siguiente, el de los anfibios y los reptiles, la reproducción es bastante menos importante que entre los peces...; pero, con una reproducción menor, hallamos ya en estos animales unas relaciones sexuales más estrechas... Entre los pájaros, la potencia de reproducción es bastante inferior...; por contra, la atracción sexual y el afecto mutuo del macho y la hembra alcanzan en ellos un desarrollo que desconocían las dos clases inferiores. Entre los mamíferos, la reproducción es considerablemente más débil que entre los pájaros, pero la atracción sexual, incluso si es menos constante en la mayoría de los casos, es bastante más intensa. En fin, si uno considera todo el reino animal, es en el hombre donde la reproducción es menor y donde el amor intersexual adquiere mayor importancia y potencia,

uniendo en el más alto grado la constancia -como entre los pája-
ros- a la intensidad de la pasión -como entre los mamíferos-. Así
pues, el amor intersexual y la reproducción de la especie se halla
el uno con respecto al otro *en relación inversa*: cuanto más fuerte
es uno, más débil es el otro. En su conjunto, el reino animal se
desarrolla, desde el punto de vista considerado, en el siguiente
orden. Abajo, una enorme potencia de reproducción unida a la
ausencia total de cualquier cosa que se parezca al amor intersexual -a falta de una división en sexos-; luego, en los organismos
más perfectos, aparece la diferenciación de los sexos y una cierta
atracción intersexual correlativa. Ésta es al principio extremadamente débil, después crece gradualmente en los grados ulteriores, a medida que disminuye la potencia de reproducción -es decir, en proporción directa de la perfección de la organización, y
en proporción inversa de la potencia de reproducción-, hasta que
aparece finalmente en la cima, en el hombre, la posibilidad de
un amor intersexual muy intenso que puede incluso excluir totalmente la reproducción. Pero si hallamos así, en los dos extremos
de la vida animal, la reproducción sin ningún amor intersexual,
por un lado, y, por el otro, el amor sexual sin ninguna reproducción, es evidente que estos dos fenómenos no pueden considerarse como indisolublemente ligados el uno al otro, es evidente
que cada uno tiene su significación propia, y que la significación
de uno no puede consistir en servir de medio al otro. Lo mismo
ocurre si se considera el amor intersexual en el mundo humano
exclusivamente: éste adquiere, mucho más que en el mundo animal, este carácter individual en virtud del cual es precisamente
tal persona del otro sexo la que reviste, a los ojos del que la ama,
una importancia absoluta, pues ella es única e irreemplazable y
constituye un fin en sí mismo.[250]

---

250. *Ibid.*, p. 18

Resulta conmovedor pensar que Soloviev tiene en mente a esa tal Sofía Chitrovo cuando escribe estas cosas... Por cierto, ¿has notado la concordancia entre esta semblanza de la Evolución del amor que traza Soloviev y la que esbozaba Teilhard de Chardin páginas atrás? Según el ruso, en el curso de la Evolución el amor erótico se independiza cada vez más de esa utilidad para la especie, la función reproductora -más tarde lo hará también de la propia sexualidad, añadía el francés. Pero detengámonos en la última frase de la exposición de Soloviev, aquella donde remarca que dicho proceso de independencia del amor erótico va acompañado de la progresiva individualización de éste; o lo que es igual, de su *personalización*.

Tachadura al margen. Además de palabras sueltas (*rueda, montaña, agua...*), puede leerse el numeral romano XVIII.

Empecemos por decir que, en lo tocante a la Evolución, los conceptos de "Persona", "Conciencia" y "Espíritu" son homologables. La Evolución es un tránsito de lo impersonal, de lo inconsciente, de la Materia, a la Persona, a la Conciencia, al Espíritu. Transcurre del caos al orden; de lo indistinto (de ahí el mar como porfiado símbolo del mundo material) a lo diferenciado; de la especie al individuo; de la *materia prima* a la *forma sustancial*. En otra carta manejábamos la metáfora de la escultura y el bloque de piedra; ahora esa metáfora puede servirnos también, parcialmente al menos. Podemos visualizar a Dios como un escultor que, por medio del cincel de la Evolución, va desbastando, dando *forma* a un bloque de piedra. El bloque es la Materia; la *forma*, aquello que va definiéndose bajo los golpes de cincel, aquello que a cada golpe emerge más y más del fondo indiferenciado de la Materia. La *forma* es el individuo, *la Persona*, el Espíritu. Es el alma humana, que, antes de ser desvelada por el cincel del escultor, permanecía inmanente al bloque de piedra (la Evolución es también un tránsito de lo inmanente a lo trascendente). Ya estaba ahí, Blanca, pero de un modo difuso, indefinido, como dormida. El cincel del escultor la saca de su sueño, la libera, la vivifica, alza progresivamente el velo que la volvía invisible: la obliga a cristalizar, a individualizarse. Muy lentamente, el escultor va extrayendo del informe bloque de piedra a la escultura con cara y ojos: a *la Persona*, al Espíritu.

Esta metáfora adolece, con todo, de un defecto -por eso digo que nos sirve sólo parcialmente. Y es que un escultor al uso, para dar forma al bloque de piedra -para revelar la escultura oculta en el bloque de piedra, como diría nuestro amigo el escultor toledano-, se limita a eliminar la piedra sobrante. Mientras que aquí resulta que es toda la piedra la que sobra. La misma circunstancia que al hablar de los Dos y el Uno hacía idónea la metáfora, ahora, al hablar de la Materia y el Espíritu, la vicia. Porque en la escultura la piedra subsiste; pero al término del proceso evolutivo -esto es, en la Personalidad absoluta, en el Espíritu absoluto- no debe quedar rastro de Materia. Materia y Espíritu están en relación inversa: para espiritualizarse del todo, el alma debe "desmaterializarse" del todo.

Y si en el curso de la Evolución el alma se espiritualiza y se personaliza, eso es cierto también (lo es sobre todo) para el mutuo amor de los Dos, Blanca. Porque el amor de los Dos evoluciona al paso en que lo hacen ellos. Esto me parece incontestable: el grado de evolución del amor de las almas gemelas es fiel reflejo del grado de evolución de éstas. Cuanto más se espiritualiza un alma, tanto más se espiritualiza su amor. Y *tanto más se personaliza...* Llegamos así a este punto importante señalado por Teilhard y por Soloviev: al hecho de que la Evolución del amor discurre en el sentido de una personalización, de una individualización progresiva. Es decir, en virtud de su Evolución, el amor erótico deja de ser indiscriminado y se individualiza: tiende a concretarse cada vez más sobre un individuo determinado con exclusión del resto. (Muestra en esto su singularidad respecto al amor genérico, el amor al prójimo, cuya perfección estriba justamente en lo contrario: en su carácter indiscriminado.)

Tal personalización está en razón directa al grado de espiritualidad del amor. En el grado inferior de su Evolución, el amor erótico -que ahí es cien por cien carnal- es indiscriminado, y es también veleidoso y promiscuo. No es, en la terminología de Soloviev, amor del "individuo" sino de la "especie". Es conforme al ascenso por la escala evolutiva, que nos encontramos con un amor más y más espiritual, y con un amor que es cada vez más exclusivo, más "amor del individuo". De hecho, Blanca, tanto el amor carnal de los grados inferiores como el espiritual de los superiores, buscan en apariencia lo mismo, esto es: un individuo perteneciente a un grupo genérico, a una "especie", la de los individuos del otro sexo (o del propio si de homosexuales hablamos). La diferencia está en dónde ponen el acento: el carnal en la especie, el espiritual en el individuo. Mientras que el "amor de la especie" es el fundamento del amor carnal, el espiritual se basa en el "amor del individuo".

A lo que voy es que, en el fondo Blanca, el amor carnal no tiene por objeto a un individuo concreto del otro sexo, sino a los individuos del otro sexo en general. Lo que busca es menos un individuo que la "especie" que éste encarna. Y, como tal requisito lo cumplen todos los individuos de la misma "especie", el amor carnal es eminentemente indiscriminado: su elección puede recaer en cualquier individuo de esa "especie". Y promiscuo: tiende a no conformarse con uno solo. Naturalmente, el amante carnal tendrá también sus preferencias: de entre los individuos del otro sexo, preferirá aquellos que sean bellos (hablo aquí de la belleza objetiva y aparente, la única al alcance de los amantes carnales). Y aun entre los individuos bellos del otro sexo, le atraerán más, por ejemplo, los morenos que los rubios, los altos que los bajos..., preferencias igualmente genéricas y que difícilmente se concretarán en un solo individuo.

En todo caso, las preferencias individuales del amante carnal son un elemento adjetivo de su amor. El elemento sustantivo es la pertenencia a la "especie", que es de lo que en realidad él está enamorado. Es decir: el amante carnal no ama tanto a un individuo por lo que éste tiene de particular -y lo más particular de un individuo es su esencia *personal*-, cuanto por lo genérico que ese individuo comparte con el resto de los de su "especie". En el amante espiritual por contra, Blanca, la preferencia individual -la de un individuo concreto sobre todos los demás de su "especie"- es sustantiva. Esa preferencia (que en él no responde a criterios objetivos sino subjetivos) no es accesoria a su amor: es su elemento constitutivo. Lo que queda demostrado por el hecho de que, si por cualquier motivo le faltase esa persona por la que siente preferencia, le costaría decidirse a reemplazarla, y hasta podría resultarle imposible. Nada más fácil, en cambio, para el amante carnal.

Tenemos, pues, que la tendencia evolutiva del amor erótico hacia una cada vez mayor espiritualización, determina una correlativa tendencia hacia una personalización cada vez mayor. Si te fijas, Blanca, esta tendencia es consecuente con la finalidad última de la Evolución del amor: es decir, el retorno al Uno del alma -a su Unidad original- a través de la reunificación con su gemela. Porque, para reunificarse con su gemela, el alma debe, antes de nada, singularizarla, "aislarla" entre las demás almas. Y en fin, este proceso de singularización culmina en la actitud reseñada por Soloviev: en la atribución al alma gemela de "una importancia absoluta" que la hace "única e irreemplazable", que la convierte en un fin en sí mismo para el alma.

CLASIFICACIONES DEL AMOR

Acabo de releer cuanto llevo escrito en esta carta, y ¿sabes cuál es mi primera impresión? "¡Dios mío, cuánto interés pongo en que mi exposición discurra por el cauce más fácil posible, y qué poco éxito tengo en mi empeño!" Quisiera disponer de un entendimiento sutil y una pluma fina y brillante para exponértelo todo de un modo mucho más claro y ameno. Pero mi pluma y mi entendimiento son los que son y hay que conformarse. A mi poca destreza se suman por otra parte las dificultades intrínsecas, lo ya de por sí embrollado del tema... En cualquier caso, prometo seguir esforzándome.

Te he hablado hasta ahora de Teilhard de Chardin y de Vladimir Soloviev, y he nombrado algunos evolucionistas metafísicos. Pero sabios mucho más antiguos ya habían intuido la Evolución del amor erótico, a la que se representaban al modo de una escala o jerarquía amorosa en la que el "suelo" o nivel inferior correspondía al amor carnal y el "techo" al amor puro o espiritual sin mezcla de Materia. En la caracterización que hacían de esta jerarquía, el amor carnal comportaba la separación o el desacuerdo entre los amantes

-por cuanto se entendía que la Materia era, por su naturaleza egoísta, separadora. Mientras que el amor espiritual comportaba en cambio -en virtud de la propiedad unitiva del Espíritu- la unión o la comunión entre ellos (en el mundo inferior esta unión era intangible, *virtual*, pero se la suponía antesala de la unión *real*, para la que había que aguardar a la muerte). Dicha jerarquía amorosa se concretaba las más de las veces en tres grados. A los ya mencionados se añadía uno intermedio correspondiente al amor mixto, mezcla de carnal y espiritual, resultando así una clasificación ternaria o tripartita del amor que se correspondía con la división del Universo en tres mundos.

El ilustre medievalista René Nelli observa que "las primeras divisiones ternarias dando cuenta a la vez de la unidad y del movimiento interno (Evolución) del Amor del grado más bajo al grado más alto, hicieron su aparición en el mundo islámico mucho antes que en el Occidente latino."[251] Los musulmanes del Medievo las habían tomado prestadas a su vez de Aristóteles y de los astrólogos orientales y griegos de la Antigüedad. Uno de estos últimos era Claudio Tolomeo, en base a cuyos datos astrológicos se elaboró la siguiente clasificación ternaria de la unión amorosa, registrada en el siglo diez por Al-Masudi: "Primer grado (grado superior): *La Unión* -o amor puro-, que se explica por el reencuentro de dos almas en un mismo planeta en el momento en que van a encarnarse. Segundo grado: *la Unión de amistad o de utilidad*: los dos amantes son útiles el uno al otro porque tienen en su cielo de nacimiento el mismo planeta en exaltación. Tercer grado (el grado inferior): *el amor-desacuerdo*, que obedece a

---

251. R. Nelli, *L'érotique des troubadours*, p. 251. En este libro se basa el autor para las divisiones ternarias del amor.

la existencia de una misma oposición planetaria en el tema natal de los dos amantes."[252]

Tal clasificación, Blanca, se sustenta en una antigua ciencia –la astrología, la ciencia de las estrellas– que tuvo muchos adeptos en la Antigüedad como clave para la interpretación del mundo en general, pero en particular de las relaciones humanas, cuyos misteriosos entresijos se atribuyeron en ocasiones a los astros. Así, el fracaso de un matrimonio terrenal podía achacarse a la incompatibilidad de los signos zodiacales de nacimiento... lo que, si te fijas bien, entraña la idea de predestinación amorosa (la astrología fue, en efecto, otro de los cauces que halló la intuición de la gemelidad anímica).

La primera clasificación ternaria del amor conocida en Occidente corresponde al siglo doce. Es la que estableciera Andreas Capellanus, capellán de la condesa María de Champaña, por encargo de ésta, en su tratado *Ars honeste amandi*, "Arte de amar honestamente". En este tratado, conocido como el *De Amore*, Capellanus distingue en el amor tres grados, y aboga en favor del más alto: el *amor purus*, ese que consiste, dice, en "la contemplación del espíritu y el afecto del corazón", y que es un amor unitivo, un amor que une las almas de los amantes. Con el grado siguiente -amor mixtus-, intermedio e híbrido, Capellanus es indulgente. Pero condena el grado inferior, el *amor per pecuniam acquisitus* ("el amor por interés"), que es el amor que busca sacar algún provecho de la amada o del amado, ya sea placer sensual o un rendimiento económico, social o de la clase que fuere.

A esta primera clasificación ternaria del amor le seguirían muchas otras, Blanca, todas de corte parecido. Tenemos

---

252. Mas'oudi, *op. cit.* (citado por R. Nelli, *L'érotique des troubadours*, p. 251)

las clasificaciones de los trovadores, grandes entendidos en amor erótico (al punto que, con evidente exageración, ha llegado a decirse que lo inventaron). El trovador occitano conocido con el sobrenombre de "el monje de Montaudon" distingue tres clases de amor erótico: el más elevado es el amor puro; el más bajo, el amor útil o venal; y entre ambos emplaza el amor mixto, mezcla de los dos extremos. Otro trovador, Guiraut de Calanson, atribuye al primer grado del amor, que denomina *amor celestial* o *amor divino*, "una tal potencia que eleva su reino por encima del cielo."[253] Matfre Ermengaut, en su *Breviari d'Amor*, localiza en el primer grado de este ternario a su Dama, a la que representa aplastando bajo sus pies al tercer grado, el amor carnal, figurado por un dragón... Desde luego, no todos los trovadores compartían la visión idealizada del amor de un Matfre Ermengaut, Blanca; pero eran muchos los que tenían del amor carnal una opinión desfavorable. No era esto, fíjate bien, una cuestión de mojigatería, sino de estricta valoración objetiva. En general, los trovadores suscribirían las palabras de un ilustre sucesor suyo, el poeta simbolista francés Mallarmé, cuando decía que la carne era triste: *"la chair est triste, hélas"*[254].

Este desapego por el amor carnal, considerado una impostura, una profanación del verdadero amor, es bastante común a los antiguos sabios. En el primer y (junto al ya citado en estas cartas *Diálogos de Amor* de León Hebreo) más prominente de todos los tratados sobre el Amor que proliferaron en Italia entre los siglos quince y diecisiete -en el *De Amore* de Marsilio Ficino-, se dedica al "amor vulgar" el siguiente acerbo comentario: "La inquietud ansiosa por la

---

253. *Ibid.*, p. 254
254. Mallarmé, *Brise marine*

que son atormentados los amantes vulgares día y noche, es una especie de locura. Éstos, mientras dura el amor, afligidos primero por el incendio de la bilis, después por la quemadura de la bilis negra, se lanzan en el furor y en el fuego y, como ciegos, ignoran a dónde se precipitan. Cuán pestilente es este falso amor tanto para los amados como para los amantes... Pues el hombre, por este furor, llega a convertirse en una bestia."[255] Y, como al hilo del mismo pensamiento, otro gran sabio esoterista de la época, el filósofo itinerante Teofrasto Paracelso, escribía: "Igual que hay amor entre las bestias, que se aparean pareja por pareja, hembra con macho, así también entre los hombres existe tal amor de naturaleza animal, y es una herencia del animal. De esta herencia no podemos conseguir otra cosa que ganancia, utilidad y amor animal; y este amor es perecedero, inconsistente, y sólo sirve para la razón y las aspiraciones del hombre dominado por los instintos. No conoce objetivos más altos."[256] Por su parte, el filósofo americano del siglo diecinueve Henry David Thoreau (al que por cierto se encuadra en una corriente de pensamiento, el Trascendentalismo, que abogaba por la intuición mística como vía para acercarse al "detrás" del Universo) señalaba: "La energía generativa, que, cuando somos concupiscentes, nos disipa y nos hace impuros, cuando somos continentes, nos vigoriza y nos inspira. La castidad es la floración del hombre; y lo que se llama Genio, Heroísmo, Santidad, y similares, no son sino varios frutos que se le derivan."[257]

---

255. Marsilio Ficino, *De Amore*, cap. XII
256. Paracelso, *Textos esenciales*, edición de Jolande Jacobi. Ediciones Siruela, p. 92
257. H. D. Thoreau, "Higher Laws", *Walden*

Podríamos citar otros autores laicos. Los de la antigua tradición estoica por ejemplo, con el acento siempre puesto en la anulación de las pasiones materiales en aras de la pureza del alma. Pero no querría dejar de aducir algún testimonio del ámbito más prolífico al respecto: el de la religión.

Quizá conozcas el relato que, en sus *Confesiones*, hace san Agustín de su abjuración del amor carnal, y de como se resistía sin embargo a acatar esa decisión que en su corazón ya había tomado. La angustia que tal discordancia le generaba, le condujo un día a un paroxismo de desesperación, en medio del cual nos dice que oyó una voz dulce instándole a leer en el libro que tenía a su lado. El libro era las Epístolas de san Pablo, donde leyó el primer párrafo que cayó bajo sus ojos: "No, no en las crápulas y en las embriagueces; no en los eróticos abrazos y en los impudores; no en las rencillas y en los celos, sino revestíos del señor Jesucristo y no secundéis a la carne en sus concupiscencias." A partir de ese instante acató el designio de su corazón..., como había hecho ya su coetáneo Gregorio de Niza, quien escribiera: "El hombre de espíritu espeso que mira hacia abajo y que tiene el alma toda abocada a los placeres del cuerpo como las bestias al forraje, es un hombre que vive sólo para el vientre y para aquello que pide el vientre; y como no cree que haya ningún otro bien fuera del placer corporal, se encuentra de hecho alejado de la vida de Dios."[258]

Testimonios de esta clase hallaríamos tantos como quisiéramos, querida. Pero incluso entre los sabios de filiación religiosa, los hay que tampoco pierden de vista el papel fundamental que la carne desempeña en el viaje del amor hacia el centro de sí mismo, hacia su "sentido interno". Así, el gran

---

258. Gregorio de Niza, *La Virginidad*, IV, 5

místico del siglo doce san Bernardo de Claraval (quien refutara a los teólogos escolásticos al reemplazar el conocimiento por el amor como vía a la Divinidad) juzga inevitable que, siendo seres de carne, el amor que hay en nosotros comience *a partir de la carne*.[259] Antes de andar hay que gatear, nos vienen a decir estos sabios. Y después de todo, amor mío, si la atracción sexual no existiera, ¿cómo podría la espiritual ir acumulándose en torno a ella -según la metáfora de Teilhard- hasta llegar a desbancarla? *Uno debe levantarse por aquello mismo por lo que ha caído*, reza un viejo dicho tántrico (un dicho de esa variante esotérica del hinduismo y del budismo que es el tantra). Para nuestros sabios, el sexo fue el detonante de la Caída, sí. Pero es también el punto de partida para remontarla, el campamento base desde el que atacar la alta cima del Espíritu, de la que cayó el amor y, con él, las almas.

Puestos a idear metáforas deportivas, podemos pensar también en la pértiga de que se vale el saltador para superar el listón. O en los primeros corredores de una carrera de relevos. Y, buscando un símil fuera de lo deportivo, se me viene a la mente ese viaje espacial que, como millones de telespectadores en todo el mundo, tú y yo seguimos con entusiasmo en aquel lejano mil novecientos sesenta y nueve... Recordarás que, en la misión Apolo Once a la Luna, no fue el cohete íntegro que partió de la Tierra el que llegó a su destino. Deliberadamente alunizó sólo una mínima parte, la esencial; el resto había ido desprendiéndose por el camino en fases sucesivas. Pero esas partes desechadas, Blanca, desempeñaron un papel decisivo en los estadios iniciales del viaje. Esas partes inferiores encerraban los motores que posibilitaron la puesta en órbita de la nave y la propulsaron tan

---

259. Cf. Bernardo de Claraval, *Sobre el amor de Dios*

arriba. Sin ellas, el hombre no habría puesto pie en la Luna tan tempranamente. Claro que tampoco lo habría hecho de haber pretendido rendir viaje con el cohete íntegro: las partes inferiores debían ser paulatinamente desechadas; de otro modo hubieran supuesto un estorbo, un impedimento para la aproximación final a la Luna.

Pues bien, de la aproximación al Amor cabría hablar en parecidos términos: al principio de su Evolución, el sexo constituye un factor indispensable; luego un factor digamos de acompañamiento; para finalmente -ya en la última etapa de su viaje al Centro- volverse una rémora, un peso inútil del que es preciso desprenderse. En todo caso, querida, el concepto clave es éste: el amor, el Amor con mayúscula, asciende desde y a través de los amores más bajos. Ahora date cuenta de que semejante concepción ascendente, evolutiva, del amor, implica a su vez una idea unitaria del mismo. Es decir: evidencia que los tres amores son, a la postre, uno solo. Es esta continuidad o comunidad de esencia lo que posibilita la Evolución del amor de grado en grado, o lo que es igual, la depuración progresiva del amor de grado inferior hasta llegar a liberar su sustancia alada, su "alma". Esta alma es el *amor espiritual* o *amor divino*, que es el amor único, el amor en su pura esencia, salvo que en los grados inferiores esta esencia está embrutecida, recubierta de impurezas.

El amor carnal participa pues, en el fondo, de la misma esencia del amor puro, Blanca. Esta idea que te apunté ya, si mal no recuerdo, en la carta anterior, gozaba también de amplio consenso entre los antiguos sabios. De nuevo, una metáfora nos ayudará a visualizarla. Tomemos uno de los libros de la biblioteca azul; uno clásico; digamos *La isla del tesoro* de R. L. Stevenson. Aunque escrita originariamente en inglés, esta moralizante novela de aventuras ha sido vertida a muchos idiomas, entre ellos el catalán, que es la lengua en la que está escrito el libro de tu biblioteca. Sin embargo, si un lector inglés de *La isla del tesoro* desconocedor del catalán hojease tu libro, difícilmente se apercibiría de que se trata de la misma novela: tan distintas son a simple vista la mayoría de las traducciones respecto del original. Y es que del original a la traducción puede variar totalmente no sólo la disposición de las letras: pueden variar las propias letras en caso de tratarse de alfabetos distintos. Pero como en todo caso seguiría tratándose del mismo texto, la conclusión es que, por más que en apariencia no tengan nada en común, la traducción participa de la esencia del original. Y esta misma moraleja podemos aplicarla al amor si pensamos que el amor carnal viene a ser la traducción material, caída, del amor del Origen.

Dicha noción unitaria del amor, fíjate bien, es ulterior reflejo de la noción unitaria del Universo según la cual los tres mundos son, en el fondo, uno solo y el mismo. Nos ocupamos de ello hace dos cartas, ¿recuerdas? Vimos entonces que el común denominador de los tres mundos era la Dualidad, y lo que les diferenciaba, el grado de *integración* de esa Dualidad en cada uno de ellos. Pero, si imaginamos la Dualidad cósmica como un árbol, por la entraña de ese árbol circula la savia: el mutuo amor de los Dos; éste es también un factor común a los tres mundos. Y este factor común a nivel de la savia, se presenta asimismo en cada uno de los tres de un modo diverso, con un grado distinto de espiritualidad. Si el amor de los Dos escindidos del mundo inferior se caracteriza por una fracción de espiritualidad cercana a cero, la espiritualidad absoluta es lo que define el amor de los Dos integrados del Punto Oculto. (Ya vimos que *espiritualidad* e *integración* son conceptos correlativos, vemos ahora en qué

402

consiste esa correlación: la espiritualidad es a la integración lo que el mutuo amor de los Dos a la Dualidad, su "savia".)

Acabo de referirme al papel desempeñado por el amor carnal en la Evolución del amor hacia su pura esencia. Bien, pues este papel, querida, es extensible al de la Materia en la Evolución universal. Un dicho tántrico (una variante de aquel otro dicho que cité arriba) nos hace notar que *Cuando caemos al suelo, nos levantamos con ayuda del suelo*, es decir, requerimos del suelo para apoyar las manos, el suelo nos ayuda a ponernos de pie podríamos decir. Y ésa es también la función que cumpliría la Materia para el alma: servirle de soporte para levantarse (que es precisamente la función que, según aquel mito de Creación que reseñé antes, Dios previó para el mundo material al interponerlo entre Él y la Nada). La Materia puede ser vista como una madre en trance de parir, en trance de alumbrar al Espíritu (por un capricho de la etimología, "Materia" y "madre", *mater* en latín, son palabras entroncadas). En el transcurso de la primera fase de la Evolución, el Espíritu había ido gestándose en el vientre de la Materia. La Materia estaba grávida de Espíritu y, llegado el momento, rompió aguas. La aparición del hombre, de la conciencia, representó el comienzo del alumbramiento. El alumbramiento, Blanca, correspondería a la segunda fase de la Evolución, en la que estamos inmersos. Está siendo un laborioso parto, un parto doloroso y sumamente lento, pero por más que se ponga de nalgas, el niño acabará por abandonar el vientre de su madre. Luego seguirá ligado a ella todavía un instante: el tiempo de cortar el cordón umbilical (porque las almas no seremos totalmente libres en tanto permanezcamos encarnadas). La Evolución podrá darse ya, empero, por cumplida; habrá alcanzado su meta: la espiritualización de los Dos, o sea de ti y de mí, Blanca, pero también y sobre todo de nuestro mutuo amor; porque el alumbramiento del Espíritu por la Materia -acabamos de verlo- es cierto también y sobre todo para el amor erótico. Una vez sublimado al máximo nuestro mutuo amor, los Dos habremos reparado la causa de nuestro divorcio. Podremos volver entonces a casarnos tal como lo estuvimos ya en el Origen: es decir, celestialmente, en *unión perfecta*. Esta unión, ya lo dijimos, es ascensional, fructifica hacia arriba y no hacia abajo ("la auténtica unión es hacia arriba: en el Espíritu"[260], apunta Teilhard); su fruto es Dios, el Uno. Las centellas habremos regresado, pues, al Fuego original del que caímos, consumándose con ello el plan secreto de la vida en el Universo: a saber, la reintegración en Dios de Su porción desgajada, de Su porción en el exilio. Dios volverá así a ser todo en todo, como pronosticara el amigo Erígena: *"Tú serás todo en todo cuando no quedes más que Tú solo"*[261]

En este largo trayecto ascendente que es la Evolución, la aparición del hombre constituye un hito fundamental, querida. Hasta ese momento, el alma había evolucionado, digamos, con el piloto automático; a partir de ahí comienza a hacerse cargo de los mandos. La Evolución prosigue, pero por otros medios: el proceso pasa a situarse bajo la luz de la conciencia. Con el paso de lo subhumano a lo humano, el Universo comienza a hacerse consciente de sí mismo, comienza a personalizarse, a espiritualizarse. El alma ha soltado ya lastre suficiente como para responder al reclamo que la arrastra hacia lo alto. De modo que, al morir el cuerpo, no permanece ya aquí, inmanente a este mundo físico; lo que hace es ascender al mundo intermedio, que es la verdadera

---

260. *La Energía humana*
261. Juan Escoto Erígena, *De Divisione Naturae*

sede de lo humano, así como el mundo inferior lo es de lo subhumano, y el superior de lo Divino. Ese ascenso es, al mismo tiempo, una interiorización; cada hombre constituye, por así decir, una puerta al interior del Universo, y esa puerta se abre con su muerte, para que el alma la traspase. Desde el mundo intermedio, proyectamos nuestra siguiente encarnación, ya que en tanto quede en nosotros algo de *ego* deberemos regresar al mundo físico: sólo aquí nos es posible sacudirnos esas adherencias materiales que lastran nuestra alma.

Ahora: con el paso del estadio subhumano al humano, se produjo el progresivo tránsito del amor animal -puramente físico, sexual- al amor humano propiamente dicho, que es el *amor mixto*, Blanca, el segundo grado en la división ternaria del amor. Pero ya hemos dicho que la Evolución del amor no se detiene ahí, en el nivel humano: se encamina más allá, hacia el primer y supremo grado. Si Dios es la estación término de la Evolución, querida, ésta no puede sino tender hacia la instauración de ese amor perfecto, ese amor puramente espiritual que rige en Dios... Sí, vale, reconozcámoslo de nuevo: esta clase de amor tiene el aire, hoy por hoy, de una quimera. El amor "ultravioleta" está aún por descubrir, vibra en una frecuencia demasiado alta (aunque todos hayamos podido tener de él un vislumbre, quizá en la primera adolescencia) para ser percibido por el ojo humano. Pero en un futuro remoto el ojo humano conquistará ese color, lo hará suyo. De hecho en nuestros días hay ya, Blanca (y las hubo más que nada en tiempos antiguos), personas capaces de ver ya ese color invisible aún para la mayoría. Nos lo han descrito con todo detalle, pero como la inmensa mayoría estamos ciegos a ese extraño color, no les hacemos caso y les tomamos por locos.

¿Sabes una que no estaba ciega a ese color? Tu querida Emily Dickinson:

I see thee better
in the dark
I do not need a light
the love of thee
a prism be
excelling violet

(Te veo mejor / en la oscuridad / No necesito una luz / siendo como es mi amor por ti / un prisma / que sobrepasa el ultravioleta.)

"ESTOS MILAGROS HICIMOS"

Me llega... me parece que me llega tu voz incorpórea preguntándome cuándo se supone que la humanidad cruzará por fin el umbral del Punto Oculto. Pero para esa pregunta no tengo respuesta, Blanca, nadie la tiene. Primeramente porque, como comprenderás, en esto no hay plazos fijos. Y después porque aquí no cabe hablar de la humanidad en su conjunto, hay que hablar de los hombres individualmente considerados. Ya que no es una redención colectiva, sino individual, la que está en juego. Cada alma humana tardará en regresar al Punto Oculto el tiempo que le tome coronar -el número de vidas que le tome coronar- ese proceso de espiritualización al que acabamos de referirnos. Cada cual avanza a su ritmo. Lo importante es saber que estamos en camino... Ahora, si bien es cierto que el ritmo es lento en general, a lo largo de la historia humana se constata el florecimiento de

un número de almas que avivan tanto el paso que se destacan notoriamente de la mayoría. Cabría establecer entonces
una clasificación de las almas en dos niveles genéricos atendiendo al ritmo de su evolución: el nivel de la amplia mayoría y el de una pequeña minoría avanzada.

En lo que atañe a la inmensa mayoría, el Punto Oculto es
un lejano horizonte evolutivo. ¿Cómo de lejano? Nadie puede decirlo, querida. Pero, a juzgar por el actual desequilibrio
temporal entre las dos fases de la Evolución (se ha calculado
que lo que llevamos de la segunda representaría, con relación a la primera, sólo las últimas ocho horas en la vida de
un individuo de ochenta años), la mayoría tiene todavía un
largo camino por delante. Ese horizonte lejano, sin embargo, es anticipado por una minoría concienciada. Todo ese
largo proceso de cientos de reencarnaciones que constituye
la segunda fase de la Evolución, se comprime, para esta minoría de iniciados, en unas pocas vidas. Los antiguos sabios
apostaron decididamente por esta clase de almas, entre las
que muchas veces ellos mismos se contaron. En todas las
épocas las ha habido, Blanca: almas impacientes por regresar
a "casa". Almas que no se limitan a dejarse llevar como ta-
pones de corcho por la lenta corriente, sino que se aplican a
nadar con brío.

En las siguientes cartas quiero hablarte de esos nostálgi-
cos del Origen, de esas almas precursoras que no marchan
acompasadas con la mayoría, sino que van por delante mar-
cando el rumbo. Al obrar así, colaboran con Dios en la causa
de la Evolución, de la que son avanzadilla, punta de lanza.
Con una metáfora trillada -la del atajo-, podríamos decir que
esta selecta minoría se desvía de la senda mayoritaria -llena
de revueltas pues circunvala una montaña- para acortar por
una ruta de escalada. Como el atajo es más escarpado que

la senda ordinaria (pero no vayas a creer por eso que la vía evolutiva sea un camino de rosas), los antiguos sabios lo denominaron la "vía del guerrero" o del *héroe*. Porque acometer el desnudamiento del alma comporta un sacrificio semejante al que se espera del héroe en el combate. Salvo que es éste un combate incruento, querida, un combate iniciático, interior; un combate contra uno mismo; o mejor dicho, contra esa parte de uno mismo -el *ego*, el alma carnal- que en realidad no forma parte de uno, porque es accidental, sobrevenida.

> **Tachadura al margen. Se lee tan sólo el final de la acotación: ...*salto a la habitación del Espejo.*" Casi con seguridad, la frase anotada por el autor era una cita del celebérrimo libro de Lewis Carroll *Alicia a través del espejo:* "*Un momento después, Alicia había atravesado el espejo y había bajado de un leve salto a la habitación del Espejo.*" Cabe pensar que el autor vio aquí una alusión al mundo paralelo desde el que supuestamente su esposa se comunicaba con él.**

Este heroísmo consistente en el desnudamiento del alma, implica, ante todo, el heroísmo amoroso. Es decir, el esfuerzo por desnudar al amor de toda materialidad, de toda sexualidad por tanto. La proeza de los amantes heroicos estriba en esto: en amarse de forma espiritual, platónica, renunciando voluntariamente al sexo. Importa que comprendas, Blanca, que esta renuncia no es la del célibe, no significa en modo alguno renunciar al amor, todo lo contrario: significa afinarlo, abrazar el amor genuino, desnudo. Porque hay aquí implicada una aparente paradoja, sabes, y es que es *en aras del amor* que el héroe renuncia al sexo. Y puesto que supone vencer no ya a otro sino a uno mismo (se trata de un heroísmo secreto, un heroísmo cuyas gestas se operan en la intimidad de los corazones), el heroísmo amoroso es incomparablemente superior al heroísmo guerrero. Como bien recalcan los sabios de todas las épocas y latitudes, el auténtico mérito reside en vencerse a uno mismo. Si recuerdas las cosas que te conté de mi infancia tan bien como me acuerdo yo de las tuyas, sabrás que personalmente este postulado no lo aprendí de ningún sabio, de ningún libro: mi madre solía recordármelo cada vez que me peleaba con otros chicos. Porque a mis once años, yo era un niño fuerte en lo físico, pero anímicamente débil, dado a las bravuconadas. Mi fuerza de voluntad dejaba mucho que desear, y yo sabía que era ésta la diana a la que apuntaba aquel recordatorio materno... Pero me voy por las ramas. Además, esto te lo habré contado ya quién sabe cuántas veces. Nunca antes, en cambio, te había dicho que entre los antiguos sabios circulaba una espuria etimología: la que hacía provenir la palabra *héroe* de la voz griega *eros*, como en un intento de justificar su intuición de que es en esta lucha interior por afinar el amor donde radica el supremo heroísmo. Como tampoco te había citado nunca antes de estas cartas el *Bhagavad-Gita*, donde encontramos esta exhortación de Krishna -el Dios personal del *Gita*- al joven Arjuna: "Sé un auténtico guerrero y mata el deseo, que es el más poderoso de los enemigos del alma."[262]

Arjuna tiene madera de héroe, Blanca; por eso hará bien en seguir la recomendación de Krishna. Pero conviene tener presente que esa madera no abunda, y que por tanto tal recomendación -"mata el deseo"-, *en lo que tiene de perentoria*, no es generalizable al común de los hombres.

Consideremos también ese bello poema de John Donne titulado "La proeza":

262. *Bhagavad-Gita*, 3:43

Proeza mayor he hecho
que la de todos los héroes,
de la que otra mayor surge:
la de guardarlo en secreto.

... aquel que en su interior la belleza
ha encontrado, toda la exterior detesta,
porque aquel que el color ama, y la piel,
su ropaje viejo ama.

Si, como yo, a la mujer
tú también de virtud ves ataviada,
y a amar eso estás dispuesto, y a decirlo,
y olvidas el Él y el Ella;

Si este amor así dispuesto
de hombres profanos escondes
que fe en esto no tendrán
o se burlarán, de hacerlo,

Proeza mayor has hecho
que la de todos los héroes,
y otra mayor surgirá,
la de guardarlo en secreto.[263]

La proeza a la que alude Donne -una proeza que convierte a su artífice en el más grande de los héroes- es amar no la condición sexual de la propia pareja: no el género, sino la *persona*. Esto es, amarla espiritualmente, no carnalmente. Según los antiguos sabios, esa proeza tiene el poder de aproximar a los

263. "La proeza", John Donne, *Canciones y Sonetos*

amantes, y -en proporción a ese acercamiento mutuo- aproximarles también a la Unidad, a Dios. El amor intersexual heroico, querida, guarda estrecha relación con la mística, con la religión; son, como veremos, fenómenos estrechamente asociados. No es casual que el amor heroico -que se ha llamado "cortés"- y el amor místico naciesen a un mismo tiempo. El amante heroico es amante *sagrado*. De "clérigo del Amor" lo calificará Donne en otro poema[264]. Y para eludir la incomprensión o las burlas de los amantes profanos, que son la inmensa mayoría, le aconsejará mantener su proeza en secreto: "Profanación sería de nuestro gozo contar a los legos nuestro amor."[265] Tan grande es el esfuerzo requerido, que no duda en hablar de milagros: "los milagros que nosotros, amantes inocentes, realizamos...

> En primer lugar, amamos bien, y con fidelidad
> aunque el porqué, y el qué amamos, no sabíamos.
> Diferencia de sexo nunca conocimos,
> no más de lo que nuestros ángeles custodios.
> Al llegar y marchar acaso
> nos besamos, pero no entre esos platos.
> Nunca tocaron los sellos nuestras manos
> que la naturaleza, herida por recientes leyes, deja libres.
> Estos milagros hicimos. Pero ahora, ay,
> toda medida y expresión sobrepasara
> si el milagro que ella era yo contara.[266]

Desde el momento en que incluso caricias y besos están vedados, la espiritualidad de estos amantes se me antoja

---

264. "Despedida: del libro", *Ibid.*, v. 22
265. "Despedida: prohibido lamentarse". *Ibid.*, vv. 7-8
266. "La reliquia". *Ibid.*

exagerada, amor mío (¡qué tortura tenerte, como me lo parece ahora, a mi alcance sin la posibilidad de acariciarte ni besarte!). Los cuerpos de estos amantes permanecen sellados: "Nunca tocaron los sellos nuestras manos". Pero es que no es a la comunión de los cuerpos a la que aspiran, sino a la de las almas. Son sus almas las que permanecen en íntimo contacto, abrazadas. Su amor trasciende la diferenciación sexual: "Diferencia de sexo nunca conocimos"... Si el poeta habla por su propia experiencia (como se admite que sucede con casi todos los poemas de Donne), este "nunca" debe no obstante ser puesto en entredicho: sus poemas de juventud nos muestran a un Donne mujeriego. Un Donne que sin embargo luego cambia. Y el punto de inflexión ¿sabes qué lo marca, según los escoliastas? Su encuentro con su alma gemela. Porque eso era para él aquella jovencita Anne More, que tenía una tía casada con un alto dignatario de la corte, del que Donne era a la sazón secretario (es la añagaza de que se valió el Destino para juntarlos). Parece que los dos sintieron desde el primer instante que estaban hechos el uno para el otro. El caso es que el cinismo amoroso del que él había hecho gala hasta entonces, fue dando paso a una concepción cada vez más elevada y profunda del amor. Una concepción que se trenza con la idea de Dios, Blanca, como lo atestigua la proliferación de referencias religiosas en los poemas de su última época... En uno de esos poemas, Donne se dirige a Anne advirtiéndole sobre la probable eventualidad de que uno fallezca antes que el otro. No hay que desesperar, le viene a decir, porque no se tratará realmente de una separación: será como cuando en la cama los esposos se dan vuelta después del beso de buenas noches ("nosotros sólo nos hemos girado para dormir"[267]).

267. "Canción". *Ibid.* vv. 32 y 37-38

Durante el sueño divergen; pero ahí siguen, tendidos uno al lado del otro, quizá soñándose mutuamente; sabedores por lo demás de que a la noche le sucede el amanecer, y, con el amanecer, el despertar.

Diecisiete años es el tiempo que la Providencia concedió a Anne y a Donne para estar juntos antes de sucumbir al "sueño". Parece poco para ascender los tres grados de la jerarquía amorosa fijada por los antiguos sabios. Pero a ellos les bastó a lo que se ve. Al final de su vida en común, John Donne y Anne More llegarían a participar de esa minoría heroica que logra habitar en la entraña misma del amor, allí donde éste es sagrado; mientras que la mayoría -los profanos, los legos- se desenvuelve por sus afueras, desde donde un amor de esta clase resulta incomprensible. Resulta incomprensible por inhumano, Blanca, porque el sexo es un ingrediente básico del amor erótico entre seres humanos. El amor cien por cien espiritual, sin mezcla, no pertenece al ámbito de lo humano sino de lo divino. ¿Qué sucede pues? Sucede una cosa de lo más extraña, amor mío: y es que los héroes se hallan embarcados en esa transición. Sabedores de que el amor es una corriente de doble flujo que, manando hacia abajo, genera hombres, y manando hacia arriba, dioses, escogen esta segunda opción. En su empeño por desembarazarse de su *ego*, de su alma carnal, están forzando los límites de lo humano, traspasando el umbral de lo divino. El porqué de su empeño se podría resumir en esta célebre alocución de Jakob Boehme que bien podría servirles de divisa: «¡Dios pide dioses!». Como apostillándole, su paisano y contemporáneo Angelus Silesius apostrofaba a su vez: "¡Hombre, deja de ser hombre si quieres llegar al Paraíso; Dios sólo recibe a otros dioses!"[268]

---

268. Angelus Silesius, *Del viajero querubínico*

Y con todo, Blanca, incomprensible como es para la mayoría, este amor de los héroes no hace sino prefigurar el amor erótico del mañana, ya que en virtud de la Evolución, el amor humano está abriéndose a un nuevo ámbito, está en vías de cambiar de naturaleza... ¿Oyes el vozarrón de bronce de la péndola? Nos advierte que va siendo hora de separarnos, de girarnos para dormir que diría John Donne, si bien esta vez en sentido literal: hora de irse a la cama. Pero no querría dar por concluida esta carta sin antes desmentir una impresión que fácilmente podrías haber sacado de ella... Reconoce que, leyéndola, has tenido por momentos la impresión de que tu marido, obnubilado por extravagantes lecturas cual redivivo don Quijote, ha llegado a pensar que el sexo, con ser un ingrediente básico del amor humano, es algo perverso... Verás: si tú y yo fuéramos Uno, si fuéramos las dos Personas implícitas en Dios, entonces no dudaría en proclamar que, en efecto, el sexo es algo perverso de lo que hay que abstenerse. Pero somos seres humanos. En cuanto tales, tú y yo disfrutamos juntos del sexo algunos años. Y hasta hubiéramos jurado que se trataba de una componente fundamental de nuestro amor. Después descubrimos que no, que no lo precisábamos, que nuestro amor no dependía del sexo. Pero durante años vivimos con esa falsa idea. Y seguramente fuera cierta mientras la mantuvimos: el sexo era, sí, una componente fundamental de nuestro amor de entonces. Pero nuestro amor "creció", maduró en pocos años, como el de John Donne y Anne More, sólo que en nuestro caso no por una voluntad heroica (sospecho que a mí me costó más que a ti, y he de confesarte que la tentación de la infidelidad me rondaba los primeros años), sino empujado por las circunstancias: tu enfermedad, que primero nos restringió, luego nos vedó el disfrute del sexo. El caso es que el de ahora no es exactamente el mismo amor de entonces. ¿Era, aquel amor, perverso, y este de ahora bueno? No. Más bien: aquél estaba en la infancia, este de ahora es un amor evolucionado, un amor adulto. "Cuando yo era niño -escribe san Pablo-, hablaba como niño, pensaba como niño, razonaba como niño; cuando llegué a ser hombre me despojé de las niñerías." (I Cor. 13:11-12) Eso nos sucedió: que, sin darnos cuenta, nos despojamos de las niñerías del amor. Pero esas niñerías tuvieron para nosotros su momento. Y no se nos hubiera ocurrido entonces tildarlas -ése es un calificativo de adulto- de niñerías. Un niño tiene unos intereses muy distintos de los de una persona adulta. El adulto piensa que los del niño son intereses fútiles, y seguramente lo sean. Pero eso que para el adulto son niñerías, para el niño es la sal de la vida y no sabría vivir sin ello. Y si le dijeran que, con el correr de los años, estos intereses de ahora que él cree que han de durar siempre, se le antojarán fútiles y serán reemplazados por otros placeres nuevos que entonces no hubiera podido prever, no lo creería. El proceso de crecimiento en el que está embarcada el alma tiene eso, Blanca: hace que muchas cosas sean ciertas... hasta que dejan de serlo.

Tuyo

SEGUNDA PARTE:

EL HEROÍSMO AMOROSO

Quizá la ebriedad de los sentidos
pertenezca al amor como el sueño
pertenece a la vida. No es ése el aspecto
más noble, y el hombre vigoroso siempre
preferirá velar a dormir.

Novalis

CARTA SEXTA

EL HEROÍSMO AMOROSO

(O LA BÚSQUEDA DEL GRIAL)

Hasta si tú me dieras a escoger entre
uno de los dos -el Paraíso eterno o el
rostro de Ramin-, yo escogería a Ramin,
¡lo juro por mi alma! Porque, viéndole,
yo veo mi Paraíso.

Gorgâni, *Romance de Wis y Ramin*,
novela persa del siglo once

Barcelona, 6 de octubre de 1999

Querida Blanca:

Tras unos días de descanso, reanudo esta correspondencia en la confianza, casi la certeza, de que recibes mis cartas
puntualmente. En la última tratamos del camino de la Evolución, aquel por el cual las almas caídas ascienden de regreso al Origen, a la Unidad. Se trata de un camino sumamente
lento, en el que a menudo un pequeño avance no logra con-
solidarse sino tras un retroceso mayor. La Evolución procede
no en línea recta: más bien en espiral, como por una escalera
de caracol. Y sin embargo, amor mío, a pesar de estar entrete-
jida de involuciones, la línea de fondo, evolutiva, ascendente, se impone a la larga. Es ésta, en mi opinión, una constatación inapelable. Basta mirar hacia atrás en la Historia. No
sólo ha habido un progreso colectivo, de la humanidad en su

conjunto. Me atrevería a afirmar que hemos avanzado también a nivel individual, que en general los hombres de hoy somos mejores personas que nuestros ancestros. La compasión, la sensibilidad social y ecológica, la consideración hacia los animales... son eminentemente rasgos modernos, rasgos que hubieran hecho sonreír al hombre antiguo.

En lo que se refiere a nuestro tema, Blanca, basta comparar la noción del amor erótico que tiene el hombre medio de hoy con la que tenía ese mismo hombre hace dos mil años. Hoy esta noción incluye una componente espiritual -el enamoramiento o el romanticismo- de la que carecía entonces. Este progreso tiene su reflejo en el propio acto sexual, donde la brutalidad de antaño -la práctica violación de la mujer por parte del varón- ha ido cediendo terreno a la mutua ternura. Esto que siento por ti, la emoción sublime del enamoramiento, era desconocida para la mayoría de nuestros ancestros; marca una evolución relativamente reciente. Los estudiosos suelen situar en torno al siglo doce la inflexión hacia el Espíritu que, poco a poco, ha ido dando paso al amor erótico tal y como hoy lo entendemos. Ya que es obvio, Blanca, que hoy el amor erótico no es ya un asunto exclusivamente sexual: es algo más. Si eso no resulta tan evidente en la práctica, lo es al menos en la imaginación de la gente. Piensa que las conquistas evolutivas "de la segunda fase" se prefiguran en la imaginación mucho antes de trasladarse a la realidad: para realizar una cosa, primero hay que imaginarla.

No tienes más que fijarte en el concepto de amor que se desprende de un sinfín de canciones, de novelas, de películas. Es un concepto romántico del amor, un concepto con el que el gran público se siente identificado. Seguro que podrías nombrarme montones de canciones que hablan de amores de esta clase. Y tu biblioteca abunda en novelas románticas que han sido *best-sellers*. ¿Y qué decir del cine? El éxito de taquilla alcanzado por filmes como *Luces de la ciudad* o *Tú y yo*, por nombrar dos películas de tu predilección, hubiera sido impensable hace dos mil años. En aquel entonces, el cine romántico hubiera quedado relegado a un público minoritario, igual que le sucede hoy al cine de vanguardia -o "de arte y ensayo" como lo llamábamos en nuestros tiempos. Y esta componente espiritual que el amor ha conquistado, Blanca, determina a su vez un grado de "personalización" del amor desconocido hace dos mil años.

En efecto, hoy en día tenemos el sentimiento de la casi imposibilidad de amar -de amar eróticamente digo- a dos personas a un tiempo. Mientras dura, el amor es propenso a la fidelidad, a la exclusividad. Y la causa es esa componente espiritual que, si bien de forma incipiente todavía, el amor ha conquistado. El amor de hace dos mil años, que no incluía esa componente, o la incluía en mucha menor medida, era indiscriminado y promiscuo. Por supuesto, estoy hablando del amor en relación al hombre medio, de la noción de amor mayoritaria en una época concreta. El sujeto de la Evolución es el hombre medio, es la mayoría; a efectos evolutivos, la minoría de "adelantados" no cuenta. El Universo da un paso al frente en la Evolución sólo cuando el número de individuos que lo secundan alcanza lo que un científico llamaría "una masa crítica": es decir, cuando la excepción deviene regla. Nosotros los catalanes tenemos un dicho: *Una flor no fa estiu ni dues primavera*. Podremos dar la bienvenida a la primavera cuando las flores sean muchas, pero no antes.

Ahora bien. Si es cierto que la minoría heroica no representa por sí misma progreso evolutivo alguno, no es menos cierto que *prefigura ese progreso*. Todos seremos esos hombres en el futuro, de ahí que nos interese conocer las características de esta vía minoritaria: el heroísmo amoroso. Es por eso que dedicaremos a su exploración esta carta y las siguientes. Averiguando el amor que experimentaron los antiguos héroes, obtendremos un vislumbre del amor del futuro, del amor de la gente corriente en el futuro... Pero antes de pasar a hablarte de esa minoría, Blanca, querría hacer unas apostillas a mi carta anterior. Porque, según cómo, de lo dicho allí podrías deducir erróneamente que, a diferencia de lo que ocurre con la senda heroica, para transitar por la senda evolutiva basta con dejarse llevar; que puede uno quedarse cruzado de brazos porque la Evolución se cumple de todos modos. Esto es así solamente en la primera fase de la Evolución: ya vimos que en su segunda fase -la que arranca con el ser humano- somos nosotros los que manejamos las riendas. Dios nos cedió las riendas de la Evolución al otorgarnos el *libre albedrío*: es decir, al hacernos libres de avanzar, retroceder o quedarnos estancados. A partir de ahí, la Evolución pasó a ser cosa nuestra.

Esta libertad es necesaria, Blanca. Un padre se hace cargo de su hijo mientras éste es pequeño. Pero cuando el niño se hace mayor, el padre debe soltar amarras, ha de cederle al hijo el timón de su vida, de lo contrario estaría coartando su crecimiento: porque sólo se crece en libertad. El libre albedrío implica la facultad de elegir, por tanto la posibilidad de equivocarse. Pero se aprende de los errores, y son esas lecciones las que le hacen a uno crecer, evolucionar. Dios no puede por tanto -no debe, so pena de obstruirla- tirar de la Evolución más allá de cierto punto. Su misión concluye con la exhumación de la conciencia, es decir, con la aparición del hombre. En otra carta comparábamos la Unidad, la Divinidad original de los seres humanos, con una casa, ¿te acuerdas? Pues bien, esta casa se ha derrumbado, ahora está en ruinas. Dios se ocupa de rescatar de entre los escombros a sus moradores; pero éstos, una vez libres, deben rehacer la casa por sí mismos. Dios puede guiarles, puede alcanzarles los ladrillos, mostrarles los planos, pero no puede reconstruir la casa por ellos. Si lo hiciera, sus moradores estarían en ella de prestado, y parece que Dios no quiere eso, Dios quiere que tengamos nuestra casa en propiedad.

Tachadura al margen. Además de la fecha (7-10-99), el "… *fulgor de la vela en el espejo"* **es todo lo que resta del párrafo o la frase larga original. Pese a la aparente relación con la acotación anterior, no he hallado esta vez su fuente en** Alicia a través del espejo. **En todo caso, a tenor de posteriores revelaciones, las dos citas nos autorizan a figurarnos al autor impelido a observar la luna de un espejo a la lívida luz de una vela.**

Con los datos que hoy nos suministra la ciencia, podemos atrevernos a hacer la semblanza de ese proceso cósmico, la Evolución. Sería más o menos como sigue:

Con anterioridad a la aparición del hombre, el alma era inmanente a la Materia, yacía inmersa en la Materia, sepultada bajo esos escombros. Quiere decir que el alma estaba sojuzgada por el determinismo genético, que es el mecanismo biológico de la Materia. Pero Dios, el "azar" de Dios, guió el determinismo genético por la senda de su propia autodestrucción, esto es, por la senda que habría de desembocar en la aparición del hombre. Porque decir "aparición del hombre", Blanca, equivale a decir surgimiento de la conciencia, del Espíritu, y, con él, del libre albedrío. Y el libre albedrío es el enemigo mortal del determinismo genético. (La Materia es determinismo, es esclavitud; el Espíritu, libertad.) El surgimiento del libre albedrío significó, pues, la relativización del determinismo biológico, que dejó de ser inexorable. Significó el fin del sometimiento del alma al imperio de la Materia. A partir de ese instante, adquirimos capacidad de elección en lo tocante a la evolución de nuestra alma. En los demás aspectos, sin embargo, seguimos condicionados, sometidos a esa servidumbre: la dictadura de la Materia, el determinismo de los genes. Los genes nos determinan, por ejemplo, el físico y la inteligencia; determinan también, en conjunción con el factor ambiental, nuestra personalidad frontal o externa (de ahí la necesidad de mirar con los ojos del corazón para reconocer al alma gemela). Pero no determinan nuestra actitud moral ante el mundo: en ese aspecto, la elección es nuestra. Está en nuestra mano optar entre el principio del bien y el del mal, optar entre el altruismo y el egoísmo, entre la espiritualidad y el materialismo. El concepto de libre albedrío se refiere a esa clase de libertades, esa clase de elecciones de las que depende el movimiento ascendente o la evolución del alma. No tenemos la libertad de elegir ser más inteligentes, pero sí somos libres de usar nuestra inteligencia -la que nuestros genes determinan- para obrar el bien o el mal, para perseguir fines altruistas o egoístas, espirituales o materiales.

En esa elección, querida, los genes no son imparciales. Los genes son por naturaleza egoístas. En los niveles inferiores, materiales, de la Evolución, donde el determinismo genético no ofrece resquicio alguno al libre albedrío, el egoísmo es la norma de conducta. El altruismo es una conquista evolutiva de la segunda fase: a través de esa postura vital, es el Espíritu el que habla. El altruismo es de hecho, Blanca, la prueba más clara del triunfo del ser humano sobre la animalidad, del triunfo del individuo sobre la especie. El interés de los genes se cifra en la especie, que es una magnitud material, no en el individuo. La magnitud espiritual que es el individuo

426

no interesa al determinismo genético más que en la estricta medida en que contribuye a la perpetuación de la especie. Ésa es la única ley que conocen los genes. Y para ello sus mayores aliados son el egoísmo y el materialismo. Son nuestros genes los que nos arrastran a competir entre nosotros, a movernos exclusivamente por esa clase de intereses; los que, en suma, tiran de nosotros "hacia abajo" o -lo que es lo mismo, Blanca- "hacia fuera". Pero disponemos del libre albedrío, lo que significa que podemos resistirnos a ese tirón, podemos elegir actuar a contrapelo de nuestras naturales inclinaciones materiales y egoístas -de nuestros instintos, de nuestro determinismo genético- y obrar con arreglo a nuestra conciencia. Ella tira de nosotros en el sentido contrario, en el sentido del altruismo y la espiritualidad: tira de nosotros "hacia arriba", "hacia dentro". En una palabra, amor mío, somos libres de seguir bajo el yugo de la Materia o bien sacudirnos ese yugo, ésa es una elección que nos compete.

UNA CARTA MÁGICA

No hace falta que te diga que los antiguos sabios desconocían el mecanismo biológico de la Materia, o sea, el determinismo genético. Sin embargo, aun desconociendo esa mecánica, sabían que la Materia tiende a determinar la conducta humana, también en lo que respecta a las elecciones morales. Al comienzo, la determina por completo y el alma humana es prisionera de la Materia, está esclavizada por la Materia. Luego, poco a poco, a través de una progresiva toma de conciencia, va liberándose. O bien esta toma de conciencia es repentina, y entonces la liberación acaece bruscamente. Como en el caso del protagonista del *Canto de la Perla*. Porque la

427

historia no se detiene en el punto donde la dejamos la otra vez: es decir, con el cautiverio del principe oriental y el consiguiente olvido de su origen y de la misión que le trajo al país de Occidente. Prosigue con el envío, por parte de los reyes de Oriente (una pareja real: acuérdate del valor simbólico de la Realeza), de una misiva a su hijo, el príncipe cautivo, en la que le recuerdan su origen, por tanto su identidad. En una suerte de correo mágico como el que precisaría yo para cursar esta carta que ahora te escribo, la misiva desciende sobre el príncipe hecha palabra. En el *Relato del Exilio occidental* -que posiblemente sea una recreación de la misma historia-, es una abubilla la que hace llegar la carta a los dos hermanos cautivos. La voz de la carta dice así: "Despierta y levántate de tu sueño, y escucha las palabras de nuestra carta. Recuerda que eres hijo de rey. Mira en qué esclavitud has caído. Acuérdate de la perla por la que has sido enviado a Egipto."

El efecto sobre el príncipe es inmediato: "Al oír su voz y su susurro, desperté y salí de mi sueño. La recogí, la besé, rompí su sello, la leí, y las palabras de la carta concordaban con lo que estaba escrito en mi corazón. Recordé que era hijo de padres reales y de que mi alta alcurnia afirmaba su naturaleza. Recordé la perla por la que había sido enviado a Egipto y me puse a encantar a la serpiente de silbidos sonoros. La adormecí encantándola, luego pronuncié sobre ella el nombre de mi padre y tomé la perla y me impuse la obligación de retornar a la casa de mi padre."[269] Entretengámonos en analizar la simbología de estas frases enigmáticas...

De la perla, Blanca, de la perfección de la forma esférica de la perla, ya dijimos que simbolizaba la Unidad, la Integridad original del príncipe; o sea, su alma andrógina

---

269. Mircea Eliade, *Historia de las creencias y de las ideas religiosas*, p. 370

del Origen. Pero cabe también interpretarla de otro modo: como el alma del príncipe *en su desnudez original.* Debido a la Caída, el alma se ha revestido de Materia. Esto vendría aquí simbolizado por la caída de la perla al fondo del mar, donde permanece cautiva, "rodeada por la serpiente de sonoro silbido". Es el mismo simbolismo de muchos cuentos de hadas, querida: cuentos que hablan de un tesoro enterrado o sumergido, y custodiado por una serpiente, un dragón o un demonio. Desde el mundo intermedio, el príncipe desciende al mundo inferior con el propósito de liberar a la perla de su cautiverio... Pero ¿de qué está cautiva la perla? En el fondo del mar, al alma no la aprisionan barrotes: la aprisionan los silbidos sonoros de una serpiente (de las serpientes y los reptiles en general ya dijimos que simbolizaban la Materia). El cautiverio del alma humana, su esclavitud, es voluntaria, en el sentido de que su liberación está en sus manos, depende exclusivamente de ella. No hay barrotes, puede abandonar su prisión cuando quiera; sólo tiene que hacer oídos sordos a esos cantos de sirena, los "silbidos sonoros" de la serpiente.

Los "silbidos sonoros" representan la tentación de la Materia, la seducción que sobre el alma todavía "vestida" y encarnada ejercen los instintos, los móviles materiales y egoístas que los genes determinan. El príncipe protagonista del *Canto de la Perla* es un héroe. Ha tenido la intuición o la reminiscencia de su remoto origen y, acuciado por la nostalgia, tiene el coraje de proponerse regresar a casa. En la primera carta te hablé de Perceval, el héroe por antonomasia de la leyenda griálica. También él comienza siendo alguien sumido en la más absoluta amnesia o -lo que para el caso es lo mismo- en la ignorancia. No recuerda su propio nombre, no sabe quién es. (Para los antiguos sabios, el nombre simbolizaba la esencia de la cosa; tratándose de una persona, su yo más profundo; de ahí la prohibición de pronunciar el nombre de Dios en muchas religiones.) Su madre, la Dama Viuda, le ha mantenido apartado de la sociedad, aislado en una cabaña en medio del bosque. Pero un día tiene un encuentro inesperado y providencial. Marchando de caza por el bosque, se topa con cinco caballeros errantes que persiguen a los raptores de unas doncellas. Se topa con ellos frente a frente, y él, que ignora qué cosa es la caballería, que no ha visto a un caballero en su vida, queda estupefacto ante la visión de estos jinetes recubiertos de reluciente hierro.

El efecto de esta visión sobre Perceval es el mismo que el de la carta mágica sobre el príncipe del *Canto de la Perla*: el efecto de recordatorio. Los caballeros le traen confusamente a la memoria su propio origen caballeresco, le recuerdan su linaje, que es un linaje de reyes. De algún modo, el mensaje de la carta del *Canto de la Perla* resuena ahora en los oídos del joven Perceval (el mensaje de recordatorio es siempre el mismo): "Despierta y levántate de tu sueño, y escucha las palabras de nuestra carta. Recuerda que eres hijo de rey. Mira en qué esclavitud has caído. Acuérdate de la perla (que en el caso de Perceval es el Grial) por la que has sido enviado a Egipto." Y el joven ignorante, que después de esto ya no puede permanecer por más tiempo en la ignorancia, se despide de su madre y parte a la zaga del rey Arturo, de quien los caballeros le han hablado elogiosamente. Se hace armar por él caballero y luego marcha en pos de aventuras, y en el curso de éstas va recobrando la memoria. Se acuerda de pronto de su nombre cuando se lo pregunta una doncella que después resulta ser su prima: "¿Cómo os llamáis, amigo? Y él, que no sabía su nombre, lo adivina y dice que se llama Perceval el Galés"[270]. Al hilo de la visión que cité la otra vez -la de las tres

---

270. Chrétien de Troyes, *Perceval o el cuento del Grial*

gotas de sangre en la nieve recién caída-, se acuerda también de su alma gemela Blancaflor. Y sobre todo se acordará, al final, del Grial; es decir, de plantear en su presencia la pregunta pertinente. Otros héroes menos puros, menos maduros, como Galván, desaprovecharán la ocasión durante su visita al Castillo del Rey Pescador al sucumbir a la fatiga y al sueño -el sueño de la Materia y del olvido.

LA SERPIENTE DE SILBIDOS SONOROS

Lo mismo que Perceval, Blanca, el protagonista del *Canto de la Perla* se pone inmediatamente en camino tras su repentina toma de conciencia. "Me puse a encantar a la serpiente de silbidos sonoros", dice, hasta adormecerla. Ello debió de llevarle años, quién sabe si vidas. Cuando al fin lo consigue, conquista la ansiada libertad, que aquí equivale a la desnudez del alma. Su alma se ha desnudado de la Materia que la aprisionaba como una camisa de fuerza. Ahora, ya con el alma desnuda, con la perla ya en su poder, el príncipe está en disposición de unirse a su alma gemela -que previsiblemente ha seguido idéntico proceso- y cruzar así, los dos juntos, el umbral de la Unidad, el umbral de la casa de sus padres, que es su propia casa.

Pues bien, la Evolución discurre por la misma senda, sólo que más lentamente y sin saltos bruscos, sin repentinas tomas de conciencia. La toma de conciencia de la mayoría evolutiva es lenta, paulatina, como el proceso de decantación de un vino. Se opera progresivamente en el curso de muchas vidas. Y como todos los procesos paulatinos, Blanca, resulta imperceptible para el sujeto que la experimenta. Del mismo

431

modo, el niño no se percata de su paso a la adolescencia, ni el adolescente de su tránsito a la juventud, ni el joven de su acceso a la edad adulta. Sólo al mirar atrás se da uno cuenta de que ha recorrido un camino, aunque no sepa cómo: la transición le ha pasado inadvertida. La Evolución está emparentada con los procesos naturales de crecimiento (como el de los niños, los árboles o la hierba), los cuales se cumplen de forma imperceptible y como de puntillas.

De la Evolución cabría decir que es un lento, un progresivo adormecimiento de la "serpiente de silbidos sonoros"; o sea, de la Materia. Desde luego, sólo Dios está en el pormenor de la maquinaria evolutiva; a nosotros sólo nos cabe especular, imaginar esos entresijos. Podemos servirnos para ello de aquella metáfora sugerida por el cabalista Isaac Luria: la metáfora de la "rotura de los Vasos". Recordarás los Vasos divinos que se rompieron, dejando escapar el Espíritu o la Luz de Dios, Luz que se dispersó en múltiples centellas, divididas a su vez cada una en dos mitades. Bueno, pues según Luria cada mitad de centella caída había quedado sepultada bajo una gruesa capa de Materia -"la cáscara" o "la escoria" como la denomina. La consigna de la Evolución sería redimir a las centellas caídas, liberarlas de la cáscara que las recubre, para que, así aligeradas, puedan regresar al Origen, de donde se desgajaron.

Supón ahora, Blanca (a ver si me compras la metáfora), que esa "cáscara" fuera el cáscarón de un huevo. Al comienzo, dentro del cáscarón el alma está sin definir, carece de forma, no es más que una yema. Por obra de la Caída, habíamos quedado diluidos en el seno de la Materia, que nos determinaba por completo. Luego la yema alcanza a definirse, a revelar una figura: es el individuo abriéndose paso a través de la especie. Esto no ocurre por sí solo: el huevo precisa ser incubado. En la Evolución, esta necesaria intervención externa corre a cargo de Dios. Pero cesa en el momento en que el polluelo está ya formado, en el momento de la aparición del hombre. Sobre éste recae a partir de entonces el protagonismo. Es el hombre el encargado de romper el cascarón -representativo, en esta metáfora, del determinismo genético- y liberarse. La mayoría evolutiva no ha roto todavía el cascarón, no lo ha resquebrajado siquiera. Pero el polluelo ha comenzado a acusar la estrechez de su prisión y a propinar los primeros embates. Basta tender el oído para distinguir, tras el cascarón, los primeros indicios en forma de confusos rumores.

Esos "confusos rumores", querida, valen por todo comportamiento que no esté guiado por el egoísmo ni por el materialismo. Porque esta clase de comportamiento no es atribuible al determinismo genético. La inclinación hacia el altruismo y la espiritualidad es exclusiva responsabilidad del alma, y denota un grado equivalente de liberación. Si bien aún en escasa medida, tal inclinación la hallamos ya en el hombre medio: en su comportamiento amoroso, sin ir más lejos. Éste no está ya regido, como antaño, exclusivamente por el egoísmo y por el instinto sexual. La componente espiritual que se ha deslizado en el amor no se explica por el determinismo genético. Es más, Blanca: desde el punto de vista de los genes, constituye una anomalía. Pues en el amor los genes tiran del individuo justamente en el sentido contrario: su finalidad es la conservación de la especie. A los genes les interesa una alta tasa de reproducción de los individuos, a lo que no contribuye precisamente el amor espiritual, que además conlleva la exclusividad, otra drástica limitación de las posibilidades reproductivas. Otro indicio de la revuelta del polluelo es, si a eso vamos, la emergencia en el mundo del sentimiento pacifista, Blanca. Por cuanto la predisposición genética de la especie es a la ira y a la agresividad. Lo menciono porque sé lo mucho que admiras a Gandhi y a Martin Luther King, y sobre todo a Cristo, que predicó el perdón de las ofensas y habló de poner la otra mejilla cuando nos golpean. Actitud heroica, ésta de reprimir la ira, comparable a la represión del deseo a la que se aplican nuestros héroes: en ambos casos se está ultrapasando la condición humana, ampliando sus horizontes. No por nada la ira y el deseo -o la concupiscencia- son, para el budismo, junto con la ignorancia, las tres rémoras principales que arrastran una y otra vez al alma a este bajo mundo. Sólo la victoria sobre esos tres atributos connaturales del hombre -ira, deseo e ignorancia- llevará a éste a abrazar su naturaleza divina originaria, según la doctrina budista.

¿Sabes también cómo podrías imaginar este paulatino desprendimiento del alma del yugo de la Materia, o sea del determinismo biológico? Evocando ese espectáculo que en Palamós hemos presenciado juntos tantas veces: el orto, la lenta liberación del sol de su cautiverio nocturno. Poco a poco, nuestra esencia espiritual -el Yo- va desprendiéndose de sus circunstancias materiales, del *ego*, encaramándose en "la libertad azul del cielo" (para decirlo con palabras de un poeta); lo que en este mundo inferior se traduce en un dejar atrás los condicionamientos genéticos y también sociales que determinan nuestra conducta. Insisto, amor mío, en que este proceso de autodeterminación del alma no es, en su segunda fase, algo que ocurra de forma espontánea. La Evolución va ligada al devenir, al Tiempo. Y qué es el Tiempo, ¿puedes decírmelo? Henry David Thoreau decía que el Tiempo no era más que el río al que iba a pescar. A pescar, no truchas como las que pescábamos nosotros, claro está, sino oportunidades para crecer, para madurar. A cada uno compete arrojar el sedal y aprovechar esas oportunidades, ¿comprendes? El Tiempo es el camino que conduce a la Eternidad, al "Tiempo atemporal" si así puede decirse; pero desde el momento en que disponemos de piernas para andar, nosotros somos los caminantes. Si nos quedamos parados -esto es, si nos aferramos a nuestras naturales inclinaciones egoístas y materialistas-, nos demoraremos en llegar, nos estancaremos a mitad de camino de nuestro destino, en los aledaños de la segunda fase de la Evolución. Ya que esta fase es un proceso consciente, querida, un proceso del que cada uno de nosotros es el artífice, el protagonista, y que por tanto no puede hacerse efectivo sin nuestra intervención activa. De ahí que los antiguos sabios propusiesen, como modelo a seguir por todos los hombres, la figura del peregrino. La existencia humana, decían, debe ser vista a modo de un peregrinaje. No hay que quedarse en casa cómodamente instalados, hay que echarse al camino. "¡Sal -exhorta el poeta sufí Farid al-Din Attar- sal del océano como las nubes de lluvia y viaja, pues sin viajar nunca te convertirás en perla!"[271] . En la búsqueda del Grial de la que luego hablaremos, rige la norma de no albergarse dos noches seguidas en un mismo castillo. Desde luego, transitar por la senda mayoritaria, evolutiva, no es igual que hacerlo por la senda heroica; la primera es menos escarpada, menos trabajosa -mucho más lenta también. Pero ambas vías requieren, para avanzar por ellas, la pulsión del caminar. En ambos casos el individuo lleva las riendas de su progresión. Y esto significa ante todo hacer elecciones.

Dada tu situación, querida, seguramente no ignorarás que no sólo elegimos de continuo mientras estamos encarnados.

---

271. Farid al-Din Attar, *Diwan-i qasa'id wa ghazaliyat*

435

Elegimos, en el período entre vidas, la encarnación siguiente junto con sus líneas maestras. Entre vidas, el *ego* queda en suspenso y el alma recupera momentáneamente la lucidez propia del Espíritu; de modo que esas elecciones realizadas en el período entre vidas persiguen siempre la consecución de un progreso. Sólo que, una vez encarnados, una vez que el *ego* latente en nuestra alma vuelve a activarse, ya no recordamos haber hecho tales elecciones. Esta amnesia forma parte de las reglas del juego: no se nos permite jugar con ventaja. Son pues muchas las almas que, pese a planificar cuidadosamente cada nueva existencia con vistas a su progreso, a la hora de la verdad se desvían del plan previsto. Vida tras vida desaprovechan las oportunidades de crecer que se les brindan, y así van quedando rezagadas. Se ven abocadas entonces a una encarnación verdaderamente difícil (recuerda que las bebidas amargas acostumbran a ser medicinas) a través de la cual poder recuperar todo el tiempo perdido. Porque ya dijimos que crecimiento y sufrimiento van de la mano. Parece que esto es así, lamentablemente: las vidas difíciles son las que ofrecen mayores oportunidades de crecimiento. De ahí que sean también las preferidas por las almas que han optado (ya que ésa es también una elección que nos compete) por el camino heroico. Vemos así, Blanca, que -por ejemplo en las novelas de caballería a las que luego nos referiremos- la elección del héroe ante una encrucijada de caminos es siempre el camino difícil, el camino en apariencia impracticable, erizado de arbustos y espinos. ¿Masoquismo? No: anhelo de superación.

Tachadura al margen. Sólo consigo leer: *...tomo la pluma el año de gracia de 17...* **Breve como es el fragmento -pero correspondiente al inicio de una famosa novela**

mencionada además en las cartas-, no me ha costado identificar su fuente: *La isla del tesoro* de R. L. Stevenson.
Una vez más, vemos al siglo dieciocho erigirse en referente de las citas anotadas por el autor al margen de su
manuscrito.

Bien, querida, todo esto es, a grandes rasgos y traducido
a términos actuales (términos como los relativos a los genes,
sobre los que los antiguos sabios lo ignoraban todo, empezando por su misma existencia), lo que a propósito de la dinámica de la Evolución podemos aprender de los antiguos
sabios. Sobre todo quédate con la idea de que la Evolución
no es, en su segunda fase, algo que nos suceda al margen de
nosotros, sino *gracias a* nosotros, con nuestro concurso. Nosotros somos los responsables, los que pilotamos el proceso.
No es ya la Evolución la que actúa sobre nosotros: somos nosotros los que actuamos sobre ella, los que la hacemos avanzar, retroceder, o propiciamos que se estanque. Y la clave está
en el libre albedrío, del que disponemos al fin.

El libre albedrío comporta que el grado de evolución de
cada alma sea dispar. No obstante, Blanca, y como ya dije,
podemos encuadrar a las almas en dos grupos asimétricos
atendiendo a su nivel evolutivo. Está la mayoría, el hombre
medio, el grueso de la Evolución. Y luego está una pequeña
minoría avanzada -una minoría exigua, no nos engañemos.
Hay también a la cola un buen número de rezagados, pero
aquí a éstos no los tomaremos en cuenta. Los antiguos sabios
aplicaban metafóricamente la noción de "edad" a las almas:
las almas no tienen todas la misma edad, son mayores o menores dependiendo de su grado de evolución. Las que están
más evolucionadas son almas viejas; las que menos, almas
jóvenes. La vejez es aquí preferible a la juventud.

UNA ESCALERA AL CIELO

La minoría avanzada ha suscitado siempre la incomprensión de la mayoría, Blanca. Y sin embargo, no hace sino anticipar futuras conquistas evolutivas de la mayoría. Se adelanta a su tiempo, al nivel evolutivo alcanzado por el hombre medio de su tiempo. Evidentemente, tal anticipación supone el acceso a la meta de la Evolución antes del fin de los tiempos, es decir, antes del momento en que la mayoría alcance esa meta. Aquello que a la mayoría ha de llevarle decenas de miles de años -cientos de reencarnaciones-, una minoría lo logra en el plazo de unas pocas vidas. Pero son vidas apuradas al máximo, semejantes a las duras jornadas de un alpinista empeñado en ganar la cumbre. La actitud activa requerida para aventurarse por este atajo evolutivo, no es como la que demanda la vía mayoritaria: es más comprometida, más esforzada. Por ello los antiguos sabios manejaron, para encarnarla, el simbolismo heroico o guerrero. Y para figurar la progresión del héroe por ese atajo, concibieron un argumento literario típico también de tus queridos cuentos de hadas: el viaje iniciático de aventuras.

Entre aquellos cuentos nocturnos que salvaron la vida de la princesa Sherezade, entre *Las mil y una noches*, encontramos numerosos ejemplos orientales. Muy conocido es el viaje -los siete viajes en realidad- de Simbad el Marino. Pero hay otro viaje de aventuras al que el narrador de las *Noches* otorga mayor importancia, ya que se trata, nos dice, de una de las historias más extraordinarias jamás contadas, "digna de ser copiada en letras de oro y guardada en lugar preeminente en las bibliotecas de los palacios reales" (y, añado yo, en las bibliotecas azules). Es por eso que lo recordaré aquí.

Los cuentos -ya lo sabes- se pagan a precio de oro en el universo mágico de *Las mil y una noches*. Bueno, pues éste era un rey que tenía esa afición, la afición de escuchar cuentos. Pero se está haciendo viejo, y sabe que aún le queda por escuchar el cuento más extraordinario de todos. De modo que convoca al mejor cuentista de su reino y le encarga que lo busque para él, y le da de plazo un año para encontrarlo. El hombre envía emisarios por todo el Oriente a la zaga del cuento de Saif Almuluk y Badia Aljamal, que él sabe que es el más extraordinario de todos. Es el más secreto también. Tan es así que sólo uno de sus emisarios, y a punto ya de expirar el plazo, tiene éxito en su misión. En Damasco, un viejo narrador de cuentos accede a contárselo, pero sólo a condición de no divulgarlo (este secretismo denota un alto simbolismo destinado sólo a iniciados). El cuento -quizá lo recuerdes de cuando lo leímos juntos- arranca con un rey pagano que, afligido por la falta de descendencia, envía a su visir a la corte de Salomón. Éste atiende su petición de interceder por él ante su Dios, y entrega al visir dos presentes para el futuro hijo del rey, pues está seguro de merecer el favor divino. Y así, cuando el príncipe Saif Almuluk alcanza la mayoría de edad, recibe de manos de su padre, junto con la corona real, los dos regalos de Salomón: un anillo y una túnica.

Bordada en la parte interior de la túnica, Saif Almuluk descubre la imagen de una joven de la que queda prendado. Descubre también una inscripción con el nombre de ella y el de su país de origen, un país del que nadie sabe darle noticia cierta. Aun así, se hace a la mar en busca de Badia Aljamal, la joven del retrato de la túnica de Salomón. Náufrago en un archipiélago de los mares de China, atraviesa un auténtico calvario. De isla en isla, escapa de una raza de genios malignos, de las fauces de un ogro, de una tribu de caníbales, de un cocodrilo gigante, deviene esclavo de una arpía... Al cabo de muchos años de penalidades, recala en una isla donde un genio mantiene prisionera a una doncella. Esta doncella resulta ser hermana de leche de Badia Aljamal, y le informa de que sólo el poseedor del anillo de Salomón puede dar muerte al genio. Saif Almuluk le muestra el anillo, mata al genio, y, por mediación de la doncella liberada, se reúne con su amada.

El mismo halo de prestigio y de misterio con que envolvía el narrador, en su preámbulo, a este cuento, lo aplican otros narradores de las *Noches* al del orfebre Hassan de Bássora. También aquí se va expresamente en su busca pues se trata de "uno de los cuentos más extraordinarios que existen". Un solo cuentista en el mundo lo conoce, de modo que la búsqueda es ardua. A él se lo contó un derviche (un sufí) antes de morir, el cual lo había recibido a su vez de otro hombre santo. El buscador se ve obligado a jurar que no revelará el cuento a oídos ignorantes. Trata de un joven orfebre que, pretendiendo iniciarse en los secretos de la Alquimia, se embarca en una azarosa aventura en el decurso de la cual se enamora de una bellísima mujer alada. Para retenerla a su lado, le arrebata y esconde sus alas, pero ella las recobra y huye a su lejana patria –la isla de Uak– adonde emplaza al enamorado para la reunión definitiva. En pos de ella cruzará Hassan "siete cordilleras sin cumbres, siete mares sin orillas y siete desiertos sin límites", en otro largo y peligroso viaje iniciático de aventuras con final feliz.

Son grandes las similitudes, Blanca, entre estos periplos orientales y aquella gran epopeya griega datada ocho siglos antes de Cristo y atribuida al poeta ciego Homero: la *Odisea*. Esta crónica del accidentado viaje de regreso a casa de un héroe de la guerra de Troya, responde al esquema del rey exiliado de su patria y obligado a superar duras pruebas para retornar a ella. Para los antiguos sabios de Occidente, Odiseo o Ulises devino el héroe iniciático por antonomasia; y su añorada patria -la isla de Ítaca-, el prototipo del Paraíso perdido del hombre. Pero mira: a nuestros sabios no les pasó por alto que lo que Ulises más añoraba, lo que hacía de Ítaca el Paraíso perdido de Ulises, era... ¿sabes qué? La presencia en esa isla de su amada esposa Penélope. Ella era, en cierto sentido, su patria. Igual que lo era él para ella, y por eso Penélope (un poco a la manera de Sherezade, que hilaba cuentos noche tras noche postergando la hora de su muerte) daba largas a sus pretendientes destejiendo de noche el velo que tejía durante el día... Pero no nos detendremos en la peripecia de Ulises, querida. Ni tampoco en la de Perseo, ese otro héroe griego conocido por sus viajes de aventuras. De entre los ejemplos occidentales de aventura simbólica del *retorno al Origen*, entresacaremos uno del Medievo europeo. Quizá el más famoso. Un ejemplo múltiple -asentado en numerosos libros-, en el que se conjugan elementos celtas, cristianos y también orientales, y que conoció una tremenda difusión en su tiempo. Me estoy refiriendo a la leyenda de la *Queste*, la leyenda de la "Búsqueda" del Grial.

Es de lamentar la ausencia en la biblioteca azul de obras de este ciclo literario, porque como amante de los cuentos de hadas que eres, el *Cuento del Grial* y sus numerosas secuelas hubieran hecho sin duda tus delicias... Como no estoy seguro de que estés familiarizada con el mito, voy a ponerte rápidamente en antecedentes: El Santo Grial aparece por vez primera como tema literario en el marco de las novelas de caballería medievales, y lo hace de la mano de un legendario rey bretón del siglo seis. Según reporta la leyenda, el rey Arturo congregó en su corte de Camelot a los más valientes caballeros errantes. Los reunió en torno a una mesa circular (como esta desde la que te escribo), y por eso la Orden de caballería que fundara vino a denominarse "de la Mesa Redonda". Dicha Orden, como toda de caballería que se preciase, estaba consagrada a la protección de los débiles frente a los poderosos. Con el tiempo, sin embargo, los caballeros de la Mesa Redonda sienten que esa misión tan noble les ha quedado pequeña, y comienzan a apuntar más alto: la caballería terrena deriva hacia otra espiritual. La chispa que prende este fuego son unos rumores llegados a la corte, rumores concernientes a un objeto enigmático: el Santo Grial.

¿Qué es este objeto? Quizá tengas entendido que se trata de una copa sagrada, un cáliz de oro, o, según otros relatos, una piedra preciosa. Pero qué importa, Blanca, el objeto físico es lo de menos. Lo relevante es lo que el Grial simboliza, y esto es la Divinidad, la Unidad, la Integridad, la Androginia. En definitiva, el Grial simboliza el Paraíso perdido del hombre. Wolfram von Eschenbach lo definirá en su *Parzival* como "*Wunsch von Pardîs*"[272], alemán antiguo que puede traducirse por "la Consumación del anhelo del Paraíso" o "la Perfección propia del Paraíso". ¡Es tras eso que van los caballeros de la Mesa Redonda! Ahora bien, eso ya había sido suyo antes. El Grial no es algo novedoso para el hombre, que había disfrutado antaño de su posesión -de ahí que conserve más o menos sepultada en su memoria esa reminiscencia. "Nadie conocerá el Grial si no lo ha visto ya en el Cielo", se sentencia en uno de estos relatos. En el héroe, esta reminiscencia y esta nostalgia se han hecho conscientes. El héroe siente la añoranza indecible del Grial, y parte en su busca. En busca del título de gloria que confiere: la *Realeza Mística*.

---

272. Wolfram von Eschenbach, *Parzival*, p. 128

La Realeza Mística, Blanca, es como decir la naturaleza verdadera, la condición original del hombre. Reconvertirse de mendigo en *Rey* del Grial; o, lo que es lo mismo, remontarse al Origen, al Fuego primordial, al *Reino* de los Cielos: tal la confesada meta de nuestros héroes. Se trata, en suma, de desovillar el hilo que había hecho descender a Dios al rango de hombre. Este descenso -según creemos saber- había consistido en la pérdida de la Unidad divina en favor de la Dualidad humana. A la luz de nuestra teoría: en el "divorcio" de los dos cónyuges cuyo matrimonio celestial alumbraba a Dios en el Origen. El camino a desandar, por tanto, estaba claro: se trataba de volver a casar a los dos cónyuges indebidamente divorciados. ¡No casarles terrenalmente, desde luego, no es al matrimonio terrenal al que aspira el héroe! El matrimonio terrenal es incapaz de restaurar el Andrógino primordial, querida, por más que inconscientemente los seres humanos lo inventásemos con ese propósito. ¿Te has parado a pensar por qué cuando una pareja se divorcia al cabo de los años -pongamos, al cabo de treinta años de casados- se dice, aunque hayan sido felices la mayor parte de ese tiempo, que su matrimonio ha fracasado? Pues porque, cuando una pareja se casa, aspira a que esa unión sea para siempre. El matrimonio terrenal tiene vocación de eternidad, Blanca, lo que denota la oscura -y desde luego vana- pretensión de restablecer por esa vía la Unidad del Origen... Es vana esta pretensión porque, en el matrimonio terrenal, la Unidad de los esposos es meramente formal, por tanto ficticia. No es una verdadera fusión de dos seres en uno solo; no es *unión perfecta* y sin fisuras. Sólo la *unión perfecta* de los Dos alumbra al Uno, y sólo el matrimonio celestial es *unión perfecta*. Aunque no hayan faltado tampoco sabios antiguos para quienes el matrimonio terrenal restablecía el celestial del Origen y recreaba el fruto de éste: Dios o el Uno. No me resisto a citarte un ejemplo sacado del *Zóhar*... En un elogio del acto conyugal a cargo de rabí Abba, éste, tras proclamar que Dios es el Uno, se pregunta:

¿Cuándo puede el hombre ser llamado Uno? Cuando es macho y hembra (...) Cuando un hombre se halla en unión íntima e indisoluble -macho y hembra- con la intención pura de santificarse, entonces es calificado de perfecto, es Uno, sin defecto y sin tacha (...) Así unidos, los dos forman la unidad Uno, una sola alma, un solo cuerpo; "una sola alma" porque se han adherido el uno al otro; se han ligado el uno al otro con una misma voluntad; "un solo cuerpo" porque nosotros sabemos, por tradición, que el hombre que no ha tomado esposa, que no está casado, es, por así decir, una mitad de cuerpo. Es cuando el macho y la hembra se unen en la intimidad carnal del matrimonio que sus dos cuerpos unidos no forman ya más que uno solo, con una sola y misma alma; son entonces designados con el término Uno, y es entonces que el Santo, bendito sea Él, reside en el Uno y confía un espíritu santo a ese Uno. Ellos merecen ser llamados *los hijos del Santo, bendito sea Él.*[273]

Nosotros, sin embargo, nos alinearemos con la opinión, más extendida, según la cual es *del casamiento celestial* con el alma gemela que depende la restauración andrógina, el regreso al Centro del mandala cósmico. Por cierto que este mandala, los antiguos sabios con frecuencia lo imaginaron ¿sabes cómo? A modo de laberinto. Seguramente sea ésa la causa de la proliferación, en el curso de la Historia, de los diseños y construcciones con esta forma. Y hablando de

---

273. *Zóhar*

laberintos, ¿conoces el mito del Minotauro? Estamos en la antigua Grecia; Minos, rey de Creta, tiene sojuzgada la ciudad de Atenas, a la que exige un tributo anual de jóvenes destinados a servir de pasto al Minotauro, monstruo mitad toro mitad hombre, para cuyo confinamiento el rey había encargado al arquitecto Dédalo la edificación de un no menos monstruoso laberinto. Atenas soporta durante años esa servidumbre, hasta que el héroe Teseo se ofrece voluntario para el sacrificio. La cosa, según la leyenda, discurrió como sigue: Teseo desembarca en Creta junto con los demás jóvenes condenados. Mientras desfilan ante la población, la hija del rey, Ariadna, se enamora de él a primera vista, y en secreto convoca a Dédalo y le sonsaca el modo de vencer al laberinto, es decir, de hallar la salida. Teseo ingresa en el dédalo de corredores y, conforme avanza, va desovillando el hilo procurado por Ariadna. Cuando llega al centro, halla dormido al monstruo. Le da muerte. Reúne luego a sus compañeros y, siguiendo el amoroso hilo, vuelve sobre sus pasos hasta dar con la salida. En el puerto les aguarda una nave que pone rumbo a Atenas, donde Teseo y Ariadna planean casarse... Pero la leyenda no tiene este final feliz. Según la versión que me parece más fiable, una violenta tempestad les sorprende en alta mar, y Teseo pone a salvo a Ariadna en una isla con intención de recobrarla más tarde. Pero la tempestad no amaina y aleja irremisiblemente a la nave.

El principal interés de este mito, querida, reside ahora para nosotros en el valor simbólico de este hecho: que Teseo precise de la mediación de una mujer para afrontar con éxito el laberinto. Porque la misma dependencia de Teseo respecto de Ariadna, sabes, podríamos decir que es la que liga al alma humana a su gemela. Sólo a través del hilo amoroso que nuestra alma gemela nos provee, podemos aspirar a hallar el camino al Centro del mandala cósmico. El alma gemela se erige de este modo en el medio por el que el alma alcanza su propio fin, que es Dios. Es en este sentido que ha podido interpretarse el artículo de fe fundamental de los Fieles de Amor y de los amantes heroicos de Oriente y Occidente, condensado en esta bella metáfora de Ruzbehan de Shiraz: "El alma vuela hacia el mundo del amor divino en alas del amor humano."[274]

Otra metáfora clásica, muy trillada por nuestros sabios, es la de la escalera; una escalera hecha de amor humano y conducente a la *Realeza Mística*, a la Inmortalidad ("inmortalidad" es el significado secreto que el Fiel de Amor occitano Jacques de Baisieux atribuía a la palabra *amor*, un significado derivado de su división en sílabas: "a", prefijo de negación, "mor", la palabra provenzal para *muerte*). Toda alma tiene en su gemela su escalera a Dios. La escalera de Adán era Eva (el amor a Eva "es la escalera en que puedes lograr subir hasta el amor del Cielo"[275], le dice un ángel a Adán en el *Paraíso Perdido*). La de Dante, Beatriz (*"quella che imparadisa la mia mente"*, la definía Dante, "la que eleva mi mente al Paraíso"). La de Petrarca, Laura; Isolda, la de Tristán; Julieta, la de Romeo...; toda alma tiene, en su gemela, su escalera a Dios. La mayoría evolutiva sube los peldaños de uno en uno; los amantes heroicos, de cuatro en cuatro; pero por lo demás no hay diferencia. Porque no hay más que un modo de subir esta escalera, amor mío, y este modo es espiritualizando el amor. Tal es la consigna de la Evolución, y es también la misión del héroe.

---

274. Ruzbehan Baqli Shirazi, *El Jazmín de los Fieles de Amor*
275. Milton, *El Paraíso perdido*, viii, 591-592 (traducción de Esteban Pujals)

PARAÍSOS PRIVADOS

Si la restauración de la Unidad, de la Androginia perdida del alma, depende de la reintegración con su otra mitad, se entiende entonces que la Búsqueda del héroe pase por la búsqueda de su alma gemela. Pero en este contexto heroico se produce un fenómeno curioso, sabes amor mío. Este fenómeno es que la distinción entre la meta propiamente dicha y el medio por el que esa meta se alcanza, llega a hacerse nebulosa para el héroe. Quiero decir que, a nivel afectivo, el alma gemela se convierte para el amante heroico en un fin en sí mismo. "La meta del hombre es la mujer", dirá el romántico alemán Novalis, en una generalización que (dando siempre por buena nuestra teoría) es cierta también a nivel particular: la meta de *cada* hombre es *una* mujer. Una mujer determinada, con exclusión de todas las demás.

> **Tachadura al margen.** Se conserva la fecha de la acotación, **12-10-99**, como también las dos palabras iniciales de un largo mensaje en forma de cita: *"Vuestro dolor...* Imposible inquirir con seguridad su fuente. Pero comoquiera que, en la carta siguiente, el autor menciona entre los libros azules *El Profeta* de Khalil Gibran, donde unas líneas llevan ese encabezamiento, la cita podría ser: *"Vuestro dolor es la ruptura de la concha que encierra vuestra comprensión. Así como el hueso del fruto debe romperse para que su corazón pueda estar al sol, así también vosotros debéis conocer el dolor."*

Así es, Blanca: la nostalgia del Grial (de Dios, del Origen) se confunde con la nostalgia del alma gemela en el corazón del héroe. Si preguntásemos al amante heroico cuál es su meta, tanto podría respondernos "el Grial" como musitar el nombre de su dama. Para él, las dos cosas van ligadas. Porque él solamente accederá a Dios a través de su alma gemela, a través de la *unión perfecta* con la otra mitad de sí mismo que le completa, que le hace Uno. "Es sólo a través de ti que soy lo que soy", le dice Enrique de Ofterdingen, personaje de Novalis, a su novia Matilde. Y, como buena lectora de poesía que eres, sabrás que abundan los testimonios del estilo de aquel verso de Petrarca en el que confiesa que, en el Cielo, aspira a "ver a su Señor y a su dama" (*veggia il mio Signore e la mia donna*[276]). O de aquel otro verso del trovador Arnaut Daniel donde proclama, también en alusión a Dios y a su dama, que "en el Paraíso mi alma tendrá doble dicha". Testimonios como éstos podríamos espigarlos en la literatura amorosa de todos los tiempos, y avalarían este aserto: sentimentalmente, cada héroe -y a nivel inconsciente cada hombre- tiene dos metas, dos Griales, dos Paraísos perdidos. Dos Paraísos que, en el fondo, son uno solo y el mismo, Blanca. Hay un Paraíso común a todos los hombres, un Paraíso colectivo digamos: el Uno, Dios, el Andrógino. Y luego hay otro Paraíso privado y exclusivo, que es el medio particular por el que cada cual accede a aquel Paraíso común a todos. Este Paraíso individual, propio de cada alma, es su gemela.

Un caso ejemplar de esta confusión o esta duplicidad de metas, es el de aquel gran maestro sufí del que tomamos prestada la metáfora de los Nombres. Ibn Arabí de Murcia había dejado su ciudad natal embarcándose en un largo viaje, no de aventuras como los de Simbad o Ulises, sino un viaje de conocimiento. Esto era relativamente corriente antaño: muchos individuos inquietos viajaban de acá para allá no con

---

276. Petrarca, *Canzoniere*, nº 349

fines turísticos sino un poco a la manera de las abejas: liban-do la miel del conocimiento que atesoraban los sabios de los lugares por los que pasaban. Pues bien, en la ciudad de La Meca, Arabí se hizo discípulo de un sabio de origen persa que tenía una hija de nombre Nizam dotada ella misma de una gran sabiduría y sensibilidad para las cosas espirituales. Actualmente, ningún estudioso del misticismo islámico pon-dría en duda que Ibn Arabí tuviera como meta de su vida la Divinidad. Y sin embargo, mira Blanca: él mismo confesaría más tarde que el objeto de su Búsqueda era, al propio tiem-po, esa joven cuyo trato había frecuentado durante su estan-cia en La Meca. Lo que un siglo después habría de ser Beatriz para Dante, y Laura para Petrarca: eso mismo fue Nizam para Ibn Arabí, que inspirado por ella compuso luminosos versos reunidos en un libro, *El Intérprete de los amores*, del que no puedo menos que citarte estas líneas del prólogo: "Entonces la tomé como modelo de inspiración de los poemas que con-tiene el presente libro y que son poemas de amor... aunque no haya conseguido expresar en ellos ni siquiera una parte de la emoción que mi alma experimentaba y que la compa-ñía de aquella joven despertaba en mi corazón, ni del genero-so amor que sentía, ni del recuerdo que su amistad constante dejó en mi memoria, ni lo que fueran la gracia de su espíritu y el pudor de su actitud, pues *ella es el objeto de mi búsqueda y mi esperanza*, la Virgen Purísima."[277]

En una palabra, Blanca, ella es la "Sofía" de Ibn Arabí. ¿Recuerdas la Virgen divina que, según Jakob Boehme, es el verdadero objeto del amor de todo hombre? Ella es su esposa celestial del Origen, que él reconoce ya, merced a

---

277. Citado por Henry Corbin en *La imaginación creadora en el sufismo de Ibn Arabí*, p. 164 (las cursivas son del autor de la carta)

su penetración mística, bajo el disfraz mortal de la joven Nizam. La relectura que a los cuarenta años hace el sabio andalusí de todos sus escritos a la nueva luz de su amor por esta joven, ha consternado a algunos estudiosos del sufismo, que no aciertan a comprender como podía de pronto un sabio cuya dedicación exclusiva al amor divino le había granjeado el título de *Sheij al-Akbar*, "el más grande de los maestros", abrir su corazón, con idéntica pasión, al amor de una mujer. Pero estos estudiosos, querida, dejan que desear como detectives. No han caído en la cuenta de que esos dos amores en apariencia contradictorios no son en realidad sino aspectos diversos del mismo amor. No han asumido el postulado fundamental del heroísmo amoroso; un postulado que, prosaicamente, podemos enunciar así: Si bien no hay más que una Unidad, cada cual accede a esa Unidad única *a partir de su propia Dualidad*.

En efecto, si tomamos varias parejas de amantes célebres -pongamos Romeo y Julieta, Tristán e Isolda, Abelardo y Heloísa-, la *unión perfecta* o el matrimonio celestial de Romeo y Julieta no desemboca en un "lugar" distinto de donde lo hacen la *unión perfecta* de Abelardo y Heloísa, y la de Tristán e Isolda, y la de todas las demás parejas de almas gemelas, tú y yo incluidos en el paquete. Este "lugar" no es otro que Dios, amor mío. Ahora bien: aunque el Dios resultante de la *unión perfecta* de cada pareja sea en todos los casos el mismo, la pareja difiere en cada caso. Es en este sentido que puede decirse, con Ibn Arabí, que Dios posee infinitos Nombres. Añadamos a esto que la composición de esa pareja no es algo aleatorio, no depende de las circunstancias. Acuérdate de aquellas tablillas griegas de madera partidas en dos: si los *symbolon* posibilitaban que dos personas desconocidas la una para la otra se reconocieran, era porque sólo la unión de las dos mitades de la misma tablilla restauraba la perfecta unidad original de ésta; sólo el canto seccionado de la una encajaba a la perfección con el de la otra. De igual modo, Blanca, sólo la unión del alma con su gemela (con la otra mitad de sí misma, separada de ella a raíz de la Caída) podría ser perfecta y desembocar, así, en Dios. Porque como dice el *Talmud*: "Sólo cuando uno se junta con quien se le asemeja, es indisoluble la unión."

Así que Romeo -para ejemplificarlo en uno de aquellos célebres enamorados- nunca desembocará en Dios a través digamos de Isolda. Romeo nunca desembocará en Dios si no es a través de su *unión perfecta* con Julieta. "Imposible cruzar el torrente de la Unidad (de la Unificación: *Tawhid*) sin pasar por el puente de tu amor"[278], declara a su amada Ruzbehan de Shiraz. Para Romeo, el amor a Julieta se perfila, pues, como su pasaporte al Cielo, su puente al Paraíso. Y si Romeo no puede aspirar a acceder a Dios más que a través de Julieta, querida, ¿no es hasta cierto punto comprensible que, en su fuero interno, Uno y otra lleguen a confundirse? ¿Que de algún modo Julieta se convierta en el Dios, en el Cielo, en el Paraíso particular -sólo suyo- de Romeo?

"EL PARAÍSO DE SU MUTUO ABRAZO"

Los libros de versos -de nuevo tu afición a la poesía no me dejará mentir- derrochan testimonios alusivos a la identificación del alma gemela con el Paraíso del poeta. Abundan, en efecto, los poemas donde se describe el Paraíso como un estado de Unidad, de Totalidad, de Perfección beatífica basada

---

278. Ruzbehan Baqli Shirazi, *El Jazmín de los Fieles de Amor*

451

en la unión con el ser amado. El infierno, naturalmente, es estar separado de él. Veamos algunos ejemplos tomados de dos de las más altas cumbres de la poesía: el *Paraíso Perdido* de Milton, y la *Divina Comedia* de Dante.

Al aludir Dante a Beatriz -en aquel afamado verso citado arriba- como *"quella che imparadisa la mia mente"*, emplea un verbo inventado, intraducible a nuestro idioma, que también se le ocurrirá a Milton. Éste pinta la *unión perfecta* de Adán y Eva antes de la Caída como la fusión de ambos en un mutuo abrazo, y bellamente sugiere que los brazos de cada uno son el Paraíso del otro: *"these two, imparadis't in one anothers arms"*; en traducción aproximada: "estos dos, encerrados en el Paraíso de su mutuo abrazo"... En su relato de la Caída, Milton nos muestra a Eva que, desoyendo las advertencias de Adán, se separa de él. Es la ocasión que el diablo aguardaba. Porque el diablo nada puede contra ellos mientras permanezcan juntos. La Caída sólo es posible cuando se separan. Milton pone énfasis en ello, como sugiriendo esa correlación intuida por los antiguos sabios entre la Caída y la separación de las almas gemelas (ya sabemos que Adán y Eva encarnan a todas esas parejas, son su prototipo). Como si, en esta separación inicial de Adán y Eva, viera Milton la prefiguración de la Caída, o incluso la Caída propiamente dicha, de la que el episodio del fruto prohibido no sería sino el colofón simbólico. Otros lectores del Génesis -pienso en Boehme y sus discípulos-, remontaron, según vimos, la separación de Adán y Eva, la Caída por tanto, aún más atrás: al sueño de Adán. Pero es en el episodio del fruto prohibido donde el Génesis coloca el peso de la Caída, Blanca, así que a ese episodio nos atendremos ahora...

Ya conoces la historia: tentada por el diablo, Eva desafía la prohibición y come del fruto; luego se lo ofrece a su compañero, que come también. En el Génesis, Adán

452

acepta comer del fruto prohibido irreflexivamente. Pero, en la versión de los hechos de Milton, Adán es plenamente consciente de las implicaciones de su acto. Sabe que comer implica caer, apartarse de Dios. Y aun así come, porque no quiere separarse de Eva. Desea correr su misma suerte, aunque sea una suerte funesta. En el fondo, sabe que sus destinos están indisolublemente ligados. Cuando Eva se le acerca y le ofrece el fruto ("para que un mismo sino pueda unirnos", le dice, porque tampoco ella puede concebir su destino aparte del de él), Milton pone en su boca estas conmovedoras palabras:

> ¡¿Cómo has caído tú en la tentación
> De quebrantar el divino mandato
> Y violar el fruto prohibido?!
> Algún maldito ardid de un enemigo,
> Desconocido aún, te ha seducido,
> Y nos ha arruinado a ti y a mí,
> Porque a morir contigo estoy resuelto;
> .../...
> Aunque Dios una nueva Eva crease
> Y yo proporcionara otra costilla,
> El dolor de tu pérdida jamás
> Se alejaría de mi corazón;
> ¡No, no! siento como tira de mí
> El vínculo de la naturaleza:
> Carne de mi carne tú eres, y hueso
> De mis huesos; nunca mi condición
> De la tuya se verá separada,
> Ni en la dicha ni en el infortunio.[279]

---

279. John Milton, *El Paraíso Perdido*, ix, 903-916 (traducción de Esteban Pujals)

A su vez, Eva, llegada para ambos la hora de exiliarse del Edén, le dice a su compañero:

Ir contigo es como permanecer aquí;
Quedarme aquí sin ti sería como
Partir sin querer; para mí tú eres
Todo cuanto existe bajo el Cielo.[280]

Como ves, Blanca, de las palabras de Adán y Eva se desprende que el uno es el Paraíso del otro. Adán y Eva comparten un Paraíso privado que es estar juntos, aunque sea en la desgracia. En la *Divina Comedia* hallamos la misma idea referida a una pareja condenada al infierno. Dante da cuenta de sus viajes astrales por el Cielo, por el purgatorio, por el infierno (como siglos después hará Swedenborg, salvo que, a diferencia de los del sueco, los viajes del florentino son, según se supone, eminentemente literarios). En el infierno, entabla conversación con una pareja de amantes adúlteros, Paolo y Francesca, cuyas declaraciones reproduce. Le cuentan cómo se enamoraron (fue precisamente leyendo juntos una novela artúrica, de esas de las que vamos a ocuparnos enseguida), y en eso Francesca se refiere a Paolo como "*questi, che mai da me non fia diviso*", "éste, que nunca se separará de mí". No se separarán nunca, Blanca, porque han sido condenados juntos al infierno, y lo han sido para toda la Eternidad. Dante se muestra conmovido ante su relato. Pero a nosotros lo que sobre todo nos conmueve es lo que ha señalado un detective mucho más perspicaz que yo (porque por mí mismo yo no hubiera reparado en el detalle[281]): y es

---

280. *Ibid.*, xii, 615-619
281. J. L. Borges, *Siete noches*, p. 24

que Dante parece envidiar el destino de esta pareja, que es el de no separarse nunca. Ese destino, aunque localizado en el infierno, debió de sentirlo Dante, pensando en Beatriz, como una forma de Paraíso.

Porque -por enésima vez, querida- el Paraíso consiste en estar juntos. ¿Y el infierno? Naturalmente, el infierno es estar separados. El infierno es la privación de ese estado de Unidad con el alma gemela del que el alma disfrutaba antaño, en el Origen. En este sentido, podría decirse que la existencia humana es un infierno. Pero el infierno peor de todos es aquel al que ha sido arrojado el propio diablo, como se ve en los versos de Milton:

> El diablo se volvió preso de envidia,
> Y al mirarlos celoso y malicioso
> De soslayo se lamentó a sí mismo:
> "¡Visión odiosa y atormentadora¡
> Así estos dos encerrados en el
> Paraíso de su mutuo abrazo,
> El Edén más feliz, disfrutarán
> De un cúmulo de dichas sobre dichas
> Mientras yo arrojado en el infierno
> Carezco de felicidad y amor"[282]

O sea, que el infierno del diablo consiste en la carencia de alma gemela. Otro gran poeta inglés del que ya tendremos ocasión de hablar, el romántico William Blake, definiría más tarde al diablo como "un varón sin su doble femenino"[283]. En otra carta te hablé de la soledad y de como la del ser

282. *Ibid.*, iv, 503-508
283. W. Blake, *The Four Zoas* VIII, E, 377; K, 347

humano no es una soledad esencial, ontológica. Pues bien, hete aquí: la soledad ontológica es la del diablo. Y es una soledad terrible, amor mío, porque es para toda la Eternidad. A Adán y Eva, aunque separados por efecto de la Caída, les queda al menos la esperanza de reunirse algún día. (En una escritura gnóstica intitulada *Apocalipsis de Moisés*, esta esperanza se cumple al atender Dios la súplica de Eva de reunirse con Adán en la Resurrección.) Ah, pero al diablo no le cabe siquiera esa esperanza. Porque su soledad no es accidental: es ontológica. A diferencia del ser humano, el diablo carece de alma gemela, está ontológicamente solo.

Ya sé, ya sé, este tema causa escalofríos. Pero puesto que hemos entrado en él sin darnos cuenta, y ya que es en pro de nuestra investigación, detengámonos un momento a considerar esa figura mitológica: el diablo.

Lo primero que hay que decir de él es que no pasa de ser eso, un mito: el diablo como tal no existe. No existe, querida, porque si creemos en la presencia de una sola sustancia elemental en el Universo, entonces esa sustancia es buena, ya que necesariamente proviene de Dios. El diablo existe tan sólo en la mitología religiosa, donde es concebido como el antagonista de Dios. Cada atributo divino se corresponde con otro diabólico de signo contrario. Si Dios es la Unidad, el diablo es la Dualidad escindida; si es de naturaleza espiritual, el diablo encarna la Materia; si está exento de sexualidad, al diablo se le caracteriza como un ser lujurioso. (En alguna medida, pues, todos tenemos en nuestra alma un diablo agazapado: el *ego*.) Recordarás aquella metáfora que cité la otra vez: la de la Caída como un Río que, en su descenso hacia el mar, va perdiendo "esencia divina". Esta esencia que va deteriorándose es la Unidad, la Androginia. Ahora bien, querida, la Unidad va asociada a toda clase de perfecciones:

la Verdad, el Bien, la Belleza…, las cuales sufren también ese deterioro. Para cuando el Río desemboca en el mar, representativo del mundo inferior, la Unidad se ha transmutado en Dualidad. Pero, además, esta Dualidad -esta Dualidad escindida- ha venido acompañada de todos los contrarios de las perfecciones divinas: la Mentira, el Mal, la Fealdad, etcétera; imperfecciones todas ellas personificadas en la figura del diablo…

Salvo que esta personificación es ficticia, Blanca. La Unidad es de por sí personal; es legítimo, por tanto, caracterizarla como la *Persona* Suprema, dotada de toda la serie de atributos positivos. Pero no puede decirse lo mismo de la Dualidad escindida: la caracterización que de ella se hace como un ser personal es metafórica. La Dualidad escindida es de suyo impersonal; luego, el diablo en cuanto tal no existe. Por no existir, ni siquiera existe aquello que metafóricamente personifica el diablo: o sea, la Dualidad escindida, la Materia, y sus atributos -el Mal, la Fealdad, la Mentira… Ontológicamente hablando, nada de esto existe, toda vez que no se trata (sigo en esto a los neoplatónicos y a san Agustín y a Escoto Erígena…) sino de magnitudes negativas, de negaciones de las correspondientes propiedades y principios positivos atribuibles a Dios.

Ahí tienes, por ejemplo, el problema del sufrimiento, del dolor. Y a propósito… todo eso que te escribí en otra carta de que el crecimiento va de la mano del sufrimiento y que muchas veces un mal procura un bien mayor, todo eso es cierto, yo así lo creo. Pero no obsta para que este problema siga siendo, me parece, el principal escollo con el que se tropieza todo creyente. Tú misma decías que no hay nada tan devastador para la fe en Dios como ver sufrir a un niño. (Pero inmediatamente añadías, me acuerdo bien: "Y sin embargo,

457

miras a ese mismo niño a los ojos y la fe resurge con fuerza. Porque Dios está en esos ojos, en esa mirada tierna y triste".) Algunos sistemas antiguos (el zoroastrismo, el maniqueísmo, el gnosticismo, el catarismo) solventan el problema del Mal apelando a un Dios malvado que rige el mundo, en oposición al Dios bondadoso y verdadero que está en las Alturas. Pero yo creo que no hay necesidad de eso. El sufrimiento puede explicarse por la simple *ausencia* de Dios, por la ausencia de la Luz de Dios de este mundo. Acuérdate de aquella frase que cité del *Zóhar*: "El Señor sacó Su poderosa Luz de una parte de Sí Mismo", y de la metáfora del hombre que aplica un torniquete a su brazo...

Esta ausencia de Dios de nuestro mundo, Blanca, hasta los clérigos y las religiosas la constatan. ¿O has olvidado que sor Clara, tu amiga de infancia, cuando el ateo que era yo entonces le adujo las guerras y hambrunas, las enfermedades y calamidades de todo tipo que se ceban sobre la humanidad, me dio en parte la razón y nos habló, compungida, del "silencio de Dios"? Claro que inmediatamente nos salió con aquello con lo que suelen salir los teólogos, con lo que yo también te saldré ahora, amor mío: y es que, aunque los seres humanos constatemos el silencio de Dios, somos como el ciego que, aun viviendo en la oscuridad, presiente la existencia de la luz. Igual que el ciego, intuimos que la oscuridad que caracteriza a este mundo (esa oscuridad, por lo demás, es relativa: no es, si nos fijamos bien, una oscuridad total, y es gracias a esos imperceptibles rayos dorados que constantemente se filtran hacia abajo y que son los hilos, que Dios maneja, del "azar necesario") la "oscuridad" de este mundo, digo, no tiene entidad propia, es sólo negación de algo; es sólo ausencia: ausencia de Luz. Si hablamos del Mal, existen personas malas, ciertamente, pero el Mal como tal no puede decirse que exista. "Si no hicierais el Mal, el Mal no existiría", sentenciaba León Tolstoi. Pero el Bien existiría igualmente aunque nadie lo hiciera, amor mío, porque el Bien tiene existencia propia en Dios...

Tachadura al margen. El negro borrón ha dejado incólume: ...*libros, un montón de libros del siglo...* El numeral romano no se lee. Pero podemos aventurarnos a extrapolarlo de otras citas...

¿Ves la diferencia, verdad? El Mal no es más que ausencia de Bien, la Fealdad ausencia de Belleza, la Mentira de Verdad, la Dualidad escindida de Integración, la Materia (habremos de darles la razón a los sabios orientales cuando afirman que, pese a su contundente apariencia de realidad, la Materia es *maya*, es ilusión) no es más que ausencia de Espíritu... El diablo no es sino ausencia de Dios, Blanca; una ficción, pues. Tanto mejor para él, porque de existir sería un infeliz, un pobre diablo si me permites el fácil juego de palabras. Porque si el diablo es la personificación de la Dualidad escindida, entonces personifica también la consecuencia principal de esa escisión: la soledad. La soledad es inherente al diablo, ya te lo he dicho: forma parte de su naturaleza. Y la del diablo no es la soledad que padecemos los seres humanos, no es la soledad que ahora tú y yo padecemos, para citarte un ejemplo que conozcas. Tú y yo *estamos* solos, *estamos* separados; el diablo, en cambio, *es* soledad, *es* separación; la suya es una soledad ontológica... Seguramente habrás oído decir que los antiguos sabios *demonizaron* el sexo. Eso en muchos casos es literalmente cierto: lo vincularon al diablo. Pero no por nada, amor mío, sino porque en la esencia de ambos, en la esencia del sexo y del diablo, está la Dualidad escindida. Ya te dije que, etimológicamente, *sexo* significa "cortar", "separar"; bueno, pues la etimología quiere también que el *diablo* sea "el que desune", "el separador". Y es el separador, Blanca, porque él mismo es un ser separado: no ha conocido ni conocerá nunca a su alma gemela, lo que en la práctica equivale a carecer de ella. Es la deficiencia ontológica de la que adolece ese mito, esa personificación ficticia de la Dualidad escindida y de la Materia que denominamos diablo.

Tal deficiencia no pasó inadvertida a los primitivos forjadores de mitos. Entre los dogones del África Negra, por ponerte el ejemplo clásico que citan los manuales de antropología, existe una figura mitológica de naturaleza diabólica llamada Yurugu. Tan malevolente y desdichado como el diablo del *Paraíso Perdido*, a Yurugu se le representa bajo la forma de un chacal. Y a su figura siniestra y triste se contrapone la de Nummu, el "antepasado mítico" de la humanidad, el Hombre primordial de antes de la Caída, que es un ser benéfico y feliz. Este diferente carácter lo explican los dogones por la distinta condición ontológica de ambos. Nummu es ontológicamente perfecto; y lo es precisamente en virtud de su carácter *doble*: se le caracteriza bien como un par de gemelos de distinto sexo perfectamente ensamblados, bien como una pareja casada (los iconos nos lo muestran de un modo gracioso: como un hombre de cuya cabeza sobresalen a modo de cuernos dos hombrecillos, macho y hembra). Yurugu, por contra, es descrito como soltero. Yurugu padece esa grave deficiencia ontológica consistente en ser un individuo solo, en carecer de alma gemela. Su figura mitológica es equivalente a la del diablo; es otra personificación de la Dualidad escindida, caracterizada por la soledad, por la existencia individual y no doble. (Otro ejemplo paradigmático sería el de Seth en la mitología egipcia: una figura solitaria, sombría y malévola, contrapuesta a la luminosa y benévola de Osiris, dotada ésta de un doble femenino, su esposa y hermana Isis.)

LOS CABALLEROS DE LA MESA REDONDA

Sabes qué día es hoy ¿verdad? ¡Cómo! ¿Ya te has olvidado de tu aniversario? Me figuro que ahí donde estás no rige nuestro calendario. Pero aún así... ¡No te era tan indiferente cuando era yo el olvidadizo! En todo caso, ya ves que me he acordado esta vez; y eso que ahora no está, para hacerme memoria, el timbre del teléfono sonando desde primera hora de la mañana con las felicitaciones de tus amigas... Pero vamos ya a entrar en materia porque observo con desasosiego que de esta carta llevo ya un montón de páginas escritas sin haber alcanzado todavía el tema central. Así que venga, lancémonos de cabeza a la Búsqueda del Grial. Pero hagámoslo como es debido, esto es, de la mano de los legendarios héroes de la *Queste*. Te mostraré como, en todos ellos, esta Búsqueda pasa por la exclusivización del amor erótico. Es decir, como hay aquí dos Búsquedas entrelazadas: la del Grial y la Búsqueda de la mujer predestinada, del alma gemela; y como muchas veces ambas Búsquedas se confunden.

La importancia que para el héroe de la Búsqueda reviste la dama es bien patente en los relatos griálicos. Ningún estudioso la discute, antes al contrario: se insiste en el papel de iniciadora de la dama, en su misión de mediadora entre el héroe y el Grial. Es más: se reconoce que, en las aspiraciones del héroe, con frecuencia la dama sustituye al propio Grial, o se confunde con él. Al punto que muchos estudiosos detectan en la Búsqueda dos móviles, dos objetivos distintos: el Grial y la "dama única". Pero en realidad ambos objetivos

461

van ligados, Blanca, en el fondo son uno solo y el mismo. Porque si el héroe combate por la recompensa amorosa de su dama, esta recompensa no es otra que la Integridad de que le inviste la unión con ella -una Integridad de la que el Grial es emblema. Todo esto te resultará más claro en cuanto hayamos desglosado los héroes más representativos de la Búsqueda. Comenzando por Galahad, o Galaz, que, aunque fuera el último en sentarse a la Mesa Redonda, es, con Perceval, el héroe por excelencia de esta empresa: sólo él y Perceval logran culminarla, sólo ellos acabarán descubriendo el Grial y conquistando la Realeza Mística.

La Búsqueda de Galahad nos la refiere en el siglo doce (pero la atribución no es del todo fiable) el galés Walter Map en la *Demanda del Santo Grial*. El episodio central involucra a una doncella cuyo nombre se omite; sin que ello reste importancia al personaje pues, con independencia del significado que se dé a esta aventura, una cosa parece cierta, y es que en ella Galahad y la anónima doncella están juntos, forman pareja, están ligados por misteriosos lazos. Su primer encuentro no tiene precisamente un aire casual: Una tarde, Galahad recibe la inesperada visita de esta doncella desconocida para él, la cual le invita a seguirle en una empresa que no dice pero a la que califica como "la más alta aventura que ningún caballero vivió jamás". Él accede gustoso y parten los dos. Hacen un alto en el castillo de la doncella para que ella pueda proveerse de un misterioso cofrecillo, luego se embarcan. El viaje por mar es largo, pero finalmente arriban a una isla desierta donde ha recalado una nave después de navegar dos mil años a la deriva sin nadie a bordo. Esta nave es la nave de Dios, Blanca, y, según le informa la doncella, es el destino de su viaje. Fabricada con madera del Árbol de la Vida, fue botada por el rey Salomón y contiene tres objetos simbólicos: una cama "grande y rica", una corona de oro y una espada igualmente magnífica. Por lo que hace a la cama, a estas alturas su simbología no te vendrá de nuevas: la cama es el lecho nupcial donde las almas gemelas están llamadas a unirse en *unión perfecta* para alumbrar al Andrógino. A Éste corresponden la corona de oro y la espada, símbolos ambos de la Realeza sagrada, mística, trascendente (o sea, de la Divinidad), toda vez que ambas pertenecieron a reyes sagrados: la corona de oro es la que ceñía Salomón, la espada es la de su padre el rey David. Enlaza Map de este modo con la tradición judía, donde el simbolismo de la corona es por cierto, Blanca, particularmente rico.

En efecto, en la Kábala, a Dios en su manifestación o emanación más alta se le caracteriza como *Kéter*, la "Corona", asimilada por muchos cabalistas al propio Punto Oculto. Ahora bien: la Realeza, la Corona, depende en la Kábala de la unión del Rey -el Santo, bendito sea Él- con su esposa la Reina, la Matrona; y al decir de una importante escuela cabalista, Rey y Reina se hallan separados de resultas de la Caída, es decir, se hallan en el Exilio. De este Exilio leemos en el *Zóhar*: "El Rey sin la Matrona no está investido de Su corona como antes", pues "(mientras) Él no está junto a ella... Él no es Uno."[284] Pero de la Kábala te he hablado ya bastante en anteriores cartas. Acabábamos de subir a bordo de la nave de Salomón acompañando a Galahad y a la doncella... De los tres objetos eminentes que encierra esa nave, el más significativo en la literatura griálica no es, con todo, la corona. Ni tampoco la cama. El más significativo es la espada por tratarse de la "Espada del Extraño Tahalí", un símbolo equivalente al del Grial. Como su nombre indica, esta espada adolece sin

---

284. *Zóhar*, volumen V, p. 79

embargo de un defecto: el tahalí, la correa de la que pende, es de esparto, material demasiado endeble para sostenerla y que no hace honor a su riqueza; resulta evidente que no es el tahalí que originariamente la acompañaba. Se trata, además, de una espada encantada: nadie puede sacarla de su vaina salvo el hombre que, en calidad de héroe, se haga merecedor de ello. En su vaina, Galahad y la doncella leen la inscripción: "El que me lleve debe ser más valiente que ningún otro y me llevará tan santamente como debe llevarme, pues no debo entrar en ningún lugar donde haya suciedad ni pecado. Pero si me guarda santamente, estará a salvo en todas partes; pues el cuerpo a cuyo costado yo cuelgue no puede ser deshonrado. Y que nadie sea tan osado que saque este tahalí, pues no debe ser sustituido, salvo por mano de mujer y de hija de rey y reina. Ella lo cambiará por otro, hecho de la cosa más preciada por ella. Y conviene que la doncella sea todos los días de su vida virgen en voluntad y en obra. Esta doncella llamará a esta espada por su verdadero nombre, y nunca antes nadie sabrá nombrarme."[285]

Este inventario de las condiciones de la Realeza Mística -valentía, santidad, virginidad- nos anticipa lo que será el tema de la próxima carta, Blanca: a saber, la clase de heroísmo requerido para ser digno de blandir o ceñir la espada, para ser digno de investirse de la Realeza del Grial. Por lo que hace a la doncella aludida en la inscripción, no es otra que la joven acompañante de Galahad, a la que vemos ahora echar mano de aquel pequeño cofre del que se proveyera al hacer alto en su castillo. ¿No adivinas su contenido?... Exacto: el cofre contiene el tahalí verdadero, un tahalí entretejido de oro, de seda y de la cosa más apreciada por la doncella, que

285. Walter Map, *Demanda del Santo Grial*

464

son sus cabellos; un tahalí hecho por ella con sus propias manos, "tan hermoso y tan perfecto -se nos dice- como si hubiera empleado toda su vida en hacerlo". Inmediatamente reemplaza con él el tahalí de esparto, símbolo de la Materia, destinada a ser desplazada por el Espíritu encarnado por el tahalí de oro, seda y ese tercer elemento que personaliza la espada: los cabellos de la doncella. Procede luego a nombrarla por su verdadero nombre: "Espada del Extraño Tahalí", con lo que el encantamiento que la hacía inamovible se rompe. Galahad la empuña y se la deja ceñir al cinto por la doncella, que mediante este gesto le confiere la Realeza Mística. Pero de esta Realeza también ella es partícipe (aunque esto se nos deje entender sólo implícitamente) desde el momento en que Galahad y su joven iniciadora sólo pueden alcanzarla el uno a través del otro. La Realeza Mística, Blanca, es aquel secreto del que en otra carta te decía que está cerrado con una cerradura doble, masculina y femenina, ¿te acuerdas? De este secreto, Galahad y la doncella guardan cada uno una llave: sólo ella puede desencantar la espada, sólo él puede desenvainarla. Es gracias a su mutua colaboración (y, finalmente, a su unión mística en el lecho nupcial) que ambos se investirán de la Unidad, de su Divinidad original, simbolizada por esos tres objetos sagrados: la cama, la corona de oro, la espada.

Tachadura al margen. Aquí un apresurado trazo de rotulador permite reconstruir una breve cita: *"Se volvió y la vio (reflejada en el) espejo"*. Si se la pone en relación con el inicio de la carta siguiente, se trata de una de las acotaciones más enigmáticas del epistolario.

Galahad es hijo de Lanzarote del Lago: de todos los caballeros de la Mesa Redonda, Blanca, el que pienso que sería tu preferido, porque es inocente como un niño, y ama con la intensidad y la fidelidad de un niño. Lanzarote encarna el prototipo del héroe. Aunque el heroísmo sea una disposición del espíritu, antaño solía representárselo por una espléndida apariencia; y ésa es la de Lanzarote, todo él un fulgor de armadura blanca. El autor de *La infancia de Lanzarote* nos desmenuza su porte: nos habla de sus hombros largos y altos, de sus brazos y piernas rectos y musculosos, de sus pies arqueados... Sólo al llegar al torso interrumpe el panegírico para observar que el pecho es quizá demasiado ancho y profundo. Pero adjunta a renglón seguido la opinión de la reina Ginebra, que piensa que Dios se lo ha hecho así de grande para que le quepa el corazón, descubriéndonos con ello por un lado el rasgo más valioso de Lanzarote, que es su bondad, su gran corazón, y por otro el amor que le profesa la reina Ginebra, la esposa terrenal -que no celestial- del rey Arturo.

Lanzarote ostenta con merecimiento el título de "mejor caballero del mundo": ahí donde todos fracasan, él sale victorioso. Sus causas son siempre justas; su conducta, intachable (sólo una tacha la empaña, pero de esa tacha -su relación adúltera con Ginebra- le absuelven las leyes del amor cortés). Se impone a sí mismo una férrea disciplina. Austero y solitario, vive al margen de la corte, dejándose ver sólo para cumplir alguna hazaña o acudir en auxilio de algún desventurado, luego desaparece. Su fama no para de crecer entretanto: una fama aureolada de misterio. Todas las doncellas y las damas, en torno a las cuales gira el mundo de la caballería, querrían tenerle entre sus brazos; pero él no se deja querer. Porque no es al amor de las mujeres al que aspira Lanzarote, Blanca, sino al de *la* mujer: la suya, la que le está destinada. La belleza objetiva no tiene poder sobre él; sólo la belleza subjetiva, la de su alma gemela, le conmueve. Al punto que el único modo de hacer que se acueste con otra mujer es recurriendo al engaño: una maga le hechiza de modo que la futura madre de Galahad aparezca a sus ojos bajo la amada forma de Ginebra.

El destino heroico de Lanzarote pasa por Ginebra y se confunde con ella. Lanzarote es el ejemplo extremo de lo que antes te comentaba: la confusión, en el corazón del héroe, de la meta y del medio por el que esa meta se alcanza. Al leer sus aventuras, tenemos en todo momento la impresión de que, en él, la Búsqueda del Grial es más bien el pretexto para su verdadera Búsqueda, que es la de Ginebra. Esta impresión es compartida -en el relato titulado *Perlesvaux*- por un ermitaño a quien Lanzarote expresa su desazón por haber logrado penetrar en el Castillo del Grial en vano, es decir, sin que el cáliz santo se le apareciera. El ermitaño le explica la razón: si hubiese deseado ver el Grial tanto como deseaba estar con Ginebra, le dice, sin duda lo habría visto. Pero podemos preguntarnos si es ésta verdaderamente la razón, Blanca. Porque entre el amor erótico y el amor a Dios no hay contradicción. El amor a Ginebra y el amor al Grial son complementarios, son como dos tiempos del mismo gesto. Lo que uno ama es siempre la misma cosa, sólo cambia el plano. Es éste, querida, un postulado fundamental de aquellos sabios de religión islámica que pululan por mis cartas, los sufíes. El amor humano y el divino "son un solo y mismo amor -enseñaba Ruzbehan, el Fiel de Amor persa-, y es en el libro del amor humano donde se aprende la regla del amor divino."[286] El amor a Ginebra es, para Lanzarote, la vía de acceso al amor a Dios; por eso cuando Ginebra se acusa de lo contrario -de ser un obstáculo en su camino hacia el Grial-,

---

286. Ruzbehan Baqli Shirazi, *El Jazmín de los Fieles de Amor*

él la corrige: "Dama, os equivocáis. Sabed que *sin vos jamás habría alcanzado la altura en la que me encuentro*, pues no me hubiera atrevido a comenzar mi caballería ni a acometer las gestas que otros abandonaban por falta de voluntad. Mas vuestra gran belleza (belleza subjetiva, entendamos) ponía en mi alma tal honor que no encontraba ninguna aventura de la que no saliera victorioso. Pues, yo lo sabía bien, *si no sobrepasaba a todos los demás en heroicidad, nunca llegaría hasta vos*. Y debía llegar o morir: era pues, verdaderamente, el amor el que acrecentaba mis virtudes."[287]

Turno ahora para Galván -o Gauvain-, el sobrino predilecto del rey Arturo: Galván es un consumado mujeriego. Pero un día se presenta en Camelot una mensajera. Es la mensajera del Grial, Blanca, un personaje sobrenatural que frecuenta las novelas artúricas. Se dirige a los caballeros allí reunidos y les emplaza a una peligrosa aventura: rescatar a la doncella cautiva en el Castillo Orgulloso. Galván siente de inmediato que esa llamada le concierne, que un misterioso lazo le une a la prisionera del Castillo Orgulloso; siente que su Búsqueda pasa por esa doncella desconocida, y parte a su rescate. Mientras cabalga, resuenan en sus oídos las palabras de la mensajera: aquel que consiga liberar a esta doncella "conquistará un supremo honor... podrá ceñir con todo derecho la Espada del Extraño Tahalí" (esa espada personalizada provista de un tahalí hecho con sus propios cabellos por el alma gemela del héroe). O lo que es lo mismo, quedará investido de la Realeza del Grial. Jean Markale interpreta así la importancia que para Galván reviste esta doncella: "Galván es un rompecorazones que jamás se resiste a una mujer cuando se presenta la ocasión. Así que es normal que su Búsqueda pase

---

287. *Lancelot*

468

por la liberación de la misteriosa doncella. Puesto que, hasta el momento, ha amado a las mujeres pero no *a la única, a la que le está destinada.*[288] A Chrétien de Troyes, autor del *Cuento del Grial* donde figura esta historia, le sorprendió la muerte antes de concluir su novela, y en lo que resta de ella no vuelve a hablarnos de la misteriosa doncella (tan misteriosa como la compañera de Galahad en la aventura de la nave de Salomón). A menos que, como es probable, se trate de la misma doncella que, en el último episodio del *Cuento del Grial* y bajo el nombre de Orgullosa de Logres, somete a Galván a duras pruebas heroicas. Wolfram von Eschenbach retomará, una generación más tarde, este episodio inconcluso y lo hará acabar en boda. ¿Recuerdas aquellos ejemplos de reconocimiento instantáneo que cité en la primera carta? Pues el encuentro, aparentemente casual, de Galván con Orgullosa de Logres vibra con la misma música. Nuestro héroe se topa con ella en un bosquecillo, junto a una fuente, y, al verla, el amor le arrebata y siente que ha hallado "la dicha y la desgracia de su corazón"[289]. La dicha, porque finalmente ha encontrado lo que buscaba, su alma gemela. La desgracia, porque en primera instancia ella no le reconoce, o finge no reconocerle. Sin embargo él, cándidamente, le confiesa: "Os juro por mi vida que nunca ninguna mujer me ha gustado tanto." ¡Y eso que Galván las ha conocido a cientos! Y luego, a la vista del desdén de ella: "Mis ojos han puesto en peligro mi corazón. Han visto algo en vos, y sólo me queda concederos que soy vuestro prisionero."[290] Ese "algo" que los "ojos del segundo término" de Galván han visto en Orgullosa de

288. Jean Markale, *op. cit.*, p. 24
289. Wolfram von Eschenbach, *Parzival*, p. 247
290. *Ibid*, p. 248

Logres, Blanca, no puede ser otra cosa que su belleza subjetiva, la contraseña secreta que la delata como la contraparte del alma de Galván y su "Paraíso privado".

He dejado para el final al protagonista del *Cuento del Grial* y, por antonomasia, del ciclo griálico: Perceval, de cuya historia te he hecho ya anticipos en cartas anteriores. También él ha hallado a su alma gemela, la ha hallado en Blancaflor (aseguran los que les conocen a ambos que "nunca hubo caballero y doncella tan adecuados para estar juntos, y parece que Dios haya hecho el uno para el otro y para que juntos estuvieran"[291]). Pero fíjate, no ha sabido reconocerla. Por aquel entonces Perceval desconocía hasta su propio nombre: ni siquiera se conocía a sí mismo, así que no sorprende que no acierte a reconocer a su otro sí mismo, a su "otro yo". Pasa poco tiempo con ella, luego parte. Pronto la olvida. Llega entonces al Castillo del Grial, pero no supera la prueba: ante el sufrimiento del señor del castillo se inhibe, no plantea la pregunta redentora que se espera de él. Según Gerbert de Montreuil -uno de los continuadores del relato de Chrétien- este fracaso está directamente relacionado con su abandono de Blancaflor. Después de esto, vaga sin rumbo, perdido, desesperado, hasta que un amanecer le acomete una revelación. ¿Cuál? La respuesta está en mi primera carta: es el episodio de la extática visión de las tres gotas de sangre en la nieve ¿recuerdas? En ese instante de clarividencia, de apertura del ojo del corazón (el éxtasis dura varias horas, pero a él se le antoja un instante), Blancaflor se convierte en *su* mujer; en *la* mujer también, puesto que para él ya no hay otra. Perceval comprende en ese instante mágico que Blancaflor es la otra mitad de sí mismo, la mitad que le

---

291. Chrétien de Troyes, *Perceval o el cuento del Grial*, p. 67

falta para ser *entero*. Porque, tal y como en la versión de Wolfram le revelará su prima, él es tan sólo la mitad de alguien: "En verdad, tu nombre es Parzival, que significa *partido por la mitad*."[292]

Ese amanecer en el prado nevado, Blanca, Perceval cae en la cuenta de que para él la posesión del Grial pasa por la unificación (que no por la posesión, porque esta unificación no implica poseer ni que nos posean) con Blancaflor. Sin embargo, el efecto de esta revelación pasa pronto; las distracciones cortesanas sumen de nuevo a Perceval en el olvido. Pero entonces viene el envite que la mensajera del Grial lanza a los caballeros de la Mesa Redonda. Igual que para Galván, las palabras de la mensajera son un aldabonazo en la conciencia de Perceval, que abandona Camelot para acometer la Búsqueda. Pero, a diferencia de la de Galván, su Búsqueda no pasa por la prisionera del Castillo Orgulloso, sino directamente por el Castillo del Grial. Es decir, por la segunda oportunidad que le permita enmendar su inhibición de la otra vez, la inmadurez de que hizo gala entonces. Y para ello debe combatir, pues en esto consiste la vía del héroe. "Quien quería alcanzar el Grial, tenía que acercarse a esa gloriosa meta con la espada -anota Wolfram-. Éste es el camino más corto para conquistar la gloria."[293] Manejamos símbolos, que no se nos olvide: el combate es interior.

En el relato de Chrétien, la Búsqueda de Perceval se interrumpe en este punto. Otros la continuarán: entre ellos Wolfram, quien no se cansa de sugerir que, si bien la meta de Perceval es el Grial, él no hace gran diferencia entre el Grial y Blancaflor (que en esta versión alemana se llama

---

292. Wolfram von Eschenbach, *Parzival*, p. 85 (vv. 140-141)
293. *Ibid*, p. 245

Condwiramurs, literalmente "La que conduce al amor", y es la reina de Pelrapeire). Perceval confiesa sentirse "arrastrado irresistiblemente hacia los dos"[294]. Así, tras resultar vencedor en un combate, ordena a los caballeros vencidos cabalgar hasta Pelrapeire para jurar su rendición a la reina, y agrega: "decidle que el que luchó por ella... siente nostalgia del Grial y de su amor. En los dos pienso constantemente."[295] ¿Ves, Blanca? El Grial y el amor de Blancaflor están juntos y revueltos en el pensamiento de Perceval. Igual que habrán de estarlo en la realidad una vez que el héroe haya accedido a la Realeza del Grial tras plantear la pregunta de marras. Entretanto deberá aprender a sobrellevar esa nostalgia, ya que a veces la vía heroica (a veces también la vía evolutiva) es una vía solitaria: "(Mi esposa) me hace sentir nostalgia por su amor. Si en nuestro amor fuera posible la separación, y la duda nos apartara del buen camino, encontraría seguramente otro amor. Pero su amor me ha quitado la idea de cualquier otro amor y de cualquier otro consuelo que me pudiera traer la felicidad."[296] En su amor no es posible la separación, declara (no se refiere a la separación física, que ésa sí, sino a la de los corazones). Y lo declara con cierto pesar, Blanca, pues ya que de momento no puede estar con Blancaflor, una parte de él querría ser libre para buscar consuelo en otros brazos. Pero es que él no es libre (en esto podría pensarse que la vía evolutiva aventaja a la heroica): él está indisolublemente ligado a su alma gemela. Ligado no por una promesa, ni por un contrato matrimonial: por un lazo más fuerte y secreto.

---

294. *Ibid*, p. 230
295. *Ibid*, p. 195
296. *Ibid*, p. 344

DOS A LOMOS DEL MISMO CABALLO

En otra carta trataremos de desentrañar la naturaleza de este misterioso lazo, bien ejemplificado en la literatura antigua, que hace que las almas gemelas sean inseparables incluso en la distancia. Ahora adivino un mohín de disgusto afeándote el rostro por el hecho de que el protagonista de todas estas historias sea siempre un varón. Pero es así, amor mío, qué quieres: en la literatura griálica no hay heroínas, sólo héroes. Se trata en parte de una servidumbre del simbolismo guerrero. En la *Odisea*, por citar otro de los ejemplos de viaje heroico que te sugería, es el guerrero Ulises el que navega y vive aventuras mientras Penélope aguarda pacientemente en casa su regreso. Pero en buena medida se trata también de una nota característica de la literatura antigua. Desde luego, existen excepciones a esta norma, y es en la literatura popular de transmisión oral -en tus queridos cuentos de hadas- donde estas excepciones son más numerosas.

El ejemplo que te propongo es un caso especial porque, con ser una típica muestra de literatura popular, es de filiación ilustre: tiene como antecedente el mito griego de Eros y Psiqué y fue leído a veces en clave esotérica por los antiguos sabios. La versión a la que atenderemos es la de los hermanos Grimm titulada *La alondra de león cantarina y saltarina*. Aunque conoces de sobra el cuento, te lo relataré aquí como si no lo hubieses oído nunca... El título designa el extraño pedido de una muchacha a su padre cuando éste se ofrece a traerle un regalo a la vuelta de su viaje. Se trata, como bien sabes, de una introducción usual de los cuentos de hadas: mientras las hermanas mayores solicitan joyas o costosos vestidos, la pequeña se conforma con algo sin aparente valor. El hombre se tropieza con una alondra, pero al tratar de atraparla, el león asociado a ella le corta el paso. Para salvar la vida, se ve obligado a hacer al león una arriesgada promesa: la de entregarle lo primero que le salga al encuentro al llegar a casa. Él piensa en el perro de la familia, pero, sin que pueda evitarlo, la primera en correr a su encuentro es la menor de sus hijas. La muchacha, sin embargo, no se arredra y marcha decidida a cumplir la promesa del padre.

Este valor obtiene recompensa: el león resulta ser un príncipe encantado, aunque sólo de noche recobre la forma humana. La pareja se casa y se acostumbra a vivir de noche y a dormir de día (algo a lo que, dicho sea de paso, también yo estoy habituándome últimamente). Luego sucede que la esposa es invitada a la boda de su hermana y el marido consiente en acompañarla. Pero con una condición: no debe tocarle la luz; si ello ocurre, le advierte, se convertirá en paloma por siete años. La esposa adopta precauciones, pero un rayo de sol infiltrado por una rendija burla la cámara sellada. Comienza entonces para ella la Búsqueda heroica. Durante siete años (cifra simbólica, recuerda) vaga por el mundo en pos de la paloma que fuera su marido, luego le pierde la pista. Pregunta al sol, pregunta a la luna, pregunta al viento del norte. Los dos primeros se limitan a ofrecerle regalos: "Ábrelos cuando te encuentres en apuros". Gracias al tercero, localiza finalmente en el Mar Rojo al marido convertido nuevamente en león y batiéndose con un dragón marino. Siguiendo las indicaciones del viento del norte, lo desencanta. Ah, pero el dragón se revela a su vez una princesa encantada que secuestra al príncipe y se lo lleva consigo a su palacio. Nuestra heroína se desespera, llora, pero enseguida reanuda la Búsqueda. Ésta le conduce ahora al palacio donde está por celebrarse la boda de su marido con la "falsa novia".

Los regalos del sol y de la luna le sirven como soborno para introducirse dos noches seguidas en el aposento del desmemoriado novio. La primera noche lo halla dormido bajo el efecto de un brebaje suministrado por la novia ilegítima. La segunda, el príncipe, acordándose de los murmullos oídos como en sueños la noche anterior, recela de su refrigerio nocturno y lo derrama, de modo que cuando la novia verdadera se introduce en su cuarto, él está ya en disposición de reconocerla: "¡Ahora sí que estoy realmente desencantado! He vivido como en un sueño, porque la extraña princesa me había embrujado para que te olvidase."

El cuento se cierra sobre la amorosa pareja regresando a casa en alas de un grifo. Podemos pensar en las "alas del amor humano" de que hablaba Ruzbehan de Shiraz, con las que el alma vuela hacia el mundo del amor divino. Ah, y por cierto Blanca, la fauna de este cuento no es gratuita. El grifo, con su mitad de águila y de león, es guardián de tesoros. Y el león -animal superior, igual que el águila y la alondra- simboliza la esencia divina, espiritual del hombre; todo lo contrario del dragón, animal inferior emblemático de la Materia. El príncipe-león se bate con una mujer-dragón y luego es secuestrado por ésta: ¿no te viene aquí a la mente otro secuestro principesco, el del protagonista del *Canto de la Perla*? Pero dejemos eso, no es la fauna simbólica de este relato lo que nos interesa ahora. Es el hecho de que se nos refiera no la Búsqueda del esposo, sino la de la esposa. El hecho de que se hable de una heroína y no de un héroe, cosa que, si no era excepcional en la literatura popular, sí lo era en buena medida en la literatura culta.

Una excepción notable, querida, la tienes en el Cantar de los Cantares, ese poema culto que sin embargo devendría enormemente popular en la Edad Media, ese poema comentado al detalle por el cabalista Ezra de Gerona... El Cantar refleja no sólo la felicidad del amor consumado de los esposos; refleja también la previa ansiedad de la separación y de la Búsqueda. Y esta Búsqueda les atañe a ambos por igual, a la esposa tanto como al esposo. Ella busca la reunificación con él con el mismo afán con que él busca la reunificación con ella. Recordemos los versos en que la esposa se lamenta: "En mi lecho, por la noche ("La noche es el sufrimiento, el desespero, las tinieblas de quien está separado", anota Ezra de Gerona a propósito de este versículo)...

> En mi lecho, por la noche,
> busque al amado de mi alma,
> busquéle y no le hallé.
> Me levanté y di vueltas por la ciudad,
> por las calles y las plazas,
> buscando al amado de mi alma.
> Busquéle y no le hallé.
> Encontráronme los centinelas
> que hacen la ronda en la ciudad:
> ¿Habéis visto al amado de mi alma?[297]

Pero, como digo, el Cantar es la excepción: la norma en la literatura culta antigua es el protagonismo de los varones. Ello carece especialmente de sentido en un ciclo literario como el del Grial, basado en una empresa iniciática -la Búsqueda- que es por definición una empresa a dos, una empresa en la que él y ella están involucrados por igual. Ya que la Realeza, Blanca, ya que la Unidad que la Realeza del

---

297. Cant. 3: 1-4

476

Grial encarna, sólo es accesible *a dos*: él no puede devenir rey si ella no deviene al mismo tiempo reina. A esta meta no se accede en solitario. El narrador artúrico, sin embargo, se limita a hacer el seguimiento de una de las dos mitades del dúo heroico, en general se omite la aventura de la heroína. Es el varón el que accede a la Realeza a través de la mujer -aunque desde luego pueda sobreentenderse que lo mismo ocurre en sentido inverso. El cometido de la mujer se reduce al de iniciadora del héroe, de mediadora entre el héroe y el Grial; su papel casi nunca es el que la realidad le asigna, el de coprotagonista.

Una de las escasas excepciones que justifica este "casi", Blanca (voy de excepción en excepción: es que las anomalías me parecen en este caso -y sobre todo te lo parecerán a ti- más encomiables que la norma), es una novela en verso: *Erec y Enida*, una novela preciosa, la primera de Chrétien de Troyes. Erec y su esposa Enida acometen juntos la aventura y juntos la culminan: juntos alcanzan la Realeza. El propio rey Arturo les inviste en una coronación conjunta, cosa del todo insólita para la época. Erec y Enida han ascendido tan alto -a la Realeza, a la Unidad- del único modo posible para ellos: el uno a través del otro. Para decirlo con aquella feliz metáfora de Ruzbehan: remontaron el vuelo a la Unidad "en alas del amor humano". Porque igual que un pájaro necesita de sus dos alas para volar, querida, así también Erec y Enida necesitan el uno del otro para alcanzar su meta.

Al hilo de esto: algunos estudiosos de espíritu detectivesco se han permitido sacar de contexto un verso donde se caracteriza a Enida de un modo curioso: "Con ella se podría cazar con halcón", se dice. Como sabes, en la Edad Media los caballeros practicaban la cetrería, la caza de aves por medio de un halcón al que se lanzaba en persecución de la presa. Ahora, en la caza se vio antaño un símbolo de la Búsqueda. Para estos detectives, Enida es, pues, el halcón con el que Erec está llamado a cobrar su presa. Por eso la lleva consigo en su aventura (de un modo encantador Chrétien nos los retrata cabalgando los dos a lomos del mismo caballo). Pero Erec es igualmente un halcón para Enida. Esta paridad se evidencia a todo lo largo de su aventura, y sobre todo al final, en su coronación conjunta. Se refleja incluso en la pareja riqueza y luminosidad de los ornamentos que les engalanan durante la ceremonia. Una riqueza y luminosidad sólo comparables a las del propio Grial, al punto que dejan atónitos a todos los presentes, incluido el rey Arturo: "Enseguida Arturo manda sacar de su tesoro dos coronas, macizas y de oro puro. Y apenas lo hubo ordenado y dicho, fueron traídas ante él las coronas, cada una iluminada por cuatro rubíes. No es nada la claridad de la luna comparada con la del menor de estos rubíes: por la gran luz que desprendían, todos los presentes se espantaron mucho, pues aquella luz les cegaba. El propio rey se asustó, aunque se alegró mucho al ver aquellas coronas tan brillantes y bellas."[298]

Este esplendor sobrenatural denota que estamos ante una realeza que no es de este mundo: una Realeza Mística. Por lo demás, Blanca, la comparación con la luz de la luna puede no ser casual (o a nuestros detectives puede no parecérselo) desde el momento en que, cuando Erec y Enida eran felices cabalgando de noche los dos a lomos del mismo caballo, esa felicidad la transfiere Chrétien a la claridad de la luna: "...y les era dulce, en medio de la bruma, que les alumbrara la luna clara"[299]. Y ahora esa claridad se ve eclipsada por la de

---

298. Chrétien de Troyes, *Erec et Enide*
299. Ibid.

478

los cuatro rubíes de sus coronas: "No es nada la claridad de la luna comparada con la del menor de estos rubíes". Es decir, la felicidad que su matrimonio terrenal les había deparado es nada al lado de la que les infunde ahora su casamiento celestial. Por otra parte, se nos hace ver que en los ornamentos de los esposos se repite el número cuatro asociado a la luminosidad de las piedras preciosas, en lo que cabe advertir también un simbolismo. En numerología, el cuatro -en asociación con el Uno- es símbolo de Totalidad, de Integridad, igual que en geometría lo son el círculo y la esfera: cuatro son los puntos cardinales, cuatro los elementos, las estaciones del año, los colores primarios... La vinculación por Chrétien de este símbolo con otro emblema universal de la Divinidad -la Luz, la "gran luz" que desprendían las piedras- no hace sino reforzar la idea de que, el uno a través del otro, Erec y Enida han alcanzado la Unidad divina representada por el Grial, por *la Realeza del Grial*.

UN REY ENFERMO Y UN REINO ESTÉRIL

Vemos que la Realeza del Grial, Blanca, no es una realeza terrena, profana: es celestial, sagrada, trascendente. No temporal sino eterna. Es una realeza simbólica: simboliza la Androginia, la Divinidad perdida a raíz de la Caída. En el ciclo griálico, el representante de esta Realeza Mística es el Rey Pescador, un rey aficionado como yo a la pesca. "Eh, oiga Monsieur Poirot -me preguntarás-, ¿y por qué un pescador y no un carpintero o un labrador o un perito mercantil, pongamos por caso?" Pues porque pescar, querida mía, es arrojar el anzuelo a las profundidades; metafóricamente al "detrás" de la existencia. Es como excavar la tierra o adentrarse en

479

una cueva a la zaga de un tesoro oculto (actividad a la que tan dados son por cierto los héroes de los cuentos). O como sumergirse en el mar en pos de la "perla única" a imitación del protagonista del *Canto de la Perla*... También el Rey del Grial ha perdido esa perla: por eso se ha hecho pescador, para recuperarla. Y puesto que la del Grial es una Realeza perdida, "caída", a este Rey Pescador se le representa lisiado.

La invalidez del Rey es la consecuencia de un "golpe doloroso" asestado por una espada o una lanza. Cuando en el relato titulado *Perceval el Galés*, Galván caiga en éxtasis en presencia del Grial, tendrá la visión de un rey sentado en su trono y traspasado por una lanza... La pérdida de la Realeza se significa por la invalidez del Rey, pero también por la de su Reino. En la mentalidad antigua, la caída en desgracia de un rey (y de esto los ejemplos menudean también en los cuentos de hadas) se proyecta automáticamente a su reino. Podemos recordar el caso que ya cité en otra carta: el del rey David, cuyo pecado conllevó que Dios le volviera la espalda no sólo a él sino también a su pueblo. En la leyenda del Grial, el Reino se vuelve estéril y desolado. El extraño mal que le aqueja admite el mismo diagnóstico que daban del mundo inferior los sabios de las sociedades primitivas. Si te acuerdas de lo que hablamos en otra carta, los primeros sabios de la humanidad pretendían que, de tan alejado del Origen, el mundo inferior había quedado desgastado. Pues bien, también al Reino del Grial se le califica de *terre gaste*, de "tierra desgastada". Pero ahora de nada valen ya los rituales de renovación, y tampoco los disfraces intersexuales engañan a nadie. Ahora lo que se impone es un acto heroico capaz de devolver al Rey (y de rechazo a su Reino), de una vez por todas, la salud perdida.

En el presente contexto, Blanca, "salud" equivale a "Integridad". La salud que el héroe debe devolver al Rey, es la que éste perdió como consecuencia del divorcio de las dos mitades en que toda Integridad se articula. Ello concuerda con los argumentos de los cuentos, donde la caída en desgracia del rey o el príncipe obedece muchas veces a la separación de su reina o princesa, y sólo el reencuentro y el casamiento de ambos devuelve al reino su esplendor y fertilidad originales. La pérdida de la "otra mitad" del Rey Pescador como causa de su invalidez, es algo ampliamente sugerido en las diferentes versiones de la leyenda. Así, en la de Manessier, el efecto del "golpe doloroso" es haber inutilizado *uno de los dos lados* del Rey, como si de él se hubiera ausentado el lado izquierdo. Para remachar la idea, Manessier duplica el trágico efecto en un heterónimo del Rey Pescador -el Rey Goon del Desierto, presentado como su hermano-, a quien el "golpe doloroso" habría cortado verticalmente en dos mitades. Por lo demás, Blanca, la naturaleza de la lesión del Rey Pescador es reveladora: se trata de una lesión sexual. Está herido "entre ambos muslos" se nos dice eufemísticamente, para no decir que está castrado. Wolfram, más explícito, nos informa de que la lanza le atravesó los testículos. De modo que la enfermedad que padece el Rey no difiere de la de su Reino: ambos son estériles, ambos han perdido la fertilidad. No la fertilidad terrena: ésta es aquí sólo emblema de la celestial, de la fertilidad "hacia arriba", aquella que en el Origen engendraba a la Unidad, a Dios.

Apuesto a que el Rey Pescador herido y los héroes que buscan una cura para su mal, te habrán evocado un conocido tema de los cuentos: el del rey enfermo cuyos hijos parten en busca de la cura milagrosa. Un clásico exponente de este tema es un cuento que quiero recordarte aquí: *El Agua de la Vida*. De nuevo haré como si no lo conocieses: Un rey contrae una grave enfermedad y sus tres hijos parten, cada uno por su lado, en busca de la milagrosa Agua de la Vida, de la que un anciano les ha revelado que es el único remedio capaz de curarle. A los dos mayores, la codicia y la insensibilidad hacia el prójimo de que hacen gala durante su viaje, les conduce a un atolladero. Pero el desprendimiento y la compasión del más joven (siempre es el benjamín el héroe de los cuentos, quizá tú sepas decirme por qué) le lleva a un palacio encantado donde una princesa le recibe como a su liberador, le entrega el Agua de la Vida que brota de una fuente en medio del palacio, y le pide que regrese al cabo de un año para casarse con ella. Este plazo es un período de prueba durante el cual el príncipe revalidará la virtud que le ha hecho merecedor de tales honores. Es, en efecto, la compasión la que le mueve ahora a rescatar a sus hermanos mayores. Pero éstos siguen motivados por la codicia y la envidia, las que les llevan a sustituir el Agua de la Vida del hermano por agua salobre, de modo que cuando éste se la dé a beber al padre enfermo, el rey empeore y hayan de ser ellos los que le salven. No contentos con esto, pretenden usurpar también a la princesa encantada. Ah, pero la princesa ha tomado la precaución de pavimentar de oro el camino que conduce a su palacio, y advierte a los guardias que dejen pasar tan sólo a aquel que lo enfile directamente. Transcurrido el plazo, los tres hermanos se plantan, uno después del otro, en el camino dorado. Los dos mayores se quedan maravillados ante su magnificencia y, para no desgastarlo, lo bordean. Sólo el pequeño -el héroe, que no está interesado en el oro, que sólo piensa en la princesa- holla el camino sin reparo. Sólo a él se le abrirán de par en par las puertas de palacio, así como los brazos de su princesa.

¡Ves?, tenemos también aquí a un rey enfermo y a un héroe que busca la cura. La cura, fíjate bien, es indistintamente el Agua de la Vida (*de la Fuente* de la Vida, símbolo de la Integridad divina) y la princesa que es su portadora. Detalle este que nos remite también al ciclo griálico, Blanca, pues como verás enseguida y como ya te anticipé en una carta anterior, es igualmente una doncella de noble linaje la que, en las apariciones del Grial, transporta el cáliz sagrado -ese otro elemento vivificante, como la propia Agua de la Vida. Ahora bien, la princesa de nuestro cuento es el alma gemela *del héroe*, aquella llamada a devolver la salud -la Integridad- no al rey sino al héroe. El rey doliente no es, pues, sino la contrafigura del héroe enfermo, que es el apropiado destinatario del Agua de la Vida. Esto se advierte también en el ciclo griálico, donde el Rey Pescador carece en realidad de identidad propia: encarna a cada uno de los buscadores, a cada uno de los héroes que se aventuran en su castillo en pos del Grial. Devolver la salud al Rey Pescador y a su Reino equivale, para el héroe, a devolvérsela a sí mismo.

Otro dato revelador de la leyenda griálica es que el "golpe doloroso" que castró al Rey, fue asestado por su propia espada -o lanza, según los relatos. Esta espada es la del Espíritu, la "Espada del Extraño Tahalí", aquella que otorga la Realeza a quien la ciñe y que es un símbolo equivalente al del Grial. Observa que ambos objetos tienen, en su manifestación terrena, un soporte defectuoso: el tahalí de la espada es demasiado endeble, el Grial está detentado por un Rey lisiado. Esta defectuosidad es un claro signo de su condición "caída". Además, en muchos de estos relatos, la espada se partió por la mitad al asestar el "golpe doloroso". Cuando Galván llega al Castillo del Grial, la prueba que el Rey le impone es precisamente el ensamblaje de los dos pedazos. Él no lo consigue, no está aún cualificado; sólo Galahad se halla a la altura, sólo él será capaz de restaurar la espada rota:

483

"Entonces coge Galahad los dos pedazos de la espada y los ajusta: se unen de manera tan perfecta que no hay hombre en el mundo capaz de reconocer los dos trozos, y ni siquiera de apreciar que estuvo rota."[300]

La restauración de la espada rota, Blanca, es una prueba heroica recurrente en la literatura griálica. Su simbolismo me parece claro. La espada representa la Integridad y el Espíritu. Representa el Alma entera del Origen, y se parte en dos trozos, lo que nos remite a la Caída, a la división en dos del Uno primordial. La misión del héroe consiste en restaurar esa Integridad -la Unidad original de su alma- volviendo a soldar las dos mitades. Es ésta una prueba equivalente a esa otra, asidua también de estos relatos, consistente en extraer de su vaina la espada inamovible, o arrancarla de la roca en la que está enclavada, o arrebatársela a la mano sobrenatural que, emergiendo de un lago, la sostiene por encima de las aguas. El valor simbólico es el mismo: el de restauración de la Realeza Mística, de la Divinidad perdida; restauración figurada por la acción de blandir la espada.

En otras ocasiones, como ya he dicho, es cuestión no de una espada sino de una lanza. Una lanza que no está rota, pero que sangra: de su punta brota de continuo una gota de sangre que se desliza por el mástil. Con esta lanza se asestó el "golpe doloroso", y el hecho de que sangre tiene, cómo no, un significado simbólico: es como si de este modo clamase venganza. Clamor de venganza que, según los eruditos, encierra a su vez otro simbolismo: el de la necesidad de regeneración, la urgencia de curación del Rey herido. "Hay que vengar al Rey" equivale a "Hay que sanar al Rey", "Hay que restituirle su Integridad original"... Por cierto que este tema

---

300. Walter Map, *Demanda del Santo Grial*

de la venganza se repite en los relatos del Grial, y a menudo lo hace ligado a la siguiente inquietante aventura: En el curso de su Búsqueda, el caballero errante se topa con una mujer que permanece al lado de su esposo muerto o herido. A veces se trata de su hermano, para quien la mujer reclama venganza al recién llegado, y esta venganza pasa a veces por obtener una espada, o por soldar las dos mitades de una espada rota. El caballero muerto o herido representaría, en nuestra interpretación, al propio caballero errante; su esposa o hermana, al alma gemela de éste, la cual reclama la restitución de su "otra mitad", separada de ella como consecuencia del "golpe doloroso" que, simbólicamente, le mató o le hirió.

Pero volviendo a la lanza: ésta acompaña al Grial en un misterioso cortejo que desfila ante los ojos atónitos del héroe, de cada héroe que se aventura en el Castillo del Rey Pescador. El primero en someterse a esta prueba (porque de eso se trata, Blanca: de una prueba heroica) es el héroe de Chrétien, Perceval:

Y mientras hablaban de diversas cosas, de una cámara llegó un paje que llevaba una lanza blanca empuñada por la mitad, y pasó entre el fuego y los que estaban sentados en el lecho. Todos los que estaban allí veían la lanza blanca y el hierro blanco, y una gota de sangre salía del extremo del hierro de la lanza, y hasta la mano del paje manaba aquella gota bermeja. El muchacho que aquella noche había llegado allí, ve este prodigio, pero se abstiene de preguntar cómo ocurría tal cosa, porque se acordaba del consejo de aquel que lo hizo caballero, que le dijo y le enseñó que se guardara de hablar demasiado. Y teme que, si lo pregunta, se le considerará rusticidad; y por esto no preguntó nada.

Mientras tanto llegaron otros dos pajes que llevaban en la mano candelabros de oro fino trabajado con nieles. Los pajes que llevaban los candelabros eran muy hermosos. En cada candelabro ardían por lo menos diez candelas. Una doncella, hermosa, gentil y bien ataviada, que venía con los pajes, sostenía entre sus dos manos un grial. Cuando allí hubo entrado con el grial que llevaba, se derramó una claridad tan grande, que las candelas perdieron su brillo, como les ocurre a las estrellas cuando sale el sol, o la luna. Después de ésta vino otra que llevaba un plato de plata. El grial, que iba delante, era de fino oro puro; en el grial había piedras preciosas de diferentes clases, de las más ricas y de las más caras que haya en mar ni en tierra; las del grial, sin duda alguna, superaban a todas las demás piedras.

Del mismo modo que pasó la lanza, pasaron por delante del lecho, y desde una cámara entraron en otra. Y el muchacho los vio pasar, y no osó en modo alguno preguntar a quién se servía con el grial.[301]

Conociéndote, amor mío, estoy seguro de que tú no hubieses desaprovechado la ocasión de formular la pregunta de marras. Pero ¿a quién no se le ocurren un montón de preguntas ante este fantasmagórico cortejo? Enseguida trataremos de responder a algunas de las que se me ocurren a mí. Antes déjame mencionar que la configuración del cortejo varía de unas versiones a otras. Así, en algunos relatos, éste se cierra con unos sirvientes transportando un cadáver en una parihuela (detalle macabro que, me temo, te evocará el lamentable incidente de mi tío abuelo en nuestro banquete de bodas). El cadáver va cubierto con una tela sobre la que descansan los dos fragmentos de la espada rota: al héroe se le ofrece la oportunidad de resucitar al muerto mediante la

---

301. Chrétien de Troyes, *Perceval o el cuento del Graal*. Traducción de Martí de Riquer

restauración de la espada. Otro elemento variable es el relativo a la actitud de los habitantes del castillo. Si en el relato de Chrétien el cortejo discurre en un silencio sepulcral, en otras versiones lo hace en medio de vehementes manifestaciones de duelo. Por lo que respecta al plato de plata, en algunos relatos es cuestión de una bandeja. En el galés titulado *Peredur*, una bandeja sobre la que descansa una cabeza cortada. Recordemos que, según Elémire Zolla, la cabeza separada del tronco simboliza la traumática división del Andrógino primordial en dos mitades. A este plato o bandeja, Chrétien lo designa con una palabra del francés antiguo -*tailloir*, "tajador"- que connota la acción de cortar y que corresponde a un plato destinado a este efecto. Se ha querido ver en estos tres objetos -el grial, la lanza, el tajador- la simbología siguiente: el grial (la copa, símbolo vaginal) figuraría la hembra; la lanza (emblema fálico), el varón; ambos separados por obra del tajo -el "golpe doloroso", representado por el tajador- que dividiera al Andrógino original en dos mitades. La finalidad del desfile de estos tres objetos ante el héroe sería el recordatorio de aquella tragedia, así como de la necesidad de su reparación.

Dicho esto, vayamos con las preguntas que se me ocurren, o más bien, con ciertos detalles que me llaman la atención en esta suerte de cortejo fúnebre. Son principalmente tres. El primero se refiere a una conjunción de colores -la del rojo con el blanco- que ya vimos antes también con relación a Perceval. Entonces eran el rojo de la sangre y el blanco de la nieve; ahora es también el rojo de la sangre, pero el blanco es el de una lanza. Aunque su valor simbólico se omita ahora, cabría atribuirle el de la ocasión precedente, donde el rojo con el blanco eran símbolo de Blancaflor. Podemos inferir entonces, querida, que la blanca lanza sangrante que abre el cortejo del Grial, tiene para Perceval este significado añadido: cumple para él la función de recordatorio de su alma gemela, a quien ha olvidado. La omisión de la salvífica pregunta que en primera instancia no atina a formular simbolizaría, quizá, esta lamentable amnesia.

Otro detalle remarcable, Blanca, es aquel que ya mencioné en otra carta, y que de algún modo viene ahora a abonar la idea central de la presente: la idea de que la conquista del Grial por parte del varón pasa inexcusablemente por la mujer y viceversa. Me estoy refiriendo al hecho de que, en sus apariciones en el Castillo del Rey Pescador, el Grial sea portado invariablemente por una doncella, siempre la misma, como si fuese inseparable de ella. "Reina del Grial" denomina a esta doncella Wolfram, y la hace responder al nombre de Repanse de Schoye, "Dispensadora de Gozo"... Y, bueno, la tercera cosa que llama mi atención en esta extraña escena del cortejo, es la discordancia entre el mágico esplendor del Grial y el banal contexto en el que ese esplendor se manifiesta. La situación del Grial en el castillo del Rey Pescador parece corresponderse con la precaria condición del propio rey tullido y de su reino. En el castillo del Rey Pescador, el Grial da la impresión de pez fuera del agua, de que no es ésa su sede original, su verdadero "hogar", que se encuentra allí como en el exilio.

Pasa que esta impresión no es infundada, Blanca: al Grial se lo tiene por un objeto santo *caído del Cielo*. La leyenda lo vincula a la Caída de Adán y Eva, y Wolfram lo califica de *lapis exillis* ("piedra del exilio"), expresión latina en la que ha querido verse también la contracción de *lapis lapsus ex coelis*, "piedra caída del Cielo". Querría mencionar también esa otra variante de la leyenda que quiere que el Grial sea originariamente una esmeralda engastada en la frente de Lucifer o Luzbel, el "portador de luz". Al precipitarse éste al abismo junto con los demás ángeles caídos, la luminosa piedra se habría desprendido de su frente, y otros ángeles la habrían recogido y tallado en forma de copa. El verdadero hogar del Grial, Blanca, su sede original, desde cuyas alturas cayó a este mundo, no sería otro que el Punto Oculto, figurado en el libro de Map por el llamado "Palacio Espiritual", donde Galahad y la doncella que le acompañara en la aventura de la nave de Salomón son enterrados juntos. En fin, querida, podemos recordar el gnóstico *Canto de la Perla* y la equivalencia de esos dos símbolos: la perla y el Grial. Ambos representan la Unidad, la Integridad original del ser humano; ambos han caído a la Tierra desde su originaria sede celestial. Y aquí aguardan al héroe que habrá de redimirlos.

"¿CUÁL ES TU SUFRIMIENTO? ¿QUÉ NECESITAS?"

Aun a riesgo de que puedas pensar que he adquirido la costumbre idiota de terminar mis cartas desmintiendo impresiones (porque, si no recuerdo mal, la anterior ya la terminé así), querría cerrar esta carta desmintiendo una impresión que podrías haber sacado de ella y que repugnará a alguien como tú, con una especial sensibilidad hacia los males del mundo y la gente que sufre. Me refiero a la posibilidad de que te hayas figurado el heroísmo amoroso como un "egoísmo a dos".

Nada más falso, amor mío, nada más lejos de la realidad. Esa descripción vale para los amores carnales, no para los espirituales: no para los amores heroicos. ¡Pero si el egoísmo es justamente lo que el héroe trata de desterrar de su alma!

Acuérdate de los cuentos de hadas, del arriba citado *El Agua de la Vida* por ejemplo. De como el egoísmo recibe siempre en ellos su castigo, y la compasión y el altruismo su recompensa (ésta en forma casi siempre de reunión con el alma gemela). Lo cierto es que, lejos de preocuparse exclusivamente de su Búsqueda personal, el amante heroico está comprometido con la suerte del Universo entero. Nadie ni nada le es ajeno. Las etapas de la iniciación de Perceval en pos del Grial vienen marcadas por el progresivo reblandecimiento de su duro corazón ante el sufrimiento ajeno. De camino hacia el castillo del Grial, los héroes artúricos no dudan en detenerse a auxiliar a cualquier desventurado, o a ponerse al servicio de toda causa justa que se cruce en su camino. Y hasta en desviarse de ese camino si tienen noticia de que su ayuda se requiere en otra parte. Ya que en realidad eso no les desvía, Blanca, no les demora ni les distrae de su Búsqueda. Al contrario: es precisamente por el altruismo, por el darse a los demás sin condiciones, por donde discurre la Búsqueda.

Porque el castillo del Grial no tiene una localización exacta: es un castillo encantado. Un castillo que sólo se deja encontrar por los caballeros que se han significado en hacer honor al ideal de la caballería errante: a saber, el auxilio al necesitado, la defensa del débil frente al poderoso. La famosa pregunta que se espera de los caballeros que acceden al castillo del Grial y que es la piedra de toque de su idoneidad, no es otra, según Wolfram, que una muestra de compasión hacia el Rey herido: "¿Cuál es tu sufrimiento? ¿Qué necesitas?". Y es que el camino hacia Dios, que es en definitiva el camino hacia uno mismo, Blanca, pasa paradójica pero indefectiblemente por los demás. De tal manera que no es posible hallar el Grial si se va en pos de él con anteojeras digamos, desentendiéndose del resto del mundo. Mira, en el

Parzival de Wolfram, un embajador amigo se despide de los caballeros de la Mesa Redonda deseándoles: "¡Que Dios os permita sentir la tristeza del prójimo!"[302] Qué mejor deseo para un buscador del Grial. Porque la empatía, la inclinación a sentir como propio el sufrimiento ajeno, es una prueba inequívoca de desnudez del alma; y la desnudez del alma, requisito indispensable para la conquista del Grial.

Esa desnudez tiene un nombre: *Amor*. Amor verdadero -altruista, incondicional, gratuito. Amor al alma gemela, pero también a todos los seres, Blanca. Al Universo entero, porque (fiel a su condición de raíz de todos los amores) el amor erótico, cuando es desnudo, muestra una tendencia natural a expandirse, a ramificarse. Es exclusivo sólo en su especificidad, en lo que tiene de erótico. En lo que tiene de amor no es excluyente, todo lo contrario: excluye sólo en la medida en que no es genuino, en la medida en que está adulterado por la Materia y el egoísmo. De hecho, Blanca, los antiguos sabios te dirían que el amor al alma gemela es inseparable del amor al prójimo. Más aún: que es *precisamente* porque el amante verdadero ama a su alma gemela que ama también a su prójimo. Y lo ilustrarían quizá con una anécdota como esta sacada de un poema del siglo trece, que ahora me viene a la mente:

Un caballero abandona su castillo en plena tormenta para acudir a una cita nocturna con su dama. Pero a poco de partir, sorprende una conversación al pie del camino. Dos caballeros, refugiados allí de la tormenta, comentan su intención de pernoctar en el cercano castillo. Al oír esto, nuestro caballero renuncia a su cita y da media vuelta para darles albergue cuando llamen a su puerta... Ya está, eso es todo:

---

302. *Op. cit.*, p. 308

es una anécdota muy pequeña. Pero sustanciosa, ¿no? Se me ocurre que bien podría haberle servido a tu cineasta favorito, a Eric Rohmer, para uno de sus *Cuentos morales*. El cronista de esta pequeña anécdota caballeresca, el trovador de origen genovés Lanfranc Cigala, apostilla que a pesar de haber faltado a su cita, el caballero no merece el reproche de su dama. Antes bien, ella debiera sentirse orgullosa de él, pues es *"por su amor"* que libró a los caballeros de la tormenta.

Es seguramente por estar ambientada en una noche de tormenta que me he acordado de esta anécdota, de ésta precisamente y no de otras. Porque ahí afuera está diluviando, ¿no oyes los truenos? Hace una hora que se fue la electricidad, no sólo de la casa, tampoco la farola de la calle nos alumbra, y yo llevo ya varias páginas escritas al lívido resplandor de las velas. Y digo lívido porque estas velas teñidas de azul que me legaste, querida, si bien no pongo en duda que creen mucho ambiente, convendrás conmigo en que dan poca luz. Así que concluyo. Y qué mejor que hacerlo con aquel símil que solías proponer y que va como anillo al dedo con lo que hablamos. Aguzo el oído y casi me parece oírte: "Si estuviésemos en un barco en alta mar y alguien cayese por la borda, ¿verdad que nos apresuraríamos a dar la voz de alarma y no escatimaríamos medios ni esfuerzos hasta volver a izarle a bordo? Pues ésa debiera ser también la actitud de todo ser humano hacia sus semejantes. Porque todos vamos a bordo del mismo barco".

¡Cuán cierto, querida: todos vamos en el mismo barco! Por ello, la felicidad de las almas gemelas unificadas (esto es, la felicidad del Uno) no podría ser completa en tanto perdure el dolor y el sufrimiento en el Universo -lo que es tanto como decir, mientras perdure la Dualidad escindida. Y es por esta razón que, según aseguran los antiguos sabios, muchas almas heroicas, aun habiendo completado el ciclo de sus reencarnaciones, retrasan el momento supremo de la liberación (para nuestra teoría, el de la reunificación con su gemela) y optan por dedicarse a ayudar a las demás almas en su evolución, sea reencarnándose en medio de ellas, sea guiándolas secretamente (como quizá estés haciendo tú conmigo en este preciso instante) bajo la invisible forma de ángeles.

Tuyo

CARTA SEPTIMA

EL AMOR VERDADERO

(O EL AMOR DESNUDO)

Prefiero amaros sin teneros, que
tener de otra todo lo que recibe un
amante carnal.

Arnaut de Maruelh, trovador del siglo doce

Barcelona, 2 de noviembre de 1999

Querida Blanca:

Antes de entrar nuevamente en materia, déjame que acuse recibo y te agradezca tu regalo. Y que lo haga con viva emoción no sólo por el detalle y por el regalo en sí, que no podía ser más de mi gusto, sino porque con ello me has brindado una prueba más -bastante inequívoca creo yo, esta vez- de que, con todo lo que tiene de fatigoso, no es estéril al menos este ejercicio al que me entrego últimamente de escribirte cartas. ¡Qué goce inefable el de volver a verte!... Siempre el sueño fue, para los antiguos sabios, una vía de comunicación ocasional con el Más Allá y lo numinoso, así que no me sorprende que te sirvieras de él para mostrarte. Sé que llevabas tiempo intentándolo en el óvalo del espejo del recibidor, pero ten en cuenta que mi vista no es ya la que era. En el sueño, en cambio, te he visto con una claridad límpida. Y en honor a la verdad he de decir que te he encontrado muy cambiada. Que eras tú, de eso no me cabe duda; no importa

497

que te disfraces, igualmente te reconoceré siempre. Lo que sí lamento es no haber prestado suficiente atención a la trama del sueño. Porque había una trama, sucedían cosas, aunque lo que yo recuerdo es tan sólo una biblioteca, una biblioteca azul como la tuya, salvo que bastante más antigua. Estaba demasiado ocupado observándote, tratando de fijar en la memoria tu imagen renovada... Y enseguida me he hecho la pregunta: ¿cómo podría agradecértelo? Hasta que se me ha ocurrido que el único modo que tengo de corresponder a tu regalo, es escribirte. Así que aquí me tienes, en la penumbra ambarina del comedor, acometiendo una nueva carta.

Recordarás que en la anterior hablamos de la "vía del guerrero", de la vía del héroe. Dijimos que el héroe era aquel que se proponía y se esforzaba en vivir "la más alta aventura que ningún caballero vivió jamás". Y que esta aventura consistía en acelerar el retorno al Origen, el retorno a la Integridad del alma. Para recobrar su Integridad original, el alma debía fusionarse en *unión perfecta* con su gemela, según nuestra teoría. Ahora bien, Blanca, ¿qué clase de heroísmo es el que posibilita esto? Cuando nos referimos al heroísmo amoroso, ¿de qué clase de hazañas hablamos? O, dicho en términos griálicos: ¿cuál es la destreza, la cualificación heroica requerida para soldar los dos trozos de la espada, o para arrancar la espada de la piedra en la que está incrustada?... Para responder a estas preguntas, veamos por lo pronto el simbolismo que encierra la espada clavada en la piedra, así como el de esa variante en la que es una mano sobrenatural, una mano acuática, la que desafía al héroe a arrebatarle la espada que empuña en alto.

La piedra simboliza la Materia, lo mismo que las aguas. La espada, en cuanto aniquiladora de la carne mortal, es, por excelencia, símbolo tradicional del Espíritu. Si nos remontamos a la mitología griega, la espada de oro Crysaor era (según Paul Diel[303]) emblema de la suprema espiritualización. No es casual que el símbolo alternativo del Grial sea, como vimos, una espada: una espada en forma de Cruz cristiana, que es la forma que adoptó la espada en el Occidente medieval. La espada figura la Unidad, la Divinidad, y está incrustada en la piedra, o sumergida en las aguas de un lago. El mensaje resulta, pues, de lo más obvio: el Espíritu está hundido en la Materia, la Unidad se halla cautiva de la Dualidad, y es preciso rescatarla. En las novelas artúricas, al aspirante a héroe se le aparece la espada clavada en la piedra, o, al pasar junto a un lago, aflora de las aguas una mano empuñando una espada (a veces se combinan los dos símbolos, y es la piedra con la espada clavada la que prodigiosamente flota sobre las aguas). Se le está informando con ello de la proeza que su aspiración reclama: se trata de rescatar a la espada de la piedra, o de las aguas (o de ambas). Es decir, de rebasar la Materia, de sublimarla; regresar a la Unidad por la vía del Espíritu.

En tanto no se es capaz de rescatar la espada, se permanece herido por ella. En un relato artúrico, un caballero errante -Nacián- ha sido herido por la espada. Esta herida es la misma del Rey Pescador, Blanca, la misma de todos los héroes de la Búsqueda: sólo quien haya obtenido la debida cualificación será capaz de curarla. Y he aquí que a Nacián le cura un clérigo que camina sobre las aguas del mar sin mojarse. Esta habilidad participa del simbolismo de la espada arrebatada a las aguas: denota la superación del *ego*, la sublimación de la Materia. Llegado a este nivel de excelencia, el héroe no pertenece ya propiamente a este mundo, su misión heroica está cumplida. Ahora se halla cualificado para blandir la espada,

---

303. Paul Diel, *El Simbolismo en la Mitología griega*

para reconquistar el Grial; lo que significa que la Unidad está ya a su alcance. Sólo un par de héroes acreditan, en el ciclo griálico, merecer este logro: Perceval y Galahad. Y a Galahad se le pinta como una proyección medieval de Cristo, el caminante sobre las aguas por antonomasia. Lo mismo que Cristo, Galahad es el Redentor: con su hazaña redime al Rey herido y a su Reino. ¿Y cuál es el rasgo que le cualifica para ello? Pues precisamente esa habilidad suya de caminar sobre las aguas sin mojarse.

NUDISMO ANÍMICO

Vemos pues, Blanca, cuál es la cualificación heroica requerida para reconquistar el Grial, para reeditar el matrimonio celestial del Origen reunificándose (en razón de la propiedad unitiva del Espíritu) con el alma gemela en *unión perfecta*. Vemos pues también cuál es el empeño del héroe: espiritualizarse, sublimarse, elevarse al máximo. Los antiguos sabios concibieron este empeño como una especie de proceso de destilación o refinado del alma, de depuración o limpieza. También como el rescate de un tesoro escondido sepultado en lo más hondo de uno mismo. Pero sobre todo lo imaginaron como un proceso de *desnudamiento interior*. El sufí Abu Yazid al-Bistami lo comparaba con el esfuerzo de la serpiente por desprenderse de su piel vieja. Con respecto a la noción que de este empeño tenían los sabios sufíes, Henry Corbin escribe: "Se trata, en suma, de percibir, de hacer aparecer el fondo oculto del hombre, su alma auténtica, y de reducir, de hacer desaparecer lo aparente, todo el aparato de las facultades y potencias, y de las apariencias secretadas por esas potencias, que envuelven el alma y la desvían de aquello a lo que está destinada. En última instancia, se trata de hacer aparecer el alma, la Extranjera o la Oriental, oculta bajo el disfraz occidental de la condición común."[304]

Corbin se sirve aquí de aquel tradicional simbolismo que ve en el Oriente y el Occidente terráqueos la imagen de los dos polos, superior e inferior, del Universo. La idea es que el alma -el Yo- del héroe debe despojarse de todos sus "ropajes", de todo lo superfluo en ella, de todo aquello que le es ajeno, para quedarse desnuda, para quedarse exclusivamente con lo propio. ¿Y qué es lo propio del alma, Blanca? Lo propio del alma es el Espíritu. Y el Espíritu -así lo creen nuestros sabios- es asexuado. Lo que significa que la identidad sexual, el hecho de ser hombre o mujer, es circunstancial, forma parte de los encubridores ropajes del alma. El alma desnuda, el alma del Origen que es la de los Dos implícitos en Dios, carece de sexo. La complementariedad *esencial* de las almas gemelas (esencialidad que dimana de su filiación divina) no es por tanto sexual: es espiritual, personal; hay que cargársela en cuenta no a una circunstancia corporal como es la diferencia de sexos, sino a una coincidencia anímica: ser las dos mitades de la misma alma.

Escoto Erígena, en línea con esto, opinaba que "...el ser humano es superior al sexo, puesto que varón y hembra no son los nombres de la naturaleza (la naturaleza humana original), sino los de su división por la transgresión."[305] Es decir, Blanca, que más allá del sexo existe otra complementariedad -y, por ende, otra atracción- de naturaleza espiritual, de la que la complementariedad y la atracción sexuales no son sino, digamos, la transcripción caída. Erígena inventa una

---

304. Henry Corbin, *Avicena y el relato visionario*, p. 161
305. Juan Escoto Erígena, *De Divisione Naturae* II, 534 A

fórmula paradójica: *spirituales sexus*, "sexo espiritual", para designar esa otra complementariedad trascendente, onto-lógica, de naturaleza personal, que para nuestros sabios es la complementariedad esencial de las almas gemelas y que deriva del hecho de ser las dos mitades de la misma Alma. Es esta complementariedad trascendente la que cohesiona a las dos Personas implícitas en Dios. Pero como pertenece al ámbito del *Deus absconditus*, su naturaleza constituye, para nosotros los humanos, un misterio impenetrable. Un miste-rio del que sólo percibimos las afueras, la punta del iceberg, la transcripción profana: esto es, la complementariedad se-xual. Erróneamente, sin embargo, imaginamos que es éste el modelo original y lo hacemos extensivo a Dios, cuando en realidad no es más que la variante terrenal de ese modelo. A falta de categorías aptas para definir a Dios en sus justos tér-minos -al Dios inescrutable, al Dios *absconditus*-, recurrimos a las categorías que nos resultan familiares. Cortamos enton-ces a Dios por el patrón antropomorfo; lo imaginamos a la medida del hombre, sin pensar que Dios es inconmensura-ble con lo humano. Y así, aplicamos la medida humana a la complementariedad de las dos Personas implícitas en Dios, de la que decimos que es de naturaleza sexual; y concluimos que Dios es una Pareja masculino-femenina (Padre y Madre, Eterno Masculino y Eterno Femenino), o un Andrógino (pa-labra que en su literalidad de "hombre-mujer" está también sexualmente connotada).

Tachadura al margen. La acotación original se extendía por todo el margen de la hoja. Sólo escaparon al borrón algunas palabras sueltas y el fragmento final de lo que parece ser una cita: .../... *en tardes propicias, tumbados sobre la hierba* .../... *jugando a reconocer las...* (¿*formas?*) *de las nubes.*"

Pero, después de todo, esta actitud es excusable, amor mío. Porque, no pudiendo conocer a Dios *tal cual es*, aun así anhelamos conocerle, y los antiguos sabios nos enseñan que Dios está en germen en cada ser humano. Verle en germen en cada quien es pues, Blanca, una manera indirecta de ver a Dios. No podemos mirar al sol directamente; entonces, ¿qué hay de malo en mirarlo de rechazo, digamos reflejado en el agua de un estanque? Siempre y cuando no se nos olvide que no es exactamente el sol aquello que vemos, sino su reflejo en el agua, de otro modo podríamos llegar a pensar que el sol es húmedo...

La sexualidad es una categoría humana, no divina: esto emerge de los textos de nuestros sabios. Ahora, Blanca, ¿no habíamos quedado en que la esencia del alma era divina, que su humanidad era el resultado de una caída y que estaba llamada a recobrar su Divinidad perdida? Luego, de un modo o de otro, ya sea por la vía evolutiva ya sea por el atajo heroico, el alma está destinada a despojarse de su condición sexuada. Ésta no es más que un disfraz, un ropaje del que se revistió al caer a este mundo. Y para reunificarse con su gemela con vistas a la restauración andrógina, el alma debe quedar desnuda: porque, al igual que sucede con los cuerpos, sólo dos almas que se hayan desnudado por completo podrán reunirse en *unión perfecta*. Si pensamos en la metáfora del *symbolon*: el ajuste entre sus dos mitades no podrá ser perfecto mientras en los cantos seccionados se acumulen residuos.

De ello se sigue también, si a eso vamos, que en tanto dos almas gemelas no se hayan desnudado por completo, su relación no será el jardín de rosas que cabría esperar de una relación entre almas gemelas. Esa relación se verá lastrada y aun desbaratada por el egoísmo, que es una fuerza centrífuga, desintegradora. Recordarás que, en una carta anterior, mencioné la "incompatibilidad de naturalezas" como la causa de divorcio por excelencia para John Milton. Pero el divorcio no siempre es signo de incompatibilidad de naturalezas: las parejas de almas gemelas también se divorcian, y la causa son esos ropajes egoístas que todavía se interponen entre ellas. Hay que tender a despojarse de esos ropajes que no son sino barreras que obstaculizan la armonía y la unión entre los amantes; hay que practicar, si me permites la expresión, el nudismo anímico... Y es que, igual que los ropajes del cuerpo no forman realmente parte de éste sino que son, digamos, una adherencia sobrevenida, así también los ropajes del alma son ajenos a ésta, se le fueron adhiriendo conforme caía. Según el Génesis, Adán y Eva (todas las parejas de almas gemelas, a las que tipifican) iban desnudos en el Origen, fue tras caer que se revistieron con "túnicas de piel". «¡Oh, cuán distinto parecía todo de su prístina y gloriosa desnudez!»[306], versifica Milton a cuenta de ese famoso episodio bíblico.

Acuérdate del *naf*, del equivalente sufí del *ego*: el "alma carnal" o la componente material del alma, habitada por deseos egoístas, sede de los instintos y de la concupiscencia. El sufí es un héroe, y su empeño heroico consiste en desprenderse de su *naf*. Es decir, en soltar todo el lastre material de su alma para que, investida de la naturaleza alada de los ángeles, pueda elevarse hasta su patria, de donde está exiliada. Los estudiosos del sufismo nos hablan del combate sin cuartel del héroe contra su *naf*. Nos informan de que en ocasiones el héroe llega a visualizar a su adversario, a darle forma física en su imaginación: forma, muchas veces, de animal salvaje, hambriento a causa del ayuno al que se lo somete. Al

---

306. J. Milton, *El Paraíso perdido*, ix, 1116-1117 (traducción de Esteban Pujals)

ser producto de la imaginación, esta bestia es con frecuencia una bestia fantástica, Blanca... como el dragón.

¡Qué de cuentos no habrás leído donde el héroe tiene por misión combatir y sojuzgar a un dragón! En muchas culturas antiguas encontramos la imagen arquetípica del héroe enfrentándose a un dragón en singular combate. Apolo, Cadmo, Perseo, Sigfrido, son héroes mitológicos vencedores de dragones. En la tradición cristiana, tenemos las figuras legendarias de san Jorge y san Miguel Arcángel, santos patronos de los caballeros medievales, a los que se representa en lucha contra el dragón. Igual que en la leyenda de Tristán, a menudo lo que para el héroe está en juego en ese combate es la mano de una princesa; en lo que creo reconocer esa idea-fuerza de nuestras cartas, querida: la idea de que la unificación con el alma gemela sólo es viable a través de la superación del *ego*.

El dragón es la imagen más universal que existe del adversario del héroe. Con su cuerpo de serpiente, es homólogo del diablo -figurado bajo la forma de serpiente en el Génesis. Los ofidios en general, y en particular la serpiente y el dragón, son símbolo de lo material y de lo animal en el hombre, así como las aves -singularmente el águila- lo son del Espíritu y de lo Divino en él. (De serpientes estaba hecha la cabellera de la Gorgona Medusa, enemiga de los hombres, a la que diera muerte Perseo.) Esa imagen que menudea en la iconografía universal, la del águila batiéndose cuerpo a cuerpo contra la serpiente o el dragón, constituye la escenificación de la lucha interior del héroe. Una lucha encaminada al *desnudamiento*, al despojamiento de los ropajes carnales, de los que se revistió el alma al caer a este mundo y que enmascaran su esencia divina.

Porque Dios, porque la conversión del hombre en Dios, es el objetivo último de la Búsqueda heroica. Y como sea que la Divinidad es bipolar, Blanca, como sea que se estructura en dos polos, por fuerza ha de ser así también la Búsqueda. De ahí que la misión del héroe -lucha contra el *ego*, desnudamiento interior- sea una misión compartida, una misión a dos semejante a la actuación de un dúo musical. Sólo que a veces las dos mitades del dúo heroico actúan en solitario y ni siquiera saben una de otra; digamos que tocan sus instrumentos por separado pero, por la fuerza del Destino, sus notas se combinan en una única melodía. Antiguos sabios judíos, pretextando que la palabra hebrea para "vida" -*haym*- es una forma plural, hablan de la vida del alma tras la Caída como de una "vida doble": la vida de la propia alma y la de su gemela. El manido tema literario del "doble" o del "otro yo", podría hacer referencia a esa vida secreta que cada individuo vive en un cuerpo extraño, con una conciencia ajena.

Y es que incluso las vidas heroicas más solitarias, Blanca -pienso en las vidas ascéticas, en las vidas contemplativas-, son siempre, en el fondo, "vidas dobles". Alguna vez, la bipolaridad de esas vidas solitarias ni siquiera es secreta, no ya para los propios protagonistas sino para los que les rodean. Y en concreto ¿sabes en quién pienso ahora? ¿En quién dirías? Pues en tu amiga sor Clara y en aquel joven conocido suyo de la infancia del que ella te habló al cabo de los años y luego tú me hablaste. Sí, mujer, ¿no te acuerdas?: aquel joven que, después que ella ingresara en el convento, asistía cada domingo sin falta a misa de doce, está claro que expresamente para verla, porque si no ya me dirás qué necesidad tenía de viajar una hora en tren y otra media a pie para ir a misa en un convento perdido en mitad de ninguna parte. Ella te confesó la ilusión con que acabó por esperar su presencia en la iglesia cada domingo, hasta que ese platónico idilio se hizo ya demasiado evidente para todos -porque el amor no puede disimularse- y la madre superiora tomó cartas en el asunto.

Tachadura al margen. Un fragmento de cita -"...*el fondo ilusorio de los espejos*"- puesto en valor por el arranque de la presente carta, es cuanto he podido descifrar de la acotación original.

Pero podemos evocar también algunas célebres parejas místicas, como la formada por san Francisco y santa Clara de Asís, que siendo amigos ya en la infancia -antes de que él adoptara la vida ascética y ella siguiera sus pasos-, hubieron de aguantar las habladurías que les atribuían una relación de pareja. O como la de santa Teresa de Jesús y san Juan de la Cruz. O -para citar una pareja del Oriente- la formada por Sri Aurobindo y Mirra Alfassa, conocida ésta por el simple apelativo de "Madre" y de quien él declarara: "La conciencia de la Madre y la mía son una misma y sola conciencia"[307] ... Ya te lo dije: la condición heroica es en esencia una condición bipolar, no hay héroe sin heroína. Porque no cabe la victoria final del héroe -esto es, su coronación, su acceso a la Realeza- si ésta no es compartida, si no es una victoria, una coronación *a dos*. Son, por tanto, las dos mitades de la pareja heroica las que afrontan la misión de espiritualizarse, Blanca. Ah, pero no sólo se espiritualizan los Dos: se espiritualiza con ellos su mutuo amor. Porque la bipolaridad de Dios *es amorosa*. Lo que significa que la Búsqueda heroica de la Divinidad, por fuerza transcurre (aunque temporalmente muchos buscadores no se percaten de ello) por la vía del amor erótico.

---

307. *On Himself*, p. 361

En efecto, como ya vimos, para nuestros sabios el amor humano es la piedra de toque del amor divino. De ahí que en todo proceso heroico (y este proceso puede prolongarse durante varias vidas), el "dúo" predestinado deba coincidir si no siempre, a veces. Los Dos tocan juntos entonces esa melodía que previamente ensayaron a solas. Porque a eso venimos a este mundo, sabes: a ensayar, a poner a prueba nuestra alma con objeto de pulirla, de limpiarla de impurezas. Igual que el músico depura su técnica en el decurso de los ensayos. La práctica lleva a la perfección. Tan necesarias son para el alma las reencarnaciones como para el músico el diario contacto físico con el instrumento. No se puede pulir de impurezas el alma desde el Cielo, como tampoco se puede adquirir una depurada técnica musical con la sola teoría. La teoría es la base necesaria; pero de nada sirve si no se toma el instrumento y no se trata de llevar esa teoría a la práctica. Y eso requiere tiempo y esfuerzo.

En el caso de un dúo musical, la depuración de la técnica es determinante, pues de ella depende la conjunción de los músicos sobre el escenario. Cuanto más depurada sea su técnica individual, más conjuntados se mostrarán, menos disonancias enturbiarán la interpretación de esa melodía común, de esa melodía de la que, por así decir, cada uno posee la mitad de las notas. Llegará un momento, tras muchos y duros ensayos, en que esa melodía doble suene como interpretada por un solo músico, que es de lo que al fin se trata. Y bueno, Blanca, esto mismo es aplicable a los amantes predestinados, cuyo objetivo último -la unificación- depende también de lo depurado de sus almas: cuanto más depuradas sean éstas, tanto más depurado será su amor, tanto más verdadero. Y el amor verdadero es el artífice de la unificación: porque si el divorcio de los Dos fue el resultado de la degeneración de su mutuo amor, entonces su nuevo casamiento, ¿de qué dependerá sino de la regeneración de éste?

Esto me parece incontestable, querida: si la causa de la Caída fue el cambio del amor espiritual del Origen en deseo sexual, el retorno al Origen ha de pasar inexcusablemente por el movimiento inverso. Tal es, ciertamente, el rumbo de la Evolución... Anticipándome al contenido de una futura carta, te diré que los antiguos sabios idearon un procedimiento simbólico con vistas a acortar este viaje. Me refiero a la *Alquimia*. "La Alquimia es la separación de lo impuro de la sustancia más pura"[308] reza una célebre definición del alquimista barroco Martín Ruland. El alquimista acrisola, purifica la materia sólida, representada por el plomo, para liberar de ella su espíritu figurado por el oro. Y de igual forma, las almas gemelas -originariamente los Dos implícitos en el Uno- estamos llamadas a regenerar nuestro mutuo amor, a liberarlo de impurezas materiales a fin de hacer resplandecer de nuevo el oro del amor verdadero.

EL AMOR SALE DEL DESVÁN

Semejante visión de las cosas explica la valoración negativa que, en general, el amor carnal mereció a los antiguos sabios. Creo haberte citado ya suficientes testimonios en anteriores cartas. Déjame añadir sólo dos más de orden literario -uno occidental, otro oriental- extraídos de dos libros comentados ya en la primera carta a cuenta del tema de la predestinación amorosa. El primero es de aquella novela de amor que me parece una de las más bellas: *Julia o la Nueva Heloísa*, del

---

308. Martín Ruland, *Lexicon Alchemiae*, s. 26

filósofo de la Enciclopedia Jean-Jacques Rousseau. "Mi corazón demasiado tierno -le confiesa Julia a su enamorado- tiene necesidad de amor, pero mis sentidos no tienen ninguna necesidad de amante...; yo saboreo el placer delicioso de amar puramente. Este estado es la felicidad de mi vida...; apenas puedo concebir otro más dulce, y la conjunción del amor y la inocencia se me antoja el Paraíso sobre la Tierra."[309] Y cuando más tarde ceda a la tentación, no tardará en arrepentirse: "Mi pesar es menos por haber entregado demasiado al amor que por haberle privado de su mayor encanto. Ese dulce embrujo de la virtud se ha desvanecido como un sueño: nuestros fuegos han perdido ese ardor divino que los animaba depurándolos; hemos buscado el placer, y la felicidad ha huido lejos de nosotros. Acuérdate de aquellos momentos deliciosos en que nuestros corazones se unían tanto mejor cuanto más nos respetábamos, en que la pasión sacaba de su propio exceso la fuerza para vencerse ella misma... Un fuego puro y sagrado hacía arder nuestros corazones; entregados a los errores de los sentidos, no somos ya sino amantes vulgares; tenemos suerte si el amor celoso se digna presidir todavía los placeres que el más vil mortal puede saborear sin él."[310]

Para hacer honor a la verdad, Blanca, debo decirte que el amor que Rouseau retrata en esta novela es un amor ideal, un amor heroico que él mismo no fue capaz de poner en práctica, según se desprende de sus memorias. El otro ejemplo pertenece a la novela clásica china *Historia de la Piedra*. En un pasaje de esa novela, se diserta sobre el amor en su "estado natural", es decir, sobre el amor desnudo, el amor en

---

309. J. J. Rousseau, *Julie ou la Nouvelle Heloïse*, première partie, lettre IX, p. 24
310. *Ibid.*, première partie, lettre XXXII, p. 63

su verdadera esencia. A este amor se lo contrapone al deseo sexual y se lo atribuye a los "inmortales", o sea a los seres humanos que han alcanzado la iluminación, aquellos que han accedido al Mundo Superior y han recobrado el estatus divino. Para situarte: tal disertación viene precedida por un encadenamiento de muertes, la de la matriarca del clan de los Jia, seguida de la de su doncella, que se quita la vida por lealtad a su señora. El alma de la doncella abandona el cuerpo y, en el umbral del otro mundo, le sale al encuentro una inmortal. Es la encargada de guiarla hasta el "Paraíso del Amor", donde ella se ha ganado un lugar, le dice, al haber profesado, durante su recién concluida vida terrenal, el amor verdadero. Sorprendida, la doncella replica que hizo esto de forma indeliberada y que no sabe qué cosa es realmente el amor verdadero. Entonces la inmortal se lo explica. "Las personas mundanas -empieza- toman por amor lo que no es sino deseo sexual... No comprenden el verdadero significado de la palabra *amor*. Antes de que las emociones de placer, ira, pena y alegría aparezcan en el corazón humano, existe el 'estado natural' del amor. La aparición de aquellas emociones produce la pasión. La clase de amor que nos mueve a ti y a mí, es el estado natural del amor, es decir, el amor que no se ha abierto a la pasión. Es semejante a una flor que se mantuviera sin abrirse, en estado de capullo. Una vez abierta, deja de ser amor verdadero."[311]

Restituir el amor a su "estado natural", a su desnudez primigenia. He aquí, Blanca, la ardua tarea a la que estamos

---

311. El autor de las cartas se permite hacer aquí una síntesis entre la traducción francesa de Li Tche-Houa y Jacqueline Alézaïs (*op. cit.*, vol. II, p. 1328) y la inglesa de John Minford (*The story of the Stone*, Penguin Books, vol. V, p. 210)

abocadas las almas gemelas. Para nuestros sabios, el amor carnal es un disfraz, un ropaje del que se revistió el Amor de los Dos al caer. Es un amor caído y, en este sentido, un amor corrupto, "desviado". El deseo sexual, sabes, vendría a ser al Amor lo que la idolatría a la religión: la adoración de ídolos es una desviación de la adoración del Dios verdadero; el amor carnal, una desviación del verdadero amor. Porque el amor en sí mismo, en su pura esencia, el amor en su desnudez original es espiritual, no involucra al cuerpo sino al alma. La asociación del amor con el cuerpo es accidental y transitoria; la del amor con el alma, esencial y eterna. Tenemos, así, dos tipos de amor claramente diferenciados, aunque en realidad se trate del mismo amor, sólo que "desnudo" en un caso, "disfrazado" en otro. Y, pendiendo de estos dos tipos, dos clases de uniones eróticas, dos uniones cuya disimilitud pone bellamente de relieve John Milton en su *Paraíso Perdido*:

> Y con ojos de cándido atractivo
> Conyugal y de modesto abandono,
> Medio abrazada se inclinó hacia nuestro
> Primer padre; parte del pecho túrgido
> Y desnudo se encuentra junto al de él,
> Oculto bajo la cascada de oro
> De su suelto cabello. Deleitado
> Por su belleza Adán y sus sumisos
> Encantos le sonrió lleno de amor,
> Igual que Júpiter sonríe a Juno
> Cuando hincha las nubes que derraman
> Las flores sobre mayo; y de besos
> Puros colmó sus labios de mujer[312]

312. Milton., *op. cit.*, iv, 493-508

Son sin duda los preliminares de una unión erótica, de una cópula ("Cuando hincha las nubes que derraman las flores sobre mayo..."). Pero una cópula espiritual, divina, muy distinta de aquella otra a la que se entregarán los amantes inmediatamente después de comer del fruto prohibido. Ahora las mutuas miradas "virginales" se han vuelto lascivas:

> Pero este falso fruto desarrolla
> Efectos muy distintos, encendiendo
> Su deseo carnal; él comienza a mirar
> A Eva con ojos lascivos, y ella
> Le devuelve atrevida la mirada;
> Ambos arden en la concupiscencia[313]

Al amor carnal los antiguos sabios lo consideraban en general ajeno a la Unidad. Quien pretendiera regresar cuanto antes al Uno, debía en consecuencia aplicarse a sublimar el deseo sexual, destilar su esencia divina. Mira, en la tradición judía existe la figura del *tsaddic*, es decir del "justo", del hombre virtuoso, el santo o el héroe al que se sitúa, una vez cumplido su ciclo terrenal, en la esfera íntima de la Divinidad. A Dios mismo se le denomina en el *Talmud* el "Justo Del Mundo" y el "Justo Que Vive Eternamente". Pues bien, Blanca, hete aquí que el *tsaddic* es ante todo el casto, aquel que ha neutralizado el instinto sexual. Siendo así que la Kábala vio en José, en el hijo de Jacob y Raquel vendido como esclavo por sus hermanos, al prototipo del "justo", en razón de la castidad por la que se significa en la Escritura[314].

---

313. Milton, *op. cit.*, ix, 1012-1017
314. Génesis, 39: 7-20

Es cierto que esta corriente digamos "idealista" de la Kábala -de la que ya te dije que era un mosaico, a veces contradictorio, de tendencias- contrasta con la postura de muchos cabalistas que trataron de descubrir el misterio del sexo en Dios mismo. Pero, ya que he mencionado un episodio del Génesis, querida, fijémonos en un versículo anterior... En Gen. 3: 24 leemos que, tras la expulsión de Adán y Eva del Paraíso, Yahvé Elohim apostó a su entrada un ángel armado con una espada de fuego, confiándole la misión de "guardar el camino al Árbol de la Vida". Este versículo atrajo en el siglo diecinueve la atención de un discípulo de Jakob Boehme llamado Johann Jakob Wirz, que lo interpreta en sentido simbólico. Según él, expresa la necesidad, para el hombre que aspire a ingresar en el Paraíso -en la Unidad divina-, de doblegar la naturaleza sexual hasta anular el instinto. Escribe Wirz que, con su espada de fuego (fuego y espada son símbolos redundantes, revisten idéntico carácter purificador, sublimador de la carne mortal y de la Materia) con su espada de fuego, este ángel simbólico "destruye hasta sus últimas raíces el principio animal del deseo en aquellos que aspiren verdaderamente a la reintegración de la imagen divina."[315]

Si para Wirz el ser humano fuese (como lo es para la vertiente exotérica de las religiones) una simple criatura, una creación de Dios, puedes estar segura, Blanca, de que no hablaría como lo hace. Si creyese que este ser híbrido entre el animal y el ángel que es el hombre fue creado así por expresa voluntad divina, entonces el sexo se le aparecería bajo una luz totalmente distinta. Pero si se cree, como Wirz, como los sabios de la vertiente esotérica de las religiones, que el hombre es en esencia una chispa de Dios caída y está llamado a

---

315. Citado por Julius Evola, *La métaphysique du sexe*, p. 281

restaurar su divinidad perdida, entonces ¿nos aproximará a esa meta lo que compartimos con los animales, o más bien lo que tenemos en común con los ángeles? Pues por eso es que «la reintegración de la imagen divina", que es la imagen del Andrógino, del Uno, presupone para nuestros sabios la sublimación del deseo, Blanca; o, lo que es lo mismo, la destilación de su esencia.

Esta esencia es el amor verdadero, al que metafóricamente aludíamos en otra carta como el "amor ultravioleta", correspondiente al último estadio en el viaje al centro del amor erótico. El amante heroico se propone alcanzar ese estadio en el plazo más breve posible, y para ello se impone a sí mismo la castidad. Yo sé, querida, que muchos alegarían que eso equivale a renunciar al amor, a su fundamento, pero eso es porque hoy, en general, se supone que detrás del amor carnal no hay nada. O más bien, que es el sexo el que está detrás del amor espiritual, cuando es lo contrario lo que sucede. El sexo no sólo no es para los antiguos sabios el fundamento del amor (aunque sí sea, como vimos, el fundamento evolutivo del retorno al amor verdadero), sino que vendría a ser como una máscara de su esencia. Con la renuncia al sexo, el amante heroico no hace, pues, sino perseguir el desenmascaramiento del amor, la liberación de las trabas que obstruyen el amor verdadero, que es el luminoso amor de las almas puras, de las almas desnudas de materialidad, de las almas *inocentes*, que diría nuestro viejo amigo Swedenborg, para quien "el amor conyugal, considerado en sí mismo, es un estado de inocencia"[316]...

Te hablo del desenmascaramiento del amor y de pronto me viene a la mente -creo saber por qué- Ricky. ¿Te acuerdas

---

316. Emmanuel Swedenborg, *El Cielo y sus maravillas, y el infierno*, 382 a.

de nuestro vecino homosexual, o *gay* como él prefería decir? Claro que te acuerdas, tú le apoyaste en su decisión de revelar su identidad sexual en unos tiempos en que esa decisión era casi un acto de heroísmo. Tengo, a propósito de Ricky, una mala noticia que darte. Bueno, quizá no tan mala después de todo: sospecho que, desde tu actual punto de vista de espíritu desencarnado, el haber dejado este mundo es en realidad una noticia excelente. Por cierto, Ricky te adoraba, me dijo que habías sido como una madre para él. Últimamente yo traté de ser para él como un padre, y te alegrará saber que afrontó el sida y la muerte con el mismo valor que puso en su vida desde el momento en que resolvió sacarse la máscara o, como a él le gustaba decir, "salir del desván"... El caso es que si me he acordado de Ricky, querida, es porque para desenmascarar el amor se requiere un coraje semejante. Ya que no es tarea fácil, sabes, ya que no se trata de arrancarnos del rostro, pongamos, una de esas monstruosas máscaras negras que coleccionaba tu cuñado -a lo cual todos nos sentiríamos espontáneamente inclinados, me parece. No, esta máscara no suscita rechazo, al contrario: es una máscara atractiva, una máscara de la que de entrada nadie se sentiría inclinado a desprenderse. Porque así, a simple vista, ni siquiera parece una máscara: tan amoldada está al rostro, tan amalgamada con él.

Pero mira, hay algo que me interesa recalcarte a propósito de esta máscara. Y es que si el amante heroico decide arrancársela, no es sino al servicio del amor que lo hace. Esto es fundamental, Blanca: es *en aras del amor* que el héroe se decide a salir del desván, a abandonar esa oscuridad en que el amor había permanecido oculto desde la Caída. No hay que confundir entonces al amante heroico con quien renuncia al sexo por cualquier otro motivo. Por razones orgánicas, por simple inapetencia o, como en nuestro caso, forzados por las circunstancias. No hay que confundirlo tampoco con quien se abstiene del sexo por motivaciones puramente negativas (por miedo a una eventual condenación eterna). O por una mera cuestión de observancia religiosa (pues el amor pertenece a la convicción íntima y no debe quedar sujeto a dictados externos). Pero con quien menos habría que confundirlo, con quien sería un sacrilegio confundirlo, ¿sabes con quién es? Con esas personas mojigatas cuyo rechazo del sexo no sólo no remite al amor, sino que se hace extensivo a éste, y hasta a los individuos del sexo opuesto, que lo suscitan.

He citado antes algunos versos de John Milton. Quiero citar ahora un verso de otro poeta inglés, Rupert Chawner Brooke, un malogrado poeta muerto en la Primera Guerra Mundial. Ese verso me servirá para ilustrarte como el despojamiento del amor de toda materialidad lo que hace es dar alas al amor en vez de debilitarlo. Brooke veía en los órganos corporales del ser humano -manos, ojos, oídos...-, no el medio de acceso a las funciones correspondientes -tacto, visión, audición...-, sino justamente lo contrario: una limitación de éstas. Cuando seamos espíritus puros, dice el verso, "tocaremos, ya que no tendremos manos, y veremos, no ya cegados por nuestros ojos"... Y bueno, Blanca, me parece que esto mismo cabría decir de los órganos sexuales y del alma carnal del hombre: Cuando seamos espíritus puros, amaremos; amaremos verdaderamente, ya que no tendremos órganos sexuales ni deseos de esa especie.

Porque una vez más, amor mío: el amor no es el deseo, es algo mucho más elevado y profundo. Para nuestros sabios, el deseo es la transcripción material, terrena, del amor, su recreación caída y falseada, así como el tacto y la visión corporales -el tacto y la visión posibilitados por nuestras manos

517

y nuestros ojos- son, para el poeta, la recreación caída del verdadero tacto y la verdadera visión...

Amor y deseo: en apariencia dos palabras con el mismo significado, sinónimas. Pero hay algo que las separa, Blanca, y no es una minucia. Es como lo que diferencia a un cazador de un ornitólogo: los dos van tras las aves, cierto, pero uno esgrime una escopeta, el otro unos prismáticos. Una discrepancia sustancial entre esas dos palabras es la que estamos analizando ahora: que la una designa algo espiritual, la otra algo material. Pero hay aún una diferencia mayor, sabes. Esta diferencia es que en el amor no es uno mismo lo importante, la propia felicidad personal queda como relegada a segundo plano, se convierte en algo trivial. *Lo importante en el amor es el otro.* Mientras que en el deseo sucede justo al revés: en el deseo, es el otro el que está en función de la felicidad de uno. Desear al otro es un acto egoísta, amarle es altruismo.

Y ahora, volviendo a aquella otra diferencia sustancial: si atendemos a los antiguos sabios, el amor del Origen es de naturaleza espiritual, no hay en él rastro de sexualidad. La sexualidad va asociada a la Materia, a lo corporal. Es por tanto incompatible con la naturaleza sutil del Mundo Superior, con su naturaleza espiritual e incorpórea. Por eso observa Swedenborg (ya que lo he citado arriba) que "el amor lascivo es un amor que aparta al hombre del Cielo". Y a renglón seguido añade: "Dicen asimismo (los ángeles, con los que ya vimos que Swedenborg departía) que los hombres a duras penas comprenden esto, debido a que son contados los que gozan del verdadero amor conyugal, y los que no lo gozan desconocen por completo sus deleites interiores; conocen exclusivamente los deleites lascivos, los cuales dejan de ser deleites para degenerar en fastidio al poco tiempo de cohabitar; en cambio, el deleite del verdadero amor conyugal no sólo perdura hasta la vejez, durante esta vida en el mundo, sino que, después de la muerte, se torna en deleite celestial; y allí le es instilado un deleite interior que se perfecciona por toda la Eternidad."[317]

Ya vimos, Blanca, que, al decir de nuestros sabios, fue la intrusión de la sexualidad en el Amor lo que, adulterándolo, acarreó la caída de éste desde su alta sede original. Lo que acarreó también, de resultas de lo primero, la separación de los Dos múltiples implícitos en el Uno. Sólo la sublimación del sexo podría cerrar esa brecha. De ahí la necesidad, para el amante heroico, de vivir su amor de forma casta. Al comienzo, esta autoimposición conlleva la lucha activa contra el *ego*, contra el alma carnal, que en ese primer estadio de su aventura se le antoja al héroe un gigante invencible. El ogro o el gigante (pensemos en el gigante Morholt al que se enfrentaba Tristán en singular combate) es, igual que el dragón o la serpiente, otra de las formas bajo las que tradicionalmente se ha figurado el *ego* y, en particular, el amor egoísta, el deseo. Si el héroe no se arredra ante él, si persevera en el combate, sus lanzadas acabarán por debilitar y empequeñecer a ese gigante. La lucha se volverá menos encarnizada, hasta llegar el momento en que el *ego*, en que el deseo desaparezca.

Forzar la naturaleza de este modo puede parecernos insensato, Blanca. Cualquier psicólogo nos diría que la represión sexual es fuente de desequilibrios emocionales. Pero ¿y cuando la negación del sexo va acompañada de una afirmación en paralelo? Porque en el caso de nuestros héroes, no se trata sólo de drenar un pozo: se trata de ir llenándolo al mismo tiempo de *otra cosa*. Se avenan las aguas estancadas para dar cabida a las aguas vivas. Las aguas vivas son las del Espíritu,

317. *Ibid*, 379

naturalmente: es el amor platónico. No confundamos, pues, la lucha del amante heroico con una simple negación del sexo... Esa lucha, sabes, puede traducirse a términos fisiológicos. Los antiguos sabios nos hablan de ella como de una inversión de trayectoria: la de la esencia o energía vital que -con el nombre de *ch'i* para los sabios chinos, *prana* para hindúes y budistas, *pneuma* para los griegos- anima toda la materia. La energía o élan vital -"impulso vital", como la denominaba el filósofo francés Henri Bergson-, que antes se canalizaba hacia el bajo vientre, asciende ahora, se interna en busca de sus raíces verdaderas. Unas raíces que son al propio tiempo cumbres, Blanca, las altas cumbres del Espíritu. Como resultado de esta sublimación de energía, el héroe se adentra en mundos más sublimes. Al liberarse del imperio de los sentidos, de la tiranía de la concupiscencia, degusta el *amor desnudo*, con su sabor delicado, tan distinto del sabor grosero del amor carnal, percatándose entonces de hasta qué punto el sexo había sido una rémora para su amor antes que un acicate como una vez creyera.

Los antiguos sabios nos dan noticia de este amor flamante: este amor altruista y desinteresado al que algunos llamaron Ágape, y del que nos vienen a decir que es a modo de una puerta que se abre al Paraíso. De los héroes, de las almas de los héroes, nos dicen asimismo que son más o menos viejas dependiendo del estadio de esta aventura en el que se encuentren (ya dijimos que la vejez era aquí preferible a la juventud). Si nos atenemos al relato de Walter Map, entre los héroes legendarios de la *Queste*, de la Búsqueda del Grial, el alma más vieja es la de Galahad, inmune ya incluso a las tentaciones. Galahad y su alma gemela -la misteriosa doncella que le acompañó en la aventura de la "nave de Salomón"- son más que castos según Map, son *vírgenes*, en el sentido que él otorgaba a esta palabra, que es el de una virginidad que no es ya el fruto de la continencia forzada, de la represión de los instintos, sino una disposición natural del alma. En este escalafón de madurez espiritual, al alma de Galahad le sigue la del casto Perceval, a quien las tentaciones han acosado siempre, pero que ha sabido resistirlas. Viene luego Bohort, que sucumbió a la voluptuosidad de la carne sólo una vez en su vida...

Pero no es sólo en el ciclo del Grial, Blanca, que se habla de la castidad como de una propiedad esencial del héroe (que no del común de los mortales). Son en general nuestros sabios quienes inciden en ello. Acuérdate por ejemplo de aquella frase de H. D. Thoreau que cité la otra vez: "La castidad es la floración del hombre; y lo que se llama Genio, Heroísmo, Santidad, y similares, no son sino varios frutos que se le derivan."[318] Y tenemos la posición, ya apuntada también, del renacentista Paracelso, que volveré a aducir aquí porque me parece representativa de la del común de nuestros sabios. "La castidad -escribe el famoso médico y esoterista- otorga un corazón puro y la capacidad de aprender las cosas de Dios. Dios mismo, que ordenó hacerlo así, dio a los hombres la castidad. Pero si uno no puede ser dueño de sí mismo (es decir, si uno no ha sido llamado por la vía del heroísmo), es mejor que no esté solo."[319] En fin, querida, en vindicación de la castidad podríamos citar desde eminentes filósofos occidentales como Immanuel Kant (que consideraba el deseo sexual moralmente problemático desde el momento en que trata al otro como un medio para su propia

318. H. D. Thoreau, "Higher Laws", *Walden*
319. Paracelso, *Textos esenciales*, edición de Jolande Jacobi. Ediciones Siruela, p. 93

gratificación sensual), hasta místicos orientales de la talla de Sri Swami Sivananda ("Quien busque con verdadero ardor la realización divina debe observar una castidad rigurosa."[320]). Pasando por poetas como el renacentista Ausiàs Marc, quien honró a nuestra lengua con versos tan bellos como éstos:

> Sí com los sants, sentints la llum divina
> La llum del món conegueren per ficta,
> E menyspreants la glòria mundana,
> Puix major part de glòria sentien,
> Tot enaixí tinc en menyspreu e fàstic
> Aquells desigs qui, complits, amor minva,
> Prenint aquells que de l'esperit mouen,
> Qui no és llassat, ans tot jorn muntiplica.

(Así como los santos que, sintiendo la luz divina, la luz del mundo conocieron como falsa y despreciaron la gloria mundana, ya que sentían una parte mayor de gloria, igualmente tengo en desprecio y asco aquellos deseos que, una vez satisfechos, redundan en menoscabo del amor, y tomo aquellos que provienen del espíritu, que nunca se cansa, sino que cada día se multiplica.)

Estos otros versos, Blanca: "No te contentes con el agua turbia más que a la fuerza, / cuando sobre la Tierra no haya otra aguada. / Pero al agua salobre no te acerques, porque no se traga, / y un hombre libre debe preferir la sed"[321], pertenecen a nuestro viejo amigo Ibn Hazm de Córdoba, quien se figuraba el amor espiritual como agua pura; el amor mixto

---

320. Swami Sivananda Saraswati, *La practique de la meditation*, París, 1950
321. Ibn Hazm de Córdoba, *El collar de la paloma*, p. 193

-carnal y espiritual mezclados-, como agua turbia. Y como agua salobre el carnal, que en lugar de apagar la sed, la acrecienta: juzga preferible pasar sed que beber de él. En lo que coincide con muchos de sus cofrades; sin ir más lejos, con el poeta iraquí del siglo nueve Ibn al-Rumi, para quien el amor carnal, el abrazo físico, no hace sino inflamar la sed del amante: "La abracé y, después de eso, mi alma la deseaba todavía. Y, sin embargo, ¿qué es lo que puede acercar más que el abrazo? Y besé sus labios para saciar mi sed, pero su sabor sólo la acrecentó"... No sé qué dirás tú, querida, pero esta impresión coincide con mi propia experiencia. Incluso aquellas apasionadas noches de juventud que pasábamos abrazados, me sabían a poco, como si el agua de que hablaban Hazm y Rumi se me escurriera entre los dedos. Y creo que ya entonces intuía oscuramente la conclusión a la que ellos llegaron: "¡Ah, la fiebre de mi corazón no se apagará mientras nuestras dos almas no se fusionen en una sola!"[322] Tras intentarlo mediante la unión carnal, Rumi comprende que sólo la unión espiritual, sólo el abrazo de las almas, será capaz de saciar su sed de unificación. Es ésta una constatación frecuente entre los antiguos sabios, Blanca. Podemos hallarle fácil explicación si pensamos en aquella discrepancia fundamental entre amor y deseo. En que, por su propia naturaleza, el deseo y la unión carnal son egoístas (egoísmo que sólo se atenúa en la medida en que el deseo está desnaturalizado, injertado de amor espiritual); y el egoísmo, lejos de unir, aísla; el egoísmo es separador.

Creo que, con las excepciones que convengan, podemos dar por buena la generalización siguiente: Los antiguos sabios

322. Ibn al-Rumi, en *Les plus beaux textes arabes* de E. Dermenghem, Ed. La Colombe, Paris, 1951, p. 67

pensaban que la unión carnal distancia a las almas en vez de aproximarlas... Y sin embargo, amor mío, se da el contrasentido de que, cuando uno oye hablar de intimidad amorosa, enseguida piensa en la unión carnal. De la falsedad de esta asociación de ideas, nos da ya un indicio la propia palabra *intimidad*, que viene de *intime*, que en latín quiere decir "dentro, en la parte más profunda". Y ya desde el comienzo de esta correspondencia te advertí que todo lo relativo a la Materia no era, para los antiguos sabios, sino la epidermis de lo real, la capa superficial de las cosas. La verdadera intimidad amorosa es la de "dentro", la de las almas, la de los corazones, la que existe entre dos enamorados que se sienten unidos aun en la distancia. Una distancia como la que mediaba entre nosotros dos aquella última Nochevieja juntos... ¿Te acuerdas? Tú no quisiste prescindir de la celebración de todos los años en casa de Esther y Enrique. Decías que estar rodeada de gente te ayudaba a engañar a la enfermedad y al dolor, últimamente recrudecidos. El discurrir de la fiesta nos distanció físicamente. Pero esa distancia -que, sin ser grande, daba esa impresión en el vaivén de la concurrencia- la salvaban nuestros ojos, que se buscaban y, al encontrarse, parecían acallar el bullicio. Así, por un instante, la concurrida fiesta se nos transformaba en una cena íntima a la luz de las velas. Es ese instante mágico que tu poetisa predilecta definiera al hablar del "Privilegio de los Ojos Mutuos". Salvo que en su poema ("Estos Amantes Desencarnados se encontraron - En una mirada un Cielo - un Cielo de Cielos - El Privilegio de los Ojos Mutuos."[323]), en el poema de Emily Dickinson, esa locución alude a la intimidad de las almas gemelas en el Cielo. Mientras que nosotros tuvimos destellos de esa intimidad ya aquí en la Tierra. ¡Fuimos afortunados!

---

323. "Estos Amantes...", *Poemas Completos de Emily Dickinson*

Me gustaría citarte ahora dos testimonios del fortalecimiento de la intimidad que resulta del amor espiritual, según los antiguos sabios. El primero es de un hagiógrafo, de un escritor de vidas de santos del siglo doce. Jacques de Vitry, confesor de la beguina o monja seglar María de Oignies, alude a la unión de ésta y su esposo Juan en estos términos: "En efecto, cuanto más se separaba él de ella en afecto carnal, más se unía a ella por el vínculo del matrimonio espiritual a través del amor. Con lo que el Señor, después de aparecerse a su sierva en una visión, le prometió que su compañero, quien por el amor de la castidad se había retirado del comercio carnal en la Tierra, le sería restituido en el Cielo..."[324] El segundo ejemplo quizá te suene, pues es un testimonio extraído de la biografía de Gandhi que figura en tu biblioteca. Yo no lo recordaba, de modo que me sorprendió enterarme de que, en su juventud, Gandhi estuvo dominado por la "mala inclinación" (para decirlo con aquel eufemismo de los cabalistas); que luchó contra ella durante años, y no fue hasta la edad de treinta y siete cuando él y su esposa Kasturbai adoptaron la castidad que habrían de preservar el resto de su vida. La convicción del Mahatma era tal que hasta instaba a seguir su ejemplo ¡a las parejas de recién casados! Cuando, a la muerte de su esposa, recibió una misiva de condolencia del virrey británico, él correspondió con otra carta en la que, refiriéndose a su vida matrimonial, decía: "(La castidad) nos unió como nunca lo estuvimos antes. Dejamos de ser dos entidades diferentes... El resultado fue que ella se convirtió verdaderamente en mi mejor mitad"[325].

El caso, Blanca, es que si miro hacia atrás, veo que eso mismo podría decirse de nosotros. También nosotros cebamos

---

324. Jacques de Vitry, *Vita Mariae Oigniacensis*, AA SS, Junio, 5:550
325. Louis Fischer, *Gandhi*, pág. 260.

durante años al dragón del deseo. No diré que no estuviésemos unidos por entonces. Pero me parece evidente que lo estábamos de un modo distinto de cómo llegamos a estarlo después, cuando a raíz de tu enfermedad debimos dejar al dragón en ayunas y (hablo sobre todo por mí) enfrentarnos a él con uñas y dientes. Me parece evidente que la unión resultante de ese combate, que esta unión de ahora, Blanca, es de mayor calado, *más íntima* que la de entonces. Y hasta diría que el sentimiento es también más fuerte. No me preguntes por qué, sólo sé que hoy te amo no sólo de un modo distinto: también te amo más... ¡Mira! Tal vez la respuesta esté en este pasaje que me salta ahora a la vista al abrir al azar este otro libro. Se trata de una carta también, de un fragmento de la carta que un santo cristiano del siglo cinco escribiera a una pareja que, como nosotros, había hecho la transición del amor físico al espiritual: «Él (Dios) -escribe Paulino de Nola- transforma no sólo las almas sino también los sentimientos, cambiando lo transitorio por lo eterno. Mirad como seguís estando casados como antes y sin embargo ya no sois la misma pareja casada de antes. Sois los mismos sin ser ya los mismos. Ahora os conocéis mutuamente, como conocéis a Cristo, fuera de la carne."[326]

O puede que cuando la pasión carnal nos cegaba nos impidiera vernos realmente el uno al otro como en un espejo, que es como dicen los antiguos sabios que opera el amor de las almas gemelas... Pero sí, ¿todavía no te he hablado de ello? El amor de las almas gemelas se lo figuraron nuestros sabios a la manera de un espejo mágico: un espejo en el que los dos rostros son las dos almas que, por su mediación, se miran mutuamente. Cuando Ibn Arabí le escribe a su amada

---

326. San Paulino de Nola, *Carta a Aper y Amanda*

Nizam: "Es a través de mis ojos que me ves y te ves tú misma", lo hace pensando en el mutuo reflejo de ambos en este espejo. Un espejo con el que ocurre lo que con las aguas remansadas: que, agitado por las pasiones, pierde la capacidad reflectora. Lo que me hace acordar (salto de una cosa a otra, ya me disculparás) del mitológico Narciso, ya sabes, el joven que se ahogó tratando de besar su propia imagen reflejada en el agua encalmada de una fuente. Pero a mi memoria acude una versión de ese mito aprendida en fecha reciente. Me refiero a la versión que recogiera el viajero y geógrafo del siglo dos Pausanias en el curso de sus viajes por Grecia y que pretende que Narciso no estaba enamorado de sí mismo como se supone, pues no era propiamente su rostro el que veía cuando se miraba en el espejo de las aguas. Su rostro no hacía sino evocarle otro idéntico: el de su hermana gemela fallecida en la adolescencia.

En fin, Blanca, me acordaría de muchas más cosas. Cosas nuestras sobre todo, ejemplos de la comunión espiritual que en los últimos tiempos tú y yo tejimos laboriosamente. Pero no podemos encallarnos, debemos avanzar en nuestra investigación. Ésta se centrará ahora en el amor heroico de la Edad Media. A esta edad se la ha calificado, no sin razón, de oscura. Pero verás, querida, que era una oscuridad constelada de pequeños fulgores, de un trémulo flamear de velas...

LA ESPADA DE LA CASTIDAD

El francés René Nelli, a cuya autoridad apelamos ya en otra carta, es uno de los mayores conocedores de la erótica medieval árabe y occitana. Su libro *La erótica de los trovadores* es un referente obligado para los estudiosos del amor cortés. El amor cortés, Blanca, vendría a ser el amor heroico de la Edad Media, un amor encomiado y divulgado por esos poetas que ponían música a sus versos y los cantaban, los trovadores. En sentido estricto, los trovadores eran los poetas occitanos en lengua provenzal (esa lengua tan próxima a la nuestra) de los siglos doce y trece, pero los hubo también en los dos siglos siguientes, en otras partes de Europa y en otras lenguas. El trovador Guiraut Riquier califica a sus cofrades de "hombres dotados por Dios de un gran saber, hechos para dar claridad al Universo". Muchos trovadores eran profesionales que se ganaban la vida viajando de castillo en castillo durante los meses cálidos. Porque el auditorio natural de los trovadores era la nobleza: las damas y los caballeros de las cortes señoriales, siempre deseosos de oír las nuevas canciones compuestas por los trovadores. Esos viajes estivales vendrían a ser como las giras de los cantautores modernos, salvo que entonces no había aviones ni autopistas que acortasen distancias. Pero esta carencia la suplían los juglares, músicos ambulantes mucho más numerosos, gracias a los cuales las canciones de los trovadores viajaban más deprisa que ellos mismos, difundiéndose entre un público más amplio.

He comenzado hablando de los trovadores y juglares occitanos. Pero antes estuvieron los poetas y recitadores árabes, cuyo gran tema es también el amor heroico, el amor puro, desnudo. Nelli resume así la concepción del amor erótico que se desprende de sus versos: "Igual que el alma es superior al cuerpo, así el amor espiritual es superior, por naturaleza, al amor físico. La castidad árabe no puede, pues, en modo alguno ser asimilada a la continencia cristiana. No constituía una mortificación agradable a Dios, sino el único medio de alcanzar la esencia verdadera del amor... (Para los "héroes" árabes medievales) la continencia posee un valor esotérico... corresponde a la vez al único amor digno de este nombre y a una verdadera revelación mística, rebasando de largo el plano de las realidades terrestres. En consecuencia, la castidad era para ellos intrínseca al amor: es el amor el que demandaba la castidad."[327]

Hablar del ideal de castidad árabe, Blanca, es hablar del *amor udrí*, que es como se conoce el amor cortés entre los árabes. El nombre le viene de una tribu que floreció entre los siglos siete y ocho al sudoeste de la península arábiga, en un recóndito valle del Yemen. La tribu beduina de los *Banu Udra*, de los "Hijos de la Virginidad", fue prolífica en poetas; con la particularidad de que la poesía udrí es monotemática: trata de un solo asunto, el amor espiritual. Pero es que, además, los poetas udríes predicaban con el ejemplo: se hicieron célebres por cultivar la clase de amor sobre el que versificaban; un amor puro, casto, y tan intenso (la intensidad dependía de la pureza) que se decía de ellos que "morían de amor". Las crónicas árabes de la época hablan de udríes muertos no de enfermedad alguna, sino de amor hacia su dama. Por lo demás, querida, el amor udrí rayaba con la mística, con la religión, al punto que los musulmanes ortodoxos lo denigraron acusándolo de interferir con el culto al Altísimo.

Muchos estudiosos han señalado las similitudes del amor udrí con el amor que movía a aquella legendaria pareja de amantes de la que, desde la primera carta (¿pensabas que me había olvidado?), tenemos pendiente la continuación de su leyenda. El amor de Tristán e Isolda se caracteriza igualmente por la castidad. "Él al disfrute de mi cuerpo ha renunciado, y yo al del suyo"[328], declara Isolda en la versión de Béroul. Otro

---

327. R. Nelli, *L'érotique des troubadours*, p. 56
328. Béroul, *Tristán e Iseo*, v. 2329-2330

fehaciente testimonio de lo mismo es el conocido episodio de la espada desnuda, con el que momentáneamente retomaremos el hilo argumental de la leyenda. Si no recuerdo mal, lo interrumpimos en el punto en que Tristán e Isolda bebían del filtro amoroso por error (en realidad, por designio del Destino) y sentían sus efectos. Así y todo, Tristán se resiste a faltar a su palabra y conduce a Isolda a Cornualles. El rey Marcos la desposa. Pero Tristán e Isolda no son capaces de sustraerse al poder del filtro y, en vista de los obstáculos insalvables con los que en la corte tropieza su amor adúltero, se fugan juntos. Se refugian en una cabaña en el bosque. En la versión alemana de Gottfried von Strassburg (la versión en que se basaría Richard Wagner para su célebre ópera), no es una cabaña sino una gruta con apariencia de templo: la *Minnegrotte* o "gruta del Amor". Esta circunstancia adquiere un peculiar significado, Blanca, si tomamos en cuenta que desde antiguo se ha tenido a las grutas por lugares idóneos para las iniciaciones; en este caso, la iniciación al amor (el ara que preside este templo subterráneo es un lecho nupcial todo él de cristal). La iniciación al amor verdadero, pues *Minne* designa el amor espiritual: la palabra fue acuñada por los *minnesänger*, por los "cantores del amor" alemanes de los siglos doce y trece (entre los cuales, Wolfram von Eschenbach y Gottfried von Strassburg), para distinguir al amor verdadero del *liebe*, es decir, del amor corriente, carnal, reputado falso. Pues bien, en este bosque transcurren los días de Tristán e Isolda, días felices porque los dos están juntos. Pero el marido de Isolda les busca, ha ofrecido por ellos una elevada recompensa. Una noche, un guardabosques descubre la cabaña y a los amantes dormidos, y alerta de inmediato al rey Marcos, que acude solo y les sorprende en el lecho. En eso que "El rey alzó el arma en alto / lo hace con furia pero flaquea...

Cuando advirtió que ella llevaba la camisa,
que entre los dos había separación,
que sus bocas no estaban unidas,
cuando observó desnuda la espada
que, colocada en medio, separaba sus cuerpos,
y vio que Tristán vestía sus bragas:
"¡Dios mío!", exclamó el rey, "¿qué quiere decir esto?"[329]

Quiere decir, Blanca, que el amor de Tristán e Isolda es casto, es amor espiritual. Esta prueba heroica -la prueba de la "espada de la castidad" como se la conoce- la hallamos también en relatos mucho más antiguos: relatos de amor celtas y nórdicos, donde a veces lo que separa los cuerpos de los amantes dormidos -el símbolo de la pureza de su amor- no es una espada desnuda sino una piedra fría. En otra recreación de la leyenda de Tristán (la del *minnesinger* Eilhart von Oberg), se destaca la importancia de la espada desnuda que en el lecho de amor separa los cuerpos de los amantes: "El libro y la gente nos cuentan como cosa cierta que permanecieron más de dos años en el bosque sin ver ni villas ni pueblos. En esta época el señor Tristán tenía una costumbre y la dama estaba de acuerdo con ella: cuando ambos estaban acostados y habían hablado hasta tener bastante, él sacaba su espada del forro y la ponía entre ella y él; el héroe no quería renunciar a esta costumbre por nada del mundo; cada vez que debían dormir, la espada estaba entre ellos. Era una extraña prueba de espíritu guerrero..."[330]

Ahora dejémosles dormir, dejemos que sus almas se unan quizá en sueños, volveremos con ellos cuando despierten.

---

329. *Ibid.*, v. 1991-2001
330. Eilhart von Oberg, *Tristán*, v. 4580-4594. Bibliotèque mediévale. Union Générale d'Editions, Paris, 1987.

A lo que si te parece nos dedicaremos entretanto es a tratar de caracterizar su amor, el amor espiritual, y también, por contraste, el carnal... para lo que podríamos servirnos, de entrada, de una metáfora fotográfica. Diremos que el amor espiritual es el amor en positivo, el amor en todo el esplendor de sus colores, y el carnal el clisé negativo del amor, su proyección invertida. Positivo y negativo también en el sentido primario de estas palabras, querida, en cuanto que el amor espiritual suma, aporta, da al otro: es eminentemente altruista; mientras que el carnal resta, busca sacar algún provecho del otro, es amor egoísta, amor "en negativo". Y es amor egoísta porque en el amor carnal quien ama es el *ego*, el "falso yo", la componente material del alma. El amante carnal persigue el propio placer, la satisfacción de sus instintos. El otro es para él un mero instrumento al servicio de sus deseos; su amor es interesado, se ofrece a cambio de algo. Y como el egoísmo conlleva el ansia de poseer, el amante carnal es posesivo: ambiciona la posesión del otro. También porque ve al otro en cuanto objeto, y los objetos, a diferencia de las personas, son susceptibles de poseerse.

Estas características son el "negativo fotográfico" de las correspondientes cualidades del amor espiritual. Comenzando por la ya mencionada, la más importante de todas: el altruismo. En efecto, el amor espiritual es el amor del otro *por el bien del otro*. Para este amante, la persona amada no es un mero instrumento sino un fin en sí mismo. Porque aquí, Blanca, quien ama es el Yo verdadero, el alma "desnuda". Además, se trata de un amor incondicional, que no espera nada a cambio. Y no es a la posesión a lo que aspira: el amante espiritual reconoce y respeta la independencia de la persona amada, su libertad de hacer lo que le plazca, incluso si esto es abandonarle, dejarle por otro. "Si eso ha de hacerle feliz...", dice, porque piensa antes en la felicidad de ella que en la suya propia. Y cuando piensa en su propia felicidad, no imagina ésta como resultado de la posesión, sino de la *identificación* con la amada o el amado. Mira, en el evangelio gnóstico de Felipe hay un pasaje muy hermoso que dice: "El amor nunca llama a algo como suyo, y sin embargo puede llegar a poseer cualquier cosa. Nunca dice 'esto es mío' o 'eso es mío', pero todas estas cosas son suyas. El amor espiritual es vino y fragancia."[331]

Tachadura al margen. Perdura la fecha (9-11-99) así como el mutilado fragmento final de una cita: *...la trémula lla- ma.*" Sabemos por el autor que su esposa gustaba de la trémula luz de las velas.

Lo que el amante espiritual ambiciona, ¿sabes qué es, Blanca? Hacerse uno con la persona amada. Y aunque aquí abajo en el mundo inferior esta ambición no sea realizable, sí que lo es una especie de sucedáneo, una variante *virtual* de la comunión *real* destinada a cumplirse en el trasmundo. A esta comunión anímica de carácter virtual (de la que, Dios mediante, te hablaré en la próxima carta) se la consideraba precursora de la unión real *post-mortem*, y era por eso, en este mundo, la meta de los amantes "corteses" o heroicos. Claro está, querida, que los amantes heroicos eran en la Edad Media -como en todas las épocas- una minoría muy exigua. La mayoría estaba todavía lejos del grado de evolución de un Jaufré Rudel, pongamos, el más célebre de los trovadores occitanos, quien después de haber catado el amor carnal

---

331. *Evangelio de Felipe*, pág. 77

comprendió que ése era sólo el envoltorio, el cascabillo del amor, y se propuso llegar hasta su centro. O de un Bernat de Ventadorn, trovador que reprueba en sus canciones el amor *que re non ama si non pren*, "que no ama si no obtiene nada a cambio". Ventadorn opone este amor al verdadero y lo califica de *amor comunau*, "amor común", caracterizándolo así como el amor mayoritario de su tiempo.

Por la misma época, el gran sabio musulmán Ibn Arabí de Murcia constataba que el amor carnal es "el modo en que la mayoría de la gente de hoy entiende el amor"[332]. Ese "hoy", Blanca, se refiere a los últimos años del siglo doce. Pero, ¿podría aludir a nuestros días también? ¿Sería la afirmación igual de cierta? No del todo, yo creo. Que de entonces acá ha habido un progreso me parece un hecho incontestable. Entre la mayoría evolutiva, el amor ya no se concibe, como en tiempos de Arabí y de los trovadores, exclusivamente en términos de posesión, sino cada vez más en clave de identificación, de comunión anímica. Además, en nuestros días este *amor-comunión* halla su marco natural en el matrimonio. No era así en la Edad Media. De hecho, no ha comenzado a ser así hasta época relativamente reciente. Todavía en el siglo diecinueve, los románticos denigraban el matrimonio al que se prestaban sus contemporáneos, calificándolo de concubinato. Y es que el amor verdadero, Blanca, se veía antaño en buena medida abocado al adulterio. Y ello por una razón importante:

Ya vimos que los antiguos sabios discernían en el corazón o en el subconsciente humano dos presentimientos metafísicos innatos (ambos estrechamente ligados, como

---

332. Henry Corbin, *L'imagination créatrice dans le soufisme d'Ibn Arabi*, p. 113

espero demostrarte). Son el presentimiento de Dios y el del alma gemela. Para dar respuesta al primero, se inventó la religión; para el segundo, la institución del matrimonio. Antaño, casi todo el mundo se adscribía a una religión y se unía en matrimonio; pero en ambos casos se trataba casi siempre de meras formalidades, de marcos vacíos de contenido. Así como los cristianos, pongamos por caso, no actuaban en general conforme a las enseñanzas de Cristo, tampoco los cónyuges se sentían inclinados hacia lo que nuestro amigo Swedenborg denominaba el "verdadero amor conyugal". El amor se hallaba todavía en mantillas, en un estadio rudimentario de su evolución, y debido a esto el matrimonio terrenal apenas enmarcaba otra cosa que falso amor.

Tanto era así que tal correlación se reflejaba en las clasificaciones ternarias del amor, donde el grado inferior, correspondiente al amor venal, material, recibía también el nombre de "amor conyugal". Y es que en realidad, Blanca, el matrimonio terrenal a duras penas era otra cosa que un contrato mercantil. Un contrato desigual además, donde los derechos recaían del lado del marido, las obligaciones del de la esposa. En la época del amor cortés, no obstante (la época en que comenzó a hablarse del amor verdadero), tales obligaciones comprometían al *cuerpo* y no al alma; la esposa era libre de buscar fuera del matrimonio el amor verdadero. Eso siempre y cuando no traspasase los límites de éste, claro: es decir, siempre que se atuviese a la castidad.

Si la dama se debía en cuerpo al marido, el amor cortés le reconocía el derecho de unirse en alma a un amante. El marido *poseía* a la dama -al cuerpo de la dama-, el amante cortés *se identificaba* con ella. Los amantes corteses inventaron incluso un marco nuevo para este amor-comunión, para este adulterio espiritual institucionalizado socialmente... pero esto lo dejaremos para otra carta. En fin, querida, desde aquellos lejanos días de Jaufré Rudel, de Bernat de Ventadorn y de Ibn Arabí, el amor -el amor de la mayoría evolutiva, enmarcado en el matrimonio terrenal- ha ido evolucionando lentamente. Eso significa que ha ido dando cabida a la identificación, a la comunión, en detrimento de la posesión. De este modo, el matrimonio terrenal y el "verdadero amor conyugal" que diría Swedenborg, han terminado por reconciliarse. Los amantes verdaderos ya no precisan buscar el amor fuera del matrimonio. Aunque ésta no sea una conquista universal todavía.

"QUI AMA CARN, PERDUDA CARN, NO AMA"

Retomemos ahora la caracterización, por contraste, de las dos clases de amor: el espiritual y el carnal, el verdadero y el falso en la valoración de nuestros sabios.

La naturaleza posesiva del amor carnal (amor-posesión) conlleva la necesidad de cercanía de los amantes: porque no puede poseerse a distancia. A diferencia del amor espiritual (amor-comunión, platónico), que no requiere la posesión, el amor carnal no sobrevive a la separación física. ¿Y qué mayor separación física que la impuesta por la muerte, Blanca?... *Qui ama carn, perduda carn, no ama* ("Quien ama la carne, deja de amar en cuanto la carne se extingue"), versificaba en catalán -en el catalán incipiente del siglo quince- Ausiàs Marc, nuestro gran poeta. Y agregaba estos versos que hago ahora míos:

Si la mujer que amo está ya fuera de este siglo,
su mejor parte pervive todavía.
Cuando ella vivía en carne en el mundo,
quise yo amar su espíritu puro:
cuánto más ahora que ya nada me turba.[333]

Lo que le turbaba estando ella viva, Blanca, era su carnalidad, ya que Ausiàs Marc (al que debemos uno de los más
bellos poemas de amor: *Veles e vents han mos desigs complir...*)
experimentó en su propia alma lo arduo de la batalla heroica
contra la inclinación de la carne. Aquel predecesor suyo al
que antes me referí, el trovador Jaufré Rudel, no sólo amaba
a su alma gemela en la distancia, sino que ni tan siquiera la
había visto nunca en esta vida. Pero advierte Rudel en una
de sus canciones:

Que nadie se maraville de mí
si amo a aquella que no me verá nunca,
porque el corazón no siente alegría de ningún otro amor
que no sea el de aquella a la que no he visto nunca,
ni por ninguna otra alegría es tan dichoso;
y no sé qué bien me vendrá de ella."[334]

Se nos revela aquí otro rasgo definitorio del amor espiritual: la *exclusividad*, la fidelidad a una sola persona amada.
Contrasta en ello con el amor carnal, que es de naturaleza promiscua. Tristán e Isolda, los amantes corteses, Jaufré
Rudel y los trovadores que como él hacían honor al ideal
amoroso propugnado en sus canciones, los poetas udríes, los

333. Ausiàs Marc, *Poemes*, XCIV
334. J. Rudel, "Non sap chantar qui so non di", II

caballeros del Grial..., en suma el amante heroico, al precipitar la Evolución, no sólo espiritualiza su amor: también *lo personaliza*, lo focaliza en una persona determinada y única. Una persona que, por expreso designio del Destino (digamos, por obra y gracia del "azar necesario"), da en coincidir con su alma gemela. La razón -apuntada ya en otra carta- de este exclusivismo, es que el rumbo de la Evolución es, también en el amor, el de una personalización progresiva.

Y es precisamente en el estadio de su Evolución en que el amor incorpora el factor espiritual y el personal, Blanca, cuando el concepto de almas gemelas y la teoría amorosa que comporta comienzan a adquirir carta de naturaleza. Porque, hasta ese momento, nada en el comportamiento del amante había inducido a un concepto y una teoría semejantes. Por primera vez, el amor erótico comienza a revelarse como una búsqueda espiritual y personalizada. Por primera vez no es ya exclusivamente el cuerpo (la satisfacción de los instintos) lo que empuja al hombre a la búsqueda de un otro. Ahora es también el alma la que busca compañía. Y esta compañía sólo puede proporcionársela otra alma. Y no cualquiera, sino una afín a ella, un alma que a su lado le haga sentir como en casa. Poco a poco la búsqueda deja de ser indiscriminada y se personaliza. Ya no se busca a ciegas, cada vez más se busca a alguien en concreto. Esto ocurre a nivel inconsciente, claro; pero los móviles inconscientes son los más fuertes, Blanca. En una palabra, por primera vez se vislumbra la verdadera naturaleza de la búsqueda amorosa, y se constata que -tal como intuyeran los antiguos sabios- ésta entraña el concepto de gemelidad anímica o de las almas.

¿Te acuerdas que en otra carta citábamos el *De Amore* de Andreas Capellanus? Bien, pues ese tratado del siglo doce incluye la adaptación de un código amoroso mucho más antiguo: las *Regulae Amoris*, las "Leyes de Amor", entre cuyos preceptos hay dos que consagran la fidelidad amorosa: *Nadie puede tener dos amores a la vez*, *El verdadero amante no desea otros besos que los de su amada*. También Ibn Hazm sentencia en su *Collar de la paloma* que *No hay sitio en el corazón para dos amados* (opinión particularmente autorizada si pensamos que es la de alguien criado en un harén). Trovadores y poetas se encargarían de difundir esta ley fundamental del amor verdadero: la exclusividad. Así, Arnaut de Maruelh canta a su dama y asegura que "no volverá jamás su corazón hacia otra, incluso si tiene ganas", porque "Amor no le da la capacidad de amar a otra". Y en aquella novela cortés que cité arriba, en el *Romance de la Rosa* de Guillaume de Lorris, leemos: "Para que seas un leal enamorado, quiero y ordeno que tengas todo tu corazón en un solo lugar, de forma que no estés repartido sino entero y sin engaños, pues no me gustan las divisiones. Quien tiene su corazón en varios sitios a la vez, siempre llevará la peor parte."

Quien tiene su corazón en varios sitios a la vez, Blanca, es a menudo el amante carnal, que, aunque tenga esposa (o esposo si de una mujer se trata: pero veámoslo desde el ángulo de él si no te importa), le será infiel a la menor ocasión. Además, la mujer con la que se ha casado no es única, no es irreemplazable. Tanto da si ha presentido en ella a su alma gemela: se ha casado con ella como podía haberlo hecho con cualquier otra y, si le faltara, no tardaría en hallarle sustituta. La razón es que el amor carnal no tiene por objeto a una mujer determinada: su objeto son las mujeres en general; no es amor personalizado sino genérico. El amor espiritual, por contra, es de suyo exclusivo: se focaliza sobre una única persona. El amante espiritual ha reconocido en su corazón a su alma gemela (aunque este reconocimiento, ya lo sabemos, sea falible) y ya no puede hacer objeto de su amor a ninguna otra. Su amor es exclusivo e irreemplazable.

Exclusividad, altruismo, gratuidad: son los cauces por los que discurre el amor espiritual, Blanca. Pero ten en cuenta que estamos caracterizándolo en abstracto, en estado químicamente puro, y que, en la medida en que no es así como el amor espiritual se presenta habitualmente en la realidad de nuestro mundo -sino que lo hace dosificado, mezclado con el carnal-, todas estas características que le son propias se relativizan... Hablando de todo: ¿recuerdas aquel dibujo que te mostré la otra vez, el del Fiel de Amor italiano Francesco da Barberino? Representaba a doce hombres y mujeres distribuidos simétricamente por parejas a derecha e izquierda de una pareja central andrógina. Esas parejas conformaban los diversos grados de una suerte de jerarquía amorosa. Bueno, pues resulta que en ese dibujo había un par de detalles que quizá a ti se te pasasen por alto, querida, pero que a un émulo de Hércules Poirot como yo no podían escapársele. Me refiero en primer lugar al hecho de que las parejas divorciadas de los grados inferiores, materiales, aparecieran abatidas por una lluvia de flechas de Cupido, mientras que a las más próximas al Centro, Francesco da Barberino las retratara traspasadas por una flecha única. ¿No te parece probable que con ello quisiera darnos a entender que el amor de los grados inferiores es promiscuo por naturaleza pero que, al ascender hacia el Centro, el amor comienza a exclusivizarse, a concentrarse en un solo individuo? Digamos que, en esos grados superiores, Cupido se saca de delante de los ojos la venda con la que (para justificar el carácter indiscriminado del amor en los primeros estadios de su viaje al Centro) solían representarlo los artistas clásicos. Estas parejas más unitarias y espirituales de los grados superiores, Blanca, incluido el Andrógino central (y es el otro detalle significativo que encuentro en este dibujo), sostienen rosas en sus manos en señal de victoria. La victoria -me parece- de la concreción sobre la disgregación, del Orden sobre el Caos, del amor sobre el sexo.

"NO HAY MÁS AMADA QUE MI AMADA"

El "héroe" tiende al amor espiritual, Blanca, y, *por eso mismo*, al amor exclusivo. No busca una compañera sino a *su* compañera, la que le está destinada. Podríamos remitirnos a todos y cada uno de los personajes literarios que vienen desfilando por nuestras cartas. Citaríamos a Tristán e Isolda, a Bao-yu y Dai-yu, a Malivert y Lavinia... Nos remitiríamos al Cantar de los Cantares ("Sesenta son las reinas, ochenta las concubinas, innumerables las doncellas; pero mi paloma, mi todo, es única." Cant. 6: 8-9), a los amantes corteses y a los héroes de las novelas artúricas, cada uno obsesionado con su "dama única". Pero el paradigma del amor exclusivo me parece que lo encarnan preferentemente ¿sabes quiénes? Aquellos poetas a los que aludimos páginas atrás. Los udríes.

En la antigüedad era costumbre añadir al nombre propio el de la población de la que uno era originario. Lo hemos visto con relación a los sabios alejandrinos: el lugar de nacimiento servía para identificar a la persona. Pero los poetas udríes no seguían esa costumbre. Ellos añadían a su nombre, no el de su ciudad natal, sino el de su amada. Consideraban que ella les identificaba más cabalmente que su propia patria, y, así, se hacían llamar Jamil de Butayna, Addah de Rawda, Kutayir de Azza... Era también un modo de proclamar la condición de "mujer única" de Butayna, de Rawda, de Azza.

Se dice que a Jamil, el más célebre de los poetas udríes, lo pretendían siete nobles damas y que él las reunió a todas y compuso ante ellas un poema de amor a Butayna. Ella era su "mujer única". Esa exclusividad, Blanca, es también la que el Corán atribuye a Dios en la *Shahada*, en la profesión de fe musulmana: "No hay más Dios que Dios"; lo que llevó a Jamil a bordear el sacrilegio al proclamar: "No hay más amada que mi amada". En lo que se evidencia ese rasgo de la idiosincrasia udrí que antes te comentaba: la difusa frontera que separa el culto al "Dios único" del culto a la "mujer única", al alma gemela.

Tal ambigüedad se manifiesta sobre todo en la tendencia a la sacralización de la amada. Cuando reza, Jamil piensa en Butayna: "Queriendo rezar, lloro acordándome de ella." Es, Blanca, la misma confusión de cultos que regía en el corazón de los buscadores del Grial y de los trovadores occitanos. La que regía, por ejemplo, en el corazón del trovador Guilhem de Cabestanh, quien confesaba a su dama: "Muchas veces, cuando rezo, os veo ante mí". (El corazón de Guilhem de Cabestanh figura por cierto en el centro de una truculenta leyenda según la cual, tras el asesinato del trovador a manos del celoso marido de su dama, le fue arrancado el corazón y dado a comer a ésta, la cual se negó en adelante a probar bocado hasta morir de inanición.) No se trata de una distracción mental: no es que un pensamiento ajeno al objeto de la oración se inmiscuya en ésta; es que, en la mente del orador, ese pensamiento y el objeto de su oración son afines, tan indisociables que se confunden. Esta confusión común entre los amantes heroicos se explicaría por aquello que te apunté ya en mi pasada carta, querida, y es que Butayna es para Jamil (y viceversa, claro) la escalera, la única escalera por la que éste puede ascender a Dios, al restablecimiento de su Divinidad original. De algún modo él se ha percatado de esto, de ahí que Butayna y Dios estén tan inextricablemente ligados en su corazón. Tanto que, cuando reza, le sobreviene el pensamiento de ella.

Esto mismo le sucedía a Majnún con su amada Layla. ¿Sabes el "loco de amor" del que te hablé en mi primera carta? En uno de aquellos poemas apasionados que generaciones de poetas árabes pusieron en su boca, Majnún confiesa que "cada vez que rezo, me vuelvo hacia ella, como si la Kaaba estuviera detrás de mí". La Kaaba, en la ciudad santa de La Meca, es, como sabes, el lugar hacia el que los musulmanes se vuelven cuando rezan: ése es su *Qiblah*, es decir, la dirección de sus rezos. Pero metafóricamente el *Qiblah* hace referencia también al objeto de su culto. Bueno, pues un digno sucesor de los poetas udríes -el libanés Kahlil Gibran- osó plantear que, además del *Qiblah* común a todos los hombres, o sea además de Dios, existe un *Qiblah* particular de cada uno, y ese *Qiblah* es su alma gemela. "Cada corazón tiene su *Qiblah* particular, cada corazón tiene una dirección particular hacia la que se vuelve"[335], escribe. En los dos libros de este poeta moderno "de mirada antigua" que atesora tu biblioteca quizá no se aprecie tanto, querida, pero un lector de los cuentos de tema amoroso de Gibran (esos cuentos fueron publicados tempranamente en periódicos y revistas árabes, pero no tenemos motivos para pensar que los años le hicieran cambiar de opinión) no dejará de constatar la creencia de su autor en la doctrina antigua de las almas gemelas.

Uno de esos cuentos, por ejemplo, habla del amor de un campesino hacia la hija de un poderoso emir y de como ésta reconoce en él a su compañero predestinado: "Te he visto

---

335. Kahlil Gibran, Cartes d' amor, pp. 135-136

en sueños, amado mío. En medio de mi soledad y mi desolación, vi tu rostro. Eres el compañero de mi alma que estaba perdido, la otra mitad mía que se escindió de mí cuando tuve que venir a este mundo."[336] Aquí es un sueño el que pone al alma sobre la pista de su gemela. En una versión india de la leyenda de Majnún de Layla, el Destino toma un camino aún más bello y misterioso. La pista se la procura al alma una palabra atrapada al vuelo durante un recitado del Corán: Majnún se siente interpelado por esa palabra -*layl*-, oye en ella la llamada del Destino, y parte en busca de una mujer de nombre *Layla*... En otro de los cuentos de tema amoroso de Gibran, alguien hace lo que yo en este preciso instante, Blanca: escribirle a su amada. Y empieza por donde yo podría haber empezado también esta carta: pidiéndole perdón "por dirigirme a ti como *tú*, pues no eres sino la otra mitad mía que perdí cuando dejamos la mano de Dios en el mismo momento"[337]. Este momento -el de la forzada venida al mundo a que aludía también la princesa del primer cuento- es el instante de la Caída del alma (de las almas gemelas) desde su alta morada original en Dios. Gibran mismo describirá esa morada como "el espacio infinito" donde el alma y su gemela eran "el propio amor que vive en el corazón (es decir, en lo más recóndito) del Silencio Blanco"[338]. Y por cierto que esta imagen del Silencio Blanco referida a la Divinidad, la frecuentan otros sabios antiguos. ¿Por qué el silencio? Porque las palabras son como puentes que, para intentar salvar la distancia que media entre ellos, tienden entre sí los Dos separados y lo Múltiple fragmentado; cuando la distancia es

---

336. Kahlil Gibran, *En un año no registrado por la Historia*
337. Kahlil Gibran, *Palabras de amor*
338. Kahlil Gibran, *Lázaro y su amada*

nula, sobran las palabras, el silencio se impone. Y blanco, porque el blanco engloba todos los colores, igual que el arco iris, y es por tanto el color de la Totalidad, el color de lo Divino.

Tachadura al margen. El rotulador ha cumplido con eficiencia esta vez su cometido, respetando tan sólo el nombre de un país -Suiza- que también asoma en otras acotaciones.

En sus cuentos, Gibran retrata amores predestinados, nunca amores de circunstancias. "El amor creado por las circunstancias -opina- es semejante a las aguas estancadas"; o sea, se pudre con el tiempo. Si creemos en un Yo esencial subyacente al yo adquirido, Blanca, ¿por qué no creer también, en correspondencia, en la existencia de un amor esencial más allá de las circunstancias? Los amores de circunstancias pueden ser innumerables, tan innumerables como las circunstancias que los propician. Pero el amor esencial es único, exclusivo, tiende a focalizarse vida tras vida sobre la misma persona, sobre la misma alma. Como todo lo creado, los amores de circunstancias tienen una vida efímera; en cambio, el amor esencial es increado y por tanto eterno. Sus aguas no se estancan; se renuevan constantemente, como las aguas de los arroyos de montaña. El amor esencial, el de las almas gemelas, podríamos decir que reencarna con éstas. Desde luego, reencarna en medio de un cúmulo de circunstancias distinto cada vez. Y no todas las almas gemelas tienen el grado de evolución necesario para elevar su amor por encima de esas circunstancias cuando son adversas y hacer, pese a todo, de cada nueva vida juntos, una bella historia de amor. El retraso evolutivo es ya en sí mismo el principal obstáculo para la floración del amor esencial. Sin embargo, ese amor no dejará de darse a sí mismo nuevas oportunidades para crecer, porque está destinado a triunfar a la larga.

UN MODERNO CUENTO DE HADAS

Hay un escritor francés contemporáneo de Gibran al que tú conoces cumplidamente, amor mío, porque no sólo fue uno de los primeros inquilinos de tu biblioteca sino (después de Josep Pla) uno de los que ocupa más habitaciones. Ahí están *Vuelo nocturno*, *Correo del Sur*, *Tierra de los hombres*, *Piloto de guerra*, que son algunos de los títulos de Antoine de Saint-Exupéry. Y, sobre todo, el que no dudo en afirmar que es tu libro más querido, *El Principito*, del que ahora quiero hablarte... Concretamente, quiero hablarte de uno de sus personajes secundarios, aunque quizá convengas conmigo en que, en cierto sentido, es el personaje central del libro. Quiero hablarte de la rosa que crecía en el diminuto planeta del que era originario el Principito y a la que tuvo que dejar atrás al descender a la Tierra. Él, que amaba a esta rosa más que a nada en el Universo, ignoraba que se tratase de una rosa de tantas. Suponía que era el único ejemplar de una especie floral desconocida, que no existía otra como ella en todo el Universo. Por eso se lleva un desengaño mayúsculo cuando en la Tierra descubre jardines llenos de rosas como la suya: "Creía que era rico por poseer una flor única y sólo poseo una rosa ordinaria". Pero luego se topa con un sabio, con el sabio más peculiar de nuestras cartas, Blanca: una zorra. ¿Y qué es lo que le enseña esta zorra sabia? Que, a pesar de toda esa superabundancia de rosas, la suya es ciertamente única. Y el Principito asimila la lección rápidamente: "Desde luego, un viandante cualquiera creería que mi rosa es como vosotras -les dirá a las rosas del jardín-. Pero ella es más importante que todas vosotras juntas... Porque es mi rosa."

Es *su* rosa, Blanca. Eso es lo que la hace distinta de todas las demás, lo que la hace única y tan importante para él. En el reino del que procede ese niño llamado el Principito (porque no lo olvidemos, querida: el Principito es un niño, y no podía ser de otro modo), cada ser humano es como si fuera el único habitante de un pequeño planeta. En ese planeta no está solo, sin embargo: ahí crece una rosa. Esa rosa no es distinta de todas las demás, de cada una de las rosas que crecen en los restantes planetas. Pero al mismo tiempo se trata de una rosa única. Lo es para el habitante de cada planeta, que sabría distinguirla entre un millón. Claro que sólo él sería capaz de percibir la diferencia: para "un viandante cualquiera", una rosa es una rosa común y corriente, una de tantas; su belleza es común a todas las rosas. Para el habitante de cada planeta, sin embargo, la belleza de su rosa no tiene parangón en el Universo.

Está aquí implicado, Blanca -ya te habrás dado cuenta-, el mensaje que traté de trasladarte en la primera carta. La idea de que, más allá de la belleza objetiva, existe otra belleza subjetiva, "cifrada", que es como un guiño del Destino, una suerte de llave secreta que abre la puerta al reconocimiento del alma gemela... Sólo que para percibir esta otra belleza, querida, hay que ser capaz de mirar más allá de las apariencias. Esto es lo que el Principito había olvidado. Y lo que recordará cuando, después de hablar a las rosas del jardín, regrese al lado de la zorra sabia, que ha prometido revelarle su último secreto. Su último secreto es el más importante de todos: "Sólo se ve bien con el corazón. Lo esencial es invisible a los ojos." Es decir, que si uno quiere reconocer a su rosa entre los millones de rosas del Universo, debe aprender a mirar con los ojos interiores del alma. He ahí la clave que le permitirá descifrar la belleza subjetiva de su rosa, que le permitirá reconocerla, percibir en ella aquello que la hace distinta, única en su especie en el Universo.

El Principito ha aprendido las lecciones que vino a buscar a la Tierra. Ahora está ya preparado para regresar a su reino. Pero esas lecciones valen para todos, Blanca. Cada uno de nosotros tiene una rosa única que le está destinada, pero si no aprendemos a mirar con el corazón, todas las rosas nos parecerán iguales. Es lo que le sucede, dice el Principito, a la mayoría de la gente: que "cultivan cinco mil rosas en un solo jardín y no encuentran en él lo que buscan... cuando lo que buscan se podría hallar en una sola rosa... Pero los ojos son ciegos. Hay que buscar con el corazón"... Me parece claro que la referencia es a los hombres y mujeres que buscan satisfacción en los amores de circunstancias -que pueden ser innumerables, como hemos dicho- en vez de buscarla en el *amor esencial*, que es el de las almas gemelas. Buscan con los sentidos y no con el corazón, y van libando de flor en flor como las abejas. Ignoran que la verdadera satisfacción sólo la hallarán en una rosa única: la suya, la que les está destinada.

He aquí pues, Blanca, el mensaje que tu modesto detective cree descubrir en la relación del Principito con su rosa. Una relación extrañamente parecida, si recuerdas, a aquella otra a la que se entregaba el protagonista de la *Historia de la Piedra* antes de descender al mundo: también allí el amor del Origen era figurado en términos del abnegado cuidado de una flor. Y para terminar con este libro, hay un dato que posiblemente desconozcas y que reveló su autor días antes de morir. Como sabes, Antoine de Saint-Exupéry se estrelló con su avioneta en aguas del Mediterráneo en el curso de una misión aliada, hacia el final de la Segunda Guerra Mundial. Entonces no se hallaron sus restos; pero hará un año me desayuné con la noticia de que unos pescadores marselleses habían exhumado por casualidad, entre sus redes, el brazalete de identificación del autor de *El Principito*. Y mira, la noticia incluía un detalle: un nombre grabado en la parte interna del brazalete. Ese nombre era el de la esposa del escritor, y era también, Blanca, según revelación de éste, el nombre de la rosa: de la persona en quien él pensaba cuando escribía acerca de la rosa.

LA CONVERSACIÓN PERFECTA

De la mano de Gibran y Saint-Exupéry hemos hecho una doble incursión en el siglo veinte. Ahora, querida, retomaremos los testimonios medievales. Con ellos cerraremos este tema de la exclusividad en cuanto seña de identidad del verdadero amor, así como el de su consecuencia heroica: el "culto" a la mujer o al hombre único. Un tema que se encuentra en la base de esa leyenda que tanta resonancia tuvo en la imaginación de las gentes del Medievo: la leyenda de Tristán e Isolda...

Páginas atrás dejamos a los amantes dormidos en la *Minnegrotte*, en la "gruta del Amor", a merced del rey Marcos, que se disponía a atravesarlos con su espada. Pero entonces algo le disuadía: era la visión de una espada desnuda interpuesta entre ellos. En la versión de Gottfried von Strassburg, Marcos tiene incluso la atención de taponar con hierbas y hojas una rendija por donde se colaba un rayo de sol que incidía en el rostro de Isolda. En las versiones de Béroul y Eilhart von Oberg, Marcos se limita a cambiar la espada de

Tristán por la suya propia en señal de advertencia. Cuando Tristán e Isolda despiertan, descubren la espada del rey en el lugar de la suya y comprenden que no hay escapatoria. Ella regresa con su marido, y él se refugia al otro lado del canal de la Mancha, en Bretaña. Allí trata de sustraerse a los efectos del filtro casándose con otra mujer (la "falsa novia" de los cuentos de hadas). Pero fíjate: elige a otra Isolda, a otra mujer con el mismo nombre. A fin de distinguirlas, la leyenda les dará un apodo: Isolda la Rubia para la original, la de las Blancas Manos para la sustituta (porque se trata de eso, Blanca: de una sustituta, un sucedáneo de Isolda). Así y todo, el matrimonio no llegará a consumarse. La noche de bodas, el anillo que Isolda la Rubia le entregara como prenda de su amor único, se desprende del dedo de Tristán. Es la gota que colma el vaso de su nostalgia. El amor verdadero que profesa a Isolda eclipsa en él todo deseo carnal e inventa una excusa para no consumar el matrimonio: se lo impide, dice, una antigua herida. Luego transcurren los meses. Los dos amantes desesperan a causa de su separación, y un día él se aventura a visitarla en secreto. Pasan juntos la noche y por la mañana se despiden, seguros de no volver a verse en vida: "Amigo, llévame en tus brazos al feliz país del que un día me hablaste y del que jamás se vuelve... Sí, iremos juntos al país de los vivos. ¿No hemos bebido ya toda la miseria, todo el gozo? La hora se acerca: cuando llegue, ¿acudirás, Isolda, si te llamo?... Bien sabes que iré"[339], responde ella. Y vuelven a separarse.

En una aventura, al socorrer a su cuñado Kaherdín, Tristán resulta por enésima vez herido con una lanza envenenada (podemos pensar en aquella otra lanza, Blanca: la que hiriera

---

339. Béroul, *Tristán e Iseo*, Edición de Roberto Ruiz Capellán, Cátedra, 1985

al Rey del Grial, símbolo de la trágica separación de su alma gemela). Él sabe que sólo la visión de Isolda puede curarle, y envía a Kaherdín en su busca, llevando su anillo como signo de reconocimiento. Impaciente, obtiene de su cuñado la promesa de anticiparle el resultado de su misión por medio de una señal antes de tocar tierra la nave. La herida empeora, pero Tristán no deja de acudir diariamente a la playa con la esperanza de avistar la señal convenida: una vela blanca. A todo esto, la otra Isolda, la de las Blancas Manos, ha descubierto el secreto de su infortunado matrimonio y, despechada, miente cuando Tristán le pregunta por el color de la vela (negra, le dice) de la nave de Kaherdín, que ya se divisa a lo lejos. Isolda es la primera en saltar a tierra, pero es ya tarde: frustrada su esperanza, Tristán ha muerto con el nombre de ella en los labios. Isolda cae exánime sobre su cadáver, cumpliendo así la promesa que le hiciera en la despedida: la de reunirse con él en el trasmundo -que para ellos no es el reino de la muerte, Blanca, sino antes bien "el país de los vivos". Los dos serán enterrados en tumbas contiguas. El rey Marcos, arrepentido, manda plantar en la de ella un rosal, en la de él una cepa de vid. Los dos ramajes crecen entrelazándose de forma inextricable: es el símbolo de la eterna unión de sus almas en el Paraíso.

La leyenda de Tristán e Isolda es de origen celta y presenta muchos paralelismos con otras historias de ese mismo origen. Historias de amor como la de *Bailé y Aillin*, cuyo trágico final recuerda el del *Tristán*: tampoco aquí los amantes llegan a tiempo a su cita, habiendo sido "predicho por los druidas que no se volverían a encontrar durante su vida, pero que se encontrarían después de la muerte para no separarse jamás"[340]. Igualmente numerosas, Blanca, son las concomitancias con

---

340. *Histoire de Bailé au doux langage*, en *L'Épopée irlandaise*

los relatos de amor udríes. Considera si no el de Urwa de Afra, que se amolda por cierto a aquel patrón universal de relato de amor del que, si haces memoria, te di cuenta en mi primera carta y del que en la siguiente veremos aún más ejemplos. Huérfano, Urwa vive desde pequeño en casa de su tío, padre de una niña, Afra, con la cual Urwa se cría. Los dos primos están enamorados, pero cuando Afra alcanza la edad de casarse, su padre elige para ella otro marido. Al tratar de recuperarla, Urwa sólo consigue ser condenado al destierro. Incapaz de soportar la separación, muere de amor, y Afra, al conocer la noticia, corre la misma suerte. Dos ramajes, entrelazándose como uno solo, brotan sobre la tumba que les acoge a ambos.

El tema de la muerte por amor, tan cultivado por los poetas udríes, es también uno de los temas-estrella de las canciones trovadorescas. "No me queda sino morir -se lamenta Jaufré Rudel- a menos que alguna alegría, sin tardar, me venga de ella."[341] A Rudel lo está matando la nostalgia de una mujer a la que no ha visto nunca. Pero a esta mujer él acaba por ponerle rostro: es la condesa de Trípoli, a la que reconoce como su alma gemela a cuenta de lo que oye decir de ella a los viajeros que regresan de Tierra Santa (Trípoli era una de las plazas conquistadas allí por los cruzados). Él mismo se hace cruzado nada más que para verla. Pero enferma durante el viaje y llega moribundo a Trípoli. Informada la condesa de su presencia, acude enseguida a su lado, y él expira en sus brazos dando gracias a Dios por haberle consentido verla... Puede que sea ésta, Blanca, la historia de amor más bella, la más conmovedora que registra la literatura trovadoresca. De la que te estaba diciendo que tiene en la

---

341. J. Rudel, "Pro ai del chan essenhadors", III

muerte por amor uno de sus temas principales. Aunque esta muerte fuera metafórica, no son descartables los casos de muerte efectiva (¿no ha documentado la medicina moderna la eventual conexión de determinados estados de ánimo con enfermedades somáticas?). Lo que mata al amante cortés es la nostalgia que le causa la lejanía de la amada, o su desamor; pero, paradójicamente, algunas veces es el exceso de felicidad que le produce el amarla. *Colps de joi me fer, que m'ausi*, "Un golpe de felicidad me hiere, que me mata"[342], canta Rudel...

Se pone aquí de manifiesto otra particularidad del amor cortés, Blanca, del amor verdadero en general, y es la extraña combinación de tristeza y de alegría que suscita. Tristeza, bien debido a la ausencia o al desamor de la amada, bien a causa de la imposibilidad actual de unirse a ella en *unión perfecta*. Alegría, porque la sola existencia de la amada es ya motivo de la felicidad más desbordante: es la célebre *joi d'amors*, la "alegría de amar" de los trovadores. La *joi d'amors* es la emoción del enamoramiento, pero elevada a la enésima potencia. Una euforia desmedida que hace que el enamorado se sienta transportado al Paraíso, que se sienta el ser más feliz del mundo. El trovador Arnaut de Maruelh, para dar cuenta de la *joi d'amors* que le suscita la sola visión de su dama, se sirve de una curiosa metáfora: dice que el cuerpo de ella es *rizen*, que el cuerpo de ella "le sonríe". Le sonríe a él sólo, contagiándole la risa, que en la poesía trovadoresca es expresión de un sentimiento de felicidad sin límites. Pero es ésa, querida, una felicidad íntima, del alma, un gozo supraterrenal que nada tiene que ver con el placer físico. "La *joi* pertenece al dominio del amor puro"[343], confirma R. Nelli.

---

342. J. Rudel, "Non sap chantar qui so non di", III
343. *Op. cit.*, p. 169

Quizá te rías y me llames bobo, pero diría que tu cuerpo me sonrió aquella lluviosa tarde en el tranvía cuando te (re)conocí, y que en cierto modo esa sensación no me ha abandonado desde entonces. Ah, pero por desgracia estos últimos años no me ha sido ajena tampoco la otra cara de esa moneda: la tristeza de la lejanía, de la separación, acrecentada por la incertidumbre del reencuentro. Porque has de saber, Blanca, que, atormentado por la idea de no volver a verte, durante algún tiempo yo fui el hombre más triste del mundo, tuve ese dudoso honor. No concebía otra tristeza superior a la mía. Era sobre todo ese estado de ánimo lo que me impedía escribirte como hago ahora, ahora que tengo no la certeza pero esta siquiera mínimamente fundada esperanza, que no difiere de la que expresaba Jaufré Rudel pensando en la condesa de Trípoli: la esperanza de que un día me reuniré contigo en lo que, en su canción más conocida, denomina Rudel "el albergue lejano":

> Bien vendrá la felicidad cuando le pediré,
> por amor de Dios, el albergue lejano:
> y, si ella quiere, me quedaré
> cerca de ella, aunque yo sea de lejos.
> Entonces vendrá la conversación perfecta,
> cuando el amante lejano estará tan cerca
> que con ingenio cortés gozará del placer.[344]

En estos versos cargados de simbolismo, expone Rudel su idea de la *unión perfecta*, del matrimonio celestial del que espera disfrutar un día con la condesa de Trípoli en el Paraíso. Concibe esta unión como una cópula no física sino espiritual.

---

344. J. Rudel, "Lanquan li jorn son lonc en mai", IV (las cursivas son del autor de la carta)

Y mira, la mejor imagen que se le ocurre de una cópula espiritual es una conversación, una conversación íntima, "perfecta", entre su alma y la de su gemela. Una conversación, quizá, como la que sostuvimos tú y yo en el hospital aquella última noche... Pero me disponía a hablarte del "albergue lejano" de Rudel, cuya lejanía habrá de trocarse en cercanía por la unión con la amada. Es ésa una más entre las incontables denominaciones que acuñaron los trovadores para el Paraíso. Para ese "lugar" que no es realmente un lugar pues queda fuera del Espacio (y del Tiempo), sino un estado, *un estado de amor*. En las canciones de Rudel, ese "lugar" está encarnado por un adverbio: es el *allí*, que el trovador contrapone al mundo inferior del *aquí*, y que -en la línea de tantos sabios antiguos- se figura bajo la forma de una cámara o un lecho nupcial en el que las almas gemelas yacen juntas en *unión perfecta*. "*Allí* está mi ser, que no tiene en ninguna parte ni cima ni raíz, y durmiendo bajo el cubrecama está *allí*, con ella, mi espíritu."[345] No tiene ni cima ni raíz, querida, porque el ser original del alma, el ser del alma en el *allí*, es un ser infinito. Con ese "lugar" sueña Rudel todas las noches: "Nunca me he dormido tan suavemente sin que de inmediato mi espíritu no se trasladase *allí*."[346] Y lo anhela también de día: "Mi voluntad echa a correr, de noche y en la claridad del día, hacia *allí*, por el ansia de socorro, pero lenta regresa y me dice: 'amigo', dice ella (la condesa), 'los pérfidos celosos han empezado tal alboroto que costará calmarlo hasta que nosotros dos podamos gozar'."[347]

En el lenguaje críptico que gasta Rudel, los "pérfidos celosos" son el *ego*, las tentaciones materiales y egoístas que, con

---

345. J. Rudel, "Pro ai del chan essenhadors", V
346. J. Rudel, "Non sap chantar qui so non di", IV
347. J. Rudel, "Pro ai del chan essenhadors", VI

su "alboroto", entorpecen la íntima voluntad del héroe y de su dama de remontarse hasta el *allí*. Sin embargo, ese alboroto ellos lo apaciguan, porque el amor de Jaufré Rudel y la condesa de Trípoli es espiritual, es un amor de alma a alma. No son exactamente Rudel y la condesa, sino sus almas, sus Yos verdaderos, los que aman, y también los destinatarios de ese amor. El suyo es un amor de hondo calado, un amor que no se queda en lo externo... Radica aquí precisamente otra discrepancia sustancial entre el amor espiritual y el carnal, Blanca; y es que el primero es amor esencial, del alma, de la *persona*, mientras que el segundo es superficial, es amor de la apariencia. A este segundo amor, esta palabra le viene grande. Para nuestros sabios, el amor carnal no es *amor* propiamente dicho; es un amor impostado, un amor de pacotilla para emplear una expresión de la que tú solías servirte. Un sucedáneo, una parodia. No joyería auténtica: bisutería. *Fals'amors*, "falso amor", lo llamaron los trovadores medievales. Al espiritual, por contra, lo reputaron verdadero, y para éste acuñaron muchos nombres. En clara demostración de que las cavilaciones de una sociedad se reflejan en su vocabulario, lo denominaron *fin'amors*, "amor puro"; *bon'amors*, "buen amor"; *amor corau*, "amor de corazón"; *verai'amors*, "amor verdadero"... Entre uno y otro estaba el amor mixto, con el que un amante heroico como Ibn Hazm no se conforma:

Mezclado lo verdadero con lo falso...
es como el oro aleado con plata,
corre entre los mancebos ignorantes,
pero si topa con un orfebre diestro
éste distingue lo que es puro de lo que está alterado. [348]

---

348. Ibn Hazm de Córdoba, *op. cit.*

Pero el amor mixto admite muchas gradaciones, dependiendo de la proporción de la mezcla. Si ésta era favorable al Espíritu (es el amor donde la emoción del cuerpo está en función de la del alma), los antiguos sabios lo encuadraban en el rango del amor verdadero. Cuando, por contra, era la componente carnal la que predominaba, lo clasificaban dentro del falso amor. Valiéndonos de aquella metáfora de la que nos servimos la otra vez: si el peso principal del amor permanece anclado en el plato izquierdo -material- de la balanza, hablamos de un falso amante; si la balanza se ha decantado ya del lado del Espíritu, de un amante verdadero. Incluso desde este indulgente punto de vista, amor mío, los amantes verdaderos siguen siendo minoría.

MORDIENDO EL ANZUELO

Bien. Hemos enumerado las que, al decir cualificado de los antiguos sabios, son las características definitorias del falso amor y del verdadero. Lo que si te parece podríamos hacer ahora para ilustrar esto, es ponerle cara y ojos a esos dos tipos de amor. Consideremos primero el caso de un falso amante: llamémosle Sergio. Pero seamos galantes, déjame que primero te presente a la mujer de la que Sergio está actualmente enamorado. En atención a tu querencia por Proust, le tomo prestada la pluma: "Una mujer joven, no bonita pero de un tipo curioso, tocada con un sombrero ceñido semejante a un hongo bordeado por una cinta de seda de color cereza..."[349] La llamaremos Silvia. En Silvia, como en todo ser humano, hay algo sustantivo, algo esencial, algo que es "lo que ella

---

349. Marcel Proust, A la busca del tiempo perdido

557

es": es decir, *ella misma*, su Yo verdadero, su alma. Luego hay también en Silvia algo adjetivo, accesorio, algo sobrevenido y por tanto ajeno a ella misma, como ajeno a ella misma es ese sombrerito que lleva puesto. Lo sustantivo en Silvia es su *persona*, su esencia espiritual. Adjetivos son sus datos personales: circunstancias como su nombre, edad, estado civil, profesión, etcétera. Pero, fíjate bien, también el cuerpo (y por ende la apariencia física) y el alma carnal o el *ego* de Silvia, están en ella de un modo adjetivo según los antiguos sabios. Pero además de todo esto, Blanca, hay en Silvia un elemento fundamental a la hora de atraerse el amor de Sergio. Me refiero, evidentemente, a su condición sexuada, a su naturaleza femenina. Ahora, este elemento ¿dónde lo encuadrarías: en la parte sustantiva de Silvia, es decir en su alma espiritual, o en la carnal, en lo que ella *es* o en lo que ella *tiene*?

Nuestros sabios optaban notoriamente por lo segundo. Para ellos, la condición sexual formaba parte del *ego*, o sea, del "vestuario" del alma. Así, cuando leían en el Génesis que, al ser expulsados del Paraíso, el hombre y su mujer fueron vestidos por Dios con "túnicas de piel", en esta expresión consideraron incluidos los órganos sexuales. Para nuestros sabios, Blanca, el alma en sí misma, el alma desnuda sepultada bajo el *ego*, carece de sexo; porque el Espíritu es de suyo asexuado, y el alma desnuda es espiritual. El alma del Origen era asexuada porque era espiritual, *pero también porque era entera*, porque sus dos mitades estaban integradas (el sexo es división, es separación, te recuerdo). Fue al caer cuando el alma desnuda del Origen se revistió de ese ropaje material -el *ego*- del que la sexualidad es una componente fundamental. La sexualidad va ligada a la Caída, al divorcio de los Dos. Cuando los Dos estábamos casados en el Uno, nuestra complementariedad -y por ende nuestro mutuo amor- iba por cuenta no del sexo, sino del hecho de ser *las dos mitades de la misma Alma*. Era la nuestra por tanto, Blanca, una complementariedad espiritual, personal, de la que la actual complementariedad sexual sería la forma enmascarada, el simulacro.

Y bueno, ahora que hemos hecho ya los honores a Silvia, vayamos con Sergio. Lamentablemente, he de empezar por decir que en realidad Sergio no ama a Silvia. O sea, no ama lo sustantivo en Silvia, su Yo verdadero. Como no es tampoco el Yo verdadero de Sergio el que está enamorado, sino *el varón* que hay en Sergio, su *ego*, el envoltorio carnal de su alma. Se trata, pues, de un enamoramiento superficial, hueco, de un enamoramiento que se queda en los aledaños del amor, sin llegar a penetrar su esencia. Porque te repito: la condición sexual, como reiteradamente nos recuerdan nuestros sabios, se inscribe en la parte adjetiva del individuo; no forma parte del alma propiamente dicha sino que es, por así decir, un ropaje. Piénsalo: ¿no sería ridículo amar a alguien por su forma de vestir? (¿Te imaginas?: "¡Oh, qué traje tan bien cortado, qué sombrero tan elegante!... Me he enamorado.") Pues tanto vale amarle exclusivamente por su condición sexual. Ésta es desde luego (como ya te dije en otra ocasión que lo era tal vez la concurrencia, en los amantes, de un grado similar de belleza objetiva que haga de catalizador, digamos, de la subjetiva) un requisito *sine qua non* para el amor erótico. Pero no debería ser ni un requisito suficiente ni el principal requisito.

En este mundo inferior, el enamoramiento tiene necesariamente una base sexual. Qué duda cabe: dos personas, para enamorarse, precisan sentirse atraídas sexualmente. Pero eso no debería bastar, Blanca, no habría que conformarse con eso. Lo ideal, nos dicen los antiguos sabios, sería que la atracción calara y se instalara a un nivel más hondo. La atracción sexual debería ser nada más que el pretexto para el enamoramiento; digamos, el cebo destinado a hacernos morder el anzuelo del amor, que es una atracción a un nivel profundo. Esa atracción puede ser más difícil de descubrir que la otra; puede no ser instantánea, diferirse en el tiempo. Por eso es conveniente, Blanca, que en las relaciones de largo recorrido como la nuestra, la atracción sexual vaya remitiendo con los años. Esa remisión es una ocasión para el amor, una oportunidad que se le brinda al amor para madurar, para ir más allá del cebo. Muchos dejan correr la ocasión: se pasan la vida comiéndose el cebo sin morder nunca el anzuelo, y aun se jactan de ello los muy bobos. Como Sergio, para el que la atracción sexual no es un mero pretexto, sino la razón de ser misma de su amor por Silvia.

Es más, Blanca: para Sergio el pretexto es Silvia. Ella es meramente una percha de donde cuelga el ropaje de la condición sexual femenina, que es de lo que él está en realidad enamorado. En el fondo a Sergio cualquier percha le sirve; lo mismo le da una persona que otra con tal de que esta persona cumpla el requisito esencial, que es el de ser hembra. Al amar menos a la persona que a la hembra, al amar más bien *algo* (un ropaje sexuado) que a *alguien* (un alma desnuda), Sergio está amando no a Silvia, sino a la mujer genérica, impersonal, que hay en ella; a la mujer de la que Silvia es uno de los innumerables avatares, una de las infinitas réplicas. Sergio ama en la mujer solamente el género, ama a las mujeres en general. La concreción de ese amor genérico en Silvia o en cualquier otra, en el fondo no reviste para él mayor importancia. Su amor es eminentemente indiscriminado y promiscuo, desde el momento en que está amando algo -la condición femenina- que no es privativo de Silvia, que es común a todas las mujeres. Naturalmente, Sergio tendrá sus preferencias, pero esas preferencias serán secundarias y estarán vinculadas a la condición sexual: serán preferencias "de vestuario". Le atraerá más un tipo físico que otro, las mujeres le gustarán altas o bajas, las preferirá rubias o morenas, se fijará en sus pechos antes que en sus piernas. En definitiva: se sentirá atraído por una *hembra* -que no por una *persona*- antes que por otra.

Todo esto por lo que hace a un falso amante. Consideremos ahora la vivencia contraria: la vivencia de un amante verdadero. Imaginemos... Pero no, esta vez podemos tomar un caso real: el de un escritor, por ejemplo. Y ya tengo pensado uno. Un escritor británico de la primera mitad de este siglo y que sufrió una pérdida tan sensible como la mía... Tomemos el caso de Clive S. Lewis.

Comenzaré por decir que, si atendemos a los abundantes testimonios, se trata ante todo de una buena persona. Con lo que de nuevo vemos perfilarse a la bondad, Blanca, como un rasgo evolutivo estrechamente ligado al amor verdadero. Autor de éxito en su tiempo, C. S. Lewis es todavía hoy un autor muy leído, sobre todo en sus novelas de ciencia-ficción y relatos para niños. Pero también, a nivel académico, en sus eminentes ensayos sobre literatura cortés precisamente, materia que impartió desde muy joven en las universidades de Oxford y Cambridge. Escribió también monografías sobre temas religiosos, pues era un cristiano converso y comprometido. Pero lo que aquí nos interesa sobre todo es su circunstancia personal... Traspasado el ecuador de su vida, el profesor Lewis permanecía soltero. Y esta condición no parecía seriamente amenazada, hasta que de pronto se vio "sorprendido por la Alegría", para decirlo con una broma privada que en esos días le gastaron sus amigos. Porque él había titulado así: *Surprised by Joy*, *"Sorprendido por la Alegría"*, el libro en el que describía su conversión al cristianismo, y ahora ese título se revelaba premonitorio ya que había ido a enamorarse justamente de una mujer llamada Joy. ¿Quién era esta mujer? Digamos en primer lugar lo menos importante: que no era una mujer agraciada. Lewis se quejará de que las fotografías no le hacen justicia. Pero es que la belleza que él percibía en Joy, querida, no la captan las cámaras. Y aquí te hablaría de la belleza subjetiva de cada individuo, si no lo hubiese hecho ya suficientemente en cartas precedentes. Joy Davidman era una escritora, una poetisa americana. Esto sí es importante: los dos tenían intereses comunes, compartían una sensibilidad especial hacia la literatura. Quizá hasta leyeran juntos después de cenar, como acostumbrábamos nosotros...

Pero no fueron los trabajos literarios de Lewis sino su pensamiento religioso lo que inspiró a Joy en un momento de crisis existencial para ella, impulsándola a escribirle y, más tarde, a viajar a Londres para conocerle. Pronto se convirtió en su colaboradora, en su íntima amiga y confidente. Parece que durante mucho tiempo ambos se resistieron a llamar por su nombre al amor profundo que había nacido entre ellos; y no fue sino una grave enfermedad que le diagnosticaron a ella y que amenazó con separarles, la que les hizo abrir los ojos. Esa misma enfermedad, sin embargo, acabaría por cumplir su amenaza, lo que tuvo sobre Lewis un efecto aparentemente impensable en un hombre de tan sólidas convicciones religiosas. La pérdida de Joy le llevó a cuestionarse lo que hasta entonces habían sido sus mayores certezas: la bondad de Dios y hasta Su misma existencia. En un desesperado intento por conjurar su dolor y su rabia, se puso a redactar una suerte de parte de guerra de su pugna interior con Dios. De esa pugna, su fe saldría finalmente fortalecida; pero ahí,

Blanca, Lewis se las vio cara a cara con ese problema angustioso y crucial de la teología al que la otra vez nos referimos: la ausencia de Dios. Publicado bajo el título A *grief observed*, "Una pena en observación", ese cuaderno de notas serviría años después a un cineasta inglés como base para una película que yo habré visto una docena de veces.[350] Sin duda soy sensible al argumento, querida, pero también al extraño parecido contigo de la actriz protagonista...

Y ahora vayamos al tema por el que he traído a colación al señor Lewis.

Ya he dicho que era un celebrado ensayista. En una monografía suya sobre el amor, escribe esto a propósito del hombre verdaderamente enamorado: "Un hombre en esa situación no tiene realmente tiempo de pensar en el sexo; está demasiado ocupado pensando en una *persona*. El hecho de que sea una mujer es mucho menos importante que el hecho de que sea *ella misma*."[351] Con estas palabras, Lewis demuestra estar en el secreto del amor verdadero, Blanca, ese secreto alegorizado en el antiguo mito griego de Eros y Psiqué, habida cuenta de que cuando Eros es presa de su propia virtud -esto es, el Amor verdadero-, se fija no en el cuerpo sino en el alma (*psiqué*). Lewis sabe que, en el amor verdadero, la atracción sexual es como un telón de fondo: enmarca a la personal, le presta el pretexto necesario, pero el protagonismo recae claramente en el nivel personal. Al punto que la atracción estrictamente sexual puede pasarle incluso inadvertida al enamorado; está presente, desde luego, pero está como implícita en

---

350. La película, del año 1994, es *Shadowlands*, "Tierras de penumbra", de sir Richard Attenborough.
351.C. S. Lewis, *Los cuatro amores*, pág. 105. (Las cursivas son del autor de la carta.)

la atracción personal. Es la consecuencia de haber desplazado el centro de gravedad del amor desde el plato material al espiritual de la balanza. O en lo que podríamos describir como "la carrera de relevos del amor", la consecuencia de haber traspasado el testigo de manos de la carne a las del Espíritu.

Así pues, la atracción que Lewis sentía hacia Joy era *también* sexual, pero *no preferentemente*: era ante todo una atracción *personal*. Él se sentía atraído sobre todo por la *persona* de Joy, por su Yo espiritual. Esta *persona*, por lo demás, es única; de ahí que la exclusividad sea una componente fundamental del amor verdadero. El amor de Lewis por Joy es exclusivo, porque su objeto no es la mujer que hay en Joy, sino la Joy que hay en esa mujer. Existen infinidad de mujeres, pero sólo existe una Joy Davidman. Dicho de otro modo: el hombre que se enamora de una *persona* antes que de una mujer -aquel para quien lo relevante no es tanto que su amada sea mujer cuanto que sea *ella misma*-, no se conformará con cualquier mujer, sino que querrá exclusivamente a esa de la que está enamorado. Además, al no estar ligado a una apariencia, a unos atributos externos, corporales, ese amor no menguará con los años. Se transformará, ciertamente, pero el sentimiento de fondo permanecerá inalterable. Podemos decirlo en la excelsa voz de Shakespeare: "No es amor el amor que al percibir un cambio cambia..."[352]

Bueno, esta carta ya es bastante larga y la concluiré ahora. Quisiera, para terminar, referirte un episodio del *Tristán* que antes he omitido (no ha sido el único, no he pretendido hacerte un relato exhaustivo del *Tristan*). Acaba de celebrarse el matrimonio entre Isolda y el rey Marcos. Pero Tristán se propone evitar que el matrimonio se consume y, con la

---

352. Soneto CXVI

complicidad de la doncella de Isolda -que está deseosa de expiar su culpa en el episodio del brebaje mágico-, urde una estratagema. La noche de bodas, al ámparo de la oscuridad, la doncella ocupa el lugar de su señora en el lecho nupcial. Y mira: el rey Marcos no se percata del cambio. La versión alemana del *minnesinger* Gottfried von Strassburg lo explica diciendo que, para Marcos, "una mujer era como otra", insinuando con ello que el engaño no hubiera sido posible de tratarse de un amante verdadero; que con toda seguridad Tristán sí hubiese advertido la diferencia. Por la sencilla razón, Blanca, de que Tristán no mira a las mujeres -no mira a Isolda- exclusivamente ni preferentemente desde el punto de vista sexual. Para Tristán, una mujer no es como otra.

Tuyo

CARTA OCTAVA

EL MATRIMONIO ESPIRITUAL

(O EL INTERCAMBIO DE CORAZONES)

¡Cómo me gustaría que mi corazón
fuera abierto con un cuchillo y fueras
introducida en él y que luego lo
encerraran de nuevo en mi pecho!
Te quedarías allí sin poder ocupar un
lugar fuera, hasta el día de la
resurrección y de la gran reunión.

Ibn Hazm, *Collar de la paloma*

Barcelona, 21 de noviembre de 1999

Querida Blanca:

Acabo de despedirme de Esther y Enrique, que han venido
esta tarde de visita. No, no me han dado recuerdos para ti,
pero es porque ignoran que nos mantenemos en contacto, ya
sabes cuánto te quieren. Yo, claro, me guardo mucho de con-
fiarles el secreto. No lo entenderían. Saben, naturalmente,
de mi tardía afición al estudio: no puedo ocultar las pilas de
libros y papeles cada vez que vienen por casa. (En esas ocasiones, te confieso que he de luchar contra la tentación de bajar
la luz y pedirles que hojeen los libros azules.[353]) Últimamente

---

353. Jan van Ruysbroeck, *Obras escogidas* (citado por Roland Barthes,
Fragmentos de un discurso amoroso, p. 217)

saben que estoy escribiendo algo, aunque ignoran qué. Yo les digo que una novela de espías, hasta he llegado a improvisar un argumento, figúrate: una historia insensata en torno a un espía doble con un trastorno de doble personalidad. Pero ya conoces a Esther y Enrique, son demasiado listos, dudo mucho que se lo hayan creído. Sea como sea, no creo que sospechen que te escribo cartas, como esta, la octava, que ahora inicio.

En la anterior vimos las peculiaridades del amor puro, del amor verdadero, desnudo. Desnudo de impurezas, desnudo de todo lo que no es él mismo. La consecución de ese amor es -si nuestra teoría no va desencaminada- la meta hacia la que progresamos todas las almas gemelas de este mundo. Nos demoraremos más o menos, nos hará falta un mayor o menor número de vidas; la tendencia sin embargo es inexorable, nadie puede sustraerse a ella. Los arroyos de montaña, ¿pueden acaso, por muchos quiebros que den, sustraerse a la tendencia que les impulsa hacia el valle? El "valle" de las almas gemelas, su finalidad secreta, es desenmascarar la alta esencia del amor. Es sacar a la luz ese amor oculto: el amor espiritual, verdadero, el amor de antes de la Caída sepultado bajo los escombros de la Materia. Se trata de un proceso de desescombro pues; un proceso de desnudamiento o de pulido semejante al que aplica el orfebre al diamante en bruto. Una rememoración también: un rescate del Amor de las garras del olvido.

Esas garras, Blanca, son, digámoslo claro, las garras del sexo... ¿Por qué cada vez que toco este punto me parece oír como rumor de fondo un carraspeo? ¿Es en señal de disentimiento? Si es así, me parece que exageras. Porque veamos, ¿he dicho yo acaso que el sexo es algo perverso? El sexo es connatural a los seres humanos, es la forma que reviste el amor en este mundo... Lo que ocurre, querida, es que si atendemos a los antiguos sabios, la condición humana no es la condición final del hombre, ni este mundo su verdadera patria. Somos peregrinos, transeúntes de camino hacia otro mundo. Y nuestro amor transita con nosotros. ¿No es natural entonces que cambie, que evolucione con nosotros, que vaya adaptándose a las condiciones que rigen en ese otro mundo hacia el que nos encaminamos? Tal adaptación consiste en un proceso de espiritualización progresiva. Porque las condiciones en ese otro mundo que es nuestro destino, se cifran en el Espíritu.

Maticemos, pues: el sexo es la forma que reviste el amor a la espera del amor verdadero. Si las miramos bien, en el fondo no son dos cosas tan dispares: es siempre la complementariedad amorosa la que está en juego. Porque, así como el mundo inferior es el reflejo caído del superior según la Kábala y otras tradiciones esotéricas, así también, amor mío, la sexualidad no es más que *el reflejo* de una complementariedad más alta. En cuanto tal, duplica, como un espejo, los deleites de esa complementariedad superior. Pero se trata sólo del reflejo. Los deleites terrenales son dulces, encantadores, ¡ah, pero los deleites celestiales son aún mayores! Acuérdate de aquel versículo de san Pablo: "Vemos ahora por un espejo, oscuramente, pero entonces veremos cara a cara" (I Cor. 13:12). La calidad de la imagen en el espejo dista mucho de la del objeto real; la imagen es incomparablemente pobre en relación al objeto. Cuando El Bosco retrata el Paraíso como un jardín de delicias amorosas, no está pensando en las delicias terrenales, sino en otras incomparablemente mayores...

Los antiguos sabios nos hablan de la superioridad de los goces espirituales en relación a los físicos. Los deleites eróticos del Paraíso, aseguran, son más espléndidos, más vívidos que los de aquí abajo. Éstos vienen a ser la traducción material de aquéllos. Y ya se sabe que en las traducciones se pierde siempre parte de la fuerza del original. "¡Tomad todas las voluptuosidades de la Tierra -exclamaba el místico flamenco del siglo catorce Jan van Ruysbroeck- fundidas en una sola y precipitadla íntegra sobre un solo hombre: todo eso no será nada comparado con el goce del que hablo!"[354] Hasta el bueno de don Quijote, al emerger de la sima donde le ha sido dado ver, encantada, a la dama de su corazón, a la sin par Dulcinea -de la que, como Jaufré Rudel, se enamoró de oídas-, reconocerá, tocado por esa sabiduría que a veces da la locura, que "todos los contentos de esta vida pasan como sombra y sueño". Pasan como sombra y sueño, querida, porque -como formulara bellamente G. K. Chesterton en ese otro libro azul, *El hombre que fue Jueves*- en este mundo caído sólo nos es dado ver "la espalda de las cosas".

Válgate, por último, este otro testimonio. Un testimonio angélico extraído de *Amor conyugal*, el libro de nuestro amigo Swedenborg, en concreto de aquel célebre capítulo titulado *Los matrimonios en el Cielo*. Refiere el místico sueco una conversación que en el decurso de uno de sus viajes astrales captó en el mundo de los espíritus entre tres recién llegados -tres jóvenes difuntos pero todavía agitados por el prurito del sexo- y unos ángeles. "Hemos oído en el mundo que dejamos atrás -apuntan los jóvenes a propósito de aquella sentencia evangélica que, aparentemente, niega el matrimonio en el Cielo (Lc. 20:34-36)- que en el Cielo no se casarán porque son ángeles. ¿Es entonces posible el amor entre los sexos?" La respuesta de los ángeles: "Si bien el amor entre los sexos tal como lo entendéis vosotros no es posible en el Cielo, sí lo es

---

354. E. Swedenborg, *Amor conyugal*, 42

un amor angélico por el sexo opuesto, un amor casto, libre de cualquier tentación lujuriosa". "¡Qué aburrida la felicidad del Cielo entonces! -protestan los jóvenes- Decid más bien que no hay amor entre los sexos en el Cielo. Porque, ¿qué es el amor casto entre los sexos sino un amor vaciado de la esencia de su vida?" Y entonces viene la réplica, el testimonio del que quería dejarte constancia: "No tenéis ni idea de lo que es el amor casto entre los sexos, porque no sois todavía castos. El amor angélico por el sexo opuesto, o la clase de amor que existe en el Cielo, está lleno de los más profundos deleites .../... deleites más profundos y más ricos por su encanto de lo que pueda ser descrito en palabras."[355]

Y ves, Blanca, sin embargo aquí en la Tierra somos propensos a pensar como esos jóvenes: que los goces del amor son de suyo corporales, que no existen otros deleites eróticos fuera de los de los sentidos. Para los antiguos sabios, esta concepción es fruto de la ignorancia. Lo que según ellos demostramos ignorar (y es a lo que se refiere el budismo cuando cita a la ignorancia entre las tres causas de permanencia del alma en el exilio) es que los aspectos materiales de la existencia son sólo el signo y la apariencia de la verdadera realidad, que es de naturaleza espiritual. Sobre este postulado -conocido en Filosofía con el nombre de *teoría de las correspondencias* o, en su formulación platónica, *de las Ideas*- se sustenta todo el entramado argumental de mis cartas, Blanca. Admitamos que se trata de un postulado sumamente atrevido desde el momento en que contradice la percepción natural que los seres humanos tenemos de las cosas (esta habitación, por ejemplo, parece a primera vista bastante más real que tu invisible presencia en ella). Pero excuso recordarte que no es

---

355. Henry Vaughan, *Idle Verse*

esa percepción mayoritaria la que nos ha interesado aquí, sino la de una pequeña minoría de hombres y mujeres más evolucionada que el resto, y desde cuya posición privilegiada las cosas no son lo que aparentan.

Platón ilustra su teoría de las Ideas mediante la siguiente parábola: Unos hombres están cautivos en el fondo de una caverna. Están allí encerrados desde su nacimiento, encadenados de cara a la pared y sin poder volverse hacia la entrada. No han visto nunca la luz directamente y tampoco han visto directamente objeto alguno. Todo lo que ven son *sombras* de objetos. Porque a la entrada de la caverna otros hombres acarrean objetos a la luz de una fogata, y las llamas arrojan esas sombras sobre la pared. Y como a eso se reduce toda su experiencia de la realidad, los cautivos toman a las sombras por los objetos mismos... Con esta parábola, Platón apunta al hecho de que el mundo inferior es engañoso: su apariencia de realidad nos lleva a confundir el reflejo o la sombra material con la cosa en sí. La cosa en sí es espiritual, Blanca; y esto rige para los goces de la unión amorosa; rige para la propia unión amorosa; y rige también para la complementariedad que está en la base de esa unión.

Ya que, en efecto, la complementariedad sexual no es para nuestros sabios sino el pálido reflejo, la sombra de la complementariedad original, que es la basada en la gemelidad anímica: en el hecho de ser -los dos amantes- las dos mitades de la misma alma. Esta complementariedad espiritual y personal, Blanca, es el "detrás" del amor, es la clave del Amor verdadero, el único digno de este nombre. La clave del Amor del Origen, el cual se virtió, al caer, al grosero idioma que se habla en este mundo, el idioma de la Materia. El resultado es el amor carnal, al que en realidad la palabra "amor" le viene grande, al que le sienta mejor la palabra "deseo" ("deseo disfrazado de amor"[356], *lust in the robes of love*, como lo definía el poeta místico inglés del siglo diecisiete Henry Vaughan). Revertir el amor, restituirlo a su idioma original, el idioma del Espíritu, de la *persona*: he aquí pues, querida, la ardua tarea en la que está empeñado el Universo.

"D'AMOR MOU CASTITATZ"

Acabamos de preguntarnos qué es la sexualidad en relación al Amor y de respondernos que es su reflejo. Ahora, para remachar la idea, lo pondremos al revés y nos plantearemos qué es el Amor en relación al sexo. Si nos sentimos poetas (y eso a ti te ocurría a veces), nos exponemos a decir lindezas como: "El Amor es la perla oculta en la concha del deseo". Entonces, de lo que se trata es de exhumar esa perla. Hasta ahora se ha logrado apenas entreabrir la concha, pero ya se atisba el fulgor a través del resquicio. Si decimos que es como un licor aromático (y pienso en ese de cerezas que tanto te gustaba), imaginaremos un proceso de destilado, de extracción del "espíritu" del mosto. Si como un diamante, pensaremos en el largo proceso de cristalización de esta piedra preciosa a partir del negro carbono; o en el subsiguiente proceso de tallado y pulido a que le somete el orfebre: así también el Universo, a través de la Evolución, va depurando el Amor de todas sus contingencias, de todo aquello que le sobra, de todo aquello que le es ajeno.

Pero el tallado y pulido, la cristalización, la destilación, la exhumación del Amor (escoge la metáfora que más te guste), es un trabajo lento por la vía natural, un trabajo de milenios.

---

356. R. Nelli, *op. cit.*, p. 323

Y los "héroes" no están dispuestos a esperar tanto. De modo que se esfuerzan por llevar a cabo esa operación en el plazo más breve, a poder ser en una sola vida... Quiero describirte a continuación el proceso heroico de destilado del Amor (me he permitido escoger por ti: puestos a hablar del país del vino y del espíritu del vino, me ha parecido la metáfora más idónea) tal como fue concebido y practicado en el sur de la actual Francia, en Occitania, en los siglos doce y trece. «Nunca se subrayará demasiado -escribe R. Nelli- la importancia de esta necesidad de purificarlo todo que ha animado los siglos doce y trece y que debía conducir a aislar el amor, a liberarlo de toda preocupación práctica, utilitaria, moral."[357] El propio Nelli definirá en otro lugar esta liberación como la "evolución del amor hacia su pura esencia"[358].

Pero aquí "evolución" no es la palabra, querida. Lo que en esos siglos aconteció en el Occidente cristiano (en círculos minoritarios, es cierto) fue una auténtica *revolución* del amor. Esta revolución había germinado ya en el Oriente, en la rica civilización islámica de los siglos ocho al doce. Los poetas udríes sentaron sus bases, de ahí que se la conozca entre los árabes con el nombre de *amor udrí. Amor cortés* se la ha denominado en Occidente, porque se gestó en las cortes nobiliarias: en las orientales primero (las fastuosas cortes de *Las mil y una noches*, cortes de Bagdad, Damasco, Estambul, de El Cairo y Alejandría, de Córdoba y Granada, las cortes indias de Bengala...), en las de Occidente después. Dicha revolución, que emplaza el amor erótico en el centro mismo de la existencia, vino propiciada por un descubrimiento de índole religiosa: el ya mencionado hallazgo, por los Fieles

---

357. *Ibid.*, p. 219
358. E. Swedenborg, *Amor conyugal*, 42

de Amor, del amor humano como escalera a Dios. Hallazgo que los poetas se encargarían luego de difundir, en alas de canciones muchas veces, como es el caso paradigmático de los trovadores occitanos.

"Sólo por ella seré salvado", canta Guilhem de Peitieu, uno de los primeros trovadores. Y Uc de Saint-Circ ofrece a su dama la vida en homenaje "mientras me concedáis que por vos al Cielo tienda". El anhelo que dicen tener los trovadores de un "gran amor", del amor de una dama, colinda con el anhelo de Dios, Blanca: es -ya lo hemos visto- una particularidad del amor heroico. La linde es confusa, además. Se ha dicho que el *amor cortés* constituía una religión, una religión de amor en la que el caballero era el creyente y en la que el rostro de Dios había sido reemplazado por el de la dama. De esto tenemos un tardío y hermoso ejemplo en el "Paraíso" de la *Divina Comedia*, donde, a los ojos del Fiel de Amor Dante Alighieri, el sol de Cristo resulta eclipsado por el sol de su amada Beatriz. Pero cabe pensar también que para el amante heroico la dama es indisociable de Dios, y Dios de la dama. Cabe ver ambas aspiraciones como solidarias la una de la otra.

En todo caso, no era a la dama física a la que se aspiraba, sino a su corazón, es decir a su alma, siendo así que en el lenguaje cortés, como vimos, *amor corau*, "amor de corazón", era sinónimo de "amor espiritual", de "amor puro" o *fin'amors*. Porque, para tender al Cielo a través de la Dama, Blanca, para ascender por esta escalera a Dios que es la Mujer para el hombre y el Hombre para la mujer, el amor humano debía cortar las amarras que lo anclaban a la Tierra. Debía sublimarse, acendrarse, liberarse de trabas materiales. Debía, en suma, dejar de ser humano y trocarse en divino, exigencia que dio lugar al afán cortés por excelencia: el afán por refinar el amor, por destilar su esencia divina prisionera de la Materia.

Tachadura al margen. Aunque entrecortada, la acotación ha sobrevivido: 26-11-99 *"Le recomiendo la hipnosis -dejó caer de pronto …/… ¿Ha oído hablar (de Sigmund) Freud? ¿… de regresar a sus pacientes a estadios anteriores de su vida?"* **Esta cita es la primera de lo que podría interpretarse como una serie de acotaciones conectadas.**

Los caballeros corteses, para convertirse en verdaderos amantes -en *amadors coraus*, en "amantes de corazón"-, se aplicaban a despojar su amor de toda carnalidad, de todo ropaje material. Era una larga ascesis amorosa al cabo de la cual la dama (jerárquicamente situada por encima de su amante en estos primeros estadios) ponía a prueba el amor de su "vasallo". "Mi dama me tienta -canta el trovador- y me prueba para saber de qué manera la amo". Y hacía esto por medio de una suerte de rito, el *assag*. La dama recibía en su aposento a su amante, se desnudaba ante él, le permitía abrazarla, besarla, acariciarla, acostarse incluso a su lado en el lecho. Se acostaban (como dice un texto) *"nudus cum nuda"*, desnudo con desnuda, pero omitiendo expresamente el coito porque, para superar la prueba, el amante debía sublimar el instinto sexual, demostrando así que no era al cuerpo de su dama a lo que aspiraba, sino a su "corazón", a su persona, a su alma.

El *assag* constituía también una prueba heroica para la dama, que igualmente debía dar muestras de amor puro hacia su amante. La creencia que subyace en este rito, Blanca, queda condensada en la célebre divisa trovadoresca: *D'amor mou castitatz*, "Del amor nace la castidad". Es decir, que el amor verdadero es casto por naturaleza; un amante verdadero no precisa esforzarse para permanecer casto ante su amada, aunque ella esté desnuda. Lo que me hace pensar (perdona la digresión: es con relación a un libro azul que estoy releyendo en estos días) en un comentario que el narrador de *La educación sentimental*, o sea que Gustave Flaubert, deja caer a propósito de Frédéric, su protagonista: "Una cosa le sorprendía, y era que no se sentía celoso de Arnoux (el esposo terrenal de su amada); y no se la podía imaginar de otro modo que vestida: tan natural parecía su pudor, y hacía recular su sexo dentro de una sombra misteriosa." Hay por cierto, en esta estupenda novela, unas líneas que tampoco me resisto a transcribir aquí, Blanca, porque ilustran el reconocimiento amoroso, ese motivo central de nuestras cartas: "La señora Arnoux sonreía de vez en cuando mientras posaba sus ojos en él un minuto. Entonces Frédéric sentía que aquellas miradas le penetraban el alma como los grandes rayos de sol que descienden hasta el fondo del agua. La amaba sin segunda intención, sin esperanza de correspondencia, absolutamente. Y en aquellos transportes mudos, *semejantes a impulsos de reconocimiento*, habría querido cubrirle la frente con una lluvia de besos."

Volviendo al *assag* medieval: superado éste, la diferencia jerárquica existente hasta entonces entre los amantes quedaba revocada. Dejaban de ser dama y vasallo para igualarse en el amor. Este paso era imprescindible, porque la paridad entre los amantes, la reciprocidad, es esencial al Amor. Si el *amor cortés* prescribía un largo preámbulo de desigualdad, de sumisión del caballero a su dama, era sólo con el fin de compensar una desigualdad de signo contrario: la inferioridad atribuida por la sociedad medieval al sexo femenino. Ya en pie de igualdad, los amantes verdaderos estaban en disposición de alcanzar la cima del *amor cortés*. A este último estadio en la Evolución del Amor (a este postrer rellano de la escalera a Dios), la cortesía amorosa medieval le dio un nombre enigmático: "intercambio de corazones" lo llamaron.

¿Qué cosa es el intercambio de corazones? ¡Uf! Con gusto me iría ahora por las ramas y te hablaría, qué sé yo, de lo bien que lo pasamos aquel día que nos extraviamos en el Montseny, ¿te acuerdas? O no, miento: fue en el Montnegre. Tú te empeñaste en poner a prueba tu sentido de la orientación y por poco acabamos en el fondo del mar. Pero no te preocupes, que me constreñiré a mí mismo a responderte. Aunque humildemente reconozco que por este trecho del camino no avanzo tan seguro como por otros, y por momentos me siento casi tan perdido como aquel día en la montaña. Por de pronto, lo diré así: El intercambio de corazones es el resultado, en esta vida, del "verdadero amor conyugal" del que hablaba Swedenborg, que "es (decía) un amor casto y nada tiene en común con el amor impúdico; y es con uno y sólo uno del sexo opuesto, dejando aparte a todos los demás, pues es un amor espiritual."[359] Y dado que este "verdadero amor conyugal" es el amor conyugal del Cielo, Blanca, el intercambio de corazones resultante es la antesala, digamos, del casamiento celestial *post-mortem*. Y es ya en sí mismo un casamiento, una unión espiritual tan potente, al decir de René Nelli, que "era interpretada como el resultado de una unión anterior a la aparición de los amantes en este mundo"[356].

Cabría hablar, pues, de una tercera categoría de matrimonio, intermedia entre el celestial y el terrenal. Tres categorías que podríamos caracterizar sucintamente del siguiente modo: El matrimonio terrenal es una unión *formal*; el espiritual,

---

359. R. Nelli, *op. cit.*, p. 53

como lo denominaremos, una unión *virtual* (justificaré este adjetivo más abajo); y el celestial una unión *real*. De las tres, sólo el matrimonio terrenal puede ser contraído entre dos almas que no sean gemelas. El espiritual requiere de la gemelidad de las almas contrayentes. Requiere que hayan estado ya casadas entre sí con anterioridad, en el Origen, pues se trata ya de una unión *efectiva*, Blanca, y sólo aquello que estuvo unido en su origen puede llegar a unirse de esta forma. Únicamente un común origen determina un común destino. Sólo las dos mitades del mismo *symbolon* coincidirán dando así lugar, al juntarse, a una unión efectiva entre ellas. Dos mitades dispares podrán yuxtaponerse, podrán ponerse una al lado de la otra, pero nunca llegarán a unirse, nunca llegarán a conformar una sola cosa, tal como advierte un viejo tratado alquímico: "Si no conjuntáis los parientes con sus parientes más cercanos, aquellos que tienen la misma sangre, no conseguiréis nada."[360] Es también lo que -si haces memoria del significado de la expresión "enemigos predestinados"- nos enseña la sabiduría china a través de este viejo proverbio: *En este bajo mundo, no cabe la unión más que entre aquellos amantes que nacen enemigos.*

UN PUENTE MÁGICO

Ahora, ¿en qué consiste el matrimonio espiritual, este estadio último del amor humano? (el siguiente estadio, el matrimonio celestial, es ya amor divino). Intentaré explicártelo por más que, como te he advertido, de esto sólo pueda hablar confusamente. Tomemos por lo pronto esa metáfora que ya

---

360. *Turba philosophorum*, pp. 17-18

nos sirvió antes: la metáfora de la balanza. Cuando una pareja de almas gemelas llega a desplazar su mutuo amor desde el plato izquierdo al derecho (es decir, del acto sexual a Dios), una fuerte conexión secreta se establece entre ambas. La distancia física no es impedimento, porque no es una conexión al nivel material. Su amor compromete profundamente la vida interior, espiritual, de cada una, donde la cercanía o la distancia no obedece a parámetros físicos. De modo que una puede estar en las antípodas de donde se encuentra la otra, aun así la conexión permanece. Es lo que el trovador Peyrol expresa en esta canción:

> No importa dónde se encuentre mi dama,
> mi corazón le es siempre sumiso,
> pues *el amor puro une y encadena,*
> *incluso bajo cielos diversos,*
> *a dos corazones* que arden el uno por el otro.[361]

Conforme la pareja ahonda en el *amor puro* -primer grado en las clasificaciones tripartitas del amor-, la conexión secreta entre ellos va afianzándose. Tanto es así, Blanca, que al primer grado del amor lo bautizaron también los antiguos sabios con el nombre de *amor-comunión* o *amor-vínculo*. Esa conexión secreta acaba por devenir una suerte de puente a través del cual los amantes proceden a "intercambiarse los corazones": esto es, a casarse en el Espíritu. La naturaleza de este puente es misteriosa; las explicaciones de los antiguos sabios no nos la aclaran, son explicaciones mágicas. Con todo, podemos intentar una aproximación en base a aquella noción que ya aventuré en otra carta: la noción del amor

---

361. R. Nelli, *op. cit.*, p. 211

erótico como un *ménage à trois*, como un triángulo amoroso. El amor erótico -decíamos entonces- se sustenta sobre tres pilares; tiene tres términos, tres vértices, es un drama con tres personajes. Esos tres personajes son las almas gemelas y Dios por encima de ellas. O, mejor, las almas gemelas y, por encima, *su Nombre de Dios* particular, "el Nombre que cada uno (que cada pareja de almas gemelas) lleva como su nostalgia secreta"[362] en frase feliz de Henry Corbin, por quien nos enteramos, además, de que en determinados textos herméticos se habla, en vez del Nombre, de la "Naturaleza Perfecta" del alma, y que esa Naturaleza Perfecta se concibe como un "modo de ser *syzygico*", de *Syzygia*, "unión de dos".

Este tercer personaje, Blanca, no es otro que la personificación de la Unidad original y futura de cada pareja de almas gemelas. Y es, en contra de las apariencias, el auténtico protagonista del drama amoroso. Sólo que, en la primera parte de este drama (en tanto el fiel de la balanza permanece decantado del lado de la Materia), el protagonista es tan sólo un futurible: está de forma latente, potencial, es un "poder ser" que no es todavía. Podríamos pensar en el papel que en una novela de intriga desempeñase un personaje crucial, determinante para el esclarecimiento de los hechos, para la resolución de la trama, y que sin embargo permaneciese como en la sombra y no hiciese su aparición hasta bien entrada la novela. Es entonces, bien entrado el amor, es decir en cuanto las almas gemelas comienzan a penetrar la "cáscara" del amor, en cuanto inician la aproximación hacia lo que Vladimir Soloviev denominaba su "sentido interno", cuando este protagonista tapado -la Unidad original de las almas gemelas- comienza a explicitarse, a hacerse efectivo. Mi admirado

---

362. H. Corbin, *La imaginación creadora en el sufismo de Ibn arabi*, p. 154

Jorge Luis Borges tiene escrita en alguna parte esta frase, que es de aplicación aquí: "Fue como si hubiera terciado en el diálogo un interlocutor más complejo".

Tachadura al margen. **El breve fragmento conservado: *(bajo los efectos de) la hipnosis, el joven Marcus retrocedió hasta...*, nos basta para constatar que el mensaje supuestamente vehiculado por esta cita insiste en el tema de la acotación precedente (probablemente la fuente sea la misma). Ello se presta a una conjetura: Si el autor vio en estas citas una embajada de su esposa difunta, ¿no se habrá sentido impelido a ponerse en manos de un especialista en hipnosis?**

Todo ser humano, querida, puede definirse como uno de los tres vértices de un triángulo amoroso. Todo ser humano tiene, pues, dos referentes muy íntimos. Uno es un semejante, otro ser humano como él: su alma gemela. Tan íntima a él porque juntos integraron antaño una Unidad. El otro referente -Dios- es infinitamente superior al ser humano; y sin embargo tan íntimo, tan próximo a él como el primero: porque Dios es esa Unidad que antaño las almas gemelas integraban. Sólo en los estadios avanzados de la Evolución se echa de ver que estos dos referentes íntimos de todo ser humano se necesitan, son solidarios uno de otro. Al punto que, en un individuo espiritualmente avanzado, no es extraño que lleguen a confundirse. Y esto explicaría aquella curiosa inversión de conceptos en la que incurren por un lado los místicos contemplativos, y por otro los amantes heroicos, verbigracia los caballeros corteses. Me refiero, Blanca, al aparente contrasentido que encierra el hecho de amar a Dios con el amor destinado al alma gemela -esto es, con amor erótico-, y al alma gemela con el amor reservado a Dios: o sea, con amor-adoración.

Porque en efecto, si examinamos este sentimiento de *adoración* al alma gemela (del que es una reminiscencia profana aquel estereotipo amoroso: "Te adoro"), vemos que es característico del matrimonio espiritual y, por ende, del heroísmo amoroso. Ello obedece al hecho de que, en el matrimonio espiritual, cada "cónyuge" referencia al otro en ese tercer vértice sagrado por encima de ambos. Pero no sólo al otro, Blanca: cada cónyuge no puede menos que referenciarse, que pensarse a sí mismo en Dios. Porque Dios es la verdadera identidad, la identidad secreta, momentáneamente en suspenso, del alma y de su gemela. De las dos, pero sobre todo de ambas en su conjunto, de ambas en cuanto pareja. En este último estadio del viaje al centro del amor, el alma gemela "existe en Dios y posee, en este sentido, una significación infinita", escribe V. Soloviev. Y continúa:

Por supuesto, tener una relación de trascendencia con otro y transportarlo en pensamiento a la esfera de la Divinidad supone que uno tiene la misma actitud para consigo mismo, que uno se transporta y que se afirma igualmente en la esfera de lo Absoluto. Yo no puedo reconocer la significación absoluta de una persona dada, o creer en ella -condición indispensable para el amor verdadero- más que afirmándola en Dios, por consiguiente creyendo en Dios y en mí mismo, pues es en Dios donde está mi centro y la raíz de mi ser. Esta fe trina y una es ya una suerte de acto interior, y es por este acto que es puesta la primera base de la reunión auténtica de un ser humano con otro, y de la restauración en él -o en ellos- de la imagen de Dios que es Uno en Tres... La unión individual de uno mismo y de otro, a este respecto, es el primer paso hacia la unión real. En sí mismo, no es más que un pequeño paso, pero sin él no es posible otro paso mayor después. [363]

Esta "fe trina y una", Blanca, es el misterio trinitario, que es el misterio supremo, el misterio de la Divinidad, del que la Trinidad cristiana no sería sino una distorsionada variante. Podríamos echar mano, para enunciarlo, de una imagen teatral. Diríamos que en Dios hay tres Personas, y esas tres Personas son el Uno en el proscenio y los Dos entre bastidores. En tiempos, los seres humanos formábamos parte de ese drama sacro. Pero caímos: el Uno hizo mutis por el foro a la vez que los Dos irrumpían en el proscenio. De lo que se trata ahora es de restituir a Dios el papel protagonista que en el humano drama amoroso le corresponde; de reconducir a los Dos (las almas gemelas) tras los bastidores dejando libre el proscenio a la Unidad. En suma, amor mío, se trata de reeditar en nosotros el misterio trinitario, misterio del que el matrimonio espiritual es, llamémosle, la antesala.

Las interpretaciones que del matrimonio espiritual nos proponen los antiguos sabios son, como te decía, de corte mágico. Tenemos, ante todo, el concepto medieval de "intercambio de corazones". En la medida en que yo he logrado entenderlo, las almas de los amantes predestinados, llegadas al grado más alto del amor -al *amor puro*, desnudo-, se vuelven porosas la una para la otra, se entretejen, se interpenetran. Es éste un proceso paulatino consistente en la interiorización, por el amante, de la persona amada. Esta interiorización, Blanca, no es estrictamente la del enamorado que todo el tiempo tiene presente en su cabeza a la amada: no es una interiorización puramente mental, sino anímica. Con ser subjetiva, no se trata pues de algo meramente

---

363. V. Soloviev, *Le sens de l'amour*, p. 76

subjetivo si hemos de creer a los antiguos sabios; no hablamos de una mera sensación, sino de algo dotado de una especie de realidad virtual o mágica. En virtud de esa interiorización mutua, el pecho de los amantes pasa a albergar un corazón doble, un alma andrógina. "Bella dama -canta el trovador-, vos tenéis dos corazones, el mío y el vuestro"[364]. Los dos llegan a ser de este modo un solo individuo en dos cuerpos (a la luz de ciertas averiguaciones budistas, esta osmosis no sería tan impensable como puede parecernos), sintiéndose ya siempre acompañados uno de otro por más que físicamente se hallen separados.

El "intercambio de corazones" es una interpretación medieval. Al Medievo le sucedió el Renacimiento, período fecundo en disertaciones sobre el amor, particularmente el gran Renacimiento italiano del siglo dieciséis. La bibliografía del Amor en el *Cinquecento* es impresionante: *Lezzioni Sopra l'Amore, Della Infinità di Amore, Dialoghi d'Amore, Conclusioni Amorose, I Tre Libri d'Amore, Sopra lo Amore, Libro di Natura d'Amore, Lo Specchio d'Amore,* y la lista sigue. ¡Nunca, en ninguna otra parte, se vio semejante concentración de detectives investigando todos al mismo tiempo el mismo asunto! Y bueno, una de las conclusiones más unánimes a las que llegaron esos ilustres "colegas", ¿sabes cuál es, querida? Que en el grado más alto del amor, las almas de los amantes obran esta suerte de milagro: "se unen en todas sus partes, combinándose y entremezclándose"[365], "se transforman la una en la otra"[366], "devienen una sola alma en dos cuerpos"[367]... Ahora

---

364. Folquet de Romans, *Domna, ieu pren comjat de vos*

365. G. Betussi, *Il Raverta*, en G. Zonta, *Trattati d'Amore del Cinquecento*, p. 34

366. F. Sansovino, *Ragionamento nel quale brevemente s'insegna a'Giovani Uomini la Bella Arte d'Amore*, en G. Zonta, *Trattati d'Amore del Cinquecento*, p. 180

367. B. Gottifredi, *Lo Specchio d'Amore*, en G. Zonta, *Trattati d'Amore del Cinquecento*, p. 297

bien, si ser *uno en dos* constituye ya una unión, esta unión es virtual todavía, semejante a una imagen dentro de un espejo; es real sólo en el plano mágico, en el plano o mundo imaginal, que es como traduce H. Corbin la denominación âlam al-mitâl que daban al mundo intermedio los sabios musulmanes de la antigua Persia. El mundo imaginal (que no imaginario) es, según Corbin, "donde toda fenomenología del espíritu tiene lugar"[368]: visiones, éxtasis, sueños lúcidos, iniciaciones místicas... y desde luego también los casamientos espirituales. Ah, pero incluso en el mundo intermedio, Blanca, ser *uno en dos* no es todavía la unión perfecta; ésta es accesible sólo en el Cielo, y consiste exactamente en la condición inversa: ser *dos en uno*. El *uno en dos*, sin embargo, era considerado el paso previo al *dos en uno*; la unión virtual, la antesala de la unión real.

Sí, todo esto es muy extraño, querida. Quizá un ejemplo te aporte algo de luz. Y es un ejemplo sacado de un amor epistolar como en cierto modo, provisionalmente, lo es ahora el nuestro... En la pasada carta te hablé del *Qiblah*, de la dirección hacia la que orientan sus devociones los musulmanes. Y te dije que el poeta y artista libanés radicado en Estados Unidos Kahlil Gibran (representado en los estantes de tu biblioteca por dos libros, dos poemas místicos: *El Profeta* y *El vagabundo*) declaró su fe en la existencia de un *Qiblah* particular de cada ser humano, en alusión al alma gemela. Bien, pues en una carta fechada a comienzos de los años veinte en Nueva York, Gibran escribía: "Hace ya años que tengo la sensación de haber descubierto la dirección hacia la que mi corazón se vuelve."[369]

---

368. Henry Corbin, *Cuerpo espiritual y Tierra celeste*, p. 18
369. Kahlil Gibran, Cartes d' amor, pp. 135-136

Esta confidencia, Blanca, es al mismo tiempo una declaración de amor, porque la *Qiblah* particular de Gibran, la mujer en quien Gibran creía haber reconocido a su alma gemela, era precisamente la destinataria de esa carta, una de las muchas que intercambiaron a lo largo de casi veinte años el escritor libanés y su compatriota afincada en El Cairo May Ziadah, otra gran figura de la literatura árabe. Pues bien, en carta dirigida a May por esos mismos días, Gibran hace balance de su jornada, y escribe: "El nuestro ha sido un día febrilmente agitado. Desde las nueve de la mañana hasta ahora no hemos parado de despedirnos de gente para acabar volviéndonos y saludando a los recién llegados. Pero todo este tiempo he estado mirando a mi compañera, minuto a minuto..." Pensarás seguramente que May había viajado desde El Cairo para pasar esa jornada en Nueva York junto a su amado. Pero no. De hecho, Blanca, Gibran y May no llegaron a conocerse nunca en persona. ¿Qué ocurre, pues? Ocurre una cosa muy extraña: y es que a través de sus cartas, Gibran ha interiorizado tanto a May, que de algún modo ella vive dentro de él; o mejor, que él es también ella. "He alabado a Dios –prosigue- y le he agradecido la jornada y su duración porque, en el espacio de este día, May ha hablado con mi lengua, me ha dado la mano y, así, yo he dado su mano a otros. Todo el día he visto a través de sus ojos, descubriendo amabilidad en el rostro de todo el mundo, y he escuchado con sus orejas, sintiendo dulzura en sus voces."[370]

Pese a residir en ciudades tan distantes, Gibran y May no se separan el uno del otro ni un momento. Porque, como le escribirá ella en otra carta, "tú vives en mí y yo en ti".

---

370. Kahlil Gibran, *Cartes d' amor*, pp. 137-8

EL VELO DE ISIS

Acabo de escribir que Gibran y May no llegaron a conocerse personalmente. Desde luego, en aquel entonces, Nueva York y El Cairo eran dos ciudades mucho más distantes, en jornadas de viaje, de lo que lo son ahora. Pero, ¿no se dice de los enamorados que viajarían hasta el fin del mundo con tal de estar juntos? ¡Cuánto más con tal de conocerse en persona, y no sólo por carta y en fotografía! Pero no saquemos conclusiones precipitadas. Ese aparente desinterés por el contacto personal, Blanca, cuadra con lo que parece ser una paradójica peculiaridad del "intercambio de corazones". Y es que, una vez consumado éste, la percepción de la amada o el amado por los sentidos físicos deja de ser imprescindible. Puede hasta llegar a hacerse superflua, porque ella o él reside en el corazón de su amante: allí se evocan el uno al otro siempre que quieren, ya sea en sueños o ensoñaciones, en la meditación o en la fantasía despierta. "Mi dama -canta el trovador-, yo os contemplo sin velo en mi corazón."[371]

Este velo sin el cual el trovador contempla en su corazón a la dama, amor mío, es el velo de la condición humana. Porque el alma de la amada no se transfiere a la del amante tal cual es: en este proceso de interiorización sufre una criba, pasa por un cedazo. El amante aventa en su corazón el grano divino de su amada, su Yo esencial, separándolo de la paja humana, de su yo adquirido. Conforme la interioriza, transfigura a la amada despojándola de su condición mortal: *la deifica*. V. Soloviev lo expresaba diciendo que la referenciaba en Dios, ¿recuerdas? El porqué de esta operación es que,

---

371. Raimbaut d'Orange. Citado por R. Nelli, *op. cit.*, p. 197 (las cursivas son del autor de la carta)

en estos estadios últimos de la Evolución, el amor humano se ha transmutado ya en buena medida en amor divino, en amor puramente espiritual, y el amor divino tiende naturalmente a proyectarse sobre un ser divino. El caso, Blanca, es que al obrar así, al transfigurar en una diosa a la amada virtual que reside en su corazón, el amante no hace otra cosa que anticiparse a lo que de forma inminente ha de operarse en la realidad: esto es, la conversión de ambas almas gemelas en lo que Dios es, en virtud de su unificación mutua.

Hace un momento aludíamos al sueño como uno de los procedimientos de evocación de la amada o el amado en el último estadio de la Evolución del amor. Ahora tomaremos pie en esa alusión para ocuparnos de un sueño célebre de la Literatura. Célebre, sobre todo, entre los sabios de la vertiente oculta o de "detrás" de la sabiduría, para los cuales se convirtió en texto de culto. El libro es otro exponente de la exuberancia del Renacimiento italiano por lo que hace a la literatura amorosa. Siguiendo la costumbre de tantos sabios antiguos, el autor omitió su nombre. Pero uniendo las primeras letras de cada capítulo, se lee una frase en latín: "Poliam frater Franciscus Columna peramavit", "Fray Francesco Colonna amó a Polia". Y los escoliastas han localizado en el siglo quince, en un convento de Venecia, a un fraile dominico con ese nombre que había estado casado con una Hipólita. Quizá el duelo le moviera a tomar los hábitos y a escribir este enigmático libro henchido de simbolismo: el *Sueño de Polífilo*.

Pero ésa es sólo la abreviatura. El verdadero título -*Hypnerotomachia Poliphili*, "*Lucha de amor en sueños de Polífilo*"- es descriptivo, pues se trata en efecto del relato de una lucha, la de la progresión en sueños de un amante heroico por el arduo camino conducente al casamiento celestial. Repara,

Blanca, en el nombre del protagonista: *Polífilo* quiere decir "el que ama a Polia". O sea que, igual que vimos hacer a los amantes udríes, este héroe renacentista se identifica a sí mismo por referencia a su amada. En el estilo recargado y pedante que le caracteriza (y que dudo que fuera de tu agrado), fray Colonna escribe: "Amor, que mueve todas las cosas que son semejantes", se encargó de "llamarles y conciliarles oportunamente"[372] en la Tierra. Sin embargo (como en nuestro propio caso, querida, y por idéntica causa), esta conciliación no fue todo lo larga que ellos hubieran deseado. Y ahora, en este viaje soñado al Cielo, todo el afán de él se centra en lograr "que ambos seamos unidos fuertemente con un solo vínculo."[373]

Tachadura al margen. He aquí la mutilada cita: .../...; *ella... de algodón...; su esposo, levita.../... (zapatos) con hebilla.../... tocado él con un sombrero de tres picos"*. Nueva referencia al siglo dieciocho, al que corresponde la indumentaria descrita.

Polífilo se sueña perdido en la espesura de un bosque, acuciado por la sed (el apetito carnal) que le quema la garganta. Encuentra al fin una fuente, se dispone a beber. Pero entonces un canto divino llega a sus oídos: un canto cuya "dulzura y el deleite que procuraba me parecían más placenteros que la bebida que iba a llevarme a los labios. Casi fuera de mí, con la inteligencia estupefacta y el apetito adormecido, abrí los dedos que retenían el agua, que cayó al húmedo

---

372. Francesco Colonna, *Sueño de Polífilo*, (traducción de Pilar Pedraza), p. 676
373. *Ibid.*, p. 666

suelo."[374] Escapa luego de las acometidas de un furioso dragón y halla la salida de un laberinto subterráneo (el dragón y el laberinto de las pasiones). Superadas todas estas pruebas, le sale al encuentro su amada. Al principio le cuesta reconocerla, porque esta Polia del sueño es una Polia celestial, divina: "¡Oh, altísimo Júpiter, he aquí una huella de tu divina imagen!", exclama al verla. No obstante, "apenas su amoroso rostro y su gratísima presencia pasaron a través de mis ojos a las partes íntimas, *mi memoria, que la recordaba, se despertó*."[375] Más tarde, de camino a la isla donde la diosa del Amor Venus oficia los casamientos celestiales, le asaltará de nuevo la duda. Pero fíjate: él se muestra en todo momento fiel a su amada terrenal. Aun rendidamente enamorado de esta diosa soñada, parece dispuesto a renunciar a ella en el caso de que no se trate de su querida Polia, y sólo una vez confirmada esta identidad aceptará desposarla.

El soñador Polífilo es por esto, Blanca, el ejemplo perfecto de evitación de ese error frecuente entre los amantes heroicos, a saber: que, una vez recorrido el camino interior de deificación de la amada, la percepción por los sentidos de la realidad todavía humana de ésta se les antoje no ya prescindible, no ya superflua, sino incluso contraproducente. "Por eso -le dice Ibn Hazm a su dama-, yo no quiero reencontrarte, y es solamente al sueño que le pido unirme a ti: la unión de las almas ¿no es mil veces más noble, por sus efectos, que la mezcla de los cuerpos?"[376] Lo mismo que Polífilo, Ibn Hazm acaricia en sueños el casamiento celestial. Pero él no quiere saber ya nada de su amada de carne

---

374. *Ibid.*, p. 86
375. *Ibid*, p. 277
376. Ibn Hazm, *El collar de la paloma*

y hueso. También Majnún, llegado a este estadio último de su amor, rehuye a la Layla física, que le distrae de la contemplación de la Layla "sin velo", de la Layla puramente espiritual que él alberga en su alma. Es ésta la imagen de la Layla auténtica, que ni tan siquiera responde a ese nombre, porque el nombre "Layla" es otro velo: es el nombre de su yo adquirido. Nuestro amigo el remendón de Görlitz diría que su auténtico nombre es Sofía, la Virgen divina, verdadero objeto del amor de todo hombre.

Este objeto verdadero de su amor se le revela al alma en el último estadio de su evolución. Es entonces cuando, deslumbrado por esa revelación, Majnún (e Ibn Hazm y Boehme y tantos otros) cae en el error de disociar a Sofía de Layla, perdiendo de vista que en el fondo se trata de dos nombres para la misma persona. En la base de este error, Blanca, está en definitiva la gran servidumbre del amor platónico, el cual por su propia naturaleza tiende hacia lo eterno e inmutable y rehuye lo precario, lo sujeto a cambio. A este error del que hablo podría obedecer la "hipótesis angélica", si vamos al debate sobre la mitad perdida del alma. (Pero no vamos a eso, porque no quiero descalificar ninguna de sus cuatro hipótesis: todas son atendibles, todas son posibles.) Este error está en línea con aquel espurio consejo que algunos intelectuales gustan de impartir, que yo mismo tuve que escuchar una vez de boca de don Ignacio, mi viejo profesor de latín: "Si un día dais con vuestra media naranja -nos dijo un día en clase al hilo de un comentario de texto-, sobre todo no cometáis el error de casaros con ella." Él tenía la idea de que la cotidianidad, de que la diaria convivencia, al domesticar el amor, lo que hace es sustraerle su misterio, por tanto matarlo. ¡Me pregunto qué hubiera dicho de nuestros cincuenta años de feliz matrimonio, ese flagrante desmentido de su idea!

¿Quieres un cuento de hadas? Posiblemente no te resulte familiar. Ah, pero no te extrañe, es un cuento poco conocido. Su autor, el romántico alemán Novalis, lo incluye en *Los discípulos en Saïs* un poco a modo de síntesis o quintaesencia de esta novela inacabada, y es un cuento muy jugoso. Trata de dos niños con nombres de lo más cursi, Jacinto y Botón-de-Rosa, dos niños que se aman tiernamente y cuyas casas colindan, lo que propicia que se críen juntos. Crecen, y un día Jacinto recibe la visita de un anciano sabio que le habla del Más Allá; radica ahí, le dice, un gran enigma. Ese enigma, querida, estriba en una "cámara misteriosa" (la Cámara Nupcial) donde aguarda al joven Jacinto una "virgen velada". El velo de esta virgen es un velo nupcial, y es el velo de la diosa egipcia Isis (que es una diosa que cautivó a los sabios del anterior cambio de siglo). Total, que ya tienes a Jacinto obsesionado con esta diosa. Como consecuencia, descuida cada vez más a Botón-de-Rosa, a la que acaba abandonando para partir en busca de la diosa Isis, resuelto a casarse con ella. Hacia el final de su viaje, que es largo y plagado de dificultades (este viaje no es otro que el viaje heroico cuyo itinerario estamos bosquejando en estas cartas: el viaje del amor hacia su "sentido interno"), Jacinto deja atrás la Tierra y se encarama a la residencia de los dioses. Conforme atraviesa las regiones celestiales, él mismo va transfigurándose en un dios. Y llega al fin a su destino. Llega a "la mansión de los siglos eternos, el Sancta Sanctorum", donde el mensaje del anciano sabio se confirma. Ahí está en efecto su prometida, la ansiada "virgen celestial", la diosa Isis, aguardándole. Jacinto se acerca a su trono, impaciente por casarse con ella, por unirse a ella por medio de ese símbolo tradicional de la *unión perfecta*: el beso. Le aparta para ello el velo del rostro y... ¿qué crees que se le ofrece a la vista? Un rostro familiar, Blanca: el rostro de Botón-de-Rosa.

"En un beso revela el enigma, resuelve dulcemente el enigma."[377] Con estas palabras concluía Novalis sus anotaciones para este cuento en esbozo, que no sé si te habrá gustado, pero que te será útil para entender la actitud descaminada de la que hablábamos, aquella en la que incurren a veces los amantes heroicos al final de su Búsqueda. El amor de Jacinto por Botón-de-Rosa se ha transformado: no es ya amor humano sino divino. Pero ella sigue siendo de carne y hueso. Jacinto juzga entonces indigna de su amor a Botón-de-Rosa, a la Botón-de-Rosa humana, que por así decir se le ha quedado pequeña, y busca otra amada más a la altura de su amor: una amada divina. Cuando al fin la encuentra, cae en la cuenta de su error: descubre que esa amada divina que perseguía no es otra que su amada humana transfigurada, su amada humana ascendida a la categoría de diosa.

Esta desvalorización de la amada o el amado humano -a quien se juzga incompatible con la Amada o el Amado divino- y la consiguiente actitud de desapego hacia ella o él, es frecuente en la vertiente de "delante" de las religiones, Blanca, no tanto en la de "detrás". Los santos y ascetas contemplativos a menudo piensan el amor a Dios y el amor humano como una disyuntiva. Pero ya te dije: se trata de una disyuntiva falsa. Incurrir en este error es olvidar que Dios es el tercer término, el vértice superior de un eterno triángulo amoroso. Cuando al final de su periplo evolutivo, estos santos y ascetas (presumiblemente amantes heroicos en vidas pasadas) alcancen a ver el rostro de Dios (en numerosas tradiciones espirituales, este Rostro queda oculto por un velo como el de la diosa Isis, un velo que sólo se alza el Día del Juicio Final del alma), al desvelárseles el rostro de Dios, digo, se encontrarán

---

377. Incluido en el libro de Novalis: *Los discípulos en Sais.*

con la misma sorpresa con que se toparon el Jacinto de Novalis y el Polífilo de Francesco Colonna: descubrirán que Dios tiene un rostro familiar para ellos.

Porque Dios ostenta un Rostro -un *Nombre*- particular para cada alma y para cada pareja de almas gemelas, Blanca. ¿Reconoces estos versos?: "La 'Vida futura', para mí / Residencia demasiado simple / A menos que en el Rostro de mi Redentor / Reconozca yo el tuyo."[378] Claro que sí: están tomados de uno de los volúmenes más amorosamente manoseados de tu biblioteca. Me refiero, por supuesto, a los *Poemas* de la americana decimonónica Emily Dickinson, quien -con su contemporánea inglesa Elizabeth Barrett Browning- son tus poetisas más queridas. Los versos de ambas en edición bilingüe (uno de cubiertas color añil, otro de un lívido azul celeste) quedaron en tu mesilla de noche tras tu partida. Y es que tú solías leer un poema cada noche antes de dormirte; y eso aunque nos acostáramos tarde, muy tarde a veces, después de haber salido al cine o a cenar. Y si bien en esas ocasiones elegías un poema breve, había noches en que aun así el sueño te vencía, y entonces era yo, que siempre he tenido más dificultad que tú en conciliar el sueño, el encargado de retirar con mucho cuidado, no fuera a despertarte, el libro de tu pecho, de arroparte y apagar la luz de la mesilla... no sin antes quedarme absorto unos instantes observándote, porque observarte mientras duermes es una delicia.

Sí, perdona, otra vez divago. Examinemos los versos: "La 'Vida futura', para mí / Residencia demasiado simple / A menos que en el Rostro de mi Redentor / Reconozca yo el tuyo." Influida por los teólogos cristianos, Emily Dickinson concebía la "Vida futura", es decir la vida eterna en el Paraíso,

---

378. "La vida que...", *Poemas Completos de Emily Dickinson*

como la contemplación perpetua, por los bienaventurados, del Rostro de Dios -un Rostro asimilable al de Cristo Redentor, para los cristianos. Pero mira, en este Rostro ella esperaba reconocer el de su amado terrenal: un hombre cuya identidad nos oculta bajo alias en sus poemas; alguien al que, al decir de sus biógrafos, conoció en su juventud y perdió luego en circunstancias ignoradas. La esperanza de reencontrarse en el Cielo con este amor secreto y consumar Allí el matrimonio que en la Tierra les había sido negado, fue al parecer el mayor aliciente en su solitaria vida. De ello dan fe muchos de sus poemas..., como aquel otro que dice: "Suficiente Promesa, que nos levantaremos, / Depuesta al fin la Tumba, / A ese nuevo Matrimonio, / Justificado a través de Calvarios de Amor."[379]

Ese "nuevo Matrimonio" que aguarda a la poetisa y a su alma gemela tras la Resurrección (otro eco cristiano), es el matrimonio celestial, querida. Del que el espiritual, decíamos (y regreso con ello al nudo de mi carta), constituye, en este mundo inferior, la antesala... El matrimonio espiritual es el grado máximo de unión al que pueden aspirar dos almas gemelas en tanto permanezcan encarnadas. Pues, aunque todas las demás barreras (las del *ego*) hayan caído, el cuerpo físico se yergue todavía como un último obstáculo en el camino hacia la unión real. Las almas gemelas casadas "por el Espíritu" deben pues aguardar a la muerte para casarse "por el Cielo", para unirse *realmente* como es su íntimo deseo. Hasta entonces, y a pesar de ese puente sutil, de ese puente mágico tendido entre ellas, siguen siendo *dos*. Sólo la muerte puede abolir ese último obstáculo y hacer así realmente de los dos, uno solo. Es lo que, en tantas leyendas de

---

379. "Y así, cuando todo el tiempo...", *Ibid.*

amor heroico, viene simbolizado por los dos ramajes entrelazándose sobre las tumbas.

> Tachadura al margen. Se distinguen a duras penas las palabras: *blanco trono de Dios*. La reciente mención a Elizabeth Barrett Browning me ha permitido identificarlas: pertenecen a un verso de uno de los *Sonetos traducidos del portugués* de la poetisa inglesa. El verso completo reza: *"Al blanco trono de Dios finalmente me volví"*, y continúa: *"Y allí te vi a ti en Su lugar"*. Es uno de los contados casos en que la acotación al margen parece coincidir con el contexto de la carta.

LA IGLESIA DEL AMOR

Cuando he aludido arriba a los santos y ascetas contemplativos que habrían sido presumiblemente amantes heroicos en vidas pasadas, se me han venido a la cabeza -como una imagen posible de esas vidas pretéritas- los matrimonios espirituales entre los primeros cristianos. Y es que las fuentes de la historiografía antigua, Blanca, nos dan cuenta de que, en el cristianismo de los primeros siglos, proliferaron los matrimonios basados no en la procreación, como dictaba la ortodoxia, sino en el vínculo espiritual de los esposos. Y ése era un vínculo que se fortalecía por la castidad. Fueron muchos los matrimonios cristianos de esos tempranos siglos que tomaron la unión virginal de María y José como modelo. Se creía que tales uniones castas, al propiciar la santificación mutua de la pareja, allanaban el camino a la Resurrección; pero también a la reunificación futura de los esposos al consolidar el vínculo espiritual que los unía. Se tiene incluso noticia de la eventual asociación de estas parejas en comunidades monásticas bastante numerosas, como la fundada a finales del siglo cuatro cerca de Nápoles por san Paulino de Nola y su esposa Teresa.

Como muchos de estos piadosos matrimonios, Paulino y Teresa hicieron honor a la cualidad altruista del amor verdadero, dedicando su vida al sostenimiento de los menesterosos y al cuidado de los enfermos. El hecho de estar casado no impidió a Paulino ser ordenado sacerdote y hasta llegar a obispo. Muchos clérigos y eremitas de los primeros siglos adoptaron el *syneisaktismo*, que es el término griego que designa este modelo de vida ascética caracterizado por la casta cohabitación de dos ascetas de sexo opuesto. Tales parejas compartían cama en muchos casos: el *syneisaktismo* implicaba así una prueba heroica equivalente al *assag* medieval. Pero ¿cuál era su objeto? Según algunas fuentes, trataba de definir -en base a la desvalorización evangélica del matrimonio terrenal tal como se formula en Mt. 22:30, Mc. 12:25 y Lc. 20:34-36- un nuevo modelo de matrimonio fundado sobre la comunión espiritual de la pareja. Por más que el *syneisaktismo* fuese declarado herético en el año 325 por el Concilio de Nicea, de hecho persistió con vigor hasta el siglo seis y, en algunas aisladas regiones de la cristiandad como Irlanda, hasta mucho más tarde.

Aunque es con desdén que las fuentes ortodoxas califican de *agapeti*, "amados", a estos clérigos y ascetas, y de *agapetae*, "amadas", a sus compañeras vírgenes ("virgen" era el término de la época para la monja, para la mujer consagrada a la vida religiosa), es con todo la denominación que mejor les cuadra, querida, toda vez que Ágape -amor espiritual, amor divino- es justamente la clase de amor que se profesaban estas parejas ascéticas. Sin embargo, uno de los pretextos alegados por la ortodoxia para condenar tales uniones, era la desconfianza respecto de su castidad. Atanasio, Padre de la Iglesia, menciona el caso de un clérigo de nombre Leoncio que, a fin de rebatir ese argumento, no dudó en castrarse a sí mismo, demostrando así que su amor por Eustolia no tenía nada de libidinoso. Otros casos aún más llamativos -cuanto que implican milagros- son estos dos, reseñados por Gregorio de Tours, y que ejemplifican aquellas leyendas de amor heroico destinado a culminar en la tumba, a las que me refería hace un instante:

El feretro de un obispo del siglo tres llamado Riticio (del que nos dice Gregorio que estaba unido a su esposa "por el abrazo del amor espiritual") opuso resistencia a ser enterrado en la tumba preparada para él. Hasta que alguien recordó que Riticio le había prometido a su esposa en su lecho de muerte que ambos serían enterrados en la misma tumba, para que "así como el amor de una sola castidad les preservó en una cama, les mantuviera también unidos en una misma tumba"[380]. También los santos confesores Injurioso y Escolástica -sigue refiriendo Gregorio- dormían en la misma cama "con loable castidad" y fueron asimismo recompensados con la unión eterna. En efecto, cuando ella murió, él no tardó en seguirla, pero de nuevo omitieron enterrarles juntos, por lo que nuevamente se impuso un milagro: "Cuando amaneció y la gente acudió a visitar el lugar, encontraron las dos tumbas una al lado de la otra, pese a que las habían dispuesto muy apartadas. Lo que demuestra que, cuando el Cielo une a dos personas, el monumento que cubre sus sepultos cadáveres no puede mantenerlos apartados. Hasta nuestros días, los habitantes del lugar han dado en llamarles 'los Dos Amantes'."[381]

---

380. Gregorio de Tours, *Gloria confessorum* c.74
381. Gregorio de Tours, *Libri Historiarum* X, 1.47

Estos dos ejemplos, querida, nos hablan a las claras de la vocación de eternidad de estas uniones castas. Y es que, como sugiere el principal avalador cristiano del matrimonio espiritual -como sugiere san Agustín en *De nuptiis et concupiscentia* y *De bono coniugalis*-, la naturaleza divisoria del sexo tiene su contrapartida en la propiedad unitiva e indisoluble del amor espiritual.

En el cristianismo primitivo, no existían aún ritos nupciales propiamente dichos: el matrimonio era un acto privado que requería tan sólo del consentimiento de los contrayentes. Pero, como ya vimos en otra carta, Blanca (¿te acuerdas del «Crisma en la Cámara Nupcial»?), algunos cristianos de la época sí practicaban un rito nupcial: salvo que este rito no estaba pensado para formalizar matrimonios terrenales sino espirituales... Hay un dato curioso que será de tu interés. Aunque ahí donde estás no rija nuestro calendario, sin duda te acordarás del catorce de febrero. Esta estilográfica con la que te escribo me la regalaste precisamente ese día tan señalado en nuestra cultura occidental: el Día de san Valentín, la solemne fiesta de los Enamorados. Ahora, ¿sabías que hasta entrado el siglo diecinueve la celebración de esta festividad incluía ritos de carácter nupcial? En virtud de tales ritos, hombres y mujeres -denominados al efecto *valentines* y *valentinas* y emparejados por sorteo- quedaban unidos por un vínculo espiritual que no interfería con los matrimonios "terrenales" y obligaba a cada pareja a guardarse fidelidad mutua hasta la festividad del año siguiente. Aunque el origen de tales ritos sea incierto, hay estudiosos que opinan que podrían ser reminiscencia de aquellos casamientos espirituales celebrados en las comunidades de gnósticos valentinianos del siglo dos. El Día de san Valentín debería su nombre, no al santo y mártir romano (tal advocación habría sido un intento de apropiárselo por parte de la Iglesia), sino al maestro gnóstico.

Y ya que menciono al más destacado de los maestros gnósticos, querida, Valentín suscribía la concepción antigua de la Dualidad como el principio subyacente a la totalidad del Universo. De acuerdo con esto, otorgaba una importancia capital a la relación amorosa entre el hombre y la mujer. Esta relación estaba destinada a culminar en el Cielo, en un matrimonio celestial. Pero tal culminación pasaba por un matrimonio previo de índole espiritual aquí en la Tierra. En un texto gnóstico valentiniano, posiblemente del propio Valentín, se lee: "Cualquier hombre que esté en el mundo y no haya amado a una mujer de tal modo que se vuelva uno con ella, no alcanzará la Verdad." Verdad y Divinidad venían a ser sinónimos para los gnósticos. La fórmula "cualquier hombre que esté en el mundo" no es gratuita. Valentín distinguía entre los hombres "que son del mundo" y los "que están en el mundo". Es decir, entre aquellos en cuya alma entra todavía una componente material -y que por tanto pertenecen aún al mundo físico-, y aquellos otros que, habiendo desnudado de Materia su alma, son ya extraños al mundo: no *son* ya del mundo, sólo *están* en él. Pero este logro -el desnudamiento del alma- no basta, se nos dice: el aspirante a la Verdad debe, además, amar a una mujer (al alma gemela) y debe amarla "de tal modo que se vuelva uno con ella". Ya hemos visto cuál es este modo de volverse uno con el alma gemela, de alcanzar con ella una unión efectiva; este modo es espiritualizando, desnudando el amor. Es así que Valentín -o el discípulo de Valentín- agrega a su recordatorio esta segunda parte: "Pero aquel que *sea* del mundo y se una a una mujer, no alcanzará la Verdad, porque practicó el sexo por concupiscencia solamente".

El ritual gnóstico de casamiento no fue la única ceremonia por la que antaño se formalizó el matrimonio espiritual. En todas partes, en todas las épocas, se tiene noticia de la existencia de matrimonios espirituales formalizados por medio de ritos. Tales ritos pueden ir desde la sencillez de un intercambio de juramentos, desde la simple mezcla de sangres a través de una incisión en la punta del dedo, hasta solemnidades ceremoniales. En la anterior carta aludí de soslayo a un modelo medieval: el que idearon los amantes corteses en busca de un marco nuevo para su amor. Dicho rito incluía testigos y una ceremonia solemne, reglamentada con un protocolo y unas fórmulas establecidas. En una canción de gesta del siglo doce -pero anacrónicamente ambientada tres siglos antes- titulada *Girard de Rossilhon*, encontramos un bello ejemplo de ese modelo:

Dos amantes corteses, Gerardo de Rosellón y Elisenda de Bizancio, están prometidos en matrimonio. El suyo es un compromiso por amor, cosa excepcional para la época. Otro matrimonio más al uso, uno de conveniencia, se concierta entre Carlos el Calvo (aquel rey francés que acogiera en su corte a nuestro amigo Escoto Erígena) y la otra hija del emperador de Bizancio, Berta. Carlos y Berta no se han visto nunca en persona y, cuando eso sucede, al rey le impresiona menos la belleza de Berta (sin duda es la belleza objetiva la que le mueve) que la de su hermana. Inmediatamente se dispone un cambio de planes: Carlos se casará con Elisenda y Gerardo con Berta. Gerardo y Elisenda no protestan, pero no te extrañe, amor mío: recuerda que antaño el matrimonio terrenal tenía poco que ver con el amor, que el amor verdadero debía hacer nido en otra parte. Ese nido lo hallan ellos en aquella nueva modalidad de matrimonio de que te hablaba. Sus respectivos cónyuges "terrenales" asisten al casamiento, porque no se consideraba que el matrimonio espiritual interfiriera con el terrenal: ambas modalidades comprometían aspectos diversos de la persona. Durante la ceremonia, Elisenda se dirige a los testigos con estas palabras: "Escuchadme, condes Bertoldo y Gervasio. Y vos, querida hermana, sed mi confidente. Y vos sobre todo, Jesús redentor. Os tomo como testigos y garantes de que por este anillo doy para siempre mi amor al duque Gerardo. Con mi beso le doy la flor de oro (otro antiguo símbolo de la Unidad), pues le amo más que a mi padre y que a mi marido. Al separarme de él, no puedo sino llorar." Luego viene el colofón del narrador, que escribe: "el amor de Gerardo y Elisenda perduró para siempre, puro de todo mal pensamiento, y sin que hubiera otra cosa entre ellos más que buena voluntad y entendimiento oculto."

La actitud tolerante de Berta y Carlos ante el casamiento espiritual de sus cónyuges "terrenales", Blanca, ¿no te hace pensar en la reacción del rey Marcos a la vista de la espada desnuda interpuesta entre Tristán e Isolda? Según la versión de los hechos del *Tristán* de Eilhart von Oberg: "Él vio la espada entre ellos, la examinó y, tendiendo la mano con gran precaución -ellos estaban dormidos-, tomó el arma de Tristán. En cuanto la hubo tomado a los dos seres de alto mérito, sacó la suya del forro: sin hacerles ningún daño, puso en su forro la espada de Tristán y colocó la suya allí donde antes estaba la otra."[382] Por este acto, Marcos les está dejando un mensaje: les comunica que ha estado allí, que ha podido matarles, pero se ha abstenido al descubrir que su amor es casto. Marcos reconoce el "alto mérito" de los dos amantes. Ahora bien: desde el momento en que éstos se fugan juntos, su matrimonio espiritual ha entrado en conflicto con el terrenal de Marcos e

---

382. Eilhart von Oberg, *Tristán*, vv. 4626-4636.

Isolda. Por ello, al acto de reemplazar la espada, el rey agrega otro igual de significativo: deja su guante, en representación de su mano, sobre su esposa dormida. Le recuerda con ello a Tristán que su derecho sobre Isolda termina con la comunión anímica; que la posesión le corresponde a él, el marido terrenal. Es porque capta el mensaje, que Tristán, de común acuerdo con ella, entrega a Isolda a su marido y parte luego al exilio.

En el *Tristán*, los esposos espirituales se acuestan juntos pero con una espada interpuesta. La costumbre cátara, tomada seguramente de los primeros cristianos, prescribía que los esposos espirituales se acostasen juntos, pero vestidos y sin tocarse. "Sé en verdad que el amor puro nunca traiciona. Preferiría yacer vestido que desnudo bajo el cubrecama."[383] Quien así habla no es estrictamente un cátaro, Blanca, es un trovador. Pero es que, en Occitania, la revolución del amor propagada por los trovadores tuvo como fondo ideológico el catarismo. Al igual que sus antecesores gnósticos, los cátaros creyeron en la necesidad, para el alma humana, de depurarse de las contingencias materiales que la lastran, con vistas a la liberación de su exilio en este mundo y al retorno a su origen en Dios. Este ideal de purificación justifica el nombre "cátaros" -del griego *katharós*, "puro"- por el que les conocía el común de la gente. Ellos se designaban a sí mismos *bonshommes*, "buenos hombres", o simplemente "cristianos", y se dividían en "perfectos" y "creyentes". La estricta norma de vida que regía para los unos, se flexibilizaba para los otros. Podríamos decir que los perfectos -y éstos tanto podían ser hombres como mujeres, Blanca, pues la sociedad cátara era igualitaria- habían optado por la vía heroica, en tanto que los

---

383. J. Rudel, "Belhs mes l'estius e·l temps floritz", V

creyentes vendrían a ser los representantes de la vía evolutiva y mayoritaria, esa vía que se sustancia poco a poco (la reencarnación era también una convicción cátara) en el curso de una larga sucesión de vidas.

En el ideal de vida cátaro ocupaba sitio preferente la castidad. La castidad entendida no en el sentido negativo de mortificación de la carne, sino en el positivo de potenciación del Espíritu: ya que también para los cátaros, querida, el amor casto, espiritual, era una escalera a Dios. Rechazaban el matrimonio terrenal, en su tiempo basado exclusivamente en criterios prácticos y materialistas, y, a la manera de los primeros cristianos, abogaban por una nueva forma de matrimonio cuyo fundamento fuese el amor espiritual entre los esposos. Desde luego, no todos los creyentes -entre los que se contaban muchos nobles- podían sustraerse a los condicionantes sociales que les compelían a contraer matrimonios de conveniencia. Pero se sabe, Blanca, que, durante la cruenta cruzada instigada contra ellos por el Papa, fueron muchas las damas y los caballeros cátaros que, abandonando a sus cónyuges terrenales, se fugaron con sus amantes platónicos, a los que consideraban sus verdaderos cónyuges. En los archivos de la Inquisición ha quedado constancia de que en el castro de Montsegur, último bastión de la resistencia cátara, apenas si había esposas "legítimas": los caballeros convivían allí con sus *amasiae uxores*, con sus "amigas esposas". Aunque, en su calidad de simples creyentes, el sexo no les estuviera vedado, parece ser que la mayoría de estas parejas lo evitaban voluntariamente, ateniéndose a la misma idea elevada del amor que les había llevado a fugarse juntos. Sí, Blanca, y existen datos para pensar que muchas de estas parejas se hicieron casar por los perfectos, por los ministros de la "Iglesia del Amor", que así se llamó a la Iglesia cátara, poniendo así en práctica *in extremis* esa nueva forma de matrimonio sobre la que los cátaros teorizaban: un matrimonio basado en el amor espiritual, el libre consentimiento mutuo y la fidelidad recíproca.

Acabo de aludir a la cruzada que, en el siglo trece, acabó a sangre y fuego con el catarismo y con la floreciente civilización occitana que lo apoyaba. Es que los cátaros, Blanca, fueron conceptuados como herejes; lo que significa que tenían su propia forma de entender y de vivir el cristianismo. Una forma afín a la de los gnósticos, y mucho más próxima al cristianismo original (no tienes más que considerar lo antípoda que es a la enseñanza de Cristo la idea de cruzada) de lo que lo estaba el cristianismo oficial de entonces. Hará ya unos tres años que leí todo lo que pude hallar sobre los cátaros, pero su historia sigue impresionándome, reverbera en mi imaginación como el primer día. (Por cierto, por esas lecturas me enteré de un detalle que no te será indiferente: supe que los cátaros tenían un color favorito, y que ese color era el azul: los perfectos vestían túnicas azul oscuro y, aunque en la época de la cruzada adoptasen la indumentaria corriente, la preferencia por el azul siguió delatándoles.) Después de indagar sobre su tragedia, sentí el impulso de todo buen detective y quise examinar el escenario de los hechos, así que convencí a Sebas (ya sabes, nuestro vecino del cuarto, el de la hamaca colgada en el salón) para que me acompañase en un recorrido cultural por Occitania y la Provenza. Nunca olvidaré el neblinoso amanecer en que me encaramé a ese nido de águila sobre un risco que es el castillo de Montsegur. No se me borra la emoción que me embargó entre sus ruinas al pensar en el coraje de aquellos héroes, de aquellos "mártires del puro amor cristiano" como se les llamó, que (imitando también en esto a los primeros cristianos) prefirieron morir antes que abjurar de sus convicciones. Con el ánimo encogido, imaginé sus últimos días de sitio, esos aciagos días en que del cielo llovían piedras mientras las mujeres se afanaban en socorrer a los heridos, y los perfectos impartían el *consolamentum*, el sacramento cátaro, destinado a franquear las puertas de la Eternidad a los moribundos. Mientras descendía hasta la carretera, donde me aguardaba Sebas, no pude contener las lágrimas al pensar en todas aquellas parejas de esposos espirituales que perecieron quemados al pie de esa colina, en una gigantesca pira nocturna.

Pero ¿cuáles eran esas convicciones por las que se dejaron matar? El nudo de la doctrina cátara, Blanca (y el de la maniquea y la gnóstica si a eso vamos), hace referencia a la existencia, en el Universo, de dos principios o sustancias elementales en perpetua pugna. Los cátaros eran sensibles a la imperfección y el sufrimiento que la Dualidad escindida del mundo entraña, y no podían admitir que Dios fuera responsable de eso o lo consintiese. No al menos el Dios misericordioso, el Dios de Amor en el que ellos creían. Por eso conjeturaron la existencia de otro Dios independiente del verdadero; de un Dios malvado que sería el que habría creado este mundo imperfecto y lleno de sufrimiento. No se les ocurrió pensar (o no lo juzgaron plausible) que ese Dios bastardo al que hacían responsable de la Dualidad escindida y del sufrimiento, podía no ser sino una porción caída del Dios verdadero, y que esa porción caída no era otra que el ser humano. Y es que para explicar la presencia del Mal en el mundo, querida, no hace falta recurrir a un Dios malvado semejante en poder al verdadero. Basta con la constatación de que el Mal es inherente a la Dualidad escindida y a la Materia de la que están conformados el mundo y el hombre desde la Caída. Y no es tampoco que Dios, entonces, consienta o deje de consentir el Mal. El Mal sería el aspecto moral de la Materia, consubstancial a ella de igual modo que la humedad y la propiedad de mojar son connaturales al agua. Así como no está en la mano de Dios hacer que el agua sea seca, tampoco está en Su mano -en la mano del Dios único, del Dios bondadoso y verdadero- conjurar el Mal de este mundo.

Lo que pasa, sabes, es que, para los cátaros, la Materia -y con ella el Mal y el sufrimiento- no vino a existir como consecuencia de la Caída. La Materia existía ya y anhelaba arrastrar a los ángeles espirituales del Cielo, atraparlos en su seno. Estos ángeles eran ángeles dobles: dos conjugados en uno. Y he aquí que la Materia personificada por el diablo se desliza en el Cielo, en el Paraíso celestial del Origen, bajo una tentadora forma sexuada, y seduce a cierto número de esos ángeles andróginos, que desde ese instante se escinden en sus dos naturalezas. Caen al mundo físico, donde ya el diablo les tiene preparados los cuerpos materiales destinados a aprisionarles. Y es así, Blanca, como, según la cosmogonía cátara, los ángeles andróginos del Origen perdieron su androginia y, con ella, el amor espiritual que era inherente a ésta. El conocimiento espiritual, profundo, que aquellas múltiples parejas de ángeles gemelos tenían uno de otro, se trocó en conocimiento carnal. Y es la involución que los cátaros trataban de revertir a través de su ideal de amor casto.[384]

BAJO EL SIGNO DE GÉMINIS

De la comunión o identificación anímica -ese puente sutil y misterioso que es la sustancia del matrimonio espiritual- se derivan efectos que los antiguos calificaban de *mágicos* y que

---

384. Cf. Déodat Roché, *Les cathares et l'amour espirituel*, Cahiers d'Études Cathares

hoy llamaríamos *paranormales*. Estoy pensando sobre todo, Blanca, en un fenómeno con gran presencia en la literatura cortés: la comunicación telepática entre los esposos espirituales. Es decir, una sincronía psíquica que les lleva a tener sentimientos y emociones al unísono, a coincidir en sus pensamientos y estados de ánimo. Como si sus almas fuesen porosas. Como si lo que sucediera en una se transfiriera a la otra por una suerte de consonancia espiritual. Esta consonancia puede llegar a traslucirse hasta en lo físico. En efecto, un porte semejante, un repertorio similar de posturas, de gestos, de expresiones faciales, hacen que a menudo los esposos espirituales parezcan hermanos gemelos. Y es curioso, querida, porque se sabe que la misma sincronía psíquica se da también entre éstos... Lo que nos lleva (porque nuestro tema es como un cesto de cerezas, donde una sale siempre enganchada con otra) a otro asunto, a otra pista en nuestro camino perquisitor; una pista que unos detectives como nosotros no podemos dejar de seguir.

Ya en otra carta te apunté los paralelismos existentes entre la gemelidad biológica y la espiritual o anímica. Por lo pronto, la identidad aparente de los gemelos biológicos se corresponde con la identidad o la complementariedad esencial de los gemelos espirituales. Pero más allá de esto, Blanca, habría que considerar también la similitud de peripecias. Dos hermanos gemelos, en las primeras fases de su gestación, están tan unidos que forman un todo compacto; sólo luego, al venir al mundo, se disocian. También cada pareja de almas gemelas formaba un todo en el Origen y fue sólo al caer a este mundo que ese todo compacto se escindió en dos mitades. Tales concordancias quizá expliquen la fascinación que de siempre han ejercido sobre el ser humano los gemelos biológicos. (Recuerdo como se te iban los ojos detrás de los cochecitos dobles de niño con los que nos cruzábamos por la calle.) Pero ¿sabes a quiénes resultaron especialmente notorias tales concordancias? A los antiguos sabios. Ellos vieron en la gemelidad biológica una suerte de metáfora, de imitación, por la Naturaleza, de la gemelidad espiritual o anímica.

Tachadura al margen. La cita, entrecortada y presidida por la fecha (**8-12-99**), resulta fácilmente reconocible. Corresponde a las *Metamorfosis* de Ovidio, aunque es probable que la fuente del autor sea indirecta: en el primer capítulo de *El leopardo de las nieves* de Peter Matthiessen (catalogado en otra carta como un libro azul), hay un epígrafe con la misma famosa cita de Ovidio: *"Todas las demás criaturas miran hacia la tierra, pero al hombre se le dio un rostro para alzar los ojos a las estrellas y contemplar el cielo."*

Quizá te preguntes cómo se explicaban los antiguos sabios el fenómeno de la gemelidad biológica en su versión más perturbadora, la de los gemelos idénticos. Desde luego, no podían invocar el argumento científico, moderno, de que comparten los mismos genes. Pero, aunque hubieran podido hacerlo, querida, esa explicación tampoco les habría bastado. Para ellos, los genes no explicarían dicha identidad más allá de cierto punto. Ya dijimos en una carta anterior que los genes podían dar razón del «delante» del ser humano, pero no de su «detrás», no de lo tocante a su alma. Tampoco apelaron, como podrías pensar, a la teoría de las almas gemelas: los gemelos idénticos no son, para los antiguos sabios, las dos mitades de la misma alma: son más bien una sola "mitad de alma" temporalmente repetida por un capricho de la Naturaleza (lo que explicaría, más allá de la genética, ciertas afinidades de calado que se dan entre los gemelos idénticos). En todo caso, parece lógico pensar que todo depende del momento del desarrollo embriológico en que se produce la encarnación: si es antes de la división del óvulo fecundado, el resultado será en efecto un solo individuo duplicado; pero si la encarnación acaece con posterioridad a la división, serán dos los individuos implicados. De todos modos, Blanca, los gemelos que sirvieron de metáfora a nuestros sabios no fueron los idénticos o univitelinos, necesariamente del mismo sexo, sino los fraternos o bivitelinos de sexo opuesto. Es bajo esta forma, en efecto, como tradicionalmente se ha imaginado a las almas gemelas. Y el mejor ejemplo de ello es un género literario muy cuantioso en la antigüedad y que tiene por protagonistas a dos hermanos gemelos, niño y niña. A esta clase de relatos se la ha etiquetado bajo el nombre de "relatos de amor idílico".

Las historias de este género siguen todas el mismo patrón, que no es otro que el drama cósmico del que venimos ocupándonos aquí. Es decir, narran metafóricamente la Caída, la división del "ser doble" primordial en dos mitades; así como la subsiguiente Búsqueda, la de la restauración de aquella Unidad primigenia. Verás que estos relatos tienen el regusto ingenuo de los cuentos de hadas. Y es significativo que la pareja protagonista no sea una pareja adulta, sino invariablemente una pareja de niños. De los niños ya hemos hablado en estas cartas. Pero aún quisiera decir algo más...

Lo que los antiguos sabios pensaban de los niños, amor mío, no difiere de tu propia opinión. Y recuerdo muy bien que ésta la descubrí de golpe una tarde al hilo de algo que dijiste. Fue al poco de conocernos. Habíamos salido de una sesión de cine dominical, y merendábamos pan con queso sentados en un banco del parque de la Ciudadela, mientras mirábamos jugar a unos niños. Entonces tú dejaste caer esa *boutade*, ese enigma: "La Tierra es como este queso: está rellena de ojos". Y enseguida precisaste: "de ojos de Cielo". Con el tiempo me habitué a ese tipo de salidas tuyas que le dejan a uno descolocado. Pero entonces yo aún no tenía el hábito, y por un momento, te lo confieso, pensé que me había enamorado locamente de una loca. Me llevó un minuto resolver el enigma; comprender que no te referías exactamente al globo terráqueo, sino más bien a la dimensión humana, podríamos decir, de éste. Y que esos ojos de Cielo que según tú constelaban la Tierra como si fuera un queso suizo, no eran otra cosa que los millones de niños que pululaban por ella. Supe entonces no sólo que te gustaban los niños; me enteré también, con sobresalto, de que para ti un niño era algo así como una bolsa de aire en un mundo denso y sin oxígeno. Lo cual no es tan estrafalario después de todo, amor mío, si se piensa que -como escribiera Novalis- "el niño es un espíritu recién llegado de la fuente infinita" (o digamos mejor, del período entre vidas, donde el *ego* o el alma carnal se mantiene en suspenso) y, en cuanto tal, "lleva en sí el impulso del mundo misterioso, no perturbado aún por ninguna influencia terrenal"[385].

Los antiguos sabios, Blanca, detectaron como tú esa cosa angélica, celestial, que tienen los niños. Por eso opinaban que su modo de ser es el que más se aproxima al del alma desnuda. "El estado de infancia aventaja a todos los demás -anota Swedenborg en *El Cielo y sus maravillas*-, porque los niños pequeños gozan de inocencia."[386] Y Novalis, gran enamorado de los niños, retratará a los antiguos sabios aprendiendo

---

385. Novalis, *Enrique de Ofterdingen*
386. Emmanuel Swedenborg, *El Cielo y sus maravillas y el infierno*, 330

de los "amantes niños", de su amor inocente, germen -dice-
de la Edad de Oro[387]... Todos llevamos un niño dentro, suele
decirse; y es cierto, querida: ese niño es nuestro Yo verdadero. Al que conviene desnudar de sus "ropajes" de adulto
porque, como advierte el más grande de los sabios: "Si no
os hacéis como niños pequeños, no entraréis en el Reino de
los Cielos" (Mt. 18, 3). Idea reiterada en el gnóstico *Evangelio
de Tomás*, según el cual "Jesús dijo: '¡Cuando os desnudéis
sin avergonzaros, os quitéis vuestras ropas y las depositéis a
vuestros pies *a la manera de los niños pequeños*, pisoteándolas!
Entonces os convertiréis en los hijos de Aquel que vive, y ya
no tendréis temor.'"[388] Sólo a los que se vuelvan puros como
niños les será dado ver «el rostro del Padre», el rostro de la
Unidad: «Mirad que no despreciéis a uno de esos pequeños,
porque en verdad os digo que sus ángeles (sus almas) ven de
continuo en el Cielo el rostro de mi Padre, que está en los
Cielos» (Mt. 18, 10). No es casual, Blanca, que, en los evangelios gnósticos, Jesús se aparezca a sus discípulos a veces en
forma de niño.

Todas estas reflexiones me llevan a aquella célebre frase de
Picasso que tú citabas a veces: "De niño ya pintaba como Rafael, pero después necesité toda la vida para aprender a pintar como un niño". Para los antiguos sabios, como te digo,
no hay en este mundo nada tan próximo a la pureza del alma
ni a la felicidad genuina propias del Paraíso como la inocencia (salvo que en el Paraíso esa inocencia es consciente) y la
felicidad de los niños. De ahí que con frecuencia imagina-
sen al "ser doble" del Paraíso, al Andrógino, con apariencia
infantil: un niño andrógino o -como en los relatos de amor

---

387. Novalis, *Los discípulos en Saïs*
388. *Evangelio de Tomás*, págs. 39-40

idílico- una pareja de niños gemelos. Si es universal esta imagen, es porque está enraizada en el subconsciente humano, allí donde radica la nostalgia de Perfección, la nostalgia de Integridad del hombre: cualquier forma de expresión de esa nostalgia pone en juego, entre otros símbolos, el del "niño doble". Es, por ejemplo, una imagen frecuente en Alquimia. Se la halla incluso en el Zodíaco, en el signo de *Géminis*, los "Gemelos", representado como una pareja de niños... Pero iba a hablarte de los relatos de amor idílico; en particular, de los que produjo la Europa medieval, estudiados con detalle por Myrrha Lot-Borodine en su ensayo *La novela idílica en la Edad Media.*

"DOS BELLOS NIÑOS PEQUEÑOS QUE SE AMAN"

El arranque de estos relatos, muchos de ellos en verso, es la feliz infancia en común de dos hermanos gemelos, un niño y una niña que se aman con el amor intenso e inocente propio de su edad. En descripción de Lot-Borodine, es "la pintura de un amor ingenuo que nace y se desarrolla en dos jóvenes corazones; la historia del noviazgo de niños que se sonríen y se tienden las manos desde la más tierna edad. Es éste un tema idílico que evoca en nosotros el sueño de la Edad de Oro, la nostalgia del Paraíso perdido donde reina la inocencia que el deseo no mancha."[389] Esta infancia en común, Blanca, simboliza la Unidad andrógina del Origen, el estado paradisíaco de las almas gemelas antes de la Caída,

---

389. Myrrha Lot-Borodine, *Le roman idyllique au moyen age*, Slatkine Reprints, Ginebra, 1972, pág. 3

cuando aún no se habían desprendido de Dios, de la Unidad; en una palabra, cuando los dos gemelos eran todavía una sola *cosa doble*.

Como conviene al "ser doble" del Paraíso, los dos niños son de una belleza radiante. Píramo y Tisbe (no los personajes de Ovidio: los protagonistas de un relato normando medieval) están dotados de la belleza propia de la Realeza sagrada: "Hijos más bellos no los tuvo rey ni reina"[390]. A fin de eludir el motivo espinoso del incesto, los autores -casi siempre anónimos- de estos relatos, evitaban calificar expresamente a los dos niños de hermanos gemelos. Pero tanto su apariencia física como sus circunstancias personales no dejaban lugar a dudas. Físicamente, se dirían la versión masculina y femenina del mismo niño. En *Guillermo y Aelis* se lee: "Nadie sabría escoger el mejor entre Guillermo y Aelis; aun buscando por todas partes, no se encontraría a dos tan iguales de cara ni de boca ni de ojos. Parecen ser hermana y hermano."[391]

En cuanto a sus circunstancias personales, los dos nacen al mismo tiempo (Florio y Blancaflor son "engendrados la misma noche y nacidos el mismo día") y crecen inseparablemente unidos (Píramo y Tisbe "lo hacían todo juntos: juntos jugaban, dormían en la misma cama, comían juntos"). Para justificar esta infancia en común, los autores recurrían a artificios, como el de ubicar a las respectivas familias en casas contiguas, o el más frecuente de considerar adoptado a uno de los niños. En *Galerán de Bretaña*, Galerán y Fresno crecen juntos en una abadía: él es hijo

---

390. *Pyrame et Thisbé*, citado por M. Lot-Borodine, *op. cit.*
391. *L'escoufle ou Guillaume et Aélis*, v. 1942-1947, citado por M. Lot-Borodine, *op. cit.*

del conde de Bretaña, ella una huérfana hallada bajo un fresno. En *Florio y Blancaflor*, la esclava al cuidado del hijo del rey tiene una hija de la misma edad, lo que justifica que se crien juntos. En *Guillermo de Palermo*, el emperador de Roma encuentra en el bosque a un niño y se lo lleva a vivir con su hija para que le haga de paje. El mismo alto personaje y su condestable han sido respectivamente padres de una niña y un niño en *Guillermo y Aelis*: ambos se criarán juntos en la corte...

El estado paradisíaco en el que viven inmersas estas parejas de niños consiste en estar íntimamente unidos. El Paraíso es esto, amor mío: la Unidad, la *unión perfecta* de los Dos. Solía enmarcarse este estado paradisíaco en un idílico jardín (el término árabe para "paraíso", *aljanna*, significa jardín, y la propia voz "paraíso" procede del persa *faradis*, "jardines"). O también en una isla, ya lo veremos; islas y jardines han sido tradicionalmente considerados el escenario ideal para albergar la felicidad de los amantes en el Más Allá. En la Edad Media y en el Renacimiento abundan las representaciones pictóricas y literarias del llamado "Jardín del Amor", una verde clausura presidida por una fuente central dentro y en torno a la cual se solazan los amantes. Son, en miniatura, los "Campos Elíseos", la Edad de Oro de la mitología clásica, donde las almas puras -figuradas en ocasiones a manera de niños- disfrutan por parejas de la paz y los placeres del Paraíso. Unos placeres en los que el amor tiene parte fundamental, Blanca, porque la Edad de Oro era, para los antiguos sabios, sinónimo de la Edad de Venus. Milton, en su *Paraíso Perdido*, retratará el místico Jardín del Edén, modelo del "Jardín del Amor" y escenario del amor puro e inocente de la pareja primordial (del "ser doble" del Origen) con estos versos:

Así desnudos transitaban, pues,
sin evitar la mirada de Dios
o del ángel, pues no pensaban mal;
así andaban, cogidos de la mano,
la más bella pareja que de entonces
se ha encontrado en amoroso abrazo:
Adán, el mejor hombre de los hombres
que después sus hijos fueron; Eva,
la más perfecta de todas sus hijas.
Bajo la espesa sombra que en un verde
prado murmuraba suavemente
junto a una fuente fresca se sentaron;
.../...
No les faltaban ni dulces palabras,
amorosas sonrisas, ni joviales
caricias juveniles propias de una
hermosa pareja que se hallaba
unida en un feliz lazo nupcial. [392]

Es una descripción muy parecida a la que los autores de relatos de amor idílico trazan de la infancia de sus gemelos protagonistas. En otro pasaje, comparará Milton a Adán y Eva en el Paraíso con "dos lindos cervatillos que juegan"[393]. Su intención es idéntica a la del anónimo autor medieval de *Aucassin y Nicoleta* cuando nos presenta a sus gemelos como "dos bellos niños pequeños que se aman". La misma que movió al autor de *Florio y Blancaflor* (y al Novalis de *Jacinto y Botón-de-Rosa*) a darles nombres florales... Me verás torcer el

392. J. Milton, *El Paraíso perdido*, iv, 320-340 (traducción de Esteban Pujals)
393. *Ibid.*, iv, 405.

gesto, Blanca, no hagas caso: ya sabes que nunca han sido de mi gusto este tipo de imágenes tan derretidas (tan habituales por otra parte de los cuentos de hadas). Aunque no por ello deje de encomiar su intención, que es la de retratar la inocencia paradisíaca y la pureza de la pareja primordial; y sobre todo la pureza de su amor, un amor aún no contaminado de materialidad.

El Paraíso de los dos niños, decíamos, consiste en estar juntos; es un estado de íntima comunión con el alma gemela. Ese Paraíso se esfuma por tanto -la Caída sobreviene- el día en que sus padres deciden separarles. De ahí arranca la odisea heroica, el empeño en reunificarse con la otra mitad perdida. En el relato medieval de *Aucassin y Nicoleta*, la búsqueda del hermano gemelo se escenifica a través de aquel antiguo símbolo de la Búsqueda: la caza. Aucassin y Nicoleta viven abrumados por su traumática separación. Nicoleta se topa con unos pastores y les deja el siguiente mensaje para su "hermano y amigo": "En nombre de Dios, decidle que hay una bestia en este bosque y que venga a cazarla, y que, si puede apresarla, no querrá cambiar un solo miembro de ella ni por cien marcos de oro ni por quinientos, ni por riqueza alguna. (Porque) la bestia tiene tal virtud que (por ella) Aucassin será curado de su mal."[394]

No es el primer mensaje de recordatorio con el que nos topamos en estas cartas. Piensa en la carta parlante que descendía sobre el príncipe cautivo del *Canto de la Perla*. Y en los caballeros del rey Arturo con los que el ignorante Perceval se topaba en el bosque. Ahora es este mensaje cinegético que los pastores transmiten al desesperado Aucassin, quien en el acto capta su sentido. Comprende que el trofeo de caza que

---

394. *Aucassin et Nicolette*, citado por M. Lot-Borodine, *op. cit.*, p. 125

le urge cobrar hace referencia a su hermana gemela Nicoleta: sólo ella puede curarle de "su mal". Evidentemente, Blanca, su mal es la separación de ella, la otra mitad de sí mismo, y se simboliza de un modo curioso: Aucassin -se nos dice- tiene el hombro "partido en dos". Cuando al fin se reencuentren al cabo de una larga búsqueda, Nicoleta le curará el hombro partido: "Ella le palpó y descubrió que tenía el hombro partido en dos; manipuló tanto el hombro roto con sus blancas manos y lo estiró tanto que, gracias a la ayuda de Dios, que ama a los amantes, el hombro volvió a su sitio. Y entonces ella tomó flores, hierba fresca y hojas verdes, y las ató por encima del hombro con un pedazo de su camisa, y él fue curado."[395]

Como es la tónica también de los cuentos de hadas, Blanca, el final de los relatos de amor idílico es invariablemente feliz. Tras muchas peripecias, los dos niños acaban siempre reuniéndose, recomponiendo su paradisíaca Unidad original. Porque ése es, querida, el destino ineluctable de las almas gemelas, cuya epopeya los relatos de amor idílico novelan. Otro ejemplo es el ya mencionado de *Florio y Blancaflor*: Durante una incursión guerrera, un rey pagano hace prisionera a una joven cristiana; la joven está en cinta, lo mismo que la esposa del rey, que la pone a su servicio. Las dos mujeres, que "engendraron la misma noche", alumbran también el mismo día: la reina, a Florio; la esclava, a Blancaflor. Extrañamente, Florio y Blancaflor "se parecen como hermano y hermana" y lo hacen todo en pareja, incluso las actividades vedadas a los hijos de los esclavos, como asistir a la escuela, para lo que el rey se ve obligado a dar un permiso especial a Blancaflor, porque Florio declara no poder aprender nada sin ella.

---

395. *Aucassin et Nicolette*, citado por M. Lot-Borodine, *op. cit.*, p. 126

En paralelo al afecto de los dos niños, que no hace sino aumentar con los años, crece la preocupación del rey, que finalmente resuelve atajar ese vínculo inconveniente. La intercesión de la reina impide el asesinato de Blancaflor, pero la separación de los dos niños está decidida. El rey idea una estratagema: pretextando una enfermedad del maestro de escuela, envía a Florio a casa de una tía suya para proseguir los estudios. Pero como Florio rehusa ir a ninguna parte sin Blancaflor, antes tiene que prometerle falsamente que ella se reunirá con él al cabo de unos días. En la corte todos confían en que, lejos de Blancaflor, Florio acabe olvidándola; pero él sólo piensa en "su amiga lejana". Siguiendo con su plan, el rey vende a la niña a unos mercaderes, que la revenden al sultán de Babilonia. Luego manda a Florio de vuelta a casa, le anuncia el fallecimiento de su amiga y le muestra la tumba: un sepulcro de mármol y cristal hecho erigir ex profeso.

Él intenta suicidarse allí mismo, ante la falsa tumba, pero sus padres, arrepentidos, le confiesan la verdad. Y en ese mismo instante, Florio emprende la Búsqueda: que es ciertamente la búsqueda del alma gemela, Blanca, pero es al propio tiempo la búsqueda de la Unidad, la búsqueda de Dios. Su extraordinario parecido con Blancaflor le facilita las cosas, porque en su camino se cruza con personas que recuerdan a una niña idéntica a él. Gracias a esas indicaciones, llega finalmente a Babilonia. Se hospeda en casa de un matrimonio que también reconoce en él al hermano gemelo de una antigua huéspeda: "A fe que me pareció cuando le vi que era la bella Blancaflor. Yo creo que ella es su hermana gemela. El mismo rostro, el mismo corazón que ella tiene este niño."[396] Con su ayuda, logra acceder al alcázar del sultán y reunirse a

---

396. *Floire et Blancheflor*, vv. 1509-1516, *op. cit.*

escondidas con Blancaflor en la "torre de las vírgenes", donde ella permanece encerrada. Al reencontrarse al cabo de tanto tiempo, los dos "lloran de piedad y de amor, yaciendo el uno en brazos del otro, y ambos, al besarse, se olvidan de todo."[397] A esta escena se la conoce como la *escena del reconocimiento*, Blanca, pues aunque ha pasado el tiempo y los dos están muy cambiados, aunque él va disfrazado y ella viste a la manera musulmana, con todo se reconocen. (Esta prueba del disfraz que no ha de impedir el reconocimiento de los hermanos gemelos, es otro lugar común de los relatos de amor idílico.) Por unos días los dos amantes disfrutan de una anticipada luna de miel en la torre. Pero luego el sultán les sorprende en el lecho. Les condena a muerte..., si bien les devolverá la libertad, conmovido al oír su historia.

Es la historia de *Florio y Blancaflor*, una historia eminentemente simbólica imaginada por un anónimo poeta del siglo doce. Y la clave de ese simbolismo, querida, es la epopeya, la aventura de las almas gemelas. Quince siglos antes -en el tres antes de Cristo- se había compuesto en Grecia *Daphnis y Chloe*, el primer relato de amor idílico del que se tiene noticia. Le seguirían otros modelos griegos, como aquel al que deben sus nombres los protagonistas medievales del relato normando que he citado antes: Píramo y Tisbe. Pero donde más se prodigaron los relatos de amor idílico fue en el Oriente. En el *Libro de las mil y una noches* tenemos buenas muestras, Blanca. Déjame recordarte el conmovedor inicio de uno de esos cuentos: aquel que tiene por protagonistas al príncipe Daualmakan y a su hermana gemela Nuzha...

Los dos niños son hijos del rey del Irak. Viven en Bagdad, esa ciudad neurálgica de las *Noches*. Un día, la visión de

---

397. *Ibid.*, vv. 2157-2160.

una caravana de peregrinos despierta en ellos el anhelo de visitar los Santos Lugares. El padre les deniega el permiso, pero ellos reúnen algo de dinero y se unen furtivamente a la caravana. Viajan de incógnito a La Meca, luego a Jerusalén, donde el príncipe cae enfermo. Su hermana cuida de él en el cuarto alquilado de una fonda... Y aquí, Blanca, me permito hacer una breve interrupción para recordarte un episodio paralelo de nuestra vida: ese de hace muchos años, cuando de regreso a Barcelona, un súbito rebrote de tu enfermedad nos obligó a detenernos y hacer noche en Granollers. Empezábamos a estar acostumbrados a ese tipo de emergencias que te obligaban a guardar cama durante unos días en el hospital. Pero esa vez no me dejaste llamar a una ambulancia. Te había encandilado el ambiente antañón de nuestra fonda -la Fonda Europa, de la que a partir de entonces nos hicimos asiduos- y preferiste guardar cama en ella. Durante tres días con sus noches, hasta que remitió la crisis y pudimos seguir viaje, oficié de enfermero amén de marido -duplicidad de funciones que en adelante asumiría ya con toda naturalidad. Pero, volviendo ya al cuento, la pobre princesa Nuzha no lo tuvo tan fácil. Porque, con los días, la enfermedad de su hermano Daualmakan no hace sino agravarse. Pronto el dinero no les alcanza y la princesa se ve obligada a salir en busca de sustento. Planea emplearse como criada en casa de alguna familia pudiente, pero ya dicen que las desgracias nunca vienen solas: Nuzha es víctima de un secuestro. Preocupado por la tardanza, su hermano sale en su busca. Pero está muy débil, apenas puede andar ni articular palabra. Los viandantes le dan por muerto. Y esa falsa estimación se habría terminado verificando de no ser por el alma caritativa de un barrendero que se apiada de él y lo acoge en su casa. A partir de ahí los caminos de ambos hermanos se bifurcan durante largo tiempo antes de que, a través de muchas vicisitudes, el Destino vuelva a juntarles. Su nostalgia la resumirá el príncipe en unos versos que son un ejemplo ilustrativo de aquella equiparación literaria, Blanca: la del Paraíso con la unión de las almas gemelas, y el infierno con su separación: "¡Ayer tan juntos, hoy tan separados! ¿Dónde estás, Edén? ¡Oh, Paraíso eterno! ¡Sin darme cuenta, he cambiado las colinas y los dulces ríos por pesadas cadenas y eriales regados sólo por el pus del infierno!".

Si hablamos de la proliferación de relatos de amor idílico en el Oriente antiguo, debemos hacer mención especial de Persia. La literatura persa es rica en historias de amor protagonizadas por parejas andróginas de niños que, habiendo crecido juntos, son traumáticamente separados, y luego pasan el resto de su vida buscándose, hasta que al fin se reencuentran y se casan. Esas parejas suelen serlo de hermanos o de primos hermanos. Algunos títulos son *Gushtasp y Ketâyuna, Mihr y Muschtari, Warqah y Gulshah, Houmây y Houmâyoun...* Pero de entre todos, quizá el más conocido -gracias a una célebre versión árabe del poeta sufí Jami- sea uno escrito originariamente en griego en círculos del hermetismo alejandrino: el *Relato de Salamán y Absal,* con el siguiente argumento:

Un rey confía a su hijo al cuidado de una joven nodriza (en otras versiones, Salamán y Absal son hermanos). Salamán crece estrechamente unido a Absal. De año en año resulta cada vez más evidente que ambos están enamorados uno del otro. Pero el rey no está dispuesto a consentir tal matrimonio y decide separarles. Primero lo intenta sin éxito por medios sutiles, luego resuelve matar a la joven. Pero Salamán se le anticipa y huye con su amada. Huye, se nos dice, "más allá del mar de Occidente". Esta huida, Blanca, es en realidad un exilio: recuerda que Occidente vale por el mundo inferior en la geografía simbólica de los antiguos sabios. El rey recurre entonces a sus artes mágicas y hechiza a los amantes de modo que les sea imposible consumar su unión, con lo que se sustancia la esencia del Exilio: la pérdida del *Tawhid*, el estado privilegiado de *unión perfecta*, de no-separación o no-Dualidad. Imposibilitados de unirse como antaño, los dos jóvenes optan por el suicidio y se arrojan al mar cogidos de la mano. Pero el rey, que los espía en una bola de cristal, convoca a los espíritus del agua para que socorran al hijo. La muerte de Absal, sin embargo, casi hace inútil el salvamento de Salamán, cuya tristeza amenaza ahora con matarle si nada lo remedia. Su padre le pone en manos de un sabio que, enigmáticamente, le asegura: "Unos pocos días me bastarán para curarlo y hacer de Absal su compañera para la Eternidad." Salamán se aviene a pasar cuarenta días de invocaciones en una gruta, tal como le prescribe el sabio (las grutas, ya te lo dije, eran considerados lugares idóneos para las iniciaciones). Acepta también las condiciones que éste le impone para recuperar a su amada, siendo la principal de ellas la de no amar a otra mujer. Pero también la de vestir igual que Absal, en lo que habría que ver un exponente de aquella práctica antigua a la que aludimos en otra carta: la práctica de vestirse con ropas del otro sexo, a menudo las del propio cónyuge, con el propósito de restituir simbólicamente al individuo su mitad perdida.

Salamán se retira, pues, a la gruta iniciática. Siguiendo las indicaciones del sabio, interioriza progresivamente a Absal. Cada día la ve más bella en su corazón, hasta que, al expirar el plazo simbólico de los cuarenta días, le parece que no es ya a Absal a quien ve. En su lugar ve a una Figura divina, una Figura femenina de extraordinaria belleza: la diosa Venus -"Sofía" la llamaría Jakob Boehme. Salamán vuelve entonces la espalda a Absal (igual que vimos hacer al joven Jacinto con Botón-de-Rosa) y ya sólo piensa en esta diosa: "Ya no deseo a Absal. He encontrado en esta Figura un signo que me hace no desear la compañía de Absal. No quiero nada más que esta Figura." Pero el sabio le recuerda su compromiso de no amar a otra mujer: "Nos acercamos al momento en que el retorno de Absal, que va a serte devuelta, marcará el cumplimiento de nuestro trato"[398] le dice.

En fin, Blanca, su alma gemela le es en efecto devuelta, y lo es de un modo tal que ya nada, nunca más, podrá separarles. Sin embargo, el final del relato es confuso. Desde luego, cabe interpretar que, en el instante supremo, la diosa Venus y Absal se identifican. Ése sería para nosotros el final más plausible: Salamán acaba por reconocer el rostro familiar de Absal en el de la diosa. Pero lo cierto es que Absal parece resolverse al final en una figura alegórica; lo que no habría de extrañarnos tanto, querida, si tenemos en cuenta que este relato idílico nos llega en una versión muy elaborada. Probablemente, en su origen no debía de apartarse del esquema clásico: es decir, la historia del niño y la niña que, tras una feliz infancia en común, son separados y se buscan luego afanosamente hasta reencontrarse. Debieron de ser las sucesivas versiones del relato las que, sobre esa sencilla trama, fueron tejiendo ideas más complejas. Es como en "el telegrama", ¿sabes ese pasatiempo infantil consistente en repetir al oído una misma frase a lo largo de una cadena humana? Seguro que jugaste a él de pequeña. La gracia de este juego estriba en algo casi inevitable: en el hecho de que, al llegar al último eslabón de la cadena, la frase resulte prácticamente irreconocible. Y

---

398. *Relato de Salamán y Absal*, citado por H. Corbin en *Avicena y el relato visionario*, pp. 207-221.

algo así, ves, sospecho que sucede también con los relatos simbólicos como el de *Salamán y Absal*: el simbolismo original se va perdiendo con cada nueva recreación.

Porque el simbolismo original de estos relatos, Blanca, es como una cifra secreta en la que están escritos. Esa cifra proviene de la intuición, y es la intuición la llamada a descifrar el sentido oculto del relato. Cuando ello se intenta, como es costumbre, por medio de la razón, el sentido oculto se falsea. Este principio me parece, por lo demás, generalizable a todos los ámbitos de la existencia. ¿No has observado tú también que, a partir de cierto nivel, cuanto más se analiza un problema, más insoluble se vuelve? ¿Que a menudo es cuando dejamos de interrogarnos racionalmente por un problema que la solución emerge por sí sola? Y, en contra de la suposición de que los significados profundos han de ser por fuerza muy poco aparentes, la solución resulta ser siempre de lo más sencilla... Si tratásemos de desentrañar el significado profundo de los relatos de amor idílico a partir de la razón (de la razón puesta al servicio de la fe, como se acostumbra en semejantes casos), podríamos llegar, en función de nuestras creencias personales, a un amplio abanico de conclusiones a cual más enrevesada. Pero mira: aquí la razón no tiene razón, si me permites el fácil juego de palabras. Es la intuición la llamada a desvelarnos el sentido oculto de los relatos de amor idílico. Un sentido oculto que, si he de juzgar por mi propia intuición, resulta bastante aparente, y que no es otro que el drama cósmico de las almas gemelas: su caída de la Unidad y su empeño en regresar a Ella.

Ese empeño, cuando es deliberado, es un empeño heroico, Blanca: los relatos de amor idílico son también relatos de amor heroico. Nos detendremos ahora (y será nuestro último argumento por esta carta) a considerar un relato de amor heroico del siglo dieciocho. Un relato famoso, admirado en el mundo entero, aunque no a cuenta del relato en sí, sino de su música. Porque se trata de un relato musicado, de una ópera. Pero una ópera que da la impresión de un cuento de hadas. Y con esto sabrás ya de qué opera te estoy hablando, ¿verdad? De *La flauta mágica*, naturalmente; o, como podría haberse titulado también siguiendo el patrón de los relatos de amor idílico: de *Tamino y Pamina*, los nombres de la pareja protagonista.

TAMINO Y PAMINA

Bueno, ya conoces la ópera de Mozart, no pretendo descubrírtela aquí. Pero puede que sí te descubra algunas cosillas a propósito de su libreto. Para empezar, ¿sabías que éste se inspira en los postulados de la masonería, sociedad secreta en parte depositaria de la sabiduría antigua y a la que al parecer perteneció Mozart? Pero sobre todo, ¿sabías que la historia de amor que despliega es de carácter heroico o iniciático? Tamino y Pamina integran la pareja heroica. Pero, como sabes, esta pareja tiene un contrapunto cómico y encantador en Papageno y Papagena, que vendrían a ser una caricatura de las almas gemelas que transitan por la vía mayoritaria o evolutiva. Porque en el caso de ambas parejas, Blanca, se trata de almas gemelas, como lo delata la raíz casi idéntica de los nombres: sólo el género varía, lo que constituye un claro signo de gemelidad, de una sola alma compartida.

¿Puedes oír la música, la deliciosa música de Mozart que suena ahora, quedamente dado lo intempestivo de la hora, en nuestro tocadiscos? Desde luego, hablar de *La flauta mágica* sin aludir a esta música tan bella parece absurdo, ¿no?

Pero vamos a permitirnos esa licencia toda vez que, te repito, lo que aquí nos interesa no es la música de la ópera de Mozart sino el libreto. Y es que en él están compendiados todos los temas de los que venimos tratando en nuestras cartas, Blanca. Comenzando por lo que, con un término operístico, podríamos calificar como el *leitmotiv* de las mismas, resumido en este dueto de Pamina y Papageno: "El elevado fin del amor nos muestra que nada es más noble que ser marido y mujer. Marido y mujer, mujer y marido nos elevan a la Divinidad".

Con este *leitmotiv* concurre el tema de la predestinación amorosa. Sarastro, el sumo sacerdote, anuncia a la asamblea que "Pamina, la dulce joven virtuosa, está destinada por los dioses a este bello príncipe", en referencia a Tamino. Papageno, por su parte, es interpelado por un sacerdote: "¿Y si Sarastro te tuviera destinada una joven que fuera igual que tú, tanto en el aspecto como en el vestir?", en clara alusión a su alma gemela. Está también el tema del reconocimiento. Tamino y Pamina se reconocen nada más verse: "-¡Es él! -¡Es ella! -¡Casi no lo puedo creer! -¡No es un sueño! -¡Mis brazos quieren abrazarlo! -¡Mis brazos quieren abrazarla!". Aunque Papageno no reconozca a Papagena la primera vez que la ve, hay que decir en su descargo que ella va disfrazada de "vieja de horrible aspecto", con lo que aflora aquí otro tema principal de nuestras cartas, Blanca: el tema de la belleza subjetiva, de la necesidad de mirar con los ojos del corazón y no con los físicos, si queremos reconocer a nuestra alma gemela. Y aflora este tema bajo la forma en que habitualmente lo hace en los relatos de amor heroico y en los cuentos de hadas: bajo la forma de la prueba del disfraz.

En esta ópera tenemos también -con el perfil de trazo grueso de los cuentos de hadas- la contraposición entre el bajo amor carnal, personificado por el lascivo carcelero de Pamina, Monostatos, y el amor elevado, espiritual, de Tamino. Recordarás que éste dispone de un retrato de su alma gemela: el que le han proporcionado unas hadas; en base a ese *symbolon* reconocerá a Pamina en cuanto la vea. Y aquí, Blanca, quizá desfile por tu memoria una pequeña galería de retratos femeninos. El que el rey Duixanta pintara de su esposa secreta. El de Badia Aljamal que el príncipe Saif descubría bordado en el forro de la túnica que le destinara el rey Salomón. O aquel otro que no he mencionado en estas cartas pero del que tú y yo tuvimos noticia también cuando leímos las *Mil y una noches*. Me refiero a la imagen con la que el príncipe Ibrahim ben Alkhassib se topaba hojeando un libro, y por la que lo dejaba todo y se lanzaba a la búsqueda de Jamila, la mujer del retrato, que está aguardándole, porque también ella se ha enamorado de él de una forma parecida. Ah, y tal vez asome además a tu memoria, como lo hace ahora a la mía, el *Retrato de Jennie*: aquel que, en la deliciosa película de William Dieterl, un pintor hiciera de una mujer que sólo existía en su cabeza, o quizá también en un imposible pasado...

Apuesto, querida, a que todos esos poseedores de retratos suscribirían las palabras de Tamino al inicio de *La flauta mágica*, cuando, sobre el retrato de Pamina que acaban de entregarle las hadas, dice para sí: "Siento que el corazón se me llena de dulce alegría ante esta imagen divina. Ignoro quién es y cuál es su nombre, pero quema como un fuego ardiente. Este sentimiento, ¿podría ser amor? Sí, sí, sólo puede ser amor. ¡Ah, si pudiera encontrarla, si pudiera verla aquí, de pie delante de mí! Quisiera, con ardiente pureza... estrecharla extasiado contra mi pecho y que fuese mía para siempre". O sea, Blanca, que el objetivo último de la Búsqueda de

Tamino es devenir uno con Pamina, fusionarse con su alma gemela para la Eternidad. Pero él es consciente también de que, para lograr esto, ha de amarla con amor puro. "Con *ardiente* pureza" dice, como para indicar que el amor puro no está reñido con el ardor de la pasión -salvo que se trata de otra clase de pasión distinta de la sexual. Lo que nos remite a otra de las ideas-fuerza de nuestras cartas: a la necesidad de purificación individual como requisito previo a la reunificación final de las almas gemelas.

Se trata asimismo de uno de los ejes de *La flauta mágica*. Efectivamente, conforme a la convención de los cuentos de hadas, a Tamino y a Papageno se les imponen una serie de pruebas que deben superar si quieren reunirse con su respectiva contraparte. Consisten estas pruebas en una ascesis, en un proceso de desnudamiento interior. "Antes es preciso que se purifiquen", proclama Sarastro. Y es un proceso que exige arduos sacrificios: "El camino que vas a recorrer es áspero y peligroso, pero con la ayuda de los dioses saldrás victorioso". Tamino es un héroe, y como tal avanza por este tortuoso sendero con voluntad firme. A la pregunta del sacerdote de si se someterá a todas las pruebas, responde "A todas" sin vacilar, y, siempre con el pensamiento puesto en Pamina, las va superando una tras otra. Papageno le sigue, pero sin convicción: "Si los dioses me han destinado una Papagena, ¿por qué han de dármela envuelta en tantos peligros?", se queja. Continuamente está por tirar la toalla y renunciar a su meta: "Este viaje tan largo que parece eterno me hace perder incluso las ganas de lograr el amor." Igual que Tamino, él querría reunirse cuanto antes con su alma gemela; pero no está dispuesto a afrontar los sacrificios de la vía heroica. Sabe que no está solo en esta postura, que la suya es la senda por la que transita la mayoría: "Hay mucha gente como yo. Lo que yo quisiera ahora es un buen vaso de vino, que me parece mucho mejor que aquellas delicias tan grandes." Y aunque se somete a regañadientes a las pruebas, fracasa una y otra vez, alejando de sí a su alma gemela: "Apártate, jovencita -conmina a Papagena un sacerdote-, porque aún no te merece". El tratamiento caricaturesco de Papageno -esa personificación de la vía evolutiva- ejemplifica la clara toma de posición de los antiguos sabios en favor de la vía heroica, que es la vía de Tamino.

En el alma de éste está entablada una batalla: conforme supera las pruebas, el Espíritu, figurado por la luz del día, va ganando en él la partida a la Materia, simbolizada por la oscuridad de la noche ("La luz del sol ahuyenta a la tenebrosa noche"). Porque lo que Mozart escenifica en esta ópera, querida mía, es la batalla mitológica entre esos iconos tradicionales del Espíritu y la Materia que son la luz y las tinieblas. Es una historia que muchos catalogarían de simplista, una historia de buenos y malos, como lo son por otra parte las de los cuentos de hadas y tantas otras que a través de los siglos (historias de piratas, de indios y vaqueros, de espadachines, de héroes y rufianes...) han cautivado la imaginación de las gentes y en particular de los niños, y ello en razón de su sintonía con una verdad de lo más simple que, en el fondo, borrosamente todos presentimos.

En representación de la Materia -de la oscuridad, de la Dualidad escindida- están la Reina de la Noche y sus acólitas; así como el esbirro Monostatos, al que se pinta con perfiles diabólicos, y cuyo nombre es significativo pues connota unilateralidad. (En consonancia con otros diablos de la literatura y de la mitología, Monostatos es un ser solitario, carente de alma gemela: "Todo el mundo siente la alegría de amar, ríe, baila y besa, sólo yo no puedo amar", se lamenta.) En la otra esquina de este cuadrilátero tenemos, en representación del Espíritu -de la Luz, de la Unidad-, al sumo sacerdote Sarastro y los sacerdotes del Templo. Éstos son iniciados que han coronado ya el arduo sendero que ahora recorre Tamino, quien "aspira -dice Sarastro- a conseguir un objetivo que todos nosotros hemos tenido que lograr con esfuerzo y fatiga. En suma: este joven quiere sacarse el velo nocturno que lo cubre y ver en santidad la mayor Luz".

El "velo nocturno que lo cubre", Blanca, es el *ego*, el revestimiento material de su alma; la Luz es la del Espíritu, la luz de la Unidad. La batalla entablada entre Sarastro y la Reina de la Noche es la exteriorización de la lucha interior del héroe: la lucha contra el dragón del *ego*. Anuncia el sacerdote: "Quien recorre este camino tan lleno de peligros, *debe ser purificado* con el agua, con el aire, con el fuego y con la tierra. Si puede vencer el terror de la muerte, ascenderá de la Tierra al Cielo. Habrá conseguido la iluminación y estará en condiciones de consagrarse por entero a los misterios de Isis". En el contexto mitológico de esta ópera, Blanca (que es el contexto mitológico de la masonería), Dios está encarnado por los Esposos divinos del antiguo Egipto, Isis y Osiris. "Consagrarse por entero a los misterios de Isis" equivale pues a alcanzar la Divinidad, simbolizada aquí también por la Realeza (el estatus real es un elevado rango simbólico entre los masones): "Príncipe, hasta ahora tu conducta ha sido valerosa y paciente; pero aún te quedan dos tramos de camino muy peligrosos por recorrer. Si tu corazón late por Pamina con el mismo ardor y *quieres reinar algún día como un sabio soberano*, que los dioses te acompañen en el camino que te queda".

A las pruebas individuales les sucede luego una prueba conjunta: Pamina se reúne con Tamino para afrontar juntos la última etapa de su viaje. Ahora es la pureza de su mutuo amor la que se pone a prueba. Semejantes a los héroes corteses, que debían permanecer impasibles ante la visión de su dama desnuda, Tamino y Pamina han de cruzar sin inmutarse el territorio del deseo, del amor carnal, simbolizado por un muro de fuego. La acotación reza: "Se les ve atravesar un gran muro de llamas mientras Tamino toca la flauta. Tamino y Pamina se abrazan." Gracias al dulce sonido de la flauta que da título a la ópera y que figura el amor puro de los amantes verdaderos, Tamino y Pamina atraviesan las llamas del deseo sin quemarse. "Hemos caminado entre brasas de fuego, hemos luchado valientemente contra el peligro." Pero la prueba tiene una segunda parte, encarnada por una extensión de agua que los amantes deben atravesar también. Caminar sobre las aguas sin mojarse es –como ya vimos, Blanca- signo de superación del *ego*, de sublimación de la Materia; y está sólo al alcance de los héroes que han trascendido la condición humana.

Las puertas abiertas del Templo les aguardan a la salida de la prueba (el Templo es representativo de la Divinidad, de la Unidad, de la Realeza Mística). "Una luz brillante ilumina súbitamente el escenario. '¡Oh, dioses, qué momento!, exclaman los amantes victoriosos, ¡Ante nosotros se revela la felicidad de Isis!'". Y los sacerdotes en coro: "¡Triunfo! ¡Triunfo! ¡Triunfo¡ ¡Noble pareja, habéis vencido los peligros! ¡Isis os ha bendecido! ¡Entrad en el Templo!" Con anterioridad, tres niños bajados del cielo en una máquina voladora (tres ángeles) habían profetizado: "Pronto vendrá el Sol, todo él resplandor dorado, a anunciarnos la mañana .../...y los mortales se igualarán a los dioses". Ahora la profecía se ha cumplido: Tamino y Pamina se han encumbrado desde el rango de hombres a la dignidad divina. "¡Qué alegría entrar los dos en el Templo cogidos de la mano!... ¡Ahora el Destino no podrá separarnos, aun a pesar de la muerte!" Con ello se cumple también el máximo anhelo de Tamino, formulado al comienzo sobre el retrato de su alma gemela: "Quisiera con ardiente pureza... estrecharla extasiado contra mi pecho y que fuese mía para siempre." En fin, Blanca, sigue la victoria final de los representantes de la Luz (Sarastro y los sacerdotes del Templo) sobre los de las Tinieblas (la Reina de la Noche y sus acólitos). ¿Y Papageno? Él se casa también; con Papagena, claro. Pero este matrimonio no es como el de Tamino y Pamina: no es un matrimonio celestial sino terrenal. No alumbra a la Divinidad, sino a una nutrida prole de Papagenitos y Papagenitas que hacen las delicias de sus padres (como hubieran hecho nuestras delicias también ¿verdad, Blanca?). Pero que no son las delicias sublimes, inefables, de las que gozan ahora Tamino y Pamina, con cuya solemne coronación conjunta concluye *La flauta mágica*. Y concluye esta carta también.

Tuyo

CARTA NOVENA

LOS GEMELOS

(O LA "COSA DOBLE")

Que el adepto junte en un matrimonio
legítimo... al hermano y la hermana,
a fin de que pueda nacer de ellos
un glorioso hijo del Sol.

Jean d'Espagnet, alquimista del siglo XVI,
La obra secreta de la filosofía de Hermes

Barcelona, 29 de diciembre de 1999

Querida Blanca:

Quieres saber dónde pasé la Nochebuena. Pues en Arenys, dónde si no, con Inés, Marcel y los demás primos. El día de san Esteban, como siempre también, en casa de Esther y Enrique, donde además de los habituales estaban este año los Dalmau; y Patricia con su marido, que nos hizo mondar de risa con su inagotable anecdotario de viajante; y una pareja peruana que no conoces pero con la que hubieras hecho buenas migas. Yo era el único desparejado, pero no creas que esta excepcionalidad me cohíbe. Esa excepcionalidad otros años ni siquiera se daba, porque Esther ponía buen cuidado en invitar a alguna amiga suya igualmente desparejada. Ya hace tiempo que desistieron, pero Esther y Enrique estaban antes empeñados en que rehiciera mi vida, como ellos lo llamaban. Con la mejor voluntad me presentaban amigas suyas, por lo general divorciadas, y por la noche salíamos los cuatro. Íbamos al cine o al teatro y a cenar. Sin embargo, yo nunca pasé de esas primeras citas. No es que no fueran mujeres estupendas, no; con cualquiera de ellas hubiera podido rehacer mi vida, a buen seguro. Salvo que no estoy interesado en rehacer mi vida. Traté de explicárselo a Esther y Enrique, y parece que finalmente lo entendieron.

Por otra parte, sospecho que yo a ellas tampoco les gustaba. Entre otras cosas porque no hacía más que hablarles de ti. Ah, y a propósito de estas esporádicas salidas nocturnas: en una ocasión asistimos los cuatro (no recuerdo el nombre de la amiga de turno) a una representación del *Cascanueces* en el Liceo. Y, bueno, puedes figurártelo, me abrumó el recuerdo de las veces que tú estuviste sentada a mi lado en ese mismo patio de butacas. Al final del primer acto no lo resistí más, tuve que alegar una indisposición y ausentarme... ¿Que a qué estoy esperando para entrar en materia? Querida, no seas impaciente, déjame hacer. ¿No ves que estoy haciéndomelo venir bien para introducir el primer tema de esta carta? Porque si la anterior la cerrábamos con una ópera de Mozart, ahora abriremos ésta recordando el primer acto de otra ópera famosa. Mejor dicho, de un "drama musical", que es como le gustaba calificar sus obras a Richard Wagner.

Tachadura al margen. Bajo los trazos rápidos del rotulador puede leerse lo suficiente como para (sabedores de la predilección del autor y de su esposa por esta novela) identificar la cita -en francés en el original- como perteneciente a La montaña mágica, de Thomas Mann: "*Mais quant à ce que je t'ai reconnue et que j'ai reconnu mon amour pour toi, -oui, c'est vrai, je t'ai déjà connue, anciennement, toi et tes yeux merveilleusement obliques et ta bouche et ta voix, avec laquelle tu parles*".

Ya sé, ya sé, a ti el que te gusta con deleite es Puccini. Es más, diría que Wagner te causa un poco de aprensión ¿verdad? Por aquello de que su música agradaba a los nazis. Pero seamos juiciosos, ¿qué culpa tiene en eso Wagner? Máxime si convenimos en que sus óperas exaltan la compasión como valor supremo, y excuso decirte la consideración que ese valor les merecía a los nazis. En todo caso, te guste o no, la música que se diría que nos ha acompañado a lo largo de estas ocho cartas no ha sido la de Puccini, ha sido la de Wagner.

Oh, sí, querida. De haber tendido el oído cuando hablábamos de Tristán e Isolda, de seguro hubieses escuchado de fondo el famoso acorde de su ópera homónima (una ópera que Wagner compuso bajo el influjo del encuentro con Mathilde Wesendonck, la mujer en quien él creyó reconocer a su alma gemela). Y, en la primera carta, cuando Shakuntala se lamentaba de la desmemoria de su esposo verdadero, ¿no te pareció oír una música como en sordina? Era de la escena de *El crepúsculo de los dioses* en que el héroe Sigfrido, hechizado, no reconociendo a su esposa Brunilda, se casa con otra. Y al tratar el tema del Santo Grial, a poco que te esforzaras, no hubieses dejado de percibir los versos y notas de *Lohengrin*, o los del *Parsifal*, basado en el libro de Wolfram von Eschenbach. Incluso al hablar de los trovadores, sonaba una música que no era la de éstos: y eran los compases de su *Tannhäuser*, ese drama centrado en la leyenda de un *minnesinger*, de un trovador alemán del siglo trece al que el amor puro de una mujer redime de un licencioso pasado. Y la cosa no acaba ahí, querida: Wagner sigue acompañándonos. Pero por si aún lo dudas, voy a levantarme para poner de fondo el disco de *La Walkiria*, que es la ópera, perdón, el drama musical al que me referiré ahora.

Segunda parte de la famosa tetralogía *El anillo del Nibelungo*, *La Walkiria* se centra en una pareja de hermanos gemelos de la mitología nórdica. El héroe, Sigmund, es un caballero errante cuya vida está tristemente marcada por la separación de su hermana Siglinde, raptada cuando niña y de la que nada se sabe... Y aquí, Blanca, podría tomar pie para extenderme acerca de una extraña fantasía infantil con la que psicólogos y psicoanalistas se topan a veces en sus consultas, y que es la fantasía que muchos niños tienen de que vinieron al mundo en compañía de un hermano gemelo cuya existencia, o cuya muerte en el momento de nacer, les ha sido ocultada. Pero no entraré en esta fantasía del "gemelo imaginario", como se la conoce, porque ya el telón acaba de alzarse y... ¡mira!: el joven Sigmund corre por el bosque tras resultar herido en un combate.

Sangrando y desarmado, llega ante la cabaña de un cazador. El cazador está ausente, pero su mujer le acoge. Wagner subraya con su música la singularidad de este encuentro, pues aunque es la primera vez que se ven, Sigmund y la mujer del cazador parecen reconocerse. Obviamente, no es la primera vez en realidad, y eso es lo que ellos presienten al cruzarse sus miradas. Este presentimiento lo verán más tarde confirmado cuando, al poner al descubierto sus respectivos pasados, éstos se revelen coincidentes. Se reconocerán entonces como los hermanos gemelos traumáticamente separados de niños, y, en un célebre diálogo operístico (tan célebre como aquel otro de *Tristán e Isolda* en que ambos acaban mezclando sus nombres y cantando la unificación de sus almas y la victoria sobre el Tiempo y el Espacio y sobre la servidumbre humana), se declararán su amor.

Por supuesto hay muchas más vicisitudes, pero ése es el eje de la historia. Una historia en la que Wagner, buen conocedor de la simbología medieval, entrevera la "prueba de la espada". ¿Recuerdas la espada hundida en la roca, la espada inamovible que se yergue desafiante ante los héroes del Grial? Recordarás también que el hecho de arrancar esa espada simbolizaba, según dijimos, la reintegración de la Unidad primordial de los Dos: la restauración de su Divinidad, de su Realeza Mística. Bueno, pues he aquí que Siglinde, tras revelar que el cazador es uno de sus captores y que está casada a la fuerza, refiere un extraño episodio. Cuenta que un misterioso anciano irrumpió en su banquete de bodas y... (y te reirás, querida, pero al figurarme esta escena, se me hace presente el numerito que montó mi tío abuelo en nuestro banquete de bodas) y, desenfundando su espada, la clavó hasta la empuñadura en un árbol, declarando que sólo el hombre capaz de arrancarla sería digno de Siglinde. Muchos intentos fallidos se han sucedido desde entonces hasta ahora que le llega el turno a Sigmund. Bajo cuya mano la espada cede, porque Sigmund es el alma gemela de Siglinde, por tanto el único capaz de alcanzar la *unión perfecta* con ella.

Igual que otros creadores modernos (igual que Thomas Mann por ejemplo, cuya novela *La sangre de los Volsungs* retoma el mito de Sigmund y Siglinde trasplantándolo al siglo veinte), Wagner compartía con los antiguos sabios la fascinación por la gemelidad, por el tema de los gemelos de sexo opuesto enamorados uno del otro. No hay en este tema motivo de escándalo, querida, porque la gemelidad biológica remite a la anímica: el amor incestuoso entre hermano y hermana es metafórico, figura el amor mutuo de las almas gemelas; y es un amor espiritual en cualquier caso. Esta metáfora -subconsciente muchas veces- tiene una gran presencia en la Literatura universal. En la carta anterior cité algunos

643

ejemplos medievales. Veamos ahora ejemplos de otras épocas. Comenzando por la obra cumbre del que es, al decir de la crítica, uno de los mejores escritores de este siglo nuestro a punto de expirar, uno de los de prosa más elegante. Me refiero al austríaco Robert Musil y a su monumental e inacabada *El hombre sin atributos*.

El protagonista tiene una hermana de la que se separó muy joven y de la que apenas conserva el recuerdo. Al cabo de los años, con motivo de la muerte del padre, Ulrich y Agathe se reencuentran, y su primera impresión es de estupor ante su parecido físico: "(Ulrich) observó la semejanza del rostro. Se le antojó que era él mismo quien acababa de pasar la puerta e iba a su encuentro; sólo que era más bello." En un símil que será de tu agrado, Ulrich comparará más tarde los dos rostros con dos dibujos idénticos pero ejecutados con técnicas distintas: uno al pastel, otro un grabado. En el instante del reencuentro, este parecido viene realzado además por un detalle, una extraordinaria coincidencia, y es que ambos visten idéntico traje a cuadros. "¡No sabía que fuésemos gemelos!", exclama Agathe al ver a su hermano al cabo de los años. Ya que técnicamente hablando, Blanca, Ulrich y Agathe no son gemelos. Pero no dudarán en atribuirse tal condición a la vista de su extraordinario parecido:

- ¡Por consiguiente, nos declaramos gemelos! -aprobó-. Criaturas simétricas del capricho de la naturaleza, a partir de ahora tendremos la misma edad, la misma estatura, el mismo color de pelo, llevaremos las mismas ropas con las mismas rayas y la misma cinta en el cuello para bajar a pasearnos por las calles de los hombres; pero te advierto que nos mirarán pasar, medio emocionados, medio burlones, como suele ocurrir cuando algo les recuerda los misterios de su ser.

- Podemos vestirnos de un modo totalmente distinto -adujo Agathe divertida-. El uno de amarillo, cuando el otro vaya de azul, o de rojo y de verde, y podemos teñirnos el pelo de color violeta o púrpura, y yo tendré una joroba detrás y tú la tendrás delante..., ¡pero seremos mellizos a pesar de todo!

La broma se había agotado, el pretexto había perdido su sentido, y ambos se callaron.

- ¿Sabes -dijo Ulrich de pronto- que estamos hablando de una cosa muy seria?[399]

Con todo, Blanca, el parecido físico es lo de menos, es sólo el signo de una complementariedad más profunda. Enseguida los dos hermanos se vuelven también conscientes de esto, de "lo secreto e indeterminado que los unía a los dos". Enseguida se reconocen el uno al otro como el doble de sí mismos, como su *otro yo* o su yo secreto. Este reconocimiento está en la raíz de las grandes pasiones amorosas, según Musil: "Las grandes e implacables pasiones amorosas se relacionan todas ellas con el hecho de que una persona imagina ver su yo más secreto espiándole tras las cortinas de unos ojos ajenos." Agathe comparará esta duplicación anímica de ella en su hermano -este reconocimiento de sí misma en *otro yo* distinto de ella- con el chocar del propio aliento contra un velo, que devuelve ese aliento propio como si se tratara de uno ajeno... Esta identidad esencial se deja ver no sólo en la similar apariencia: se manifiesta sobre todo en una fuerte compenetración anímica. "Cuando tú decías algo, para mí era al instante como si mi misma voz lo hubiese proferido; cuando cambiaba algo en tu voz, también cambiaba en mis

---

399. Robert Musil, *El hombre sin atributos*, volumen III, traducción de Feliu Formosa

pensamientos, y cuando tú sentías algo, seguro que sus secuelas aparecían también en mi sentimiento."

Esta sensación de ser como un solo individuo en dos cuerpos, lleva a Ulrich a inventarse, para definirse a sí mismos, la fórmula "los no-separados y no-unidos". Fascinados por esa inefable sensación, abandonan sus quehaceres mundanos y marchan a vivir juntos. En este retiro voluntario se concentran en vivir a fondo su "amor místico", como lo califican. Un amor que Ulrich vincula con un remoto pasado (el "Reino Milenario" lo llama) en el que su intuición vislumbra "dos gemelos inseparables". ¿Qué es lo que buscan Ulrich y Agathe el uno en el otro? Buscan abolir su Dualidad, restaurar su Unidad original, su Integridad: "Ambos buscaban, como en sueños, una forma interna común y, no pocas veces, creían ser en virtud de ese sentimiento casi ya un solo cuerpo, grávido de una extraña bienaventuranza y todavía dolorosamente clavado a la cruz de la Dualidad." Porque aun virtualmente unidos, Blanca, Ulrich y Agathe siguen siendo dos. Sólo la unión real reservada para después de la muerte, vendrá a abolir esa dolorosa Dualidad en la que están clavados, dice Musil, como en una cruz. (Y podemos acordarnos aquí de Jakob Boehme cuando equiparaba la tragedia entrañada por la partición en dos del Andrógino primordial con la crucifixión de Cristo.)

Es decir, su matrimonio espiritual no les basta. No se conforman con ser un solo individuo en dos cuerpos, desean dar el siguiente paso, el del *dos en uno*; en eso presienten que estriba el Paraíso. Buscan colmar "su pasión de convertirse en uno, pasión que los dominaba de múltiples formas, al extenderse, como celos del espíritu, hasta lo más inalcanzable, el pasado y lo posible." En suma, Blanca, Ulrich y Agathe aspiran a dejar de ser Ulrich y Agathe para convertirse en

Ulrich-Agathe, uno de los innumerables Rostros del Andrógino, uno de los innumerables Nombres de Dios.

De esa aspiración se nutre también el amor de las parejas de gemelos que pueblan las novelas de una escritora contemporánea de Musil: la británica Rose Macaulay. La obra de Macaulay es menor al lado de la de Musil, pero la intuición mística no hace distingos entre autores menores y grandes genios; y a Rose Macaulay le asistía esa intuición: la de la gemelidad biológica como metáfora, como emblema de la gemelidad anímica. De entre los numerosos gemelos de la obra de Macaulay, entresacaremos dos parejas representativas: los Lucy y Peter de *La playa a sotavento*, y los Joanna y Tudor de *Los cautivos del valle*.

Con Lucy y Peter sucede al revés que con Ulrich y Agathe: éstos eran hermanos sin ser gemelos; Lucy y Peter son gemelos sin ser hermanos, fíjate qué paradoja. Y es que a veces Macaulay introduce en sus gemelos ese matiz tan socorrido entre los autores antiguos, que es hacerles *primos* hermanos. Su gemelidad, no obstante, no ofrece dudas. Primero, para sí mismos: Peter es consciente de que Lucy y él "han sido siempre distintos de la mayoría de primos... más como hermano y hermana". "Ya sé -admite ella- que no es sólo la apariencia y la alegría y la manera de hablar; también pensamos igual." Pero, también para los que les rodean, "(Lucy era) extrañamente igual a Peter... Entonces Peter entró... Después de todo, Rhoda no veía ahora que ellos fueran tan iguales... Pero había algo... algo interno, esencial, indefinible, algo del espíritu, que no es que fuera de una sustancia similar, sino lo mismo. Así ocurre a veces con los gemelos."

Así era también con Ulrich y Agathe: su similitud externa no era sino el reflejo de su afinidad interna. Pero ¿te has fijado en cómo matiza Rhoda la naturaleza de esa afinidad esencial? No se trata, dice, "de una sustancia similar", sino de "lo mismo". Es decir, Lucy y Peter comparten la misma sustancia espiritual, la misma alma, de la cual constituyen las dos mitades. "Yo era sólo media persona sin ti", le confesará ella tras una larga ausencia... Como todos los amantes, los gemelos de las novelas de Macaulay acusan el dolor de la separación. Pero es una separación relativa, Blanca, más física que espiritual. Así, Joanna y Tudor pasan un largo período lejos uno de otro; y no obstante, "de algún modo Joanna estaba muy cerca de él... Estaba tan cerca como cuando compartían la infancia y permanecían unidos en mutua alianza para la autodefensa y mutua camaradería para la aventura." Joanna y Tudor han alcanzado el matrimonio espiritual, la unión virtual entre ellos. Una unión que trasciende la muerte, como lo sugiere la mezcla de sangres de los dos gemelos cuando Joanna se inclina sobre el cadáver de Tudor, que ha muerto al tratar de salvar la vida de su hermana, quien a su vez "le había amado siempre más que a sí misma".

El dolor que embarga a Peter cuando Lucy se compromete con otro hombre, le revela hasta qué punto ella está "enraizada en la misma fibra de su ser; no era tanto que él la amase conscientemente como que ella fuera *su otro yo*." En un desesperado intento de olvidarla, Peter se casa con otra mujer, con Rhoda. Pero los matrimonios de Peter y de Lucy están condenados al fracaso, Blanca (igual que lo estaban el matrimonio de Tristán con Isolda la de las Blancas Manos y el de Isolda la Rubia con el rey Marcos). Porque ellos están ya espiritualmente casados el uno con el otro -como lo atestigua que entre ambos sobren las palabras, "pues siempre sus pensamientos y emociones y deseos han saltado del uno al otro"... De todo esto se da cuenta Rhoda enseguida. Es cuando reconoce que hay algo esencialmente idéntico entre los dos hermanos y comprende que, en cierto sentido profundo, ella es para su marido una extranjera.

AMORES ROMÁNTICOS

Hemos citado a Robert Musil y a Rose Macaulay. Pero no nos costaría hallar otros ejemplos. Ejemplos de escritores modernos que, asistidos más o menos conscientemente por la misma intuición, han hecho protagonistas de historias de amor a una pareja de gemelos de distinto sexo. Sin embargo, te propongo que retrocedamos algo más en el tiempo. Concretamente hasta las últimas décadas del siglo dieciocho y primeras del diecinueve, período en que -como reacción a la lectura mecanicista de las cosas propia de la edad de la Razón- floreció en Europa un movimiento espiritual y artístico de los más influyentes de la Historia. Y un movimiento de enorme interés para nuestra investigación, Blanca: el Romanticismo.

Es cierto que, en general, las vidas de los poetas románticos distan de ser vidas ejemplares. Tenemos el caso de Lord Byron, cuyo *ego* posiblemente sea el mayor de la historia de la Literatura. Pero no tenemos por qué fijarnos en sus vidas, centrémonos en su obra. Y ya que el nombre de Byron ha salido el primero, tomemos, para empezar, su poema *Manfred*, que aborda el tema que nos ocupa: el del amor incestuoso entre dos hermanos gemelos de distinto sexo. Igual que en la novela de Macaulay que cité antes, uno de los dos ha causado involuntariamente la muerte del otro; lo que le mantiene sumido en el dolor, enclaustrado en una torre de su castillo en los Alpes. Consideremos estos versos:

El conde Manfred estaba, como ahora, dentro de su torre
¿Ocupado en hacer qué? Lo ignorábamos. Con él tan sólo
La única compañía de sus sueños
Y sus vigilias: ella, de todas las cosas vivientes
De este mundo, la única cosa que parecía amar,
Como él, en efecto, por sangre estaba destinado a hacer [400]

El que así habla retrospectivamente es uno de los sirvientes de Manfred. Repara, Blanca, en el último, enigmático verso: *Como él, en efecto, por sangre estaba destinado a hacer.* Es decir que, por sangre, su señor estaba destinado a amar, por encima de todas las cosas vivientes de este mundo, a su hermana gemela Astarté. Examinemos ese "por sangre". Para comprenderlo, deberemos tener presente que la sangre gozaba antaño de un prestigio mágico, sagrado: si el corazón era la sede del alma, ésta se distribuía por todo el organismo -animándolo- por vía sanguínea. La sangre era una sustancia mágica portadora del alma del individuo, de ahí que uno de los ritos por los que antaño se formalizaban los matrimonios espirituales fuera la mezcla de sangres (de ahí el simbolismo de la póstuma mezcla de sangres entre Joanna y Tudor en *Los cautivos del valle*). ¿Qué puede significar pues, metafóricamente hablando, que, en razón de su gemelidad, por las venas de Manfred y Astarté circule la misma sangre?

Lo has dicho tú: que ambos comparten la misma alma. Manfred y Astarté son las dos mitades de la misma alma, Blanca: por eso es que puede decirse que están destinados a amarse por encima de todas las cosas vivientes de este mundo. Más abajo en esta carta te hablaré de la Alquimia, uno de cuyos más famosos tratados, la *Turba philosophorum*, instruye

---

400. Lord Byron, *Manfred*, Acto III, escena 3, líneas 40- 47

a los adeptos advirtiéndoles que "si no conjuntáis los parientes con sus parientes más cercanos, *aquellos que tienen la misma sangre*, no conseguiréis nada."[401] Date cuenta de que, igual que con los gemelos de Macaulay, no hablamos de una sustancia similar, sino de *lo mismo*. Es esta "mismidad" -simbolizada aquí por la consanguinidad- lo que hace del amor incestuoso entre hermanos gemelos la metáfora idónea del amor entre almas gemelas. Expresa el fundamento de este amor, que es la esencia compartida; el hecho de que las almas gemelas estén formadas a partir de la misma sustancia espiritual, igual que las dos mitades de un *symbolon* están hechas de la misma pieza de madera.

Manfred y Astarté son las dos mitades del mismo *symbolon*: de ahí que su amor no tenga nada de casual, que no sea un mero amor de circunstancias, sino un amor esencial y necesario. Un amor predestinado, Blanca. Y es que, así como la común esencia presupone un común origen, por fuerza presupone también un común destino. Ciertamente, en términos absolutos, todos compartimos la misma esencia; tenemos pues idéntico origen e idéntico destino: todos procedemos de Dios y estamos llamados a regresar a Él. Que todos somos hermanos es un aserto que pertenece al acervo común de las religiones; nadie es extranjero para nadie porque por las venas de todos (por las venas del Universo entero) fluye la misma "sangre", la misma esencia divina. Dentro de esta hermandad universal, no obstante, dentro de esta gran familia, existen grados de parentesco; y el parentesco más próximo es el que nos vincula a cada uno con nuestro *otro yo*, a cada *yo* con su *tú* particular y exclusivo: a cada alma con su gemela.

---

401. *Turba philosophorum*, pp. 17-18

Tachadura al margen. Por aquí el rotulador ha pasado demasiado deprisa, fracasando en su intento de borrar la acotación: *("En la) Torre del Reloj los autómatas iniciaron su danza...; ella (pareció) salir de su embeleso. (Feliz) Año Nuevo mi amor -musitó."* La Torre del Reloj, con la danza de sus figuras mecánicas, es icono de la ciudad suiza de Berna. Aunque la fecha esté borrada, es fácil adivinarla: *31-12-99.*

Es en este sentido relativo que sí puede hablarse de orígenes -y de destinos- diversos de las almas, Blanca. Que puede hablarse de "extranjeros" con relación a uno mismo, como antes vimos hacer a Rhoda al considerar lo que era ella para su marido, y como insinúa también (para citar un ejemplo de la biblioteca azul) la Katherine de *Cumbres borrascosas* al describir la diferente clase de afecto que le une a su marido y a su hermano adoptivo. Quizá recuerdes el pasaje: "...Heathcliff nunca podrá figurarse cuánto le quiero, y no porque sea guapo, sino porque hay más de mí en él que en mí misma. *Su alma y la mía están hechas de la misma sustancia,* cualquiera que sea ésta, mientras que la de Linton (su marido) es tan diferente como lo es un rayo de luna del rayo, o la escarcha del fuego."... Pero volvamos a Byron. Como es propio de los amores románticos, el amor de Manfred hacia su hermana gemela conmueve por su intensidad, por su exclusividad, por su "desnudez". Y también por la idealización extrema de la amada, a la que el amor de su hermano convierte en un ángel, una virgen o una diosa. Cuando rememora el parecido entre ambos, Manfred le adjudica siempre a ella una mayor perfección: ella era idéntica a él, sólo que más perfecta:

Ella era como yo en las facciones del rostro: sus ojos,
Su pelo, sus rasgos, todo, hasta el mismo tono
De su voz, se decía que eran como los míos;
Sólo que suavizados todos, y templados en la belleza;
Tenía ella los mismos pensamientos y sueños solitarios,
La búsqueda del conocimiento oculto, y una mente
Para englobar el Universo: no sólo
Estas cosas, sino con ellas poderes más nobles que los míos,
Piedad, y sonrisas, y lágrimas -de lo que yo carecía;
Y ternura -pero eso yo lo sentía por ella;
Humildad -y eso yo nunca lo tuve.
Sus defectos eran míos -sus virtudes eran sólo de ella.[402]

De Manfred y Astarté puede decirse lo que en otro de sus poemas -Sardanapalus- dirá Byron de su pareja protagonista: que ambos se hallan ligados el uno al otro por "alguna influencia desconocida". Salvo que no es desconocida para nosotros, Blanca: esa influencia es la de su gemelidad anímica. Es esa influencia la que (igual que Brunilda se arroja a la pira funeraria de Sigfrido, o el soldadito de plomo al fuego del hogar donde arde la muñequita de papel en el cuento de Andersen) la que llevará a Myrrha digo, a la amada de Sardanapalus, a decidir morir con él cuando, para evitar ser capturado por sus enemigos, Sardanapalus mande levantar una pira funeraria en la que autoinmolarse:

- Mi Myrrha. ¿De verdad me sigues libremente y sin miedo?
- ¿Piensas que una chica griega no se atreve a hacer por amor lo que las viudas indias afrontan por costumbre?
- Entonces no nos queda sino esperar la señal.

---

402. Lord Byron, Manfred, acto II, escena 2, vs. 105-116.

- Tarda en sonar.
- Ya. Adiós; un último abrazo.
- Abrazo, pero no el último; hay uno más.
- Cierto, el fuego fusionador mezclará nuestras cenizas.
- Y puro como es mi amor por ti, ojalá que mis cenizas, purgadas de la escoria de la Tierra y de la pasión carnal, se unifiquen con las tuyas.

La pureza de su amor es garantía de su reunificación más allá de la muerte. Pero hay ese requisito previo, Blanca: la gemelidad anímica, es decir, el común origen. El destino común es la consecuencia ineludible del común origen de los amantes. El tema se repite una y otra vez en la literatura romántica. Tomemos como modelo *La Devoción de la Cruz*, drama amoroso de un temprano precursor del Romanticismo literario, el dramaturgo español Pedro Calderón de la Barca. Basado en una leyenda mística de la España antigua, este drama tiene también por protagonistas a una pareja de hermanos gemelos. Julia y Eusebio han nacido de un parto milagroso, han nacido a los pies de una cruz en la montaña. La señal de la predestinación amorosa es pues, aquí, un símbolo divino, la Cruz cristiana. El hecho me parece remarcable: denota quizá que Calderón intuyó la raíz divina, celestial, de la predestinación amorosa. A Julia y Eusebio se les hurta la infancia en común. En esto su historia diverge de la mayoría de historias de gemelos: nada más nacer son separados. Pero en su juventud se reencuentran y se enamoran apasionadamente. Se enamoran sin sospechar su común origen, Blanca, ya que su gemelidad es secreta para ellos. No se manifiesta en el parecido físico, como para sugerir que son sus almas las gemelas y no sus cuerpos. Es también el caso, por cierto, de un célebre poema épico renacentista: el *Orlando furioso* de Arioso. En el *Orlando furioso*, es una voz procedente del cielo la que finalmente revelará a los dos gemelos Marphisa y Ruggiero su condición de tales. En *La Devoción de la Cruz* es una idéntica marca de nacimiento -"una cruz labrada a fuego y sangre"- que ambos se descubren en el pecho. Es ése, diríamos, su *symbolon*, su contraseña amorosa.

Así y todo, Blanca, este amor predestinado resulta inviable, y de nuevo a causa de la oposición familiar. Como en tantos relatos románticos, sólo la muerte puede juntar a estos amantes. Eusebio morirá a manos del padre; Julia, abrazada a la cruz de la tumba del hermano. Pero mira, esta cruz operará un milagro que es la réplica inversa del milagro inicial, aquel por el que los dos hermanos vinieron al mundo. Entonces fue una cruz, una cruz votiva en la montaña, la que les arrojó a la Tierra; ahora es esta cruz fúnebre la que les arrebata a ambos al Cielo. Se cumple así su destino, el destino de las almas gemelas, que es unificarse en Dios (encarnado aquí por la Cruz cristiana), en quien, por ese mismo acto unificador, ambos deben transformarse.

El romántico inglés William Blake, pintor, grabador y poeta místico, imaginó también esta reunificación final en Dios de las almas gemelas. Blake tiene muchos puntos de contacto con aquel otro místico famoso, Swedenborg, del que recibió además la influencia. El rasgo común más llamativo de ambos es el don visionario, aunque en esto Blake fuera más precoz que nuestro amigo Swedenborg, toda vez que sus visiones parece que se remontan a la primera infancia (¡vio unos ángeles encaramados a un árbol mientras paseaba por Londres con su padre, que le reprendió severamente por contar patrañas!). Las visiones le acompañarían el resto de su vida. En gran medida inspiraron su obra, Blanca, como lo atestigua la siguiente anécdota, referida por uno de sus discípulos: Éste atravesaba una etapa de sequía creativa y un día, estando de visita en casa de Blake, se puso a lamentarse por ello. Blake le escuchó pacientemente, y luego se volvió a su esposa Katherine y le dijo: "Eso mismo nos ocurre a nosotros, ¿verdad, Kate? Durante semanas enteras las visiones nos abandonan. ¿Qué hacemos entonces?". "Nos arrodillamos y rezamos", fue la respuesta de ella.

Esta anécdota ilustra la importancia no sólo del elemento visionario en la obra de Blake, no sólo de la religión en su vida. Ilustra también el ascendiente, en su obra como en su vida, de su esposa Katherine, así como el alto grado de comunión anímica alcanzado entre ambos (al punto de hablar por los dos al referirse a las visiones que le asaltan a él). De esto menudean los testimonios en su poesía; particularmente en los versos que atañen a dos de los personajes de su universo poético: los esposos Enitharmon y Los, trasuntos del propio Blake y Katherine, como se ve por la caracterización que hace de ellos. En efecto, los personajes de Blake suelen personificar facultades o propiedades del alma, y, en ese reparto de papeles, a Los le corresponde la Poesía, a Enitharmon la "Belleza Espiritual". Además, Los -el Poeta- ilustra sus poemas con dibujos que luego Enitharmon colorea, procedimiento seguido también por Blake y su esposa. Por si aún te quedara alguna duda, los escoliastas han puesto en evidencia la composición de "Enitharmon" a partir de las dos últimas sílabas del nombre "Katherine".

Enitharmon es descrita como la hermana y esposa de Los y como su mitad escindida: *his parted soul*, "la mitad partida de su alma". Enitharmon y Los no son ahora más que una pareja de esposos mortales, pero antes de la Caída integraban un matrimonio celestial, un ser andrógino de naturaleza espiritual denominado Urthona. Urthona es sólo uno de los nombres de ese ser andrógino; en el extraño y bello universo poético de Blake (que es a la vez un universo mitológico), el Andrógino original correspondiente a cada pareja de "*parted souls*" recibe un nombre distinto, lo que evoca la noción sufí de los infinitos Nombres de Dios. Pero vayamos al asunto general de la obra de Blake, un asunto vasto y complicado que no podré hacer aquí sino bosquejar.

Para Blake, el Hombre del Origen no era distinto de Dios, el "Eterno Uno" como lo llama. Ese "Hombre divino" era andrógino: coexistían en Él, en íntima unión, dos mitades complementarias. Y esta unión era tan estrecha, tan compacta, Blanca, tan *perfecta*, que no podía hablarse de dos voluntades, sino de una sola: la Voluntad del "Hombre eterno", resultante de esa *unión perfecta*. La base de ese equilibrio, de esa Unidad completa, consistía en la renuncia de las dos mitades divinas a su individualidad separada, esto es, a su *ego*. Ambas sacrificaban su voluntad individual a esa Voluntad común más alta que era su "*real Self*", su "Yo verdadero". Pero en ese idílico estado de cosas se entrometió el egoísmo, que Blake personifica en la figura del diablo. Cada mitad del "Hombre eterno" se puso a ejercer su voluntad propia, con lo que desapareció la Voluntad común, que era la Voluntad Divina. De resultas, las dos mitades se separaron una de otra, convirtiéndose por ese hecho en sombras o espectros de Sí mismas. En "sombras" o "espectros" -estoy usando la terminología de Blake- de su "Yo verdadero", que era ese "Hombre eterno" ahora derrocado. Blake ve en este acontecimiento una tragedia de proporciones cósmicas. Porque el "Hombre eterno", amor mío, era Hombre cósmico: englobaba toda la realidad dentro de él. (Una vez me hablaste de la "conciencia cósmica", de la sensación extática que experimentan algunos de ser uno con el Universo; de estar haciendo introspección, digamos, cuando miran al cielo. Pues bien, esa sensación no sería sino el pálido vestigio del Hombre Cósmico que todo hombre era en el Origen.)

Los personajes del universo poético-mitológico de Blake son las medias mitades, las "almas partidas" resultantes del derrocamiento de ese "Hombre eterno" (ya que, si bien el "Hombre eterno" era uno solo, las mitades escindidas son innumerables). Personajes como Urizen, que, al contemplar por primera vez a Ahania, su mitad escindida, queda atónito ante "la forma espectral de ella, separada ahora de él... Pues ambos tienen ahora dos voluntades, dos intelectos, y no como en los tiempos de antaño."[403] O como el mencionado Los, trasunto del propio poeta, que tras la Caída se lamenta: "¿Qué haré, o cómo existir, dividido de Enitharmon?"[404], y rememora con su hermana y esposa aquel tiempo dichoso en que "tú y yo, en Esencia indivisa, paseábamos desencarnados. Tú, mi jardín de gozo, y yo el espíritu en el jardín. Allí residíamos mutuamente el uno en la alegría del otro"[405]. El poeta Los no vive sino anhelando el día en que de nuevo ambos "nos reuniremos en esos plácidos campos de feliz eternidad"[406].

La trama que entretejen todos esos personajes es intrincada, pero se resume en el empeño heroico de cada uno en recobrar, por la vía de la unificación con su otro yo, la Unidad perdida. Ese empeño pasa por la abolición de la voluntad egoísta: es decir, por despojarse de los *false garments* -de los "falsos ropajes" como Blake califica al *ego*. Lo que implica la

---

403. William Blake, *The Four Zoas* II: E, 320; K, 285.
404. William Blake, *Jerusalem* 12: E, 155; K, 631.
405. William Blake, *The Four Zoas* VIIa; E, 359; K, 327
406. *Ibid*; E, 359; K, 326

sublimación de la identidad sexual, Blanca, pues, también para Blake, la Caída ocurrió al hilo de la degradación del amor en deseo sexual. Para Blake, la sexualidad es consustancial al estado caído. La redención de ese estado demanda, pues, restituir al deseo su "desnudez" original: esto es, ahondar en el mutuo amor de las almas gemelas hasta su raíz misma. "¿Por qué una pequeña cortina de carne -se pregunta una de estas "almas partidas"- en la cama de nuestro deseo?"[407]

Tal la almendra de la obra de Blake. Esta obra constituye un todo coherente, pero es densa y abstrusa, y en este sentido muy distinta de la de sus correligionarios románticos. Muy distinta, por ejemplo, de la del francés René de Chateaubriand, autor de una novela -René- que es la historia de un joven secretamente enamorado de su hermana. Ella es "la única persona a la que he amado en este mundo; ...todos mis sentimientos se confundían en ella con la dulzura de los recuerdos de mi infancia". De nuevo, Blanca, vemos erigirse a la infancia (una infancia en común, una infancia en la que "solíamos dormir juntos") en el referente celestial de dos hermanos. De los dos digo, porque se trata de un amor correspondido. Pero también, por ambas partes, de un amor secreto que no osa descubrirse; un amor lleno de sentimientos de culpa que, al final, impulsarán a la hermana a tomar el velo de monja. René asiste a la ceremonia: ella se lo ha pedido en una carta en la que se deja llevar por la nostalgia de los días felices de la infancia: "Durante la noche oiré desde el fondo de mi celda el murmullo de las olas que bañan los muros del monasterio, y soñaré en aquellos paseos que daba contigo por los bosques, cuando creíamos escuchar el rumor de los

---

407. William Blake, *The Book of Thel*, 4: 20

mares en las agitadas copas de los pinos. Amable compañero de mi infancia, ¿no volveré a verte más? Apenas mayor que tú en edad, yo te mecía en tu cuna; solíamos dormir juntos. ¡Ah! ¡Ojalá nos reuniera un día la misma tumba!"

Detengámonos ahora en otro gran poeta romántico inglés. Quizá (pero eso es cuestión de gustos) el más grande de todos: Percy B. Shelley, quien, según propia confesión, soñaba con una "doncella oculta" cuya voz "era como la voz de su propia alma"[408]. Para expresar este sueño, Shelley se sirvió también de la metáfora del amor incestuoso entre hermanos. Hermanos son (por más que su editor censurara este parentesco convirtiéndoles en hermanastros) la pareja protagonista de su famoso poema *Laon y Cythna*. Laon nos presenta a Cythna como "un segundo yo, mucho más querido y más bello." Ambos tienen la necesidad de estar siempre juntos; son incapaces de pensarse a sí mismos como individuos autónomos: el individuo es la conjunción de ambos. Al mirarse en el espejo, Laon (como le ocurría al Narciso de Pausanias del que te hablé la otra vez) no ve a Laon, sino a Cythna. De modo que cada vez que ella se ausenta, él pierde el referente de su propia identidad y, como consecuencia, enferma, se desequilibra.

La confesada meta de ambos hermanos es "mezclar dos esqueletos sin descanso en un alma reposada". En una palabra, ambos buscan la Androginia, la Unidad, que también para Shelley es igual a la Divinidad e igual al descanso eterno. Al estar Shelley comprometido con la causa de la Libertad, esta meta personal se combina con una meta política: Laon y Cythna participan en la conjura para el derrocamiento de un tirano. Pero esta otra meta, Blanca, puede verse al mismo

---

408. Percy B. Shelley, *Alastor*, v. 151-153.

tiempo como una alegoría de la meta personal. En las peligrosas aventuras a las que su compromiso político les arrastra, cabe ver un paralelo de la Búsqueda de los héroes medievales; en la tiranía contra la que luchan, la metáfora de esa otra tiranía cosmológica: la de la Materia, la de la Dualidad escindida. El orden legítimo que, junto con la Libertad que tal orden lleva aparejado, Laon y Cythna luchan por restaurar, sería, metafóricamente, la Androginia... Hacia la mitad del poema, los dos hermanos escenifican, mediante un rito matrimonial, la consecución de esta meta anhelada. Pero Shelley demuestra saber que sólo la muerte abre la puerta a la consecución real, porque al final el poema parece emular el *Sardanapalus* de Byron: Laon es capturado y condenado a la hoguera, y Cythna se le une voluntariamente. Los dos arden en la pira, pero también -nos dice Shelley- en el fuego de su mutuo amor. Al unificarles el fuego fusionador, el tirano logra el efecto contrario al que perseguía, toda vez que la muerte de Laon y Cythna supone su triunfo, el triunfo de su amor predestinado sobre la tiranía de la Materia y la Dualidad escindida. Cual Ave Fénix, Laon y Cythna resurgirán de sus cenizas transformados en Laon-Cythna, otro de los innumerables Nombres del Andrógino divino.

Shelley fue gran amigo de Byron y, como él, tuvo una vida agitada. La muchacha con la que se casó de joven se suicidó arrojándose a un lago cuando él la abandonó por otra. Esta otra mujer habría de pasar a la posteridad -con el nombre de Mary W. Shelley- como la artífice de ese personaje literario que ha inquietado a tantas generaciones de lectores y espectadores: el monstruo de Frankenstein. Tras casarse, la pareja viajó a Italia, donde su amor se enfrió, y donde -poco antes de morir ahogado, como su primera esposa- al poeta le pareció dar con la "doncella oculta" con la que soñaba. Esta mujer en quien Shelley creyó reconocer la voz que "era como la voz de su propia alma" (pero el reconocimiento es falible, ya lo sabemos, y esta voz familiar muy bien podría haber sido la de Mary W. Shelley o la de su primera esposa) se llamaba Emilia Viviani y era una joven escritora en ciernes. En un poema autobiográfico de nombre casi impronunciable: *Epipsychidion*, Shelley escribe: "Supe que era la visión que me había sido ocultada durante tantos años: eso era Emilia."[409] El prefacio de este poema incluye un texto de Emilia Viviani sacado de un breve tratado suyo -*Amor verdadero*- en el que la joven muestra una perfecta sintonía con el ideario amoroso de su famoso mentor y amante, un ideario asentado sobre dos pilares. El primero, la necesidad humana de reconstituir el Andrógino original, el "ser doble" que cada hombre integraba en el Origen, cuando estaba *perfectamente unido* a su "segundo yo". El segundo, el poder del amor depurado como única fuerza capaz de dar respuesta a esa necesidad anímica de mezclar dos seres "iguales y sin embargo distintos en un final feliz". Shelley se dirige a Emilia en esos versos como a su esposa y hermana, la "hermana de mi corazón". "Yo no soy tuyo -le dice-, soy una parte de ti."[410] Y traza el paralelismo con una composición musical: "Somos como notas musicales, hechas la una para la otra, aunque distintas". Al imaginarse el Paraíso, al imaginarse el estado resultante de su reunificación final con Emilia después de la muerte, Shelley evoca una vida idílica en una isla desierta: allí ambos serán "conscientes, inseparables, Uno."[411] Allí "amar y vivir (serán) / la misma cosa"[412]:

409. Percy B. Shelley, *Epipsychidion*, v. 343-344.
410. *Ibid.*, v. 51-52-
411. *Ibid.*, v. 540-542
412. *Ibid.*, v. 551-552

Las fuentes de nuestra más honda vida se fusionarán
en la pureza dorada de la Pasión,
como arroyos de montaña bajo el sol matutino.
Nos convertiremos en el mismo ser, seremos un
Espíritu dentro de dos marcos, ¡oh! ¿por qué dos?
Una pasión en corazones gemelos [413]

Otro poema filosófico de Shelley -*Prometeo liberado*- abunda en el tema de dos almas gemelas ansiosas de reunificación. Salvo que aquí los personajes no son seres de carne y hueso: son -a la manera de los personajes de Blake- seres mitológicos. Prometeo rememora con nostalgia los viejos tiempos, cuando él "vagaba una vez con Asia, bebiendo la vida que brotaba de los amados ojos de ella". El término "vida" hay que entenderlo aquí no biológicamente, Blanca, sino en el sentido simbólico que le daban los antiguos sabios, cuando hablaban por ejemplo de la Fuente o el Árbol de la Vida. Es decir, *vida eterna*, Vida como sinónimo de Inmortalidad, de Divinidad, de Unidad. En los viejos tiempos, diremos pues -en el Origen, cuando los Dos eran Uno-, Prometeo y Asia se infundían recíprocamente la Unidad: porque la Unidad era el fruto de la unión de ambos.

Ese estado paradisíaco de cosas pertenece ahora, sin embargo, al pasado. Prometeo y Asia están actualmente separados, ya no beben la *vida eterna* el uno en los ojos del otro. Pero añoran los viejos tiempos y no piensan más que en la reunificación. Una reunificación que no ha de venir de la unión sexual sino de la espiritual. De la unión de las almas, Blanca, ya que Shelley -como tantos poetas románticos- recelaba del amor sexual, que juzgaba egoísta y por tanto falso.

---

413. *Ibid.*, v. 570-575

Despreciaba el *ego* ("ese erizo que se pega a uno; no he podido arrancármelo todavía") y se había propuesto la tarea de extirparlo de su alma. Tarea común, como hemos visto, a los amantes heroicos de todos los tiempos.

Y punto. Con Shelley cerramos de momento (en la próxima carta habremos de reabrirlo) el capítulo dedicado al Romanticismo. Disponte ahora, querida, a dar un gran salto hacia atrás en el tiempo.

GEMELOS PRIMITIVOS

Figurillas representando gemelos siameses han sido datadas en el Neolítico y en la Edad del Bronce. Ello responde a un hecho conocido, y es que al lado de los seres andróginos, las parejas de hermanos gemelos menudean en los "mitos de creación" de las sociedades primitivas. No sólo el Dios creador, también los primeros hombres creados -los antepasados míticos de la humanidad- son una pareja de gemelos de sexo opuesto (o bien un Andrógino). Ya en otra carta te di referencia de estos antepasados míticos, que no son como los hombres históricos que descenderán de ellos. Estos primeros hombres creados, equivalentes a los Adán y Eva de la Biblia, habitan el tiempo ahistórico del Origen, y presentan la característica específica de la Divinidad: la Androginia, la Gemelidad, razón por la cual eran venerados como dioses.

Se les tenía por dioses, Blanca, y sin embargo no se les identificaba con la Divinidad suprema. ¿Cómo se explica esto? Fácilmente si pensamos que, en tiempos primitivos, si bien la Androginia era considerada monopolio de lo Divino, a lo Divino no se lo suponía monopolio de un solo Dios. No se entendía lo Divino como algo unitario, concentrado en un Dios supremo, sino más bien como una característica que el Dios supremo compartía, en grados diversos, con una larga cohorte de dioses subalternos, de dioses menores, entre los cuales los antepasados míticos. En los albores de la humanidad, no se había llegado aún a la intuición de los antiguos sabios de que no hay más que *un* ser divino. Como tampoco a su consecuencia lógica: que el antepasado mítico andrógino -divino por tanto- de la humanidad, no es otro que Dios mismo, el Único... Veamos algunos ejemplos de antepasados míticos caracterizados por la Gemelidad.

La mitología indoeuropea refiere la historia de Yama (literalmente, "gemelo"), una divinidad que, en la noche de los tiempos, condescendió al rango de hombre en compañía de Yami, su hermana gemela y a la vez esposa. Quiere el mito que los seres humanos históricos seamos los descendientes de esta pareja de gemelos divinos, conocidos en la mitología irania bajo los nombres de Yima y Yimak. Pero no es éste el único mito iranio relativo a la creación del hombre que involucra a una pareja de hermanos gemelos, Blanca: está también el mito de Mahryag y Mahryanag, donde se describe la creación del hombre en varias etapas, en las que podemos ver la progresión descendente de la Caída. Tiene este mito por protagonista a Gayomart, el Hombre esencial, creado con el alto rango de un dios toda vez que era un "ser doble", un ser andrógino. Pero el demonio Ahrimán consiguió deslizar en él la muerte, con lo que Gayomart, que había sido creado inmortal, se trocó en mortal, o sea, en hombre.

Así pues, cuando le llegó la hora, murió. Pero he aquí que su alma fue rescatada por Spenta Armaiti, el Arcángel de la Tierra, que la guardó en su seno durante cuarenta años, al cabo de los cuales "brotó del suelo una planta extraordinaria que formó la primera pareja humana, Mahryag-Mahryanag, dos seres tan parecidos entre sí, tan íntimamente unidos el uno al otro, que era imposible distinguirlos, y mucho menos separar lo masculino de lo femenino."[414] Lo masculino y lo femenino estaban pues implícitos en el primer ser humano, que conservaba así la Androginia propia de la Divinidad. Pero esta situación privilegiada no podía durar desde el momento en que el demonio Ahrimán había deslizado en Gayomart, en el precursor de Mahryag-Mahryanag, la condición mortal, humana. (¿Me sigues?) De modo que, tras un tiempo de debatirse entre su condición divina original y la humana sobrevenida, Mahryag-Mahryanag vio triunfar a esta última. Su Dualidad interna se explicitó: Mahryag-Mahryanag se dividió en Mahryag y Mahryanag, dos gemelos separados. Y junto con ellos se diferenciaron (se hicieron explícitos) lo masculino y lo femenino, hasta entonces indistinguibles uno de otro. Y ése fue, Blanca, según este intrincado mito iranio, el origen del sexo. De la unión sexual entre Mahryag y Mahryanag emana la humanidad histórica, caída, la humanidad actual, cuyos individuos nos caracterizamos por ser medias mitades.

En el continente africano hallamos también la gemelidad vinculada a los mitos de creación. Recordarás que en otra carta hablamos de Nummu, el antepasado mítico de los dogones del África negra. Hasta los años cuarenta de este siglo, el mito de creación de los dogones se mantuvo en secreto para los extranjeros. Ahora sabemos que Nummu fue creado por el dios supremo Amma como un Andrógino integrado por un par de gemelos de distinto sexo. Este "ser doble" adivinó que los seres humanos que le sucederían no tendrían tanta suerte: la suerte de nacer, como él, con dos almas y no

---

414. Henry Corbin, *Cuerpo espiritual y Tierra celeste*, p. 75

una sola; la suerte de nacer *twined*, como permite decir el idioma inglés, es decir, de nacer en pareja. Nacerían solos y estarían, por tanto, desequilibrados: serían como medias mitades, no estarían enteros. Nummu resolvió entonces hacer algo al respecto, y echó mano de sus conocimientos mágicos. Conforme iban naciendo los seres humanos, les obligaba a acostarse sobre un dibujo que representaba a un hombre doble, a un hombre y una mujer unidos en un solo ser. De este modo les dotaba a cada uno del alma que les faltaba. Ya que entre los dogones, Blanca -pero también entre otros pueblos africanos-, la Integridad, la Unidad, es la unión de Dos, siendo la individualidad una imperfección, una anomalía ontológica que es preciso subsanar en la medida de lo posible. ¿Cómo? A través del matrimonio. Pero también de forma simbólica, por medio de ritos.

UNA VACANTE EN LA CAMA

En fin, Blanca, como espero haberte demostrado suficientemente a estas alturas, la creencia en la esencial dualitud del alma -la creencia de que el estado equilibrado, sano, del ser humano es, digamos, estar en posesión de dos almas- no es un bagaje exclusivo de las sociedades primitivas. No se restringe tampoco a los antiguos sabios: no pocos sabios modernos la comparten. Sabios modernos "de mirada antigua", como Henry Corbin, quien pensaba que "el verdadero modo de ser del alma no es una soledad sino un ser-en-Dualitud"[415]. O como C. G. Jung, padre de la llamada "psicología de las profundidades"... A esas profundidades precisamente vamos a

---

415. Henry Corbin, *El hombre y su ángel*, p. 63

asomarnos ahora. Y lo haremos de la mano de Jung, en base a sus hallazgos; pero sin renunciar a nuestra propia óptica, la que nos suministra la teoría de las almas gemelas. Podemos sentirnos autorizados por él mismo cuando escribía: "No imagino ni por un instante que la interpretación psicológica de un misterio deba ser necesariamente la última palabra al respecto."[416] Y es que, aunque el campo de estudio de Jung fuese la *psique*, Blanca, este concepto trascendía para él el angosto significado que la mayoría de sus colegas le atribuyen. Como para los antiguos griegos que acuñaron la palabra, la *psique* era propiamente *el alma* para Jung; entroncaba, pues, directamente con el ámbito de lo Sagrado, de la Metafísica.

A través de su práctica clínica como psicólogo, la intuición mística de Jung descubre en el alma humana lo que pedantemente podríamos llamar una "dualitud estructural sexuada", o una "androginia estructural". Es decir, dos vertientes de sexo opuesto. Esta dualitud del alma se corresponde con aquella otra doble vertiente que su mentor Sigmund Freud había descubierto en la *psique*: la dualitud consciente/inconsciente. Lo que significa, Blanca, que en este sentido el alma humana está desequilibrada: una de sus dos vertientes está, por así decir, "llena" de conciencia y la otra "vacía"... Acudamos a una metáfora. Una metáfora que evoca aquella imagen a la que nos referimos en otra carta: la del "lecho nupcial" de la tradición esotérica. Digamos que el alma actual del ser humano, que es un alma individual, descansa en una cama doble, en una cama de matrimonio. Lo mismo que la cama, el alma humana tiene dos lados. Pero sólo uno está ocupado, sólo uno es consciente. Sin embargo, es de suponer que esa vacante en la

---

416. C. G. Jung, *Mysteriun Coniuctionis*, p. 173

cama originariamente no era tal, que en su origen los dos lados de la cama estaban ocupados...

En el debate sobre la suerte de la mitad perdida del alma, Jung es partidario de la "hipótesis psicológica": la mitad perdida es una mitad inhibida, inconsciente; de lo que se trata es de hacerla aflorar, de situarla bajo el luminoso foco de la conciencia; y esto, a través de un proceso psíquico que él denomina de "individuación". Con todo, Blanca, desde nuestra privilegiada atalaya, que es la teoría de las almas gemelas, podemos conjeturar que la mitad vacante del alma no sería sino el "vacío" dejado por su gemela, por su otro yo, al separarse de ella a raíz de la Caída. De hecho, otro hallazgo de Jung parecería avalar esta hipótesis. Pues, si bien la mitad del alma que encierra nuestra identidad es la mitad "ocupada", Jung descubre que la mitad "vacante" tiene también, a su modo inconsciente, su propia identidad. Por lo pronto, tiene una identidad sexual: es del sexo contrario al yo consciente; es hombre o mujer. Pero no sólo, Blanca: es también *un tipo determinado* de hombre o de mujer, un tipo distinto en cada individuo.

Jung no va más allá. Pero a nosotros nada nos impide llegar más lejos. Podemos conjeturar: ¿y si no fuese sólo un tipo determinado de hombre o de mujer?, ¿y si se tratase, en realidad, de un hombre o de una mujer determinados? Porque si la vacante en la cama, esa suerte de "vacío" de conciencia, tiene una cierta identidad, ello es revelador desde la óptica de nuestra teoría: denota que ese lado de la cama estuvo una vez ocupado. Pues convendrás conmigo, Blanca, en que no es lo mismo la soledad de quien siempre ha estado solo, que la soledad de quien (como yo) conoció una vez la compañía. En ambos casos hay una vacante en la cama. ¡Ah, pero qué vacante tan distinta! En la cama de quien siempre ha estado solo, esa vacante carece de rostro, mientras que en la cama que una vez fue compartida, la vacante tiene un rostro, una identidad... Yo hago el experimento cada noche: deslizo la mano hacia tu lado de la cama, y ¿qué descubro? Una hondonada. Es decir, esa vacante es en realidad *una ausencia*, Blanca: *tu* ausencia. Ese rostro, esa identidad es como el "fantasma" de alguien ausente, alguien con quien hemos compartido cama durante años y que ahora nos ha dejado, pero cuyo recuerdo sigue latente, cuyo perfume sigue impregnando las sábanas.

(Al menos en mi caso, esto último no es una metáfora. Ahora mismo estoy oliendo, creo estar oliendo, tu perfume. Pero es sólo mientras te escribo, y por eso, previendo el fin de estas cartas, aprovecho para reiterarte mi ya vieja demanda: tu perfume, ¿cómo se llamaba? Conservo como un tesoro los olores de tu infancia, la fragante colección que reuniste con paciencia a lo largo de los años: el incienso, el agua de rosas, el hinojo, el espliego que tu madre metía en sobrecitos entre tu ropa, el jabón casero, las colonias y perfumes, la madera de boj, el barniz, la tinta de imprenta, la esencia de jazmín, el tabaco de pipa de tu abuelo...; todo ese odorífero museo de tu niñez, con sus pequeños frascos cuidadosamente etiquetados. Pero, necio de mí, no tomé la precaución elemental de conservar un frasco de tu perfume. En pos de esa fragancia, he recorrido las perfumerías de la ciudad inútilmente. Una vez, en medio de la marea humana de las Ramblas, vino a mí de pronto. A punto estuve de gritar: "¡Alto, qué no se mueva nadie!", igual que un atracador, ¿te imaginas?)

Te decía que ese perfume, o que esa concavidad en la cama, es como el "fantasma" de alguien ausente. Bueno, pues a este fantasma de mujer presente en el alma de todo hombre, Jung lo denomina *anima*; *animus*, al fantasma de hombre presente en el alma de toda mujer. A la luz de la teoría de las almas gemelas, el *anima* o el *animus* sería la reminiscencia, el vestigio dejado en el alma por nuestro cónyuge del Origen a raíz de su partida. (Aunque en el Origen nuestro cónyuge no estaba sexuado, sí lo está su "fantasma": el yo consciente inevitablemente lo sexualiza, porque él mismo está sexuado, y es en clave sexual que se articula el amor erótico en este mundo.) Este "fantasma" puede aparecerse en nuestros sueños, Blanca; a él aludiría la expresión "la mujer -o el hombre- de mis sueños". Porque los sueños, querida mía (como bien debes de saber tú, que no hace mucho te deslizaste en uno de los míos), no son necesariamente los habituales sueños banales, intrascendentes, cuya función se reduce a servir de válvula de escape a las preocupaciones del estado de vigilia. Cuando se les presta la debida atención, los sueños pueden convertirse en ventanas con vistas al patio trasero de la realidad, a la realidad oculta... En su práctica clínica como psicólogo, Jung se topó a menudo con pacientes cuyos sueños estaban poblados por ese "fantasma": el *anima* o el *animus*. Pero no temas, no te propondré como ejemplo uno de los casos clínicos de Jung. El ejemplo nos lo aportará uno de los inquilinos de tu biblioteca...

Dos años después de la muerte de Samuel L. Clemens, que firmaba Mark Twain y ya era un escritor mundialmente célebre, vio la luz un breve ensayo que había escrito algunos años antes y que sorprendió a propios y extraños. Lo había titulado *My Platonic Sweetheart*, "Mi amor platónico", y en él hablaba de lo que dice ser un tema recurrente de sus sueños: una muchacha, siempre la misma pese a sus cambios externos, a la que llama *"my Dreamland sweetheart"*, "mi amor del País de los Sueños". Aunque este epíteto probablemente a ti te evoque el secreto reino de las hadas, amor mío, para

Twain el País de los Sueños es el mundo en el que ahora tú habitas: el mundo de los espíritus, adonde van las almas al morir los cuerpos, pero también adonde se trasladan a veces durante el sueño. Dicho mundo lo considera él mucho más real que el de aquí abajo, "por donde deambulamos vestidos con nuestros yos artificiales", dice. Esa superior realidad del Otro Mundo se manifiesta (y en ello su descripción coincide de un modo asombroso con las de exploradores astrales como nuestro amigo Swedenborg) en la extraordinaria vivacidad de los colores y la concreción de las formas, a cuyo lado los colores terrenales son apagados y las formas vagas.

Soñó Twain por primera vez con su "amor del País de los Sueños" a los diecinueve años, y no dejó de hacerlo esporádicamente desde entonces -a razón de una vez cada dos años, dice. Algunas veces, la duración del sueño le permitía disfrutar de tan dulce compañía, pero ordinariamente se trataba de visiones fugaces: "Por lo general eran ojeadas rápidas, pero ella era siempre inmediatamente reconocible, a pesar de que era tan dada a cambiarse a sí misma y probar dudosas mejoras en su pelo y ojos." Twain dice desconocer a esta muchacha en su vida de vigilia; pero en el País de los Sueños eran viejos amigos, si bien allí se conocían por otros nombres. En ese primer sueño, por ejemplo, ella le llama George y él a ella Alice, y ésos eran los nombres por los que se habrían conocido en otro tiempo, pues les parecía natural llamarse así. Ella cuenta quince años, él diecisiete, y así es en toda la serie de los sueños, por los que no pasa el tiempo. Otra constante es la clase de amor que ambos se profesan, un amor que "no era el afecto de hermano y hermana; era más estrecho que eso, más íntimo, más hermoso, más reverente; y tampoco era el amor de los amantes, pues en él no había fuego. Era un término medio entre ambos, y era más puro que cualquiera de ambos, y más exquisito, más profundamente satisfactorio."[417] (Difícilmente hallaríamos una mejor definición de la cualidad del amor de las almas gemelas.)

Una variable de estos sueños, en cambio, es el marco espacio-temporal en el que transcurren. Particularmente llamativo es el que se desenvuelve en la antigua Atenas, "una ciudad en la que no había estado entonces, pero reconocí el Partenón por haberlo visto en los cuadros, si bien tenía un aspecto flamante y estaba en perfectas condiciones". Él pasa a su lado de camino hacia una suntuosa mansión de terracota roja, en cuyo interior se encuentra con su amada, que viste a la manera griega y está sentada en un canapé de marfil haciendo ganchillo. Mientras conversan amigablemente, varios griegos de porte mayestático que han irrumpido en la sala discutiendo con acaloramiento, les saludan cortésmente al pasar. Entre ellos, el soñador reconoce a Sócrates...

Aunque algunos de los sueños terminan abruptamente con el fallecimiento de la muchacha, Twain constata que la tragedia no deja la menor huella en su siguiente encuentro, como si estuvieran ya habituados -conjetura- a morir y renacer, y supieran así, por propia experiencia, que la muerte no es algo duradero, nada pues de lo que haya que preocuparse. Para concluir su ensayo, Twain nos confiesa que este sueño recurrente ha sido una de las más hermosas y placenteras experiencias de su vida. Pero hay un detalle que omite, Blanca, un detalle que se han encargado de desvelar sus biógrafos y que estoy seguro será de tu interés...

Tenemos motivos para creer que, pocos años después de conocer en sueños a su alma gemela, la conoció también

---

417. Mark Twain, *My platonic sweetheart*. *Obras completas*

en la vida real. Él contaba veintidós años y ella catorce; él era piloto de uno de los barcos de vapor que surcaban el Mississippi; ella viajaba en otro barco, y coincidieron en un muelle de Nueva Orleans. El propio Twain da cuenta del flechazo en su póstuma *Autobiografía*: dice que no perdió un segundo en reconocer a Laura Wright como su "instantly elected sweetheart", su "amada instantáneamente elegida". No pasaron más que unas cuantas horas juntos, en las que se limitaron a charlar y a pasear. Pero al despedirse, ella le regaló un anillo de oro, y él regresó a casa resuelto a pedir su mano pasados dos años, en cuanto ella cumpliera los dieciséis. Desgraciadamente, no le fue concedida. Pero ambos guardaron toda su vida un recuerdo indeleble de aquellas horas que pasaron juntos, y un profundo afecto mutuo que sólo recientemente los detectives literarios están sacando a la luz. El caso, Blanca, es que de esas averiguaciones también se desprende que la misteriosa muchacha que poblaba los sueños de Mark Twain podría ser la misma que poblaba su fantasía despierta desde que ambos coincidieran de jóvenes, cuando él pilotaba barcos en el Mississippi y ella le regalara un anillo de oro como prenda de su amor.

Quizá la separación de su alma gemela en esta vida, no hiciera sino reforzar su inconsciente sentimiento de pérdida causado por la traumática escisión original de ambos, de la que aquel sueño recurrente no sería sino un mecanismo compensatorio. Porque lo que Mark Twain llama "mi amor del País de los Sueños", querida, posiblemente no difiera de la misteriosa doncella que transportaba el Grial en el castillo del Rey Pescador y que se aparecía a éste también como en un ensueño. Se trataría de su *anima*. Es decir -a la luz de nuestra teoría-, del "fantasma" de su alma gemela ausente. Un fantasma convocado por su nostalgia.

Tachadura al margen. El apresurado rotulador, en vez de borrar como era su propósito, ha subrayado la única palabra de que consta la acotación: *poliedro*. Como hice con tachaduras anteriores, donde jugué a especular sobre el significado de las citas, he querido sondear la posible vinculación de esta palabra con la demanda recién formulada a su esposa por el autor, y he descubierto un perfume de nombre *Polyèdre* que dejó de fabricarse hace algunos años, pero en cuya composición no entraba la esencia de tila en contra de la presunción del autor (véase el final de la primera carta).

El *anima*, pues, sería algo parecido al fantasma que poblara la mente de un hombre abandonado por una mujer a cuyo lado fue muy dichoso. Ese fantasma puede impregnar no sólo sus sueños: de un modo subconsciente impregnará también sus vigilias. Al punto que sus relaciones amorosas vendrán marcadas por la nostalgia de aquella mujer: involuntariamente, tenderá a enamorarse de mujeres que de algún modo se la recuerden. Y me viene ahora a la mente una película que puede servirnos para ilustrar esto, una película de Alfred Hitchcock que vimos cuando su estreno y luego hemos vuelto a ver por televisión muchas veces, Blanca. Me refiero a *Vértigo*. Recordarás que cuando el personaje encarnado por Kim Novak fallece, su imagen se convierte para su amante, para James Stewart, en algo así como el icono de lo femenino. Es como un "retrato-robot" que lleva en secreto, escondido en lo más íntimo de su corazón, en su subconsciente. Lo que me trae a la memoria (voy de un ejemplo a otro, ya me perdonarás) una frase de *La educación sentimental* de Gustave Flaubert, ese libro azul turquesa: "Él le contó (a la señora Arnoux) sus melancolías en el colegio, y como *en su cielo poético resplandecía un rostro de mujer*, de tal manera que, al verla por primera vez, la había reconocido."[418]

¿Ves, Blanca? También Frédéric atesora en su corazón un "retrato-robot" de su alma gemela. Podemos presumir que, antes de encontrarse con la señora Arnoux, lo primero que hacía Frédéric al conocer a una mujer era cotejarla sin saberlo con ese retrato. Y es lo que le sucede a James Stewart. El retrato subconsciente de Kim Novak vendría a ser el equivalente del zapato de cristal que el príncipe del cuento prueba a todas las mujeres con las que se cruza. Naturalmente, el subconsciente de Stewart debe hacer abstracción de la condición humana de las mujeres para apreciar su eventual parecido con el retrato. Pues así como el zapato de Cenicienta es espléndido (y por eso el príncipe debe no tomar en cuenta el pobre aspecto de ella para reconocerla), el retrato es el de una diosa. Por si no has reparado todavía en ello, este retrato es el mismo (aunque la retratada sea diversa) que contemplaba extasiado el príncipe Tamino al comienzo de *La flauta mágica*, y sobre el que formulaba el objetivo último de su Búsqueda heroica: "Siento que el corazón se me llena de dulce alegría ante esta *imagen divina*. Ignoro quién es y cuál es su nombre, pero quema como un fuego ardiente. Este sentimiento, ¿podría ser amor? Sí, sí, sólo puede ser amor. ¡Ah, si pudiera encontrarla, si pudiera verla aquí, de pie delante de mí! Quisiera, con ardiente pureza... estrecharla extasiado contra mi pecho y que fuese mía para siempre".

Esta imagen divina que James Stewart lleva en secreto en su corazón, Blanca, no es otra que *su Sofía, objeto*

---

418. Gustave Flaubert, *La educación sentimental*, p. 263

676

verdadero del amor de todo hombre según Jakob Boehme. Cuando, haciendo abstracción de la condición humana de una mujer, el subconsciente de Stewart reconoce en ella a *su* Sofía, entonces esa mujer le atrae irresistiblemente. Y no sabríamos decir por qué le atrae si desconociéramos aquella hermosa historia de amor en su pasado: ignoraríamos que, entre todas las mujeres, James Stewart anda buscando a una en concreto; a Kim Novak, la mujer del retrato, la dueña del zapato de cristal...

Así sucede con el alma humana: no buscamos una pareja a ciegas; aun sin ser conscientes de ello, andamos tras los pasos de nuestra alma gemela. Para reconocerla, disponemos cada uno de la mitad de un *symbolon*, digamos un "retrato-robot" de ella: el *anima* o el *animus*. El alma -que en su cualidad eterna, sabe hacer abstracción de los atributos temporales- se siente atraída por las almas que guardan cierto parecido con ese retrato. Y, como cada cual tiene un *anima* o *animus* particular, cada cual tiene su tipo ideal de pareja. Aquella locución tan corriente: *No es mi tipo*, vendría así a significar: "No se parece al retrato que guardo en mi alma". Es cuando sí se le parece, Blanca, que nos exponemos a reconocer en falso al alma gemela. Pero cuando la adecuación es completa, cuando nos encontramos no ya con un alma parecida, *sino con el original del retrato*, entonces el corazón no nos engaña. Y ese encuentro es en realidad una cita: se inscribe en lo que Jung denomina *sincronicidad*, que es la coincidencia que se produce cuando un hecho psíquico -una imagen interna de mujer- concuerda con un hecho objetivo de la realidad externa -una mujer de carne y hueso con la que uno se topa un día en la calle o, pongamos, en un tranvía amarillo de los que recorrían la Barcelona de hace años.

LA GRAN OBRA

C. G. Jung vislumbró una relación muy estrecha entre su hallazgo de la polaridad sexual del alma y una técnica o arte muy antiguo y de alto contenido simbólico, a la que los árabes, tomando prestada una voz griega, bautizaron con el nombre de Alquimia.

Alquimistas los hubo, antes que en ninguna otra parte, en China, en Siria, en Egipto; y ya luego -del Medievo al Barroco- prácticamente en todas las ciudades europeas. Pero yo sé, amor mío, que, en tu caso concreto, decir Alquimia es evocar la calle de los "Hacedores de Oro" de Praga, esa callejuela de casitas bajas de alegres colores que a ti se te antojaron casas de muñecas, donde quiere la leyenda que el rey Rodolfo II mantuviera a una cohorte de alquimistas afanándose en pos de la Piedra Filosofal... Pero ¿es de eso de lo que se trata en la Alquimia? ¿De la búsqueda de una piedra? Obviamente no, Blanca. Ocurre como con el Grial: el objeto físico es el símbolo de una cosa más alta. Uno de los libros de Jung -uno de los más exhaustivos sobre el tema- evidencia ya con su solo título de qué se trata en la Alquimia. Se titula, en latín, *Mysterium Coniuctionis*, es decir, el "Misterio de la *Coniuctio*", de la Conjunción, de la Unión, de la Boda. Ése era el objetivo al que se encaminaban todos los trabajos. Naturalmente te intrigará saber quiénes eran los cónyuges. Yo te lo digo: eran las dos mitades divididas del alma humana. Y engendraban un hijo -el "Hijo Real", "Hijo de la Sabiduría" o "Hijo Filosofal"- al que conocemos muy bien, querida, porque se trata del Andrógino, designado también por los alquimistas con una palabra latina que, apropiadamente, es el resultado de la conjunción de otras dos: *Rebis, Res+bis*, la "Cosa Doble".

Este *Rebis* los textos alquímicos lo encarnan a menudo en la figura de un niño: el "Niño Divino" o "Niño Perfecto" o "Niño Hermafrodita" (un niño con los dos sexos), también llamado el "Niño Eterno" o *Infans Noster* ("Nuestro Niño"), o el Niño del Sol-y-de-la-Luna. "El estado perfecto mezcla esposo y esposa en una sola figura, el Niño del Sol-y-de-la-Luna"[419] escribe Jung, que si bien interpretó la obra alquímica en clave psicológica, dejó abierta la puerta a interpretaciones de otra índole. Él mismo, de hecho, parece ir mucho más allá de esa clave cuando hacia el final de su vida afirmaba: "En alguna parte, alguna vez, hubo una Reina, un Rey, un Palacio; un Amado y una Amada, hace mucho, sobre el Mar, en una Isla... Es el Amor, es la Flor Mística del Alma, es el Centro, es el Yo"[420]... Pero ¿qué isla es ésa?, te preguntarás. Esta Isla, querida, no es una isla física tampoco, sino un símbolo ancestral del Paraíso, del Punto Oculto, que es, en efecto, una suerte de isla central paradisíaca, una isla de Unidad en medio de un proceloso océano de Dualidades divorciadas. Esta isla es aquella donde imaginaba Shelley la vida eterna que había de resultar de su *unión perfecta* con Emilia Viviani. Es la isla de Ítaca, patria de Ulises y Penélope, así como la también jónica isla de Citera, feudo de la diosa del Amor Venus, donde fray Colonna situara el casamiento celestial del soñador Polífilo. Y es también la isla de Ávalon de la tradición celta. Pero, en Occidente, es sobre todo la secreta "Isla de los Bienaventurados" de que nos hablan los autores clásicos. Y, en Oriente, la Isla de las Joyas: una isla redonda y dorada con joyas pulverizadas cubriendo sus playas a modo de arena (las

---

419. C. G. Jung, *Mysteriun Coniuctionis*, p. 434
420. C. G. Jung, en conversación con Miguel Serrano, *El círculo hermético*, p. 99

playas de Citera imaginadas por fray Colonna relucían por la misma causa) y en cuyo centro se alza un palacio dorado.

Para abordar los orígenes de la Alquimia, Blanca, que es a lo que me dispongo ahora, hemos de empezar por remitirnos a una carta anterior. Aquella donde hablamos de los pueblos primitivos y de como sintieron la necesidad de reparar de algún modo la catástrofe cósmica que, en tiempos inmemoriales, había arrojado al hombre fuera de la Unidad, fuera de la Integridad divina. Si recuerdas, mencionamos entonces algunos de los procedimientos simbólicos que idearon con vistas a dicha reparación. Pues bien, a esos procedimientos podemos añadir ahora éste: la Alquimia. Su origen es pues, ya lo ves, remotísimo; se vincula al descubrimiento de la manipulación de los metales: a la aparición y desarrollo de la herrería, oficio asociado al del chamán toda vez que ambos tienen que ver con el fuego -el de la forja en un caso, el del Espíritu en otro ("filósofos del fuego" se llamará a los alquimistas). Los chamanes precursores de los primeros alquimistas debieron de intuir oscuramente que el Universo, con el ser humano a la cabeza, evolucionaba. Que estaba en tránsito hacia alguna parte, y que este punto de destino del Universo no era otro que Su propia esencia. Ese tránsito era un camino de perfeccionamiento, lo que para ellos equivalía a un camino de androginización, es decir, de búsqueda de la Integridad. Y esta intuición la trasladaron al ámbito de los metales. Descubrieron que, aparte de utilidades prácticas, los metales podían tener además una utilidad simbólica: podían representar al hombre y el camino de perfeccionamiento del hombre. Entre los metales, los había nobles y perfectos, como el oro; y viles e imperfectos, como el plomo. En el plomo vieron la imagen del hombre actual, imperfecto por unilateral, por disponer solamente de "un alma". Mientras que el oro, el así llamado "sol subterráneo", se les representó como la perfección del Andrógino original. Esto a la vez que proyectaban en los metales intermedios las distintas fases de este camino de perfeccionamiento, ya que el plomo estaba destinado -imaginaron- a convertirse en oro por un lento proceso natural de maduración.

Pero toma nota, Blanca: estos chamanes/herreros intuyeron oscuramente no sólo la senda mayoritaria, evolutiva, de retorno al Origen. Intuyeron también -y sobre todo- la vía heroica. Adivinaron que ese proceso de crecimiento, de depuración, que en condiciones normales debía llevar al hombre decenas de miles de años, podía acelerarse artificialmente. Y, acuciados por la nostalgia de aquella felicidad perdida, idearon una técnica de manipulación de los metales capaz de acelerar -por el fuego- el proceso natural de conversión del plomo en oro. Es decir, la conversión del hombre en Dios por el Espíritu. Con los siglos, esta técnica o este arte habría de desembocar en la Alquimia, cuyos comienzos sitúan los antiguos sabios de Occidente en el Egipto faraónico. Ellos la conocieron por intermedio de los árabes, y éstos a través de los alquimistas alejandrinos de los primeros siglos de nuestra era (pero la Alquimia floreció en el Lejano Oriente también). Te he hablado ya del egipcio Hermes Trismegisto, tenido por inventor de la escritura, patrono de las bibliotecas y de la sabiduría oculta. Bajo su advocación pusieron estos sabios también a la Alquimia, que pasó a ser así el Magisterio o Arte de Hermes, mientras todo lo relativo a la Gran Obra -como se denominó a la realización alquímica- adoptaba el apellido "hermético".

La Alquimia es un arte eminentemente simbólico. "Nuestro oro no es el oro vulgar", advierte el alquimista. En efecto, Blanca, su oro es el llamado "Oro vivo" u "Oro Filosofal", equivalente al *Rebis*. El más precioso de los metales tuvo siempre un alto valor simbólico para los antiguos sabios. Mencionaré tan sólo que, para Ibn Arabí, el oro era símbolo de la inocencia del alma en el Origen. Si hacemos memoria, con el oro nos hemos topado repetidamente en el curso de estas cartas. Por ejemplo, a propósito del Origen o edad primordial del mundo, designada por la tradición clásica como «Edad de Oro». En oro estaban modelados los dos Querubines del Arca de la Alianza, como también el cáliz del Grial y la corona de Salomón con la que se investía la Realeza Mística. La espada Crysaor de la mitología griega, símbolo de la suprema espiritualización, era una espada de oro, y de oro eran también los cuencos y copas en que las vírgenes del Reino del Grial servían a los caballeros bienaventurados. Los amantes corteses Gerardo de Rosellón y Elisenda de Bizancio sellaban su casamiento espiritual con un beso y una flor *de oro*. Y, en fin, no ignoras que el simbolismo de este metal se repite con asiduidad en los cuentos de hadas. Ese simbolismo es tributario del de la Luz, querida, ya que el oro pasaba por luz cristalizada: denotaba, pues, la Divinidad y el Espíritu.

La transmutación del plomo en oro... o, mejor dicho, la restauración de la verdadera esencia del plomo, que era el oro para los alquimistas, figuraba la reconversión de la Materia en Espíritu (que es asimismo, dicho sea de paso, lo que animaba a esos otros alquimistas que fueron los constructores góticos, empeñados en liberar a las paredes de su peso y hacerlas de cristal convirtiendo así la piedra en luz, en sustancia alada). Pero la conversión del plomo en oro, amor mío, figuraba al propio tiempo la transmutación de los Dos escindidos -hombre y mujer- en el Uno o Andrógino divino, transmutación por la que el ser humano renacía en la Eternidad. El artífice de este milagro era la famosa Piedra de los sabios, la "Piedra Filosofal" buscada con afán por los filósofos o adeptos, que de ambas formas se denominaban a sí mismos los alquimistas. Esta misteriosa Piedra, como ya te he dicho, era eminentemente simbólica. Es cierto que los alquimistas realizaban operaciones de laboratorio; pero la pretensión de hallar una piedra artificial transmutadora de los metales era sólo el pretexto. De lo que en verdad se trataba en esas operaciones, era de proyectar las nostalgias y deseos más íntimos del ser humano; en particular su nostalgia de Unidad, el deseo de fusión de sus dos almas divididas. Explica Jung que el adepto (del latín *adeptus*, "el que ha logrado"), "incluso cuando hablaba de la unión de las naturalezas, o de una amalgama de hierro y cobre, o de un compuesto de sulfuro y mercurio, se refería a ello al mismo tiempo como un símbolo: el hierro era Marte (el varón) y el cobre era Venus (la mujer), y su fusión era al mismo tiempo una historia de amor."[421]

UNA HERMÉTICA HISTORIA DE AMOR

En este arte o técnica simbólica que es la Alquimia, querida mía, volvemos a encontrarnos todo el catálogo de motivos que atraviesan nuestras cartas. Está el motivo de la purificación o el desnudamiento del alma. Porque, como remarca Jung: "el oro sólo llega a ser a través de la liberación del alma divina o *pneuma* de las cadenas de la carne."[422] Ya te he dicho que el oro simbolizaba el estado

---

421. C. G. Jung, *Mysterium Coniuctionis*, p. 457
422. C. G. Jung, *Mysterium Coniuctionis*, p. 262

de inocencia original del alma. Y ya que por estas cartas han desfilado, y desfilarán quizá todavía, algunos monjes y monjas (como tu amiga sor Clara), déjame también decirte de soslayo que al pasar ahora junto a las celosías de un monasterio o un convento, no puedo evitar pensar en éste como en un secreto laboratorio alquímico donde, laboriosamente, un equipo de alquimistas se esfuerza en transmutar en Espíritu la Materia. Salvo que en principio, Blanca, ellos lo hacen sin el concurso de su "hermana mística", que es la denominación que daban los alquimistas al alma gemela... John Pordage, teólogo y alquimista inglés del siglo diecisiete, sí contaba con la colaboración inestimable de su hermana *en el Espíritu*, a la que aleccionaba en una carta: "Marte o el esposo debe convertirse en un hombre divino, de lo contrario Venus no se casará con él ni lo conducirá al lecho nupcial sagrado. Venus debe convertirse en una virgen pura, en una esposa virginal, de lo contrario él no la tomará por esposa."[423]

Otro exponente de lo mismo es la siguiente cita de un alquimista francés del siglo dieciséis, Jean d'Espagnet:

Con objeto de que el niño nazca más robusto y más generoso, es necesario que los dos esposos estén limpios de toda lepra y de toda mancha antes de entrar en el lecho nupcial; es necesario que en ellos no haya nada extraño ni superfluo, porque de una simiente pura procede una generación igualmente pura. Por este medio, el casto matrimonio del Sol y la Luna será perfectamente bien consumado cuando hayan subido al lecho de amor y se hayan mezclado. Aquélla recibe, por sus caricias, el alma de su mari-

---

423. John Pordage, citado por C. G. Jung, *La psicología de la transferencia*, p. 164

684

do, y a la salida de su acoplamiento le nace un Rey muy poderoso cuyo padre es el Sol, y la Luna su madre.[424]

Se explayan los textos alquímicos sobre el desnudamiento del alma, Blanca..., pero también sobre la dificultad que entraña. Así, en el tratado anónimo *Aquarium Sapientum* leemos: "El hombre es puesto por Dios en el horno de la tribulación, y, como el compuesto hermético, es largamente afligido por toda clase de penurias, calamidades diversas y ansiedades, hasta que muere al viejo Adán y a la carne, y se levanta otra vez como un hombre en verdad nuevo." Pero ¿sabes de lo que sobre todo hablan los textos alquímicos? Del mutuo amor de los Dos... Y esto lo vi claro ya en una de mis primeras lecturas sobre Alquimia (una de mis primeras lecturas sobre temas esotéricos, de hecho). Aún tengo el recuerdo de la alegría con que aislé de ese primer texto -*La vida cotidiana de los alquimistas en la Edad Media*, de Serge Hutin- el siguiente pasaje: "Mediante la unión con su compañera predestinada, el alquimista recobraba aquel estado andrógino celestial perdido tras el pecado original. Podía recuperar la inmortalidad de Adán."[425] Este pasaje puso al detective que hay en mí sobre la pista de la verdadera Alquimia, Blanca, que es la Alquimia del sentimiento. O lo era al menos para buen número de alquimistas, ya que también aquí encontramos aquella diversidad de opiniones en torno a la suerte de la mitad perdida del alma. (La *Coniuctio*, o -tal y como la define la *Turba philosophorum*- el misterio de la unión de las "dos naturalezas" del alma humana, ha sido frecuentemente

---

424. Jean d'Espagnet, *La obra secreta de la filosofía de Hermes*, 27
425. Serge Hutin, *La vida cotidiana de los alquimistas en la Edad Media*, p. 148

interpretada a la luz de la "hipótesis angélica".) Para nuestros sabios en todo caso, el genuino elemento de la Alquimia es el amor erótico. Se comprende así la importancia que para el adepto tenía su *soror mystica*, su "hermana mística"; denominación que nos remite, por cierto, a otro de los motivos recurrentes de nuestras cartas, pero también de la Alquimia, cuya *Coniuctio* muchas veces era figurada como una unión incestuosa de hermano y hermana.

El adepto y su hermana mística: tales los artífices de la Gran Obra. Ambos colaboran estrechamente en los trabajos, según se desprende de textos y grabados. En un libro carente de texto, hecho a base únicamente de imágenes: el *Mutus Liber* o "Libro Mudo", les vemos mano a mano en la tarea de preparar el compuesto hermético, calentar el hornillo, remover la cocción y vigilarla, avivar el fuego con el fuelle... No podía ser de otro modo, Blanca, visto que en esos trabajos el alquimista y su compañera proyectaban el proceso heroico de índole amorosa en el que sus almas estaban enfrascadas. Un proceso cuya meta no era otra que la restauración de la Unidad andrógina que originariamente ambos integraban. "¡Qué bueno es para dos habitar en uno solo!", exclama a propósito de dicha meta el *Aurora Consurgens*, uno de los más insignes tratados alquímicos medievales. Pero a este texto me referiré después. Lo que querría ahora es trazarte el perfil de un alquimista del que tú y yo tuvimos noticia en nuestro primer viaje a París. Sí, sí, ¿no te acuerdas de aquel pequeño restaurante de la *rue de Montmorency* donde cenamos una noche? *Nicolás Flamel* se llamaba. Y eso en honor del antiguo propietario del inmueble, que es el sabio alquimista del que vamos a ocuparnos a continuación.

Nicolás Flamel dio con aquello que perseguían todos sus cofrades, pero que muy pocos obtenían: la famosa Piedra

Filosofal. Eso es al menos lo que él declara en su *Libro de las figuras jeroglíficas*, libro que redactó a modo de guía para descifrar unas figuras alegóricas a las diversas fases de la Gran Obra, que había hecho pintar en un arco del cementerio de los Santos Inocentes de París. Los numerosos datos biográficos que aporta, sumados a una exhaustiva investigación realizada a finales del siglo diecinueve[426], nos permitirán ahora reconstruir su historia. Una historia entreverada de leyenda que comienza en Pontoise, cerca de París, donde nace en mil trescientos treinta en el seno de una familia de la pequeña burguesía. Comienza a trabajar muy joven en el oficio de escribano. Hoy este oficio ya no existe, Blanca, pero en una época en que la mayoría de la población era analfabeta y aún faltaba un siglo para la invención de la imprenta, ya puedes suponer que se trataba de un oficio próspero. A los veinte años se casa con Peronella, un acontecimiento que será determinante en su vida, como lo acredita el que ella aparezca casi siempre a su lado en las imágenes iconográficas que de él se conservan. Esas imágenes reproducen los relieves originales labrados en algún tímpano de las numerosas iglesias, hospitales y albergues para pobres cuya fundación financió el alquimista a lo largo de su vida. En el pórtico de la iglesia de Saint-Jacques-la-Boucherie, por ejemplo (a cuyos contrafuertes estaba adosado su pequeño puesto de escribano), un tallista labró un relieve de la feliz pareja rezando juntos a los pies de la Virgen. Porque el laboratorio hermético incluía un pequeño oratorio, Blanca: los alquimistas eran gente piadosa. En esto se les distinguía con ventaja de los denominados *sopladores*, los alquimistas espurios, mucho más numerosos y

---

426. Cf. Albert Poisson, *Nicolas Flamel, sa vie, ses fondations, ses oeuvres*, París, Biblioteca Chacornac, 1893

cuya búsqueda era material, tendía al oro vulgar o a la dilatación indefinida de la vida.

Con el tiempo, Flamel amplía su pequeño negocio a la compra-venta de libros. Y he aquí que un día se presenta en su puesto un estudiante con ánimo de venderle lo que él nos describe como "un libro dorado, muy viejo y grande" con "tapas de cobre bien laminado grabadas con letras y figuras extrañas". Adquiere el libro sin dudarlo, pues no era la primera vez que lo veía: años antes un ángel se lo había mostrado en sueños. En la primera hoja campeaba, en grandes letras mayúsculas y doradas, el siguiente altisonante encabezamiento: "Os bendice Abraham el Judío, rabino, levita, astrólogo y filósofo del pueblo de los judíos, disperso en la Galia por la cólera de Dios". Venían luego otras veintiuna hojas divididas en tres pliegos de siete, y eran hojas no de papel ni de pergamino, Blanca, sino de corteza aplastada de árboles jóvenes -con lo que el libro debía de desprender uno de esos olores peculiares que a ti tanto te gustan... Aunque escrito en francés, el texto estaba entreverado de caracteres extraños, indescifrables para Flamel, a quien se le antojaron letras de un alfabeto antiguo. Asimismo, la última hoja de cada pliego contenía imágenes simbólicas. Por ejemplo, una vara con dos serpientes enroscadas, el llamado "caduceo" o "vara de Hermes", cuyo origen se remonta a una leyenda hermética según la cual el dios griego Hermes se topó con dos serpientes en lucha y provocó, al tocarlas con su vara de oro, que se enroscaran en torno a ésta, pasando de batirse a copular. La vara de Hermes figura la reconciliación de los contrarios y es un símbolo que suele ostentar el Andrógino a guisa de cetro en los tratados alquímicos.

Una primera lectura del *Libro de Abraham el Judío* revela a Flamel que efectivamente se trata de un texto alquímico, con las operaciones pertinentes bien detalladas; y se aplica con entusiasmo a esos trabajos. Pero, por más que sigue escrupulosamente las instrucciones, no logra culminarlos. En la sospecha de haber marrado la materia prima sobre la que trabaja, consulta a varios eruditos, que no le sacan de dudas, y ya casi perdida la esperanza, se encomienda a Santiago Apóstol, patrón de los alquimistas cristianos, y emprende el mismo Camino que anduve yo no hace mucho con meta en Santiago de Compostela. Explica en su libro que, aparte el propósito piadoso, confiaba hallar en España algún sabio que le aportase la clave para la correcta realización de la Gran Obra. Y he aquí que ese esperado encuentro se produjo. Ocurrió durante el viaje de vuelta, en un pueblo de León donde Flamel traba amistad con un viejo judío converso (¡quién sabe si un discípulo de Moisés de León, el probable autor del *Zóhar*!). Maese Cánches, o posiblemente Sánchez, demuestra estar familiarizado con las ilustraciones del libro, de las que él le muestra copia. Acepta su invitación de acompañarle en el viaje de vuelta a París, pero fallece en el trayecto. Antes de expirar, sin embargo, revela al alquimista la clave que buscaba. Fiel a la consigna de secreto de los adeptos, Flamel no explicita cuál es esa clave, Blanca. Pero quizá podamos inferirla si reparamos en un detalle aparentemente baladí...

Por fin hallé lo que tanto anhelaba... Conociendo la preparación del primer Agente, y siguiendo palabra por palabra lo que especificaba mi libro, no hubiese podido equivocarme ni aun queriéndolo. La primera vez que hice la proyección, fue sobre el mercurio, del cual convertí casi media libra en plata pura, de una pureza mayor que la que se extrae de la mina, como comprobé yo mismo varias veces e hice comprobar a otros. Esto sucedió el diecisiete de enero de mil trescientos ochenta y dos, un lunes a mediodía, en mi casa y únicamente en presencia de Peronella. Poco después, y siguiendo siempre al pie de la letra mi libro, lo hice también con la piedra roja, sobre una cantidad similar de mercurio. Fue el veinticinco de abril del mismo año, a las cinco de la tarde, siempre en presencia de Peronella y en la misma casa, cuando transmuté el mercurio en igual cantidad de oro puro, mucho mejor que el oro corriente, más blando y dúctil. Puedo decirlo con certeza. Tres veces volví a hacerlo con la ayuda de Peronella, que sabía tanto como yo, por haberme ayudado en las operaciones.[427]

¿Has reparado en que, por tres veces, nombra a su esposa? Ella está presente y le ayuda en las operaciones, lo que contrasta con la descripción de sus trabajos anteriores a la peregrinación a Compostela, que aparentemente Flamel acometía en solitario (en un principio oculta a su esposa el mismo hallazgo del misterioso libro que conmocionará su existencia). Esto me lleva a sospechar, Blanca, que esa clave que al principio el alquimista había pasado por alto, que ese ingrediente fundamental que le faltaba en su mezcla, no era mercurio ni azufre ni arsénico ni antimonio... Era un ingrediente no muy fácil de conseguir, pero que por fortuna él siempre había tenido a su alcance. Era su alma gemela, Peronella, "a quien amaba -nos dice- como a mí mismo".

Porque ya he dicho que la *Coniuctio* -que la Conjunción, que la Unión, que la Boda- era el objetivo al que se encaminaban todos los trabajos. Desde luego, querida, la *Coniuctio* alcanzada por las parejas más aplicadas de alquimistas, no iba más allá de una unión virtual, un intercambio de corazones; para dar el siguiente paso, el de la unión real, había que

---

427. Las cursivas son del autor de la carta.

aguardar a la muerte. "Ya sólo me resta aguardar la muerte para iniciar con Rebeca la vida celestial y eterna", declara el alquimista Thomas Vaughan tras el fallecimiento de su esposa y hermana mística. Es a la *Coniuctio* real, sin embargo, al matrimonio celestial, al que inequívocamente se refieren los textos. Esta *Coniuctio* era figurada unas veces como una boda química en la que los esposos eran el azufre y el mercurio. Otras, como una boda o conjunción planetaria: los esposos eran entonces el sol y la luna. Y en otras ocasiones aún, se hablaba de un matrimonio real, el de un rey y una reina. Pero ya fuera la boda química, planetaria o real, Blanca, en ella los verdaderos cónyuges no eran otros que las dos mitades divididas del alma humana: para nosotros, el alma y su gemela.

LA CONIUCTIO

Algunos textos alquímicos del Renacimiento y del Barroco aluden veladamente a una secreta ceremonia ritual protagonizada por el adepto y su hermana mística. Según los eruditos, se trataría de una especie de rito nupcial análogo al que siglos antes practicaran los gnósticos. Esta ceremonia se deja adivinar también en las ilustraciones que acompañan a los textos; como por ejemplo este grabado que te muestro y que ilustra un libro de Kábala y Alquimia (dos disciplinas muy entrelazadas por entonces) publicado en Augsburgo en mil seiscientos quince.[428]

La montaña que ves es simbólica: figura la "Montaña de los adeptos". En el interior del templo que el corte transversal

---

428. Steffan Michaelspacher, *Kábala, espejo del Arte y la Naturaleza, en la Alquimia*

revela oculto en sus entrañas, el adepto y su hermana mística celebran una especie de rito nupcial. Tras ellos descubrimos el hornillo alquímico o atanor, donde se operaba la Gran Obra. El templo tiene como remate el Ave Fénix, símbolo andrógino de inmortalidad, y a él se accede por medio de siete escalones, cada uno representando una etapa de la realización alquímica. Ahora fíjate en esas otras parejas que, provistas también de objetos rituales, ocupan las dos vertientes de la montaña. Observa que -a diferencia de la pareja central e interior, que aparece unida- esas otras parejas periféricas y exteriores están escindidas: sus dos mitades ocupan vertientes opuestas con arreglo a un escalonamiento que determina que, cuanto más arriba, menor sea la separación entre el adepto y su hermana mística. La diminuta figura que se yergue en la cima sobre un pedestal no se distingue con precisión, pero el caduceo o la vara de Hermes que sostiene en su mano la delata: se trata del Andrógino, el tótem de los alquimistas.

Esta ilustración de la "Montaña de los adeptos", querida, ¿no te hace pensar en aquella otra que examinamos cartas atrás: la del Fiel de Amor Francesco da Barberino? Y no parece irrazonable atribuirle idéntico simbolismo. Representa entonces el paulatino ascenso de las parejas de almas gemelas desde su actual estado dividido hasta su Unidad primigenia. Un ascenso acelerado por la Obra alquímica.

Tachadura al margen. Por esta breve cita: *el pas dels núvols blancs sobre el blau tendre* (el paso de las nubes blancas sobre el azul tierno), el rotulador se ha deslizado como de puntillas. Gracias a eso y a la mención a Josep Pla que se hace en una de las cartas, he podido identificar el libro de procedencia: *Les hores* de Josep Pla.

En la *Coniuctio*, en el matrimonio celestial, los Dos desaparecen para reaparecer acto seguido convertidos en el Uno. El hecho viene figurado en los tratados por la muerte de los Dos. En el momento de la *Coniuctio*, los Dos mueren y son enterrados juntos, antes de resucitar bajo la forma del Andrógino o del Uno. Aunque se trataba de la unión de las almas, Blanca, la *Coniuctio* solía simbolizarse mediante la unión de los cuerpos: "El Rey ígneo -escribe Basilio Valentín, que realmente no se llamaba así, porque la mayoría de alquimistas ocultaban su verdadera identidad bajo pseudónimo- el Rey ígneo amará mucho la voz agradable de la Reina, la abrazará con su gran amor y se saciará de ella, y ella de él, hasta que desaparezcan los dos y juntos se fusionen en un solo cuerpo."[429] Pero la imaginería sexual no oscurece la naturaleza espiritual de la *Coniuctio*. La cámara nupcial es una "Casta Cámara"[430]. Sólo en la castidad podrán los Dos morir a la Dualidad (a la Dualidad escindida) y renacer a la Unidad (a la Dualidad integrada). Analicemos este pasaje de *Aurora Consurgens*: "Por tanto, yo me levantaré y entraré en la ciudad, buscando por calles y avenidas una casta virgen a la que desposar... para que ella pueda retirar la piedra de mi sepulcro y darme alas como una paloma, y yo volaré con ella hasta adentrarme en el cielo y entonces diré: 'vivo para siempre', y descansaré en ella."[431]

El casto adepto busca casarse con una "casta virgen"; únicamente un tal casamiento dará lugar a la *unión perfecta*, a la unión capaz de "retirar la piedra de su sepulcro": o sea, de resucitarle a la Unidad. Esa unificación es simbolizada por

---

429. Basilio Valentín, *Las doce llaves de la filosofía*, sexta llave.
430. Sir George Ripley, *Cantilena*, Estrofa XV
431. *Aurora Consurgens*, Parábola XII

el vuelo del alma y su gemela adentrándose en "el cielo" -en el Paraíso, en el Uno-, un vuelo para el que ambos se han conferido alas mutuamente. Sólo la unión con esta "casta virgen" puede hacer renacer al adepto a la *vida eterna* ("vivo para siempre"), concebida como un descanso eterno del que se invisten mutuamente las almas gemelas unidas en el Uno ("y descansaré en ella"). En el mismo texto, la esposa se define a sí misma con relación al esposo del siguiente modo: "Yo soy la corona con la que mi amado es coronado."[432] Es decir, a través de su casamiento celestial, ella le infunde a él la Realeza, y viceversa. La Realeza, Blanca, es, como sabemos, símbolo antiguo de la Unidad, de la Divinidad; y es remarcable que en la antigüedad y en las más diversas culturas al matrimonio se lo vinculase con la Realeza. Un clásico rito marital es la doble coronación de los recién casados. Todavía hoy en el matrimonio de rito griego, los contrayentes se tocan con sendas coronas. También en las bodas judías a los recién casados se les honraba como a rey y reina, como se aprecia en este versículo del Cantar de los Cantares: "Salid y ved, mujeres de Sión, al rey Salomón con la corona que le ciñó su madre el día de su boda, el día más feliz de su vida" (Cantar 3:11).

Y hablando del Cantar de los Cantares, Blanca, ya vimos que, según la lectura esotérica, los esposos del Cantar se hallan embarcados en la búsqueda heroica de la Unidad el uno a través del otro. Es por eso que los textos alquímicos se sirven a menudo del rey Salomón y la reina de Saba (igual que de Adán y Eva) como prototipo de pareja de almas gemelas. Así, en el *Regulae et canones* de Penotus, se lee: "¡Dadle un esposo que sea afín a ella!... que se llama la reina de Saba",

---

432. *Ibid.*, p. 141

o lo que es lo mismo: Dadle un esposo que se ajuste a ella como la otra mitad de un *symbolon*. Este esposo idóneo para la reina de Saba es el rey Salomón, que, si bien en términos estrictos de nacionalidad es extranjero para la reina, no lo es en el sentido espiritual. Para casarse con él, ella ha hecho un largo viaje (porque el suyo es el caso inverso al del trovador Jaufré Rudel: aquí es ella la que se enamora de oídas y parte en busca de su "amado lejano"). "La reina de Saba, que viene de los confines de la Tierra para contemplar la gloria de Salomón... se ha entregado a Salomón, y no a cualquier otro que es un extranjero..."[433] Por lo que hace al amor erótico, todo el mundo salvo el rey Salomón es extranjero para la reina de Saba. Ella así lo siente y por eso no quiere unirse en matrimonio a ningún otro. El *Arca Arcani* de Johannes Grasseus insiste en este punto: "Esta del velo blanco (un velo nupcial) es la casta, sabia y rica reina de Saba, que no quería entregarse a nadie más que al rey Salomón. Ningún corazón humano es capaz de comprender suficientemente todo esto."

Tomemos ahora un célebre tratado alquímico medieval, el *Rosarium Philosophorum*, donde se nos muestran los diferentes pasos de la Gran Obra a través de una serie de ilustraciones. En la primera, vemos a la pareja protagonista ataviada con galas reales. Están destinados el uno al otro, como sugiere la rama florida que cada uno sujeta por un extremo y que una paloma procedente de lo alto sostiene a su vez en su pico. La paloma es designada en el texto "el Espíritu que unifica". Representa por tanto a Dios -con lo que de nuevo, Blanca, vemos atribuirse a la predestinación amorosa una filiación divina, celeste. La segunda ilustración nos muestra a los mismos rey y reina, pero ahora desnudos. Han desnudado sus

---

433. Penotus, *Regulae et canones*

almas, luego su unión es ya posible. Cuando el rey solicita en matrimonio a la reina, ella accede. En la siguiente imagen, les vemos ya en plena cópula, en plena *Coniuctio*. Para indicar que la naturaleza de esta cópula es espiritual, el ilustrador ha dotado de alas a los cónyuges. Finalmente, los dos aparecen dentro de una tumba: su boda ha significado también su muerte. Sin embargo, ése no es el final. De sus dos cadáveres asciende al Cielo un niño desnudo: es el fruto de su *Coniuctio*, el "Hijo Real" o Niño Hermafrodita, símbolo de los Dos unificados. Símbolo del Uno, de Dios.

Los textos alquímicos, Blanca, ponen a veces en juego una fauna simbólica de lo más curiosa. Fíjate en este ejemplo: "El Niño Hermafrodita está infectado desde su misma cuna por el mordisco del rabioso perro Corasceno, que le ha hecho volverse loco... Pero en el bosque de Diana hay un par de palomas que calman con caricias su desesperada locura... Cuando la luna esté llena, dadle alas (al perro Corasceno) y volará lejos como un águila, dejando tras de sí a los pájaros muertos de Diana"... No, no es broma, es un ejemplo genuino: pertenece al tratado *Introitus apertus*, del alquimista del siglo diecisiete Eirenaeus Philalethes. La oscuridad es la típica de los textos alquímicos, cuyos autores trataron por ese medio de preservar sus conocimientos de los no iniciados. Tampoco yo entendería una palabra, querida, de no ser por eruditos como Jung, quien al analizar el fragmento nos aclara que "estas palomas forman una pareja: una pareja amorosa"[434]. O si no recordara que las palomas o tórtolas son emblema antiguo del amor conyugal y de la castidad y (por el hecho de que la paloma no busca reemplazar a su compañera cuando muere) de la fidelidad más allá de

---

434. C. G. Jung, *Mysterium Coniuctionis*, p. 157

la muerte. O si no supiera -también por Jung- que al perro Corasceno suele emparejársele en los textos con la perra de Armenia, y a ambos pintárseles trabados en un recíproco y venenoso mordisco, simbolizando el lado oscuro del amor, es decir el deseo. De todo lo cual, Blanca, podemos inferir que las dos palomas serían las almas gemelas de antes de la Caída; y los dos perros, las mismas almas ya caídas y poseídas por las pasiones, por las turbaciones terrenales, y a las que es preciso elevar de nuevo, reconvertir en pájaros... Y bueno, ya con este manojo de claves, podemos atrevernos a desmontar el pasaje, a desentrañar su denso simbolismo, que, si no me engaño, vendría a ser éste: El Niño Hermafrodita del Origen está "infectado", es decir, está enfermo, caído. Esta infección es la de la Dualidad escindida: sus dos almas -las dos palomas- están divididas, lo que le llena de dolor, le hace volverse loco de dolor. El perro rabioso que con su mordisco ha provocado la infección, encarna el deseo, el amor material y egoísta que se infiltró en el Uno. El dolor del Niño Hermafrodita sólo se calma cuando la infección -cuando la escisión de su Dualidad- remite: cosa que logran las amorosas caricias de las palomas. Tales caricias representan el mutuo amor espiritual de los dos pájaros, que al unirles virtualmente, mitiga su separación y con ello el dolor de la escisión. Todo el secreto estriba en "darle alas al perro Corasceno"; o sea, en sublimar el deseo, en espiritualizar el amor. Con la unión real, con la *Coniuctio*, separación y dolor desaparecen. Las dos palomas se resuelven en un águila, alumbran al Uno, curando así de su infección al Niño Hermafrodita.

Fíjate, Blanca, en que el águila -símbolo del Espíritu y de lo Divino- no levanta el vuelo sin dejar atrás a las dos palomas muertas. La muerte de los Dos es el requisito indispensable para su resurrección conjunta como el Uno. Para germinar, la semilla debe morir. Pero insisto, hablar aquí de muerte es hablar en metáfora. Lo que les sucede a los Dos al reunificarse, no es estrictamente una muerte: es una ocultación, un paso al segundo plano, un ceder el escenario al Uno y hacer mutis por el foro para moverse en adelante entre bastidores. Cualquiera que, como tú de joven (aunque no sea más que en el teatro *amateur* del Círculo Católico de tu barrio), haya trabajado en el teatro, sabe que sin la labor entre bastidores no hay función sobre el escenario... Los Dos sobreviven por tanto, siguen presentes en el Uno. Salvo que de un modo implícito.

No quiero fatigarte. Termino ya. Es tarde, se me cierran los ojos, y cuanto quería decirte en esta carta está ya prácticamente todo sobre el papel. Demasiado sucintamente, me temo, para la vastedad del tema -la Alquimia- del que nos hemos ocupado aquí. Confío de todos modos, Blanca, en que lo dicho haya bastado para este propósito: hacerte ver que la Gran Obra no es otra cosa que una representación simbólica de ese proceso que todo hombre está destinado a culminar a la larga: su ascenso al rango divino. Y que este proceso pasa por la reintegración de la mitad perdida del alma. Es decir: si no nos engaña nuestra teoría, por el acercamiento mutuo de las almas gemelas que culmine en su reunificación final. La "Cosa Doble", el *Rebis*, que es el nombre que dieron los alquimistas a esa culminación, dependía de la obtención de un raro elemento: la Piedra Filosofal, que -por si todavía no lo has adivinado, querida- no es sino una velada alusión simbólica al *amor puro*. Pero el *Rebis* no estaba al alcance de los alquimistas más que de un modo *virtual* en tanto permanecieran encarnados. A la espera de la hora de la muerte, que no era lícito anticipar, la culminación *real* sólo era posible en el plano simbólico. De ahí el afán del adepto y su hermana mística en mezclar azufre y mercurio en pos del «Oro vivo», en pos de la *unión perfecta*.

Tuyo

CARTA DÉCIMA

EL CASAMIENTO CELESTIAL

(O LA UNIÓN MÍSTICA)

...y es que tan sólo podría alcanzar
la felicidad nuestra especie
si lleváramos el amor a su término
de perfección y cada uno consiguiera
el amado que le corresponde
remontándose a su naturaleza original.

Platón, *Banquete*

Barcelona, 23 de enero de 2000

Querida Blanca:

¿Te llegó puntual mi última carta?... Lo que a propósito del tema de las almas gemelas me resta por decirte, cabrá, yo calculo, en esta otra que ahora inicio y que entonces será la última. La última entrega de esta extraña especie de boletín de la esperanza -la esperanza de que un día volveremos a estar juntos- del que tú y yo somos únicos suscriptores. En esta carta, que si no me he descontado es la que hace diez, en este tramo final que ahora emboco, te hablaré del casamiento celestial y de los destellos que de él han obtenido los contemplativos. Te hablaré de la naturaleza esencialmente religiosa del amor. Y del juego cósmico entre el yo y el tú, del que C. G. Jung escribe: "La integridad consiste en la articulación del yo y el tú, que aparecen como partes de una unidad

trascendental, cuya esencia sólo puede ser concebida simbólicamente, por ejemplo mediante el símbolo de lo redondo,
la rosa, la rueda, o de la conjunción del sol y la luna."[435] La
unidad trascendental a la que se refiere no es sino Dios, el
Uno: te hablaré de Él también, Blanca... Pero primero me
apetece contarte una historia que tuve la suerte de recabar
in situ, una historia insignificante pero que en su momento
revistió para mí una rara significación.

¿Te acuerdas que te comenté que años atrás, a fin de conocer el escenario de los hechos del catarismo, realicé un viaje
con Sebas a la Provenza? Bueno, pues antes de partir visité a
un librero amigo, el mismo que me ha ido surtiendo de buena
parte de los libros que ha requerido mi labor detectivesca (mi
otro gran proveedor ha sido el "azar"). Le aboné el importe del
último lote de libros, que versaban sobre Alquimia, y le hablé
de mi viaje inminente. Entonces él quiso saber si me gustaría conocer "a un alquimista vivo". La pregunta, como bien
comprenderás, me sorprendió. Inmediatamente se me vino a
la cabeza el elixir de la larga vida, en pos del cual se afanaron
tantos alquimistas según yo había leído. Pero yo sabía también
que ese elixir era simbólico, como la Piedra Filosofal, y que
esa "larga vida" no hacía referencia a la vida terrenal sino a
la eterna y divina, por lo que alguien que pretendiera haber
dilatado su vida desde los tiempos de los alquimistas hasta
nuestros días, no podía ser sino un "soplador", un farsante.

Pero enseguida mi amigo me sacó de mi confusión: no se
refería a un alquimista antiguo sino actual. "Ignoraba que hoy
hubiese alquimistas", repliqué. Tras confirmarme que quedaban algunos, buscó en su archivador y anotó un nombre en un
trozo de papel, seguido de unas señas en francés y el nombre

435. C. G. Jung, *La psicología de la transferencia*, p. 110

de un pueblecito de la Provenza. Sebas, que es un trozo de pan, se avino a sustraerles a los cátaros una jornada de nuestro viaje para dedicársela a esos otros "buscadores", los alquimistas. Y así fue como una fría tarde otoñal (la tarde declinaba ya y el cielo se había engalanado con aquel azul cobalto que a ti tanto te gusta) nuestro coche se detuvo ante una pétrea fachada festoneada por una parra trepadora. Ésta no había respetado las ventanas, por lo que enseguida advertimos que el caserón estaba abandonado. El dueño del hostal nos lo confirmó, actualizándonos de paso la noticia facilitada por el librero: el "alquimista vivo" del que él me había hablado, ni estaba ya vivo, ni había sido nunca alquimista según recientes averiguaciones. Y como yo observara que esto último merecía una aclaración más prolija, nos hizo pasar a un confortable saloncito constelado de trofeos de caza, donde nos arrellanamos en sendos sillones junto a la chimenea y atendimos a la siguiente historia (él la refirió torpemente, yo intentaré darle un barniz literario):

Nuestro protagonista -se decía que impelido por un amor desgraciado- había emigrado de muy joven a la capital. Intelectualmente despierto, compagina trabajo y estudios, obtiene la licenciatura en Química y se consagra a la investigación. Pero en él ésta va derivando desde la ciencia ortodoxa hacia la seudociencia, es decir, hacia la Alquimia. Varios eruditos libros que produce sobre el tema le valen el derecho a codearse con intelectuales y artistas de renombre, así como una cada vez mayor atención de la prensa. Eso le pierde: un artículo en un diario sensacionalista destapa su fortuna de origen incierto, insinuando el hallazgo de la Piedra de los Filósofos (se supo luego que lo delataron no los lujos de su vida, que lujosa no era, sino sus caridades insensatas). Él alega un premio gordo de lotería con el que habría resultado agraciado, pero, como es natural, el público se decanta por la versión mágica. Huyendo de esa indeseada fama, regresa a su pueblo natal; pero, implacable, la fama le persigue, convirtiendo su casa -el vetusto caserón que hallamos cerrado a las afueras del pueblo- en lugar de peregrinación para curiosos y aficionados a las ciencias ocultas.

Cuando al cabo de los años murió (lo que ya desengañó a muchos), esa casa fue minuciosamente inventariada por orden notarial. Mientras los funcionarios cumplían su labor, afuera se congregaban los curiosos en espera de noticias. O mejor dicho, de *la* noticia: la del hallazgo de un habitáculo secreto equipado con alambiques, retortas de cristal, matraces, probetas, crisoles, y, en una urna o caja fuerte, una piedra: una piedra resplandeciente de color azul y de una aleación desconocida. ¡Ah!, pero ¿qué apareció en lugar de todo eso? El resguardo de un billete premiado de lotería fechado varios lustros atrás, así como otros justificantes de exitosas inversiones bursátiles realizadas desde esa fecha. Pero lo que acabó de dar al traste con la esotérica fama de nuestro alquimista, Blanca, fue el hallazgo de un cuaderno de notas con reflexiones y pensamientos que proyectaban una imagen incompatible con el logro alquímico que hasta entonces se le suponía: proyectaban la imagen de un hombre atormentado, un hombre entregado a la desazón y a la melancolía.

Por una carambola del azar, esa misma noche yo tuve acceso a ese cuaderno. Y es cierto que es la agenda de un hombre desdichado, un hombre que se sentía emplazado, según su propia expresión, en "el lado doliente de la vida". Porque a su modo de ver, sabes, la humanidad podía clasificarse en dos categorías: la humanidad feliz y la doliente. Pero déjame que transcriba el fragmento donde lo explica. Dice así: "Si yo fuera el único ser humano infortunado sobre la Tierra, ciertamente me rebelaría contra mi infortunio. Pero sucede que miro hacia atrás y veo millones de seres humanos tan o más infortunados que yo. Comprendo entonces que a estos efectos la vida es como una moneda con dos caras, la de la felicidad y la de la desdicha. Al nacer, esa moneda es arrojada al aire, y la cuestión no es de qué lado de la vida cae uno, sino a qué debe su existencia ese lado oscuro. Pero desde el momento en que existe, desde el momento en que al mirar hacia atrás veo esa muchedumbre a mis espaldas, no se me ocurre razón alguna por la que yo hubiera debido tener mejor suerte. ¿Acaso soy mejor que ellos?..."

Conmovido por esta lectura, a la mañana siguiente, antes de proseguir nuestro viaje, me acerqué al camposanto a las afueras del pueblo con intención de depositar un ramillete sobre su tumba. Pero ésta me reservaba una sorpresa: en la lápida campeaba, además del suyo, un nombre de mujer. Y al leer en las fechas grabadas la brevedad de su vida, toda aquella desdicha que yo no había entendido se me hizo de pronto transparente, y vi, como en una película, la guadaña de la muerte truncando un amor juvenil, un amor en el que quedaba atrapada la mitad superviviente, como un insecto fosilizado en ámbar. Vergonzantemente sentí la tentación de rastrear la maleza en torno al sepulcro, en busca de dos ramajes entrelazándose. Y tuve la convicción de que me hallaba ante la tumba de un verdadero alquimista..., un alquimista que, si no había dado con la Piedra, sabía al menos dónde buscarla.

UNA FÉNIX, UN TÓRTOLO Y UNA FÉNIX-Y-TORTOLO

Hay un poema de William Shakespeare que trata del ascenso de las almas a la Divinidad, del regreso de los Dos múltiples al Uno único. Y es un poema rico en simbología alquímica,

Blanca. De él entresacaremos ahora unas cuantas estrofas y, con ayuda de los poetas Robert Marteau y Jonathan Boulting[436], trataremos de desentrañar su denso simbolismo... Igual que en uno de los fragmentos alquímicos que cité la otra vez, sus protagonistas son una pareja de pájaros. Shakespeare lo titula *The phoenix and turtle*, "La fénix y tórtolo". Observa que se sirve de un solo artículo definido para los dos pájaros: no dice "La fénix y el tórtolo" sino "La fénix y tórtolo" (es el tipo de detalle que a un buen detective no se le pasa por alto). No es un error gramatical, querida, es deliberado: con ello se apunta directamente al tema del poema, que es la transmutación alquímica, la conversión de los dos pájaros, fénix y tórtolo, en un sólo pájaro andrógino.

Esta "fénix-y-tórtolo" equivale al "hombre-y-mujer", al Andrógino de los antiguos sabios. ¿Por qué -quieres saber- para representar a las almas gemelas, elegiría Shakespeare dos pájaros? ¿Y por qué precisamente una fénix y un tórtolo? La representación del alma en forma de pájaro era corriente en la antigüedad: al ser de naturaleza espiritual, el alma era considerada una sustancia liviana, alada como la de los pájaros. En cuanto a esas dos especies en particular, hay algo que la fénix y el tórtolo tienen en común aparte de las alas: los dos son símbolos tradicionales de la felicidad conyugal y de la unión andrógina. A diferencia del tórtolo, la fénix es un ave mitológica; posiblemente Shakespeare la escogiera por esa famosa peculiaridad suya: la capacidad de renacer de sus cenizas. Ya que eso es exactamente lo que les ocurre a esta pareja de pájaros: que renacen de las cenizas de su Dualidad convertidos en Uno.

---

436. Cf. las anotaciones publicadas por estos poetas en la revista POESIE y posteriormente incluidas en la edición de *El Tórtolo y Fénix* de William Shakespeare a cargo de Nicole d'Amonville Alegría.

Dice la primera estrofa:

> Que el ave de canto más sonoro
> sobre el solo árbol de Arabia,
> heraldo grave y trompeta sea,
> a cuyo son se plieguen alas castas.

"El ave de canto más sonoro" es el gallo (al que Shakespeare da un toque oriental al situarlo encaramado a una palmera, "solo árbol de Arabia"). A su canto se levantan, pliegan sus alas, sólo los pájaros castos (los que por la noche se han entregado a las efusiones carnales no pueden madrugar tanto). De este modo solapado, se nos da a entender a quiénes va destinado el poema. Es decir, se nos advierte de entrada que la transmutación alquímica en juego sólo está al alcance de aquellas parejas de almas gemelas que se hayan significado por acrisolar su mutuo amor, las que en la medida de lo posible lo han depurado de contingencias. Son los amantes heroicos los destinatarios del poema.

Nos saltamos tres estrofas descriptivas de las operaciones y acudimos directamente al instante decisivo, el de la *Coniuctio*:

> Y a ti cuervo tres veces secular,
> Que engendras tu linaje cibelino
> Con el hálito que recibes y das,
> Te toca ir entre los dolientes.

Shakespeare emplaza la cópula amorosa de los dos pájaros bajo los auspicios de otra ave, el cuervo. Nos da a entender con ello la naturaleza espiritual de la *Coniuctio*, Blanca, ya que existía la superstición, a la que aluden estos versos, de

que el cuervo concibe y da a luz por el pico: no hay intercambio sexual entre macho y hembra, sino -como en el beso-
intercambio de hálitos, de espíritus vitales. El cuervo forma
parte de un cortejo fúnebre, es uno de los dolientes. Pero
¿quién o quiénes son los difuntos? Son nuestros protagonistas: la fénix y el tórtolo han muerto. Pero han muerto a la
Dualidad para renacer convertidos en una "mutua llama":

> Aquí comienza la antífona:
> amor y constancia han muerto;
> huidos son tórtolo y fénix,
> en mutua llama de aquí.

R. Marteau comenta así esta estrofa: La fénix y el tórtolo
"huyen, desaparecen, cónyuges en la consumación que cada
uno en el otro suscita". Esa consumación es la de la Unidad,
la consumación de la Realeza. Cada uno corona Rey al otro.
Cada uno es el medio por el que el otro se eleva a la Divinidad, que ambos sólo pueden alcanzar conjuntamente. Es inevitable pues, Blanca, que de algún modo cada uno vea en el
otro el emblema (digamos) de la Divinidad, del Uno/Todo.
De ahí la observación de J. Boulting: "La fénix es el Todo
del tórtolo", que es cierta también a la inversa... Lo que me
trae al recuerdo un verso coetáneo de los de Shakespeare, un
verso de mi poeta favorito (te sorprenderá saber que me sé de
memoria algunos de sus poemas), un verso de John Donne
que dice: *"so we shall be one, and one another's All"*, "seremos
así, uno, y del otro, el Todo"[437].

En la estrofa que sigue se describe el estado propio de la
Divinidad, consistente en ser "dos en uno":

---

437. "Infinitud de los amantes", *Canciones y Sonetos*

> Así se amaron, siendo en amor dos
> mas teniendo la esencia sólo en uno;
> distintos dos, sin división alguna:
> enamorada cifra allí fue muerta.

La esencia de los Dos es el Uno, amor mío, y esta esencia es el fruto de su amor. Son Dos en el amor, Uno en el fruto. En el fruto (esto es, en lo explícito) no existe ya distinción alguna entre la fénix y el tórtolo. Sin embargo, en el amor (en lo implícito) siguen siendo dos, distintos uno de otro. El último verso habría que interpretarlo así: las dos almas gemelas, al unificarse, se han anulado mutuamente, es decir, han anulado su Dualidad, su división. Dicho de otro modo, se han vuelto igual a cero. "Esta estrofa está dedicada al dos en uno -explica Boulting-. Uno en dos y dos en uno son ninguno", son cero; y el cero, agrega, simboliza "la aniquilación del amado en la amada o de la amada en el amado". En lo explícito, esa "cifra enamorada" (los Dos) muere a su Dualidad, se transforma de una cifra en un infinito, el cero.

Las estrofas siguientes se recrean en la descripción del misterio del "dos en uno", que es el misterio supremo, el misterio de la Divinidad:

> Corazones de lejos, mas no apartados;
> distancia, y ningún espacio se veía
> entre el tórtolo y su reina
> en todos menos en ellos portento sería.

Entre la fénix y el tórtolo existe distancia y, al mismo tiempo, ningun espacio. O sea, Blanca, son Dos siendo al propio tiempo Uno. Marteau recalca que lo que une indisolublemente

711

a los Dos es justamente aquello que los distingue: la diferencia, la otredad.

> Así entre ellos el amor brillaba,
> así el tórtolo vio su derecho
> brillar en los ojos de la fénix:
> cada uno del otro era el mío.
>
> La propiedad así palideció,
> lo propio no era lo mismo;
> el doble nombre de la sola naturaleza
> ni dos ni uno se llamaba.

Cada uno se sabe mitad indisociable del otro. El otro forma parte de uno mismo, el otro es un *otro yo*. La propiedad, entonces -lo que es mío por oposición a lo que es tuyo-, pierde su sentido. "Lo propio no era lo mismo". He aquí la esencia de la gemelidad anímica, querida: el hecho de que lo que es de uno se halle en parte fuera de uno mismo, en un otro que es un *otro yo*. Marteau comenta así estas estrofas: "Mío y tuyo son abolidos. Los dos contrarios se fusionan y se confunden sin perder por ello su diferencia. *Lo propio* (el Yo) que no era visto más que como propio, se identifica ahora con el yo que ya no es mío o mía, siendo tuyo o tuya, mientras que el tuyo o tuya es mío o mía: un milagro que obra el amor. Es la Unidad doble, el *Tai Kih* compuesto por el *yin* y el *yang*, compenetrados aunque separados"... Fíjate, Blanca, como, para señalar la coexistencia en Dios de la Unidad y la Dualidad, se vale Shakespeare, en el penúltimo verso, de la capacidad de cada cosa de recibir nombres diversos, igual que hiciera Ibn Arabí para referirse a la Unidad y la Multiplicidad divinas.

Las siguientes dos estrofas dan cuenta de la rendición de la razón al poder del amor, capaz de realizar lo que la razón juzga imposible: que el Uno sea al mismo tiempo Dos.

> La razón, en sí misma confundida,
> vio junta crecer la división,
> ante sí mismos ni uno ni otro empero
> tan bien compuestos estaban los simples,
>
> que ella gritó: ¡cuán verdadero par
> parece este uno concordante!
> amor tiene razón, razón ninguna,
> si así pueden quedar las partes.

El casamiento celestial de la fénix y el tórtolo ha significado su muerte. La muerte a la Dualidad escindida. La muerte de ambos en cuanto pájaros separados. Pero ha significado al mismo tiempo su renacimiento a la Unidad, su resurrección como un solo pájaro. La fénix y el tórtolo han muerto, ¡viva la Fénix-y-Tórtolo!

> Muerte es ahora el nido de la fénix:
> y el pecho leal del tórtolo
> descansa hasta la eternidad,
>
> sin dejar posteridad:
> no fue por enfermedad,
> fue nupcial la castidad.

Que su casamiento ha sido casto lo prueba el hecho de que, sin ser estériles, no hayan dejado descendencia. Lo cual no es del todo exacto, Blanca, porque un hijo sí lo han tenido, salvo

713

que este hijo -el "Hijo Real" de los alquimistas- no es sino ellos mismos... pero ellos mismos unidos en *unión perfecta*. Como apunta Marteau: ambos "son realmente su propia posteridad. Ellos mismos son, en su unión, su propia progenie real". Su casamiento ("casamiento entre dos castidades" lo define Boulting) no ha fructificado hacia abajo sino hacia arriba, en la Fénix-y-Tórtolo, uno de los innumerables Nombres de Dios.

UN NUDO DE AMOR VERDADERO

A esta urna retírense aquellos
que son cabales o bellos;
y oren por estos muertos.[438]

Con este terceto concluye el poema, *La fénix y tórtolo*. Un poema que sabemos inspirado en una relación amorosa de la que Shakespeare había sido testigo y que debió de parecerle admirable: la relación que unió a la reina Isabel I de Inglaterra con el conde de Leicester, Robert Dudley. Sabrás que a Isabel I se la conoce por el sobrenombre de "la reina virgen", por el hecho de que permaneció soltera toda su vida. Ah, pero eso no significa que no conociera el amor. Contrariamente, parece que conoció el amor en su forma más depurada: era un amor de esta clase -al decir de los poetas de su tiempo, como Shakespeare, que la loaron- el que la unió al conde de Leicester desde la infancia. Se da la extraordinaria circunstancia de que ambos habían nacido simultáneamente, el mismo día, a la misma hora, como si de los protagonistas de un relato de amor idílico se tratara. Si me permites el

---

438. William Shakespeare, *El Tórtolo y Fénix* (traducción de E. Simons)

714

chisme: a la muerte de la reina, se descubrió que ésta guardaba como cosa preciosa en su joyero la última carta que le escribiera el conde antes de morir; y, en su escriño, la miniatura de éste envuelta en un pedazo de papel donde ella había garrapateado: *"My lord's picture"*, "El retrato de mi señor".

El de Isabel I de Inglaterra y el conde de Leicester, Blanca, con ser excepcional, no es ni mucho menos el único caso de amores de alta alcurnia caracterizados por la castidad. En la hagiografía medieval menudean esta clase de excepciones, las cuales no eran bien vistas por la jerarquía eclesiástica de la época, que consideraba la virginidad matrimonial una anomalía peligrosa. Tenemos, para citar algunos ejemplos, el caso del emperador germano Enrique II y la emperatriz Cunegunda, de los que un tratado apocalíptico del siglo trece hace un encendido elogio y proclama: "En su vida, estos gloriosos príncipes de la Tierra se amaron no carnal sino espiritualmente, de tal modo que en la muerte no fueron separados ni divididos por la sepultura."[439] Otra pareja principesca, Salomé de Polonia y Caloman de Hungría, se conocían desde la más tierna infancia: desde que, habiendo sido prometidos en matrimonio por sus padres, Salomé se trasladara a la corte de su futuro esposo, con el que pocos años después haría solemne voto de castidad. Los matrimonios espirituales (o "matrimonios blancos", como se los ha dado en llamar) de Alfonso II de Asturias y Berta, del rey de Inglaterra Eduardo el Confesor y Edith, de Boleslaus V el Casto de Polonia y Cunegunda de Hungría, son otros exponentes

---

439. "Ein Elogium Joachims von Fiore auf Kaiser Heinrich II und seine Gemahlin, die heilige Kunigunde", *Liber Floridus, mitellateinishche Studien: Paul Lehmann*. Citado por Dyan Elliot en *Spiritual Marriage, sexual abstinence in medieval wedlock*, Princeton University Press

regios. Pero el que a mi parecer es el ejemplo más hermoso, Blanca, el de Dauphine de Puimichel y Elzear de Sabran no es de tan alto rango. En él nos detendremos ahora.

Aunque fue sin duda el Destino el que, en los albores del siglo catorce, unió aquí en la Tierra a esta pareja de nobles provenzales, el Destino se valió de sus padres para ejecutar sus planes. Fueron éstos los que, a sus espaldas, pactaron el matrimonio. Tenemos el testimonio (espero que no me acuses de indiscreción) de su noche de bodas: Dauphine encarece a Elzear el alto mérito de la castidad entre esposos y le aduce ejemplos sacados de vidas de santos. Él tiene el prurito del sexo, pero respeta la voluntad de Dauphine y no consuma el matrimonio. Y como ella ve que el procedimiento surte efecto, lo reitera en noches sucesivas. Esas historias de amores espirituales que, cual rediviva Sherezade, le cuenta su mujer cada noche antes de acostarse, hacen mella en el joven Elzear, que consiente en postergar indefinidamente la consumación. Pero Dauphine aspira a la renuncia definitiva, y es por eso que se sirve de un ingenuo ardid: aprovechando una enfermedad que la mantiene temporalmente en cama, hace llamar a su marido y le dice que tiene la certeza de no sobrevivir a menos que él consienta en sacrificarse definitivamente por ella. Los cronistas dejan entrever que Elzear le siguió el juego porque la amaba verdaderamente y él mismo estaba determinado a adoptar la castidad. Durante algún tiempo habrá de luchar todavía a brazo partido contra el instinto, hasta revelársele un temperamento místico que eliminará todo deseo sexual en él. Pero el heroísmo amoroso de Dauphine y Elzear aún habrá de vérselas con otras pruebas. Ávidos de descendencia, los padres de él someterán a la pareja a toda clase de artimañas: apostarán espías en sus habitaciones, les mezclarán filtros afrodisíacos en la bebida, les rodearán de un ambiente libidinoso, y hasta tratarán por medio de venenos de deshacerse de su nuera. El caso, querida, es que de todas esas pruebas, el amor espiritual de Dauphine y Elzear saldrá fortalecido. La imagen que se desprende de las crónicas es la de un matrimonio tan unido, tan compenetrado (precisamente a causa de la naturaleza espiritual de su amor), que con ellos parece especialmente justificada la pretensión de los hagiógrafos de esta clase de parejas, a saber: que semejantes uniones no pueden sino perdurar más allá de la muerte. Y eso, Blanca, en virtud de su amor puro... Cuando Dauphine se muestra incapaz de comprender la satisfacción con que un conocido suyo acoge la muerte de su esposa y la rapidez con que rehace su vida, Elzear se lo explica: "Entre esposos y esposas que aman el mundo se da a menudo el caso de que el amor carnal que hay entre ellos se acabe, igual que se consume la carne. Pero entre tú y yo hay un amor puro y espiritual, y ese amor, lo mismo que el espíritu, durará para siempre y no tendrá fin."[440]

Ves, pues, Blanca, que el amor espiritual era tenido por garantía de la unión de las almas gemelas en el Más Allá. Esta reunificación final de las almas gemelas, es uno de los temas predilectos de la poesía. Porque el tema principal de la poesía ha sido siempre, universalmente, el amor erótico, y ¿cuál es el desenlace natural del amor erótico? Por el hecho de tender todas las cosas hacia su cumplimiento, hacia su perfección, y no consistir la perfección del amor sino en la unión efectiva de los amantes; y por el hecho de ser esta unión (por aquello de que sólo un común origen determina un común destino) viable solamente entre almas gemelas, el desenlace natural

---

440. *Vie... Dauphine* 8.2, p.178. Citado por Dyan Elliot en *Spiritual Marriage, sexual abstinence in medieval wedlock*, Princeton University Press

del amor erótico no es otro que el casamiento celestial, que la unificación final de los amantes predestinados. Y entonces ése es también (*La fénix y tórtolo* es una excelsa muestra) un tema central de la poesía. Pero no sólo de la poesía: del arte en general. El tema de la reunificación final de las almas gemelas ha sido ampliamente tratado por los artistas plásticos. Y ahí tú tendrías mucho que decir, querida, mucho más que yo, porque las artes plásticas son tu especialidad. Yo me limitaré a exhibirte un ejemplo: este grabado renacentista cuya reproducción tengo ahora ante mí.

Muestra, como ves, a un individuo andrógino, desnudo. Igual que muchas representaciones gráficas del Andrógino, presenta cierta semejanza con la letra Y. Esta letra es, por su forma característica, otro símbolo antiguo de la bi-Unidad divina o del "dos en uno" (en algunos grabados alquímicos, vemos al Andrógino sostener una i griega en su mano). En nuestro grabado, el torso común diverge en dos cabezas de distinto sexo que se unen en un beso apasionado. Sobre el pecho mitad masculino mitad femenino se cruzan las dos extremidades superiores como en un autoabrazo, y un nudo en forma de cruz enlaza de las cabezas a los pies a estos "dos en uno". Por debajo de ellos han brotado raíces, por encima se expande la copa de un árbol. Elémire Zolla nos aclara la simbología del nudo y del árbol: "El hombre y la mujer están unidos por un nudo-de-amor-verdadero y devienen uno con el Árbol de la Vida."[441] La ilustración lleva por título *Matrimonii Typus*, "Emblema del matrimonio"[442]. Obviamente,

441. Elemire Zolla, *L'Androgyne alchimique*, incluido en *L'Androgyne*, Cahiers de l'Hermetisme, p. 132

442. Barthélemy Aneau, "Matrimonii Typus", *Picta Poesis ut Pictura Poesis Erit*, Lyon, 1552, p. 14.

Blanca, no se trata de un matrimonio común y corriente, ni siquiera de un matrimonio excepcional como el de Dauphine y Elzear. No se trata de un matrimonio terrenal ni de uno espiritual, sino de un matrimonio celestial, de una *unión perfecta*. El hecho de que se identifique con el Árbol de la Vida -símbolo del Centro, de la Unidad- así lo atestigua: denota que, por la vía de su unificación mutua, los dos cónyuges han pasado a engrosar la Divinidad.

LA FLOR AZUL

Ahora, querida, si te parece, nos dedicaremos a rellenar una laguna, una de las tantas lagunas, de mi carta anterior. Porque, al hablar del Romanticismo, omití a unos representantes destacados de este movimiento: los románticos alemanes. Tengo la excusa de que fue una omisión deliberada, los estaba reservando para la presente carta, ya que estos poetas y filósofos incidieron de forma preferente en el tema que abordamos aquí: la reunificación final de los amantes predestinados. Tema que, como es usual, derivaron de la creencia en la Androginia original del ser humano.

"Poetas y filósofos", acabo de escribir. Johann Wilhelm Ritter entraría en la segunda categoría, pero tuvo gran ascendiente sobre los primeros. Fue además médico y científico, uno de los llamados "físicos románticos". Porque ciencia y espiritualidad no estaban reñidas para estos sabios. Ritter fue el descubridor, entre otras cosas, de aquel fenómeno físico del que nos hemos servido en estas cartas para designar el amor en la última etapa de su viaje al Centro: los rayos ultravioletas. De sus vastos escritos filosóficos entresacaremos una sola frase que bastará para nuestro propósito, porque sintetiza su idea del ser humano, que es la idea de un ser originariamente andrógino y destinado a restablecer esa condición suya original. Al final de los tiempos, dice, "el hombre y la mujer se confundirán en un mismo resplandor, no difundirán ya más que una sola luz, y esta luz a su vez se convertirá en un solo cuerpo sin sexo y, por tanto, inmortal."[443] (Observa esta ligazón que establece entre la carencia de sexo y la inmortalidad, y como ello concuerda con la noción antigua según la cual la aparición del sexo fue el factor desencadenante de la Caída, por tanto el responsable de la condición mortal del hombre.)

Según Franz Xaver von Baader -otro filósofo romántico, mentor, como Ritter, de poetas-, "la diferencia de los sexos es una enfermedad de desarrollo, inherente a la condición de los individuos mortales."[444] Baader profesaba la creencia antigua de que el Hombre divino del Origen era un Andrógino asexuado. Y suscribía la teoría de que todo hombre está llamado a restaurar su Androginia original mediante la fusión con la otra mitad de sí mismo escindida de él a raíz de la Caída. Médico de formación, veía incluso en la anatomía del ser humano trazas de la predestinación del alma a reunificarse con su otra mitad; el tórax humano y los brazos que lo prolongan le parecían hechos a propósito para abrazar a un semejante: "En este gesto propio del hombre, hay el deseo de reintegrar a la mujer en su cuerpo, de volver a ponerla en el sitio de la costilla arrancada a raíz de su caída."[445] Pero no hay que confundir el abrazo con el acoplamiento, advierte.

443. J. W. Ritter, *Fragmente aus dem Nachlass eines jungen Physikers* (citado por Albert Béguin, *El alma romántica y el sueño*)
444. Franz. v. Baader, *Sämmtliche Werke* (citado por Albert Béguin, *El alma romántica y el sueño*, p. 105)
445. Citado por Jean Libis, *Le mythe de l'androgyne*, p. 149

La parte del tronco humano que gobierna en el abrazo es la superior, es decir, la región del corazón, sede simbólica del alma, mientras que en el acoplamiento sexual la parte gobernante es la inferior del tronco, la región del vientre, sede simbólica de las pasiones, de lo corporal, del *ego*. Opina Baader que el acoplamiento sexual, "tomado en sí mismo, en abstracto, tiene tan poco que ver con un acto de unión y de amor, de matrimonio, que de hecho expresa justamente lo opuesto: el fortalecimiento máximo y recíproco del egoísmo, del no-amor, que no finaliza con una unión sino con una indiferencia, con la separación de los dos polos desespiritualizados, y por una perdición recíproca del uno en el otro, por tanto también con la modorra hermana de la muerte: acto animal, que no es exorcizado más que por el abrazo, es decir, por el amor."[446]

Para Baader, Blanca, el deseo sexual lleva implícito un "odio interior", como lo demuestra el hecho de que, cuando se ama verdaderamente, este deseo mengüe y hasta se extinga. Insiste asimismo en la naturaleza religiosa del amor verdadero. En general, querida, los románticos de los siglos dieciocho y diecinueve se identificaron con la concepción sagrada que del amor tenían los antiguos sabios. Es decir, compartían con éstos la noción ternaria del amor, según la cual el amor no es un asunto a dos, sino a tres, siendo la Divinidad ese tercer vértice hacia el cual los otros dos convergen sin saberlo. Otro de los teóricos del Romanticismo alemán, Friedrich Schlegel, en línea con sus correligionarios, sostenía que el ser humano es una porción caída de la Unidad divina, que está destinado a regresar a su alto Origen, y que

---

446. Franz von Baader, *Gesammelte Werke*, vol.VII, p. 236. (Citado por Julius Evola, *La métaphysique du sexe*)

ese retorno pasa necesariamente por la reunificación con la mitad complementaria del alma de cada uno. Es la tesis de su novela *Lucinda*. En ella vemos a Julius, el protagonista masculino, dirigirse a su amada en los siguientes términos:

Somos un matrimonio, una unidad y una alianza eterna de nuestros espíritus, no únicamente para lo que llamamos este mundo o el otro mundo, sino para el único mundo verdadero, indivisible, inefable, infinito, y para todo nuestro ser y toda nuestra existencia eternas.

.../...

Nosotros dos, en un solo espíritu, veremos un día que somos las flores de la misma planta o los pétalos de una sola flor. Y sonrientes, sabremos que lo que llamamos ahora esperanza era, propiamente hablando, reminiscencia.

¿Recuerdas, todavía, de qué modo el primer germen de esta idea se posó ante ti, en mi alma, y arraigó inmediatamente en la tuya? La religión del amor enlaza siempre más fuerte y más íntimamente nuestro amor. Como el niño que, semejante al eco, multiplica el placer de sus cariñosos padres.

Nada puede separarnos y, ciertamente, cualquier separación no haría más que atraerme con más fuerza hacia ti.

... / ...

¿Cómo podría alejarnos el alejamiento puesto que la presencia es de algún modo demasiado presente en nosotros?[447]

En este pasaje, Blanca, querría ante todo llamar tu atención sobre la implícita alusión a la teoría de las almas gemelas como la base de lo que Schlegel denomina "la religión del

---

447. *El entusiamo y la quietud. Antología del romanticismo alemán*, edición de Antoni Marí, pp. 132-134 (las cursivas son del autor de la carta)

amor". Ya que, en efecto, lo que confiere al amor erótico su esencial carácter sagrado no es sino esa idea entrañada por la teoría de las almas gemelas: la idea de que el amor es, en su origen, el sentimiento recíproco de las dos Personas, de las múltiples dos Personas, que hay detrás de la Unidad divina. Pero es que además, querida, para Schlegel el amor es también, en su devenir histórico, el *Bildungselement*, el "elemento ordenador" del Universo, previsto por Dios para transmutar el caos en orden a través de la reunificación de todos los opuestos. Ahora bien, digámoslo todo: por la época en que escribió *Lucinda* no veía ya Schlegel (como lo viera en su juventud), en este antídoto al caos que para él es el Eros, una necesaria tendencia secreta hacia el Espíritu: *Lucinda* fue un libro polémico en su tiempo a causa de su sensualidad descarada, que contradecía el idealismo romántico.

Como ves, Blanca, el pensamiento romántico no es monolítico; dentro de su afinidad fundamental, coexisten opiniones dispares. F. Schlegel no asumía la escalada progresiva del amor desde la sensualidad hasta la espiritualidad: para él el amor verdadero englobaba ambos planos; el amor era verdadero solamente en tanto en cuanto era predestinado, en tanto en cuanto los amantes fueran almas gemelas. El "físico romántico" Gotthilf H. von Schubert, por su parte, se apartaba de la concepción negativa de la Caída, mayoritaria entre los románticos, para ver en ella más bien un descenso voluntario y necesario: "Una ley eterna dispone que el Uno se divida sin cesar en dos polos, a fin de que éstos, al amarse, puedan recrear una Unidad superior. Y cuando los polos se separan, renace en ellos la nostalgia de la unión: tal es la voz de la gran ascensión universal por el Amor"[448].

---

448. Gotthilf H. von Schubert, "Von der Liebe der Geschlechter und

Y así, Blanca, podríamos seguir enumerando discrepancias. Sin embargo, por debajo de las diferentes variaciones, es una misma melodía la que resuena siempre. Una melodía que habla de la divina androginia original de los seres humanos y de su reinstauración futura a través de un amor que está predeterminado: el amor hacia "el otro polo de uno mismo", en la terminología de Gotthilf H. von Schubert, en cuyo pasaje arriba citado es claramente reconocible esta melodía.

Como lo es en esta frase de Schlegel: "Sólo en la respuesta del Tú que le es propio, puede el Yo de cada cual sentir plenamente su unidad infinita"[449]; unidad que él entiende como la "armonía original" de esas dos almas, cada una de las cuales es así, para la otra, "la eterna y única amada". Como reconocemos también esta perseverante melodía al oírle hablar, en *Lucinda*, de "el amor eterno y uno"; o cuando leemos, en sus notas para la proyectada continuación de su novela, que Julius y Lucinda se amaban "porque se habían amado siempre", desde la eternidad; se amaban ya antes de conocerse en esta vida: "Porque ella me amaba ya antes de conocerme. Tiene que amarme: está determinada a ello por la naturaleza"[450]... Pero el romántico en quien con más fuerza resuenan los ecos de esta melodía antigua, Blanca, es a mi parecer Friedrich Hölderlin.

Poeta señero del Romanticismo, Hölderlin no lo tuvo nada fácil en la vida: las dificultades económicas lo asediaron, padeció la incomprensión de sus coetáneos, y hacia la mitad de sus días una enfermedad mental lo inhabilitó para

---

der Zeugung", en *Die Geschichte der Seele* (citado por Albert Béguin, *El alma romántica y el sueño*)
449. Friedrich Schlegel, *Literary Notebooks* 1481
450. *Kritische Ausgabe* V, 31-32

la vida corriente. Pero todos esos contratiempos quedaron como eclipsados por la dicha de haber conocido a Susette Gontard, el alma compañera que había presentido en sueños desde la infancia y a quien le uniría un amor que él califica de "sagrado y eterno"[451]. El reconocimiento fue instantáneo y recíproco ("¡¿Eres tú, eres tú realmente?!"[452]). Su encuentro fue un caso típico de sincronicidad. Las mismas circunstancias del encuentro aparecen prefiguradas con sorprendente precisión en los primeros esbozos de su novela *Hiperión*, a cuya protagonista femenina vería encarnarse Hölderlin en esta mujer de sensiblidad tan cercana a la suya, como lo atestiguan las bellas cartas que ella le escribiera tras su forzada separación. Su idilio -uno de los más bellos del Romanticismo- se prolongaría a través de esas cartas y de encuentros furtivos (Susette era una mujer casada) hasta la prematura muerte de ella.

El tema de la predestinación amorosa atraviesa de punta a punta *Hiperión*. "Antes de que lo supiéramos ninguno de los dos, ya nos pertenecíamos el uno al otro"[453], declara el protagonista masculino, que intuye una vida previa de él y su amada Diotima, una vida en común de ambos en el Paraíso: "Entonces (mi corazón) me contaba como el espíritu de Hiperión había jugado con su dulce Diotima a las puertas del Elíseo, en una infancia divina, antes de descender a la Tierra."[454] Esta infancia divina, Blanca, ¿no te evoca las novelas idílicas y al «Niño divino» de los alquimistas? Esta infancia en común en el Paraíso es el símbolo del común

---

451. F. Hölderlin, *Hiperión*, p. 139
452. Ibid., p. 150
453. *Ibid.*, p. 91
454. *Ibid.*, p. 102

origen de ambos amantes, y es garantía, para Hölderlin, de sus reencuentros en sucesivas vidas. "Es imposible -dice- que nos perdamos uno de otro. Recorreré los astros durante milenios, adoptaré todas las formas, todos los lenguajes de la vida, para volver a encontrarte. Pero pienso que lo que es semejante no tarda en encontrarse."[455] "Lo que es semejante": o sea, lo que es gemelo, lo que está hecho, digamos -por analogía con las dos mitades de un *symbolon*-, de la misma pieza de madera. (Recordarás que sobre esta noción de semejanza, tan manida entre los antiguos sabios, se sustentaba la antropología swedenborgiana.)

Hölderlin es un alto nombre no sólo del idealismo alemán, Blanca, no sólo de la poesía. Entre los grandes nombres de la literatura y del pensamiento, el suyo se yergue como uno de los más admirables desde el punto de vista de la integridad personal. Pocos como él, teniendo unos principios tan elevados, ajustaron tanto su manera de vivir a la de pensar. "Vivir en pureza de corazón es lo más grande / que los sabios han descubierto / y los más sabios practicado", escribió; y nos consta que él se encontraba entre esos más sabios.

Más aún que el inglés, el movimiento romántico alemán fue numeroso. Es uno de esos curiosos casos que de vez en cuando registra la Historia, en que en un reducido ámbito espacio-temporal (en este caso, la región alemana de Sajonia a finales del siglo dieciocho) confluye un sorprendente número de hombres-genios. Fichte, Kleist, Hoffmann, Clemens y Bettina Brentano, Jean-Paul, Tieck, Arnim, Schleirmacher, son sólo algunos nombres de toda una pléyade de poetas y pensadores. Imposible glosarlos todos, Blanca, así que nos centraremos en uno que es como la quintaesencia

---

455. *Ibid.*, p. 166

de todos ellos, el prototipo del poeta romántico y, quizá, con Hölderlin, el más elevado y profundo. Te hablo de Friedrich Leopold von Hardenberg, el mismo que esporádicamente ha asomado ya por nuestras cartas bajo el seudónimo literario de Novalis.

Una cosa tenéis en común tú y Novalis, amor mío; posiblemente más, pero una al menos. No me refiero a grandes esencias, como una actitud moral ante el mundo; ni siquiera a un rasgo de carácter, aunque bien podríais coincidir en esto también. Me refiero al hecho mínimo de que los dos preferís el color azul a cualquier otro. Ignoro si Novalis encuadernaba de un determinado color los libros de su biblioteca; pero, de ser así, apuesto a que la suya sería, como la tuya, una biblioteca azul. Los libros que escribió están llenos de ese color, un color que era para él icono del Espíritu y del Mundo Superior. "Todo es azul en mi libro", anota a propósito de *Enrique de Ofterdingen*, su obra cumbre, la novela que le ocupará los últimos años de su vida y que dejará inconclusa. En *Enrique de Ofterdingen*, es azul sobre todo la Flor que encarna la añorada meta de su protagonista -el *minnesinger* medieval del mismo nombre-, una Flor vislumbrada en un sueño de infancia:

Se apoderó de él una dulce somnolencia que le hacía soñar en cosas inefables, y de la cual se despertó a otra claridad. Se encontró en un suave césped junto a una fuente que manaba hacia el cielo y parecía perderse allí. No muy lejos se alzaban unas peñas azul oscuro con venas de todos los colores; la luz del día que lo rodeaba era más clara y suave de lo habitual; el cielo, de color violeta y de una pureza inmaculada. Pero lo que más poderosamente atraía la atención del muchacho era una flor alta y de un azul luminoso que había al pie de la fuente y cuyas hojas anchas y brillantes tocaban el agua. En torno a ella había otras innumerables flores de todos los colores y sus exquisitos olores saturaban el aire. Él no veía otra cosa que la flor azul, y la contemplaba largamente con indefinible tristeza. Cuando al cabo quiso acercarse, de pronto ella comenzó a moverse y a transmutarse: sus hojas se volvían más brillantes y se doblaban hacia la tija que iba creciendo, y la flor se inclinaba hacia él. Y en un gran sesgo de la corola azul, nadaba un rostro muy hermoso. La deleitosa admiración del muchacho crecía ante aquella transmutación tan extraña, cuando fue despertado de golpe por la voz de su madre y se encontró en su habitación, dorada ya por el sol matutino.[456]

El romántico inglés S. T. Coleridge imaginó una fábula que parecería, si la historia de la Flor Azul terminase en este punto, su corolario. Imaginó a un soñador que, como prenda de su estancia soñada en el Cielo, recibía una flor y, al despertar, se encontraba con la flor en su mano. La Flor Azul soñada por Novalis habría de convertirse en imagen emblemática del espíritu romántico, Blanca. Pero esa imaginación no se la debemos a Novalis, es mucho más antigua: se trata de uno de los símbolos de la Naturaleza tradicionalmente asociados al Andrógino. En algunos textos alquímicos se hace mención a la "flor azul zafiro del Hermafrodita". En pintura, la Flor Azul (el color no será casual para ti) acostumbra a ser un lirio; o también una aquilea, flor de pétalos azules que, por cierto, recibe en algunas lenguas nombres curiosamente vinculados con nuestro tema: *amor perfeito*, "amor perfecto", en portugués; y, en provenzal, *mount au ciel*, "ascenso al cielo". Pero volviendo a Novalis, su vida, lo mismo que su libro, quedó inconclusa; la enfermedad romántica, la tisis, se la

---

456. Novalis, *Enrique de Ofterdingen*

arrebató antes de cumplir los veintinueve años. Pero fue una vida intensa, rica como pocas. Rica no a la manera de la de su correligionario inglés Lord Byron: rica de la verdadera riqueza, que es interior a uno, como sabía bien Novalis, que escribió en un párrafo célebre: "Soñamos con viajes a través del Universo, pero el Universo ¿no está en nosotros? Ignoramos las honduras de nuestro espíritu. El camino misterioso va hacia dentro. Dentro de nosotros o en ningún sitio están la eternidad y sus mundos, el futuro y el pasado. El mundo exterior es el universo de las sombras que proyecta sus sombras en el reino de la luz. Si todo lo que es interior a nosotros nos parece hoy tan oscuro, solitario e informe, ¡qué diferente será cuando esta oscuridad haya quedado detrás nuestro, y nos hayamos desprendido del cuerpo de sombra!"[457]

Tachadura al margen. Una paciente labor de rescate me ha permitido descifrar únicamente el arranque de una larga acotación: *"El retrato que Thomas Gainsborough..."* El resto se ha perdido bajo la tinta negra del rotulador. Me limitaré a recordar aquí que Thomas Gainsborough es un famoso pintor inglés de ese siglo que ya comienza a adquirir trazas obsesivas en este epistolario.

Hay un eje en torno al cual gira todo lo que salió de la pluma de Novalis: sus novelas, sus cuentos, sus *Cánticos espirituales*, sus poemas. Y ese eje, Blanca -en realidad común a todos los románticos-, es el amor erótico. El Amor es "el misterio eterno", proclama en el *Ofterdingen*. Y los personajes de sus obras, buscadores a la manera de los héroes griálicos, viven todos bajo el signo de un gran amor, que resultará

---

457. *La Enciclopedia* (fragmentos)

decisivo para la consecución de su meta trascendente. Así, Matilde, la novia de Enrique de Ofterdingen, se le revelará a éste como la clave del misterio de la Flor Azul largo tiempo anhelada. En Matilde reconocerá el rostro de mujer (la sombra de aquel celestial rostro) vislumbrado de niño en la corola de la flor azul soñada. "Me parece que te conozco desde tiempo inmemorial", le dice al verla por vez primera. Y cuando ella le muestra su temor de que el amor de él se marchite al unísono con la belleza de ella: "Lo que me liga a ti indisolublemente, lo que ha desvelado en mí un anhelo eterno, no pertenece al mundo ni al tiempo. Si tú supieses como te veo, la maravillosa visión que me penetra a través de tu figura, iluminándomelo todo, no temerías ningún tiempo. Tu forma terrenal no es más que una sombra de aquella visión... Tu verdadera imagen es una eterna imagen originaria, una parte del desconocido mundo divino".

Matilde fallece al poco de casarse (la literatura antigua está llena de viudos, ya te habrás fijado). Pero antes de morir da a luz a un niño, Astralis. El hijo de Enrique y Matilde no es como los que tú y yo no pudimos tener, querida: es una extraña criatura, un Andrógino que "ha vencido a la muerte". Este niño divino -encarnación de la Flor Azul y heraldo de la edad del Amor que, según Novalis, aguarda a la humanidad en el futuro- no es otro que el "Niño Divino" de los alquimistas. Y no es el fruto de la cópula sexual de sus padres sino de su casto abrazo, el resultado de la fusión de dos almas en una sola: "yo no era yo porque en mí Enrique y Matilde se fundían en Una Imagen"... Pero no sólo los personajes de sus novelas, Blanca: el propio Novalis vivió bajo el signo de un gran amor. Del amor a Sofía. No, no te hablo ahora de la "Virgen divina" de Boehme: la Sofía de Novalis es una muchacha de carne y hueso, aunque a nuestro poeta, lector fervoroso del remendón de Görlitz, le chocará la coincidencia y se servirá de ella en sus especulaciones místicas. A diferencia de la de Boehme, la Sofía de Novalis ni siquiera era hermosa: sólo él supo captar su encanto al decir de sus amigos (lo que nos retrotrae al tema inicial de esta correspondencia: a la belleza subjetiva, la belleza reservada a los ojos del alma gemela). Pero la felicidad de ese regreso al hogar que significó para Novalis su relación con esta muchacha, habría de durar bien poco: tres años apenas, el tiempo que a ella le quedaba de vida. Del sufrimiento por esta pérdida, pero también de la esperanza del reencuentro, surgió lo que sido calificado como la obra maestra de la poesía romántica: los *Hymnen an die Nacht*, los "*Himnos a la Noche*".

Yo sé, amor mío, que a ti la noche te fascina. En vida tuya, a veces me despertaba de madrugada echándote en falta a mi lado, y te descubría acodada en el balcón contemplándola, aspirando sus aromas... La noche entraba también entre las fascinaciones de los románticos. Sin embargo, ellos la homologaban con algo que imagino que a ti, aquellas noches en el balcón, ni se te pasaría por la cabeza. La homologaban con la muerte. Pero tampoco la muerte era para ellos la cosa terrible que fue para ti (¿verdad?) hasta que la experimentaste por ti misma. Para los románticos (sin duda ahora ya también para ti), la muerte era una puerta a una existencia más plena; en último término, la puerta de acceso a la Unidad divina sustanciada por la unión con el alma gemela. Porque los románticos, sabes, compartían aquella intuición antigua de que la unificación con el otro yo, con la otra mitad de uno mismo, sólo es factible tras la muerte. Es el mensaje de tantas historias románticas de *liebestod*, de "amor-muerte", historias de amor donde el lecho nupcial no es otro que la tumba compartida. Entre los pensamientos filosóficos de

731

Novalis, figura aquel célebre: "Una unión que se concierta aun para la muerte, es un matrimonio que nos da una compañera para la Noche. En la muerte es donde el amor es más dulce. Para aquel que ama, la muerte es una noche de bodas, un secreto de dulces misterios". Novalis asume que él y Sofía tienen concertado un casamiento celestial para después de muertos. "Nuestro compromiso no fue contraído para este mundo", anota en su diario. Pero él sabe que ese matrimonio sólo será viable una vez que sus almas hayan logrado la desnudez, la madurez plena. Por eso, en los *Himnos a la Noche*, insta a Sofía: "¡En fuego espiritual quema mi cuerpo para que, vuelto ligero como el aire, a ti me una más íntimamente y nuestra noche de bodas dure así la eternidad!".

Pero esta concepción mística, luminosa de la muerte, no fue en Novalis una asunción espontánea tras el fallecimiento de su amada. No se ahorró, pues, las lágrimas ni la desesperación, que en un temperamento hipersensible como el suyo, alcanzó pronto el paroxismo. Y es aquí, Blanca, donde se enmarca un suceso célebre en su biografía, el suceso que al permitirle atisbar "detrás del tapiz" de la existencia, trastornaría su visión de la muerte. Quizá te cause algo de grima, porque transcurre en un cementerio. Ya conoces el gusto de los románticos por ese tipo de lugares. Pero en el caso de Novalis había una razón de peso para acudir todas las tardes al cementerio de Grünigen: es que ahí reposaba Sofía. Y es en una de esas tardes al lado de la tumba de su amada cuando... Pero mejor que sea él mismo quien te lo cuente, ya que tenemos su testimonio, consignado en su diario, en algunas de sus cartas y sobre todo en los *Himnos a la Noche*:

Un día en que derramaba lágrimas amargas, en que mi esperanza se desvanecía en el dolor, me hallaba solitario junto al árido túmulo que encerraba en su estrecha celda de tinieblas a la que fue mi vida: solitario como nunca lo estuvo solitario alguno, presa de indecible angustia, sin fuerzas, sin ser otra cosa que una imagen de la desesperación. Cuando buscando con la mirada una ayuda, no podía ya ni avanzar ni retroceder y me aferraba con todo mi inmenso dolor a la vida que se me escapaba y se extinguía, he aquí que vino de las lejanías azules -de las cimas de mi antigua felicidad-, un tembloroso fulgor, y súbitamente la atadura del nacimiento, la cadena de la luz se rompió. Desapareció el esplendor terrestre y con él mi pena: toda mi tristeza se fundió para crear un mundo nuevo, insondable. ¡Oh, entusiasmo de las noches, sueño divino: tú me transportas! El panorama se elevó dulcemente, llevándose mi espíritu que, liberado de sus cadenas, nacido con un nuevo nacimiento, flotaba sobre la Tierra. El túmulo desapareció entre una nube de polvo, y a través de la nube distinguí los rasgos transfigurados de mi Amada. Sus ojos reflejaban la Eternidad. Milenios enteros se desvanecieron en el horizonte como nubes de tormenta. Estreché sus manos y, como movidos por una centella o un indefectible lazo, rompimos a llorar. Eran lágrimas de suprema dicha las que yo vertía sobre su hombro en honor a la vida nueva. Ése fue el primero, el único sueño, y sólo desde entonces siento en mí una fe eterna, inalienable, en el cielo de la Noche y en mi Amada, que es su Luz.[458]

¡No preciso decirte cuánto me conmueve este pasaje!... Novalis no volverá en adelante a sentirse solo. O cuando menos, a partir de ahora sabe que su soledad es ficticia, que en realidad Sofía no se aparta de él ni un instante. Comprende que, a la espera de la muerte y del matrimonio celestial, él y su amada tienen contraído como un anticipo de

458. Novalis, Tercer *Himno a la Noche*

ese matrimonio. Un lazo secreto los une. Y este lazo es de naturaleza sagrada: "Lo que siento por Sofía es religión, no amor -anota en su diario íntimo-. Un amor absoluto, independiente del corazón y fundado en la fe, es religión. Por la voluntad absoluta, el amor puede convertirse en religión." Y en labios de su personaje Enrique de Ofterdingen pone la pregunta: "¿Qué es religión sino una comprensión infinita, una eterna unión de corazones amantes?"...

EL BESO INDIVISIBLE

Podría extenderme en ejemplos. Como aquel otro célebre de John Keats cuando, en sus cartas a Fanny, declaraba a ésta: "Mi religión es el Amor y tú eres su único dogma". Ejemplos de citas románticas que abundan en ese mensaje insistente de la sabiduría antigua: la naturaleza esencialmente sagrada del amor erótico. Porque el amor, querida (espero habértelo dejado claro a estas alturas), el amor en sí mismo, no es el asunto trivial que puede parecer a simple vista. No es una mera fiebre o ebriedad de los sentidos. Ése es el cascabillo, la cáscara de la que se revistió el amor al caer a este mundo. Romped la cáscara, nos dicen los antiguos sabios, y obtendréis el grano. Echad una ojeada al otro lado del tapiz y veréis que, en su esencia, el amor erótico es algo mucho más íntimo y misterioso; entronca con la religión, con lo sagrado, es tributario de lo Divino... Esto no ha sido nunca un secreto para los amantes heroicos. Incluso sin necesidad de llegar al heroísmo, los amantes verdaderos presienten... presentimos, Blanca, que nuestro amor guarda estrecha relación con las verdades últimas, con la Infinitud divina. Nuestro amor nos transporta (¿no es así?) a unas cumbres de felicidad que creíamos reservadas a Dios; lo que nos hace sentir aquello que Friedrich Schlegel denominaba "la ironía del amor", que "surge a partir del sentimiento de la finitud, de la propia limitación y de la aparente contradicción de este sentimiento con *la idea de infinitud que todo amor verdadero entraña.*"[459]

¿Y por qué es sagrado, en esencia, el amor? Ya lo hemos dicho: el amor es esencialmente sagrado porque es de filiación divina. Porque en su origen es lo que cohesiona a la *Syzygia*, lo que unifica a la Pareja múltiple implícita en Dios; por tanto, lo que Le engendra. Ese amor esencial es cien por cien espiritual, querida, de otro modo no unificaría. Cuando el amor es puro, desnudo, deviene una fuerza centrípeta, una fuerza cohesiva que atrae hacia el Centro, hacia el Uno. Verosímilmente, pues, fue una fuerza de signo contrario la responsable de la Caída, la que al inmiscuirse en el alto Amor del Origen centrifugó al Uno, desintegrándolo en los múltiples Doses que implícitamente lo integraban; Doses que entonces salieron despedidos del Centro, yendo a exiliarse en el círculo externo del mandala cósmico. Ciertamente, a raíz de eso el amor se embruteció. Pero aun así, Blanca, el amor se erige (para emplear la expresión de Schlegel) en el *Bildungselement*, en el elemento ordenador que va conformando el Universo, que lo conduce poco a poco a su realización futura. En el amor está el germen de la restauración de la forma unitaria original del Universo. Por eso es que es sagrado.

La idea de la Caída y del retorno al Origen a través de la Evolución cósmica, es una idea capital del Romanticismo. La meta es la Unidad de los opuestos, encarnados por las almas gemelas. Pero, como te he dicho, no todos los pensadores

---

459. F. Schlegel, *Kritische Ausgabe*. Citado por Daniel Inerarity, *Hegel y el romanticismo*, p. 96 (las cursivas son del autor de la carta)

románticos se ponen de acuerdo acerca de cómo reinstaurar esta Unidad perdida. Para algunos, la propia dialéctica amorosa entre los opuestos es ya en sí misma la fuerza de progreso conducente a la síntesis unificadora. Otros se adhieren a la opinión mayoritaria entre los antiguos sabios, condensada en esta sentencia del *Rosarium Philosophorum*, el célebre texto alquímico: "Es el Espíritu el que unifica". Es decir, para estos románticos, la Evolución cósmica implica la decantación hacia el Espíritu del amor de las almas gemelas.

En una de sus máximas, sugiere Novalis una metáfora muy bella: dice que posiblemente el sexo sea al amor lo que el sueño a la vigilia, siendo preferible velar a dormir. Figurémonos pues al amor profundamente dormido, y al consciente abriéndose camino lentamente a través de su sueño, arrastrándole primero a un duermevela -este estado presente del amor, en que lo onírico y lo real se mezclan- y al fin despabilándole. O -ya que estamos entre libros- supongamos que el amor de las almas gemelas fuese un libro, un libro azul si tú quieres. Ese libro está escrito originariamente en la lengua del Espíritu, la lengua de Dios, lo que lo convierte en un libro sagrado. Bueno, pues si nuestros sabios no se engañan, la Caída significó el vertido de ese libro a la jerga de la Materia, a la sexualidad. La aparición del sexo supuso entonces la profanación del amor, su conversión en algo profano. De lo que se trataría ahora es de restablecer el libro a su lengua vernácula, de reescribirlo en el Espíritu a partir de la traducción caída.

Una metáfora clásica para figurar esta evolución del amor de las almas gemelas, Blanca, es la del tesoro escondido, o la piedra preciosa sepultada a gran profundidad bajo tierra. Esta piedra es como la piedra negra de la Kaaba: una piedra sagrada, y nuestra misión es desenterrarla. A medida que progresemos en esa ardua tarea, comenzaremos a vislumbrar (nosotros hemos comenzado ya) los destellos sagrados, divinos, que la piedra irradia. Cuanto más excavemos ahondando en nuestro mutuo amor, cuanto más desnudemos el amor de las almas gemelas, tanto más evidenciará éste su naturaleza sagrada. Llegará un momento (porque ha de llegar el día en el que la piedra quede al descubierto) en que la encarnación misma de lo sagrado, en que el propio Dios se hará presente en medio de nosotros. En uno de sus numerosos ensayos sobre la evolución del amor, Teilhard de Chardin traza la hoja de ruta: "El hombre y la mujer, designados por la vida para promover al más alto grado posible la espiritualización de la Tierra, deben abandonar, para lograrlo, la manera que ha constituido hasta aquí la única regla de los seres... No guardando de su atracción mutua más que lo que les hace elevarse al aproximarse, llegarán a precipitarse el uno al otro hacia delante. Ni un contacto inmediato, pero la convergencia en lo alto. El instante de la entrega total coincidirá entonces con el reencuentro divino"... Este instante del reencuentro divino, Blanca, es, si lo recuerdas, el momento en que decía Soloviev que las almas gemelas se referenciaban mutuamente y a sí mismas en Dios. El momento en que la Unidad se restablecía entre ellas; esto, de un modo virtual al principio, mientras permanecen encarnadas; ya después de un modo real, tras su muerte. Ese momento llegará, amor mío. Nuestro mutuo amor volverá a cohesionarnos, a unificarnos de forma *perfecta*, tal como ya lo hiciera en el Origen.

El hecho de que el amor erótico hunda sus raíces en la Divinidad misma, no sólo hace del *eros* algo sagrado: hace también de la religión algo estrechamente emparentado con el erotismo. Prueba de esta vinculación recíproca es que aquellos que han ahondado en uno de esos ámbitos, indefectiblemente han desembocado en el otro, como se evidencia en las categorías manejadas por ambos. Los amantes heroicos emplean categorías religiosas para referirse a su amada; los místicos contemplativos, categorías eróticas para referirse a Dios. Pienso sobre todo en la categoría religiosa de la *adoración* y en la erótica de la *unión*: los amantes heroicos adoran a su dama, los contemplativos creen unirse a Dios. Ejemplos de lo primero hemos visto ya unos cuantos en estas cartas, de modo que me ceñiré aquí a lo segundo, esto es, al carácter unitivo de la experiencia cumbre del contemplativo.

Precisamente a cuenta de su carácter unitivo, a esta experiencia se la conoce en Occidente con el nombre latino de *unio mystica*, "unión mística". No te descubro nada al decirte que las descripciones que de la *unio mystica* nos ofrecen los contemplativos son casi invariablemente en clave de casamiento, de cópula amorosa. De hecho, querida, si un lector no avisado se pusiese a repasar por encima la literatura contemplativa, podría sacar una impresión equivocada: podría parecerle que estaba hojeando los anales de una casa de citas. Tanto se prodigan allí las referencias al amor, a los amantes, a la unión con el amado, y a los inefables goces dimanados de esa unión. Sólo que no se trata de erotismo carnal, sino de una clase distinta, más elevada, más genuina, de erotismo: los goces derivados de la *unio mystica* no son (por más que se presten a esa metáfora) sensuales, son goces del Espíritu. Pero veamos algunos ejemplos.

La beguina del siglo trece Hadewijch de Amberes describía el instante culminante de su experiencia extática en versos cargados de erotismo:

Al fin reina la calma.
La amada recibe del Amado
los besos que verdaderamente pertenecen al amor.
Cuando Él se posesiona en todo del alma amada,
el amor bebe de los besos y los saborea hasta el fin.
Tan pronto como el Amor toca el alma,
ella come de su carne y bebe de su sangre.
Un Amor que así disuelve el alma
los lleva a los dos al beso indivisible:
el mismo beso que une en plenitud
a las Tres Personas en un solo ser.[460]

En el siglo ocho, la contemplativa musulmana Rabi'a al-Adawiyah hablaba de su "matrimonio celeste" con Alá, "que había hecho de ella y de Él Uno". Y lo hacía en términos no muy distintos a los que, siglos después, emplearía santa Teresa de Jesús para celebrar su "matrimonio místico" con Cristo. Aunque santa Teresa se refiera a Cristo como "mi novio", otras veces su novio resulta ser un ángel. Un ángel "no alto, sino bajo, y muy hermoso" y que, en una metáfora corriente entre las contemplativas, traspasa su corazón con dardos o flechas: "Veíale en las manos un dardo de oro largo, y al fin del hierro me parecía tener un poco de fuego. Éste me parecía meter por el corazón algunas veces, y que me llegaba hasta las entrañas. Al sacarle, me parecía las llevaba consigo, y me dejaba toda abrasada en amor grande de Dios. Era tan grande el dolor, que me hacía dar aquellos quejidos; y tan excesiva la suavidad que me pone este grandísimo dolor, que no hay desear que se quite."[461]

460. Georg Feuerstein, *Sagrada sexualidad*, p. 141
461. Georges Bataille, *El erotismo*, p. 230

Salta a la vista, Blanca, que santa Teresa describe aquí una cópula amorosa. Y, por más que fuera de naturaleza espiritual, no era esto lo que a su juicio cabía esperar de una unión con Dios: es así que santa Teresa llega incluso a recelar de sus propias experiencias místicas. Y lo mismo le sucede a su gran amigo y colaborador san Juan de la Cruz. También los versos contemplativos de este santo castellano son inequívocamente eróticos:

En una noche oscura
con ansias en amores inflamada,
¡oh, dichosa ventura!
salí sin ser notada,
estando ya mi casa sosegada.

En la noche dichosa
en secreto, que nadie me veía,
ni yo miraba cosa,
sin otra luz y guía,
sino la que en el corazón ardía.

Aquesta me guiaba
más cierto que la luz del mediodía,
a donde me esperaba,
quien yo bien me sabía,
en parte donde nadie parecía.

¡Oh, noche, que guiaste,
oh noche amable más que el alborada:
oh noche que juntaste
Amado con Amada,
Amada en el Amado transformada![462]

---

462. San Juan de la Cruz, *Noche oscura*

Son versos célebres de la *Noche Oscura del alma* (porque la noche no era una fascinación exclusiva de los románticos). Los que siguen son también versos de san Juan de la Cruz, pero de su *Cántico Espiritual*, que es un poema directamente inspirado en el Cantar de los Cantares:

Gocémonos, Amado,
y vámonos a ver en tu hermosura
al monte o al collado,
do mana el agua pura:
entremos más adentro en la espesura.

Y luego a las subidas
cavernas de la piedra nos iremos,
que están bien escondidas,
y allí nos entraremos,
y el mosto de granadas gustaremos.[463]

¿No son todas estas metáforas lo bastante explícitas? La última especialmente si tenemos en cuenta que el fruto del granado es un antiguo símbolo erótico (en el Cantar, los esposos se dan cita en el huerto de granados). Sin embargo, ¿ves?, su autor confesará no estar seguro de si las experiencias místicas que las inspiraron procedían de Dios o del diablo. Otros contemplativos, en cambio, asumen sin dificultad la naturaleza erótica de sus experiencias. Hadewijch de Amberes instruye a una discípula: "Y que Él te absorba en Sí mismo en las profundidades de la sabiduría. Ahí, en efecto, te enseñará lo que Él es (Él es el Amor para Hadewijch: "En la fruición experimentarás que Yo soy, Yo, el Amor", leemos en sus *Visiones*), y cuán dulce es para

---

463. San Juan de la Cruz, *Cántico espiritual*

la amada habitar en el amado, y cómo se penetran de tal modo que cada cual no sabe ya distinguirse del otro. Es una fruición común y recíproca, boca con boca, cuerpo con cuerpo, alma con alma; una misma y suave Esencia divina los atraviesa, los inunda a ambos, de forma que son una misma cosa uno con el otro y así siguen siéndolo sin diferencia, para siempre jamás."[464]

Tachadura al margen. *...emprender una nueva (¿vida?) juntos"*. Esto es todo lo que pude rescatar de la acotación original, bastante más larga.

Un contemplativo de nuestro tiempo, el poeta nicaragüense Ernesto Cardenal, no se extraña tampoco de experimentar a la Divinidad eróticamente. Describe su *unio mystica* con Dios igual que un amante reseñaría una cita erótica. Salvo que aquí el erotismo no es carnal: "hay un erotismo sin los sentidos, para muy pocos, en el que soy experto"[465], anota. Salvo, también, que la cita acaece "en un lugar infinito y una fecha eterna, pero tan real como decir esta noche a las ocho"[466]...

> Cierro los ojos
> y te acercas más
> qué bien conozco tu sabor
> y vos el mío,
> ...
> caricia callada
> en la noche oscura de la nada.[467]

---

464. Hadewijch, *Carta IX*
465. Ernesto Cardenal, *Telescopio en la noche oscura*, p. 40
466. Ernesto Cardenal, *Cántico cósmico*, p. 389
467. *Ibid.*, p. 390

A través de su práctica contemplativa, Cardenal busca "un amante en el Universo"[468]. Consciente de que "hemos sido creados para unas nupcias"[469], busca a su cónyuge. Y lo halla -cree hallarlo- en Dios.

> Si oyeran lo que te digo a veces
> se escandalizarían. Que qué blasfemias.
> Pero vos entendés mis razones.
> Y además bromeo.
> Y son cosas que los que se aman se dicen en la cama.
> ...
> Amado, hagamos el amor.
> No sé qué entienden por "dar gloria a Dios". Sí el amor.
> Para mí la gloria es
> tener a Dios en mi cama o en la hamaca.
> Gocémonos.
> Los alcaravanes van volando.
> Gocémonos, amado.[470]

En fin, no hará falta aducir más ejemplos. Estos pocos bastarán para avalar el postulado de que, cuando se ahonda en la religión, se topa uno de bruces, inesperadamente a veces, con el erotismo. Tan es así, Blanca, que, en el Oriente, la fórmula "Fieles de Amor" u otra equivalente era de aplicación a los místicos y místicas contemplativos, como los que he tenido el placer de citar aquí.

---

468. *Ibid.*, p. 387
469. Ernesto Cardenal, *Vida en el amor*
470. Ernesto Cardenal, *Telescopio en la noche oscura*, pp. 54 y s.

EL SÉPTIMO PALACIO

Llegamos ahora, querida, a uno de los puntos más aventurados de estas cartas, a uno de los más expuestos a controversia. Porque el contemplativo interpreta que el Amado al que se une en la *unio mystica* es Dios: pero eso, me atrevo a decir, no es nada seguro. Tres cosas me parecen seguras a propósito de la *unio mystica*. La primera es que, por vía de éxtasis (*ekstasis* es palabra griega que connota desplazamiento fuera de uno mismo), el alma se remonta, se adentra hasta el Punto Oculto, que es donde la unión se opera. La segunda cosa es que la *unio mystica* equivale a una momentánea experiencia de la Divinidad. "Volverse Dios en Dios" o "llegar a ser lo que Dios es" son expresiones corrientes entre los contemplativos para describir su experiencia. Y la tercera cosa cierta es que esta experiencia tiene carácter nupcial, erótico, es una relación íntima de amor con un "otro". Si con estas tres convicciones tratamos de componer el puzzle de la *unio mystica*, y lo hacemos a la luz de la teoría de las almas gemelas, no podemos sino diferir de la interpretación que de su experiencia hacen los contemplativos. Y me dirás: ¿quién mejor que ellos para interpretarla? Pero permíteme: no necesariamente el sujeto de una experiencia es su más fiel exégeta; en el terreno de la interpretación, la subjetividad es engañosa.

Si somos consecuentes con nuestra teoría (y llegados a este punto, me parece obligado serlo), en la *unio mystica* no se trataría del casamiento del alma con Dios sino con ese que, a tenor de lo visto en nuestras cartas, es el cónyuge original del alma y cuya unión con ésta alumbraba ya a Dios en el Origen: esto es, con su gemela. Se trataría pues de una recreación, por el alma, del alumbramiento original de Dios. Desde luego, dicha recreación obedecería a una reunificación del alma no

744

con su cónyuge original, no con su gemela, que está ausente de esa experiencia, sino con la rememorada imagen de su gemela, o sea con su *anima*, con su *animus*. La *unio mystica* del contemplativo no sería sino la rememoración, y al propio tiempo la prefiguración, el anticipo, merced a un momentáneo acceso al Punto Oculto, del casamiento celestial. En el Punto Oculto, el contemplativo se casaría con la imagen (esa imagen está impresa en su subconsciente) de su alma gemela. De su alma gemela tal como era antes de caer, tal como era antes de que ambos se separasen, cuando aún los dos estaban investidos de Divinidad. En la terminología de Boehme y sus discípulos, se casaría con el recuerdo de Sofía (o de su equivalente masculino), un recuerdo que en el Punto Oculto se reavivaría, se haría consciente...

¡Tú qué opinas? ¿Crees, como yo, que todo esto puede ser?

Mira, Blanca. Los antiguos sabios nos enseñan que la Unidad sólo es accesible a través de la Dualidad. Es decir, según nuestra teoría, a través de un otro; y no de cualquier otro sino de aquel que nos está predestinado: nuestro otro particular y exclusivo. Entre los contemplativos, sin embargo, predomina la creencia de que el camino que conduce a la Unidad es un camino humanamente solitario. Tan es así que la propia Hadewijch de Amberes -quien, como hemos visto, asumía con naturalidad el carácter erótico de su experiencia unitiva- se turba sin embargo cuando ésta se le revela como una experiencia compartida con otra alma humana (en su caso, el alma de san Agustín de Hipona, a quien ella se sentía especialmente ligada); cuando descubre que, en la *unio mystica*, Dios no es su pareja como ella había esperado, sino el fruto de la unión de su alma con otra alma (con *la imagen* de otra alma) como la suya. El relato de Hadewijch es simbólico. Refiere que la noche de Navidad, estando acostada, fue arrebatada a "un abismo turbulento y profundo, vasto y sombrío" donde volaban dos águilas. Esas águilas (aves emblemáticas del Espíritu, como sabemos) son personificaciones: "una era san Agustín, la otra yo misma". "Entonces vi llegar un ave que se llama Fénix" y que las engulló a las dos. Ella misma nos aclara que "el Fénix que devoró a las águilas es la Unidad donde reside la santa Trinidad en la que los dos estábamos perdidos". "Cuando volví en mí -prosigue-...

...reflexioné sobre esta unión en la que estaba sumergida con san Agustín, insatisfecha con lo que mi Amado (Dios) había realizado, aunque fuera con mi consentimiento y afecto. Estaba abrumada por la idea de estar plenamente satisfecha por esta unión con él (san Agustín), yo, que antes había estado unida sólo a Dios, lejos de los santos y de los hombres... Reflexionando sobre ello, pedía a mi Dios amado que me librara de esta imperfección. Pues quería estar sola en la fruición en el seno de su profundísimo abismo... Sabía que todo lo que en Él estaba es gloria eterna y alegría perfecta, pero yo quería estar sola en Él. Y comprendí, por haberlo pedido y deseado tan ardientemente y con grandes sufrimientos, que quedaba libre. *Pues estaba en Dios aun quedando unida a este hombre (san Agustín) en el amor.*[471]

Como ves, a Hadewijch le incomoda la felicidad que su unión mística con san Agustín -su santo más querido- le reporta. Tan asumida tiene la idea de que la pareja natural del alma es Dios, que se resiste a aceptar el hecho de que su acceso a Él -a la Unidad- pase por su unión mística con otra criatura como ella, aun sintiéndose plenamente realizada en

---

471. Citado por Georgette Epiney-Burgard y Emilie Zum Brunn, *op. cit.,* p. 159

esa unión. Hadewijch pretende una cosa que, si atendemos a nuestros sabios, Blanca, equivale a algo así como pretender ser madre sin el concurso de un padre. Le pide a Dios que la libere de esa intermediación que para ella es una deficiencia, y su solicitud es escuchada. Pero no en el sentido que ella esperaba: Dios la libera no de la intermediación, sino de su resistencia a aceptarla: *"Pues estaba en Dios aun quedando unida a este hombre en el amor."*

El caso de Hadewijch ejemplifica este prejuicio común entre los místicos contemplativos: la incompatibilidad del amor a Dios con el amor erótico a un ser humano (lo que sólo se entiende desde una concepción erótica del amor a Dios). Antes que otro ejemplo, prefiero citarte una excepción que confirma la regla. El fraile del siglo trece Jordán de Sajonia -prior de los dominicos durante quince años- y la monja boloñesa Diana de Andaló nunca sintieron que su amor mutuo interfiriera con el amor a Dios, tal como acreditan las cartas de amor que de él se han conservado. Cartas como esta en la que le escribe: "¡Oh, Diana! ¡Qué desdichada situación es esta que nos vemos obligados a soportar! Nuestro amor en este mundo no se ve nunca libre del dolor y la ansiedad. A ti te trastorna y hiere que no te permitan verme casi nunca, y a mí que tu presencia se me conceda tan raramente. Desearía que pudiéramos ser llevados a la ciudad fortificada (la Jerusalén celestial: uno de los nombres medievales del Paraíso), la ciudad del Señor de los Huéspedes... donde no estaríamos separados nunca más ni de Él ni el uno del otro."[472]

Los modernos doctores de la sabiduría antigua han puesto de relieve que esta idea tan generalizada entre los contemplativos

---

472. Jordán de Sajonia, carta 13, citado por Colleen McDannell y Bernhard Lang en su *Historia del Cielo*

de que el camino a Dios es un camino solitario y no un camino compartido, no un camino a dos, contrasta vivamente con las enseñanzas de los antiguos sabios. Así, Mario Satz insiste en la necesidad del "concurso del otro sexo (es decir, del otro yo) para la correcta adquisición de la iluminación, o para reabsorberse en el Uno indivisible." "Todo ascetismo es temporal -añade-. Tal como insinúa el Cantar de los Cantares, únicamente cuando lo masculino dialoga realmente con lo femenino, se llega a totalizar y hacer efectivo el poder contenido en el Árbol."[473] El Árbol, naturalmente, es el Árbol de la Vida. Otro ejemplo: Antoine Faivre, en un magnífico estudio sobre el esoterismo occidental, escribe que "se equivocan los ascetas al representarse el amor de Dios, del Creador, en oposición al amor de las criaturas entre ellas... La verdadera religión, por el contrario, ordena expresamente amar a las criaturas *en* el Creador, allí donde... ellas encuentran su Unidad y su acabamiento."[474] En este pasaje, Faivre está glosando la opinión de Franz von Baader, aquel romántico alemán que citamos páginas atrás. Observa, Blanca, que alude a Dios, al Creador, como el lugar -un lugar no espacial sino místico- donde se aman las criaturas, y donde (precisamente al amarse, añado yo) ellas hallan su Unidad y su acabamiento. Se refiere, pues, al lugar donde se opera el casamiento celestial, tanto el real como también el prefigurado. Este lugar, querida, es el "lugar infinito" en el que Ernesto Cardenal situaba su cita amorosa con su cónyuge celestial. Es el Punto Oculto de los cabalistas, denominado también en el *Zóhar* "Séptimo Palacio", que es el Palacio de la Unidad, al que Simón bar Jochai -el protagonista del

---

473. Mario Satz, *Umbría lumbre*, p. 127
474. Antoine Faivre, *Accès de l'ésotérisme occidental*, Ed. Gallimard, París, pp. 285-286.

Zóhar- accede en el curso de su última visión extática. El hecho ocurre de este modo:

La "Lámpara Santa", como llamaban sus discípulos a Simón bar Jochai, está impartiéndoles sus enseñanzas, iluminándoles los misterios de la existencia, cuando de pronto calla, cierra los ojos y queda como muerto. Los discípulos aguardan expectantes, sabedores de que "su alma había dejado el cuerpo y estaba explorando las regiones superiores". Al cabo, vuelve en sí, su rostro trasluciendo el profundo gozo experimentado. "Yo sé -les dice- que mi cara refleja gozo, pero el gozo que veis en ella no es sino un reflejo infinitesimal de la dicha que ha venido a mí." Y se pone a relatarles lo que ha visto... Lo que ha visto, querida Blanca, son los siete Cielos con sus "círculos" (acuérdate del mandala cósmico) o "palacios" correspondientes. Describe estos palacios uno a uno, hasta llegar al Séptimo, donde se alza el trono de Dios, y donde -por obra de la *unio mystica*- le ha sido dado incorporarse momentáneamente a la dinámica interna de la Divinidad: esto es, a los Dos implícitos en el Uno. "Y llegué al Séptimo Palacio, que es el más oculto de todos. No tiene ni forma ni imagen, ni puede en modo alguno presentarse a la imaginación... Aquí, en el retiro más misterioso, está el Santo de los Santos, hacia el cual todas las almas se esfuerzan... En este palacio se hallan todos los goces, así los conocidos como los que sobrepasan la imaginación del hombre. Aquí tiene lugar... la unión del macho con la hembra"[475].

Real o prefigurado, el casamiento celestial -la "unión mística" de los Dos- sólo es posible aquí, Blanca: en el Séptimo Palacio o Punto Oculto, sede de la Unidad, de la Divinidad, designado también en la Kábala y otras corrientes esotéricas

---

475. *Zóhar*

como el Lecho o la Cámara Nupcial, precisamente por tratarse del único "lugar" donde el matrimonio celestial puede consumarse.

UN ESPEJO MÁGICO

La "unión mística", pues, no consistiría en el casamiento del alma *con* Dios, sino *en* Dios... Dios es el "lugar" donde se opera el casamiento celestial de las almas gemelas, Blanca. Pero es también el misterioso fruto de esas nupcias. Porque -ya lo sabemos- la Divinidad es esto: el fruto de unas nupcias. Y como sea que, en esas nupcias, cada alma humana era originariamente uno de los dos cónyuges, ¿de qué otro modo podría el alma experimentar a Dios sino nupcialmente, sino eróticamente? ¿No es natural que, al regresar de forma momentánea a su origen en Dios, el alma se reintegre a su papel y función originarias: el papel y la función de *cónyuge?* Decididamente, amor mío, este papel y esta función corresponde a las almas; a las almas gemelas; dudo mucho que el papel propio de Dios sea el de cónyuge. Un cónyuge es la mitad de una *Syzygia*, la mitad de una pareja, de un matrimonio; y Dios no es la mitad de nada; Dios es en Sí mismo un Todo, un ser entero -en eso precisamente radica la naturaleza divina, como vimos. Dios es la *Syzygia*, la pareja, el matrimonio. Es el Andrógino, el ser en el que se verifica la Integridad, la condición del "dos en uno". No es uno de los Dos, sino el Uno, el resultado de la *unión perfecta* de los Dos.

Y si Dios no es el cónyuge natural del alma, querida, entonces tampoco es el destinatario natural del amor erótico... No me interpretes mal: no estoy diciendo que no debamos amar a Dios; digo que hay que profesar a Dios la modalidad de amor que Le corresponde. El ser humano tiene diversos interlocutores amorosos, y cada uno de esos interlocutores demanda de él una modalidad específica de amor. La modalidad que demandan los hijos es distinta de la que reclaman los padres; el amor conyugal, distinto del amor al prójimo; la amistad, distinta del amor fraterno... Dios demanda también del ser humano una modalidad específica de amor. Una modalidad de amor que, a mi modesto entender, no es el *eros* -que tiene otro interlocutor, otro destinatario-, sino un amor que podríamos denominar *amor-adoración o veneración*: un amor parecido al filial, sólo que aumentado infinitamente.

Como cualquier modalidad específica de amor, el amor erótico difiere de todas las demás. Pero, al decir de los antiguos sabios, guarda estrecha similitud con esa otra modalidad amorosa: la amistad. Al igual que en la amistad, la paridad es una condición absoluta del amor erótico. Ya vimos en otra carta que, para que exista unión amorosa (virtual o real, lo mismo da), los amantes deben estar a la misma altura: sólo dos realidades simétricas pueden unirse amorosamente. Ahora bien, Blanca, resulta obvio que Dios y el alma no están a la misma altura. Y tampoco pueden nivelarse, como hacía la dama cortés -¿recuerdas?- al apearse del pedestal imaginario al que la había aupado su caballero. Dios no puede apearse de Su pedestal, pero tampoco el alma encaramarse a él. No por sí sola: para ello precisa casarse celestialmente con el que es su cónyuge natural, con su gemela.

Última tachadura al margen del manuscrito. A esta acotación: *La prueba, en forma de cartas de amor, surgió del (fondo de) un cajón de...*, **fechada el 1-2-00, debo la inspiración del título de este epistolario.**

751

"El cónyuge natural del alma" equivale a decir "el *tú* natural del alma", su *tú* particular y específico. Este *tú*, Blanca, no es para el alma sino *otro yo*, digamos un yo en segunda persona. O sea, un *yo* en cierto sentido ajeno a mí, un *yo* fuera de mí, como lo es el reflejo de uno mismo en un espejo. Llegamos así, querida, a la metáfora del espejo, que es una de las más frecuentadas por los antiguos sabios a la hora de explicar el lazo íntimo que liga a las almas gemelas, que liga entre sí al *yo* y al *tú* (pero también, como veremos, a cada pareja de almas gemelas con Dios). En esta metáfora, el amor sería el espejo; el *yo* y el *tú*, sus dos rostros, el de delante y el de detrás, el que se contempla y el contemplado. Pero sin que exista aquí discrepancia alguna de naturaleza entre uno y otro, toda vez que este espejo es como los de los cuentos de hadas, Blanca: un espejo mágico. Un espejo en el que -según observa bellamente Ibn Arabí- cada rostro se ve a sí mismo a través de los ojos del otro (sólo que, para devolver ese reflejo, el espejo debe estar impoluto, libre de pasiones que lo empañen).

Ahora: el juego especular del *yo* y el *tú* es un juego de reflejos. Eso es lo que en realidad son los dos rostros. El *tú*, reflejo del *yo*; el *yo*, reflejo del *tú*. En el fondo, *yo* y *tú* no tienen existencia propia, amor mío: su existencia es prestada, reflejada. Uno y otro se reflejan mutuamente, pero a su vez ambos son reflejo de una realidad más alta. Esta realidad más alta, que es la que tiene existencia propia, es Dios, el Uno/Todo, que, al contemplarse en este espejo mágico (este espejo superior a los de los cuentos de hadas), presta existencia a ese reflejo: al *yo* y al *tú*. En el juego de espejos del Universo, sólo Dios existe por Sí mismo. En el fondo, sólo la Unidad existe, todo lo demás es Su reflejo. Todo lo demás -la Dualidad, pero también la Multiplicidad que va de su mano- está detrás del espejo; de este espejo que refleja no la Unidad esencial de Dios, sino Su Dualitud y Su Multiplicidad internas.

De ello se sigue, Blanca, que los Dos sólo tenemos existencia propia, sólo existimos por nosotros mismos, cuando estamos unidos en *unión perfecta*: esto es, *en cuanto que Uno*. Es por eso que en otra carta te decía que no hay que afligirse por el destino de los Dos, por su solapamiento en el Uno. Si nos sacrificamos en aras del Uno, es porque la Unidad es nuestra razón de ser, nuestra vocación íntima. Es porque en la Unidad es donde los Dos hallamos nuestra plenitud y nuestra verdadera existencia. Aquello que no *es* por sí mismo, sino que es reflejo de otra cosa, ama y aspira con todas sus fuerzas a convertirse en esa otra cosa, que es *su identidad verdadera*. Mira, mi amigo Ariel me enseñó un viejo dicho judío. A primera vista parece un acertijo: *Si yo soy yo porque tú eres tú, y si tú eres tú porque yo soy yo, entonces yo no soy yo y tú no eres tú*. Aunque podría referirse con igual justeza a la necesidad que, para identificarse como tal, el ser humano tiene de sus semejantes, Ariel me lo citó con relación al espejo mágico de las almas gemelas: a esa peculiar dependencia recíproca de los dos rostros, el uno reflejo del otro, y ambos a su vez reflejo de Dios. Si al ser tú la otra mitad de mí mismo -viene a decir-, yo te necesito para ser yo mismo, y si, al ser yo tu otra mitad, tú me necesitas para ser tú misma, entonces es que los dos somos en realidad un Tercero por encima de ambos: los dos somos el resultado de la *unión perfecta* de nuestras dos mitades.

Qué importa, Blanca, que en esa *unión perfecta* tú y yo desaparezcamos -en el sentido literal del verbo: dejar de ser aparentes, volverse invisibles. Qué importa que nos volvamos implícitos en nuestra Unidad, si resulta que esta Unidad es nuestra identidad verdadera, aquello que realmente somos...

Y me viene ahora a la memoria un episodio de tu infancia (casi me acuerdo mejor de tu infancia, de lo que me contaste de tu infancia, que de la mía). Tu padre te había regalado unos gusanos de seda que tú alojaste en una caja de zapatos forrada con papel charolado. Les dabas de comer hojas de la morera del jardín y los observabas crecer a diario, hasta que al cabo de un tiempo sucedió una cosa impensada. Esos gusanos, a cada uno de los cuales tú habías puesto nombre, hilaron a su alrededor un capullo y desaparecieron de tu vista. Tu padre no quiso desvelarte el misterio: pronto ibas a descubrirlo por ti misma, te dijo. Y en efecto, transcurridas un par de semanas, los capullos se rompieron y de ellos ¡emergieron mariposas! Te llevaste una buena sorpresa. Pero si no me engaño, no fue una sorpresa triste, no fue una decepción; antes bien, quedaste maravillada y te alegraste por tus gusanos. Te alegraste de que, de algún modo para ti inexplicable, hubieran logrado liberarse de la gris existencia a ras de suelo a la que en principio parecían condenados. Desde la inocencia de tus pocos años, intuiste la verdad... La verdad, amor mío, es que esa metamorfosis por la cual vienen a existir las mariposas, no constituye la derrota del gusano. Al contrario, es su victoria, su redención. Ya que es en la naturaleza alada de la mariposa donde el gusano se realiza a sí mismo plenamente. Lejos de ser algo extraño al gusano, la mariposa es la identidad esencial de éste, su identidad secreta. Y también, por tanto, su vocación íntima.

Pero regresemos al juego entre el *yo* y el *tú* y al porqué Dios no es -no puede ser en mi modestísima opinión- el *tú* del alma. Cambiemos la del espejo por otra metáfora clásica de la Dualidad entrañada por la Unidad: la metáfora de la moneda. Consideremos el inverosímil supuesto de que el anverso de una moneda fuese capaz de amar eróticamente. El destinatario natural de ese amor, ¿verdad que no sería nunca la moneda entera, sino su otra cara, su reverso? Pues bien, en esta metáfora, Dios no es el reverso de la moneda: es la moneda entera, la *unión perfecta* del anverso y el reverso. Dios no es, con relación al *yo*, el *tú*, sino el Él: ese tercero fruto de la *unión perfecta* de ambos. (Curiosamente, Ibn Arabí tuvo una visión de Dios bajo la forma de la palabra *Hû*, "Él", y a Dios en su más recóndita intimidad se le designa a veces "el Él" en la Kábala.) Dios no es un anverso ni un reverso, Blanca, no es un hombre ni una mujer; no es una mitad -sería blasfemar decir tal cosa-, es ya en Sí mismo un ser entero: es el Andrógino, es el Él... El Él, que es también un *yo*, querida mía, el *Yo* supremo, pero un *yo* que no precisa del *tú*, porque lo engloba. Dios se basta a Sí mismo, no precisa unirse a otro para completarse. Es el alma humana la que tiene necesidad de otro para ser entera. Y no de cualquier otro, sino de su reverso, ese con el cual integraba la moneda entera en el Origen. (La moneda es única: hay infinitos anversos, infinitos reversos, pero una sola moneda entera.)

...Y LA FLOR SEGUÍA EN SU MANO

Por tanto, si somos consecuentes con nuestra teoría, se confunden los contemplativos al ver en Dios el destinatario natural del amor erótico, digamos el *partenaire* del alma. Esta confusión no dejaremos de comprenderla, sin embargo. Y ello por la misma razón que comprendíamos la confusión de la amada o el amado humano con Dios, en la que vimos que incurrían los amantes heroicos. Ya que ambas tendencias son simétricas: aquí es la confusión del Todo con la parte, allá la de la parte con el Todo. En el último estadio del viaje al centro del amor, no resulta fácil hacer distingos del tipo que proponía Cristo: "Dad al César lo que es del César y a Dios lo que es de Dios". No resulta fácil deslindar el amor que es de Dios del que es del alma gemela. Exponentes claros de esta dificultad los hallamos en la obra de muchos poetas. Ahí tienes, sin ir más lejos, a ese gran poeta barroco de quien ya te he dado cumplida referencia en estas cartas: John Donne, un poeta que desde luego hubiera merecido un lugar de honor en tu biblioteca. Donne -te lo escribí ya, creo- comenzó siendo un libertino en el amor. Fue en parte esa mala fama la que motivó el rechazo del padre de Anne More a admitirlo como yerno. Esta actitud ligera y cínica con relación al amor, se aprecia todavía en los primeros poemas de sus célebres *Canciones y Sonetos*. Pero mira, en la obra de Donne, los escoliastas distinguen el mismo antes y después que disciernen en su vida: el antes y después de su encuentro con Anne More. Es en esta segunda época cuando, cada vez con más fuerza, se abre paso en su obra una idea trascendente del amor. Y también cuando el poeta inicia su producción religiosa, sobre todo sus *Sonetos Sagrados*, en los que se vuelve hacia Dios y, sin renunciar al amor (por estos poemas puede verse la figura de Anne More correr como un hilo dorado), reniega de su libertino pasado.

Sabes, Blanca: al leer a John Donne, al leerle sobre todo en *Canciones y Sonetos* (en poemas como "Infinitud de los amantes", "Los buenos días", "El éxtasis"), por momentos tengo la impresión de que él y su esposa son aquellos amantes del *Banquete* platónico que pasan en mutua compañía su vida entera y que no dejarían escapar, si se les ofreciera, la oportunidad de fusionarse y convertirse de dos seres en uno solo. Este anhelo, omnipresente en el libro, lo proclama Donne mediante diversas metáforas. Así, en "La Canonización", se compara a sí mismo y a su amada -en una imagen netamente alquímica- con el Ave Fénix, destinada a renacer de sus cenizas: "El enigma del Fénix cobra por nosotros / más sentido; nosotros dos, al ser uno, eso somos. / Así, a un todo neutro ambos sexos se acomodan. / Morimos, e iguales, resurgimos, y este amor / nos muestra misteriosos." Ese todo neutro al que ambos sexos se acomodarán tras la reunificación final en el Paraíso, no es otro que la Unidad de Dios, que es neutra, pues pertenece a un tercer género, el género andrógino, que es a la vez masculino y femenino; o que no es ni masculino ni femenino, pues ésos son los géneros propios de la Dualidad escindida.

En fin, Blanca, con John Donne, mi poeta favorito, vamos llegando al final de esta carta. Y, con ella, al final de esta extraña correspondencia. Extraña... porque no me ha sido preciso despacharla para que tú la recibieras -al menos, ésa ha sido mi impresión todo el tiempo. Respecto a estas cartas sólo sé decir que, si cayesen en otras manos que no fueran las tuyas -tus ahora etéreas manos-, se atraerían, aparte de otros reproches justísimos, el de ingenuidad. Las visiones del "detrás" de la existencia siempre han suscitado ese tipo de críticas. Se las tilda de voluntaristas y se las compara con los sueños, donde los deseos simulan hacerse realidad. "Uno es libre de soñar si eso le hace feliz -sentencian los que descreen del 'detrás'-. Pero tarde o temprano despertará, y entonces el desengaño será mayúsculo"... Tal vez soñemos, querida, sí. Pero quién nos asegura que, al despertar, no nos ocurrirá lo que a aquel personaje romántico que, en un sueño, recibió como prenda de su estancia en el Cielo una flor... y, al despertar, la flor seguía en su mano.

En fin, Blanca, amor mío: te he expuesto una teoría. Sé bien que esta teoría no puede acreditarse ni como verdadera ni como falsa: se trata de una conjetura. Pero, a fin de cuentas, ¿qué otra cosa son los sistemas filosóficos? ¿Qué otra cosa los fundamentos teológicos de las religiones? Enfrentado a las grandes preguntas de la existencia, no hay respuestas ciertas para el ser humano. Por más que nos asista la intuición (la *Imaginatio vera*, que decían los alquimistas: la "Imaginación verdadera", esa que no inventa, que descubre), al hablar de las realidades últimas no pisamos terreno firme: nos movemos sobre arenas movedizas, sobre el precario terreno de las conjeturas. Pero esta falta de certezas, ¿nos echará para atrás? ¿Nos hará renunciar a mirar personalmente detrás del tapiz, o a interesarnos por lo que otros han visto (o han creído ver) al otro lado? En absoluto. Está en la naturaleza del ser humano conjeturar acerca del significado de su existencia. Y lo que es más importante, Blanca: prestar crédito a esa conjetura, hacer de ello *su* verdad; porque -como señalara el gran filósofo danés Soren Kierkegaard- en último término, a los interrogantes esenciales de la existencia hay que aproximarse mediante la fe... Habrás observado, querida, que esta conjetura mía nos emplaza a ti y a mí, a las almas gemelas, en el centro mismo del complejo entramado del Universo. Si quieres que te diga la verdad, esa conclusión me abruma, está de más a más para mí. Mi pretensión cuando me puse a investigar en la sabiduría antigua era mucho más modesta. Lo que yo buscaba -y he hallado, gracias a Dios- era algún viso de esperanza de que volvería a reunirme contigo algún día; nada más -y nada menos- que eso. Todo lo demás ha venido por añadidura, al hilo de esa aspiración. Pero ¿no dicen los novelistas que les sucede así también a veces con sus novelas, que desbordan el proyecto inicial, se les escapan de las manos tomando sendas que a ellos mismos les sorprenden?

Bien mirado, esto en mi caso nada tiene de extraño, amor mío, porque mi conjetura (y es lo que le presta todo su valor) no es propiamente mía. No lo es en la medida en que se sustenta en otras conjeturas formuladas en el decurso de los siglos por personas sabias (yo no lo soy, desde luego). Personas que se tomaron el trabajo de mirar "detrás del tapiz" de la existencia... Es, pues, de esas conjeturas eminentes de donde pende nuestra esperanza, Blanca -creo poder hablar también por ti. Una esperanza que no difiere de la de John Donne y su esposa, ni de la de los amantes platónicos: también tú y yo desearíamos, por encima de todo, convertirnos de dos seres en uno solo... Ah, pero ¿y entretanto? Entretanto, la espera no debe hacérsenos insoportable. Ni siquiera ahora que estamos físicamente separados. Porque nuestra separación no va más allá, es sólo física. De un modo misterioso, tú permaneces a mi lado. ¿No es así como has tenido acceso a estas cartas? Ya hemos visto que es ésta una paradoja sobre la que insisten los antiguos sabios: la de la cercanía en la distancia, la de la presencia en la ausencia en razón de una secreta sintonía, de una unión virtual. Claro que semejante unión es viable solamente entre amantes verdaderos, entre amantes cuyo amor es puro, desnudo. Pero ¿acaso el nuestro no lo es ya, desde hace tiempo, desde mucho tiempo antes de tu partida? Cuando no se basa en criterios materiales, el amor mantiene unidos a los amantes aun en la distancia. John Donne lo sabía; por eso, antes de partir en un largo viaje, le escribe a Anne un sentido poema de consuelo, en el que alega lo que ya habían observado muchos sabios que le precedieron: que el amor verdadero está hecho a prueba de ausencias. Cito de memoria:

El amor de anodinos amantes sublunares,
cuya alma es sensorial, no puede admitir
la ausencia, porque elimina
aquellos elementos que lo constituyeron.

Pero a nosotros, por un amor tan refinado
que nosotros mismos no sabemos lo que es,
mutuamente seguros de nuestro ánimo,
menos la pérdida de ojos, labios, manos, nos preocupa.

Nuestras dos almas, por tanto, que son una,
aunque debo partir, brecha alguna no soportan
sino sólo una expansión,
como el oro, que se bate hasta aérea delgadez.

Si dos son ellos, así lo son
como dos son las partes gemelas del compás.
Tu alma, el pie fijo, no muestra ademán
de moverse, mas lo hace si el otro lo hace.

Y aunque en el centro se encuentre,
sin embargo, cuando el otro lejos vaga,
se reclina, y hacia él su oído inclina,
y se pone erecto, cuando él a casa regresa.

Así serás tú para mí, pues debes,
como el otro pie, oblicuamente discurrir.
Tu firmeza hace mi círculo completo,
y me hace terminar donde empecé.[476]

---

476. "Despedida: prohibido lamentarse", *Canciones y Sonetos*

Quizá en el taller de costura donde trabajaste de joven, te serviste de un compás de madera, uno de esos compases con punta de tiza que utilizan los sastres para marcar sus patrones. Pues mira: también el compás era de uso corriente entre los antiguos sabios. Pero no el compás: su metáfora. Evocaban por ella el matrimonio celestial o el Andrógino, aunque Donne lo utiliza aquí de un modo algo diferente: su compás evoca el matrimonio espiritual que le anuda a Anne. Tú y yo somos -viene a decir- como los dos brazos del compás; estamos indisolublemente ligados; de modo que, por mucho que nos alejemos uno del otro, no por eso dejamos de estar juntos, no por eso dejamos de estar unidos por nuestro vértice. El vértice del compás figura a Dios, lo mismo que el círculo completo que trazan conjuntamente sus dos brazos. Es este círculo, amor mío, el que aspira a trazar el amante heroico de todos los tiempos. Y él sabe bien que esto no puede hacerse en solitario. Se requiere el concurso del otro brazo del compás, del otro referente íntimo del alma. El concurso de *su gemela*.

Siempre tuyo

EPÍLOGO

En la *Noticia* que encabeza este epistolario, aludí a un último y misterioso viaje que el autor habría hecho, y que no era el de la muerte que emprendería poco después. Quizá el lector haya buscado en vano en las cartas el testimonio de ese viaje. Si es así, le debo una disculpa. Debiera haberle advertido: tal testimonio no se lo halla en las cartas. Todo arranca de un folleto en francés que hallé traspapelado en uno de los volúmenes que pertenecieron al autor y en los que yo había hallado ya su manuscrito. Impreso a mediados de febrero del año dos mil en una pequeña localidad suiza, se trataba de un sencillo programa de actos. Eran los actos más bien magros por los que se conmemoraba el tricentenario del nacimiento de un hombre de letras de fama local. No le eché cuentas al principio, como tampoco se las había echado a las tachaduras al margen. No fue hasta que en fecha reciente me puse a investigar éstas, cuando me percaté de que dicha efemérides remitía precisamente al siglo dieciocho, esa centuria recurrente en las acotaciones tachadas. Y fue también entonces cuando advertí la coincidencia del apellido del homenajeado con un nombre que aparecía mencionado en una de las cartas. Intrigado por estas coincidencias, me tomé unos días de vacaciones y viajé hasta un cantón de la Suiza alpina (otra recurrencia en las acotaciones), donde recabé información acerca de Zacharie Abecassis, maestro de escuela, animador

763

cultural y escritor ilustrado de origen judío (autor de un pequeño tratado de ribetes cabalísticos: *Du plaisir dans la contemplation des nuages*, "Del placer de contemplar las nubes"), cuya memoria mortecina no habían conseguido reavivar, al parecer, aquellos actos de homenaje tributados diez años atrás. Por gentileza de la actual propietaria, pude visitar la casa donde "maître Abecassis" había residido en compañía de su mujer y de su hijo. Yo no sabía lo que buscaba hasta que, cuando ya nos despedíamos, ella me sugirió en francés: "Quizá le interese ver también sus libros". Y dijo acordarse de un conciudadano mío que años atrás había visitado también la casa y se había mostrado muy interesado en verlos.

¡Puede imaginarse el lector mi sobresalto al oír tales palabras! Inmediatamente la sometí a una batería de preguntas. Ella no supo decirme el nombre de mi conciudadano, pero sí acertó a describírmelo vagamente. En cuanto a los libros, la buena mujer se refería a la biblioteca de maître Abecassis: una valiosa colección de más de cien volúmenes, reunida por él y su esposa Sara a lo largo de cuarenta años de feliz matrimonio y de pasión compartida por la Literatura. Esa biblioteca no se hallaba ya en la casa. El difunto David Abecassis, último descendiente de Zacharie y Sara, la había traspasado a un bibliófilo de Berna a mediados del siglo pasado. Yo tomé el primer tren a esta ciudad y me presenté en casa del bibliófilo, como debió de hacerlo el autor del manuscrito, aunque por los años transcurridos mi anciano anfitrión no lo recordaba. Tras un rato de amigable charla, me introdujo a un pequeño gabinete con las paredes recubiertas de libros. Era la biblioteca personal del matrimonio Abecassis, integrada en su mayor parte por novelas de los siglos diecisiete y dieciocho así como ediciones de poesía en algún caso aún más antiguas, según pude comprobar en el decurso de esa tarde. Había también un surtido de textos en hebreo. Pero lo que nada más cruzar el umbral me estremeció, lo que me hizo sentir el hálito inefable del misterio (igual que debió de ocurrirle, imagino, al autor de este epistolario), no fue el contenido de esos libros centenarios, sino su continente. El hecho de que estuvieran todos pulcramente encuadernados en tapa dura de azules diversos.

Xavier Pérez i Pons
Puigcerdá, 9 de agosto de 2011

TABLA DE ILUSTRACIONES

De la cubierta: Edward Burne-Jones, *With the Wind* (Paolo y Francesca en la visión de Dante), *The Flower Book*, hacia 1885

De la portada de la primera carta: Bartolo di Fredi, *La creación de Eva*, siglo XIV

De la portada de la segunda carta: Ilustración del manuscrito de Michael Cochem (hacia 1530) conservado en la Biblioteca Vadiana de San Gallen.

De la portada de la tercera carta: *Shiva andrógino*, siglo XIX (Colección Ajit Mookerjee)

De la portada de la cuarta carta: *Humana Origo et Finis* ("Origen y Fin del ser humano"), Barthélemy Aneau, *Picta Poesis ut Pictura Poesis Erit*, Lyon, 1552 (British Library, Londres)

De la portada de la quinta carta: *Hermes y Afrodita*, Michael Maier, *Atalanta fugiens*, 1617

De la portada de la sexta carta: *Andrógino con cabezas de cabra*, Codex germanicus Monacensis, Alemania, siglo XV (Bayerisches Staatsbibliothek, Mónaco)

De la portada de la séptima carta: Ilustración del manuscrito de Salomon Trismosin *Splendor solis*, Alemania, siglo XVI

De la portada de la octava carta: Miniatura del siglo XIII (Archivo Album)

De la portada de la novena carta: *Gemelos siameses hermafroditas*, Caspar Bauhinus, *De Hermaphroditum monstrosorumque*, 1600 (British Library, Londres)

De la portada de la décima carta: *Matrimonii Typus* ("Emblema del matrimonio"), Barthélemy Aneau, *Picta Poesis ut Pictura Poesis Erit*, Lyon, 1552 (British Library, Londres)

Printed in Great Britain
by Amazon